名称：卫华集团有限公司

地址：河南省新乡市长垣县

历史：1988年成立

总资产：70.24亿元

品牌价值：71.9亿元

员工：6 800余人

占地面积：342万m^2

卫华让世

集团简介：

- 生产制造起重机械、矿用机械、港口机械、汽车起重机、减速机等产品。产品及业务覆盖机械、冶金、矿山、电力、铁路、航天、军工、港口、石油、化工等行业；
- 产品服务于西气东输、南水北调、四大卫星发射中心、上海宝钢、北京首钢、中国核电、中国中煤、中国神华、中石油、中石化、中海油、中铁建、中交建等数千个国家重点工程和大型企业；
- 产品远销东南亚、中亚、中东、非洲、俄罗斯、英国、美国、澳大利亚等100多个国家和地区；
- 荣获中国机械百强企业、中国民营企业500强、国家认定高新技术企业、全国机械工业质量奖等500多项荣誉称号；
- 承担国家“863计划”1项：新型智能化大型抓斗挖泥机研究；国家火炬计划2项：起重机轻量化技术研究、双驱动交流变频轮胎起重机技术研究；国家科技支撑计划项目4项：面向工程机械大型结构件的机器人焊接生产线关键技术研究与应用、轻量化桥式起重机共性技术研究、轻量化桥式起重机推广应用技术研究、大型矿山提升设备齿轮传动装置轻量化及降噪技术研究；
- 企业拥有：国家认可技术检测中心、院士工作站、博士后科研工作站。拥有国家认可实验室，是河南省出入境检验检疫局指定检测机构，其检测报告可与国际上60多个国家互认。拥有专利证书525项，参与制定国际标准、国家标准、行业标准71个；
- 拥有全套钢板预处理生产线、侧盖板冷弯成形生产线、自动托辊生产线、U形槽冷轧成形机组、德国梅塞尔数控切割机、数控等离子切割机、德国尼尔斯(NILES)数控磨齿机、日本马扎克(MAZAK)加工中心、双枪龙门自动焊、焊接机器人等高精尖设备。

800t桥式起重机

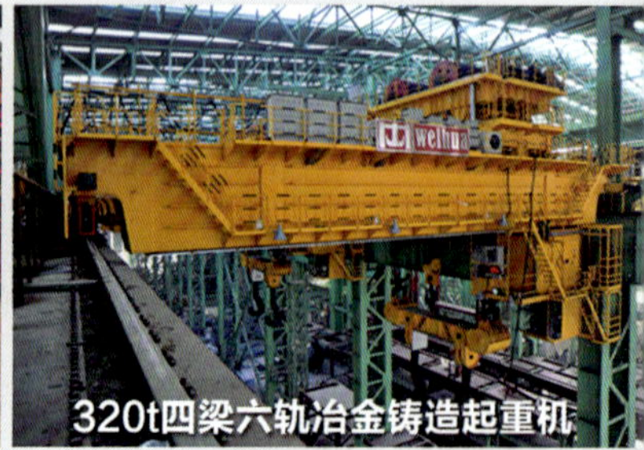
320t四梁六轨冶金铸造起重机

800t造船门式起重机

轮胎式集装箱门式起重机

1700t架桥机

超大型启闭机

卫华集团是酒泉、文昌等国内四大卫星发射基地指定装备承制单位，具有国际先进水平的防摇摆技术，起重设备长期服务于航天航空工程。曾助力神舟系列飞船，天宫一号、二号，长征七号、五号，嫦娥三号成功飞天。

在航空航天领域，由于厂房建筑结构特殊、单件产品的价值高、装配工艺复杂、部件外形尺寸大等特点，对起重设备要求严格，设计、制造、安装难度大，卫华通过起重机路径自动规划、防摇摆自动定位、远程操作与实时监控等技术，保障了航天设备在运输过程中的绝对安全。

地址：河南新乡市长垣卫华大道西段　销售电话：0373-8887666、8887667、8887668　销售传真：0373-8887665

界轻松起来

全自动冶金工料起重机

电解铝多功能起重机

全自动垃圾发电起重机

门座式起重机

岸边集装箱起重机

800t造船门式起重机

中 铁 十 七 局 集 团
900t移梁机

堆取料机

散料输送机

长征五号是我国运载能力最大的新一代运载火箭

CCTV 13
CNTV

双鸟机械

SHUANGNIAO MACHINERY

企业简介 About Shuangniao Machinery

浙江双鸟机械有限公司创办于1984年，是中国重型机械工业协会起重葫芦分会副理事长单位，全国起重葫芦行业重点骨干企业，手动产品连续九年稳居全国同行业前茅。专业生产“双鸟”牌手动葫芦、电动葫芦等起重产品，远销欧美等100多个国家及国内大部分地区。

“双鸟”商标被评为浙江省著名商标，公司获得国家重点高新技术企业、浙江省文明单位、浙江省企业技术中心、浙江省专利示范企业、浙江省劳动关系和谐企业、浙江省AAA级守合同重信用单位、浙江省AAA级纳税信用企业、浙江省安全生产标准化达标企业等荣誉称号。公司通过IS09001质量管理体系、IS014001环境管理体系、OHSAS职业健康安全管理体系认证以及德国GS、欧洲CE认证，率先通过欧盟2005/84/EC指令，REACH法规要求。手拉葫芦获得全国工业产品生产许可证，环链、钢丝绳电动葫芦获得国家特种设备制造、安装、改造维修许可证。公司研发的环链电动葫芦被列入国家星火计划项目、国家火炬计划项目。公司累计获授权国家专利51项，其中发明专利4项，为主或参与制订手拉葫芦、手扳葫芦、环链电动葫芦钢丝绳电动葫芦等国家和行业标准25项。公司拥有赛默飞金属分析仪、德国CARLIEISS显微镜等先进生产、检测设备，2014年初，公司从德国引进全新链条生产线，为生产一流产品提供了有力保障。

“百年双鸟，葫芦经典”是我们梦想和追求，“不断创新，为顾客提供满意的产品和服务”是我们永远不变的承诺。我们将与各界客商一道．携手同行，合作共赢，共创美好未来!

企业资质 Enterprise qualification

- 浙江省著名商标
- 浙江名牌产品
- 高新技术企业
- 手拉、手扳葫芦国标起草单位
- 环链电动葫芦国标起草单位
- 中国平安5000万质量承保

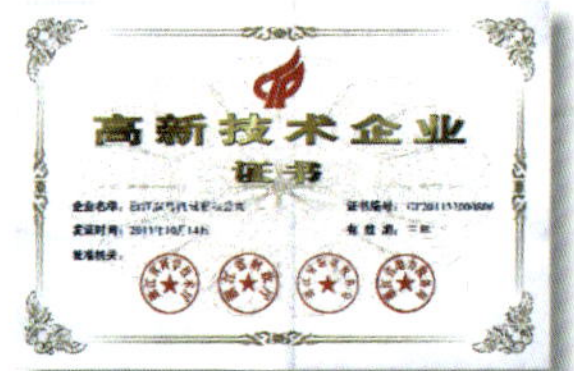

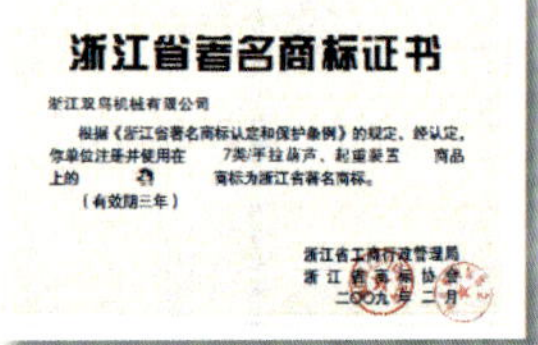

浙江双鸟机械有限公司
ZHEJIANG SHUANGNIAO MACHINERY CO., LTD.

地址：浙江省嵊州市黄泽镇玉龙路16号
邮箱：sales@tbmhoist.com
http://www.tbmhoist.com

电话：0575-83055889　83053788
传真：0575-83503838

中国机械工业年鉴系列

中国重型机械工业年鉴

2016

中国机械工业年鉴编辑委员会
中国重型机械工业协会
编

《中国重型机械工业年鉴》2016年版设置综述、大事记、行业篇、市场篇、企业篇、统计资料、标准与质量和附录8个栏目，回顾总结了重型机械行业“十二五”取得的成绩和经验，集中反映了2015年重型机械行业的发展情况，详细记录了18个分行业的生产发展、产品产量、市场销售、科技成果及新产品、标准与质量、基本建设及技术改造等情况，公布重型机械行业权威统计数据。其中“企业大事记”专栏梳理了行业重点企业2015年的亮点事件，记录了企业的发展历程。

《中国重型机械工业年鉴》主要发行对象为政府决策机构、机械工业相关企业决策者，从事市场分析、企业规划的中高层管理人员以及国内外投资机构、贸易公司、银行、证券、咨询服务部门和科研单位的机电项目管理人员等。

图书在版编目（CIP）数据

中国重型机械工业年鉴.2016/中国机械工业年鉴编辑委员会，中国重型机械工业协会编.—北京：机械工业出版社，2017.2

（中国机械工业年鉴系列）

ISBN 978-7-111-56147-7

Ⅰ.①中… Ⅱ.①中… ②中… Ⅲ.①重工业—机械工业—中国—2016—年鉴 Ⅳ.①F426.42-54

中国版本图书馆CIP数据核字（2017）第033790号

机械工业出版社（北京市西城区百万庄大街22号　邮政编码 100037）

责任编辑：赵　敏

编　　辑：王　良

北京宝昌彩色印刷有限公司印制

2017年3月第1版第1次印刷

210mm×285mm · 19印张 · 31插页 · 782千字

定价：360.00元

凡购买此书，如有缺页、倒页、脱页，由本社发行部调换

购书热线电话（010）68326643　88379812

封面无机械工业出版社专用防伪标均为盗版

中国机械工业年鉴系列

作为『工业发展报告』

记录企业成长的每一阶段

中国机械工业年鉴

编辑委员会

中国重型机械工业年鉴

鉴证行业发展足迹

振兴重型装备工业

中国重型机械工业年鉴
执行编辑委员会

中国重型机械工业年鉴

鉴证行业发展足迹
振兴重型装备工业

中国重型机械工业年鉴编辑出版工作人员

总 编 辑　石　勇

主　　编　李卫玲

副 主 编　刘世博　曹　军

执行主编　赵　敏

编　　辑　王　良　江道芝　万鲁信　秦日升

地　　址　北京市西城区百万庄大街22号（邮编100037）

编 辑 部　电话（010）88379812　传真（010）68997968

发 行 部　电话（010）88379821 88379825 88379824 88379536

传真（010）88379825 88379823 68326643 68997966

E-mail:cmiy@vip.163.com

http://www.cmiy.com

中国重型机械工业年鉴

鉴证行业发展足迹

振兴重型装备工业

中国重型机械工业年鉴特约顾问单位特约顾问

特约顾问单位	特约顾问
卫华集团有限公司	韩红安
中国重型机械研究院股份公司	晁春雷
北京起重运输机械设计研究院	唐　超
河南省矿山起重机有限公司	崔培军
燕山大学国家冷轧板带装备及工艺工程技术研究中心	刘宏民
山东山矿机械有限公司	马昭喜
株洲天桥起重机股份有限公司	肖建平
浙江双鸟机械有限公司	张文忠
山东华特磁电科技股份有限公司	王兆连
安徽盛运重工机械有限责任公司	汪　玉
江西工埠机械有限责任公司	喻连生
南昌矿山机械有限公司	龚友良
淮北矿山机器制造有限公司	胡善宏
八达机电有限公司	何国胜
江西华伍制动器股份有限公司	谢徐洲
浙江双金机械集团股份有限公司	胡祖尧
纽科伦（新乡）起重机有限公司	龙宏欣
浙江浙矿重工股份有限公司	陈利华
常州市常欣电子衡器有限公司	袁黎萍
武汉雄驰机电设备有限公司	周尤利
山东省德州市金宇机械有限公司	金树森

中国重型机械工业年鉴

鉴证行业发展足迹

振兴重型装备工业

中国重型机械工业年鉴特约顾问单位特约编辑

特约顾问单位	特约编辑
卫华集团有限公司	孟瑞源
中国重型机械研究院股份公司	孟令忠
北京起重运输机械设计研究院	聂索夫
河南省矿山起重机有限公司	任海涛
燕山大学国家冷轧板带装备及工艺工程技术研究中心	彭　艳
山东山矿机械有限公司	胡秀万
株洲天桥起重机股份有限公司	李　峰
浙江双鸟机械有限公司	韩　剑
山东华特磁电科技股份有限公司	赵　毅
安徽盛运重工机械有限责任公司	黄　薇
江西工埠机械有限责任公司	郭希文
南昌矿山机械有限公司	胡敏锐
淮北矿山机器制造有限公司	彭爱民
八达机电有限公司	杜左海
江西华伍制动器股份有限公司	陈胜根
浙江双金机械集团股份有限公司	周　玲
纽科伦（新乡）起重机有限公司	刘　枫
浙江浙矿重工股份有限公司	施欢欢
常州市常欣电子衡器有限公司	包鸿霞
武汉雄驰机电设备有限公司	汤胜华
山东省德州市金宇机械有限公司	金雪松

前　言

重型机械行业（包括冶金机械、矿山机械、起重运输机械、重型锻压机械和大型铸锻件）是我国装备制造业的重要组成部分，也是关系到国民经济命脉和国家安全的重要产业，主要服务于钢铁、有色、煤炭、电力、建材、水利、交通、石化、国防及机械等国民经济各领域，近些年部分产品进入民众生活服务领域。

2016年是行业“十三五”规划的开局之年，也是落实制造强国战略、迎接创新发展新模式、实现转型升级的攻坚之年。面对错综复杂的国际形势和艰巨繁重的国内改革发展任务，在“中国制造2025”战略的指引下，树立“创新、协调、绿色、开放、共享”五大发展理念，行业企业积极应对不利环境给企业发展带来的各种挑战，通过逐步落实行业企业的结构调整和产品转型升级，正在不断夯实行业稳定发展的基石。2016年全行业共实现主营业务收入12 325.6亿元，同比增长1.5%；进出口总额206.1亿美元，同比下降13.6%；全行业保持了1.5% 增长的运行态势。

《中国重型机械工业年鉴2016》是自创办以来的第12期。作为行业的宣传窗口，展示了行业企业的发展和变化，并与广大用户和关心重型机械行业发展的读者一起，共同见证了中国重型机械行业各企业转型升级、创新发展的历程。

中央经济工作会议指出：认识新常态、适应新常态、引领新常态，是当前和今后一个时期我国经济发展的大逻辑，制造业的发展正面临着向更深层次发展的新挑战。2017年重型机械行业仍将以促进行业创新发展为主题，以提质增效为中心，以加快新一代信息技术与行业深度融合为主线，以推进智能制造为主攻方向，着力引入新技术改造传统工艺和产品，提高研究设计、工艺技术、管理经营等方面的软实力，提高产品性能、质量等方面的硬实力，使得企业稳中求进，实现行业结构调整、转型升级。

中国重型机械工业协会希望通过《中国重型机械工业年鉴》展示行业的整体面貌，加强与各界同仁的交流与沟通，共同努力推动我国重型机械行业的结构调整、转型升级、提质增效，努力实现行业的健康发展。

在《中国重型机械工业年鉴》的编纂过程中，得到了各有关企业和用户的大力支持，也得到了许多行业领域专家的指导，在此表示诚挚的感谢。中国重型机械工业协会将一如既往地为行业企业提供真诚的服务。

中国重型机械工业协会常务副理事长 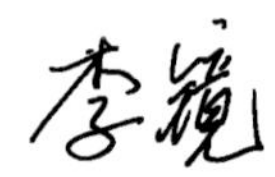

2017年2月

广告索引

序号	企业名称	版位
1	纽科伦（新乡）起重机有限公司	封面
2	河南省矿山起重机有限公司	封二扉页
3	卫华集团有限公司	前特联版
4	浙江双鸟机械有限公司	前特联版
5	江西工埠机械有限责任公司	前特联版
6	常州市常欣电子衡器有限公司	前特页
7	武汉雄驰机电设备有限公司	封三联版
8	江西工埠机械有限责任公司	封底
	绿色智能 转型升级篇	
9	中国重型机械研究院股份公司	A2～A3
10	燕山大学国家冷轧板带装备及工艺工程技术研究中心	A4～A5
11	纽科伦（新乡）起重机有限公司	A6～A7
12	安徽盛运重工机械有限责任公司	A8～A9
13	山东华特磁电科技股份有限公司	A10～A11
14	浙江双金机械集团股份有限公司	A12～A13
15	2017中国（上海）国际重型机械装备展览会	A14
	冶金矿山机械优秀企业篇	
16	南昌矿山机械有限公司	B2
17	淮北矿山机器制造有限公司	B3
18	浙江浙矿重工股份有限公司	B4
19	西门子（中国）有限公司	B5
20	中国机床工具工业年鉴	B6

广告索引

绿色智能 转型升级篇
智造引领 创新驱动 协调发展

中国重型机械研究院股份公司

中国重型机械研究院股份公司（西安重型机械研究所，简称“中国重型院”）创建于1956年，为我国机械工业早期成立的国家冶金重型机械技术研究和归口单位，1999年作为国家第一批转制科研院所转制为科技型企业，加入中国机械工业集团有限公司。2006年国家工商行政管理部门批准组建成立中国重型机械研究院。2009年中国重型机械研究院改制为中国重型机械研究院有限公司。2012年经国家相关部门批准，中国重型机械研究院有限公司变更设立为中国重型机械研究院股份公司。

中国重型院主营业务涵盖：钢铁冶炼、二次精炼、连续铸造、板（带箔）管（棒）型材轧制、精整处理、金属锻造/挤压、拉伸塑性成型、工业烟气净化回收、油页岩炼油与油气输送等所需各种大型、高端、绿色工艺装备的研发设计、成套和工程承包。

中国重型院轻资产运营，以人力资本创造价值。拥有一流的研发机构和科技人才，现有员工900余人，专业技术人员占员工总数的90%以上，其中有中国工程院院士1人，“百千万人才工程”人选3人，全国优秀科技工作者2人，全国工程科技领域突出贡献者杰出工程师1人，享受国家特殊津贴专家15人，博士后3人，在站博士后2人。已建成19个国家、地方和行业研发平台，在建研发平台6个，获得上级单位命名的创新基地和团队13个，覆盖精炼、连铸、轧制、锻压、环保、煤化工等专业技术领域，设有博士后科研工作站。具有国家相关部门颁发的建筑、钢铁、市政公用工程（燃气热力）工程咨询甲级资质，国家建设部门颁发的建筑工程设计甲级资质、冶金、市政公用燃气工程设计乙级资质。“国家冶金重型机械质量监督检验中心”“全国冶金设备标准化技术委员会”挂靠于中国重型院。

自中国重型院成立60年以来，2000多台（套）大型成套差异化、个性化、精细化、智能化的先进技术装备成功应用在国内外钢铁、有色冶金、建材、机械制造、化工、电子、航空航天等行业企业，众多技术、装备填补国内空白、替代进口。累积获得国家、省部和市级奖励340多项，获得国家专利800多件。2006年入选国家“创新型企业试点单位”，2008年荣获国家设立的企业技术创新工程科学技术进步奖（全国共5家），2012年被评为国家技术转移示范机构，2013年荣获“国家知识产权战略实施先进集体”，2014年荣获“国家创新人才培养示范基地”，2015年荣获“国家知识产权优势企业”“陕西省创新方法应用标杆企业”。

转炉煤气干法净化回收系统2015年投产

70tVD炉机械真空泵系统2013年投产

核工业及军事工业生产用36MN铝基陶瓷粉末复合材料挤压机 2016年投产

全自动无缝管生产线LG15～40GHLL型高速冷轧管机组2015年投产

12 000t航空级铝合金板材张力拉伸机获得2015年度国家科学技术进步奖二等奖

地址：陕西省西安市经济技术开发区草滩生态产业园尚林路3699号
邮编： 710032
电话： 029-86322329 **传真：** 029-86713965
E-mail：office@sino-heavymach.com
http://www.xaheavy.com

燕山大学是河北省重点支持的国家一流大学和世界一流学科建设高校

学校源于哈尔滨工业大学，始建于1920年。1958年哈尔滨工业大学重型机械系及相关专业成建制组建了哈尔滨工业大学重型机械学院。1960年开始独立办学，定名为东北重型机械学院。1978年被确定为全国重点高等院校。1985年至1997年学校整体南迁秦皇岛市。1997年更名为燕山大学。2016年，作为教育部选定的两所高校之一，学校的工程专业国家认证，接受了《华盛顿协议》国际专家的观摩考察，支撑了我国正式加入《华盛顿协议》国际工程教育组织。学校占地面积266.67万m^2（4000亩），建筑面积106万m^2。现有教职工3 200人，其中专职教师2 200人，教授459人（含博士生导师200人），副教授682人。现有普通高等教育在校生38 000人。

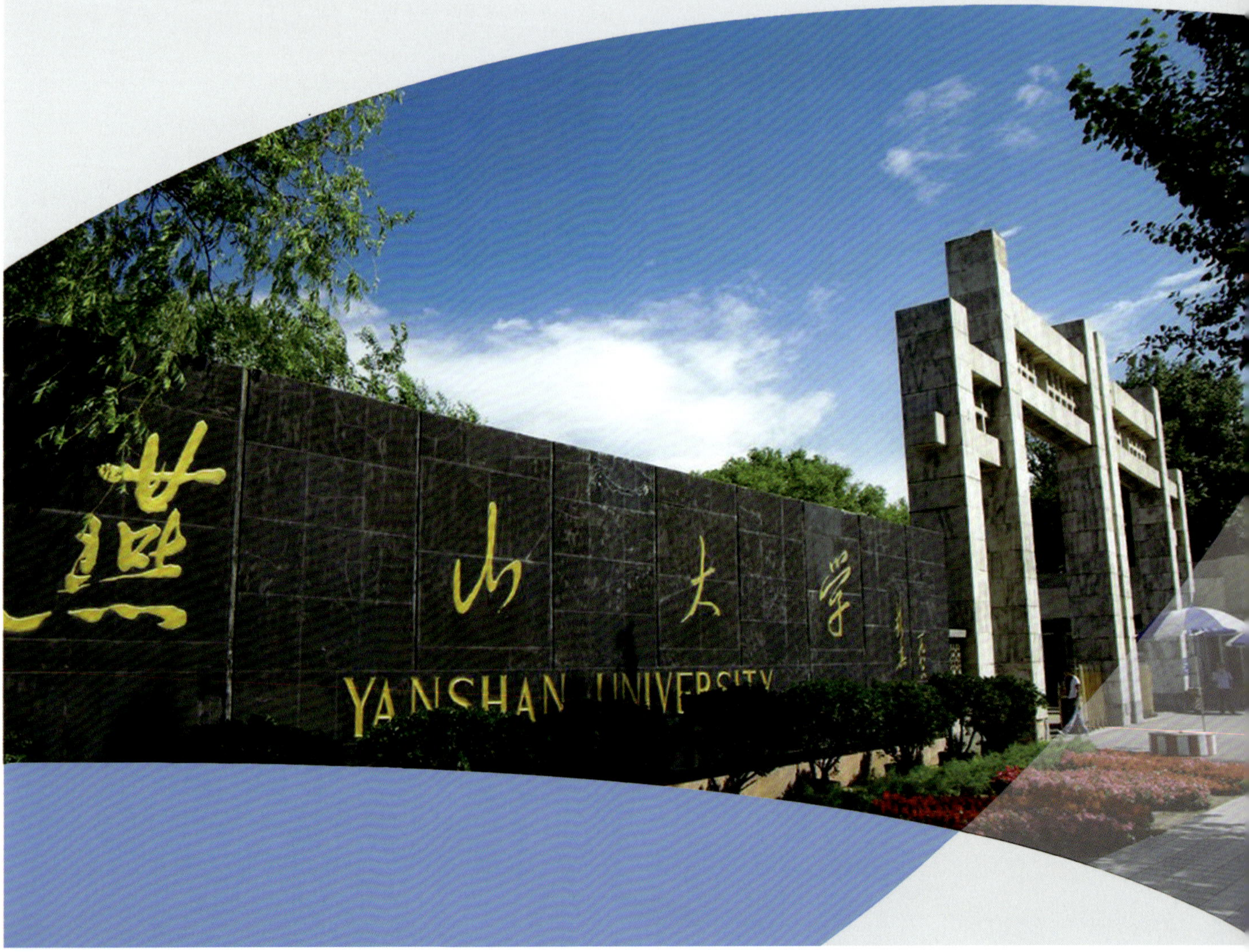

国家冷轧板带装备及工艺工程技术研究中心

燕山大学国家冷轧板带装备及工艺工程技术研究中心建有轧制/测控中试生产线、材料物理模拟、定量结构表征（中-丹联合实验室、YSU-FEI联合实验室）和重型机械智造工程超算中心四大科研平台，中心研发大楼使用面积9 000m²。现有固定人员65人，其中研发人员50人，技术人员10人，管理人员5人。拥有燕赵学者1人，中青年科技创新领军人才1人，百千万人才工程一、二层次人选2人，新世纪百千万人才工程国家人选2人。

中心在板形检测与控制、AGC厚控技术、带钢表面质量控制、轧机振动监测与控制、先进高强钢板带制备、双辊薄带振动铸轧技术及装备等领域，形成了特色技术优势取得了丰硕成果。近年来，承担973项目、863项目、国家科技支撑计划项目、国家自然科学基金重点项目、面上项目等大批研究与开发任务100余项，获国家奖励8项，省部奖励30余项，获得发明专利近百项。发表学术论文457篇，其中被三大索引收录的论文有180余篇。

国家工程技术研究中心研发平台体系

650mm四六辊冷热可逆式板带轧机 Gleeble-3800热模拟试验机

铸轧机

中-丹联合实验室
YSU-FEI联合实验室

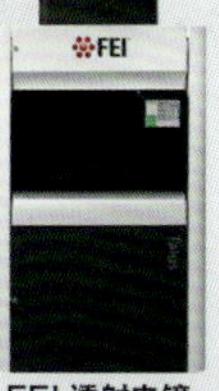

FEI 透射电镜

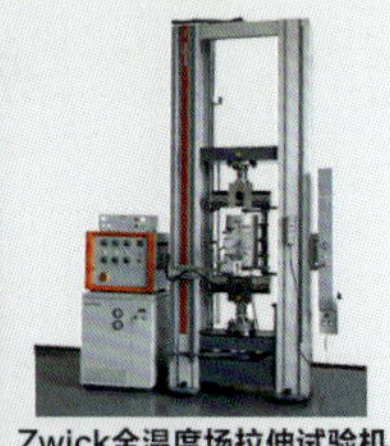
Zwick全温度场拉伸试验机

地址：河北省秦皇岛市河北大街西段438号 邮编(P.C.)：066004
Add: 438, Hebei Avenue, Qinhuangdao City, Hebei Province, P.R.China
电话(Tel)：0335-8387652 传真(Fax)：0335-8387652
E-mail: erc@ysu.edu.cn http://erc.ysu.edu.cn

地址(Add)：河南省长垣县河南起重工业园区
Crane Industrial Zone,Changyuan County,
Henan Province,China
邮编(P.C.)：453400
电话(Tel)：0373-8622066/8622088
网址(Website)：www.nucleon.com.cn
销售热线(Sales Hotline)：400-002-5557

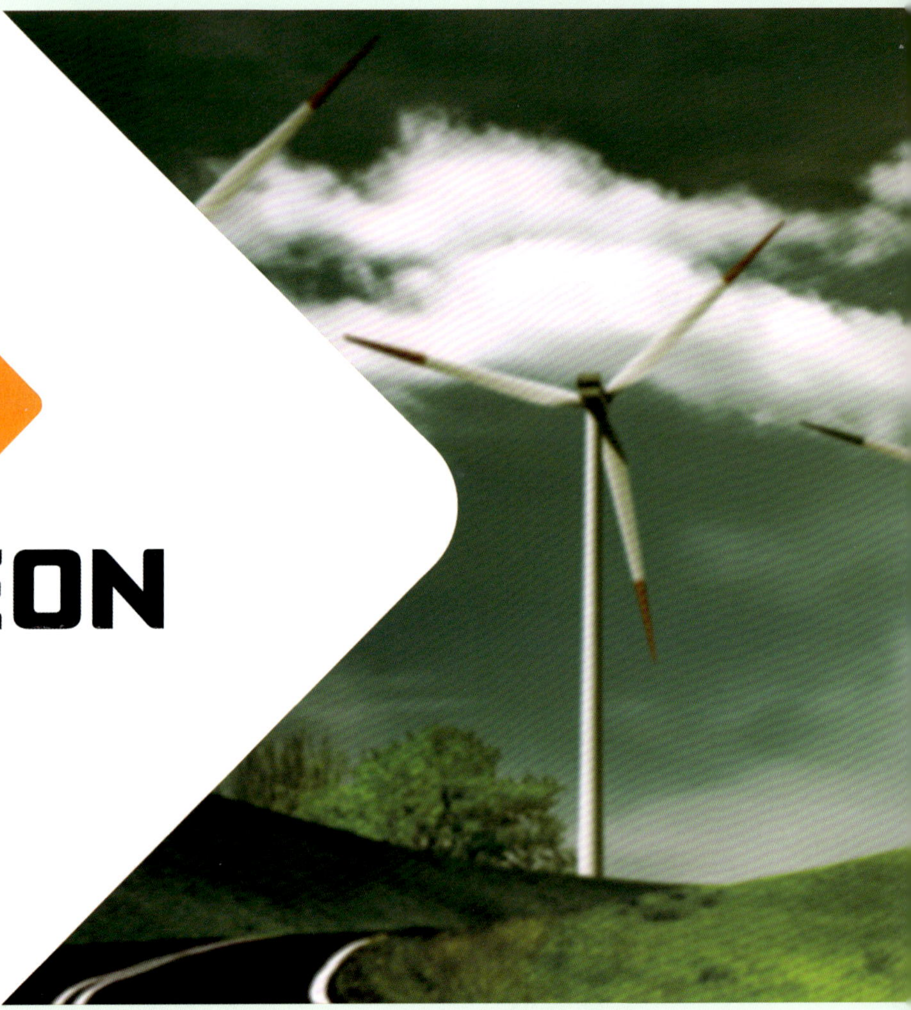

NUCLEON

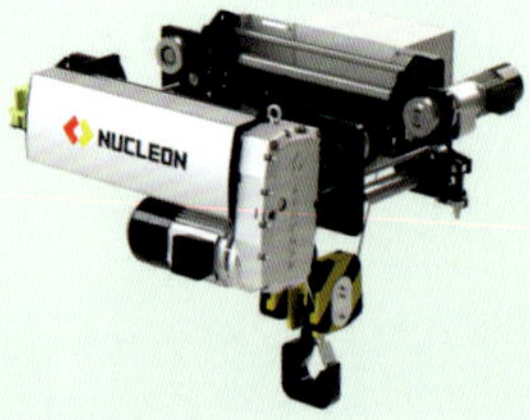

ND型钢丝绳电动葫芦

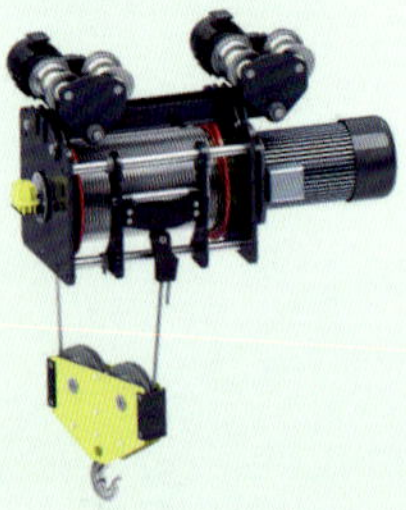

高卷扬电动葫芦

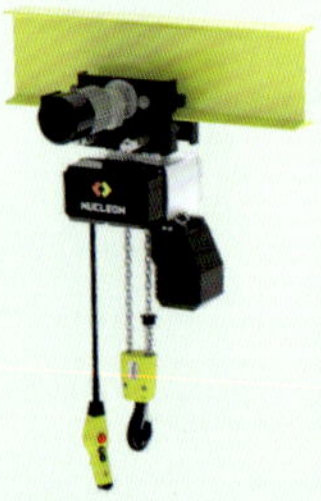

NL型环链葫芦

纽科伦(新乡)起重机有限公司
NUCLEON (XINXIANG) CRANE CO.,LTD.

自攀爬式
风电维修起重机

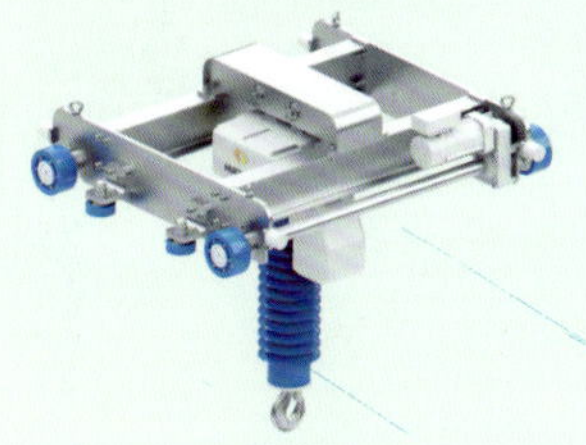

洁净式起重机

HD型电动单梁起重机

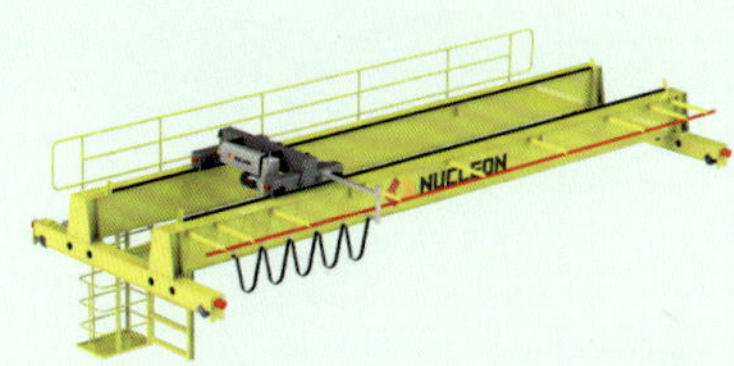

NLH型欧标双梁起重机

SHENGYUN 盛运重工

安徽盛运重工集团是由安徽盛运环保集团输送设备制造板块重组而成，为安徽盛运环保集团重要成员企业，其母公司为安徽盛运重工机械有限责任公司（简称重工集团），下辖新疆盛运重工机械有限公司、上海盛运机械工程有限公司、重工机械公司、重工科技公司以及集团营销总公司和一个省级技术研发中心，在桐城国家经济开发区拥有集研发、设计、生产为一体的重型输送机设备、环保设备智能制造科技产业园。集团公司专业从事矿山物料输送系统工程项目、机电工程项目的投资、技术咨询、设计、运营管理及项目工程总承包；各类输送设备（普通带式、管状、大倾角、矿用、链板、螺旋、斗提、移动、气垫输送机及给料机和破碎机）；环保设备（袋式除尘器、电除尘器、脱硫脱硝脱氮技术处理专用设备）；智能环卫设备的设计、制造、销售、安装及其工程项目总承包；环境工程项目的设计与施工总承包及运营管理；钢结构工程、市政工程的设计、制造、安装、工程劳务及其工程项目总承包。

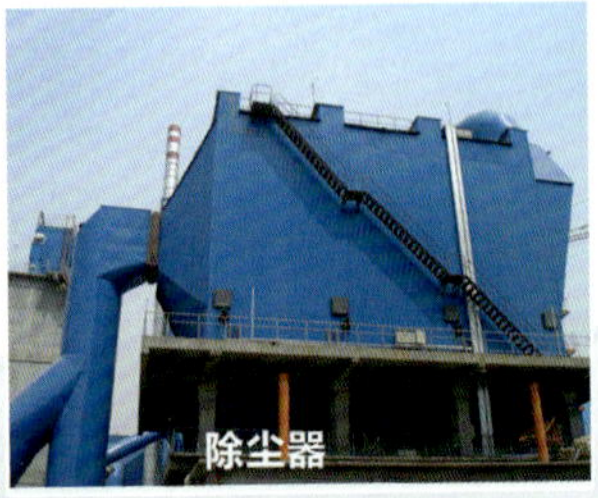
除尘器

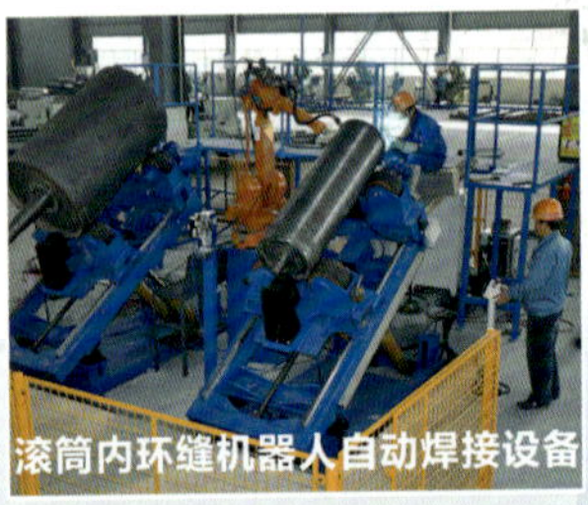
滚筒内环缝机器人自动焊接设备

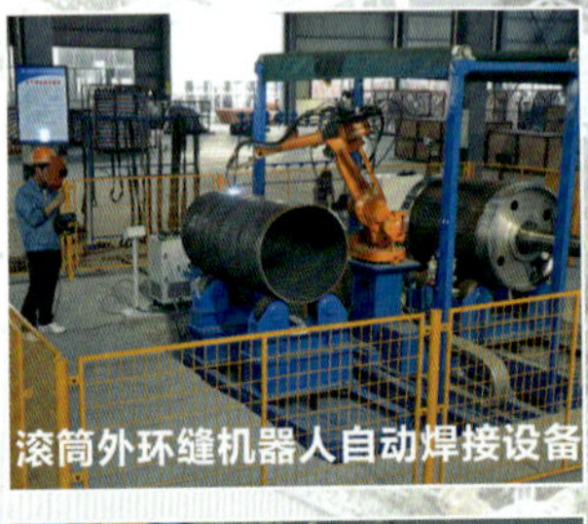
滚筒外环缝机器人自动焊接设备

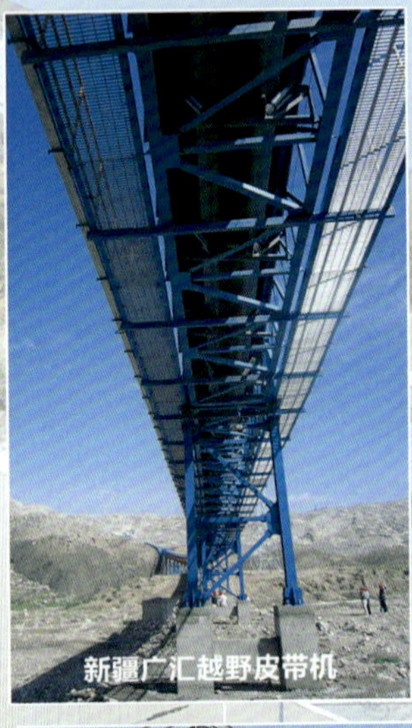
新疆广汇越野皮带机

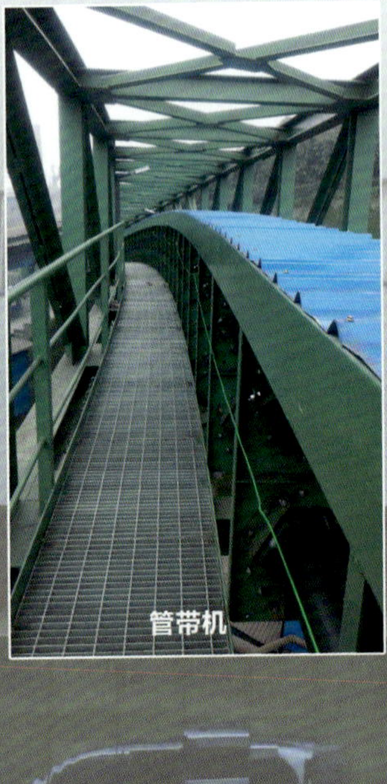
管带机

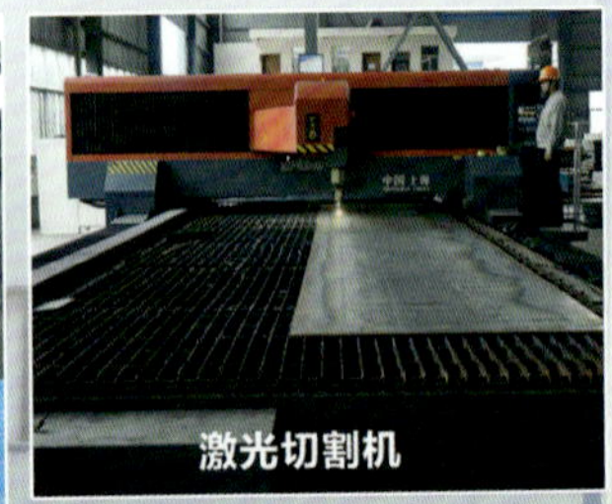
激光切割机

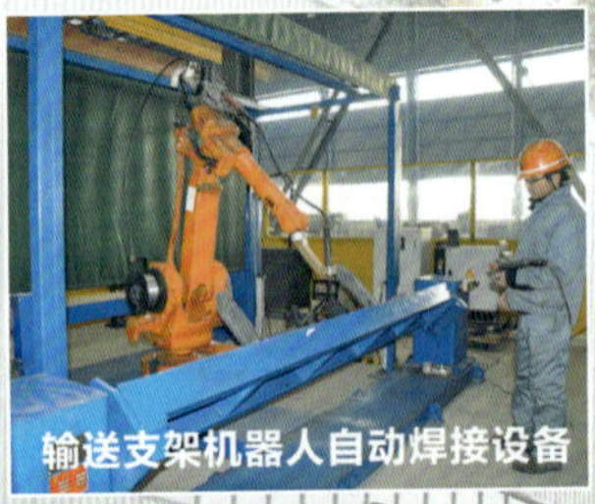
输送支架机器人自动焊接设备

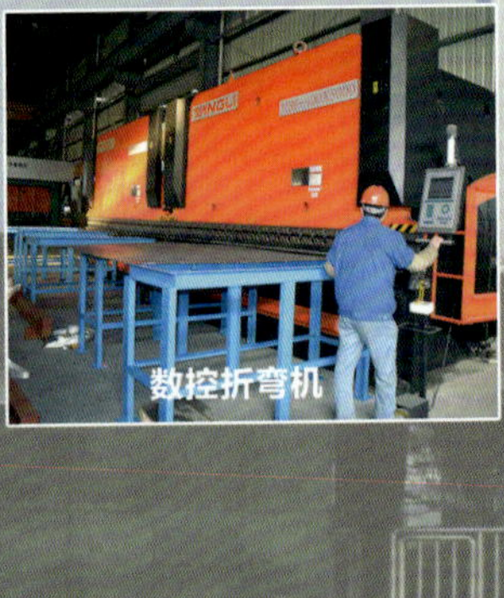
数控折弯机

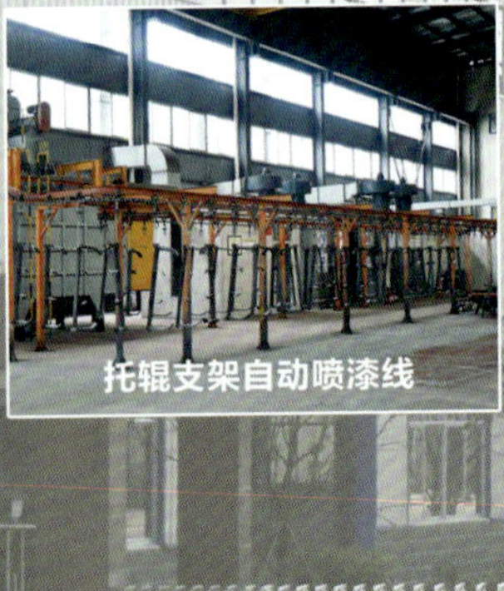
托辊支架自动喷漆线

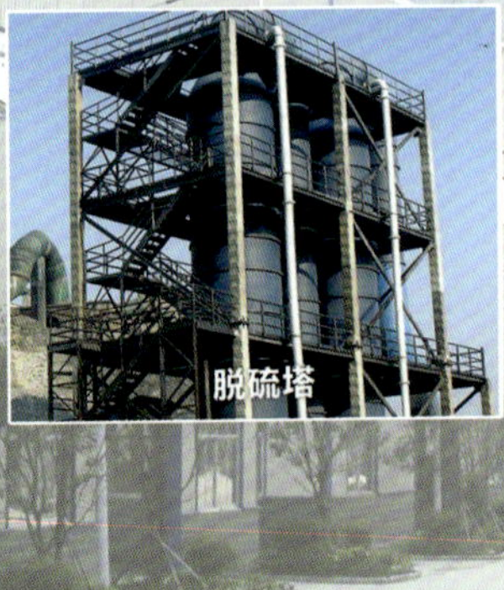
脱硫塔

一体化解决方案，演绎重工装备

地址：安徽省桐城市市区快活岭同安路265号　电话：0556-6206966

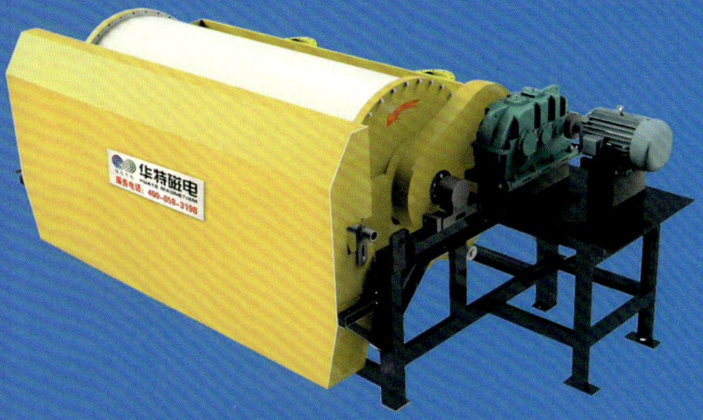

浙江双金机械集团股份有限公司
Zhejiang Shuangjin Machinery Holdings Co., Ltd.

浙江双金机械集团股份有限公司创建于1987年，是一家集矿山机械成套设备的研发、生产、销售及工程项目施工为一体的国家高新技术企业。

公司下设6家控股公司，现有专利220项。公司自主研发了SJ系列圆锥破碎机，SK系列单缸液压圆锥破碎机，SJ—PE、SJ—HP系列颚式破碎机，SJ—ZS系列圆锥式制砂机，ZS系列水平式直线振动筛，SJ—3YA2160圆振动筛，SJ—TD型带式输送机等大型矿山设备，完成了从原先的整机生产企业到装备制造业的成功转型。同时公司成套设备已进入国家核电工程项目，先后承接了山东石岛湾、湖南桃花江、海南核电石料厂项目，是当前国内发展较迅速的矿山机械成套设备及解决方案供应商之一。

公司始终遵循“诚信创新、百年双金”的经营宗旨，始终坚持以“金牌的技术、金牌的服务”为理念，致力于为广大客户提供质量可靠、技术先进的产品和服务。

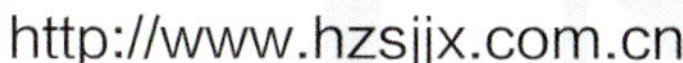

地址：浙江省杭州市余杭区瓶窑镇南山村
销售电话：400 006 1987　　传真：0571-88537368
E-mail：sales@hzsjjx.com.cn
http://www.hzsjjx.com.cn

冶金矿山机械优秀企业篇
展冶金矿山机械企业之风采，树优秀企业之品牌

广告

高端品牌

专注高端需求

源于欧洲领先破碎筛分技术
半个世纪专业制造经验

CC系列圆锥破碎机

GC系列旋回破碎机

南昌矿机秉承“专业领先、诚信至上”的经营理念，专业从事矿物加工处理、产品研发、设备制造、工程承包和运营服务，是国内破碎、筛分行业的技术领导者之一。南昌矿机至今仍不断创新进取，致力于提供先进的产品与技术方案，满足客户不断变化的高端需求。

质量、创新、可靠是我们今天和未来的承诺。

主要用户包括：国内的中国黄金、山东黄金、中铝、五矿、紫金、洛钼、中钢、宝钢、武钢、马钢、太钢、攀钢、中国水电建设、葛洲坝、中核、中广核、上海建工、中联水泥和华夏建龙矿业等大中型企业；国外的巴西、南非、美国、澳洲、俄罗斯、印度、越南、伊朗、芬兰、蒙古、巴基斯坦、几内亚、纳米比亚和刚果（金）等国家的矿山和砂石骨料企业。

产品包括：

- GC系列旋回破碎机
- JC系列颚式破碎机
- CC系列液压圆锥破碎机
- HS系列反击式破碎机
- VS系列立轴式破碎机
- YKR/ZKR系列振动筛
- HPF系列棒条给料机
- MP/MK移动式破碎筛分站
- CLTC干法-湿法除尘设备

NMS 南昌矿山机械有限公司

地址：江西省南昌市湾里区红湾大道300号

电话/传真：0791-8376 0893/8376 1006　手机：138 0352 4211（刘先生）　邮箱：sales@nmsystems.cn　网址：www.nmsystems.cn

NZT-53中心传动浓缩机

公司产品内蒙古使用现场

公司产品内蒙古使用现场

云南产品使用现场

国内大型深锥江锂现场

云铜大红山铜矿NTD-60S浓缩机使用现场

淮北矿山机器制造有限公司

淮北矿山机器制造有限公司成立于2004年，注册资金1 700万元，为淮北矿山机器厂改制的股份制企业。是中国重型机械工业协会洗选专业委员会副理事长单位、全国矿山机械标准化委员会委员单位、国家高新技术企业、安徽省高科技民营企业、安徽省经信委500家“专、精、特、新”重点监测企业之一、安徽省装备制造业重点企业、具有省级技术研发中心。

公司高度重视技术的投入和研发。与清华大学、中国矿业大学、北京有色金属研究院、昆明钢铁研究院、马鞍山钢铁研究院等进行技术交流，先后投入700多万元成立了“安徽省高效浓缩机重点实验室”“淮北市洗选设备暨高效浓缩机工程技术研发中心”等研发机构，建立了室外高效浓缩机半工业化模拟实验装置。同时，公司每年都拿出数百万元用于技术研发和技术人员的奖励，规范奖励办法，培养了一大批素质高、专业技术过硬的人员。

公司每年可生产大型选矿设备300余台，产品销售约占国内同行业市场的50%，同时公司不断扩大国际市场，产品先后出口到哈萨克斯坦、沙特阿拉伯、南非、吉尔吉斯斯坦、巴布亚新几内亚、印度、赞比亚和刚果等国家。

公司秉承“上善若水、厚德载物”的经营哲学，并将其做为淮北矿机人的道德标准。本着“以人为本，才尽其用”的用人宗旨，拼搏进取，彰显自我。

公司先后起草和制定了10项矿山机械类产品的国家标准，拥有国家专利33项，其中三项发明专利。截至目前，公司共研发新产品、新技术达40余项，有十余项产品获得省市县的奖励，其中“GSZN-35高效深锥浓缩机”和“NXZ-53中心传动高效浓缩机”被评为国家重点新产品和安徽省重点新产品，两项被省科技厅评为“高新技术产品”。

董事长：胡善宏13965876158　销售总经理：杨勇13965898976
副总经理：李从军13909618508
公司地址：安徽省淮北市濉溪经济开发区白杨路15号

广告

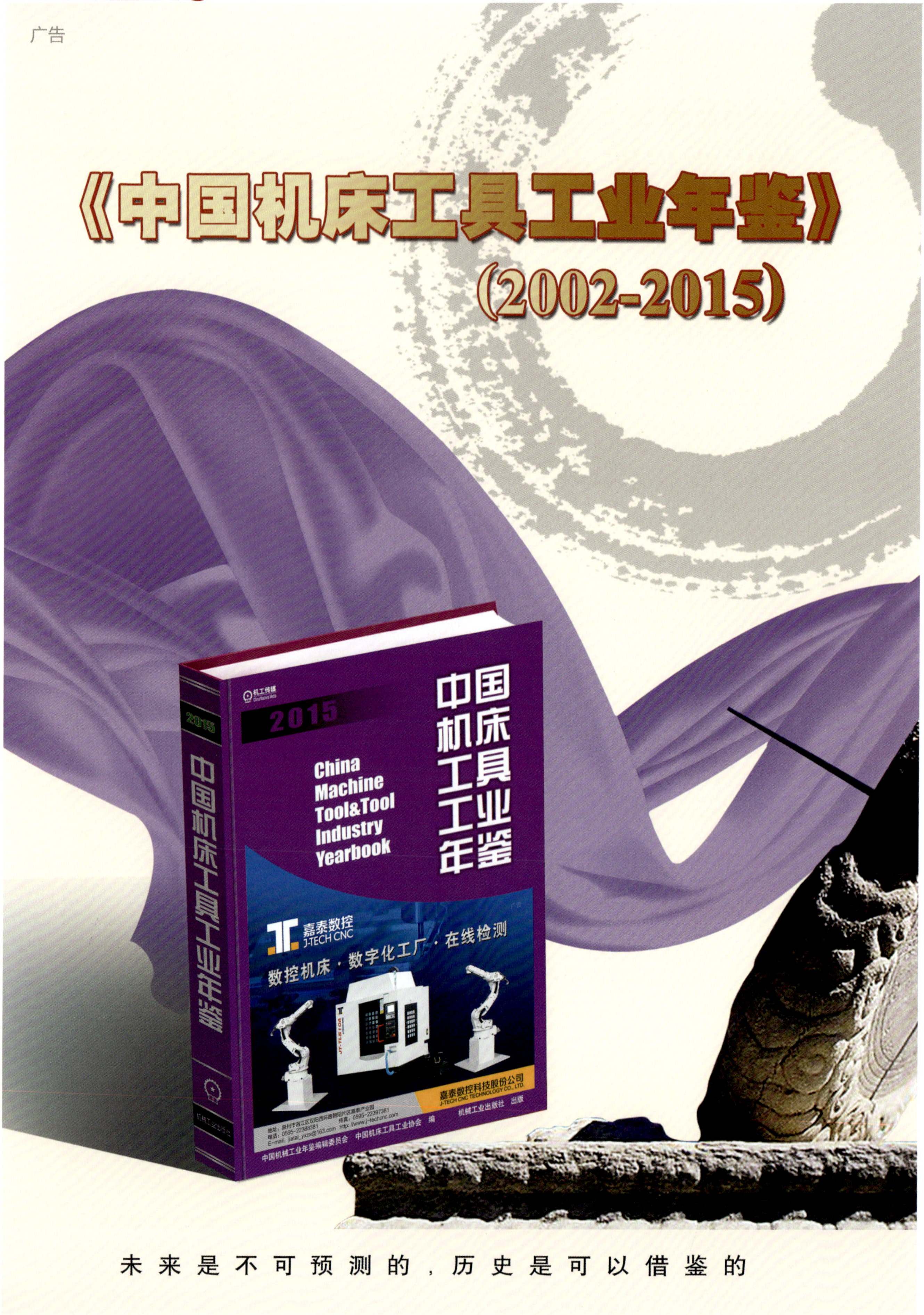
《中国机床工具工业年鉴》
(2002-2015)
2015
China Machine Tool&Tool Industry Yearbook
中国机床工具工业年鉴
嘉泰数控
J-TECH CNC
数控机床 · 数字化工厂 · 在线检测
嘉泰数控科技股份公司
机械工业出版社 出版
中国机床工具工业年鉴
未来是不可预测的，历史是可以借鉴的

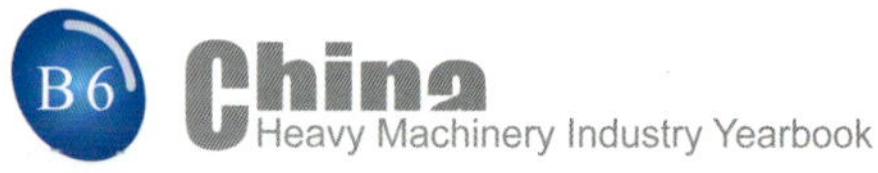

起重运输机械
优秀企业篇
展起重运输机械企业品牌价值，引导他们为行业发展做出贡献

中国·八达机电有限公司

BADA MECHANICAL & ELECTRICAL CO.,LTD. · CHINA

公司创建于1993年，是一家集研发、生产、销售为一体的国家高新技术、国家无区域性企业，主要生产“BADA”牌微型电动葫芦、电动绞盘等系列产品。公司资产总额超亿元，员工380余名，技术管理人员100人，厂区建筑面积4.9万㎡，2008年出口交货值2 500万美元。公司系瑞安市50强企业、瑞安市活力和谐企业、温州市大集团培育企业和温州市“五个一批”重点企业、浙江省清洁生产企业；浙江省纳税AAA级信誉企业、经营AAA级诚信企业、银行资信AAA级企业、安全生产标准化企业；全国创名牌重点企业。

公司是全球大型的“单相电动葫芦”制造商，属国家钢丝绳电动葫芦行业标准起草单位之一，设有“浙江省单相电动葫芦技术研发中心”“浙江省企业技术中心”和“国家教育相关部门计算机辅助产品创新设计工程中心八达产业基地”。公司生产的“BADA”牌单相微型电动葫芦PA系列产品，填补了国家微型起重设备的空白，获得13项国家专利，同时被列入“国家重点新产品”和“国家星火计划项目”。产品分别通过了欧盟“CE”“EMC”，德国“GS”“PAHS”，美国“UL”，加拿大“CUL”认证，欧盟“WEEE”“RoHS”绿色双指令认证，多款产品通过TüV的FFU测试。公司通过了ISO9001:2000、ISO14001和GB/T18000认证。产品远销欧美50多个国家和地区，国内外市场占有率均在60%以上，并在欧美16个国家和地区以及中国香港、中国台湾注册了“BADA”牌商标。先后获得“温州名牌产品”“温州知名商标”“浙江名牌产品”“浙江知名商号”和“浙江著名商标”等荣誉。

务实的团队精神、优秀的员工队伍、扎实的管理基础、灵活的经营机制、先进的企业理念、一流的工艺装备、过硬的产品质量、良好的售后服务有效保证了企业的稳定和可持续发展。

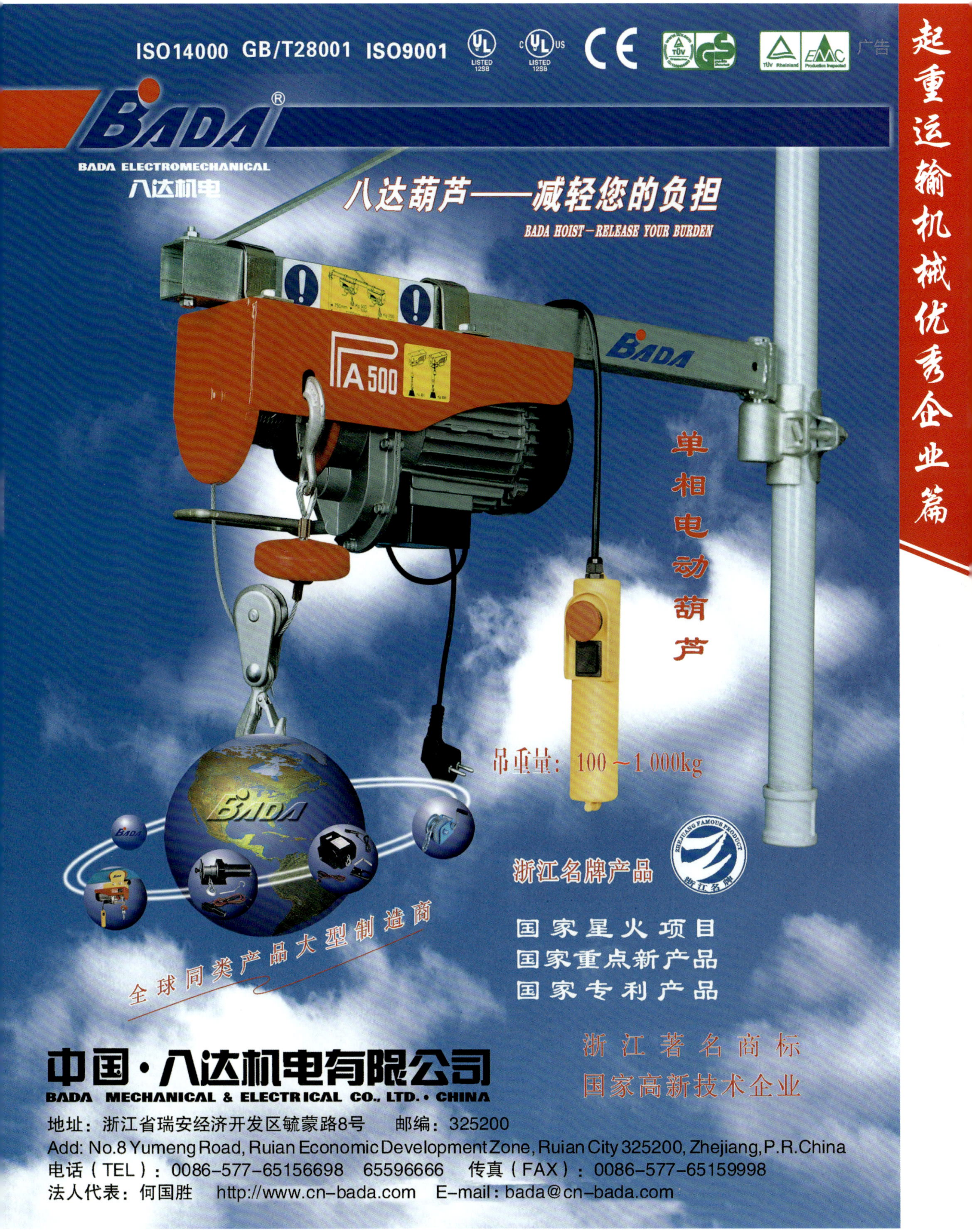
ISO14000 GB/T28001 ISO9001
广告
BADA
BADA ELECTROMECHANICAL
八达机电
八达葫芦——减轻您的负担
BADA HOIST—RELEASE YOUR BURDEN
PA500
单相电动葫芦
吊重量：100～1 000kg
浙江名牌产品
国家星火项目
国家重点新产品
国家专利产品
浙江著名商标
国家高新技术企业
全球同类产品大型制造商
中国·八达机电有限公司
BADA MECHANICAL & ELECTRICAL CO., LTD.·CHINA
地址：浙江省瑞安经济开发区毓蒙路8号　邮编：325200
Add: No.8 Yumeng Road, Ruian Economic Development Zone, Ruian City 325200, Zhejiang, P.R.China
电话（TEL）：0086-577-65156698　65596666　传真（FAX）：0086-577-65159998
法人代表：何国胜　http://www.cn-bada.com　E-mail：bada@cn-bada.com
起重运输机械优秀企业篇

广告

国机集团
BMHRI 北京起重运输机械设计研究院
BEIJING MATERIALS HANDLING RESEARCH INSTITUTE
www.bmhri.com
著名物流装备集成商
1958年成立的自动化物流仓储系统集成商
中国自动化物流仓储系统设计制造承建的开创者
五百余套自动化立体仓库的物流仓储设备系统
百余套自动化物流配送中心的物流仓储设备系统
数十套连接生产的自动输送及码垛设备系统
（以上数据出自北起院研发中心）
客户群包括：
医药、服装、轻纺、白酒、食品、饮品、物资、电商、
家居、图书、电气、航空、机械、汽车、军工等多个行业
地址：北京市东城区雍和宫大街 52 号 / 邮编：100007 / 电话：010-64052589 / 传真：010-64032337 / http://www.bmhri.com

广告

起重运输机械优秀企业篇

有色冶炼专用起重机

立体停车装备

1 500t/h多用途卸船机

先进制造 专业典范

铝冶炼电解专用起重机

核电（OT厂房）专用起重机

株洲天桥起重机股份有限公司（简称“天桥起重”，股票代码：002523）成立于1999年，由株洲起重机厂改制而成，2010年在深交所中小企业板挂牌上市，注册资本8.43亿元，现有5家全资或控股子公司，在职员工1500余人，其中各类中高层次及复合型技术人才近500人。是中国重型机械工业协会常务理事单位、全国起重机械标准化技术委员会委员单位。

公司主营业务涵盖通用桥门式起重机、有色（铝、钢铁、铜、铅、锌）冶炼专用起重机、港口装卸设备、有色冶炼地面智能装备、立体停车装备、选煤机械装备、起重机配件制造等。产品广泛应用于电力、冶金、港口、核电等领域，公司产品销售市场和工业服务范围覆盖亚洲、欧洲、美洲和非洲等多个国家和地区。

公司将以高擎中国重装工业先进制造的旗帜为己任，秉承“诚信、敬业、自强、卓越”的企业精神，坚持“顾客至上、诚信为本、规范管理、精心运作、持续改进、开拓创新”的质量方针，以技术与管理创新为动力，大力推进企业转型和产业升级，实现从产品输出向技术输出和资本输出的转变，努力把公司打造成为以物料搬运装备为核心的重装工业装备系统解决方案供应商。

株洲天桥起重机股份有限公司
ZHUZHOU TIANQIAO CRANE CO., LTD.

地址：湖南省株洲市石峰区田心北门新民路266号
电话：0731-22337000－8028　传真：0731-22337000－8009

China
Heavy Machinery Industry Yearbook

名优配套件篇

根据主机配套的要求，围绕新技术、新产品，
树立名优配套件品牌

山东省德州市金宇机械有限公司

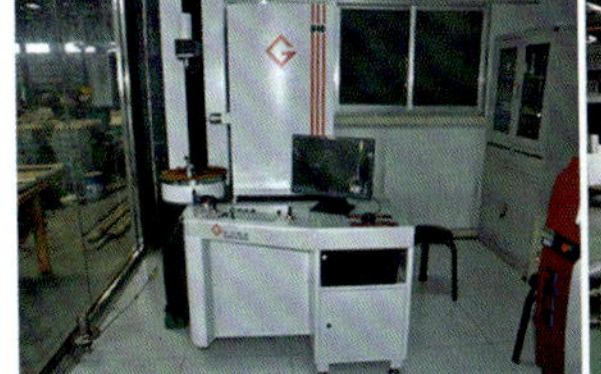
齿轮测量中心

进口台湾陆联数控蜗杆磨床3080

大型数控环面蜗杆专机GJK800

大型平面二次包络环面蜗轮副

精密双导程无间隙蜗轮蜗杆副

平面二次包络环面蜗杆减速机

圆弧齿圆柱蜗杆减速器

轧机压下锥面包络减速机

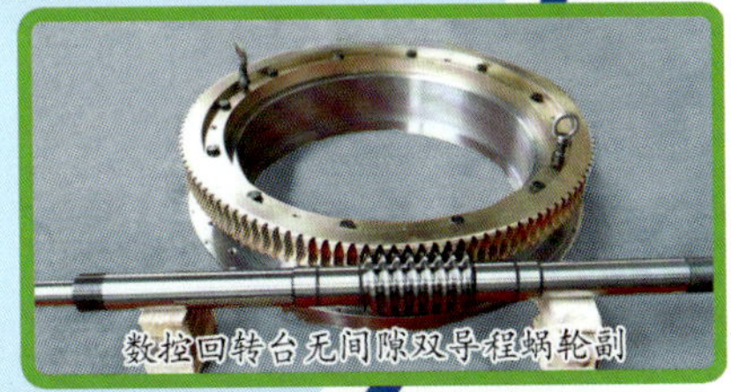
数控回转台无间隙双导程蜗轮副

A1400大型蜗轮副

钢厂连铸机专用A225二次包络减速机

TPU平面二次包络环面蜗杆减速机

A850尼曼圆弧齿蜗轮副

钢厂专用—RD240二次包络减速机

山东省德州市金宇机械有限公司，隶属于部队军械所，始建于1984年，是一家从事平面二次包络减速机、圆弧齿蜗轮减速机、精密无间隙蜗轮副等产品的开发、设计、生产制造的专业厂家。率先通过ISO9000认证，机械工业设计院圆弧齿研究室推荐单位；获得第四届中国通用机械工业博览会金奖；荣获4项国家技术专利；聘请平面二次环面包络蜗杆专家、《平面二次包络环面蜗杆减速器国家标准》起草人之一张建刚为技术总监。

公司技术力量雄厚，检测手段完善，拥有铜轮光谱检测仪，减速机功率测试台，哈量齿轮检测中心。拥有数控包络专机5台，二次包络专机18台，大型Y31125滚齿机5台，大型Y31200滚齿机2台，中捷T6118镗床8台，精密数控机床38天，立式VS-1170加工中心5台，汉江S7732蜗杆磨床4台，精度可达5级。2014年引进台湾陆联数控蜗杆磨床，加工精度可达4级，可加工ZA、ZN、ZI、ZK、ZC各种齿形，满足客户任意头数的需要。

产品应用于军工产品飞机仪表精密、海洋平台、钢厂轧机压下、轮胎硫化机、数控机床回转台等领域。

官方微信

官方网站

地址：山东省德州市天衢工业园前小屯路8号（德州高速北出口西1km处）
邮编：253000 电话：0534-2745032 2745033 2745001
手机：13905342183（金树森） 传真：0534-2745033 2745032
http://www.jyjsj.com E-mail：dzjinyu@163.com

综合索引

中国重型机械工业年鉴二维码

鉴证行业发展足迹
振兴重型装备工业

中国机械工业年鉴系列

《中国机械工业年鉴》

《中国电器工业年鉴》

《中国工程机械工业年鉴》

《中国机床工具工业年鉴》

《中国通用机械工业年鉴》

《中国机械通用零部件工业年鉴》

《中国模具工业年鉴》

《中国液压气动密封工业年鉴》

《中国重型机械工业年鉴》

《中国农业机械工业年鉴》

《中国石油石化设备工业年鉴》

《中国塑料机械工业年鉴》

《中国热处理行业年鉴》

《中国齿轮工业年鉴》

《中国磨料磨具工业年鉴》

《中国机电产品市场年鉴》

《中国机械工业集团年鉴》

中国工业年鉴出版基地

编辑说明

一、《中国机械工业年鉴》是由中国机械工业联合会主管、机械工业信息研究院主办的大型资料性、工具性年刊，创刊于 1984 年。

二、根据行业需要，1998 年中国机械工业年鉴编辑委员会开始出版分行业年鉴，逐步形成了中国机械工业年鉴系列。该系列现已出版了《中国电器工业年鉴》《中国工程机械工业年鉴》《中国机床工具工业年鉴》《中国通用机械工业年鉴》《中国机械通用零部件工业年鉴》《中国模具工业年鉴》《中国液压气动密封工业年鉴》《中国重型机械工业年鉴》《中国农业机械工业年鉴》《中国石油石化设备工业年鉴》《中国塑料机械工业年鉴》《中国热处理行业年鉴》《中国齿轮工业年鉴》《中国磨料磨具工业年鉴》《中国机械工业集团年鉴》和《中国机电产品市场年鉴》。

三、《中国重型机械工业年鉴》作为该年鉴系列之一，2005 年创办，每年出版一期，2016 年为第 12 期。该年鉴集中反映了重型机械行业的发展情况，全面系统地提供了重型机械行业及其企业的主要经济技术指标。

四、《中国重型机械工业年鉴》2016 年版内容由综述、大事记、行业篇、市场篇、企业篇、统计资料、标准与质量和附录 8 部分构成，统计资料中的数据为快报数据，由中国重型机械工业协会提供，数据截至 2015 年 12 月 31 日。

五、本年鉴在编纂过程中得到了中国重型机械工业协会及所属分会、研究院所和企业的大力支持和帮助，在此深表谢意。

六、未经中国机械工业年鉴编辑部的书面许可，本书内容不允许以任何形式转载。

七、由于水平有限，难免出现错误及疏漏，敬请批评指正。

中国机械工业年鉴编辑部

2017 年 1 月

目　录

综　述

大事记

行业篇

市场篇

企业篇

统计资料

标准与质量

附　　录

Contents

Summary

Calendar

Industry

Markets

Enterprises

Statistical data

Standards & quality

Appendix

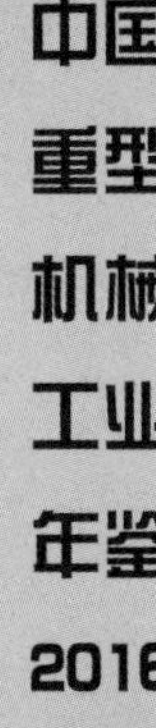

述

回顾2015年重型机械行业发展状况，公布2015年中国重型机械科学技术奖获奖情况，指出当前行业发展中存在的问题，并提出措施建议。回顾总结“十二五”重型机械行业取得的成绩和经验，以及1949—2015年重型机械行业主要经济指标

Reviewing the development of heavy machinery industry in 2015, announcing the winners of Science and Technology Award of China heavy machinery industry, pointing out problems existing in the development of heavy machinery industry, and putting forward suggestions on countermeasures.Review and sum up the achievements and experience of China heavy machinery industry in “Twelfth Five-Year”, attainment of main economic indexes of China heavy machinery industry in 1949—2015

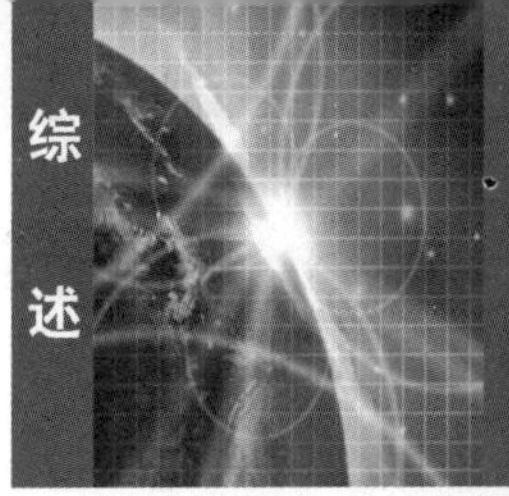

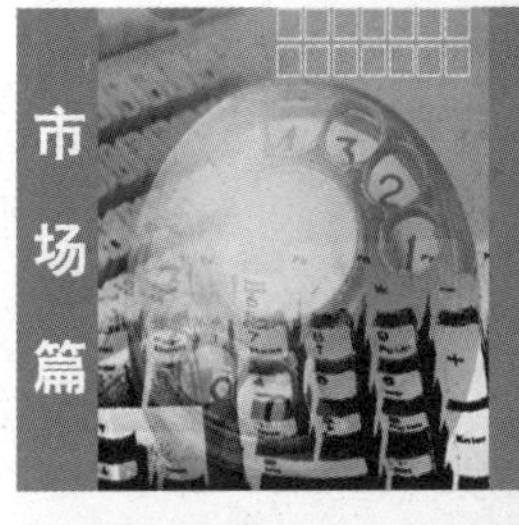

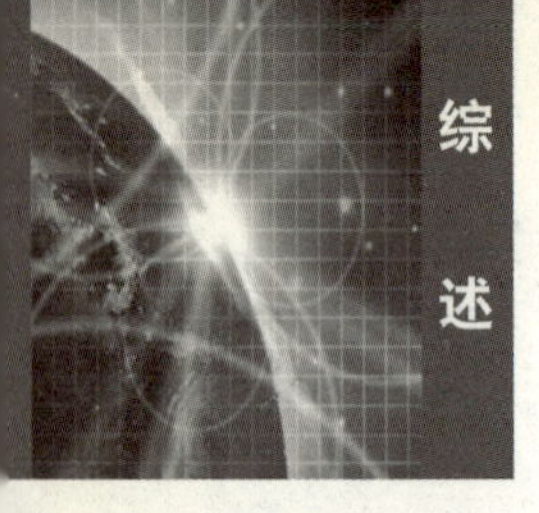

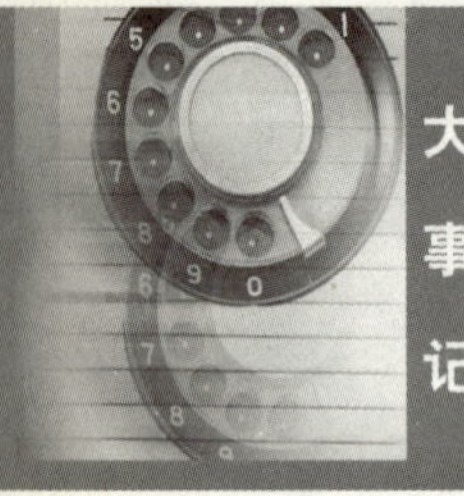

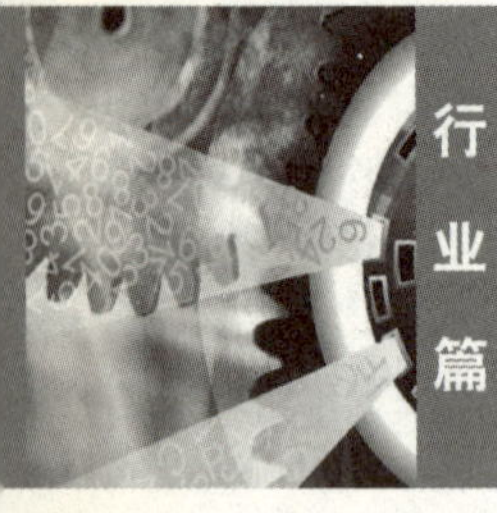

综述

2015 年重型机械行业主要经济指标完成情况

重型机械行业是机械工业中冶金机械制造业、重型锻压机械、矿山机械制造业和物料搬运机械制造业以及大型铸锻件制造业的合称。

按照《GB/T 4754—2011 国民经济行业分类》新标准的规定，重机行业归口的行业小类已由原冶金设备、采矿采石（矿山）设备和起重运输设备 3 个行业小类，变更为：冶金设备、矿山机械和轻小型起重设备、起重机、生产专用车辆、连续搬运设备、电梯自动扶梯及升降机、其他物料搬运设备等 8 个行业小类，并从 2012 年开始执行。

为反映本行业实际情况，本文根据行业特点的不同，按冶金机械、矿山机械和物料搬运机械三个分行业来分述（将轻小型起重设备、起重机、生产专用车辆、连续搬运设备、电梯自动扶梯及升降机、其他物料搬运设备归为物料搬运机械）。

一、行业基本运行情况

2015 年是我国步入经济发展新常态的一年，其主要表现为经济高速增长转向中高速增长过程中伴随的一系列发展状态。2015 年，全国固定资产投资增速为 10.00%，比 2014 年的 15.7%，再降 5.70 个百分点，钢铁、水泥、发电等重点行业 2015 年的产量增速均处于下降状态，重型机械行业增速也随之趋缓，已接近正负临界点。

2015 年，全国机械工业主要经济指标增幅在 2014 年大幅回落至 10% 左右的基础上继续下滑，工业增加值增速已降至 5.5%（全国工业 6.1%）。特别是前三个季度持续下行，工业增加值增速 8 月当月下跌至 3.7%，四季度略有小幅回升。在 119 种主要产品中，2015 年累计产量比上年增长的仅有 38 种，占比 31.93%；比上年下降的有 81 种，占比 68.07%。产量下降较大的产品主要集中在内燃机、工程机械、载货车、冶金矿山机械、石化装备、其他专用设备、常规发电设备和基础零部件等。在机械工业各行业中，与投资紧密相关的工程机械、重型机械行业、石化通用机械行业投资意愿减弱。

重型机械行业 2015 年各月主营业务收入增速均在临界点上下波动，其中 1—2 月份为全年最高点 2.86%，3 月份下降 1.5 个百分点，并于 4 月、5 月份进入负增长区域，6 月份以后开始回升，但始终游离在 0 ~ 1 区间，至 12 月份全年主营业务收入增速为 0.61%，远低于上年同期的 7.78%，为近十几年来的最低点。2015 年重型机械行业主要经济指标完成情况见表 1。2013—2015 年重型机械各分行业主营业务收入增速见表 2。

表 1 2015 年重型机械行业主要经济指标完成情况

名称	主营业务收入（亿元）	比上年增长（%）	主营业务成本（亿元）	比上年增长（%）	利润总额（亿元）	比上年增长（%）	利润率（%）	上年同期（%）
重型机械行业合计	12 226.22	0.61	10 289.38	0.56	764.60	12.76	6.25	5.58
1. 冶金机械行业	1 196.63	1.82	1 060.96	2.45	24.24	-149.61	2.03	-4.16
2. 矿山机械行业	4 173.25	1.55	3 602.57	2.16	202.48	-7.00	4.85	5.30
3. 物料搬运机械行业	6 856.61	-0.23	5 625.85	-0.79	537.88	5.62	7.84	7.42

表 2 2013—2015 年重型机械各分行业主营业务收入增速 （单位：%）

行业名称	2013 年	2014 年	2015 年
冶金机械行业	2.93	2.29	1.82
矿山机械行业	10.81	8.13	1.55
物料搬运机械行业	12.53	8.65	-0.16

二、主要产品完成情况

1. 基本情况

从 2015 年行业主要产品的生产情况看，冶金机械行业、矿山机械行业、物料搬运机械行业的主要产品多处于下降状态。2015 年重型机械行业主要产品产量见表 3。

2. 各分行业主要产品产量走势

冶金机械行业中，冶炼设备 2013 年产品产量增幅为 5.75%、2014 年为 -3.49%、2015 年为 -11.62%，连续下行趋势加速。轧制设备 2013 年增幅为 -5.08%、2014 年为 -11.96%、2015 年为 -17.24%，连续下滑，尚未形成底部区域。矿山机械产品产量增幅 2013 年为 -6.47%、2014 年为 0.98%、2015 年为 -8.27%，波动幅度过大，下行趋势特征显著。物料搬运机械中：起重机产品产量增幅2013年为7.30%、2014年为6.79%、2015年为11.32%，呈中低速平稳运行；输送机械产品2013年为17.31%、2014年为13.87%、2015年为0.16%，产量连续下行，走势尚待观察。

表3　2015年重型机械行业主要产品产量

产品名称	企业数（家）	单位	2015年产量	2014年产量	比上年增长（%）
一、冶金机械					
金属冶炼设备	98	万t	65.55	74.17	-11.62
金属轧制设备	73	万t	51.22	61.89	-17.24
二、矿山机械	679	万t	730.09	795.93	-8.27
水泥设备	67	万t	79.81	92.02	-13.28
三、物料搬运机械					
起重机	510	万t	1 186.84	1 066.16	11.32
输送机械（输送机和提升机）	164	万t	267.48	267.06	0.16
内燃叉车	44	万台	23.31	24.99	-6.72
电动叉车	41	万台	18.59	17.49	6.30
减速机	176	万台	592.28	634.09	-6.59
四、锻件	666	万t	1 231.37	1 233.71	-0.19

3. 产品分布情况

冶炼设备：2015年全国有厂家98个（上年106个），分布在21个地区。其中：河北省15家企业13.47万t、甘肃省1家企业12.18万t、辽宁省7家企业7.65万t；这三个地区企业数占比为23.47%，产量数占比为50.80%。

轧制设备：2015年全国有厂家73个（上年75个），分布在20个地区。其中：福建省4家企业13.75万t、河北省13家企业9.85万t、江苏省9家企业5.77万t；这三个地区企业数占比为35.62%，产量数占比为57.34%。

锻件：2015年全国有厂家666个（上年687个），分布在26个地区。其中：山东省167家企业477.59万t、河南省37家企业126.84万t、江苏省86家企业120.31万t；这三个地区企业数占比为43.54%，产量数占比为58.86%。

矿山设备：2015年全国有厂家679个（上年681个），分布在28个地区。其中：河南省95家企业165.01万t、河北省59家企业74.24万t、山东省80家企业60.67万t；这三个地区企业数占比为34.46%，产量数占比为41.08%。

水泥设备：2015年全国有厂家67个（上年73个），分布在13个地区。其中：江苏省19家企业29.47万t、河南省12家企业14.54万t、辽宁省4家企业9.93万t；这三个地区企业数占比为52.24%，产量数占比为67.50%。

起重机：2015年全国有厂家510个（上年504个），分布在26个地区。其中：山东省87家企业420万t、河南省148家企业383.50万t、安徽省18家企业86.95万t；这三个地区企业数占比为49.61%，产量数占比为75.03%。

输送设备：2015年全国有厂家164个（上年156个），分布在23个地区。其中：安徽省28家企业49.10万t、辽宁省8家企业46.98万t、湖南省6家企业38.14万t。这三个地区企业数占比为25.61%，产量数占比为50.18%。

减速机：2015年全国有厂家176个（上年178个），分布在23个地区。其中：浙江省39家企业214.46万台、江苏省23家企业166.24万台、河南省15家企业39.65万台。这三个地区企业数占比为43.75%，产量数占比为70.97%。

三、行业经济指标完成情况

重型机械行业2015年资产总额为12 183.89亿元，比上年增长4.40%；负债总额7 075.11亿元，比上年增长0.67%；产品销售收入12 226.22亿元，比上年增长0.61%；应收账款净值2 646.47亿元，比上年增长2.50%；利润总额764.60亿元，比上年增长12.76%；利润率6.25%，比上年同期上升0.67个百分点；全年行业亏损面为15.03%，比2014年的10.49%，上升4.54个百分点。2015年各分行业资产总额、负债总额占比见图1。

1. 利润总额

2015年，全行业实现利润总额764.60亿元，其中：冶金机械行业实现24.24亿元，比上年下降149.61%；矿山机械行业实现202.48亿元，比上年下降7.00%；物料搬运机械行业实现537.88亿元，比上年增长5.62%。2013—2015年各分行业利润总额比较见图2。

2. 利润率

2015年行业利润率为6.25%，其中：冶金机械行业为2.03%，比2014年的-4.16%上升6.19个百分点；矿山机械行业为4.85%，比2014年的5.30%下降0.45个百分点；物料搬运机械行业为7.84%，比2014年的7.42%上升0.42个百分点。2015年各分行业利润率比较见图3。

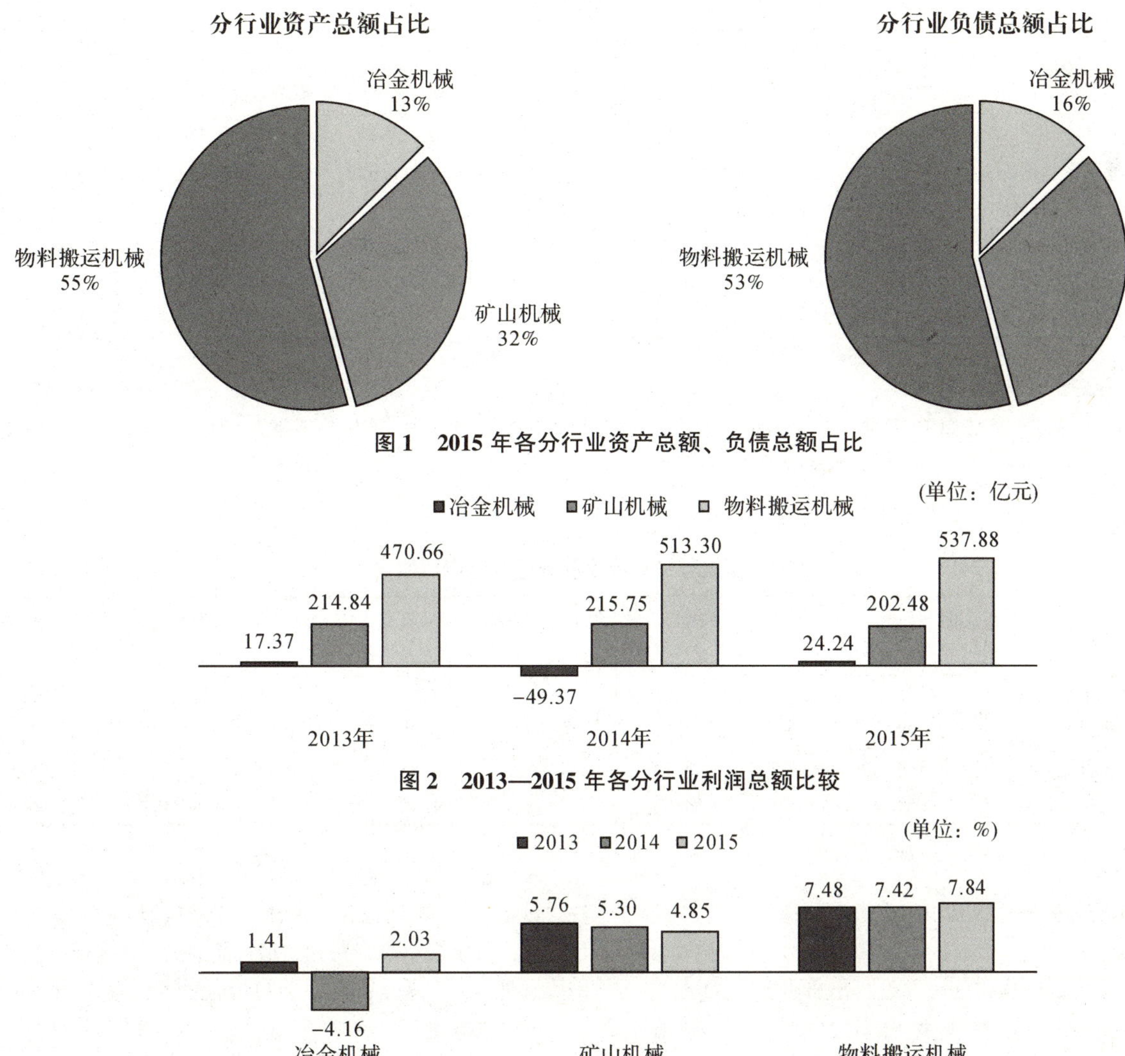

图 1　2015 年各分行业资产总额、负债总额占比

图 2　2013—2015 年各分行业利润总额比较

图 3　2015 年各分行业利润率比较

3. 应收账款

2015 年行业应收账款净额 2 646.47 亿元，比上年增长 2.50%，其中：冶金机械行业 335.01 亿元，比上年下降 8.08%；矿山机械行业 833.63 亿元，比上年下降 2.95%；物料搬运机械行业 1 477.82 亿元，比上年增长 8.08%。

4. 行业企业按经济类型划分完成情况

2015 年重型机械行业企业按经济类型划分经济指标占比情况见表 4。

表 4　2015 年重型机械行业企业按经济类型划分经济指标占比情况

名　称	冶金机械行业		矿山机械行业		物料搬运机械行业	
	主营业务收入	利润总额	主营业务收入	利润总额	主营业务收入	利润总额
国有企业占行业比重（%）	3.66	-21.76	4.31	0.33	5.13	0.27
私营企业占行业比重（%）	50.82	117.11	49.45	67.29	30.48	25.66
其他内资企业占行业比重（%）	37.61	0.66	42.00	33.04	28.34	29.40
三资企业占行业比重（%）	7.91	3.98	4.24	0.66	36.05	44.67

四、行业固定资产投资情况

重型机械行业 2015 年完成固定资产投资 2 805.62 亿元，比上年下降 4.40%，增速比上年同期下降 14.31 个百分点，比全国机械工业低 14.10 个百分点。

从分行业的情况看，冶金机械行业完成固定资产投资 231.82 亿元，比上年下降 16.83%，增幅比上年同期下降 39.50 个百分点；矿山机械行业完成 1 174.39 亿元，比上年下降 6.08%，增幅比上年下降 3.64 个百分点；物料搬运机械行业完成 1 399.42 亿元，比上年下降 0.53%，增幅比上年下降 21.49 百分点。2015 年重型机械行业固定资产投资情况见表 5。

表5　2015年重型机械行业固定资产投资情况

行业名称	计划总投资		当年新增固定资产		自年初累计完成投资	
	金额（亿元）	比上年增长（%）	金额（亿元）	比上年增长（%）	金额	比上年增长（%）
全国机械工业合计	88 830.81	-0.38	39 083.53	-7.85	49 293.47	9.70
重型机械行业	5 350.80	-10.97	2 338.12	5.45	2 805.62	-4.40
占全国机械工业比重（%）	6.02		5.98		5.69	
矿山机械制造	2 265.55	-12.71	909.86	-0.39	1 174.39	-6.08
冶金专用设备制造	469.06	-19.87	244.62	10.52	231.82	-16.38
物料搬运机械制造	2 616.19	-8.04	1 183.64	9.35	1 399.42	-0.53

五、行业进出口情况

据国家海关总署统计，2015年我国重型机械行业产品进出口总额为238.66亿美元，比上年下降3.32%。其中，出口额178.57亿美元，比上年下降2.41%；进口额60.09亿美元，比上年下降5.93%；进出口顺差118.48亿美元，比上年下降0.52%。2015年重型机械行业及分行业进出口情况见表6。

表6　2015年重型机械行业及分行业进出口情况

名　称	出口总额（亿美元）	比上年增长（%）	进口总额（亿美元）	比上年增长（%）	进出口总额（亿美元）	比上年增长（%）	进出口顺差（亿美元）	比上年增长（%）
重型机械行业合计	178.57	-2.41	60.09	-5.93	238.66	-3.32	118.48	-0.52
1. 冶金机械行业	15.08	-7.87	4.28	-36.08	19.36	-16.07	10.79	11.68
2. 矿山机械行业	14.69	-12.45	3.19	-38.08	17.88	-18.47	11.50	-1.08
3. 物料搬运机械行业	148.81	-0.69	52.62	1.13	201.43	-0.22	96.19	-1.66

1. 冶金机械产品

2015年冶金机械出口到164个国家和地区，从47个国家和地区进口。

其中：冶炼设备和连续铸钢设备出口额为1.34亿美元，占比8.89%；轧制设备出口3.13美元，占比20.76%；冶金备件出口10.61亿美元，占比70.36%。冶金机械产品进出口额居前3位的国家（地区）见表7。冶金机械产品进出口额居前3位的省、市、区见表8。

表7　冶金机械产品进出口额居前3位的国家（地区）

序号	国家（地区）	出口额（万美元）	序号	国家（地区）	进口额（万美元）
1	越南	15 370	1	德国	20 171
2	伊朗	13 990	2	日本	6 191
3	印度尼西亚	12 858	3	美国	4 323

表8　冶金机械产品进出口额居前3位的省、市、区

序号	省、市、区	出口额（万美元）	序号	省、市、区	进口额（万美元）
1	江苏	39 964	1	天津	9 917
2	河北	20 496	2	江苏	8 329
3	上海	14 888	3	山东	4 801

2. 矿山机械产品

2015年矿山机械产品出口到181个国家和地区，从41个国家和地区进口。其中：采掘设备出口额为3.95美元，占比26.89%；破碎设备为7.71美元，占比52.48%；洗选设备为2.50亿美元，占比17.03%；其他设备0.53亿美元，占比3.61%。矿山机械产品进出口额居前3位的国家（地区）见表9。矿山机械产品进出口额居前3位的省、区、市见表10。

表9　矿山机械产品进出口额居前3位的国家（地区）

序号	国家（地区）	出口额（万美元）	序号	国家（地区）	进口额（万美元）
1	新加坡	17 049	1	美国	9 225
2	越南	9 027	2	德国	6 146
3	印度尼西亚	8 313	3	奥地利	3 826

表10　矿山机械产品进出口额居前3位的省、市、区

序号	省、区、市	出口额（万美元）	序号	省、区、市	进口额（万美元）
1	广东省	26 733	1	内蒙古自治区	4 351
2	上海市	21 142	2	上海市	4 154
3	河南省	15 537	3	山西省	3 738

3. 物料搬运机械产品

2015年物料搬运机械产品出口到215个国家和地区，从80个国家和地区进口。

其中：轻小型起重设备出口额为20.77亿美元，占比13.96%；起重机41.06亿美元，占比27.59%；工业车辆24.88亿美元，占比16.72%；连续搬运设备18.05亿美元，占比 12.13%；其他物料搬运设备 14.08 亿美元，占比 9.46%；电梯自动梯 29.99 亿美元，占比 20.15%。物料搬运机械产品进出口额居前 3 位的国家（地区）见表 11。物料搬运机械产品进出口额居前 3 位的省、区、市见表 12。

表 11　物料搬运机械产品进出口额居前 3 位的国家（地区）

序号	国家（地区）	出口额（万美元）	序号	国家（地区）	进口额（万美元）
1	美国	165 552	1	德国	128 268
2	印度尼西亚	74 558	2	日本	65 984
3	澳大利亚	69 514	3	韩国	59 733

表 12　物料搬运机械产品进出口额居前 3 位的省、区、市

序号	省、区、市	出口额（万美元）	序号	省、区、市	进口额（万美元）
1	江苏	377 239	1	上海	101 540
2	上海	287 246	2	江苏	94 223
3	浙江	217 680	3	广东	66 011

六、行业科技发展情况

2015 年获得中国机械工业科学技术奖（重型机械行业）项目见表 13。

表 13　2015 年获得中国机械工业科学技术奖（重型机械行业）项目

项目名称	完成单位	获奖等级
6 400t 液压复式起重机研制	太原重型机械集团有限公司、太原重工股份有限公司、中化二建集团有限公司	一等奖
大型矿用磨机的研制及应用	中信重工机械股份有限公司、洛阳矿山机械工程设计研究院有限责任公司、矿山重型装备国家重点实验室	一等奖
矿山复杂地形长距离大运力带式输送系统关键技术及产业化	山东科技大学、中国矿业大学、力博重工科技股份有限公司、徐州五洋科技股份有限公司	一等奖
巨型重载锻造操作机研制与应用	中国第一重型机械股份公司、上海交通大学	一等奖
带钢冷轧机集成化智能型板形测控系统	燕山大学、鞍钢股份有限公司	一等奖
专用敞车用折返式双车翻车机卸车系统	大连华锐重工集团股份有限公司	二等奖
6.25m 捣固焦炉机械 SCP 一体机	大连华锐重工集团股份有限公司	二等奖
半煤岩及岩巷快速掘进技术与装备	中国煤炭科工集团太原研究院有限公司、神华神东煤炭集团有限责任公司	二等奖
超大采高综采智能化成套装备研发	天地科技股份有限公司、宁夏天地奔牛实业集团有限公司、北京天地玛珂电液控制系统有限公司、平顶山煤矿机械有限责任公司	二等奖
超长距离管状带式输送机关键技术研究应用	四川省自贡运输机械集团股份有限公司、尧柏特种水泥集团有限公司	二等奖
重型数控水平下调式三辊卷板机系列化产品研制	长治钢铁（集团）锻压机械制造有限公司、太原科技大学	二等奖
EPC－8000 电动螺旋压力机	青岛青锻锻压机械有限公司	二等奖
超长距离大运量节能型越野带式输送机	北方重工集团有限公司	二等奖
1 450mm 五机架全连续冷轧机组工艺与设备的研制及应用	中国重型机械研究院股份公司、燕山大学	二等奖
起重机大型钢结构件自动化焊接工艺与装备研发	河南卫华重型机械股份有限公司	二等奖
基于激光＋超声波识别及物联网技术的全自动垃圾吊关键技术研究	河南卫华重型机械股份有限公司	二等奖
EML300Y（340A）窄型连续采煤机的研制	山西天地煤机装备有限公司	二等奖

〔撰稿人：中国重型机械工业协会严祥文　审稿人：中国重型机械工业协会李镜〕

2016 年 1—6 月重型机械行业经济运行情况

基本运行情况 上半年，行业累计实现主营业务收入5 687.58亿元，同比增长2.18%。其中：冶金机械行业同比增长3.09%；矿山机械行业同比增长1.46%；物料搬运机械行业同比增长2.46%，其中：起重机同比增长3.96%、连续搬运设备同比增长2.35%、工业车辆同比增长2.14%、轻小型起重设备同比下降2.44%。2016年1—6月重型机械行业主要财务指标完成情况见表1。

表1 2016年1—6月重型机械行业主要财务指标完成情况

名称	主营业务收入（亿元）	同比增长（%）	主营业务成本（亿元）	同比增长（%）	利润总额（亿元）	同比增长（%）	利润率（%）	上年同期（%）
重型机械行业合计	5 687.58	2.18	4 791.12	1.77	306.01	-2.14	5.16	5.47
1. 冶金机械行业	557.32	3.09	499.82	4.78	3.07	-17.12	0.55	0.68
2. 矿山机械行业	1 907.80	1.46	1 614.86	-0.52	82.72	-4.85	4.34	4.62
3. 物料搬运机械行业	3 222.46	2.46	2 676.44	2.64	220.22	-0.84	6.83	7.06

主要产品产量完成情况 1—6月冶金矿山机械行业累计完成金属冶炼设备24.60万t，同比下降22.20%；金属轧制设备25.02万t，同比增长0.56%；矿山设备372.52万t，同比增长2.64%，其中：水泥设备46.07万t，同比增长1.65%。

物料搬运机械行业累计完成起重机442.39万t，同比下降0.69%；输送机械124.89万t，同比增长2.17%。

固定资产投资情况 1—6月行业累计完成固定资产投资1 152.35亿元，同比下降8.95%，比全国机械工业低12.02个百分点。

从分行业的情况看，冶金机械完成86.95亿元，同比下降12.80%；矿山机械完成454.68亿元，同比下降16.77%；物料搬运机械完成610.73亿元，同比下降1.43%。

主要产品进出口情况 根据国家海关总署统计，1—6月行业进出口总额102.49亿美元，同比下降15.29%，其中：出口额80.41美元，同比下降10.65%；进口额22.08亿美元，同比下降28.63%；进出口顺差58.33美元，同比下降1.23%。

1. 冶金机械行业

进出口总额8.82亿美元，同比下降11.22%。其中，出口额6.09亿美元，同比下降21.28%；进口额2.73亿美元，同比下降0.45%；进出口顺差3.36亿美元，同比下降39.30%。2016年1—6月冶金机械行业主要产品进出口情况见表2。

表2 2016年1—6月冶金机械行业主要产品进出口情况

海关货物名称	出口额（亿美元）	同比增长（%）	进口额（亿美元）	同比增长（%）	进出口总额（亿美元）	同比增长（%）	进出口顺差（亿美元）	同比增长（%）
冶金机械	6.09	-21.28	2.73	-0.45	8.82	-11.22	3.36	-39.30
1. 金属冶炼设备	0.17	-7.99	0.03	24.25	0.20	-14.15	0.14	2.69
2. 连铸设备	0.05	-91.62	0.00	-37.11	0.05	-91.43	0.05	-91.80
3. 金属轧制设备	1.39	-17.45	0.89	0.00	2.28	-3.82	0.50	-49.78
4. 冶金设备零件	4.48	-15.59	1.80	29.66	6.29	-7.12	2.68	-30.46

2. 矿山机械行业

进出口总额7.95亿美元，同比下降16.59%，其中，出口额6.65亿美元，同比下降13.44%；进口额1.31亿美元，同比下降29.60%；进出口顺差5.34亿美元，同比下降8.27%。2016年1—6月矿山机械行业部分产品进出口情况见表3。

表3　2016年1—6月矿山机械行业部分产品进出口情况

海关货物名称	出口额（亿美元）	同比增长（%）	进口额（亿美元）	同比增长（%）	进出口总额（亿美元）	同比增长（%）	进出口顺差（亿美元）	同比增长（%）
矿山机械	6.65	-13.44	1.31	-29.60	7.95	-16.59	5.34	-8.27
1. 采掘设备钻机	2.21	9.71	0.45	-46.01	2.66	-6.51	1.77	48.53
2. 破碎粉磨设备	3.18	-23.32	0.45	-3.55	3.63	-21.30	2.73	-25.84
3. 筛分洗选设备	1.04	-14.12	0.37	-30.78	1.41	-19.18	0.68	-1.28
4. 矿山卷扬设备	0.04	-10.17	0.02	1 267.7	0.06	28.62	0.02	-51.47
5. 矿山机械零件	0.17	-33.14	0.02	-21.28	0.20	-31.86	0.15	-34.78

3. 物料搬运机械行业

进出口总额85.71亿美元，同比下降15.52%，其中：出口额67.67亿美元，同比下降9.26%；进口额18.04亿美元，同比下降32.88%；进出口顺差49.63亿美元，同比增长4.06%。2016年1—6月物料搬运机械行业主要产品进出口情况见表4。

表4　2016年1—6月物料搬运机械行业主要产品进出口情况

海关货物名称	出口额（亿美元）	同比增长（%）	进口额（亿美元）	同比增长（%）	进出口总额（亿美元）	同比增长（%）	进出口顺差（亿美元）	同比增长（%）
物料搬运机械	67.67	-9.26	18.04	-32.88	85.71	-15.52	49.63	4.06
1. 轻小型起重设备	9.82	-5.82	2.51	-46.73	12.33	-18.54	7.32	27.80
2. 起重机	21.37	10.81	1.96	-35.91	23.32	4.43	19.41	19.59
3. 工业车辆	9.35	-11.49	1.22	-45.77	10.57	-28.90	8.13	-21.59
4. 电梯、自动梯	13.90	-6.89	1.52	-26.53	15.42	-9.29	12.37	-3.73
5. 连续搬运设备	7.11	-29.75	5.15	-19.89	12.26	-25.92	1.96	-46.93
6. 其他物料搬运设备	6.13	-14.92	5.69	-32.10	11.81	-24.16	0.44	-137.56

〔撰稿人：中国重型机械工业协会严祥文　审稿人：中国重型机械工业协会李镜〕

2015年重型机械行业经济运行特点及2016年发展建议

2015年，重型机械行业经济运行艰难，全年累计主营业务收入的增速下滑明显，全年增速接近零。行业企业努力应对经济下行压力、市场需求不足的挑战和考验，行业运行主要经济指标总体与上年持平。

一、行业经济运行情况

据统计，2015年，重型机械行业主营业务收入为1.23万亿元，比上年增长0.61%，增幅较上年下降7.17个百分点，低于当年初5%～7%的预期；2015年经营指标中的主营业务收入与“十二五”行业规划中的指标基本吻合。全行业利润率为6.25%，略高于2014年的水平；亏损面15.03%；应收账款比上年增长2.50%；完成固定资产投资2 805.62亿元，比上年下降4.40%，连续4年两位数下降；机械产品产量2 301.2万t，与上年持平。对外贸易中，出口额为178.57亿美元，比上年下降2.41%，进入了负增长；进口额为60.1亿美元，比上年下降5.93%，回到负增长；进出口顺差为118.5亿美元，比上年下降0.52%，增速持续下降。

二、行业经济运行的主要特点

1. 2015年，主营业务收入增速继续大幅下降，效益尚保持略有上升

自2012年以来，重型机械行业由20%～30%的高速增长开始大幅下降，到2015年降为0.61%，每年下降速度大约在7个百分点。从经济效益指标看，行业保持了一定的利润率，应收账款也有一定的收敛。企业在过难关、

保增值，自我调整方面，做出了很大的努力。

2. 研制出一批重大技术装备和升级换代的新产品

如：上海振华重工（集团）股份有限公司研制成功世界首套第四代自动化集装箱无人装卸码头成套设备；大连华锐重工集团股份有限公司为国家重点科研设施——世界直径最大的、单口径500m射电望远镜，研制了全球首台“馈源舱索驱动系统”。中信重工机械股份有限公司研制的200～250t/h立式搅拌磨，与传统的卧式球磨机相比，节能效果提升30%～50%，已经发往智利国家铜矿，实现自行研制和“走出去”双重突破。

2015年度获得机械工业科技进步奖一等奖的有：“6 400t液压复式起重机研制”“大型矿用磨机的研制及应用”“带钢冷轧机集成化智能型板形测控系统”“巨型重载锻造操作机研制与应用”“矿山复杂地形长距离大运力带式输送系统关键技术及产业化”等5项，充分显示出行业力争上游、技术创新的实力。

3. “走出去”稳步推进

中信重工机械股份有限公司、中国重机公司、大连重工·起重集团有限公司、上海振华重工（集团）股份有限公司、北方重工集团有限公司、太原重工股份有限公司、自贡运输机械集团股份有限公司、江苏通润机电集团、浙江双鸟机械有限公司等一大批企业，稳步推进成套设备项目和大宗产品出口。但是也出现一些出口产品质量把关不严，现场修复量大，为“走出去”埋下隐患的产品。重型机械“走出去”成在质量，败也在质量。

4. 行业企业洗牌加剧

行业七大重机厂中四家亏损，较2014年增加一家。中国机械工业集团在有关方面支持下，对中国第二重型机械集团的债务进行了资产重组；长垣起重机生产聚集区一批桥式、门式起重机整机企业停产、半停产的局面没有出现转机；个别昔日的骨干企业被淘汰出局；还有一些企业主动放弃老行当，跨界转行。而却有柳工集团、徐工集团这样以生产工程机械为主的知名企业调整产品结构，做起了矿山机械中的破碎、筛分等产品。

三、对2016年行业经济运行形势的看法

经过新中国成立以来六十六年的努力，重型机械行业生产规模从1949年总资产3亿元、产值5.8亿元，发展到2015年总资产1.21万亿元，主营业务收入1.23万亿元；总资产年均增长15.1%，产值（主营业务收入）年均增长13.8%，实现了行业增长的“多、快”。规模大了，但是总资产利用率只及解放初的一半。有业内资深人士指出，今后重型机械行业要转向实现“好、省”而努力。因此“十三五”是行业二次创业的转折期，是新常态下夯实基础、自主创新、提质增效、转型升级发展的新元年。

现阶段我国全面进入实现小康社会的攻坚阶段，《中国制造2025》战略规划提出我国制造业进入“由大变强、两化融合”的时期，中央提出的“创新、协调、绿色、开放、共享”的理念贯穿“十三五”规划。新常态把重型机械行业引入到了新的发展进程。

2016年，国家上年出台的各项政策和精准调控的利好因素在逐渐显现。但是由于钢铁、煤炭去产能，导致需求进一步收窄，对于生产冶金矿山机械占较大比例的企业造成很大影响，物料搬运机械企业也受到波及，富余产能还会进一步增加，行业洗牌还在继续。全年运行仍然呈现下滑趋势，主营业务收入增长速度在－3%到－5%，14年来首次为负增长，利润总额随之下降。

2016年，行业市场面临着增量和存量需求均成萎缩态势的局面。一是国家起动化解钢铁、煤炭、水泥产能措施，明文提出不建新项目，因此增量需求只限于一些结构调整而需要增加的项目。二是这些行业的存量中，进行生产装备更新的速度放缓，重型机械行业应收账款、竞相压价等不良因素主要集中这些行业。

虽然处于市场萎缩状态，但部分重型机械产品产能还存在进一步加大的可能。一是钢铁等行业化解产能后，机械行业是承接转型企业、人员的主要行业之一，而首当其冲的是重型机械行业，包括生产制造和维修服务等领域。二是由于市场需求下降，一些业外机械和非机械企业寻找生存出路，继续扩大重型机械产品中的产能，导致行业经营形势雪上加霜。

此外，企业财务状况还在恶化。主要是应收账款追索难度加大，被处理的“僵尸企业”、被化解产能的项目所订购的设备和款项成为“僵尸产品”和无头债。2015年行业的利润中很大一部分是钢铁等原材料价格大幅下降产生的，2016年这种获利的空间几乎没有了，同时要应对原材料价格不降反升的情况。市场需求过少，无底价招标压价、赊买设备成为用户的杀手锏，正在摧残着重型机械行业，更在扼杀着行业创新的投入。

2016年对行业发展也有利好的环境。一是行业洗牌给优势企业扩充了经营的空间，一些需求逐步向有品牌、做优质产品、注重研发能力建设的企业集聚。二是向制造＋服务业转型快的，有实力软、硬件一起卖的，引入金融合作资本的，或者是开展新的商业模式成功的企业，市场回旋加大。三是2015年国家出台的精准调控政策效应逐渐显现，降息降准、让税减费带来的利好因素，企业正逐渐适应和利用。四是在环保、价格、化解产能的压力下，用户追求生存、增加后劲的意愿同样强烈，对设备更新、改造同样迫切。虽然需求市场趋缓，但不是没有，特别是会给用户带来节能减排效益的产品，能够引来用户技术改造的愿望。五是如果行业把原来关注钢铁、有色、水泥、煤炭、电力等老用户的注意力，稍微放开一些，就有可能发现行业的产品只要稍加改进，就有进入新的服务领域的机会。比如破磨设备通过完善改进，进入固体垃圾处理、人工砂石生产领域；重型锻压设备进入交通车辆、管线制备领域等。六是国家“走出去”战略和亚洲投资银行的成立，正在改善出口的外部环境。近期不乏听到一些企业得到大订单的好消息。

对 2016 年行业经济运行的建议

1. 建议企业制定 2016 年工业总产值、主营业务收入等主要指标时不要追求过高的增长速度，但是要保证利润，亏损企业亏损额尽量不要再扩大。会员企业不再接赔本的订单，在“好”上做功夫。

2. 报价要考虑钢材价格变化对成本的冲击，考虑压低价格对企业造成的短期和长期的负面影响，吸取某些企业教训，千万不要借高利贷经营企业。对存放厂内的“僵尸产品”果断地进行处置，减少无贡献贷款利息的支出。在“省”上下功夫。

目前行业虽然在运行规律的下行时期，从长远看，企业仍然要按照既定的发展规划，树立“创新、协调、绿色、开放、共享”五大发展理念，着力引入新技术改造传统工艺和产品，提高研究设计、工艺技术、管理经营等方面的软实力，提高产品性能、质量等方面的硬实力，使得企业稳中求进，实现行业结构调整，转型升级。

〔撰稿人：中国重型机械工业协会李镜　审稿人：中国重型机械工业协会张艳君〕

2015 年中国重型机械行业获得中国机械工业科学技术奖项目

2015 年中国重型机械行业共获得中国机械工业科学技术奖一等奖 5 项，二等奖 12 项，三等奖 19 项。2015 年获得中国机械工业科学技术奖项目见表 1。

表 1　2015 年获得中国机械工业科学技术奖项目

项目名称	获奖等级	完成单位
6 400t 液压复式起重机研制	一等奖	太原重型机械集团有限公司、太原重工股份有限公司、中化二建集团有限公司
大型矿用磨机的研制及应用	一等奖	中信重工机械股份有限公司、洛阳矿山机械工程设计研究院有限责任公司、矿山重型装备国家重点实验室
矿山复杂地形长距离大运力带式输送系统关键技术及产业化	一等奖	山东科技大学、中国矿业大学、力博重工科技股份有限公司、徐州五洋科技股份有限公司
巨型重载锻造操作机研制与应用	一等奖	中国第一重型机械股份公司、上海交通大学
带钢冷轧机集成化智能型板形测控系统	一等奖	燕山大学、鞍钢股份有限公司
专用敞车用折返式双车翻车机卸车系统	二等奖	大连华锐重工集团股份有限公司
6.25m 捣固焦炉机械 SCP 一体机	二等奖	大连华锐重工集团股份有限公司
EML300Y（340A）窄型连续采煤机的研制	二等奖	山西天地煤机装备有限公司
半煤岩及岩巷快速掘进技术与装备	二等奖	中国煤炭科工集团太原研究院有限公司、神华神东煤炭集团有限责任公司
超大采高综采智能化成套装备研发	二等奖	天地科技股份有限公司、宁夏天地奔牛实业集团有限公司、北京天地玛珂电液控制系统有限公司、平顶山煤矿机械有限责任公司
超长距离管状带式输送机关键技术研究应用	二等奖	四川省自贡运输机械集团股份有限公司、尧柏特种水泥集团有限公司
重型数控水平下调式三辊卷板机系列化产品研制	二等奖	长治钢铁（集团）锻压机械制造有限公司、太原科技大学
EPC－8000 电动螺旋压力机	二等奖	青岛青锻锻压机械有限公司
基于激光＋超声波识别及物联网技术的全自动垃圾吊关键技术研究	二等奖	河南卫华重型机械股份有限公司
超长距离大运量节能型越野带式输送机	二等奖	北方重工集团有限公司

（续）

项目名称	获奖等级	完成单位
1 450mm五机架全连续冷轧机组工艺与设备的研制及应用	二等奖	中国重型机械研究院股份公司、燕山大学
起重机大型钢结构件自动化焊接工艺与装备研发	二等奖	河南卫华重型机械股份有限公司
煤矿井下紧急避险系统装备及技术研究	三等奖	北京中煤矿山工程有限公司、煤矿深井建设技术国家工程实验室
大型高效高频煤泥脱水筛的研发	三等奖	中煤科工集团唐山研究院有限公司、天地（唐山）矿业科技有限公司
浅槽重介质分选机	三等奖	中煤科工集团唐山研究院有限公司
DG400空间转弯环保型圆管带式输送机	三等奖	上海科大重工集团有限公司
大倾角大采高综采液压支架研制与应用	三等奖	山东能源机械集团有限公司、山东塔高矿业机械装备制造有限公司
MQ180t门座起重机	三等奖	华电郑州机械设计研究院有限公司
加压移动床气化炉布煤破粘系统研究与应用	三等奖	太原重工股份有限公司
1 450六辊HC可逆液压轧机成套设备研制及产业化	三等奖	云南冶金昆明重工有限公司
QLY系列百吨百米级全自动伸缩桁架风电安装轮式起重机关键技术研发及产业化应用	三等奖	郑州新大方重工科技有限公司
酸洗车间全自动高精定位起重机	三等奖	纽科伦（新乡）起重机有限公司
高效、节能、大型直线振动筛	三等奖	鞍山重型矿山机器股份有限公司
锻造半高速钢中间辊的研制	三等奖	中钢集团邢台机械轧辊有限公司
超大型径轴向数控轧环装备及工艺研发与应用	三等奖	中国重型机械研究院股份公司
提高厚板剪切精度方法的研究	三等奖	北京中冶设备研究设计总院有限公司
济川药业项目包装车间大批量成品自动搬运码垛入立体仓储系统关键技术研究与应用	三等奖	北京起重运输机械设计研究院
4 000t/h移置式带式输送机	三等奖	华电重工股份有限公司
特大锻件高温成形集成工艺系统与工业应用	三等奖	燕山大学、中国第二重型机械集团公司、中信重工机械股份有限公司
棒材二辊矫直机新型辊型曲线设计及其矫直精度分析	三等奖	燕山大学
千米深井用大型凿井提升设备关键技术研究	三等奖	洛阳矿山机械工程设计研究院有限责任公司、中信重工机械股份有限公司、矿山重型装备国家重点实验室

〔撰稿人：中国重型机械工业协会陶岚　审稿人：中国重型机械工业协会李镜〕

我国重型机械行业“十二五”发展回顾

前言

“十二五”期间，我国重型机械行业稳步前行，行业结构调整持续推进，重点企业竞争力明显提升，信息化和工业化融合进一步发展，科技进步全面提升，产业自主创新能力进一步增强，节能高效产品不断推出，重大装备创新研制取得丰硕成果，大型智能成套装备取得应用性突破，智能制造取得一些工艺性成果推广，产品的外贸成果显著。重型机械行业为我国经济持续发展做出了巨大贡献，为我国成为世界制造业大国的地位做出了突出贡献。

在我国经济发展进入“新常态”后，经济发展的动力正从传统领域转向新兴领域。结合国家实施“中国制造2025”的强国战略，坚持创新驱动、智能转型、强化基础、绿色发展，推动协同创新。特别在重型机械行业所服务的钢铁、有色、建材、煤炭等行业已经出现产能过剩的状况，传统产品市场进一步萎缩，行业主营业务市场已经面临更严峻的考验。回顾2011—2015年期间重型机械行业取得的成果，总结重型机械的经验和教训，寻找行业新的发展增长点，显得尤为重要。

一、重型机械行业基本情况

重型机械行业属装备制造业，是我国机械工业的重要组成部分，主要为电力、能源、钢铁、有色金属、矿山、石化、汽车、航空航天、船舶、交通运输、港口码头、物流仓储等行业及国防工业提供重大技术装备和成套工艺设备、高新技术产品和服务，并开展相关的国际贸易。

产品包括冶金成套设备、矿山成套设备、重型锻压机械、物料搬运机械（起重运输机械）以及重大技术装备制造所需要的大型铸锻件，按国民经济分类共计21大类，约4 200多个品种。包括涉及人民生活的一些设备与设施（景区客运索道、城市机械式立体停车设备等）所属领域。

通过“十二五”期间行业发展，我国重型装备制造业发生了颠覆性的变化，建设了世界上规模最大的现代化的重型装备制造基地。通过引进国外先进技术、消化吸收、技术集成和自主创新，在矿山装备、冶金装备、重型锻压装备、物料搬运及港口机械、大型铸锻件加工制造所需的重大技术装备研制方面取得了巨大成就。实现了一些关键技术突破，涌现出一批标志性的重大技术装备，取得大型电站发电机组高端铸锻件、大型船用曲轴、大断面隧道掘进机、核电站用起重设备、冷轧带钢板形仪与闭环控制系统等重大装备国产化研制成果。

根据统计，我国重型机械行业规模以上企业4 200余家，其中大型企业38家、中型企业322家、小型企业3 824家；国有独资企业165家、私营企业2 453家、其他内资企业1 126家、三资企业440家。行业从业平均人数约98万人。

目前我国重型机械行业具备提供年产1 000万吨级钢铁联合企业常规流程的成套装备；提供年产2 000万吨级以上露天煤矿成套装备；年产1 000万吨级金属矿成套装备；年产1 000万吨级井下煤炭综采工作面成套设备；年处理300万~1 000万吨级选矿厂和选煤厂全套装备；提供大型、特大型起重机，集装箱港口设备；大型散料码头全套设备；大型自动化立体仓库成套设备；工业用车辆及架空索道，机械式立体停车设备；轿车零件锻造生产线和冲压生产线；年产10万m^3刨花板生产线成套设备、20万m^3中密度纤维板生产线成套设备、日产5 000~10 000吨级熟料干法工艺水泥厂成套装备等能力。

二、行业“十二五”规划完成情况

（一）“十二五”规划经济指标完成情况

重型机械行业“十二五”规划经济指标完成情况见表1。2011—2015年重型机械及分行业主营业务收入完成情况见表2。2011—2015年重型机械行业固定资产投资情况见表3。2011—2015年重型机械行业主要产品产量完成情况见表4。

表1 重型机械行业“十二五”规划经济指标完成情况

（单位：亿元）

项目	2011年	2012年	2013年	2014年	2015年
规划工业总产值	7 800	9 050	10 500	12 200	14 150
实际完成总产值	8 986	10 073	11 299	12 331	14 040
规划销售产值	7 500	8 700	10 100	11 850	13 800
实际完成销售产值	8 712	10 035	12 598	13 564	13 338
规划利润总额	500	600	720	860	1 000
实际完成利润总额	653	632	702	679	720

表2 2011—2015年重型机械及分行业主营业务收入完成情况

行业	2011年		2012年		2013年		2014年		2015年	
	主营业务收入（亿元）	同比增长（%）	主营业务收入（亿元）	同比增长（%）	主营业务收入（亿元）	同比增长（%）	主营业务收入（亿元）	同比增长（%）	主营业务收入（亿元）	同比增长（%）
冶金机械	1 139.9	13.27	1 202.4	5.48	1 235.9	2.79	1 285.8	7.78	1 196.6	1.82
矿山机械	2 881.1	36.87	3 395.2	17.84	3 734.4	9.99	4 139.1	2.29	4 173.3	1.55
物料搬运机械	4 785.2	24.11	5 547.1	15.92	6 328.9	14.09	6 906.5	8.13	6 856.6	-0.23
重型机械合计	8 806.2	26.40	10 144.7	15.20	11 299.2	11.38	12 331.4	8.65	12 226.5	0.61

表3　2011—2015年重型机械行业固定资产投资情况

年份	计划总投资		自年初始建设累计完成		当年新增固定资产投资	
	金额（亿元）	同比增长（%）	金额（亿元）	同比增长（%）	金额（亿元）	同比增长（%）
2011	3 372.39	31.52	2 277.98	39.5	1 462.83	36.36
2012	4 424.64	31.20	2 968.76	30.32	2 104.54	43.87
2013	5 310.72	19.57	3 766.85	25.51	2 670.04	26.30
2014	6 009.77	13.16	4 597.04	22.04	2 934.63	9.91
2015	5 350.80	-10.97	2 805.62	-4.40	2 338.12	5.45

表4　2011—2015年重型机械行业主要产品产量完成情况　　（单位：万t）

产品分类	2011年	2012年	2013年	2014年	2015年
一、冶金机械合计	128.28	138.02	111.01	176.94	116.88
1. 金属冶炼设备	63.57	73.40	64.83	115.01	65.66
2. 金属轧制设备	64.71	64.62	46.17	61.93	51.22
二、矿山机械	444.13	688.58	487.17	786.13	730.09
水泥设备	85.35	83.62	70.81	94.60	79.81
三、物料搬运机械					
1. 起重机	743.65	855.36	684.10	1 095.34	1 186.84
2. 输送机械	127.12	141.60	166.11	250.01	267.48

（二）行业科技进步取得的主要成就

“十二五”期间，重型机械行业重大装备和国家重点支持发展的产品自主创新取得了令人振奋的新成果。在引进技术、消化吸收的基础上，重型机械行业开发了具有自主知识产权的重大装备和新技术新产品，我国冶金、矿山、起重运输、重型锻压等许多新装备的技术水平接近或达到了国际先进技术水平，自主化能力得到了极大提高。已经具备了新装备、新工艺和新材料的自主开发能力和成套设备系统集成能力，带动了我国装备工业的发展，推动了相关产业的技术升级和技术跨越，冶金成套设备、大型铸锻件、核电设备、重型容器等重大技术装备在国内市场上与国外品牌同台竞技，有力地推动了国家重大装备国产化进程，为我国能源工业、冶金工业、港口建设等领域的现代化做出了积极贡献。为我国高铁走出去，核电走出去做出了积极贡献。

行业科技进步与发明取得了显著成就，涌现出一批科技英才。

2011—2015年重型机械行业共荣获国家发明和科技奖励8项；获得国家教育部科技进步奖1项；获中国冶金工业科技进步奖1项；获全国交通行业科技创新成果奖1项；获中国核能行业协会科技进步奖1项。

突出获奖项目分别是：

“极端条件下重要压力容器的设计、制造与维护”获国家科学技术进步奖一等奖，“中国一重大型铸锻件制造技术创新工程”获国家科学技术进步奖二等奖，“2万t×154m多吊点起重机”获国家科学技术进步奖二等奖，“大型矿山提升装备关键技术及应用”获国家科学技术进步奖二等奖，“12 000吨航空铝合金厚板张力拉伸装备研制与应用”获国家科学技术进步奖二等奖，“年产千万吨级矿井大型提升容器及安全运行保障关键技术”获国家科学技术进步奖二等奖，“大型合金钢锭及铸锻件缺陷与组织控制”获国家科学技术进步奖二等奖，“超大型锻件关键共性制造技术及在国家重大工程中推广应用”获教育部科学技术进步奖二等奖，“特薄带钢高速酸轧工艺与成套装备研究开发”获冶金科学技术奖特等奖，“自动化码头项目”获全国交通行业科技创新成果奖一等奖，“中国实验快堆核岛关键主设备研制”获中国核能行业协会科学技术奖一等奖，“中信重工高端矿山重型装备技术创新工程”荣获国家科学技术进步奖创新团队奖。

2011—2015年重型机械行业共获得中国机械工业科学技术奖157项，其中特等奖2项，一等奖17项，二等奖66项，三等奖72项。“十二五”期间重型机械行业获得中国机械工业科学技术奖的数量见表5。

表5　“十二五”期间重型机械行业获得中国机械工业科学技术奖的数量（单位：项）

年份	获奖数量	特等奖	一等奖	二等奖	三等奖
2011	34	0	4	15	15
2012	37	0	2	18	17
2013	26	0	4	10	12
2014	24	2	2	11	9
2015	36	0	5	12	19
小计	157	2	17	66	72

（三）实施“走出去”战略，取得了比较好的成绩

“十二五”期间，重型机械行业企业十分重视产品销往国际市场。按国际先进标准设计、制造，按国际法规进行营销，培养外贸人才，熟悉国际环境，实施“走出去”战略，取得了比较好的成绩。

2011—2015年重型机械行业产品出口贸易额一直在百亿美元以上攀升，5年累计出口额达842.22亿美元。出口的主要产品由起重机械的单机单台向冶金装备、重型矿山机械、水泥机械、电站设备、散装物料装卸、输送设备、成套工程设备出口发展。2011—2015年重型机械行业产品进出口贸易情况见表6。

表6　2011—2015年重型机械行业产品进出口贸易情况

年份	进出口总额（亿美元）	出口额（亿美元）	同比增长（%）	进口额（亿美元）	同比增长（%）	进出口差额（亿美元）
2011年	208.88	140.00	25.90	68.88	15.75	71.12
2012年	226.11	161.27	15.49	64.84	-5.85	96.43
2013年	240.51	179.40	11.24	61.11	-5.77	118.29
2014年	246.86	182.98	1.99	63.88	4.54	119.10
2015年	238.66	178.57	-2.41	60.09	-5.93	118.48

2015年重型机械分行业主要产品进出口情况：

（1）冶金机械。冶金机械进出口总额19.36亿美元，其中，出口到164个国家和地区、出口额15.08亿美元，进口到47个国家和地区、进口额4.28亿美元。

其中，冶炼设备和连续铸钢设备出口额1.34亿美元，占比8.89%；轧制设备出口额3.13亿美元，占比20.76%；冶金备件出口额10.61亿美元，占比70.36%。

（2）矿山机械。矿山机械进出口总额17.88亿美元，其中，出口到181个国家和地区、出口额14.69亿美元，进口到41个国家和地区、进口额3.19亿美元。

其中，采掘设备出口额3.95亿美元，占比26.89%；破碎设备出口额7.71亿美元，占比52.48%；洗选设备出口额2.50亿美元，占比17.03%；其他出口额0.53亿美元，占比3.61%。

（3）物料搬运机械。进出口总额201.43亿美元，其中，出口到215个国家和地区、出口额148.81亿美元，进口到80个国家和地区、进口额52.03亿美元。

其中，轻小型起重设备出口额20.77亿美元，占比13.96%；起重机出口额41.06亿美元，占比27.59%；工业车辆出口额24.88亿美元，占比16.72%；连续搬运设备出口额18.05亿美元，占比12.13%；其他物料搬运设备出口额14.08亿美元，占比9.46%。

“走出去”的方式多样

中小型企业大多通过省内外贸公司、参加国际展览会、中介介绍等方式，围绕外销产品做了大量营销工作。大型企业主要由国内大型外贸公司，服务领域的国际贸易公司，以合作制造、并购和自设销售部门等方式走向国际市场。

北方重工集团公司并购和控股世界最大的软土全断面掘进机研制企业——法国NFM技术公司，不仅实现了同国际知名公司协同作战、利益共享，而且充分利用国外公司的强大技术优势，快速打造国际知名品牌。使企业能够快速实现对盾构机核心技术的消化吸收，实现核心技术的融合转移和再创新，真正形成能够适应产品高度国际化的世界级高端装备研发体系。

太原重工股份公司先后成立印度公司和香港公司，收购德国CEC起重机工程与咨询有限公司。

中信重工股份公司组建了中信重工澳大利亚公司、巴西公司、南非公司和印度、俄罗斯办事处，全资收购了西班牙Gandara Censa公司，形成了全球化营销与服务网络，自主品牌技术和产品直接面向国际终端客户。

中国第一重型机械集团公司在德国设立“一重集团国际有限责任公司”的全资子公司，并与中冶集团、中钢设备公司合作，参与海外大型冶金工程的总包业务；加深了与奥地利钢铁工程公司、德国西马克工程公司、意大利达涅利工程公司合作，促进了境外承包工程开发，带动了相关产品出口。

中国第二重型机械集团公司走的是扩大内涵发展道路，主要在国内与一些高校进行合作交流，与一些国际知名公司开展技术交流和商贸合作。

大连重工起重集团公司、上海重型机器厂有限公司在引进专有人才上成就突出，努力在曲轴、风电、煤电、冶金装备方面进行技术升级，产品外销国际市场。

“十二五”期间重型机械行业的国际市场不断扩大，在巩固亚洲市场的同时，已经向南美、非洲、欧洲、北美等市场延伸。

目前，在开拓海外市场方面取得的主要成果有：

中国第一重型机械集团签订了“1+4铝板热连轧机”、尼日利亚董氏集团1 450mm单机架冷轧机等一批出口项目。

大连重工起重集团有限公司签订了越南河静钢铁的焦炉设备项目，签订了印度电厂外部输煤系统EPC承包项目。

中国重型机械有限公司签订了老挝沙拉湾500kV高压输变电项目，签订了柬埔寨电力公司农网扩建（二期）EPC合同。2016年与老挝国家电力公司签署21亿美元的

色贡煤电一体化项目 EPC 合同。

中信重工在国内建材行业产能过剩的情况下成功打开了海外水泥总包市场。在与蒙古、巴西、泰国、缅甸、柬埔寨等国家签订了一批水泥总包合同的基础上，2015 年 12 月中信重工与 CMIC 在柬埔寨金边市正式签订总额为 1.54 亿美元的日产 5 000t 水泥生产线 EPC 总承包合同，在该领域仍继续保持较大订货量。

北方重工集团 2012 年硬岩土压双模式掘进机出口伊朗 2 台，2014 年出口澳大利亚 4 台；与老挝弗塞克金矿签订大型矿用磨机合同。

太原重工股份公司国际化进程不断加快，产品已出口到世界 50 多个国家和地区。

（四）高端、智能、绿色制造。太重集团在成功研制大型智能化采掘、输送设备的基础上，开发薄煤层综采成套智能系统和急倾斜电牵引采煤机；开发 2 000m 钻机。

北方重工和加拿大联合开发压裂装备核心技术，高起点进入压裂装备制造业；新材料装备制造方面，在营口镁板轧制生产线成功运行后，又签订陕西绥德镁合金轧制生产线。尝试将 ϕ4.53m 敞开式硬岩掘进机用于煤矿巷道掘进，开辟了全断面联合掘进机新的应用领域。在建材领域启动年产 100 万 m^2 混凝土预制构件自动化生产线研发工作。

大连重工成功签订了新疆中泰化学托克逊 60 万 t/a 电石工程 EPC 项目和新疆天博辰业矿 100 万 t/a 石灰项目。自主研制了国内首套火箭活动发射平台脐带塔。

中信重工组建了变频技术研发中心，开发高压变频技术装备，跨界发展迈出了第一步。该公司承担的“超井深大型提升装备设计制造机安全运行的基础研究”项目列为国家科技部重大基础研究项目。

华电重工在散料输送成套装备、散料智能码头开发的同时，开始进行煤制气探索。

北京起重运输机械设计研究院牵头组织卫华集团等企业成立的“起重机产业联盟”，在轻量化设计制造方面取得新进展。

卫华集团在起重机防摇摆专利技术上，开发出智能控制软件。

江西工埠机械有限责任公司取得无齿轮起重机卷筒专利技术。

中国重型机械研究有限公司开发出世界首创的 700mm ×1 500mm 超厚板坯连铸机；节水 10%，节气 10%（吨焦）的 60 万 t 兰炭工程；世界最大夹持力和夹持力矩的 450t/900t · m 全液压锻造操作机；世界最大吨位的 19 500t 自由锻造油压机及操作机；5 机 5 流 240mm × 300mm 和 6 机 6 流 180mm × 240mm 矩形坯连铸机等。

（五）适应市场变化，探索新型营销模式。融资租赁的营销模式在冶金、矿山等一批成套项目上开始初步探索。

中国重型机械有限公司在海外投资的柬埔寨 BOT 项目建成发电。北方重工与 20 多家施工单位形成盾构机租赁意向协议，盾构机租赁业务取得重要进展。中冶京城（湘潭）重工设备有限公司以设备租赁和设备维修服务方式向神华集团提供 363t 自卸车。中信重工与金诚信矿业管理有限公司签订云南驰宏彝良运输通道施工合作协议。华电重工与新疆神新五彩湾公司签订了投资露天煤矿期限承包经营的装备换购合同。

三、国内外技术发展趋势与我国差距

重型机械随着相关科学技术的进步、应用领域的技术升级以及市场竞争加剧的驱动，科技含量明显提高，突出表现在系统集成技术向功能化、自动化方向发展，成套装备向信息化、智能化方向发展。

1. 冶金机械

国外先进技术发展趋势为：高品质新工艺冶炼技术、环保余热利用的烧结焦化设备、高效连铸薄板坯连铸连轧、高精度薄带冷轧及热轧控轧控冷技术、精密管棒轧制矫直技术、高效涂镀层等新技术装备、复合冶金材料和粉末冶金材料，实现多品种、多规格、高强度、高品质建筑桥梁、能源、船舶及海洋工程、汽车与轨道交通、特殊钢等的冶金产品。

我国冶金机械制造和国际先进技术水平相比主要差距体现在高效、节能、长寿命高炉综合冶炼技术；高效、低成本洁净钢冶炼技术；短流程连铸连轧技术，大型成套热连轧、冷连轧机的无头轧制技术；高精度、高效及热处理技术；复合材料制造装备技术；绿色可循环钢铁制造流程技术与装备等方面，在关键部件品质保证方面，全流程质量稳定控制技术在信息化、智能化系统开发方面也存在差距。

2. 矿山机械

从世界矿山机械行业发展趋势来看，装备使用的高效、节能、安全、可靠已经成为企业的主要考核指标。帮助用户建立完善的生产、营销、管理体系，包括矿山方案设计、矿山设备及安全设计、设备运营服务化、工程管理等“一揽子服务”是当今世界潮流。

煤炭工业的发展趋势是安全、高效、绿色开采，煤炭重大装备的技术发展趋势是自动化智能化采掘成套装备、复杂难采煤层自动化综采成套装备、深部开采装备、逐步向少人无人工作面发展。金属矿井下深部开采设备。大型露天矿半连续开采成套装备、全连续开采成套装备，千万吨级洗选大型化成套设备等。

而我国矿山机械装备制造在装备大型化方面做了许多工作，技术进步很大，自动化方面也取得了很大成绩。但规格少、品种不全，主要差距普遍表现在设备可靠性有待提高、寿命周期短、控制技术智能功能少。我们在绿色环保、节约资源、智能化方面也取得了一定成绩，但在实施效果上距离国际先进行列差距较大。

3. 物料搬运机械

起重机械在国际发展趋势是向更大吨位、单个提升器承载力不断加大、整机结构轻量化、美观化、人性化，整机控制自动化智能化发展。

典型产品向大型、专用、高效发展；系列产品模块化、组合化和标准化；通用产品追求轻型、低净空。

装卸机械将向新一代智能化装卸码头成套设备的方向发展，主要技术表现为：散货装卸设备大型化、远程控制、特殊用途多功能装卸设备和全自动智能化技术；柔性/半柔性制造生产线上的各种自动物料搬运装卸设备；自动化立体仓库的库前区各种自动物料搬运装卸设备；可精确测位、按照程序起重作业并可自监测、自诊断维护的桥式起重机等。

如：港口散料和集装箱装卸系统、工厂生产搬运装卸自动化系统、自动化立体仓库系统、商业物流配送集散系统、交通运输部门和邮电部门的行包货物自动分拣与搬运系统等。

近年来我国起重运输机械获得了空前的发展，众多产品也在国内外拥有广阔的市场。与世界先进水平相比较，在大型设备的产品开发和系统成套能力、通用设备的品种规格和性能、产品的基础零部件、元器件和整机的可靠性、产品外观、人机关系与环保要素等方面，我们仍有一定差距。

我国大型企业与国外先进水平相比差距不大，大多数中小企业差距表现为：产品开发能力较弱、制造工艺水平较低、产品检测水平不高、配套件质量影响较大、产品技术标准更新滞后、产品性能水平一般。与国外企业或合资企业的品牌相比，许多不上规模企业的产品故障较多、寿命较短、市场信誉较差，需要在结构调整中加以解决。

4. 重型锻压装备

国际发展趋势是专用、多功能、节能，快捷、高效、精准，主辅机联动，编程自控、信息处理和工艺智能。普遍具有数据存储、程序再现、工作参数优化调节、工模具快速交换、过程监控、故障自诊断、统计过程控制、计算机管理等综合软件功能。现代化的大型自由锻造车间的锻造液压机、操作机、锻造吊车实现了联动控制，全部机械化，并配有锻件尺寸自动测量装置，锻造压机与操作机数控联动，锻造加热炉自动控制；热模锻方面，大型汽车零件模锻件大部分采用以多工位热模锻压机为主体的综合自动线，用热模锻压力机取代原有的模锻锤；变速压机实现精准控制。

我国在大型锻造压力装备设计制造方面已经走在了世界前列。我国万吨级大型压力机无论从数量上、能力配备上规模已经是世界最大，产能严重过剩。我国大型冲压机械也在国际市场占据比较大的份额。差距主要表现在专用多功能的品种开发少，单机连线自动化、大型多工位柔性生产线在传动和控制系统方面开发不足，配套液压系统、控制单元主要进口，精密测量、精准控制，智能功能方面有一些差距。

5. 大型铸锻件

国际发展趋势是对大型铸锻件实施数字及物理模拟试验，新钢种开发，提高热处理效率以及节约能源、保护环境等。

我国重型机械制造业已经建设了世界上最大等级的大型铸锻件生产基地，我国大型铸锻件与国外的差距主要体现在钢种的开发、大钢锭凝固偏析控制、锻压工艺、热处理工艺等方面，有些工艺技术需要进行深度实验研究。

四、存在的主要问题

我国重型机械行业在取得可喜成绩的同时，存在粗放式规模化发展带来的一些结构性的矛盾和问题，从总体看通用装备制造企业存在着小而散的现象、专用装备制造企业存在着大而不强问题，存在着产能利用率下降，经济效益下滑的现实。

1. 行业经济运行持续下滑

近年来，随着国内外市场的萎缩，市场竞争更趋激烈，行业整体效益下滑，特大型企业亏损严重，小型企业融资困难，行业经济运行持续下滑，2011 年行业主营业务增速为 26%，连年下滑至 2015 年的 0.61%。

2. 市场竞争能力不强

重型机械行业还未全面掌握服务领域的工艺流程技术，在系统解决方案和设备成套的总承包方面能力有限。削弱了市场竞争能力，难以实现效益最大化。

3. 科技创新动力不足

重型机械行业的重大产品属于装备制造业中的高、精、尖产品，开发难度大，且资金投入大，效益回报少，企业投入科研经费有限；科研攻关缺少有效的合作机制，高端领军人才缺乏。以企业为主体的产、学、研、用科研体制不健全，知识产权保护不力，创新驱动力不足，产业化进展缓慢。现有科技创新体系对基础、共性、前瞻性等重大科学问题的研究不够深入，特别对高端的核心零部件的研发不足，需要进一步加强平台建设和完善科技创新体系。

4. 开拓国际市场难度大

国外主要工业国家掌握着重型机械产品的核心技术，在技术研发、成套供货、服务及关键核心零部件的配套以及品牌方面均处于优势地位。并在知识产权、技术规范、技术标准及大型成套设备的流程工艺掌握方面控制度较高，重型机械行业开拓国际市场有风险，难度大。

5. 发展模式创新不够

大型企业多数经营领域范围只专不宽，生产经营方式单一，发展还是仅仅依靠自身行业，没有完全脱离工厂制管理模式。面对市场需求，缺乏灵活有效的商业经营模式。

6. 总体发展不平衡

许多企业在产品实物质量、服务质量、员工队伍建设、综合管理水平、制造体系构建等方面存在不同程度的薄弱环节，总体发展不平衡，综合实力不强。

7. 行业信息化运用水平有待提高

行业内多数企业还未能把企业业务流程的优化重组与实施信息化项目有效地结合起来；结合企业特点的专用管理软件和工艺生产软件再开发不足；企业信息集成、共享运用不高：有的企业实施了 ERP、CAPP 系统，由于内联网功能不完善，效果还不理想，有待进一步完善等等。

〔撰稿人：中国重型机械工业协会张维新　审稿人：中国重型机械工业协会李镜〕

1949—2015 年重型机械全行业基本情况

年份	总产值（万元）	主营业务收入（万元）	机器产品产量（吨）	职工人数（人）	实现利润总额（万元）	年份	总产值（万元）	主营业务收入（万元）	机器产品产量（吨）	职工人数（人）	实现利润总额（万元）
1949	1 203		4 996	6 458	10	1983	334 909		623 438	378 396	39 954
1950	4 212		12 915	12 642	392	1984	402 960		740 633	384 915	55 675
1951	6 990		20 340	19 362	1 089	1985	775 437		709 919	648 752	
1952	11 287		33 111	32 535	2 136	1986	578 986		746 007	412 307	66 820
1953	19 587		55 165	45 301	4 681	1987	652 025		797 802	425 124	65 042
1954	27 968		82 271	49 175	7 937	1988	1 071 300	1 043 700	931 748	623 700	61 188
1955	34 906		99 466	51 816	7 395	1989	1 215 600	1 094 800	806 884	623 300	73 600
1956	57 785		150 524	69 424	9 545	1990	1 276 300	1 113 500	1 062 500	630 500	26 400
1957	52 146		146 715	77 178	11 347	1991	1 399 200	1 384 000	1 421 000	638 600	2 300
1958	103 941		294 602	149 555	26 122	1992	1 755 500	1 716 100	1 517 500	618 700	36 300
1959	153 684		367 503	178 138	34 987	1993	3 890 700	4 222 000	1 993 000	884 700	15 3600
1960	222 195		450 590	201 874	33 848	1994	4 551 400	3 827 900	2 804 500	838 900	108 300
1961	88 661		234 631	170 566	12 066	1995	4 552 300	4 472 900	2 792 900	904 500	147 200
1962	53 819		165 235	130 800	6 388	1996	4 703 100	4 627 900	1 830 000	948 500	43 500
1963	61 006		151 850	121 894	11 018	1997	4 729 500	4 700 200	2 518 400	915 400	91 700
1964	77 157		173 001	126 836	14 095	1998	4 472 800	4 414 400		682 300	−300
1965	106 020		225 152	143 861	19 417	1999	4 698 300	4 474 700		596 500	32 900
1966	136 545		310 436	147 806	24 592	2000	5 183 300	4 998 000		573 900	56 700
1967	92 610		202 327	157 262	10 251	2001	6 584 300	6 344 100		496 400	161 100
1968	79 454		164 082	166 636	4 847	2002	8 374 000	4 998 000		499 000	294 500
1969	126 859		283 889	182 991	13 964	2003	11 015 100	10 671 200	3 194 600	505 100	406 600
1970	203 752		438 754	228 479	27 867	2004	16 726 400	12 657 900	4 242 500	579 200	708 700
1971	168 723		520 567	256 171	42 410	2005	21 388 600	20 717 500	5 555 161	588 500	1 084 900
1972	233 727		521 667	278 516	49 681	2006	27 532 600	26 187 500	7 269 120	599 800	1 634 400
1973	255 618		593 942	284 792	53 194	2007	37 118 700	35 354 100	7 776 300	642 800	2 334 900
1974	243 957		532 225	288 531	42 126	2008	51 256 600	49 543 700	9 620 900	779 900	3 450 200
1975	273 106		577 295	298 632	44 541	2009	57 878 900	56 495 800	10 845 800	837 500	4 079 200
1976	251 417		486 438	310 322	38 425	2010	71 118 800	69 669 700	12 038 500	885 286	5 532 100
1977	252 388		489 660	318 175	33 884	2011	89 861 000	88 062 200	15 492 000	923 213	6 531 700
1978	303 676		633 916	370 215	47 281	2012	100 740 000	101 446 300	18 303 800	967 384	6 321 700
1979	349 086		751 816	343 984	58 483	2013		112 992 500	22 133 300		7 028 600
1980	294 891		572 106	363 294	42 593	2014		123 314 000	23 084 200		6 796 700
1981	240 972		424 546	361 483	21 455	2015		122 262 200			7 646 000
1982	282 528		479 021	367 567	24 549						

1949—2015年冶金机械分行业基本情况

年份	总产值（万元）	主营业务收入（万元）	机器产品产量（吨）	职工人数（人）	实现利润总额（万元）	年份	总产值（万元）	主营业务收入（万元）	机器产品产量（吨）	职工人数（人）	实现利润总额（万元）
1949	382		549	1 064	2	1983	83 474		135 332	112 570	5 304
1950	640		753	2 118	144	1984	96 306		154 973	113 444	8 200
1951	1 041		3 572	4 135	324	1985			50 600		
1952	2 227		8 569	9 005	395	1986	221 490		61 600	178 366	20 877
1953	3 658		18 342	12 803	1 269	1987	250 327		84 700	180 712	20 204
1954	5 814		29 819	10 249	3 078	1988	256 100	252 500	89 600	158 600	
1955	7 169		40 243	10 702	747	1989	283 600	236 200	110 100	161 400	16 600
1956	11 858		44 171	15 519	2 107	1990	298 800	253 800	90 200	162 500	2 900
1957	11 634		44 942	16 380	2 600	1991	306 600	304 900	92 700	157 700	-11 300
1958	22 431		83 354	30 052	5 575	1992	358 700	360 600	116 800	152 900	-4 000
1959	40 197		115 286	52 689	6 217	1993	705 100	755 100	150 800	184 900	17 700
1960	61 609		106 955	60 860	8 533	1994	876 500	717 000	103 100	170 200	9 900
1961	21 615		42 181	50 867	176	1995	806 100	780 600	106 900	191 100	-5 600
1962	15 870		45 379	39 956	405	1996	812 000	740 700	60 900	179 500	-23 100
1963	17 980		41 236	39 107	1 935	1997	721 300	659 500	173 100	197 900	-100
1964	23 044		38 778	41 005	3 216	1998	737 300	685 600	143 528	159 300	-21 800
1965	33 920		58 390	50 573	6 018	1999	694 200	645 300		136 100	-17 800
1966	49 918		102 327	54 809	7 788	2000	696 800	679 800		109 200	-23 400
1967	30 928		54 877	48 277	3 352	2001	872 500	798 100		103 900	-28 900
1968	23 232		38 374	52 346	-1 551	2002	1 030 000	679 800		101 300	5 400
1969	39 067		68 426	56 196	3 700	2003	1 473 600	1 492 200	358 200	101 200	21 700
1970	75 754		143 949	74 523	9 077	2004	2 454 100	679 800	494 200	104 900	59 700
1971	77 390		165 893	83 590	13 387	2005	3 320 200	3 303 500	630 361	101 500	121 000
1972	75 292		168 116	87 458	15 653	2006	4 480 200	4 159 900	772 120	103 300	200 000
1973	80 540		180 409	88 946	13 745	2007	5 955 400	5 269 300	1 032 700	108 200	425 300
1974	70 040		135 286	90 792	9 560	2008	8 704 900	8 704 900	1 366 300	135 300	596 200
1975	82 996		159 092	94 649	8 479	2009	9 339 500	9 248 700	1 183 500	133 300	574 200
1976	69 400		113 404	95 064	5 030	2010	10 501 800	10 064 000	1 221 100	146 663	761 900
1977	75 463		122 893	99 685	5 122	2011	11 892 700	11 399 500	1 568 900	146 121	625 900
1978	86 263		150 722	142 087	8 325	2012	12 715 500	12 023 900	1 504 100	160 101	143 700
1979	92 726		182 510	101 114	11 484	2013		12 358 900	1 895 200		173 700
1980	76 378		141 707	105 714	9 877	2014		12 858 200	1 769 400		-493 700
1981	64 313		112 849	107 054	5 327	2015		11 963 600			242 400
1982	69 976		117 938	112 192	3 172						

1949—2015 年矿山机械分行业基本情况

年份	总产值（万元）	主营业务收入（万元）	机器产品产量（吨）	职工人数（人）	实现利润总额（万元）
1949	467		220	2 279	3
1950	1 826		1 905	5 603	204
1951	3 341		1 534	7 852	456
1952	5 298		11 233	12 048	986
1953	9 481		15 828	18 555	1 893
1954	12 022		21 368	20 714	2 351
1955	14 571		28 413	21 850	3 099
1956	20 759		52 307	27 475	4 223
1957	17 921		48 288	30 217	3 883
1958	35 094		91 105	56 401	7 304
1959	46 741		108 482	55 004	10 268
1960	67 444		141 680	63 443	15 866
1961	27 650		85 383	54 668	3 088
1962	17 828		54 373	44 869	2 311
1963	17 232		51 280	37 663	3 375
1964	20 817		57 594	38 918	3 421
1965	29 261		73 415	41 162	5 848
1966	32 339		80 948	35 516	7 459
1967	23 951		50 741	44 399	2 791
1968	18 537		42 924	49 410	-495
1969	33 993		78 755	53 894	3 712
1970	49 235		118 653	61 132	7 333
1971	59 226		149 252	68 295	11 203
1972	64 151		139 210	73 552	13 364
1973	65 241		161 502	76 334	14 659
1974	61 235		144 646	75 189	10 386
1975	62 710		151 659	76 703	11 037
1976	55 270		121 201	80 262	10 590
1977	57 340		122 483	82 073	7 097
1978	73 299		168 252	84 080	11 560
1979	81 259		187 901	91 013	13 667
1980	65 867		144 015	104 149	8 399
1981	50 359		102 817	90 874	3 676
1982	58 932		115 795	92 854	3 562
1983	73 903		146 438	95 100	7 052
1984	83 460		172 035	96 272	10 014
1985			314 300		
1986	92 502		300 600	71 351	10 968
1987	101 525		297 200	73 189	10 236
1988	392 400	375 200	370 900	268 800	16 391
1989	484 200	452 400	325 600	264 600	22 800
1990	561 300	477 800	313 800	269 400	14 800
1991	588 300	549 100	333 900	278 900	6 900
1992	667 400	618 700	372 700	267 800	8 800
1993	1 098 800	1 259 500	511 500	336 600	8 500
1994	1 275 000	1 028 700	481 900	331 000	-10 500
1995	1 174 500	1 119 600	869 400	341 800	-18 500
1996	1 212 600	1 111 400	496 200	371 800	-50 200
1997	1 229 700	1 152 900	532 200	325 700	-25 100
1998	954 500	876 800		234 600	-50 500
1999	1 004 200	926 900	301 400	211 600	-41 400
2000	1 052 400	992 200	305 000	228 400	-28 000
2001	1 136 400	1 079 300	362 900	159 000	-19 800
2002	1 463 200	992 200	474 500	164 900	-8 000
2003	2 037 500	1 893 400	784 500	165 900	21 000
2004	3 042 800	992 200	1 369 000	182 900	71 000
2005	4 521 700	4 348 200	1 442 700	182 600	182 200
2006	6 506 000	6 034 400	1 980 500	198 000	345 100
2007	9 253 500	8 583 100	2 144 300	215 500	578 500
2008	13 340 200	13 340 200	2 510 800	250 700	930 200
2009	16 458 500	15 804 600	3 391 400	298 500	1 104 500
2010	21 574 000	21 049 100	3 616 600	306 353	1 735 100
2011	29 650 200	28 810 700	5 534 900	347 402	2 123 000
2012		33 951 600	6 885 800	348 669	2 191 400
2013		37 344 400	7 785 100		2 148 400
2014		41 391 200	7 861 300		2 157 500
2015		41 732 500	7 300 900		2 024 800

企业大事记

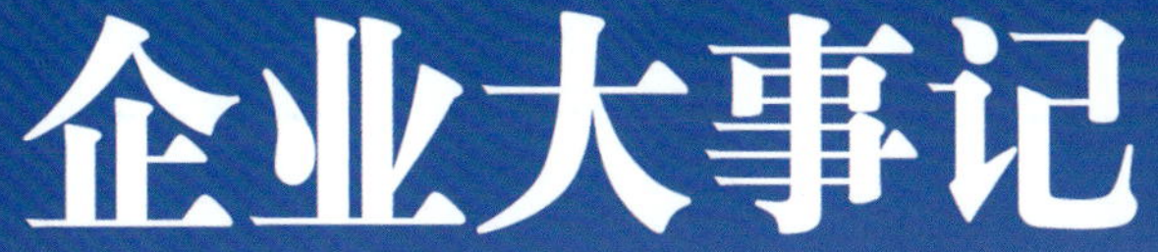

记载企业成长的每一个阶段，解读年度重大活动

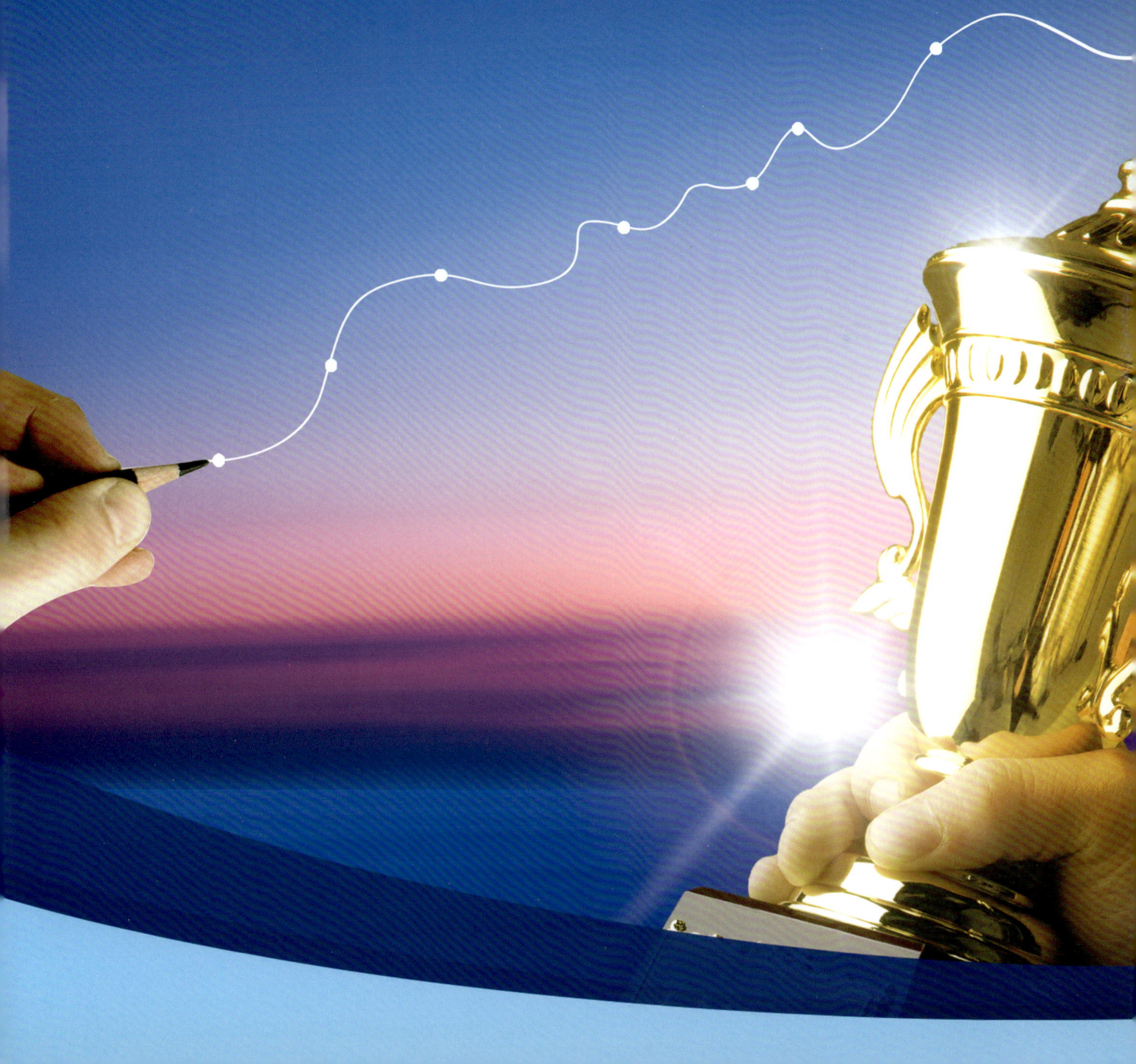

卫华集团 2015年大事记

1月

- 与洛阳大华重型机械有限公司举行战略合作签约仪式。
- 举行“2014年精益”总结表彰大会，对精益管理二期精益人才认证人员进行授带。

2月

- 卫华集团世界核工业领域室内桥式双梁起重机试验成功，刷新世界核工业领域起重机室内跨度最大纪录。

3月

- 召开财务共享服务中心项目启动大会。
- 在河南省博士后工作会议暨新设博士后站和博士后研发基地授牌仪式上，集团被授予“河南省优秀博士后科研工作站”称号，总裁俞有飞被授予“2014年度河南省优秀博士后管理工作者”称号。
- 集团河南起重机械技术服务有限公司顺利通过CNAS实验室认可复评审。
- 荣获中国酒泉卫星发射中心指定供应商。

4月

- 与华中科技大学进行技术合作交流并签订研究生实习基地协议。
- 4月9-11日，起重机械减量化产业技术创新战略联盟2015年工作会暨桥式起重机轻量化关键技术研究项目启动会在卫华召开。集团成为副理事长单位。
- 召开港机、矿机专题研讨会，开拓港机矿机市场。
- 集团高级技术工人吴庆富喜获全国劳动模范，在人民大会堂受到习近平、李克强等中央领导接见。
- 召开“十三五”战略制定工作启动会议。

5月

- 集团召开向全国劳动模范吴庆富学习活动暨表彰大会，集团创始人、党委书记韩宪保为吴庆富颁发股权奖励。
  与中色科技股份有限公司签订战略合作协议。
- 与辽宁国远科技有限公司签订战略合作协议。
- 与中机十院国际工程有限公司签订战略合作协议。
- 在中国重型机械工业协会桥式起重机专业委员会八届五次理事会暨八届三次会员大会上，集团获先进单位，副总裁苗红获先进个人。
- 中国机械工程学会物流工程分会起重机械技术专业委员会五届三次理事会在集团召开。

6月

- 隆重举行劳模事迹报告会暨卫华职业培训学校开学典礼，韩宪保、俞有飞共同为卫华职业培训学校揭牌。
- 集团创始人、党委书记韩宪保视察中筑集团，要求将中筑项目打造成“平安工程”与“创效工程”。
- 总裁俞有飞就安全生产和精益管理情况深入子公司现场办公，要求加强项目管理，使企业生产发挥最大潜力。
- 集团研发的国家“863计划”、国家重点科技攻关项目——特大型智能抓斗挖泥机全票通过国家科技部验收。

7月

- 河南省委常委、组织部长夏杰一行莅临卫华调研非公企业党建，称赞卫华为河南省非公企业党建工作树立了标杆。
- 召开《面向工程机械大型结构件的机器人焊接生产线关键技术研究与应用示范》项目启动会。
- 中国交通建设股份有限公司莅临卫华进行党建交流。
- 荣获“全国2014年工业品牌培育示范企业”称号。

8月

- 神华集团莅临卫华考察。
- 与沈阳隆基电磁科技股份有限公司签订战略合作协议。
- 与郑州大学综合设计研究院签订战略合作协议。
- 召开新产品研发项目汇报会，“车载式16m举升制瓦车”等5个项目正式结题。
  卫华集团申报的《全自动垃圾吊关键技术研究》和《轻量化起重机专用硬齿面减速器关键技术研究》两个项目，被河南省科技厅正式立项为2015年河南省科技攻关计划。
- 举行2015年金秋助学仪式，200名贫困大学生获资助。
- 资助拍摄的我国首部特种设备安全教育系列电影科教片《美丽中国梦•质检安全行》在北京举行首映式，总裁俞有飞受邀参加首映式。
- 与太原科技大学机械工程学院签订战略合作协议。

9月

- 唐山市曹妃甸区区长梁振江莅临卫华集团参观考察。
- 中国工程院院士张铁岗莅临卫华集团，为卫华学院高级经理研修班学员开展《坚持科学发展观，推进我国能源工业发展》讲座。
- 与华北水利水电大学签订校企战略合作框架协议。

10月

- 北京机电研究所所长梁丰收一行莅临卫华参观考察。
- 卫华集团院士工作站荣获“2015年度河南省优秀院士工作站”称号。
- 新乡市委书记舒庆莅临卫华参观指导。
  与新乡职业技术学院签订校企合作协议。
- “2015中国民营企业500强”榜单揭晓，卫华集团位居第386位。

11月

- 召开研发项目验收会，“自动化仓储起重机控制系统研发”等10个科研项目顺利通过评审验收。
- “2015年河南民营企业100强”榜单揭晓，卫华集团位居第18位。
- “2015河南企业100强”榜单公布，卫华集团位居第29位。
- 召开国家科技支撑计划课题实施启动会，《面向工程机械大型结构件的机器人焊接生产线关键技术研究与应用示范》《轻量化桥式起重机推广应用技术研究》两项国家科技支撑计划课题正式启动实施。
- 《基于激光+超声波识别及物联网关键技术的全自动垃圾吊》项目获河南省科技进步奖二等奖。

12月

- 集团财务共享中心正式运行。
- 与武汉大学动力与机械学院签订战略合作协议。
- 与北京机电研究所签订战略合作协议。
  与江苏海隆重机有限公司签订战略合作协议。
- 在“2015年度（第十一届）中原最佳雇主”颁奖盛典上，集团从2275家参评企业中脱颖而出，自2008年以来第八次获此殊荣。
- 在“首届河南企业社会责任报告发布活动”中被评为“优秀案例”企业。

卫华集团2016年大事记

1月

全国桥门式起重机械产业知名品牌示范区验收工作启动会在卫华召开。

与新疆有色集团签订战略合作协议，双方将就市场开拓、生产制造等领域展开合作。

顺利通过钢结构制造特级资质认证。

“2016年人力资源管理杰出奖颁奖典礼”在长沙隆重举办，卫华集团第三次获得“人力资源管理杰出奖”。

集团《起重机钢结构件智能化焊接工艺研究》和《智能仓储起重机控制系统研发》两项目，被正式立项为2016年河南省科技攻关计划。

2月

河南卫华矿机事业部正式成立。集团入选河南省“互联网+”工业创新示范企业。

3月

荣获长垣县“2015年度纳税先进企业”第一名。

聘请中国工程院院士、安全技术及工程专家张铁岗教授为卫华院士工作站在站院士。

被评为“2015年工业企业知识产权运用标杆”，为河南省唯一一家企业入选榜单。

4月

新华社、人民网、中国知识产权报、河南日报、大河报等新闻媒体代表对长垣开展“河南省知识产权中原行”集中采访。作为长垣县政府推荐的知识产权优势企业，卫华集团接受座谈采访。

集团与泰国港务局、泰国ITD建筑公司在曼谷共同签署合同。将为泰国港务局林查班港集装箱码头新建铁路堆场及相关集装箱搬运设备提供整套解决方案。

总裁俞有飞率团赴德国参加2016汉诺威工业博览会，与德国专家进行技术交流，洽谈人才引进工作。

26类矿用整机设备全部通过评审，并获得矿用产品安全标志证书，为地区唯一一家具备该资质的企业。

5月

与华电郑州机械设计研究院签订战略合作协议，双方将就起重机械、水利电力、建筑防腐及工程总承包等领域展开合作。

在中国重型机械工业协会第七届会员代表大会暨理事会上，集团再次当选副理事长单位，并荣获“2012—2015年度优秀会员单位”，董事长韩红安当选副理事长。

中国机械工业联合会发布中国机械工业百强企业榜单，集团名列第40位，排名较上年上升4位，自2011年以来连续6年入选该榜单。

6月

与机械工业第一设计研究院签订战略合作协议，双方将就细分市场开发、专用设备推广、新能源领域拓展、建筑工业化等方面进行合作。

集团创始人、党委书记韩宪保携20余万元善款赴江苏盐城龙卷风冰雹特大自然灾害灾区慰问。

卫华起重助力我国新一代运载火箭长征七号在海南文昌航天发射场成功点火升空。发射指挥部专门发来感谢信，感谢卫华在“长七”首飞任务中作出的突出贡献。

7月

与中交第一航务工程局有限公司签订经营与党建战略合作协议。

获得国家工商行政管理总局2014-2015年度“守合同重信用”企业公示资格，并在国家工商行政管理总局网站公示。

8月

与武汉港迪电气有限公司签订战略合作协议。

与中船重工物资贸易集团武汉有限公司签订战略合作协议。

在第五届中国创新创业大赛河南赛区暨河南省科技创业雏鹰大赛中，集团选送的《超大型海工装备关键技术研究》项目荣获河南赛区第一名。

隆重举行2016年金秋助学仪式，资助170名寒门学子圆梦大学。

全国工商联发布2016中国民营企业制造业500强榜单，卫华集团名列第311位，较上年上升20位。

研制的320t四梁六轨冶金铸造起重机顺利交付使用。

9月

菲律宾前众议长何塞•德贝内西亚一行参观卫华集团北京分公司并进行友好交流。

继2011年助力天宫一号飞天后再次助力天宫二号成功发射。

中共卫华集团第六次代表大会胜利召开，韩宪保同志作工作报告，会议选举产生了新一届党的委员会和纪律检查委员会。

国家发改委正式批复同意以卫华集团为主组建“轻量化起重装备国家地方联合工程研究中心”。这是集团首次获得国家级工程研究中心资质。

10月

卫华起重助力“神舟十一号载人飞船”成功发射，集团党委书记韩宪保应邀赴酒泉现场观看发射。

泰国港务局曼谷港董事长POOMSANGKHAM、林查班港副董事长SONGTHAM CHANTAPRASIT一行莅临卫华参观考察，称赞卫华实力雄厚，望与卫华多方位合作。

与中煤科工集团沈阳设计研究院有限公司签订战略合作协议。

集团选送的《超大型海工装备关键技术研究》项目荣获第五届中国创新创业大赛全国总决赛优秀奖。

与重庆港某码头签订超亿元成套设备合同，为业主提供抓斗式浮吊、吊钩式浮吊、弧形摆动式装船机、带式输送机、堆取料机、门式起重机、桥式起重机等成套设备。

承担的河南省重大科技专项《高效智能轻量化桥门式起重机关键技术研发及产业化》，顺利通过省科技厅专家组验收。

11月

中国共产党河南省第十次代表大会在郑州召开，卫华集团党委副书记、总裁俞有飞作为长垣县唯一企业代表参会，提出的建议被收入《大会简报》。

卫华起重助力我国新一代大型运载火箭—长征五号在海南文昌航天发射基地成功发射。集团党委书记韩宪保受邀现场观看发射。集团被授予航天重大贡献奖。

2016河南民营企业百强榜单发布，集团位居第16位，较上年上升2位；位居2016河南民营企业制造业百强第13位，较上年前进2位；位居2016河南民营企业纳税百强第36位。

与西门子（中国）有限公司签订智能化起重控制系统工程创新平台战略合作协议。承制的亚洲最长管带式输送机桁架结构汇装完成。

国家工业和信息化部电子第五研究所两化融合评估审核组通过卫华集团两化融合管理体系进行第二阶段评估审核，同意推荐卫华集团为国家两化融合管理体系贯标认定企业。

申报的《基于物联网技术的十二绳防摇摆集装箱起重机》和《船艇搬运起重机》两科技成果项目分获中国机械工业科技进步奖二等奖和三等奖

荣获河南省创新龙头企业荣誉称号。

卫华集团被授予河南省社会主义核心价值观建设示范点。

12月

与华为、思科等36家中外龙头企业（机构）集体签约马来西亚碧桂园森林城市项目，共建国际产能合作新城。

卫华集团有限公司国家认定企业技术中心创新能力建设项目顺利通过专家组验收。在2016年度（第12届）中原最佳雇主颁奖盛典上，集团荣获“中原最佳雇主30强”及“中原最佳品牌实力雇主”。

由集团协办的“卫华•物流杯”第一届全国大学生起重机创意大赛在武汉理工大学举行。

集团《基于物联网信息化调度及复合防摇摆技术的铁路专用集装箱起重机》项目被评为2016年度河南省科技进步奖二等奖。

中国船级社授权卫华集团为CCS焊工认证中心及CCS焊工认证检测中心。

河南省矿山起重机有限公司 2015年大事记

1月 投资3000余万元、占地面积约2.5m²的六联跨车间开工建设。在起重行业新常态的市场环境下，公司不断加大投入，在厂房建设、设备购置等基础设施方面下功夫、出重拳、投重资，为企业转型升级奠定了坚实基础。

2月 与德马格起重机械（上海）有限公司签订战略合作协议。德马格起重机械（上海）有限公司销售总监曹总表示选择河南矿山作合作伙伴，主要是基于四点：一是河南矿山有强大的营销队伍及良好的市场口碑。二是有强大的技术研发能力及先进的加工设备。三是有一支勇于开拓创新、精诚团结的领导团队。四是与德马格有相同的企业价值观，都致力于为客户提供优质的产品及服务。

4月 组织1100余名员工父母赴山西旅游。自公司成立以来，一步一个脚印，切实践行企业“孝文化”，倡导“孝心、善行、共赢”的文化精神，“孝文化”已渗透进每一位员工的心中。

5月 根据中国重型机械工业协会统计，公司单（双）梁桥式、门式起重机和轻小型起重设备的产销量、市场占有率连续三年同行业第一。

公司所承制的宝钢集团第二批次起重机产品再次顺利通过A检。

6月 集团众和出租汽车有限公司举行第四届“爱心助考”公益活动，弘扬社会文明风尚，方便高考学子出行，此公益活动受到了高考学生、家长及社会各界的广泛赞誉。

8月 公司第十二届捐资助学大会顺利召开。公司自成立之初，就始终把奉献社会作为自己义不容辞的责任和义务。我们的捐助，也许只是杯水车薪，但希望以微薄之力给贫困学子精神鼓舞。希望通过这项活动，能够起到抛砖引玉的作用，使全社会重视知识、重视教育，关心人才的成长。

河南矿山车轮锻造碾压复合工艺智能化流水线正式投入生产。

9月 历时5天的第四届中秋文化节在多功能厅隆重召开，宴请员工父母6000余人参加。中秋文化节作为“尊崇孝道，践行孝文化”系列活动之一，从2012年成功举办以来，已经成为集团传播孝文化、弘扬优良传统的年度盛会。

中标国家“一带一路”重点项目—兰州铁路综合货场工程项目。

葫芦门式起重机流水线生产车间（198工程）全面开工建设。

10月 公司党委书记崔培军当选为第五届中国光彩事业促进会理事。

北厂区欧式双梁流水线车间（513工程）建设全面展开。

河南省总工会全省职工送文艺下基层专场演出在北厂隆重举行。

11月 在原有价格不变的前提下，公司产品在车轮、减速机、导电拖链及定子调速调压系统等方面的配置全面升级。

河南省矿山起重机有限公司 2016年大事记

1月

党委书记崔培军以在新业态、新模式下对培育经济增长新动力方面作出的突出贡献，被授予河南省2015年“十大经济年度人物”。省政协副主席史济春为公司党委书记崔培军颁奖。

3月

为加快公司产业调整、转型升级步伐，进一步改善工人作业环境，缓解生产压力，新式双梁流水线车间（513二期）建设全面开工，该车间占地面积30 000余m^2，与一期车间功能一样，成为公司新式起重机的研发与生产基地。

河南矿山第五届孝文化感恩旅游节拉开序幕。自成立以来，坚持以德治企，尊崇孝道文化，数年如一日地践行着孝亲感恩思想，凝人心而创和谐，结仁爱而共进取。此次旅游活动共有1300余名员工父母参加，历时七天，游览南京、无锡、苏州等名胜景区。

4月

被新乡市资信评级委员会评为2016年度企业信用AAA级。同月，被河南省总工会授予河南省五一劳动奖状荣誉称号。

为感谢广大员工的辛勤劳动，在紧张工作之余能够放松一下心情，并进一步开拓视野，激发员工的信心与干劲，公司分批组织公司员工赴欧洲五国十三日游。

由宝钢工程设备部组织冷轧项目部、宝钢检测、宝冶安装、五冶安装、十三冶安装、宝钢咨询监理公司、大连宝信等单位人员对公司承制的宝钢湛江钢铁有限公司1 550mm冷轧工程酸洗区域主厂房起重机设备28台起重机中的9台起重机进行A检。此次A检工作历时四天，并取得圆满成功。

5月

中国重型机械工业协会第七届会员代表大会暨理事会在京召开，河南矿山被评为2012－2015年度优秀会员单位。

6月

我公司质量、环境、职业健康安全管理体系顺利通过方圆标志再认证审核。

7月

魏庄镇街道党工委、参木社区党委、河南矿山党委联合举办庆祝中国共产党建党95周年大会。参加大会的有魏庄街道党工委书记李联合、河南矿山党委书记兼参木社区党委书记崔培军、参木工业园区主任赵峰、魏庄街道办事处党工委副书记刘慧泉、河南矿山总经理任海涛以及参木社区党委下辖7个党支部、河南矿山党委下辖6个党支部党员200余人。

8月

河南矿山焊接机器人样机完成调试，进入大规模装配阶段。作为国内起重机制造的骨干企业，河南矿山依托深厚的技术研发积淀，全力推进智能化、自动化建设，为客户提供业内一流的起重机产品。

第十三届捐资助学大会在公司多功能厅隆重召开。受资助的学生及家长共计200余人参会。以新乡市状元的优异成绩考入北京大学的闫会萃同学发言，她向河南矿山表达了一名学子最真挚的感激之情，并表示在今后的大学生活中更加努力学习，把这份爱心传递下去，为社会贡献自己的一份力量。

9月

河南矿山第五届中秋孝文化节慰问活动正式启动。作为第五届中秋孝文化节的一项重要内容，本次活动共派出26辆慰问车，分成12组，历时4天，慰问广大业务精英及其父母，并正式邀请他们参加以“百善孝为先•有您月更圆”为主题的第五届中秋孝文化节。

以“百善孝为先，有您月更圆”为主题的第五届中秋孝文化节在多功能厅隆重开幕。作为公司“尊崇孝道，践行孝文化”的系列活动，该文化节从2012年以来，连续举办了5届，在社会各界引发了强烈反响。在文化节开幕当天，共有河南电视台、郑州电视台、大河报、大河网、新浪网、搜狐网、腾讯网等多家媒体集中报道。此次文化节历时5天，共宴请员工父母、业务精英父母、供应商、出租车公司等6 000余人。

宝钢湛江钢铁有限公司、湛江钢铁工程指挥部在湛江东海岛隆重召开优秀设备、资材备件供应商表彰大会。河南矿山从上千家供应商中脱颖而出，荣获“宝钢湛江钢铁一期工程项目优秀供应商”荣誉称号。

10月

新乡市计量测试学会专家对集团进行了计量合格确认评审，经过现场以及资料总体考核，确认集团在计量管理、计量器具配备与检测、计量检定、环境条件、企业内审制度等方面的计量检测体系符合计量合格确认规范要求。

12月

携手阳光爱心志愿者协会、长垣县宣传部、文明办等爱心组织到魏庄镇林参木村举行“一起点亮蓝丝带”公益活动，为“坚强妈妈”王素英祈福。河南矿山自建厂之初，一直秉承“造福桑梓•回报社会”的经营理念，积极发挥企业在履行社会责任方面的表率作用，在扶贫帮困、发展教育等社会公益事业方面，塑造了优秀企业公民的良好形象，实现了企业与社会、与环境的和谐发展。

纽科伦（新乡）起重机有限公司
2015年大事记

1月 召开2014年度总结表彰大会，并为2015年企业发展谋篇布局。

3月 河南省政协副主席靳克文莅临纽科伦考察指导。

国家工信部科技司副司长沙南生莅临纽科伦视察调研。

4月 河南省总工会副主席鲁超亮莅临纽科伦视察工作。

出口澳大利亚的100t轮胎式门机顺利完成空载、轻载和超载试验。

5月 制定企业“十三五”战略规划，确定了逐步实现由通用起重产品为主向专业细分行业特色起重机为主转变，实现由单一起重机产品制造商向系统集成解决方案供应商转变的战略发展方向。

6月 被评为河南省质量标杆企业。

7月 中国交通建设股份有限公司党委副书记、副总裁杨力强一行莅临参观，并进行党建交流。

8月 集企业文化展示和产品体验于一体的新展厅建成并投入使用。

10月 企业技术中心获批为“河南省认定企业技术中心”。

公司首台四层缠绕钢丝绳电动葫芦顺利完成缠绳试验，为进一步开发高卷扬电动葫芦奠定技术基础。

11月 自主研发的“酸洗车间全自动高精定位起重机”项目荣获2015年度中国机械工业科学技术奖三等奖。

自主研发出口至沙特的船坞载人臂式起重机试运行成功，填补了国内船坞臂式起重机的空白。

12月 公司承办的中国重型机械工业协会起重葫芦分会二届三次会员大会在长垣成功召开，纽科伦被评为2014－2015年度先进会员单位和科技创新单位。

荣获“全国机械工业质量奖”“全国机械工业质量效益型先进企业”等荣誉。

出口澳大利亚100t轮胎式门机

全国机械工业质量奖

出口沙特的船坞载人臂式起重机

纽科伦（新乡）起重机有限公司 2016年大事记

1月

公司“全液压轮胎式船艇搬运起重机关键技术研究及产业化”项目被列入2015年河南省重大科技专项。①

4月

公司葫芦班被河南省总工会、河南省安全生产监督管理局联合评为“安全示范班组”。②

王相普同志荣获河南省五一劳动奖章。③

5月

公司应邀参加在北京召开的中国重型机械工业协会第七届会员代表大会暨理事会，纽科伦被评为2012-2015年度“优秀会员单位”，并被选举为中国重型机械工业协会理事单位。④

公司自主研发生产的一台28m高轮胎式集装箱门式起重机亮相于法国巴黎大皇宫第七届“纪念碑”（Monumenta）项目艺术展，呈现在众多国际知名艺术家和各国观众面前。⑤

6月

公司研发生产的自攀爬风电维修起重机试运行成功，可自动攀爬至风电塔筒顶端进行起升作业，将大幅缩短维修时间，降低维修成本，颠覆传统的风电维修方式，对全球风电行业的蓬勃发展将产生巨大的积极影响。⑥

6月

公司先后获得《中核集团合格供应商证书》、《核工业质量管理体系认证证书》，纽科伦在核行业领域迈出了关键的一步，为公司在核领域的发展奠定了基础。⑦

7月

纽科伦公司与意大利PDN工程起重机有限公司签订战略合作协议，双方将以“企业联盟”的形式在跨运车、游艇搬运机、ND、NDS和NL型电动葫芦等产品领域展开紧密合作。⑧

由纽科伦公司自主研制的液压木材抓斗门式起重机在白俄罗斯某造纸厂安装调试完毕，其创造性地将刚性导引装置和液压抓斗应用于柔性钢丝绳卷绕起升机构中，弥补了纯钢丝绳卷绕机构柔韧有余刚性不足和纯刚性起升机构刚度过剩柔性不够的缺点。⑨

12月

公司生产制造的两台管片吊机和一台箱涵件吊机配套国内最大直径土压平衡盾构机“麒麟号”在太原始发掘进。该项目是纽科伦公司首次为中铁装备集团生产提供配套管片吊机，采用了目前先进的PLC集中控制，变频调速系统，以及液压系统等技术。⑩

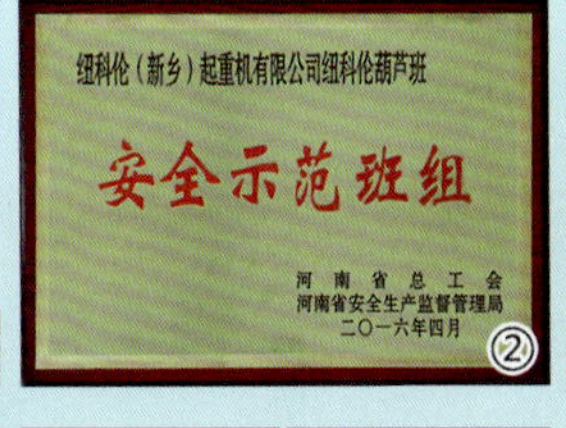

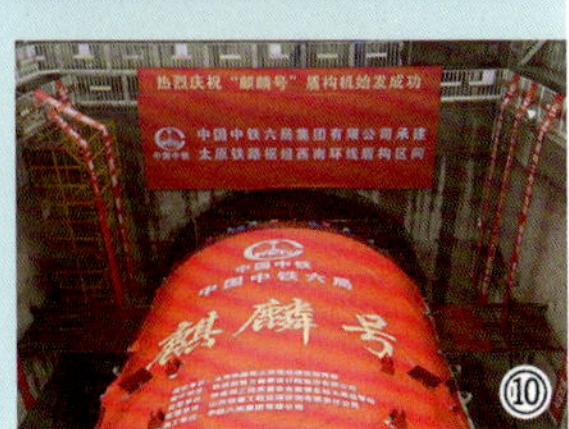

山东山矿机械有限公司 2015年大事记

2月 2014年度公司总结表彰暨2015年度工作动员大会在公司大礼堂举行。

3月 山东省机械协会郭金明会长莅临公司调研。

新版中英文网站、手机版网站和微信平台同时上线运行。

4月 公司研发的环保型密闭式带式输送机样机成功在厂区内试运行。

技术副总工郑兆宗同志荣获“济宁市劳动模范”荣誉称号。

被山东省济宁市任城区宣传部授予“善行义举进企业示范单位”荣誉称号。

6月 召开专题会议，研究部署在6月份开展“厂区环境整治，充分利用资源，降本增效”活动。

自主创新项目“下运管状带式输送机”荣获济宁市任城区科学技术进步一等奖。公司副总经理、总工程师于春成同志荣获2015年度任城区科技最高奖。

7月 纪念建党94周年暨2015年上半年工作总结大会在公司技校培训室召开。

公司注册的“山矿”商标被认定为“中国驰名商标”。

济宁市人大常委会副主任、市总工会罗心光主席带领市人大财经委委员一行莅临公司总部视察指导工作。

10月 成功研制出管径为800mm的大型管带机，并在公司厂区内安装样机成功运行。

公司召开纪念建厂45周年知识竞赛活动。

11月 山东国鉴认证公司对公司质量、环境、职业健康安全三体系进行换版监督审核，公司顺利通过换证审核。

12月 宁夏回族自治区中卫市副市长王伟一行7人在济宁市经信委副主任李亚东陪同下莅临公司总部视察指导工作。

“山矿”商标，再次成功续展为“山东省著名商标”。

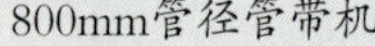

800mm管径管带机

密闭皮带机

中国驰名商标

山东山矿机械有限公司
2016年大事记

1月 公司董事长马昭喜同志荣获2015年度“山东省诚信企业经营者”荣誉称号。

山东山矿机械有限公司再次通过山东省AAA级信誉企业复审。

3月 公司制订了《带式输送机包装储运标准》，该标准对带式输送机主要部件的包装、储运、防护、标识等要求进行了规定，对带式输送机主要部件的组装发运、常用大尺寸结构件的拆分及带式输送机部件包装方案进行了规范。

公司在技校多媒体教室召开了安全生产工作会议，贯彻落实各级安全生产工作会议精神及各级领导的重要部署。

公司计量合格证书确认证书顺利通过复审。

组织参加了第11届中国（山东）国际装备制造业博览会。

公司员工刘国被评为济宁市第六届首席技师。

“管径800mm管状带式输送机”“露天矿移置式带式输送机”“环保密闭带式输送机”“密闭装船带式输送机”四项新产品顺利通过鉴定验收。

4月 公司研制的“生物质料场取料设备”获发明专利证书，这是公司获得的首个发明专利证书。

5月 公司连任第七届中国重型机械工业协会常务理事单位，并荣获“中国重型机械工业协会2012—2015年度优秀会员单位”。

6月 公司连任中国重型机械工业协会破碎粉磨设备专业委员会副理事长单位。

7月 公司召开纪念中国共产党成立95周年大会，会上，公司党委书记马昭喜传达了习近平总书记在庆祝中国共产党成立95周年纪念大会上的重要讲话精神，分析了当前企业面临的形势和机遇、挑战，提出了做好下半年工作要求。

根据国办发[2015]50号以及工商企注字[2015]121号文件的要求，公司完成了营业执照、组织机构代码证、税务登记证“三证合一”登记手续，济宁市工商行政管理局核发了公司新的营业执照。

公司召开2016年度职工技能（市二类）大赛启动会议，承办济宁市钳工、铆工、焊工三个工种的技能大赛。

被中共济宁市经济和信息化委员会委员会授予济宁市经信委系统“先进基层党组织”荣誉称号。

8月 2PGCQ700×1500强力高效双齿辊破碎机新产品荣获2016年山东省机械工业科技进步奖二等奖。

顺利通过了山东省重合同守信用复审。

召开2016年金秋助学座谈会，为12名困难职工子女以及6名市总工会帮扶中心重点帮扶职工子女进入高等学府进行深造，发放了助学金、奖学金和纪念品。

9月 顺利通过神华集团材料采购供应商集中资格预审，标志着公司在神华集团诸多项目上有了招投标资格，说明了公司的综合实力得到了神华集团的肯定。

11月 组织参加了2016中国（上海）国际重型机械装备展览会，中国重型机械工业协会常务副理事长李镜同志、副理事长兼秘书长王继生同志以及行业部分重点骨干企业的主要领导参观了公司展区。

12月 中共山东山矿机械有限公司第八次党员大会在公司技校大会议室举行，公司董事长马昭喜同志再次连任公司党委书记。

山东省装备制造业协会成立暨一届一次会员大会在济南倪氏海泰大酒店隆重举行，公司当选为副会长单位。

济宁市任城区第二届人大代表换届选举，董事长马昭喜同志以高票再次当选为任城区第二届人大代表。

四齿辊

溢流型磨机

运行于印度JSW现场皮带机

记载2015年重型机械行业发生的重大事件

It records the important events happening to the heavy machinery industry in 2015

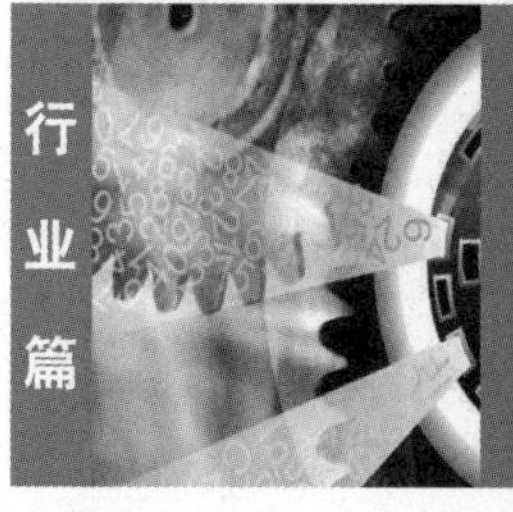

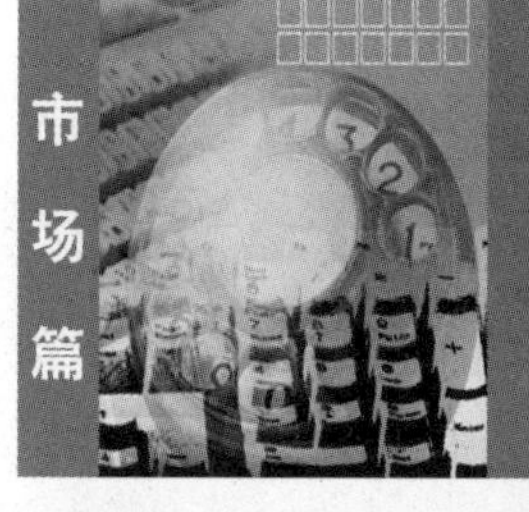

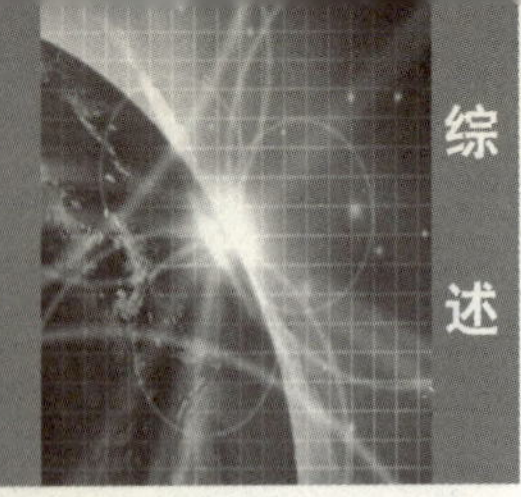

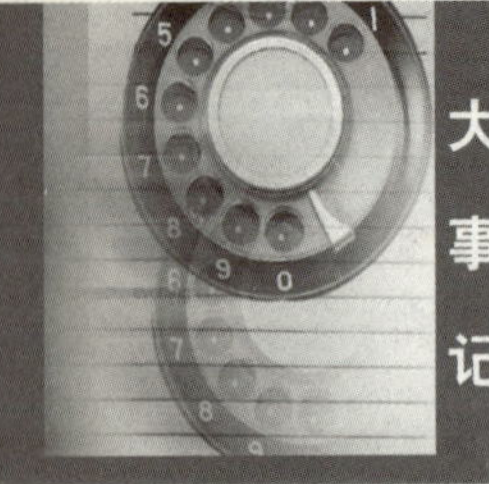

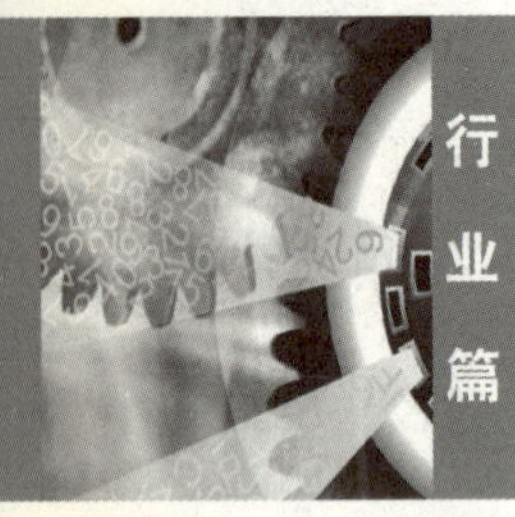

大事记

2015 年重型机械行业十大新闻

1. 6 月 26 日根据《社会组织评估管理办法》，经过全国性社会组织评估委员会评定，中国重型机械工业协会被评为 4A 等级社会组织。

2. 李克强总理于 9 月份连续视察中国重型机械工业协会会员单位。9 日到大连重工・起重集团有限公司视察，要求在世界市场上显示中国的装备的质量，竞争力和名牌效应。

23 日考察中信重工机械股份有限公司劳模工作室、大工匠工作室和工人创客群体，对通过“大众创业，万众创新”的“双创”活动繁荣兴盛企业大为赞赏。

3. 2015 年度 62 项重型机械行业成果参加机械行业科技成果评审，评出一等奖 5 项、二等奖 12 项、三等奖 19 项。获得一等奖的是：中国第一重型机械集团“巨型重载锻造操作机”、燕山大学“带钢冷轧机集成化智能板型测控系统”、太原重型机械集团有限公司“6 400t 液压复式起重机研制”、中信重工机械股份有限公司“大型矿用磨机的研制及应用”、力博重工科技股份有限公司“矿山复杂地形长距离大运力带式输送系统关键技术及产业化”。

4. 1 月初，上海振华重工集团研发的首套第四代无人全自动集装箱装卸系统在厦门远海码头试运营。全套系统包括 3 台双小车岸桥、16 台轨道吊、18 台 AGV 以及自动化软件控制系统。整个码头系统以电源驱动，解决了传统码头柴油机噪声和尾气排放超标等问题；经测算，比传统码头节省能源 25% 以上，碳排量减少 16% 以上。

5. 12 月 9 日太原重型机械集团有限公司新能源装备有限公司风电整机及关键零部件智能化工厂项目在太原经济技术开发区开工建设。计划 2017 年建成投产后，可满足年产 500 台 1. 5 ~ 3MW 风机的智能化生产需要。

6. 12 月 3 日，大连重工为国家重大科技基础设施 500m 口径球面射电望远镜（FAST）配套研制的馈源舱索驱动系统成功完成了馈源舱的起舱。这套柔性悬挂索驱动系统突破了传统射电望远镜中馈源舱与反射面采用相对固定的刚性支撑模式，极大地减少了对射电望远镜无线电波的遮挡，破解了馈源舱移置的世界科技难题，成为 FAST 天文望远镜工程的三大自主创新之一。

7. 由武汉理工大学和卫华集团承担的国家 863 计划“新型智能化大型抓斗挖泥船关键技术研究”项目，完成了国内最大的 570t 特大型船用抓斗挖泥机的试制。6 月 28 日，该项目通过国家科技部专家组验收。

8. 中信重工股份有限公司采用资本运作，调整企业结构，收购唐山开诚 80% 股权，12 月 16 日成立中信重工开诚智能装备有限公司，搭建基于特殊工况和高危环境下特种机器人的研制平台。

7 月底株洲天桥起重机股份有限公司通过资本市场收购杭州华新机电工程有限公司股权，增强了企业研发实力。

9. 实施“一带一路”战略走出扎实一步，上海振华重工沿线布局 14 个海外公司；中国重机在柬埔寨、老挝、塔吉克斯坦等国家再获新订单；北方重工盾构机连续出口新加坡、澳大利亚等国；南昌矿机向纳米比亚湖山铀矿提供的 400t/h 骨料破碎筛分成套设备顺利投产。

10. 由中国重型机械工业协会组织编辑的《重型机械选型手册》5 月份公开发行。《重型机械选型手册》共分冶金及重型锻压设备、矿山机械、物料搬运机械、重型基础零部件四个分册，全面反映了我国重型机械行业在科技创新、产品升级、自动化和信息化方面的产品水平，为使用单位、工程设计单位提供了方便、完整、翔实的信息。

〔撰稿人：中国重型机械工业协会陶岚　审稿人：中国重型机械工业协会李镜〕

2015 年重型机械行业大事记

1—2 月

1 月 9 日，中共中央、国务院在北京隆重召开 2014 年度国家科技奖励大会。中国第一重型机械集团公司“中国一重大型铸锻件制造技术创新工程”科技成果荣获国家科技进步奖二等奖，参加的“极端条件下重要压力容器的设计、制造与维护”科技成果获得国家科技进步奖一等奖。这是继 1780 冷连轧机组以来，一重获得的第八项国家科技进步奖。

1 月 16 日，在“陕西省创新方法应用推广与示范”项目启动会上，中国重型机械研究院有限公司被授予“陕西省创新方法应用标杆企业”，并获承担“创新方法的实施与企业示范带动”的任务。

1 月 16 日，中信重工机械股份有限公司承担的“高效炉冷烧结矿余热发电成套装备产业化项目”，顺利通过国家能源局验收。

1 月 16 日，中国重型机械研究院有限公司承担的 2011 年陕西省重大科技创新专项资金项目“国产 1 750mm 五机架全连续冷连轧机组”顺利通过专家审核，完成验收。

1 月 17 日，大连重工 · 起重集团有限公司在泉水基地冶电事业部制造现场举行了世界最大、国内首次自主设计制造的——宝钢湛江钢铁 520t 钢包回转台交付仪式，标志着大连重工与宝钢湛江钢铁、中冶赛迪集团的精诚合作结出了又一丰硕成果。

1 月 19 日，由中信重工机械股份有限公司自主研制的高效超细磨矿设备——CSM - 1200 立式搅拌磨完成工厂试车并交付。该立式搅拌磨将用于全球最大的铜生产商——智利国家铜业公司。

1 月 27 日，由北京起重运输机械设计研究院仓储物流工程中心承担的国家首批智能制造装备发展专项项目“青岛华仁药业三期项目包装车间自动码垛及自动仓储设备系统”项目通过验收。

1 月 23 日，国内首台 80t 低频单电极气保电渣重熔炉在中信重工正式投产。据介绍，80t 电渣重熔炉采用了 1 ~ 3kHz、90kV 的低频电流，微正压惰性气体保护、恒熔速、同相逆并联短网、双炉头车等多项创新技术，可实现重熔全过程的计算机自动控制，具有独特的设计、高端的技术含量、节能环保、安全可靠等特点。不仅可以大幅提升锻件产品的性能和质量，降低产品废品率，而且钢锭利用率可比普通锭利用率提高 20% ~30%，综合效益明显。投用后，可形成年产 1 万 t 各类洁净均匀致密的高品质电渣重熔钢锭的能力。

1 月 30 日，华电重工股份有限公司承建的京唐港翻车机卸车线项目一次重载试车成功。截至 2 月 3 日该项目已成功完成了 5 列万吨运煤列车重载试车的无故障运行，设备安全、可靠、稳定，各项性能参数指标均符合合同技术协议要求，达到国内行业标准，并于当日通过了国家铁科院一次性检验成功。

2 月 3—5 日，陕西省科技厅和西安市科技局分别组织专家对中国重型机械研究院有限公司完成的“420mm × 2 700mm特厚直弧形板坯连铸机成套技术装备”项目、“高效低能耗工业铝型材挤压生产关键技术与应用”项目和“加重钻杆管端整体加厚装备研发及应用”项目进行了科技成果鉴定。

2 月 6 日，由中冶华天节能环保研究院研发、设备分公司试制的“超微气泡”气浮装置中试成功。该装置日处理污水量可达几百到几万立方米，属国内首创。

2 月 16 日晚，* ST 二重（601268）披露全面要约收购方案：公司实际控制人国机集团拟以 2. 59 元/股的价格向全体股东发起要约收购，以终止 * ST 二重上市地位。此举让 * ST 二重成为证监会 2014 年颁布《关于改革完善并严格实施上市公司退市制度的若干意见》后首家实施主动退市的上市公司。

2 月 28 日，通过国际竞标，中信重工机械股份有限公司在南美洲国家厄瓜多尔最大的米拉多铜矿年产 2 000 万 t 采选项目上最终胜出，成功中标两组 ϕ10. 97m × 5. 4m 半自动磨机和 ϕ7. 9m × 13. 6m 溢流型球磨机。该组磨机规格、功率、产能都是全国铜矿最大的。

★ 国家科技部火炬中心发布“2014 年国家火炬计划重点高新技术企业”评选结果，中信重工全资子公司洛阳中重自动化工程有限责任公司榜上有名。

★ 大连重工 · 起重集团有限公司以市场为本，全面加速新产品开发和传统主导产品升级，科技创新工作取得了新成果。根据可行性、效益性和适应性原则，开发完成矿热炉炉气净化系统等 33 项新产品，形成了矿热炉炉气余热发电、料场成套工艺及无人化等 12 项技术储备。完成 20 余项传统主导产品技术提升，开发了卸船机电控系统自成套技术及 PLC 程序功能模块、焦炉机械无人化技术。重大装备产品高端升级成效显著，研制出QLK14400.60型斗轮取料机等重大技术装备，大型散料装卸机械和港口机械向国际化和高端化迈进。完成46项科研攻关。其中起重机安全监控系统升级及工业试验等设计技术开发及应用23项，高铁齿轮渗碳等工艺技术研究10项，导流壳等样机研制13项。完成单吊点铸造起重机系列化设计，形成12大规格、10个模块，实现了提效率、降成本的目标；翻车机卸车系统10余个部件的典型化设计，完成了15项“三化”设计等，提高设计效率30%以上。申报发明专利45项、实用新型专利49项；购买3项专利许可，为占领行业制高点创造了条件。针对容易出现设计质量问题的产品零部件，制订《钢丝绳的固定和连接》等34项企业标准，推进规范化和标准化设计；完成国家标准制订1项。公司产品获市级以上科技奖5项，产品行业优势地位得到了进一步巩固，技术创新成为企业持续发展的原动力。

★ 国家核安全局正式下发中国第一重型机械集团公司百万千瓦级核岛主设备堆内构件的制造资格许可证，这是一重继取得核反应堆压力容器、蒸发器、稳压器、主管道、主泵泵壳、重型支承等核岛关键设备制造资质后的又一重大进展，进一步提升了一重核电装备制造综合实力，核岛主设备成套制造能力大为增强，为成为核蒸汽系统设备供应商奠定了坚实基础。

★ 中国重型机械有限公司与柬埔寨国家电力公司在上海签订了柬埔寨农村电网扩建三期和四期工程EPC项目合同。

★ 该项目覆盖柬埔寨11个省份，包括近1 300km的中压线路及柱上设备和水下电缆安装；连接老挝边境的全长220km的115kV输电线路以及柏威夏省新建115kV/35kV Chey Sen变电站1座。

★ 上海振华重工（集团）股份有限公司自主研发的第一座JU-2000E型400ft自升式钻井平台——“振海2号”在带缆卷扬机及拖轮的协助下，脱离半潜驳，在常熟锚地顺利下水。该平台也是继“振海1号”平台后振华重工建造的第二座自升式钻井平台。

★ 太原重工股份有限公司研发制造的宝钢湛江钢铁项目炼钢工程主要设备——全球最大的520t冶金铸造起重机成功下线，并顺利通过了用户的出厂验收。作为全球最大的冶金铸造起重机，它的单钩起吊重量可以达到520t，再次刷新了由太重自己保持的冶金铸造起重机世界纪录。

★ 在太原重工股份有限公司核电设备试验场地，通过远程计算机控制，重330t的地车在轨道上开始缓慢运行，逐步完成了放射性乏燃料储存装料、转移的全过程，整个过程误差不超过3mm。随着世界首台高温气冷堆核电站乏燃料贮存系统地车及屏蔽罩成套设备完成验收试车，该设备宣告研制成功。

★ 拥有自主知识产权的国产首台大直径全断面硬岩隧道掘进机日前在湖南长沙顺利下线。这款大直径全断面硬岩隧道掘进机是由中国铁建重工集团依托国家“863”计划、“973”计划进行自主研发的，标志着我国现代化隧道施工装备已达到世界领先水平。

★ 中信重工机械股份有限公司独立成套设计生产并投用的最大规格直径7.9m×13.6m双驱溢流型球磨机和直径11.0m×5.4m双驱半自动磨机，通过河南省科技厅新成果鉴定。

★ 西安重工装备制造集团有限公司西安煤机公司承担完成的“极薄煤层机载或非机载变频调速远距离控制交流电牵引采煤机”项目顺利通过陕西煤业化工集团专家组验收。

★ 武汉武重矿山机械有限公司自主研发的WKY-250牙轮钻机，在湖北大冶有色公司铜山口铜矿完成了工业试验及国家矿山机械质量监督检验中心检测。

★ *ST二重因2011—2013年连续三年亏损，于2014年5月26日起暂停上市。公司发布的2014年业绩预亏公告显示，受宏观经济等因素的影响，公司目前所处的行业产能严重过剩，主导产品市场需求未明显回暖，市场竞争的激烈加剧了产品价格大幅下滑，而公司沉重的带息负债、高昂的财务费用导致公司持续发生经营性亏损，预计2014年实现归属于上市公司股东的净利润为-78亿元左右。若上述业绩预亏最终经审计确认，公司股票将在2014年年报公布后被强制终止上市。

★ 北方重工集团有限公司自主研发的国内首台矩形全断面高效掘进机是全断面高效快速掘进系统的核心技术装备。2015年2月25日在大柳塔煤矿掘进进尺76m，26日掘进进尺82m，累计进尺达158m，创历史新高。

3—4月

3月1日，由中国重型机械工业协会组织行业科研院所、重型机械生产企业和设计单位、有关大专院校及行业技术归口单位的专家和学者共同编辑的《中国重型机械选型手册》（包括：矿山机械分册、冶金及重型锻压设备分册、物料搬运机械分册、通用机械零部件分册）出版发行。

3月3日，中联重科股份有限公司第一台概率筛4GLS2530在混凝土机械公司砼站产品制造部装配车间成功下线，这是中联重科不断创新开发出的新一类产品。

3月10日，中国重型机械有限公司与柬埔寨国家电力公司在金边签订了柬埔寨国家电网230kV西南环网（一期）EPC工程项目合同。公司董事长、总经理陆文俊与柬埔寨国家电力公司总裁Keo Rottanak先生共同在合同上签字。

该项目一期工程包括440km的230kV输电线路的建设，计划工期36个月，为中国政府的优惠买方信贷项目。

3月20日，广州机械科学研究院有限公司参加了国家发展改革委在上海召开的“国家机器人检测与评定中心”（简称国评中心）建设工作指导委员会第一次会议暨筹建工作启动会。据悉，广州机械科学研究院有限公司将总投资2.4亿元建设“国家机器人检测与评定中心广州分中心”，具体建设内容包括机器人整机、关键零部件、环境可靠性、电气性能及电磁兼容、软件、材料等测试实验室。建成后的“国评中心”和分中心将具有国际一流水平，覆盖机器人产品检测、标准、认证、技术咨询服务的行业公共服务平台。

3月20日，由合肥通用院牵头的国家“863”计划“超大型压力容器轻量化的可靠性设计制造研究”课题通过了国家科技部高技术研究中心组织的验收。

3月30日，中国重型机械有限公司在北京市国税局、商务委联合举行的出口退（免）税企业分类管理政策发布会上，被评为“2015年度出口退（免）税一类企业”。

4月9日上午，中共中央政治局委员、国务院副总理汪洋在辽宁省、大连市有关领导陪同下，就外贸运行情况来到大连重工泉水基地视察调研。

在曲轴公司南门的企业宣传展板前，贾祎晶向汪洋一行汇报了企业基本概况、经营主要特点、整体运行发展等情况。随后，汪洋在贾祎晶等陪同下，走进曲轴公司生产现场，实地了解企业的生产情况，并乘车察看了泉水基地的厂区。

在基地306会议室，汪洋亲自主持召开了由大连重工领导参加的座谈会，面对面听取企业诉求，详细了解企业出口订单、生产经营、政策落实等方面的情况和问题，还关切地询问应对当前困难企业都采取了哪些措施，产品具有哪些国际竞争力等。汪洋对大连重工加大新产品研发力度、大力实施国际化经营战略、奋力拓展国际市场，特别是在辽宁省外贸出口降幅较大的情况下，大连重工外贸出口幅度不降反增，且取得较好的业绩给予了充分肯定，并殷切希望大连重工继续创新商业模式，加快培育新的外贸增长点，为外贸长远发展奠定坚实基础。他还现场指示随行的有关领导，对大连重工提出的相关建议进行研究落实。

4月15日，中信重工隆重举行高端电液智能控制产业基地竣工投产仪式暨新闻发布会。

任沁新董事长明确了公司高端电液智能控制产业基地未来发展的三大目标：第一，2018年之前，自动化产业达到30亿元的销售收入、10亿元的利润；第二，在2016年6月份，建设完成国家级矿山提升设备安全准入分析验证实验中心的8个实验室；第三，在1号、2号、3号三个联合厂房，将要布局机器人运动关节控制、矿山工业机器人，建立中国井下矿山和露天矿山的综合智能控制系统。

4月20日，国家标准化管理委员会发布了“国家标准委办公室关于承担国际标准化组织工业车辆技术委员会可持续性分委会（ISO/TC 110/S5）副主席、联合秘书处等有关事项的通知”（标委办外〔2015〕59号），正式任命北京起重运输机械设计研究院质检中心副主任赵春晖担任国际标准化组织工业车辆技术委员会可持续性分技术委员会（ISO/TC 110/S5）副主席，任期为2015年至2017年。

4月25日，江西华伍制动器股份有限公司嘉陵江亭子口2×500t大型升船机主提升机上制动器配套项目通过验收。

4月28日，2015年全国机械工业品牌战略推进工作会议在北京隆重召开。中国重型机械工业协会荣获“中国机械工业品牌战略推进工作优秀组织奖”。

4月29日，石家庄煤矿机械有限责任公司自主研发的WLR系列矿用防爆锂离子蓄电池无轨胶轮车在河北省石家庄市通过了由国家煤矿安全监察局组织的专家鉴定。该系列产品在新能源无轨胶轮车技术方面达到国际领先水平，标志着我国已具备了先进的新能源矿用无轨胶轮车的研制能力。

★ 由中国煤矿机械装备公司承担的国家能源局煤矿采掘机械装备研发（实验）中心项目竣工，并通过了由国家能源局主持的验收。

验收组认为，该项目完成了世界首创的模拟煤矿井下实际工况环境建设，搭建了国际领先水平的煤机装备实验、测试平台，能够开展采掘成套设备性能力学及自动化控制实验，促进采掘装备向自动化、智能化方向发展。

★ 华电重工股份有限公司下属——曹妃甸重工生产的“HHI”牌桥式抓斗卸船机继2012年获得“河北省优质产品”称号，2013年荣获“河北省名牌产品”称号后，2014年再次获此殊荣，标志着华电重工股份有限公司同类型产品质量持续得到用户的信赖和市场的认可。

★ 太重（天津）滨海公司重件码头项目作为公司“十二五”规划的重大战略部署，位于天津港大沽口港区第二港池西侧和南侧位置。码头岸线总长918m，泊位长度828m，包括4个5万吨级舾装泊位、3条出运航道以及一个1万吨级大件出运泊位，设计起吊能力可达1 400t，部分舾装泊位兼顾港机出运及原材料接卸工程，兼具海洋工程装备舾装、机电设备及原材料进出口等功能。其中1万吨级大件出运泊位采用了双突堤式布置，在国内尚属首次。

此次停靠装船出运的产品包括集团公司自主为宝钢湛江钢铁项目研制生产的全球最大的520t冶金铸造起重机、国内最大的350t转炉倾动装置和90t/h干熄焦提升机。这也是350t转炉倾动装置在国内首次采用整体发运的方式进行运输，充分解决了大型装备分拆发运用户现场再进行组装时，由于用户现场施工环境不确定对产品质量产生的问题，将有效提升太重在行业内的整体竞争力。

★ 中国第一重型机械集团公司及东方电气等30家

企业与中广核共同签订了关于“华龙一号”主设备、核级泵阀、核级电器仪控等设备的战略研发协议。

此次开发协议的联合签署意味着我国核电产业以开拓国际市场为导向，以优势企业为龙头，以核电产业链分工为基础，上下游企业优势互补、对接配套、互利共赢的全面合作机制已形成。“华龙一号”是中核集团和中国广核集团在我国30余年核电科研、设计、制造、建设和运行经验的基础上，充分借鉴国际三代核电技术先进理念，汲取日本福岛核事故经验教训，采用国际最高安全标准研发设计的三代核电堆型。

★　大连重工·起重集团股份公司连续签订了“海水淡化系统设备及支撑结构”和“海上平台用液压插销升降装置”2个海工项目合同，拓宽了大连重工在海洋工程装备领域的产品服务范围。

★　大连重工·起重集团股份公司成功中标某钢厂750异形钢改造项目轧机区设备标段，该标段主要包括2架开坯机、6架万能轧机、2台热锯、4台钳式翻钢机等设备。经过近一年时间的持续跟踪和不懈的努力，最终取得了综合排名第一的评标结果，成功中标。

★　从巴基斯坦K2/K3核电站项目传来捷报，大连重工·起重集团股份公司成功签订该项目电动平板车、80t电动平板运输车、主设备弯道运输用重载车及驱动装置等共计7台（套）设备，核电产品实现了开门红。

★　中国重型机械有限公司与广西北部湾港股份有限公司签订了钦州保税港区1#～5#泊位8台65t/65m、起升高度45m的大型岸边集装箱起重机采购合同。这是重机公司参与北部湾港大型工程项目建设中实现的又一次重大突破。

★　由中国机械设备工程股份有限公司（CMEC）完全自主研发生产的高纯净高性能合金铸钢制动盘，开始装载到国内首个自主化动车组制动系统上，打破了国外厂商对动车组制动系统关键技术和部件的垄断，填补了国内空白，标志着高速列车制动系统核心部件的国产化工作取得了突破，将进一步加快高速列车国产化进程。具有完全自主知识产权重要部件的开发成功不但能使高速列车国内装车和运行成本大幅降低，也为我国高速列车的安全运营和走出国门实现出口提供坚实的保障。

★　上海山美重型矿山机械有限公司制造的JC 771大型颚式破碎机装车起运，该设备具备1 500t/h的生产能力和1.5m×1.8m的大进料口径。

★　一季度，北方重工集团有限公司工程成套分公司在竞争激烈的国际、国内市场上累计签订3亿元的订单，为2015年成功开局交出了一份满意答卷，实现了开门红。2015年初，该公司收获了美国BV公司越南沿海三期燃煤电厂输煤系统成套项目订单，合同金额2 380万美元，为2015年的海外成套项目订货打响了第一枪。此外，伊朗Pasco钢铁集团石灰石破碎筛分及煅烧、还原铁系统项目再传喜讯，合作意向书（LOI）金额737万美元，为公司捧得国际市场开拓的丰硕果实。该公司近期顺利将中电国际普安电厂工程12台双进双出磨煤机、山西神头发电公司2×1 000MW燃煤电站项目胶带输送机等传统优势产品订单收入囊中，两项合同总计超过1.1亿元。

★　由太原重工煤机公司自主研发的低机面大功率MG450/1050－QAWD电牵引采煤机成功下线，并顺利通过出厂验收，现已交付用户。实现了新产品当年立项、当年试制，并成功推向市场的目标。

★　北方重工集团有限公司应用于页岩气开采领域的新产品——YLC2500型压裂车及仪表车在吉林油田井下作业现场进行了工业性试验，试验结果表明整套压裂装备技术指标先进，性能可靠，完全满足压裂施工要求，试验取得圆满成功。

5—6月

5月5日，华电重工股份有限公司引进美国Geometrica Inc. 公司“Free Dome”新型空间结构技术签字仪式在公司举行。

目前我国政府高度重视环境保护工作，国务院出台了“大气污染防治行动计划”，要求所有裸露的散料堆场都要封闭处理，以减少环境粉尘污染。“Free Dome”是目前国际上先进的空间结构技术，在国内尚无应用先例，与国内目前钢制空间结构体系相比具有重量轻、跨度大等优点。应用该技术可以为电厂、钢厂以及散货码头的煤场以及其他散货料场封闭提供经济、高效的解决方案。

5月12日，中国重型机械工业协会六届四次会员代表大会暨理事会在北京召开。理事会单位代表、会员代表、分支机构秘书长和特邀代表等共143个单位的183人参加了会议。原机械工业部副部长孙昌基、工信部运行局景晓波副巡视员、中国机械工业联合会杨学桐副会长出席了会议。

本次大会是贯彻党的十八届三中、四中全会，中央经济工作会议，全国“两会”精神，分析形势，总结工作；在经济发展新常态下，推进重型机械行业“转型升级、两化融合、节能减排”工作；安排制定“十三五”规划等2015年协会相关工作的一次重要会议。大会首先由六届理事会理事长杨建辉同志致辞。在致辞中，分析了重机行业的发展形势，对协会工作提出了工作目标和要求。常务副理事长李镜同志代表六届理事会在大会上做了《在新常态中创出行业发展的新空间》的工作报告。报告中首先回顾了一年以来重型机械行业的发展情况，分析了2014年行业发展的主要特点，回顾了一年来行业围绕着“转型升级、两化融合、节能减排”发展主线，持续创新驱动，积极探索增长方式转变工作中取得的成绩，并对2015年行业面临的形势，有利因素和不利因素做了分析，对新常态下创出重型机械发展的新空间提出了意见。

会上，原机械工业部副部长孙昌基、工信部景晓波副巡视员、中机联杨学桐副会长都做了重要讲话，分析了目前重型机械行业发展的现状及存在的问题，对行业企业、行业工作以及协会工作提出了希望和要求。会议邀请中国机械工业联合会特别顾问蔡惟慈同志，介绍了当前我国机械工业形势，发展趋势。会议还邀请了有关专家就企业如何利用商标法维权进行了解读；上海周济大学机械学院周奇才教授对“德国工业4.0”做了讲解。

本次大会，对评选出中国重型机械行业“2012—2014年度先进分支机构”进行了表彰。

5月18日，由中国第二重型机械集团公司自主设计、自主制造、自主安装、自主使用的800MN大型模锻压机获得了四川省政府颁发的2014年度四川省科技进步奖一等奖。

5月中旬，中机联在沈阳组织专家对北方重工集团有限公司开发的“千万吨级极贫磁铁矿石深度破碎高效选矿工艺技术及成套装备”新产品进行了鉴定。

5月22日，西安市科技局组织专家，对中国重型机械研究院有限公司完成的“核电用大直径薄壁硬铝合金管材精整工艺及装备研究与应用”和“高性能难变形工模具钢板高效精密矫直工艺及装备的研究与应用”2个项目进行了科技成果鉴定。项目顺利通过鉴定。

5月29日，大连重工股份有限公司为哈尔滨汽轮机厂有限责任公司（以下简称哈汽公司）研制的七台河60万kW改造机组首套球铁低压内缸产品验收会，在瓦房店基地铸业公司举行。该内缸用于哈汽公司七台河60万kW火电改造机组，七台河60万kW电改造项目是国内新一轮火电能源项目改造首台（套）示范性样板工程，其核心是研制高效的球铁低压内缸逐步取代铆焊内缸。国内同类燃煤机组的低压内缸均采用铆焊结构件，该型内缸存在变形、漏气、寿命短而造成的热效率低、污染严重等缺陷，这也是我国首套符合国家低耗能、高效率、低污染发展趋势的球铁低压内缸。

6月2日，在上海振华重工（集团）股份有限公司欧洲交流会及上海商委组织的“上海·汉堡商务论坛”期间，振华重工欧洲采购和物流中心在德国汉堡揭牌。

据了解，成立欧洲采购和物流中心后，预计每年可为振华重工节约数千万美元的采购成本和物流成本；通过加强对进口件的质量管控，也可以降低项目延期罚款的风险；同时，欧洲采购和物流中心的建设，也能够促进德国当地就业，提升振华重工海外机构植根属地的能力，提高品牌的国际化形象。

振华重工总裁、党委副书记黄庆丰，德国HHLA集团董事长Klaus-Dieter Peters签署了HHLA码头3台岸桥供货合同。计划于2017年夏运抵汉堡CTB码头交付使用。

6月4日，太原重工股份有限公司樊志勤、张龙省级技能大师工作室授牌仪式在理化检定中心焊接技术培训中心召开。

6月9日，大连市名牌战略推进委员会下发公告，全市81种产品被确认为2014年大连市名牌产品。大连重工股份有限公司减速机、电石炉、系列钢（铁）包和增速机榜上有名。其中，减速机为新评，其余3种为有效期满通过复评，持续拥有大连市名牌产品资格。至此，大连重工拥有21项省、市名牌产品。

6月20日，中信重工机械股份有限公司蒙古国额尔登特铜矿扩产项目竣工投产。

额尔登特铜矿是蒙古国最大的矿山，中信重工承制了扩产项目关键设备ϕ9.75m×4.88m半自动磨机和ϕ6.71m×9.75m溢流型球磨机各1台。额尔登特铜矿扩产项目竣工后，年处理矿石量将由2014年的2 600万t增加到3 200万t，营业收入将新增2 400亿蒙图，向蒙古政府所贡献的税收将新增730亿蒙图。

6月25日，由“中国工业企业品牌竞争力评价审定委员会”组织、评定的2014年度中国工业企业品牌竞争力评价结果正式在《中国工业报》发布，中信重工机械股份有限公司首次成为“中国工业企业品牌竞争力评价前百名”上榜企业。

6月24日至8月25日，针对中国第二重型机械集团公司承担的C919大型客机钛合金锻件，中国民航局上海适航审定中心驻中国商飞公司适航代表一行围绕典型锻件锻造、热处理、无损检测关键工序，进行为期近2个月的现场过程目击检查和产品终检验收，并最终授予中国二重“批准放行证书/适航批准标签”。

6月26日，中国重型机械工业协会被评4A级社会组织，并在民政部网站进行了公示和公告。

6月26日，经国家科技部5位专家验收并全票通过，历时十个月，卫华集团有限公司一台重达570t特大型智能抓斗挖泥机研发成功，结束了我国一直没有自主研制大型挖泥机的历史。

6月30日，在兰州兰石召开的中海油气（泰州）石化有限公司“2.25Cr-1Mo-0.25V锻焊加氢反应器”出厂评审会上，中信重工机械股份有限公司“2.25Cr-1Mo-0.25V锻焊加氢反应器”通过与会专家评审，标志着中信重工已成为国内提供制造大型加氢锻件的少数公司之一。

★　太原重工股份有限公司锻造分公司产品获得了DNV（挪威船级社）的认证，同时得到了DNV船级社总部的批准并颁发工厂认可证书。这是太重锻造分公司继CCS、ABS、GL工厂认证之后，取得的又一船级社工厂认证。

★　在中国机电产品进出口商会举办的企业信用等级评价结果发布会上，中信重工获评成套工程领域信用等级AAA级企业。

★　平顶山煤矿机械有限责任公司分别和越南杨辉矿、俄罗斯拜凯姆斯卡亚煤炭公司签订价值共9 000余万元人民币的液压支架供货合同。

★　大连重工股份有限公司下属单位——港机事业部与以色列IDE技术公司成功签订了海水淡化系统设备及支撑结构供货合同。这是继中海油单点系泊项目、美孚单点系泊项目后的第三个海工项目。

★　中国重型机械有限公司与广西北部湾港股份有限公司签订了钦州保税港区3#～5#泊位20台集装箱场桥和北海铁山港3#、4#泊位2台多用途门机采购合同。

★　中信重工机械股份有限公司成功中标西藏天圆矿业资源开发有限公司两组ϕ10.37m×5.19m半自动磨机和ϕ7.32m×11.28m溢流型球磨机，这四台特大型矿用磨机将用于西藏天圆谢通门县雄村铜矿日处理40 000t选矿项目。

★　中国重型机械研究院有限公司中标福建鼎信两套850mm不锈钢二十辊冷轧机组，成为中国重型院承接的首条不锈钢二十辊冷轧机组。中标燕山钢铁有限公司（燕钢）两套230mm×1 550mm两机两流板坯连铸机总包项目。

中国重型机械研究院有限公司还中标了山钢集团日照钢铁精品基地RH项目，成为中国重型院近年来在真空精炼领域签订的最大一笔合同。项目总计3套210tRH，将全部采用机械真空泵系统。

★　国际首台40MN旋转碳素电极挤压机，经过1年多的日夜奋战，在中国第一重型机械集团公司天津重工干部员工的共同努力下完成。此项新产品的生产调试成功填补了国内外旋转电极挤压机空白，40MN旋转碳素电极挤压机的加工、装配及调试工作得到了专家及用户的一致好评。

★　太原重工股份有限公司建厂以来所生产的最大直径的环类锻件，在太重锻造分公司万吨油压机车间一举锻制成功，标志着太重在超大型筒类锻件锻造领域已达到了国内先进水平。

该锻件外径达3 900mm，内径为2 700mm，高度为2 265mm，锻件重达105t，利用167t双真空钢锭经多道工序锻制而成。此项产品不仅工艺难度大、质量要求高、控制难点多，而且与以往的同类产品相比，无论是尺寸还是重量都无法相比，已接近了125MN油压机的锻造极限。

★　由广西柳州银海铝业股份有限公司牵头，二重集团（德阳）重型装备股份有限公司、北京科技大学等单位共同参与的“十二五”国家科技支撑计划课题“交通运输用超大规格热连轧铝板带生产集成技术的开发与应用”顺利通过验收。

二重集团（德阳）重型装备股份有限公司承担了课题中3 300mm+2 850mm“1+4”超宽幅铝合金板带材热连轧机生产线全线机械设备的自主研发设计、制造和全线液压设备的设计，还包括对立辊轧机、四辊粗轧机、重剪、F1－F4四辊精轧机和圆盘剪等全套核心设备的调试及运行考核。

7—8月

由中国重型机械工业协会及中信重工机械股份有限公司共同主办，中国重型机械工业协会矿山机械分会、洛阳矿山机械工程设计研究院有限责任公司、北京亿洋天成国际会展公司联合承办的“中国矿山机械科技发展论坛（CMMF2015）”于2015年7月15—17日在河南省洛阳市召开。本次会议得到了中国水泥协会、中国煤炭机械工业协会及重机协会下属6个分支机构（破碎粉磨设备专业委员会、洗选设备专业委员会、带式输送机分会、物料搬运工程设备成套与服务分会、输送机给料机分会、散料装卸机械与搬运车辆分会）的大力支持，来自国内外矿山机械行业的企业、科研院所、高校等200余位代表到会。

本次论坛以“新常态·新发展·新制造”为主题，邀请了中国水泥协会、中国煤炭机械工业协会、北京矿冶研究总院等14位专家学者围绕着大会主题发表演讲，并分设“智能矿山机械”“矿山机械耐磨材料及应用”两个分论坛，邀请了太重集团、中南大学、长沙矿冶研究院、中信重工、河南科大、太钢等多位专家学者与听众进行了现场互动对话。

7月14—17日，电能（北京）产品认证中心审核组3名专家对大连重工·起重集团有限公司进行了现场认证审核，对认证产品进行了确认，抽样检验了部分认证产品和主要原材料及关键部件。审核组认为大连重工·起重集团有限公司“质量管理体系运行正常，生产条件具备，产品生产正常，产品质量控制有效，符合PCCC自愿性产品认证要求”，予以颁发证书。

7月23日，国务院国资委在北京召开了中央企业精神文明建设工作推进会，对获得第四届全国文明单位的中央企业进行了表彰，中国第一重型机械集团公司荣获全国文明单位称号。

8月2日，世界最大单口径射电望远镜——500m口径球面射电天文望远镜第一块拼装检测合格的反射面单元在FAST工程现场成功吊装，标志着北京起重运输机械设计研究院反射面单元吊装工作全面开展，整个反射面安装工程约耗时9个月，预计于2016年4月份完成。

8月18日，湖南省常德市石门海螺500万t粉磨站节能技改项目及100万t机制砂项目正式开工。项目建成后，年可新增水泥产量180万t，年节约用电4 500kW·h，创国内水泥能耗最低标准。100万t机制砂项目投资4 000万元，项目建成后，可实现产值2 000万元。两个项目投产达能后，可新增税收4 000万元。

8月28日，第十二届变频器行业企业家论坛在江苏溧阳举办，中信重工机械股份有限公司凭借在低速、重载、大功率工业专用变频领域的行业地位和品牌辐射力与创新驱动力，获评“中国变频器产业创新力十强”荣誉称号。

★ 中国工业节能与清洁生产协会在北京主持召开了《IHC内热式清洁高效煤焦化技术》论证会。会上，与会专家听取了质源恒泰清洁能源技术（北京）有限公司关于IHC内热式清洁高效煤焦化（干馏）工艺技术报告，并肯定了该项技术的创新性。

★ 上海振华重工（集团）股份有限公司中标广东省虎门二桥主桥钢箱梁制造项目，总重量共约2.06万t钢结构。该项目的成功中标，为振华重工进一步拓展国内外大跨度钢箱梁钢桥市场具有重要意义。

虎门二桥总项目分为3个标段，振华重工中标的标段为主跨1 688m的坭洲水道桥。该桥为双塔双跨钢箱梁悬索桥，建成后将成为世界第一跨度的钢箱梁悬索桥，所有类型桥梁中主跨的长度位居世界第二，国内第一。

★ 机械科学研究总院北京机械工业自动化研究所成功签约北京某科技公司的铁尾泥无害化处理与生态应用生产性示范工程项目。

该项目以北京市某尾矿铁尾泥和废弃矿渣为原料，采用纳米材料、生态缓释肥料、生态修复功能材料等先进材料，通过精准分离、无害化处理等专用技术，变废为宝，同时可实现矿物“无害化、无废弃物、无污水、无废气”等四无的环保处理，消除环境和安全危害，最终修复尾矿区的生态环境。

太原重工股份有限公司浇铸成功特大的立柱形铸件，该铸件重量达565t，采用5个钢包同时浇铸，使用的钢水重量达到935t，这个重量创新了大型铸件的世界纪录。

9—10月

9月23日，国务院总理李克强到洛阳矿山机械厂考察企业开展“大众创业、万众创新”和装备“走出去”情况。

李克强总理特别强调，双创的平台是多样的，不仅有小微企业，很多大企业也纷纷加入创新创业的行列，引入众创、众包、众扶、众筹等平台，触发了生产方式、管理方式的变革。

洛阳矿山机械厂堪称大企业推动“双创”的鲜活样本。拥有30多年工作经验的张东明拿着加工图样告诉总理，自己所在的工作室正在一起研究如何攻克加工中的难题。目前，像他这样的工人创客群共有22个，直接参与者超过500人，带动了4 000多名一线工人成长成才。

9月30日，由中国重型机械研究院有限公司自主研发、成套供货的福建吴航不锈钢制品有限公司（150、180）mm×830mm两机两流不锈钢板坯连铸机一次热负荷试车成功并顺利投产。

10月20日，由济南铸锻所牵头承担的“大型数控径－轴向辗环机”课题在用户现场青岛武晓集团股份有限公司通过课题任务终验收。

10月24日，由二重集团公司牵头承担的“800MN大型模锻压机设计制造及应用关键技术研究与开发”课题通过终验收。

由中国重型机械工业协会、中国机械工业联合会、汉诺威米兰展览（上海）有限公司共同举办、汉诺威米兰展览（上海）有限公司承办的为期四天的2015中国（上海）国际重型机械装备展览会于2015年10月30日在上海浦东新国际博览中心圆满落幕。

本届展览会围绕创新驱动、转型升级和绿色发展的主题，以近年来高端装备制造和创新产品为重点，展示了重型机械制造业在转型升级中运用新技术、新业态、新模式的最新成果；显示了在经济下行压力加大的时期，企业抓住机遇、克服困难、加大创新驱动，主动研发投入，努力实现产品升级换代的态势。

展会开幕当天，主办方中国重型机械工业协会常务副理事长李镜、秘书长岳建忠，中国机械工业联合会展览部部长肖亚平等一行在汉诺威米兰展览（上海）有限公司相关负责人的陪同下对参展商进行了巡回参访；在北方重工集团有限公司展位与耿洪臣董事长、长垣起重工业园区展位与园区夏治中党委书记、浙江冠林机械有限公司展位与王红华董事长、天津起重设备有限公司展位与王春艳董事长等进行了深入的交流和沟通；对上海振华重工（集团）股份有限公司、中信重工机械股份有限公司、大连重工·起重集团有限公司、华电重工股份有限公司、江阴凯澄起重机械有限公司、浙江双鸟机械有限公司、上海起重运输机械厂有限公司、江西工埠机械有限公司等参展企业展位逐一进行参观，并向企业参展工作人员了解展品技术特点、企业生产销售情况以及对展会的期望及意见。

本届展会总面积为23万m^2，观众人数超过7.2万人次。

★ 国家工业和信息化部公布了2015年互联网与工业融合创新试点企业名单，中信重工机械股份有限公司成功入选。

北京起重运输机械设计研究院取得了中华人民共和国住房和城乡建设部正式颁发的《工程设计市政行业（载人索道）专业甲级资质证书》，成为国内唯一获得载人索道专业甲级资质证书的企业。

★ 大连重工·起重集团有限公司成功中标中重院总包的某钢厂2 030mm冷轧工程四条重卷检查机组设备。该机组主要包括上卷小车、切头剪、五辊矫直机、检查站等140余台设备。

★ 大连重工·起重集团有限公司与山东某公司签订了中国首台（套）翻卸C96车型（目前国内载重最大的敞开式车型，原来最大是C80）的双车翻车机系统设备EPC总承包合同。此项目是继港口、电厂、煤化工、内陆物流等小区项目之后成功签订的第一个运河煤炭物流总承包工程。

★　北京起重运输机械设计研究院与冬奥会滑雪项目比赛地张家口万龙滑雪场签订了高速缆车工程建设合同，为冬奥会的胜利召开贡献一份力量。

★　中国第一重型机械集团公司完成了南钢 4 700mm 超大型宽厚板轧机支承辊生产的关键工序——锻件锻造成形。该支承辊钢锭重达 499t，制造难度极大。目前在国内仅一重具有该类支承辊的制造能力以及较成熟的生产经验。

★　由北起院承担主席及国内技术对口单位的国际标准化组织起重机技术委员会（ISO/TC 96）2015 年系列会议于 9 月 7 日至 9 月 14 日在澳大利亚悉尼召开，会议由 ISO/TC 96 起重机技术委员会主办，由澳大利亚标准局（SA）承办。来自澳大利亚、中国、法国、芬兰、德国、日本、韩国、波兰、南非、俄罗斯、英国、美国共 12 个国家的代表出席了会议。北起院组织 9 人代表团代表国家标准化管理委员会（SAC）参加了系列会议。

★　巴基斯坦卡拉奇项目 420t 核电发电机转子锻件在中国第二重型机械集团公司成功出产。该锻件锭型大、吨位重，且产品交货期紧，工艺、质量要求严格，锻造火次多，锻后热处理周期长，属超负荷极限制造，生产难度极大。

11—12 月

11 月初，大连重工 · 起重集团有限公司在出口订货上好消息接连不断，分别同法国、德国水电某知名公司签订供货合同，将为乌东德水电站项目提供总价值 8 800 多万元的铸钢件产品。

11 月 4 日，中国重型机械有限公司司与缅甸国家电力部就上巴路桥水电站 EPC 项目在缅甸首都内比都缅甸电力部一号会议厅举行合同签字仪式。项目合同范围包括总装机容量为 30MW 的梯级水电站的两个发电站及金属结构、输变电线路的设计、供货、安装、调试、保运等工作，总工期为 28 个月。

11 月 6 日，由中国二重牵头承担的“三峡升船机齿条、螺母柱研制”“蒸汽发生器大型通体锻件的研制”“160MN 热模锻压力机研制”“海洋石油钻井平台齿轮箱”“高速动车组转向架车轴国产化研制”等 5 个四川省重大技术创新项目课题通过了验收。

11 月 21 日，正在贵州省建设的国家重大科技基础设施项目 500m 口径球面射电望远镜（FAST）工程迎来了一个新的建设节点，大连重工 · 起重集团有限公司专门为 FAST 望远镜研制配套的馈源索驱动系统，将未来天文观测中的接收器——馈源舱成功起舱，为这个全球最大的“天眼”装上了“肌肉和神经”，破解了科技难题。

11 月 22 日，全国设备管理先进表彰大会在北京人民大会堂隆重举行。中信重工机械股份有限公司荣获全国设备管理最高荣誉奖——“中国装备国际化示范单位”荣誉称号（全国仅有两家）和全国设备管理优秀单位称号，设备工具公司经理张现祥被授予“全国设备管理优秀工作者”。

11 月 30 日，德阳中院正式批准中国二重、二重重装重整计划，标志着中国二重、二重重装债务重组工作取得重大实质性成果。

12 月 5 日，中信重工与 Chip MongInsee Cement Corporation（简称 CMCC）在柬埔寨金边市正式签订日产 5 000t 水泥生产线 EPC 总承包合同，合同总金额为 1.54 亿美元（约合人民币 9.85 亿元）。

★　由大连重工 · 起重集团有限公司装卸事业部总承包的——蒲城清洁能源化工有限责任公司渭北煤化工园区 180 万 t 甲醇、70 万 t 聚烯烃项目翻车机卸车系统作业小区 EPC 总承包工程，荣获“2015 年度全国化学工业优质工程奖”。

★　北京起重运输机械设计研究院获人力资源社会保障部、全国博士后管理委员会批准，设立博士后科研工作站。博士后科研工作站的成功设立，一方面是国家对北起院技术创新能力及研发实力的肯定，另一方面也将加速北起院高端研发人才的引进，推动与高校和其他科研院所之间的联合与协同发展，进一步提升我院的自主创新及人才聚集能力。

★　大连重工 · 起重集团有限公司下属单位电控厂连续中标东北某港口 15 台场桥电控系统改造项目、西北某钢厂 600 多面低压配电柜项目以及大连国贸大厦变电所高低压配电柜等几个大项目，合同金额累计近亿元。

★　大连重工 · 起重集团有限公司与三门核电成功签订了三门 3/4 号机组 4 台汽轮机厂房起重机合同，这是大连重工股份公司首次拿到三代核电站汽机房起重机合同。

★　中国重型机械有限公司与老挝国家电力公司在万象签署了老挝南俄 4 水电站项目 EPC 合同。

★　太原重工股份有限公司制造的 225MN 单动卧式短行程铝挤压机在天津制造基地成功下线。225MN 单动卧式短行程铝挤压机，是目前世界最大的单动短行程卧式挤压机，由太重自主设计制造，拥有完全自主知识产权。主要适用于大型铝合金型材、棒材及大型带筋壁板等的挤压加工，最大挤压力 225MN，挤压产品最大外接圆直径达 1 100mm，达到当今世界先进技术水平。

★　青海康泰铸锻机械有限公司 680MN 挤压/模锻压机试车成功，可挤出长 12.5m、直径 630mm、壁厚 110mm 的钢管。

★　中国国电集团日前宣布，我国自主设计、制造的百万千瓦超超临界二次再热燃煤发电机组在江苏泰州建成。这是世界上首次将二次再热技术应用到百万千瓦超超临界燃煤发电机组，也是我国火电技术在高参数大容量机组方面彻底摆脱国外知识产权束缚的一次重大突破。

〔撰稿人：中国重型机械工业协会陶岚　审稿人：中国重型机械工业协会李镜〕

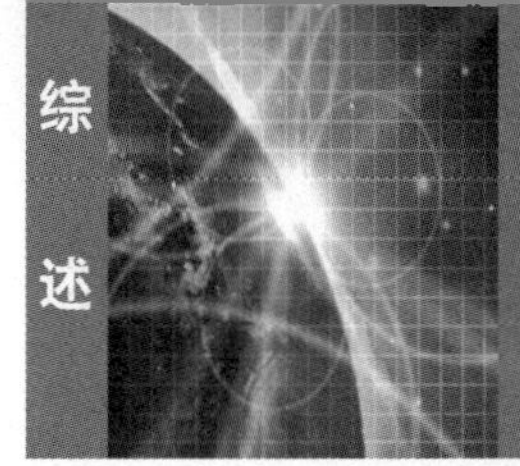

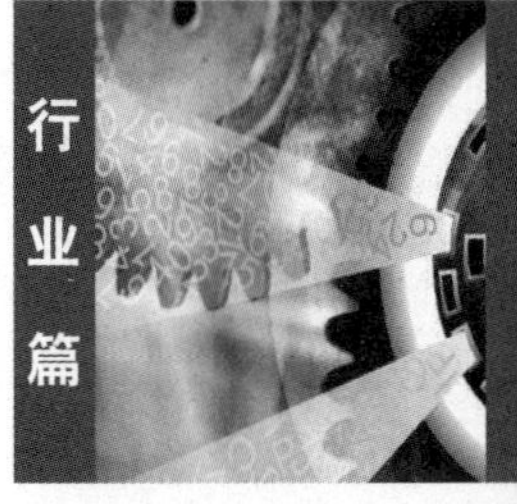

行业篇

从生产发展情况、市场及销售、产品进出口、科技成果及新产品等方面阐述重型机械各分行业 2015 年的发展情况

It briefs the development made in 2015 in all the sectors of the heavy machinery industry, namely production, marketing, sales, product import and export, technical development and the new product creation

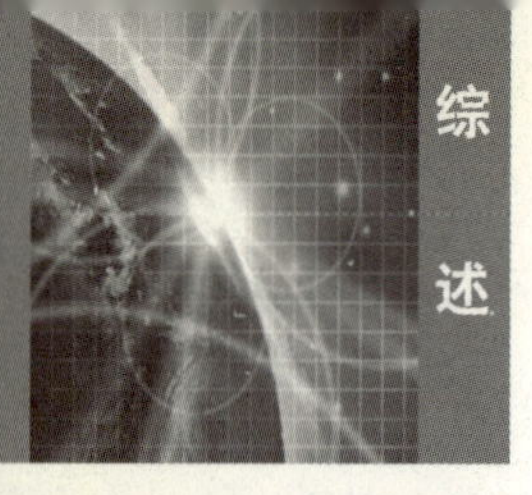

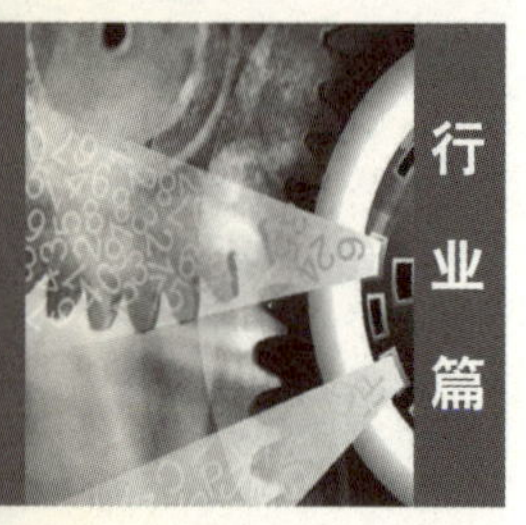

行业篇

冶金矿山机械

一、行业简况

冶金矿山机械行业是以提供炼焦、烧结、冶炼、轧制、矿山开采、矿井提升、破碎粉磨、煤矿采掘、筛分洗选、竖井及隧道挖掘、水泥、重型锻压等大型成套设备及相关产品，并为能源、原材料、化工、造船、军工、机械等部门提供所需大型铸锻件为主导产品的机械制造行业。2011—2015年冶金矿山机械行业主要经济指标及占比变动情况见表1。

表1　2011—2015年冶金矿山机械行业主要经济指标及占比变动情况

年份	行业名称	企业数（家）	占比（%）	资产总值（亿元）	占比（%）	主营业务收入（亿元）	占比（%）	利润总额（亿元）	占比（%）
2011	重型机械行业	3 626	100	8 246	100	8 806	100	653.17	100
	冶金矿山机械	1 886	52.02	4 200	50.95	4 021	45.67	274.89	42.09
2012	重型机械行业	3 829	100	9 833	100	10 195	100	600	100
	冶金矿山机械	2 021	52.78	4 860	49.20	4 598	45.1	234	39
2013	重型机械行业	4 220	100	11 031	100	11 299	100	703.00	100
	冶金矿山机械	2 231	52.87	5 203	47.18	4 970	44.00	232.00	33.04
2014	重型机械行业	4 657	100	12 029	100	12 331	100	697.67	100
	冶金矿山机械	2 414	51.84	5 767	48.00	5 425	44.00	166.37	23.85
2015	重型机械行业	4 669	100	12 184	100	12 226	100	764.60	100
	冶金矿山机械	2 449	52.45	5 527	45.36	5 370	43.92	226.72	29.65

二、2015年行业经济运行情况

1. 行业主要经济指标完成情况

2015年冶金矿山机械行业主要经济指标完成情况见表2。

表2　2015年冶金矿山机械行业主要经济指标完成情况

行业名称	主营业务收入（亿元）	比上年增长（%）	主营业务成本（亿元）	比上年增长（%）	主营业务收入利润（亿元）	比上年增长（%）	利润总额（亿元）	比上年增长（%）
冶金矿山机械行业	5 369.60	1.61	4 663.53	2.23	673.72	-2.60	226.72	34.27
一、冶金机械行业	1 196.36	1.82	1 060.96	2.45	128.96	-3.33	24.24	-149.61
1. 按企业规模分列								
大型企业	335.88	1.29	309.19	1.31	25.48	1.19	-12.54	-85.83
中型企业	359.05	-1.46	313.41	-0.73	43.32	-6.90	19.19	-0.52
小型企业	501.42	4.67	438.35	5.71	60.16	-2.49	17.59	-13.48
2. 按注册类型分列								
国有企业	43.80	-32.38	45.62	-37.31	-1.95	-76.18	-5.27	-93.88
私营企业	608.02	15.30	541.94	18.81	62.82	-8.04	28.39	3.59
其他内资企业	449.97	-5.67	391.53	-5.14	56.07	-9.25	0.16	-98.20
三资企业	94.57	-10.72	81.86	-12.83	12.02	4.52	0.97	5.82
3. 按控股类型分列								

（续）

行业名称	主营业务收入（亿元）	比上年增长（%）	主营业务成本（亿元）	比上年增长（%）	主营业务收入利润（亿元）	比上年增长（%）	利润总额（亿元）	比上年增长（%）
国有控股	293.04	-14.68	265.20	-16.71	26.36	12.66	-14.20	-83.86
集体控股	22.98	-4.40	19.61	-5.40	3.28	2.66	0.66	0.51
私人控股	798.34	12.34	705.34	15.54	88.53	-7.97	37.45	-0.52
三资控股	46.23	-27.08	41.40	-27.80	4.57	-22.17	-0.80	-241.90
其他控股	35.77	6.78	29.40	2.80	6.21	30.97	1.12	267.47
二、矿山机械行业	4 173.25	1.55	3 602.57	2.16	544.77	-2.43	202.48	-7.00
1. 按企业规模分列								
大型企业	1 038.28	-7.88	905.83	-6.67	128.77	-15.46	12.06	-62.28
中型企业	940.57	2.20	797.65	3.26	137.44	-3.64	62.69	3.49
小型企业	2 194.40	6.41	1 899.09	6.50	278.55	5.76	127.73	2.05
2. 按注册类型分列								
国有企业	179.72	-23.30	146.58	-24.56	32.37	-17.59	0.67	-84.12
私营企业	2 063.69	6.90	1 775.11	7.49	273.12	3.39	136.25	2.24
其他内资企业	1 752.75	0.46	1 531.01	0.68	213.39	-1.27	66.90	-4.51
三资企业	177.08	-11.52	149.86	-6.23	25.89	-33.18	-1.34	-113.19
3. 按控股类型分列								
国有控股	766.89	-15.56	652.90	-16.15	110.83	-12.25	4.70	-68.10
集体控股	119.28	3.17	105.15	1.64	13.52	16.26	4.87	6.45
私人控股	3 016.78	8.05	2 613.38	8.82	383.19	3.17	188.90	1.78
三资控股	119.56	-20.21	99.73	-15.51	18.73	-38.51	-5.29	-206.09
其他控股	150.74	4.78	131.40	5.50	18.50	-0.10	9.30	19.11

行业名称	应收账款净值（亿元）	比上年增长（%）	资产总值（亿元）	比上年增长（%）	负债总计（亿元）	比上年增长（%）	主营业务利润总额率（%）	上年同期（%）
冶金矿山机械行业	1 168.65	-4.48	5 526.78	2.67	3308.59	-0.76	4.22	3.20
一、冶金机械行业	335.01	-8.08	1 611.13	-2.40	1 123.57	-9.11	2.03	-4.16
1. 按企业规模分列								
大型企业	183.63	-10.08	849.00	-4.91	652.07	-15.21	-3.73	-26.68
中型企业	57.53	-12.20	290.17	-0.43	191.01	-2.85	5.34	5.29
小型企业	93.85	-0.93	471.97	1.16	280.49	3.70	3.51	4.24
2. 按注册类型分列								
国有企业	39.36	-21.05	236.57	-5.66	214.88	-28.95	-12.04	-133.00
私营企业	82.63	-5.63	461.61	0.69	297.34	-8.44	4.67	5.20
其他内资企业	182.77	-6.21	790.87	-2.30	524.19	1.76	0.04	1.88
三资企业	30.26	-6.05	122.08	-7.56	87.17	-7.10	1.02	0.86

（续）

行业名称	应收账款净值（亿元）	比上年增长（%）	资产总值（亿元）	比上年增长（%）	负债总计（亿元）	比上年增长（%）	主营业务利润总额率（%）	上年同期（%）
3. 按控股类型分列								
国有控股	185.35	-10.72	829.93	-3.79	613.63	-12.31	-4.85	-25.63
集体控股	8.07	-11.86	27.72	-6.68	16.21	-12.01	2.89	2.74
私人控股	113.42	-3.45	634.19	0.73	412.91	-3.62	4.69	5.30
三资控股	18.03	-9.85	78.34	-8.07	57.70	-6.87	-1.72	0.89
其他控股	10.15	-1.10	40.97	-6.18	23.11	-16.11	3.14	0.91
二、矿山机械行业	833.63	-2.95	3 915.65	4.92	2 185.02	4.16	4.85	5.30
1. 按企业规模分列								
大型企业	394.64	-13.85	1 612.73	-4.74	1 045.10	-4.91	1.16	2.84
中型企业	160.47	2.26	801.53	3.98	425.92	4.69	6.67	6.58
小型企业	278.51	14.15	1 501.39	18.39	714.00	20.64	5.82	6.07
2. 按注册类型分列								
国有企业	167.52	-16.20	609.18	-7.19	404.37	-10.30	0.37	1.80
私营企业	180.66	14.49	1 042.07	11.87	420.79	11.50	6.60	6.90
其他内资企业	411.25	-0.98	2 023.05	8.42	1 231.01	9.42	3.82	4.02
三资企业	74.20	-13.67	241.35	-13.22	128.85	-10.87	-0.76	5.08
3. 按控股类型分列								
国有控股	472.18	-6.78	1 905.93	3.35	1 293.07	3.70	0.61	1.62
集体控股	14.58	-1.90	80.02	9.59	56.12	9.89	4.08	3.96
私人控股	260.17	8.36	1 618.69	10.10	664.34	8.39	6.26	6.65
三资控股	69.30	-14.62	216.78	-15.29	119.14	-11.68	-4.43	3.33
其他控股	17.40	6.68	94.22	6.17	52.35	0.70	6.17	5.43

2. 主要产品产量完成情况

从2015年行业出产情况看，冶金矿山机械行业主要产品均处于负增长区间，其中：冶金机械产品产量116.77万t，比上年下降14.18%。矿山机械产品产量730.09万t，比上年下降8.27%。2015年冶金矿山机械行业主要产品产量完成情况见表3。

3. 主要产品进出口情况

2015年冶金矿山机械行业进出口总额37.24亿美元，出口到181个国家和地区，金额29.76亿美元，从47个国家和地区进口，金额7.47亿美元。冶金机械出口到165个国家和地区，金额15.08亿美元，从47个国家和地区进口，金额4.28亿美元。矿山机械出口到181个国家和地区，金额14.69亿美元，从41个国家和地区进口，金额3.19亿美元。

表3　2015年冶金矿山机械行业主要产品产量完成情况

产品名称	企业数（家）	产量（万t）	上年同期	比上年增长（%）
一、冶金机械合计		116.77	136.06	-14.18
金属冶炼设备	98	65.55	74.17	-11.62
金属轧制设备	73	51.22	61.89	-17.24
二、矿山机械	679	730.09	795.93	-8.27
水泥设备	67	79.81	92.02	-13.28

2015年冶金矿山机械行业主要产品进出口情况见表4。2011—2015年冶金矿山机械行业进出口变化趋势见图1。2015年冶金矿山机械行业进出口额按企业类型划分所占比例情况见图2。2015年冶金矿山机械行业进出口额按贸易方式划分所占比例情况见图3。

表4 2015年冶金矿山机械行业主要产品进出口情况

海关货物名称	出口额（亿美元）	比上年增长（%）	进口额（亿美元）	比上年增长（%）	进出口总额（亿美元）	比上年增长（%）	进出口顺差（亿美元）	上年同期（亿美元）
冶金机械合计	15.08	-7.87	4.28	-36.08	19.36	-16.07	10.79	9.67
金属冶炼设备	0.53	65.17	0.09	-54.69	0.62	20.03	0.44	0.13
连铸设备	0.81	103.39	0.00	-100.0	0.81	25.99	0.81	0.15
金属轧制设备	3.13	-21.93	1.20	-39.33	4.33	-27.69	1.93	2.03
冶金设备零件	10.61	-8.84	2.99	-30.09	13.60	-14.55	7.62	7.36
矿山机械合计	14.69	-12.45	3.19	-38.08	17.88	-18.47	11.50	11.62
采掘设备及钻机	3.95	22.19	1.30	-31.41	5.24	2.41	2.65	1.34
破碎粉磨设备	7.71	-12.83	0.87	-50.28	8.58	-19.02	6.84	7.09
筛分洗选设备	2.50	-37.89	0.94	-29.45	3.44	-35.79	1.56	2.69
矿山卷扬设备	0.13	9.89	0.03	-56.42	0.16	-12.83	0.11	0.06
矿山机械零件	0.40	-28.23	0.05	-53.23	0.45	-32.37	0.35	0.44

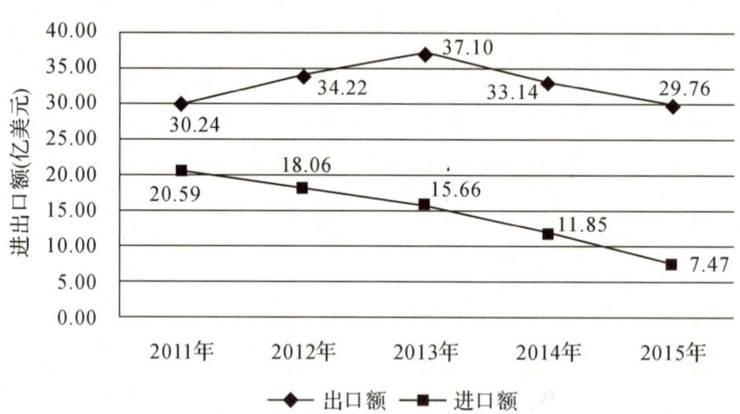

图1 2011—2015年冶金矿山机械行业进出口变化趋势

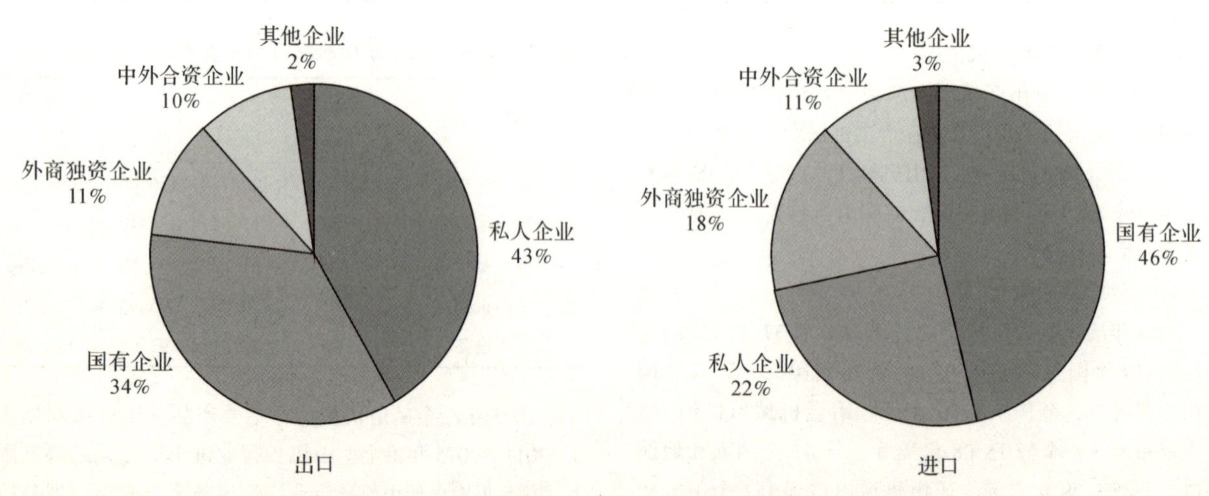

图2 2015年冶金矿山机械行业进出口额按企业类型划分所占比例情况

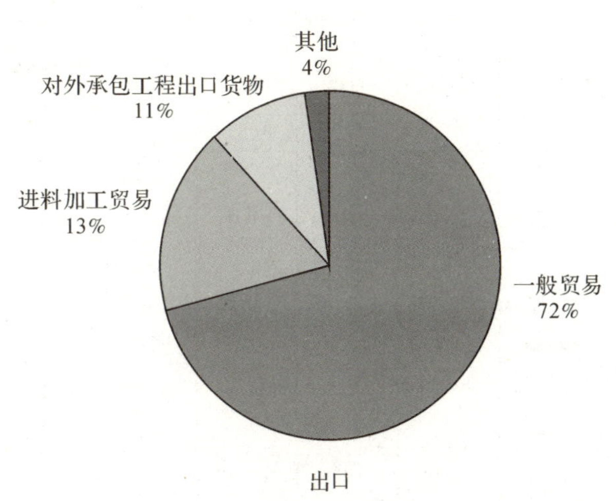

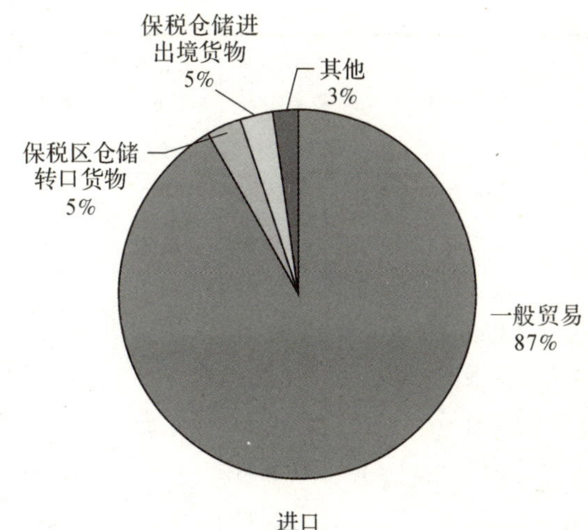

图3　2015年冶金矿山机械行业进出口额按贸易方式划分所占比例情况

4. 2015年行业经济运行的基本特点

(1) 冶金矿山机械行业2015年主营业收入增速为1.61%，比上年下降了5.50个百分点，虽然比重型机械行业0.61%的增速高1.00个百分点，但连续下滑趋势仍十分明显。

主营业务收入增长率，冶金机械为1.82%，略高于矿山机械的1.55%，但均在2%以下。大型企业明显低于小型企业，国有企业明显低于私营企业，在冶金机械行业中，相对应的增长率分别为1.29%和4.67%，-32.38%和15.30%；矿山机械行业中相对应的增长率分别为-7.88%和6.41%，-23.30%和6.90%。

(2) 行业经济效益水平仍处在下滑区间。2015年，全行业实现利润总额比上年增长34.27%，其主要原因在于大型骨干企业债务处理减除亏损额度较大，冶金机械行业因此扭亏为盈，实现利润24.24亿元；矿山机械行业实现利润202.48亿元，比上年下降7.00%。

(3) 行业主要产品进出口额仍处于下滑状态。受全球经济增长乏力的影响，在2012年出口总额增长13.12%的基础上，2013年降为8.42%，2014年再降为-10.67%，2015年又降为-17.24%。其中冶金机械产品比上年下降16.07%，比2014年的-8.57%再降7.50个百分点；矿山机械产品比上年下降18.47%，比2014年的-20.35%，上升1.88个百分点。相对于出口额，进口额已连续多年下滑，从2010年的21亿美元降至2015年的11美元，尽管进出口始终保持顺差，但已出现下降趋势。

三、产业结构、经济结构情况

1. 行业产业结构情况

2015年，冶金机械占冶金矿山机械行业的比重为：主营业务收入占22.28%，比2014年下降1.42个百分点；资产总额占29.15%，比2014年下降8.21个百分点。

2015年冶金矿山机械行业产业结构见表5。

表5　2015年冶金矿山机械行业产业结构

行业名称	主营业务收入（亿元）	占比（%）	资产总值（亿元）	占比（%）	利润总额（亿元）	占比（%）
冶金矿山机械行业	5 369.60	100.00	5 626.78	100.00	226.72	100.00
冶金机械行业	1 196.36	22.28	1 611.63	29.15	24.24	10.69
矿山机械行业	4 173.25	77.72	3 915.65	70.85	202.48	89.31

2. 行业经济结构情况

2015年冶金矿山机械行业经济结构见表6。

表6　2015年冶金矿山机械行业经济结构

行业名称	主营业务收入（亿元）	比上年增长（%）	主营业务成本（亿元）	比上年增长（%）	主营业务收入利润（亿元）	比上年增长（%）	利润总额（亿元）	比上年增长（%）	企业亏损面（%）	上年同期（%）
冶金矿山机械行业	5 369.60	1.61	4 663.53	2.23	673.72	-2.60	226.72	34.27	14.90	9.80
一、冶金机械行业	1 196.36	1.82	1 060.96	2.45	128.96	-3.33	24.24	-149.61	25.69	17.56
国有控股	293.04	-14.68	265.20	-16.71	26.36	12.66	-14.20	-83.86	57.78	44.44

（续）

行业名称	主营业务收入（亿元）	比上年增长（%）	主营业务成本（亿元）	比上年增长（%）	主营业务收入利润（亿元）	比上年增长（%）	利润总额（亿元）	比上年增长（%）	企业亏损面（%）	上年同期（%）
占行业比重（%）	24.49		25.00		20.44		-58.60			
集体控股	22.98	-4.40	19.61	-5.40	3.28	2.66	0.66	0.51	7.69	7.69
占行业比重（%）	1.92		1.85		2.54		2.74			
私人控股	798.34	12.34	705.34	15.54	88.53	-7.97	37.45	-0.52	20.65	12.99
占行业比重（%）	66.73		66.48		68.66		154.53			
三资控股	46.23	-27.08	41.40	-27.80	4.57	-22.17	-0.80	-241.90	53.57	42.86
占行业比重（%）	3.86		3.90		3.54		-3.29			
其他控股	35.77	6.78	29.40	2.80	6.21	30.97	1.12	267.47	33.33	25.00
占行业比重（%）	2.99		2.77		4.82		4.63			
二、矿山机械行业	4 173.25	1.55	3 602.57	2.16	544.77	-2.43	202.48	-7.00	11.84	7.60
国有控股	766.89	-15.56	652.90	-16.15	110.83	-12.25	4.70	-68.10	35.61	28.79
占行业比重（%）	18.38		18.12		20.34		2.32			
集体控股	119.28	3.17	105.15	1.64	13.52	16.26	4.87	6.45	17.46	14.29
占行业比重（%）	2.86		2.92		2.48		2.41			
私人控股	3016.78	8.05	2613.38	8.82	383.19	3.17	188.90	1.78	8.67	4.74
占行业比重（%）	72.29		72.54		70.34		93.29			
三资控股	119.56	-20.21	99.73	-15.51	18.73	-38.51	-5.29	-206.09	38.98	25.42
占行业比重（%）	2.86		2.77		3.44		-2.61			
其他控股	150.74	4.78	131.40	5.50	18.50	-0.10	9.30	19.11	10.96	10.96
占行业比重（%）	3.61		3.65		3.40		4.59			

四、2015 年行业科技成果获奖情况

2015 年，中国机械工业科学技术奖（冶金矿山机械行业）获奖项目见表 7。

表 7　2015 年度中国机械工业科学技术奖（冶金矿山机械行业）获奖项目

项目名称	主要完成单位	获奖等级
大型矿用磨机的研制及应用	中信重工机械股份有限公司、洛阳矿山机械工程设计研究院有限责任公司、矿山重型装备国家重点实验室	一等奖
巨型重载锻造操作机研制与应用	中国第一重型机械股份公司、上海交通大学	一等奖
带钢冷轧机集成化智能型板形测控系统	燕山大学、鞍钢股份有限公司	一等奖
6.25m 捣固焦炉机械 SCP 一体机	大连华锐重工集团股份有限公司	二等奖
半煤岩及岩巷快速掘进技术与装备	中国煤炭科工集团太原研究院有限公司、神华神东煤炭集团有限责任公司	二等奖
重型数控水平下调式三辊卷板机系列化产品研制	长治钢铁（集团）锻压机械制造有限公司、太原科技大学	二等奖
EPC-8000 电动螺旋压力机	青岛青锻锻压机械有限公司	二等奖
1 450mm 五机架全连续冷轧机组工艺与设备的研制及应用	中国重型机械研究院股份公司、燕山大学	二等奖
EML300Y（340A）窄型连续采煤机的研制	山西天地煤机装备有限公司	二等奖

〔撰稿人：中国重型机械工业协会严祥文　审稿人：中国重型机械工业协会李镜〕

冶金设备

生产发展情况 冶金设备行业是为冶金工业提供重大成套技术装备的行业。冶金设备是指用于金属冶炼、铸造、轧制和深加工等生产流程中的专用成套工艺设备，也被称作工作母机，是冶金工业发展所需的重要基础装备。大型冶金成套设备是集连续、高效和自动化、智能化控制技术于一身的技术密集型工艺设备集合，多属于高精尖的重型成套设备，已呈系列化分布并具有传统经典特征。主要包括金属冶炼（高炉、烧结机、炼焦炉、电炉、转炉、炉外精炼、矿渣钢渣处理），金属铸造设备（方、圆坯连铸机，板坯连铸机，铸造机），金属轧制设备（板带热、冷轧机，轧管机，型钢轧机，线材轧机，有色金属轧机），金属精整及后处理设备（酸洗机组，热镀锌机组，热镀锡机组，热镀铝机组，冷、热平整机组，连续退火机组）等。

冶金设备制造业与冶金工业关系密切，互为市场。通过技术创新和提升服务不断满足钢铁和有色金属等原材料工业“创生”的新需求，当前，国内外钢铁和有色金属冶金市场已呈产能过剩、供大于求的状况，已由增量需求减速下滑转为存量需求，淘汰落后生产工艺及设备，加快节能降耗、自动化、信息化、智能化技术改造升级做为主市场。与此同时，冶金设备制造业已步入由冶金设备制造向冶金设备制造和技术改造服务双管齐下的转型期，通过结构调整和技术创新，适时推出新产品，使得中高端国产冶金成套设备国内市场占有率保持在85%左右。作为核心冶金成套设备供应商的中国第一重型机械集团公司（中国一重）、中国第二重型机械集团公司（中国二重）和太原重型机械集团有限公司（太重集团）等，在重大冶金成套设备自动化和智能化高端技术研发方面取得了新业绩。

（1）大型热、冷带钢连轧机工艺设备及自动化、智能化技术。大型热、冷带钢连轧机工艺设备及控制已基本达到了二、三级自动化、智能化控制水平，自主设计、集成、制造成套已达到系列化程度，能满足我国钢铁冶金行业的需要。中国一重开发的大型冷连轧机工艺设备和自动化、智能化技术：900mm、1 250mm、1 320mm、1 420mm、1 450mm、1 550mm、1 780mm、2 130mm 五机架（酸洗）冷连轧机组已广泛应用于鞍钢、宝钢、梅钢、武钢、安钢、新钢、柳钢、河北中金、诚钢、马钢、沙钢等公司。特别是梅钢1 420mm冷连轧机组的技术升级，山力和远大1 420mm酸洗冷连轧机组工程总承包项目的开发应用及推广，突破了冷连轧工艺设备成套及生产自动化、智能化控制两大核心技术，实现了国产冷连轧机工艺设备及自动化、智能化技术总集成，实现了我国冷连轧机组的更新换代。其中，自主开发的大型工作辊和中间辊可移动的六辊轧机具有卓越的板形控制能力；自主开发的转盘式双筒卷取机实现了高效卷取，自主开发的十八辊冷轧机可实现超薄高强度钢的高效轧制，标志着我国自主设计集成制造冷连轧成套工艺设备和自动化智能化技术已达到了中高端水平；中国一重设计开发的大型热连轧成套工艺设备及自动化、智能化技术：1 000mm、1 250mm、1 380mm、1 450mm、1 580mm、1 680mm、1 780mm、2 150mm、2 250mm 热带钢连轧机已成功应用于鞍钢、武钢、首钢、新钢、安钢、日钢、马钢、涟钢、诚钢、鼎信等钢铁公司。特别是开发的北海“1＋8”1 680mm不锈钢热连轧工艺设备和自动化和智能化技术在鼎信1 780mm不锈钢热连轧项目的应用，实现了国产热不锈钢连轧机工艺设备及自动化、智能化技术总集成，实现了不锈钢热连轧生产线的更新换代。其中，高压水除鳞技术，保证了产品的表面质量；立辊轧机具有宽度自动控制和短行程自动控制功能；粗轧机采用电动加液压后，保证了位置速度和精度；定宽压力机实现了大压力下减宽和成材率的改善；热卷取箱实现了多钢种节能轧制并缩短了轧线长度；超强转鼓式飞剪进一步提高了剪切能力和头尾剪切优化功能；高刚度四辊全液压精轧机，液压自动厚度和板形控制技术，保证了产品板形及尺寸精度；控冷控制技术保证了中高牌号带钢性能要求；全液压三助卷辊地下卷取机采用了自动踏步控制技术，保证了钢卷的卷形质量等。近年来，国产大型冷、热连轧机成套设备出口的项目有：尼日利亚900mm酸洗冷连轧机；尼日利亚1 450mm单机架冷轧机；印度尼西亚“1＋7”1 780mm不锈钢热连轧机；印度1 800mm和波兰2 250mm热连轧机成套设备各一套（合作制造）；伊朗1 725mm炉卷轧机一套（合作制造）；意大利阿维迪1 700mm短流程热轧生产线（合作制造）等。标志着我国冶金板带轧制工艺装备技术已步入世界先进行列。

（2）大型多辊冷轧机工艺设备及自动化技术。我国大型多辊高强超薄带轧制成套设备已实现了自主设计：北海诚德不锈钢双机架1 320mm和1 450mm十八辊不锈钢冷轧机组；山东远大不锈钢1 250mm二十辊等大型多辊冷连轧机组已投入使用，标志着国产大型多辊冷轧机工艺设备及自动化技术向国际先进行列迈出了一步。

（3）短流程节能轧制及绿色节能工艺设备。近年来，我国在冶金设备领域节能减排工艺设备的开发应用取得了长足的进步。中国一重继鞍山钢铁公司“1＋6”2 150mm短流程热连轧机研制成功后，又与意大利阿维迪公司合作研发了一套1 700mm连铸连轧短流程试验生产线，其后，相继承担了四套西门子日照1 700mm短流程热轧生产线设备的合作制造；福建吴航2 250mm不锈钢多功能板卷热轧项目；山东泰钢1 780mm炉卷轧机＋3机架热连轧机生产线；在冶金领域推广应用脱硫脱硝等绿色环保工艺设备；自主开发研制的3 700mm“自由锻造+筒节成形轧制”大型筒件锻轧工艺设备成功应用并获得了省科技进步奖一等奖。

（4）宽厚板轧机工艺设备及自动化技术。国内自主设计制造的宽厚板轧机成套设备集成已实现了二级自动化控制，基本满足国内用户需求。呈现出合作制造与自主设计制造兼容的局面。合作制造的宽厚板轧机有：鞍钢5 500mm\5 000mm、宝钢5 000mm、湘钢5 000mm、包钢4 100mm；自主设计制造的宽厚板轧机有：建龙4 300mm、济钢4 300mm、沙钢3 500mm、汉冶4 300mm、3 800mm。中国一重自主设计制造的宽厚板轧机并出口到越南、泰国3 300mm各一套；合作制造并出口的宽厚板轧机：浦项5 500mm、现代5 000mm、泰国钢铁公司5 000mm。

（5）大型成套有色板带轧机工艺设备。国内有色金属行业对大型铝板带轧机生产线成套设备的需求相对有所上升，中国一重、中国二重等冶金设备企业都承担了一批大型铝板带轧制成套设备合作制造项目，并已形成自主设计、制造能力。中国一重承担的项目：东北轻合金3 950mm、2 100mm（1+1）铝板热轧机组、赣州铝业2 300mm（1+1）铝板热轧机组、青海鲁丰2 350mm双机架冷轧机组、天津中旺2 650mm（1+5）、3 350mm（1+1+3）铝板带热连轧机组、南山铝业4 100mm \3 000mm铝板带热连轧机组、同仁铝业4 500mm+3 300mm铝板热轧机组、山东魏桥2 350mm（1+4）铝板热连轧机组、南南铝业4 100mm+3 100mm铝板热轧机组、泰国古河2 500mm（1+4）铝板热连轧机组。中国二重承担的项目：巨科锦宁、浙江永杰1 850mm（1+4）铝板带热连轧机组、柳州银海3 300mm \2 850mm（1+4）铝板热连轧机组。

（6）大型连铸机成套工艺设备。我国大型连铸机成套设备已经全面实现了自主化设计、制造和技术集成，基本能满足冶金行业用户的需求。目前，以中国重型机械研究院为代表的冶金设备企业仍在研发工艺设备技术提升项目，近年来投产的重大成套设备有：舞阳钢铁公司的2 500mm大型板坯连铸成套设备，诚德钢铁公司1 600mm大型板坯连铸成套设备，敬业钢铁公司1 100mm板坯连铸机，攀枝花钢铁公司五流360mm×450mm、邢台钢铁公司六流380mm×450mm两个大型方坯连铸成套设备，700mm特厚板连铸机、垂直铸造机等。

（7）大型平整机成套设备及精整设备。我国大型先进的冷、热平整工艺设备已经实现了自主设计集成国产化，中国一重集团公司、中国重型机械研究院等企业自主设计集成的大型平整机成套设备已被广泛应用，平整机成套设备有：宝钢2 030mm、1 850mm平整机组；柳钢1 450mm、1 250mm单机架平整机组；濮阳钢厂、东海网格1 450mm平整机组；鞍钢1 450mm热平整机组；鄂钢1 700mm平整机；衡水钢厂1 250mm双机架多功能平整机组，邯郸日鑫板材1 450mm六辊平整机组，京唐钢铁1 380mm双机架平整兼二次冷轧机组，其中，衡水1 250mm双机架平整机组具有干、湿平整和轧制等多种功能，是深受钢铁用户青睐的一种机型。

（8）大型冶金环保设备开发应用。钢铁冶金行业用户加大了对绿色生产、节能减排的技改投入，促进了我国冶金环保技术和工艺装备的开发和应用的提速，一些国内冶金设备企业已建立环保板块并完成了资源整合，适时开展环保工艺技术和设备研制。继热轧生产线烟尘抑制技术应用和连铸生产线排气排烟工艺技术应用后，目前，正在全面开展冶炼焦化环节的脱硫、脱硝、除二噁英等工艺技术和设备的研发和应用；中国一重集团公司为新宝泰公司研制的3 800mm卧式辊磨已应用于钢渣、水渣微粉处理生产线，这必将打开环保和微粉利用市场的新局面。一些企业继续推进新研发的垃圾处理技术和工艺设备的市场应用。

近年来，国内外的冶金市场未见起色，除了一些冶金设备的技术改造外，新上成套项目屈指可数，冶金市场业已进入具有巨大保有量的冶金工艺设备的更新改造和自动化提升阶段，而国外各大洲的冶金市场需求还远不及亚洲，继续呈波动下滑和收缩态势。西马克德马克SMSD、西门子奥钢联（SIMENS - VAI）、达涅利（DANIELY）等国外冶金设备公司也只能惨淡经营，在我国境内投资建设的工厂也陆续撤回，继续呈现与国内冶金设备制造企业拼争的态势，国内冶金设备企业继续承受着内外双重压力，这种压力驱使着以中国一重、中国二重为代表的冶金设备企业提高中高端设备的自主设计集成及制造能力。目前，我国自主设计集成制造并投产运行的中高端大型冷热连轧成套设备已突破135套。在改善产品性能质量、降低能耗、改善环境、先进工艺、高速、自动化智能化方面稳步提升，以近终形连铸连轧为基本特征的直接轧制与无头轧制，连铸与冷轧成线轧制，酸轧联合高速轧制为标志的短流程和绿色轧制工艺技术正大行其道；不锈钢、高强度钢的轧制和有色金属板带轧制工艺装备的自主研发能力持续提升。

国内多家大中型钢铁冶金企业产量效益继续下滑，出现大面积亏损。一大批使用先进冶金工艺设备如大型冷（热）宽带钢连轧机、宽厚板轧机、大型铝板带轧机、大型连铸机及转炉、高炉等设备的工厂普遍处于开工不足或半停产状态。2015年，国内新上大型热（冷）连轧项目仅有几家钢铁企业，大型铝板、宽厚板轧机项目均无新建计划，以钢铁、有色为主业的多家冶金设备制造企业的合同额持续递减，一直处于低迷状态，其主要特征是：

（1）冶金设备制造业结构转型调整正当时。面对钢铁冶金企业化解产能过剩，行业亏损，项目少、合同少、价格低等不利现状，冶金设备制造企业整合各种资源、优化设计、优化采购、优化工艺、创新管理，降本提质。中国一重、中国二重、太重集团和中信重工等冶金设备制造公司积极制定实施转型战略，为了在激烈竞争下拿到合同还要不亏损，在营销策略和运行模式方面进行了各种尝试，一方面继续在传统产业领域建立竞争优势，另一方面谋求在新兴领域有所突破，继续开发新产品、提升技术。由于冶金设备制造业市场有限，一些冶金设备骨干企业处于亏损和维持状态；中小冶金机械制造厂更是拿不到合同，大面积停工并出现倒闭，这种状况一直持续到2015年底尚未有改观。不改革传统运营模式已难以为继，一些冶金机械设备制造企业开始进行转型和重组。

（2）抢抓机遇争夺技术和市场制高点。目前，冶金设备制造企业正密切关注《中国制造2025》和“一带一路”战略实施，筹划组建工程项目联合体和战略伙伴同盟以迎接即将到来的发展机遇，通过提升绿色环保工艺设备和冶金设备自动化智能化技术而主动作为，通过承担冶金设备技术升级改造，提高解决问题的能力和服务水平，为抢占技术制高点而提高系统解决方案和技术创新能力；为抢占市场制高点而提高个性化定制服务能力。冶金设备制造企业一方面抓住技术改造服务市场契机，另一方面锲而不舍地攻克新上高端项目，一个以产、学、研、用深度联合的技术创新机制逐步形成。

（3）适应冶金市场需求由增量型向存量型变化。钢铁冶金行业已经开始全面治理整合，除少量新上高端冶金成套工艺设备外，现有设备的升级改造已成为主要需求，大多数现有设备已将节能减排、品种升级和自动化智能化技术改造提到日程。新上冶金设备项目数量少，技术难度大，国内外竞争很激烈，唯有靠技术创新和高端突破方能成就。现有工艺设备改造对成熟技术要求更高，难度更大，中国一重、中国二重等已率先进入这种存量型冶金设备技术升级改造市场，先后为鞍钢1 700mm五机架冷连轧机和1 780mm热连轧机的卷取机等设备进行了升级改造，为日照热连轧机设备进行了升级改造，研究宽厚板轧机深加工技术改造方案；宽带钢热（冷）连轧机节能减排和高等级牌号产品生产工艺提升。涟钢2 250mm宽带钢热连轧机，北海诚德1 680mm不锈钢热连轧机、宝钢1 420mm酸洗冷连轧机组，北海诚德1 600mm不锈钢连铸生产线等自主设计研制成功，说明我国冶金设备企业在满足抢抓增量型、盘活存量型需求上有能力步入高端冶金成套设备供应商的行列。

（4）工程总承包是冶金成套设备发展方向。中国一重、中国二重等已承担完成了多个冶金成套总承包项目：山东远大公司1 420mm酸洗冷连轧机交钥匙工程项目、北海诚德1 680mm不锈钢热连轧机、1 320mm十八辊不锈钢冷轧机组、1 600mm不锈钢连铸机及冷轧酸洗连退生产线，尼日利亚董氏集团的900mm冷连轧项目。随着国内自主集成成套能力的增强，国内新上项目数量的减少，民营钢铁冶金用户对冶金成套项目工程总承包和交钥匙工程也很青睐，这为冶金设备制造业发展提供了新的机遇，也进一步推动冶金设备企业向制造服务业升级转变，向国内外高端市场转变。以中国一重、中国二重、太重集团、中信重工为代表的重型冶金设备制造企业一直发挥着积极作用。从近5年承担完成的冶金成套项目情况看，越来越多的冶金成套项目将按工程总承包的方式进行，工程总承包将继续推动冶金设备制造企业按照“一带一路”实施战略走向国际市场，实现由中国制造向中国创造转变。

（5）持续应对市场低迷的挑战。应对新常态下的低迷冶金机械市场挑战，只能靠创新驱动和引领。一些重型冶金设备制造企业已加大传统产业和新兴产业技术提升和开发创新力度，积极探索由冶金工业领域为主向其他工业领域、能源环保装备领域转变。协同进行产、学、研、用多元化的合作开发，瞄准国内外市场新需求，重点研发先进轧制工艺及控制模型，不锈钢、高强度钢、中高牌号取向硅钢轧制工艺设备。其中，开发的大型高端二十辊和十八辊冷轧工艺技术装备已取得突破；唐钢多功能型钢生产线已投产；大钢模具钢生产线已成功应用；诚钢1 600mm不锈钢连铸机、1 680mm不锈钢热连轧机已成功应用。面对国内外冶金设备市场的紧缩，一些企业正转型向各自的新领域进军，制订和实施新一轮转型措施。寻找新的增长领域，继续加大新市场开发和新产品研发力度，适应和引领新常态，设置多元化业务板块和结构性的资源整合。

2015年冶金设备行业主要经济指标完成情况见表1。

表1　2015年冶金设备行业主要经济指标完成情况

指标名称	完成情况（亿元）	同比增长（%）
主营业务收入	1 196.36	1.82
利润总额	24.24	-149.61

市场与销售　虽然国家为适当扩大内需采取了积极的财政政策，冶金、化工、能源等行业接受国家贴息贷款，在一定程度上维持了技术升级改造的规模。但连年来，受国内外经济新常态的影响，冶金设备行业市场低价无序竞争激烈，冶金设备订单严重不足，冶金设备企业主营业务收入和销售利润下降明显，形势严峻迷离，冶金设备市场将长期处在小幅波动下行状态，市场前景令人关注与期待。

2015年冶金设备行业主要产品产量见表2。2015年冶金设备行业产品进出口额见表3。

表2　2015年冶金设备行业主要产品产量

产品名称	企业数（个）	产量（万t）	同比增长（%）
冶炼设备	98	65.55	-11.62
金属轧制设备	73	51.22	-17.24

表3　2015年冶金设备行业产品进出口额

产品名称	进口额（亿美元）	出口额（亿美元）	进出口差额（亿美元）
冶金设备	4.28	15.08	10.80
其中：冶炼设备	0.09	1.34	1.25
金属轧制设备	1.20	3.13	1.93
冶金备件	2.99	10.61	7.62

2015年冶金设备主要生产企业：中国第一重型机械集团公司、中国第二重型机械集团公司、太原重型机械集团有限公司、大连重工·起重集团有限公司、上海重型机器厂有限公司、沈阳重型机械集团有限责任公司、河北邢台机械轧辊（集团）有限公司、秦皇岛冶金机械有限公司、沈阳冶金机械有限公司、唐山冶金矿山机械厂、衡阳有色冶金机械总厂、中信重型机械公司、上海沪江机器厂、山东冶金机械厂、宝钢常州冶金机械厂、陕西压延设备厂、乐山斯堪机械制造有限公司、太原矿山机器集团有限公司、昆明力神重工有限公司、上海冶金矿山机械厂。

科技成果、新产品与标准　冶金设备行业主要生产企业在引进、消化、吸收世界先进国家同类产品的基础上，围绕冶金市场新需求持续开拓创新，自主设计开发出了多项具有自主知识产权的重大装备新产品，使我国冶金装备的多项新产品和工艺技术水平不断接近或达到了国际先进水平，许多项目获科学技术奖。

2015年冶金设备行业科技成果获中国机械工业科学技术奖的情况见表4。

表4　2015年冶金设备行业科技成果获中国机械工业科学技术奖的情况

项目名称	完成单位	获奖等级
6 400t液压复式起重机研制	太原重型机械集团有限公司、太原重工股份有限公司、中化二建集团有限公司	一等奖
大型矿用磨机的研制及应用	中信重工机械股份有限公司、洛阳矿山机械工程设计研究院有限责任公司、矿山重型装备国家重点实验室	一等奖
矿山复杂地形长距离大运力带式输送系统关键技术及产业化	山东科技大学、中国矿业大学、力博重工科技股份有限公司、徐州五洋科技股份有限公司	一等奖
巨型重载锻造操作机研制与应用	中国第一重型机械股份公司、上海交通大学	一等奖
带钢冷轧机集成化智能型板形测控系统	燕山大学、鞍钢股份有限公司	一等奖
专用敞车用折返式双车翻车机卸车系统	大连华锐重工集团股份有限公司	二等奖
6.25m捣固焦炉机械SCP一体机	大连华锐重工集团股份有限公司	二等奖
半煤岩及岩巷快速掘进技术与装备	中国煤炭科工集团太原研究院有限公司、神华神东煤炭集团有限责任公司	二等奖
超大采高综采智能化成套装备研发	天地科技股份有限公司、宁夏天地奔牛实业集团有限公司、北京天地玛珂电液控制系统有限公司、平顶山煤矿机械有限责任公司	二等奖
超长距离管状带式输送机关键技术研究应用	四川省自贡运输机械集团股份有限公司、尧柏特种水泥集团有限公司	二等奖
重型数控水平下调式三辊卷板机系列化产品研制	长治钢铁（集团）锻压机械制造有限公司、太原科技大学	二等奖
EPC－8000电动螺旋压力机	青岛青锻锻压机械有限公司	二等奖
超长距离大运量节能型越野带式输送机	北方重工集团有限公司	二等奖
1 450mm五机架全连续冷轧机组工艺与设备的研制及应用	中国重型机械研究院股份公司、燕山大学	二等奖
起重机大型钢结构件自动化焊接工艺与装备研发	河南卫华重型机械股份有限公司	二等奖
基于激光＋超声波识别及物联网技术的全自动垃圾吊关键技术研究	河南卫华重型机械股份有限公司	二等奖
EML300Y（340A）窄型连续采煤机的研制	山西天地煤机装备有限公司	二等奖

冶金行业标准在冶金设备行业企业的产品经营生产活动中越来越被重视，国内一些主要冶金设备企业积极踊跃地参加行业标准的编制和宣贯工作，现行冶金机械的国家与行业标准有86项。标准工作由机械工业冶金设备标准化技术委员会归口管理、组织编制和实施。另外，联合企业标准（简称《标重》），已由中国重型机械工业协会批准发布和执行。

冶金机械最新版的《重型机械标准》共四卷，该标准已经四次修订，其中产品标准85%以上等效采用了国外先进标准（主要是德国西马克公司标准）。中国重型机械工业协会已将《重型机械标准》全面发行。

中国重型机械研究院正在组织大型冶金设备制造骨干企业继续开展新一轮冶金设备行业标准的编制工作，已完成了多项新行业标准的编制评审工作，几十项新增重型冶金机械设备部分冶金设备标准正在编制之中。

〔撰稿人：中国重型机械工业协会冶金压延机械分会王光儒　审稿人：中国重型机械工业协会李镜〕

矿　山　机　械

生产发展情况　矿山机械行业是为固体原料、材料和燃料的开采和加工提供装备的重要基础行业，除服务于黑色和有色冶金、煤炭、建材、化工、核工业等重要基础工业部门外，其产品也被广泛应用于交通、铁道、建筑、水利水电等部门的基本建设中。本文所述的矿山机械包括采掘，凿岩设备及钻机，破碎、粉磨设备，筛分、洗选设备，矿山提升设备和矿山机械零件等。

按中国重型机械工业协会统计，2015年我国矿山机械主营业务收入为4 173.25亿元，比上年增长1.55%；实现利润202.48亿元，比上年下降7.00%；利润率为4.85%，上年同期为5.30%。利润增长幅度及利润率均低于上年。2015年度矿山机械行业主营业务收入占重型机械行业主营业务收入的34.13%，占冶金矿山机械行业主营业务收入的77.72%。2015年矿山机械行业主要经济指标完成情况见表1。2015年矿山机械按企业规模、注册类型、控股类型划分的各类企业主营业务收入占比见图1、图2、图3。

表1　2015年矿山机械行业主要经济指标完成情况

名　称	主营业务收入（亿元）	比上年增长（%）	利润总额（亿元）	比上年增长（%）	利润率（%）	上年同期（%）
重型机械行业	12 226.22	0.61	764.60	12.76	6.25	5.58
矿山机械行业	4 173.25	1.55	202.48	-7.00	4.85	5.30

注：数据来源于中国重型机械工业协会统计简报2015.12期。

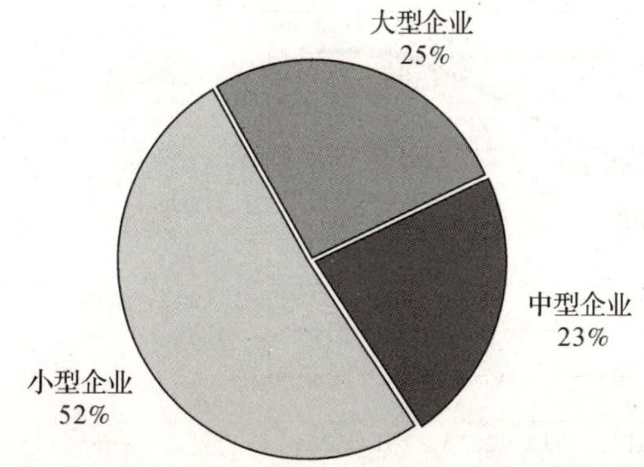

图1　矿山机械按企业规模划分的主要营业收入占比

注：数据来源于中国重型机械工业协会统计简报2015.12期。

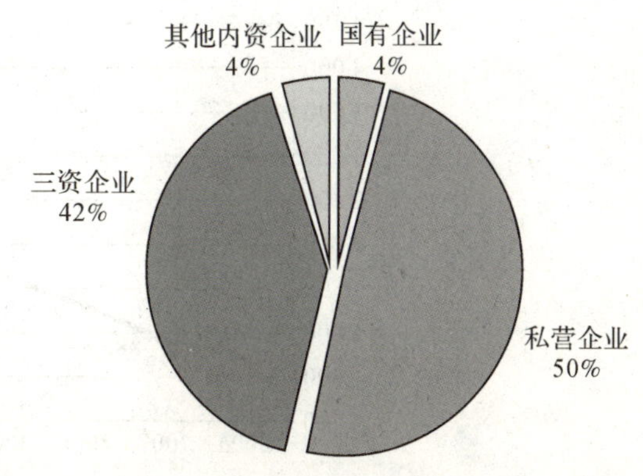

图2　矿山机械按注册类型划分的主营业务收入占比

注：数据来源于中国重型机械工业协会统计简报2015.12期。

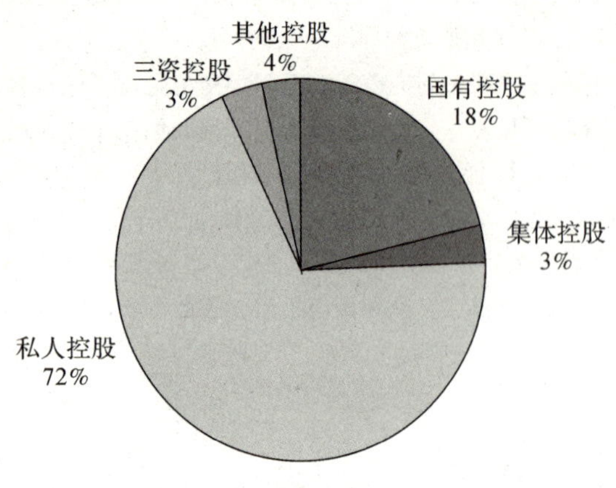

图3　矿山机械按控股类型划分的主营业务收入占比

注：数据来源于中国重型机械工业协会统计简报2015.12期。

全国679家主要矿山机械企业完成产品产量730.09万t。全国67家主要水泥设备生产企业完成产品产量79.81万t。2013—2015年矿山机械和水泥设备主要生产企业产品产量见表2。2015年矿山设备和水泥专用设备产量排名前10位的省（市）见表3。

表2　2013—2015年矿山机械和水泥设备主要生产企业产品产量

年份	矿山机械		水泥设备	
	企业数（家）	产量（万t）	企业数（家）	产量（万t）
2013	539	671.17	65	92.88
2014	681	786.13	73	94.60
2015	679	730.09	67	79.81

注：数据来源于《中国重型机械工业年鉴》和中国重型机械工业协会统计简报2015.12期。

表3　2015年矿山设备和水泥专用设备产量排名前10位的省（市）

序号	省（市）名称	企业数（家）	产量（万t）	序号	省（市）名称	企业数（家）	产量（万t）
矿山设备				水泥专用设备			
1	河南省	95	165.02	1	江苏省	19	29.47
2	河北省	59	74.24	2	河南省	12	14.54
3	山东省	80	60.67	3	辽宁省	4	9.93
4	安徽省	54	58.72	4	山东省	7	6.43
5	辽宁省	62	50.11	5	安徽省	4	6.34
6	四川省	25	45.73	6	四川省	5	5.31
7	湖南省	48	44.24	7	河北省	3	3.62
8	陕西省	15	30.84	8	湖北省	1	1.51
9	江西省	21	30.50	9	浙江省	4	1.40
10	山西省	31	26.02	10	上海市	3	1.13

注：数据来源于中国重型机械工业协会统计简报2015.12期。

市场与销售

（1）国内市场及销售。根据中国外汇交易中心数据显示，截至2015年12月12日人民币对美元的平均汇率为6.46，按此计算，2015年矿山机械国内市场总容量（即：主营业务收入－出口金额＋进口金额）为4 098.96亿元，其中，国内供应量为4 078.35亿元，进口量约20.61亿元，国内产品市场占有率为99.5%，略高于上年0.3个百分点。2006—2015年矿山机械国内市场销售额（含进口）情况见图4。

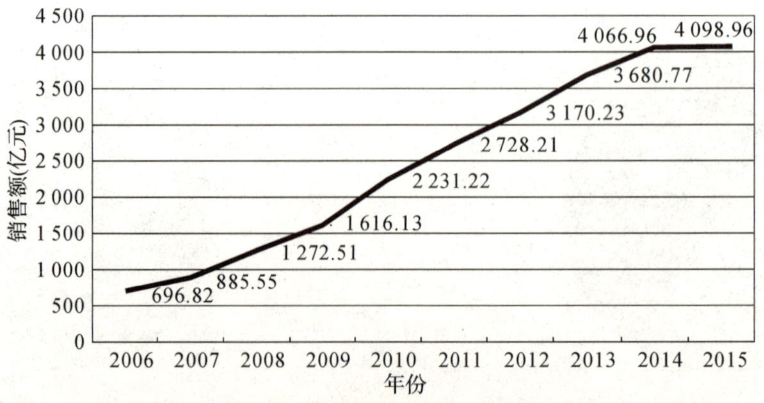

图4　2006—2015年矿山机械国内市场销售额（含进口）情况

注：数据来源于《中国重型机械工业年鉴》及中国重机协会统计简报2015.12期。

（2）回顾。随着我国矿山机械制造技术的快速发展，自2011年以来，国内矿山机械行业几乎提供了国民经济发展所需的矿石、建材及煤炭开采和加工用的全部装备，国产设备市场占有率超过了98%，2011—2015年矿山机械国内市场国产、进口产品销售额占有率见表4。

（3）进出口贸易。2015年，我国矿山机械出口额达14.69亿美元，比上年下降12.4%，按人民币对美元汇率6.46计算，出口额占国内主营收入的2.27%，比2014年下降了0.23个百分点。进口额为3.19亿美元，比上年下降38.06%；进出口总额17.88亿美元，比上年下降了18.43%；进出口顺差达11.5亿美元，比上年下降1.08%，但2015年仍然是自2008年结束的我国矿山机械进出口逆差的第8个顺差年。2015年我国矿山机械各类产品进出口额见表5。

表4　2011—2015年矿山机械国内市场国产、进口产品销售额占有率

年份	2011	2012	2013	2014	2015
国产产品占有率（%）	98.0	98.2	98.8	99.2	99.5
进口产品占有率（%）	2.0	1.8	1.2	0.8	0.5

注：数据来源于《中国重型机械工业年鉴》和中国重型机械工业协会统计简报2015.12期。

表5　2015年我国矿山机械各类产品进出口额

产品名称	出口额（亿美元）	进口额（亿美元）	进出口总额（亿美元）	进出口差额（亿美元）
矿山设备	14.69	3.19	17.88	11.50
采掘、凿岩设备及钻机	3.95	1.30	5.24	2.65
破碎、粉磨设备	7.71	0.87	8.58	6.84
筛分、洗选设备	2.50	0.94	3.44	1.56
矿山提升设备	0.13	0.03	0.16	0.10
矿山机械零件	0.40	0.05	0.45	0.35

注：数据来源于中国重型机械工业协会《全国冶金矿山机械行业进出口统计年报2015》。

2015年，我国矿山机械产品实现了和181个国家和地区的出口贸易，主要出口至新加坡、越南等东南亚和中东等重工业欠发达国家和地区；同时，有41个国家和地区的矿山机械产品进口至我国，美国、德国、奥地利和英国4国依然是主要进口国。2015年矿山机械进出口额排名前七位的国家（地区）见表6。2015年矿山机械进出口额排名前七位的国内省（自治区、直辖市）见表7。

表6　2015年矿山机械进出口额排名前七位的国家（地区）

序号	国家（地区）	出口额（亿美元）	占出口总额（%）	序号	国家（地区）	进口额（亿美元）	占进口总额（%）
1	新加坡	1.70	11.61	1	美国	0.92	28.92
2	越南	0.90	6.15	2	德国	0.61	19.27
3	印度尼西亚	0.83	5.66	3	奥地利	0.38	11.99
4	中国香港	0.78	5.33	4	英国	0.20	6.19
5	伊朗	0.65	4.40	5	澳大利亚	0.17	5.43
6	沙特阿拉伯	0.55	3.75	6	日本	0.17	5.25
7	印度	0.50	3.40	7	法国	0.15	4.73

注：数据来源于中国重型机械工业协会《全国冶金矿山机械行业进出口统计年报2015》。

表7　2015年矿山机械进出口额排名前七位的国内省（自治区、直辖市）

序号	省（市、区）	出口额（亿美元）	占出口总额（%）	序号	省（市、区）	进口额（亿美元）	占进口总额（%）
1	广东省	2.67	18.20	1	内蒙古自治区	0.44	13.64
2	上海市	2.11	14.40	2	上海市	0.42	13.02
3	河南省	1.55	10.58	3	山西省	0.37	11.72
4	辽宁省	1.50	10.20	4	天津市	0.31	9.71
5	江苏省	1.43	9.76	5	北京市	0.23	7.27
6	北京市	0.91	6.18	6	江苏省	0.18	5.74
7	山东省	0.85	5.80	7	陕西省	0.18	5.74

注：数据来源于中国重型机械工业协会《全国冶金矿山机械行业进出口统计年报2015》。

科技成果及新产品 2015年，行业各主要设备制造企业不断加大技术创新力度，通过自主研发或与科研院所合作，研制了一大批技术先进、具有自主知识产权的重大技术装备，许多项目获科学技术奖。

其中，作为国内矿山重型装备的骨干重点企业，中信重工机械股份有限公司通过“高端矿山重型装备技术创新工程”项目的实施，成功突破了高效资源开采、高效节能矿物加工、高效工业余热利用、极端装备和智能制造等30余项制约行业发展的重大技术难题，培育出12大具有国际先进水平的核心产品，为国家提供了急需的大型战略装备，形成了大型化、集成化、成套化、低碳化的绿色产业发展新格局，推动了行业技术进步，有效地提升了中国企业的国际竞争力。中国矿业大学、中信重工机械股份有限公司、徐州煤矿安全设备制造有限公司等单位联合承担完成的“年产千万吨级矿井大型提升容器及安全运行保障关键技术”项目使我国大型提升容器及其安全保障关键技术实现了跨越式发展，突破了发展大型和特大型矿井受提升能力制约的这一“瓶颈”，整体达到国际先进水平。中国中煤能源集团有限公司、北京中煤矿山工程有限公司、中国矿业大学、中煤第五建设有限公司、中煤建设集团有限公司、中煤第一建设有限公司、中国矿业大学（北京）7家企业和高校，开展了产学研合作，取得重大技术突破，“超大直径深立井建井关键技术及成套装备”整体达到国际领先水平，对推动行业技术进步，提升行业国际影响力具有重要的意义。北方重工集团有限公司应用自主开发的PXZ－1417型液压旋压回破碎机、PCKF1825可逆双反击锤式破碎机、CTG－1030干式筒式磁选机、MQY3660节能溢流型球磨机、NZY－38中心液压多点驱动高效浓缩机等主机设备，形成了“千万吨级极贫磁铁矿石深度破碎高效选矿新工艺及其成套装备”，提高了处理能力、选矿效率和水资源利用率，有效地降低了能耗；投入实际运行后，为相关企业带来了很好的经济和社会效益。

（1）科技成果。2015年，矿山机械行业获得的国家科学技术进步奖、国家技术发明奖和中国机械工业科学技术奖等情况见表8。

表8　2015年度矿山机械行业获奖情况

序号	项目名称	奖励类别	等级	主要完成单位
1	中信重工高端矿山重型装备技术创新工程	国家科学技术进步奖	二等奖	中信重工机械股份有限公司
2	年产千万吨级矿井大型提升容器及安全运行保障关键技术	国家技术发明奖	二等奖	中国矿业大学、中信重工机械股份有限公司、徐州煤矿安全设备制造有限公司
3	超大直径深立井建井关键技术及成套装备	国家科学技术进步奖	二等奖	中国中煤能源集团有限公司、北京中煤矿山工程有限公司、中国矿业大学、中煤第五建设有限公司、中煤建设集团有限公司、中煤第一建设有限公司、中国矿业大学（北京）
4	大型矿用磨机的研制及应用	中国机械工业科学技术奖	一等奖	中信重工机械股份有限公司、洛阳矿山机械工程设计研究院有限责任公司、矿山重型装备国家重点实验室
5	EML300Y（340A）窄型连续采煤机的研制	中国机械工业科学技术奖	二等奖	山西天地煤机装备有限公司
6	半煤岩及岩巷快速掘进技术与装备	中国机械工业科学技术奖	二等奖	中国煤炭科工集团太原研究院有限公司、神华神东煤炭集团有限责任公司
7	超大采高综采智能化成套装备研发	中国机械工业科学技术奖	二等奖	天地科技股份有限公司、宁夏天地奔牛实业集团有限公司、北京天地玛珂电液控制系统有限公司、平顶山煤矿机械有限责任公司
8	中煤张家口煤矿机械有限责任公司煤机装备产业园建设项目	中国机械工业科学技术奖	二等奖	机械工业第六设计研究院有限公司、中煤张家口煤矿机械有限责任公司
9	YT28K型中风压气腿式凿岩机	中国机械工业科学技术奖	二等奖	山东天瑞重工有限公司
10	大型高效高频煤泥脱水筛的研发	中国机械工业科学技术奖	三等奖	中煤科工集团唐山研究院有限公司、天地（唐山）矿业科技有限公司
11	千米深井用大型凿井提升设备关键技术研究	中国机械工业科学技术奖	三等奖	洛阳矿山机械工程设计研究院有限责任公司、中信重工机械股份有限公司、矿山重型装备国家重点实验室

注：数据来源于2015年度国家科学技术进步奖获奖项目目录、2015年度国家技术发明奖获奖项目目录、2015年度中国机械工业科学技术奖授奖项目目录。

（2）主要新产品。2015 年矿山机械行业开发的主要新产品有：中信重工机械股份有限公司研制的 ϕ7.32m × 12.50m 双驱溢流型球磨机和 ϕ7.32m × 11.28m 双驱溢流型再磨机、JK（H）系列单绳缠绕式矿井提升机和提升绞车，大连重工起重集团研发的 DMM2250 磨煤机，北方重工集团有限公司研制的千万吨级极贫矿石破碎高效选矿装备，太重集团煤机公司研发的低机面大功率 MG450/1050 - QAWD 电牵引采煤机，上海山美重型矿山机械有限公司制造的 JC771 大型颚式破碎机，石家庄煤矿机械有限责任公司研制的 WLR - 18 矿用防爆锂离子蓄电池无轨胶轮车，中煤张家口煤矿机械有限责任公司研制的极薄煤层钻式采煤机，山东山矿机械有限公司开发的 PE900 × 1200 复摆颚式破碎机、D800 管状带式输送机和环保型密闭带式输送机，铁拓机械有限公司生产的 RAP 辊式破碎机及其筛分系统。

固定资产投资 2015 年，全国机械工业、重型机械行业和矿山机械制造业的计划总投资同比下降，其中，矿山机械制造业的年度计划总投资比上年下降 12.17%。此外，矿山机械制造业当年新增固定资产、自年初累计完成投资分别比上年下降 0.39% 和 6.08%。2015 年矿山机械行业固定资产投资情况见表 9。

表 9 2015 年矿山机械行业固定资产投资情况

行业类别	计划总投资		本年新增固定资产		自年初累计完成投资	
	金额（亿元）	比上年增长（%）	金额（亿元）	比上年增长（%）	金额（亿元）	比上年增长（%）
全国机械工业	88 830.81	-0.38	39 083.53	-7.85	49 293.47	9.70
重型机械行业	5 350.80	-10.97	2 338.12	5.45	2 805.62	-4.40
矿山机械制造业	2 265.55	-12.17	909.86	-0.39	1 174.39	-6.08

注：数据来源于中国重机协会统计简报 2015.12 期。

行业管理

（1）行业标准工作。2015 年，全国矿山机械标准化技术委员会（SAC/TC88）组织完成了《矿山机械设备安全技术要求》强制性国家标准起草审查工作以及 11 项国家标准和 15 项机械行业标准的制修订工作；编制完成《“十三五”矿山机械行业标准化发展规划》；完成了天然石矿山开采设备分技术委员会筹建的申报及答辩工作；参与了地下采矿设备和矿用钻机两项国际标准的制定工作。

2015 年，《矿山机械术语 第 8 部分：焙烧设备》（GB/T 7679.8—2015）等 3 项国家标准和《矿井提升机和矿用提升绞车 盘形制动器闸瓦》（JB/T 3721—2015）、《矿井提升机和矿用绞车 盘形制动器用碟形弹簧》（JB/T 3812—2015）等 72 项行业标准分别经国家质量监督检验检疫总局、国家标准化管理委员会及工业和信息化部公告批准。

（2）行业检测工作。2015 年，国家矿山机械质量监督检测中心完成了 27 台（套）大型煤炭装卸设备检验和大型矿用自卸汽车产品性能测试；完成矿山在用设备检验 210 台；完成生产许可证检验等 10 台（套）检测检验工作；完成安全标准现场评审 32 家；参加了 22 个成套项目的设备监理；“矿山提升设备安全准入分析验证实验室”按实施计划有序建设。

（3）行业学术期刊。2015 年，《矿山机械》杂志社完成全年 12 期杂志的编辑、出版工作，刊登技术论文 480 余篇，约 400 万余字；杂志网站点击率达 37.4 万余次；受到作者、读者的广泛好评。

〔撰稿人：洛阳矿山机械工程设计研究院有限责任公司沈剑峰 审稿人：洛阳矿山机械工程设计研究院有限责任公司杜波〕

破碎粉磨设备

2015 年，我国经济发展进入新常态，同时进入加快推进供给侧结构性改革的关键阶段，改革发展的难度、经济下行的压力与面临挑战的严峻程度前所未有。在此经济下行压力加大、结构调整阵痛显现的局面下，破碎粉磨设备企业以及配套企业生产经营困难增多，发展形势严峻。因上下游客户效益下滑、投资意愿减弱，加之中低端产品产能过剩、市场需求不足，导致订货继续呈疲软态势，订货量下降、价格低迷、效益下滑，不少企业尤其是中小企业都深深感受到了经济的“寒冬”。

尽管市场压力倍增，破碎粉磨设备行业部分企业在市场倒逼和政策引导下，立足企业实际，在复杂和困难环境中砥砺前行，通过加强企业内部管理、加快产品结构调整、拓展新市场空间，加快企业技术改造、进一步提升产品和服务质量，积极探索转型发展新路径、加大企业转型升级力度等举措，部分企业取得了一定的创新发展成果，实现了生产、效益等主要经济指标的适度增长，行业自身发展总体趋于平稳。

生产发展情况 2014 年 11 月末，四川矿山机器（集团）有限责任公司（简称川矿集团）顺利完成了由国企转制为民营股份制企业的历史性重大转折。在新一轮体制改革的使命驱动下，为破除原有国企体制下“坚冰”、打破惯性思维模式，川矿集团积极发挥改制的红利，从改变员工思想观念入手，进行大刀阔斧的内部改造。一是减员增效。按照现代企业管理制度要求，顺利完成员工与新公司签订《转换国有企业职工身份、解除劳动关系协议书》及签订新的“劳动合同书”。通过改制，企业减员35.19%，固定费用大幅度下降。二是转变员工观念、转换思路，在贯彻企业改制方案、员工安置方案的基础上，进一步对所有部门、员工岗位的设置以及工作开展全部围绕市场、经营来展开。三是对企业原有组织架构进行大刀阔斧的职能梳理、职能归并以及流程再造。其中包括：将原销售部门全部解散，按照区域划分，重新组建新的市场营销组织架构，对15个区域销售部、7个区域经营部负责人，全部重新评选聘任，实行任期制，激励营销队伍奋力开拓市场；对技术研发、生产组织、合同执行、质量管控、成本核算以及人力资源管理等组织架构和流程再造，大幅度精简、合并职能部门，按照不避亲疏、跳出原有框架、尽量换岗、新人新岗的综合评议原则，实行定岗定员、优化岗位设置、竞聘上岗和任期制，全面实行管理人员能上能下和实施全新的绩效考核办法，彻底扭转了一、二线员工比例倒挂问题。四是增资扩股，及时兑现。公司改制后，九鼎投资严格履行了短期出资的承诺，当年增资扩股4 000万元。这一系列举措，不仅确保了企业改制工作的平稳过渡，同时有力激发了企业内部活力，增强了企业竞争力驱动力和执行力，企业凝聚力得到进一步增强，员工队伍趋于稳定，企业生产经营等各项事务逐步走上正轨，公司日益焕发出新的生机与活力。

山东山矿机械有限公司紧紧围绕年初确定的目标任务，坚持以提高企业发展质量和效益为中心，把握发展大势，坚持稳中求进，攻坚克难，通过早安排早行动，扎实做好各项工作。2015年，相继开展了厂区基础设施升级改造、车间现场环境整治、安全生产月以及节约降耗等一系列活动。山东山矿在面临生产线任务量相对不足、工序不平衡，公司坚持通过经营生产协调会、协同计划等方式，统筹安排计划，统一把握各车间、分支及外协单位等生产单元的生产节奏，加强了生产调度的灵活性；在大型皮带机成套项目合同相对较少的情况下，生产中心根据公司各生产单元任务情况，统筹协调、合理安排人员、资金、材料等各项资源，突出抓好破碎机及备品配件等单台单机产品的生产；组织任务较少人员协助其他车间，突击急发货产品的生产和包装发运，保证了各项急供货、重点任务的按需完成，也使得生产程序组织更加通畅。公司还本着在现有厂区条件及环境下做基本投入的原则，分阶段、分步骤对车间现场、部分设备设施进行了整治、改善。改建铸胶车间，新建横梁车间，添置了滚筒铸胶电用蒸汽硫化罐、皮带机横梁、托辊喷漆生产线及移动喷漆房等；对机器设备、车间厂房进行喷涂、复新，并在车间内安装了宣传标语及宣传视板，对公司主干道进行修整等，厂区面貌焕然一新，生产手段和能力得到进一步提升，实现了人流、物流的顺畅，进一步提升了企业厂区整体形象和专业化制造水平，为公司产品质量提升和吸引用户实现项目订货奠定了坚实基础。2015年，尽管公司目标实现率不及预期，企业全年仍完成订货3.1亿元，产值2.6亿元，产品销售收入5.06亿元，实现利税1 528万元，保持了企业总体运行平稳的局面。2015年7月，“山矿”商标也被国家工商行政管理总局认定为“中国驰名商标”，并获得当地政府的奖励。

北方重工集团有限公司矿业装备分公司面对日趋严峻的市场竞争形势，以集团公司转型升级目标为导向，积极探索，开拓创新，整体经济运行保持平稳态势，以保证交货期为宗旨，强调计划的超前性、准确性、灵活性和成套性。公司积极探索内部项目监理制，强化生产计划的考核力度，进一步提高项目执行的国际化管理水平。

河南省群英机械制造有限责任公司作为一家主要服务于选矿厂、钢厂的企业，为积极寻找转型升级或合作之路，根据钢厂设备大多需要进行技改或设备检修等特点，不失时机地对钢厂施展全方位技术服务。为有利于用户选择，根据公司产品种类多的实际情况，将破碎机多规格化生产，将回转窑设备用于污泥处理环保行业，将球磨机跨行业应用于化工、材料等。同时努力采取各种措施从内部降库存、降成本，提高产品技术服务性能，开发高效环保型破碎系统新产品以及多缸液压破碎机、欧式颚破和节能型粉磨机等，以满足市场需求。

河北万矿机械厂2015年以“落实制度、执行规程、严格管理、创新发展”为工作基调，团结奋进，抱团取暖，积极探索。通过改进工艺，优化产品，精细管理，不断夯实基础练内功，企业的整体品质不断提升；通过对外合作，积极寻找新的经济增长点，在总结经验基础上摸索先进的管理方法，弥补短板，发挥优势，积极走出困境，为扭亏做出不懈努力。公司全年生产各种设备188台，其中：破碎机119台，振动筛34台，给料机35台，输送机24架，各种附件钢架33套。完成总产值3 901.5万元，其中产品产值3 386.5万元，附件产值157.7万元，配件产值139.9万元，对外修理各种破碎机65台，产值217.6万元，对外加工产品8台套，产值176.2万元。

荆州市巨鲸传动机械有限公司通过强化危机意识，提高员工积极性，从企业内部开展减员增效，进行人员再分流等方面的探索，加强多能工人的培养并初见成效。将生产系统6S管理逐步落实到细节，生产现场环境有效改观。通过推行看板管理、每周例会，生产计划完成率大幅提升，对于抢夺市场的重点产品倾尽全力保证按时出货。推行设备管理点检制度，对内厉行节约，使万元产值消耗率有所下降，精益生产初见成效。同时加强保障供给，与供应商战略互动，严格供应商管理，进一步降低采购成本，在资金并不宽裕的情况下，保证了物料到位的及时性。

市场及销售 受全球资源需求放缓、传统产业和产能严重过剩的影响，目前国内宏观经济整体下行，冶金矿山行业等市场需求持续低迷，黄金、铜等金属价格出现大幅下跌，导致行业运行困难、效益低下。

2015年四川矿山机器（集团）有限责任公司正处在企业改制的恢复期，客观上对企业生产经营造成一定影响，导致业绩下滑。面对流动资金紧张、要素成本偏高以及改制工作遗留问题凸显等内部和外部压力，川矿集团充分利用改制带来的红利，依托冶金矿山设备、旅游索道、砂石生产线设备以及部分水泥建材设备，实现新增订单与回款的突破，尤其是与紫金集团成功签订 $\phi5.5$m 半自磨机订单，对进一步提升公司在国内大型矿磨市场的地位产生了重要影响。

山东山矿机械有限公司通过认真总结多年来公司在销售方面的成功经验和不足，根据行业和用户特点，采取不同的营销策略，建立快速响应市场的营销模式，努力提升市场开拓能力。面对严峻的市场形势，公司积极培育团队合作意识，不搞单打独斗，充分做好项目投标前各项工作，不打无准备之仗，以提高项目中标率。深入研究市场、分析市场、巩固老市场、开发新市场。将电力、冶金、码头、出口市场作为常规市场，尽量争取更多的市场份额，在此基础上努力开发煤炭、煤制气、建材、环保能源等行业后备市场。继续有重点地推进破碎机、管带机、球磨机、备品配件等单台单机产品的销售和密闭环保皮带机等新产品市场推广，大力推介公司优势产品。突出将项目成套作为主攻方向，努力由向用户销售产品向为用户提供完整的解决方案进行转变，努力多争取一些“交钥匙工程”成套项目，实现公司营销的转型升级。在巩固国内市场的同时，努力响应国家“一带一路”战略部署，不断拓展国际市场，进一步拓展出口渠道，扩大出口国家范围，提高产品出口档次。

北方重工集团有限公司矿业装备分公司积极推进市场升级，扎实拓展市场开发。一是积极与工程成套分公司紧密配合，成功签订了锦州新华龙 MLL355 螺旋立式磨机项目合同，实现了该产品首台（套）业绩突破，填补了公司细磨、超细磨领域产品市场的空白。2015年年末，与本溪华隆签订项目合同，实现了高压辊磨机和高能圆锥破碎机新产品的业绩空白，同时与威格曼公司成功签订数台（套）磨机备件合同，并以此为突破口，逐步进军内蒙古市场。二是深入贯彻集团公司“大客户”营销战略，与鲁西化工、山西铝业等重点用户保持长期战略合作关系，成效显著。三是紧密配合三大营销公司全力征战国内外市场，取得山东冶金院日照钢铁烧结机、华兴铝业球磨机和中国黄金俄罗斯磨机等一批重点项目合同的成功签约。四是积极探索新兴市场，参与煤化工、稀有金属冶炼、塑料制品回收破碎线和化工用球磨机等项目的技术交流和投标工作，从而不断开辟产品的应用领域。五是针对破碎类产品的技术升级及研发，邀请三大营销公司领导及业务骨干召开技术推广会，加强沟通交流，力争逐步收复破碎机市场。六是继续加大回款力度，采取签订备件、法律诉讼等有效手段，完成 ABC 类陈欠款，回款工作取得成效，为缓解企业资金压力提供了重要保证。此外，通过参加伊朗矿业展会、北京国际矿山机械展览会和上海国际重型机械装备博览会，加强国内外市场宣传，积极推广企业品牌。

河南省群英机械制造有限责任公司瞄准市场需求，以开发节能环保型、智能自动化程度高及个性化产品需求为主流，高新产品以破磨设备为主，使新型破碎机和节能磨机成为企业新的经济增长点。

河北万矿机械厂通过对各项经济指标和各销售区域的市场情况仔细分析，面对矿山市场需求动力和后劲不足，采取一系列措施加强市场及销售：细化业务人员销售责任制、业务员全额提费等措施，激发能动性；通过内部管理降成本，降低产品、配件价格争取用户；通过增加售后服务范围，增强售后服务力度，延长产品“三包”期限等措施来巩固客户；通过强化办事处功能，继续完善网络销售功能等措施来促进销售。2015年，在新车间设置了新产品展区，整齐摆放各种规格产品，扩大产品市场宣传，让客户更直观地了解企业产品。对新老客户进行回访，及时掌握市场动态和产品发展方向；为扩大业务范围，通过科研单位、行业协会、中介机构等各种渠道，重点发展大型客户，部分产品通过中间商销往国外，取得一定成绩。同时还重点考察韩国市场垃圾处理设备、参加国内外展会，及时掌握市场动态，提高企业的知名度，为扩大销售市场做准备。2015年公司共签订合同95份，合同金额2 874万元，比上年下降41%，销售整机164台，比上年减少188台，销售总回款2 939万元，比上年减少2 621万元。

荆州市巨鲸传动机械有限公司通过对营销系统进行大胆调整，加大销售公司主动营销的力度，积极寻找可能高速增长的细分行业，快速把握“长江经济带”和“一路一带”政策带来的港口设备的复苏，大胆进入了地下管廊建设所涉及的非开挖设备等领域。针对建材行业较大的减速机保有量，快速组建维修保养中心，并从企业内部完善计划流程、跟单流程、服务流程、CI 系统，为进一步提升营销能力奠定了基础。2015年破碎粉磨设备行业主要企业分类产品国内销售情况见表1。2015年破碎粉磨设备行业主要企业产品出口情况见表2。

表1　2015年破碎粉磨设备行业主要企业分类产品国内销售情况　　（单位：万元）

序号	企业名称	国内销售总收入	其中：破碎机械销售收入	其中：粉磨机类销售收入
1	四川矿山机器（集团）有限责任公司	29 860	5 700	6 400
2	山东山矿机械有限公司	41 098	5 317	3 117
3	北方重工集团有限公司矿业装备分公司	132 408	3 898	23 396

（续）

序号	企业名称	国内销售总收入	其中：破碎机械销售收入	其中：粉磨机类销售收入
4	河北金马矿山机械集团公司	1 022	580	442
5	河南省群英机械制造有限责任公司	6 300	1 620	1 180
6	河北万矿机械厂	3 029	2 100	0
7	上海恒源冶金设备有限公司	9 200	8 400	800

表2　2015年破碎粉磨设备行业主要企业产品出口情况

序号	企业名称	出口国家（地区）	出口量（台）	出口额（万美元）
1	四川矿山机器（集团）有限责任公司	缅甸、老挝、刚果（金）	67	210
2	山东山矿机械有限公司	巴基斯坦、印度尼西亚、泰国、菲律宾、赞比亚	27	25.5
3	北方重工集团有限公司矿业装备分公司	俄罗斯、伊朗	4	6.5
4	上海恒源冶金设备有限公司	俄罗斯、印度尼西亚、沙特阿拉伯、哈萨克斯坦、越南、智利	60	890

科技成果及新产品　2015年，四川矿山机器（集团）有限责任公司围绕辊压机电气开发和恒缝、恒压系统开发，以及矿井提升机闸控系统优化方案、提升机恒减速优化方案积极展开工作，完成辊压机电气开发和恒缝、恒压系统开发、监控软件、控制程序及监控程序设计，并在西北地区得到成功应用和推广；其矿井提升机闸控系统优化方案和提升机恒减速优化方案已全部完成并进入实施阶段，在优化产品技术性能的同时，单台成本下降数万元，产品竞争优势得以增强。公司成都技术中心加大新产品开发，相继完成VSI系列制砂机、PYF系列复合圆锥破碎机、货运索道锚固装置、货索辊轮组、圆锥破碎机专用稀油站（两种）等多个新产品开发项目，其中PYF系列复合圆锥破碎机、圆锥破碎机专用稀油站样机试制已完成。

山东山矿机械有限公司从年初就确定了32项新产品开发项目，通过一年来的努力，已完成新产品开发设计20项，形成了较为齐备的技术资料，另外多项其他产品也已完成技术方案和标准部件的设计，以及环保型密闭带式输送机和现阶段国内最大管径800mm的管带机，制作出产品样机，并在厂区安装、成功运行。公司自主设计开发的环保密闭带式输送机、密闭装船带式输送机、露天矿移置式带式输送机和ϕ800mm管状带式输送机四项产品当年通过了省级新产品鉴定。带式输送机通过平台缓冲装置、带式输送机用移动给料斗、带有缓冲布料式四辊破碎机、管状带式输送机防扭转检测仪、密封箱式宽带输送机、蟹式电液三通头部漏斗等6项新产品获得国家实用新型专利授权，公司申报的生物质料场取料设备和带式输送机卸料系统两项发明专利也获得授权，企业目前已拥有国家专利近40项。

北方重工集团有限公司矿业装备分公司针对市场需求，2015年相继完成多项科技成果及新产品：完成ϕ12.2m×8m半自磨机、GYG1408高压辊磨机、ϕ7.2m×50m球团窑和ϕ5.5m×115m红土镍矿焙烧窑等新产品的研发设计工作，完善了产品系列化产业链，为抢占国内外大规格设备市场奠定了技术基础；完成7ft（1ft＝0.304 0m）西蒙斯破碎机和PEF0912复摆式破碎机的升级改造工作，在降低产品重量的同时，使整机性能达到国际先进水平；为规范矿用磨机生产制造，编制了磨机产品企业规范6项；逐步完善工艺制度规范，强化制造过程细节控制，制订了《工艺纪律管理考核规定》等工艺流程控制文件7项、《毛坯供货硬度规范》等产品质量控制标准6项，开发了“机加工时计算软件”等4项计算软件，提高了工作效率和准确性，同时通过改进工艺、工装和细化工序等手段，有效地降低了加工成本。针对矿用破碎粉磨设备开展深层次的技术合作，完成与艾法史密斯签署战略合作协议，为加快实现选矿设备技术达到世界领先水平开辟出新途径。此外，公司全年完成3项国家发明专利和14项实用新型专利的申请工作。

河南省群英机械制造有限责任公司积极加强对外合作，2015年，与国内设计院校合作，利用当地大学资源共同开发新项目，成功开发出G1400×800型高压辊磨机、HP400型高能圆锥破碎机、污泥陶粒回转窑等新产品，用户已投入运行，使用效果良好。

河北万矿机械厂全年主要开发试制出5种新产品，通过外聘上海破碎机工程师来厂指导以及听取用户反馈意见和车间一线职工的建议，对33种产品进行了优化，提高了产品性能；通过参加工程机械展会、赴韩国考察，与国内外环保企业密切洽谈，将产品开发设计向建筑废弃物、生活垃圾处理设备领域延伸，并已试制出部分样机，加快了企业转型升级步伐。

2015年破碎粉磨设备行业新产品和新技术开发项目见表3。

表3　2015年破碎粉磨设备行业新产品和新技术开发项目

序号	企业名称	项目名称	主要技术性能	获奖项目及等级	专利情况
1	山东山矿机械有限公司	环保密闭带式输送机	全程密封防尘罩，头部落料处设洒水抑尘装置，减少了落料扬尘。研发了挡辊装置及能够沿皮带机方向前后调整的承载托辊组，防止皮带跑偏；设计了可调心托辊组，满足复杂线路的安装需要。优选了高分子耐磨密封板，两侧密封可靠，降低摩擦阻力，提高胶带寿命	国内领先	实用新型
		密闭装船带式输送机	研发了胶带铺盖新技术，胶带铺盖在被输送的物料壳体上方，与壳体组成一个密闭的空间，输送过程环保效果好。研发了新型居中减压导料槽。使转接物料居中在输送胶带上，降低了物料对输送胶带的压力，减少了物料对输送胶带的磨损，降低了能耗，提高了胶带使用寿命。研发了负压除尘系统，增加物料落入缓冲装置，降低了物料下落过程中的气压强度，减少了扬尘	国内领先	实用新型
		露天矿移置式带式输送机	研发了自适应防沉陷落料机构，克服了因基础沉降不同步引起的设备变形；开发了落料溜槽搭接处的套装结构，尾部采用旋转式复合滑橇，便于现场锚固，实现了尾部扇形旋转。开发了快速卡轨装置，提高了安装和维护效率，降低了操作人员的劳动强度。采用复合缓冲式悬挂托辊组，提高了托辊组的自适应调整能力，缓冲效果好，使用寿命长	国内领先	实用新型
		ϕ800管状带式输送机	设计开发了国内最大成管直径800mm的管带输送机，大幅度提高了输送能力。采用直联变频驱动，节省了机头结构空间，起动平稳，噪声低，节能效果好，运行维修费用低。开发了过渡段双向成槽调整结构，缩短了管带机过渡段的长度，整机结构紧凑	国内领先	实用新型
2	北方重工集团有限公司矿业装备分公司	新型PXF6089高效液压旋回破碎机	最大给料粒度：1 300mm 产能：4 200～4 800t/h 电动机功率：630kW	沈阳市职工技术创新成果奖	
		金属矿山用GYG1408高压辊磨机	喂料粒度：0～50mm 压辊公称直径：1 400mm 压辊公称长度：800mm 通过量：310～350t/h 装机功率：2×2 800kW		
		金属矿山用GYG1410高压辊磨机	喂料粒度：0～60mm 压辊公称直径：ϕ1 400mm 压辊公称长度：1 000mm 通过量：557～600t/h 装机功率：2×2 800kW		
3	河北金马矿山机械集团公司	立式辊磨机	立磨润滑装置	实用新型专利	已授权
4	河南省群英机械制造有限责任公司	PEV950颚式破碎机			实用新型1项
		高效脱硫磨			实用新型1项
5	河北万矿机械厂	立轴锤式破碎机	筒体直径2 500mm、生产能力160～250t/h，产品粒形呈多面体，与沥青等物料的亲和力大，承载能力高		
6	荆州市巨鲸传动机械有限公司	XG型辊压机减速器	功率分流	国家火炬计划项目	1993获国家实用新型专利证书
7	上海恒源冶金设备有限公司	单缸液压圆锥破碎机	产品粒度均匀，运营成本低		
		欧版颚式破碎机	工作可靠维修简便		

质量及标准 2015年，四川矿山机器（集团）有限责任公司在转换企业经营机制的同时，全方位实行流程再造。一是为更好发挥焊试室的技术支撑和技术培训职能，将焊试室、产品包装设计工作划归技术管理部归口管理，以规范和提升公司的产品包装设计，降低成本；将金工车间工艺施工指导工作划归技术管理部，并作为先期试点，以加强技术管理部对各车间的工艺指导。二是为更好地发挥技术管理部职能，不断改进和提高公司的工艺加工水平，在全公司范围内对铸造、铆焊、金工高级工艺师进行竞聘、答辩，分别聘任了多名铸造、铆焊和金工高级工艺师。三是为提升合同执行总部的工作职能，满足公司对管理的要求，相继在全公司范围内进行了合同执行总部的合同执行经理竞聘答辩，并聘任合同执行经理，包括：窑类、索道、烘干冷却产品执行经理；选厂类、辊压机产品及区域销售部所订的配件执行经理；煅烧炉、提升机类产品执行经理；配件类产品执行经理；破碎机主机设备执行经理；磨机类产品执行经理，产品发运执行经理。与以往不同的是，合同执行总部重新编制了《项目合同执行流程图》并已实施，通过强化合同执行经理的工作职责，由产品经理根据项目合同，全权负责从技术准备→粗工粗料→BOM清单→产成品→发货→处理售后服务等全过程执行，使合同执行力、产品质量及合同执行综合水平得到有效提高，交货周期明显缩短，满足了市场用户所需。与此同时，川矿集团以进一步完善质量管理体系，创建品质部管理架构，实施全新的质量考核模式、质量管理过程，及全新的“人人负责、序序负责”质量考核办法，降低人力成本，保证产品质量；推行管为主、检为辅、管检结合的管理模式；取消工序检验，质量检验由全面把关改为重点控制；实行宽进严出，严格控制出厂，质量考核奖惩分明；简化工艺、生产等流程缩短链条，提高效率，质量及标准化水平得到进一步提升。

山东山矿机械有限公司坚持预防为主的质量管理思想，重视质量管理流程，突出质量监督巡查小组的过程监控及程序化运作，以印度尼西亚万丹、乌兹别克斯坦安格连电厂、越南何静钢厂、赞比亚皮带机、成套性系统项目及破碎机等为质量监控重点，从原材料、焊接、涂装、铸件外观、主要部件加工、装配质量等方面，加大了产品质量控制与把关，以点带面，有效提高了产品的整体质量。同时，公司还积极参与了带式输送机国家标准和双辊破碎机、弹簧圆锥破碎机、吊式圆盘给料机、座式圆盘给料机四项行业标准的修订工作，企业产品质量有了新的提升。

北方重工集团有限公司矿业装备分公司针对本年度出口产品集中、制造标准要求严格的特点，围绕关键部件和成套性进行生产组织，强化综合指挥力度保证各工序“无缝对接”，确保了保沃思印度烧结机，伊朗带式焙烧机等重点项目按期交货，产品继续向国际市场延伸；加强内外部考核要求，全面梳理、分析原有项目存档资源，加强对营销和采购等部门的法律培训，充分利用法律手段解决对外质量索赔落实和货款回收工作，并对11家违约供应商实施经济索赔107万元，内部考核处罚约3万元；强化质量责任落实，树立员工质量意识，形成质量事故分析追责的长效机制，制定外采及外协索赔细则，建立与工作量、工作质量和产品质量紧密挂钩的工资绩效体系；以大型铸钢件为重点，向产品零缺陷进军。继续聘请专家完善铸造工艺，并引导和促进供应商工艺水平快速提升；将划线工序前移到铸造厂家，并组织专人对铸造过程实施有效监控；加强铸件返修的工艺评审和监督管理，并形成标准化；加强产品集港后运输管理，增强运输保险索赔法律意识。由售后服务人员监督用户现场装卸、运输过程及储存条件，并强化相关验收资料收集工作；加速培养机电液综合服务人员，逐步推行服务经理制。针对民营企业单机设备，建立自动化设计和调试团队；强化安装施工队伍的监督指导，针对单机小型产品，组建安装队伍，保证设备现场运行质量；完善外协外采部件的质量监控。严格按照主合同签订技术协议和检验停止点计划等条款，加强对配套件的各项测试检验，约束供应商售后服务质量，企业管理水平得到提升，为企业质量效益发展奠定了基础。

河南省群英机械制造有限责任公司2015年顺利完成国家、部委质量监督抽查，企业执行新标准，定期贯标，根据国家标准和行业标准，编制并实施更加严格的企业标准。

河北万矿机械厂通过一年来在生产管理、提高产品质量、工艺技改、新产品试制等方面积累的新经验，从生产、质量管理和技术改造方面入手，积极推动企业质量管理工作。在生产方面，通过外加工产品的制作与改造以及新产品的制作，从中掌握和提高技能，对主要零部件全部进行喷砂打磨处理，提高了产品外观质量；利用下脚料制作点焊平台，解决钳工车间钢板点台、机种误差大的问题；为激励职工重视产品质量，提高岗位技能，对生产过程中工作质量表现突出的职工进行奖励。在质量管理方面，为提高产品质量过程控制，借鉴其他公司先进的质量控制模式，结合实际情况，重新制订了质量控制流程，不合格品处置流程，设立不合格品台账，加强不合格品的管控；严格执行ISO 9001质量管理体系要求，强化了生产过程检验，严格按图样、工艺和要求进行检验，对不符合要求的零件、产品绝不放行，进一步保证了产品质量。2015年上半年，企业顺利通过ISO 9001国际质量管理体系第三方审核。在技术改造方面，通过对部分机床设备进行检修和改造，制作多功能试车台，满足多样产品的加固需要；制作振动筛专用镗床，解决镗床加工精度问题；购置锻工车间感应加热器以解决环保节能问题，维修并增加保温等；对3m卷圆机液压系统，桥式起重机、叉车、锅炉等特种设备进行及时检验、维修，对特种作业操作人员进行培训，通过一系列行之有效的措施，提高了企业生产效率，产品加工精度得以提高，从而为保证设备加工稳定性和安全性，节能降耗、安全生产提供了有力保障。

荆州市巨鲸传动机械有限公司2015年面对问题进行了系统提升，对技术中心的设计工具由2D系统提升为3D系统，逐步构造标准化、模块化的设计体系，并组建了现场工艺员体系，加强工艺指导，取得成效。

〔撰稿人：中国重型机械工业协会破碎粉磨设备专业委员会夏发明　审稿人：中国重型机械工业协会破碎粉磨设备专业委员会李志〕

洗选设备

企业发展情况　随着我国经济进入新常态，洗选行业也进入到结构调整的关键期。2015年，洗选行业提出以“产品创新升级、售后远程服务”为引导的新思路，积极推动洗选产品结构调整，努力提升产品质量和经济效益。在市场需求趋势变缓，市场竞争异常激烈的局面下，确定在新常态下的发展模式。行业的企业立足于现实，根据自己企业现状为企业的发展做出战略定位。在产业技术创新的深化，制造和服务界线日渐模糊的今天，企业开始逐步走向服务型制造。行业协会搭建平台，促进企业间携手合作，强强联合，共建“一带一路”。促进资源高效配置和市场深度融合，利用互联网建立电子商务平台，加快供需对接、信息共享。努力开拓国内外市场，如：中信重工机械股份有限公司、南昌矿山机械有限公司、山东华特磁电科技股份有限公司、韶关市韶瑞重工有限公司、河南威猛振动设备股份有限公司和唐山陆凯科技有限公司等企业基本遏制了企业效益下滑的趋势。2015年洗选设备行业主要企业经济指标见表1。

表1　2015年洗选设备行业主要企业经济指标

序号	企业名称	所有制	工业总产值		工业增加值（万元）	产品销售收入（万元）	产品销售税金及附加（万元）	年末固定资产	
			当年价（万元）	比上年增长（%）				原价（万元）	净值（万元）
1	北方重工集团有限公司	国有	1 195 007	-8.6	231 334	1 129 125	1157	322 878	219 039
2	中信重工机械股份有限公司洛阳矿山机器厂	股份制	43 242	-32	-20 070	47 515	1 567	57 295	32 843
3	沈阳隆基电磁科技股份有限公司	股份制	31 025	-38	-2 203	30 421	371	14 564	10 276
4	山东华特磁电科技股份有限公司	股份制	16 700	-45	6 000	15 276	131	16 956	13 324
5	鞍山重型矿山机器股份有限公司	股份制	14 117	-31.9	5 020	15 687	134	17 304	10 955
6	淮北矿山机器制造有限公司	股份制	15 700	-7	4 360	12 370	68	3 033	1 960
7	镇江电磁设备厂有限责任公司	股份制	7 855	-18.6	1 520	7 786	235	8 549	6 895
8	南昌矿山机械有限公司	民营	20 080	-32	4 885	16 695	126	10 079	7 509
9	河南威猛振动设备股份有限公司	股份制	41 709	7	9 068	38 330	1 349	11 061	8 213
10	河南群英机械制造有限责任公司	民营	5 200	-31	77	6 300	210	7 269	1 776
11	赣州金环磁选设备有限公司	国有	20 180	10	11 000	16 000	1 170	13 000	9 000
12	海安县万力振动机械有限公司	股份制	19 600	1	3 900	19 500	130	5 460	1 638
13	河南平原矿山机械有限公司	民营	20 034	-5.7	—	16 695	126	818.12	20 034
14	岳阳科德科技有限责任公司	民营	6 400	10	200	6 358	190	2 602	1 600
15	北矿机电科技有限责任公司	国有控股	20 990	-14.8	11 557	20 759	196	5 855	4 312
16	上海盾牌矿筛有限公司	民营	4 186	4 489	1 279	1 552	890	3 729	42
17	唐山陆凯科技有限公司	民营	8 657	9.24	2 620	8 656	76.88	6 452	3 928
18	淮北市协力重型机器有限责任公司	民营	5 432	5	184	5 338	10.67	3 945	2 945
19	上海山美重型矿山机械股份有限公司	股份有限	9 034	-8	-804	9 790	262	8 486	7 011
20	钟祥新宇机电制造股份有限公司	股份制	6 240	-28	2 396	6 029	51	6 027	3 858
21	韶关市韶瑞重工有限公司	中外合资	16 000	2	6 601	13 100	110	17 221	10 526
22	新乡市高科机械设备有限公司	民营	41 709	7	9 068	38 330	1 349	11 061	8 213

（续）

序号	企业名称	所有制	流动资产（万元）		流动负债（万元）		利润总额（万元）	所有者权益（万元）	全员劳动生产率（万元/人）
			合计	平均余额	合计	平均余额			
1	北方重工集团有限公司	国有	1 798 718	1 744 118	1 781 344	1 769 413	5 023	198 152	27
2	中信重工机械股份有限公司洛阳矿山机器厂	股份制	45 335	40 254	78 263	70 910	—	—	234
3	沈阳隆基电磁科技股份有限公司	股份制	38 131	43 415	12 318	15 208	-4 847	41 066	38
4	山东华特磁电科技股份有限公司	股份制	30 750	31 108	15 465	16 427	-1 192	33 125	33.4
5	鞍山重型矿山机器股份有限公司	股份制	63 811	66 264	6 703	8 614	680	76 251	26.8
6	淮北矿山机器制造有限公司	股份制	5 865	5 745	3 750	3 745	710	3 955	26
7	镇江电磁设备厂有限责任公司	股份制	4 355	4 290	3 658	3 649	23	6 657	68.5
8	南昌矿山机械有限公司	民营	19 241	17 672	18 434	18 902	921	9 090	13
9	河南威猛振动设备股份有限公司	股份制	16 613	15 869	7 776	7 406	3 898	19 492	74
10	河南群英机械制造有限责任公司	民营	13 451	14 303	8 954	9 869	-310	6 282	18
11	赣州金环磁选设备有限公司	国有	16 000	15 000	8 000	8 700	1 800	20 000	22
12	海安县万力振动机械有限公司	股份制	4 650	4 150	3 390	2 990	390	1 240	61
13	河南平原矿山机械有限公司	民营	7 308	8 558	382	1 184	11 686	—	22
14	岳阳科德科技有限责任公司	民营	1 951	19.3	6 250	286	429	55	—
15	北矿机电科技有限责任公司	国有控股	35 814	2 238	14 173	2 045	4 888	25 937	48.56
16	上海盾牌矿筛有限公司	民营	4 186	4 489	1 279	1 552	890	3 729	42
17	唐山陆凯科技有限公司	民营	11 578	11 057	8 130	7 840	79.32	8 175	31.17
18	淮北市协力重型机器有限责任公司	民营	6 574	6 653	5 847	5 901	213	3 654	15
19	上海山美重型矿山机械股份有限公司	股份有限	8 387	9 004	7 591	8 510	176	5 863	23
20	钟祥新宇机电制造股份有限公司	股份制	8 332	8 307	6 537	6 640	-68	6 781	7
21	韶关市韶瑞重工有限公司	中外合资	14 000	13 400	6 000	6 200	1 500	20 850	20
22	新乡市高科机械设备有限公司	民营	4 355	4 290	3 658	3 649	23	6 657	68.5

注：由于四舍五入，表中占行业比重数据有微小出入。

生产发展情况　2015年洗选设备行业主要企业产品产量、产值及其增长情况见表2。

产品出口情况　据14家企业的统计，2015年我国洗选设备出口出现下滑。2015年洗选设备行业部分企业洗选设备出口情况见表3。

科研成果与新产品研制　洗选行业会员企业共研发或改进了28项产品，其中，沈阳隆基电磁科技股份有限公司在2015年度共计立项研发新产品9项；山东华特磁电科技股份有限公司研发3项；北矿机电科技有限责任公司研发2项。淮北矿山机器制造有限公司为首钢迁安水厂对直径45m、53m浓缩机，为马钢集团张庄矿对直径45m浓缩机、直径53m浓缩机进行了改造，取得了很好的效果；南昌矿山机械有限公司对SLH系列箱式激振器筛分机进行了技术改造，增大了处理量，使性能更加稳定。唐山陆凯科技有限公司研发的单振源共振式复合振动筛被列为河北省战略性新兴产业专项资金项目，获得了河北省科技进步奖，该设备为陆凯科技专利产品，是目前细粒物料筛分领域最为先进的设备；上海山美重型矿山机械股份有限公司2015年对三轴椭圆筛的筛网，2XL1115双螺旋形洗砂机洗选全棒条给料机筛分、给料部分进行了技术改造，取得了很好的效果；河南威猛振动设备股份有限公司2015年研制的高幅概率组合筛分机、WFPS系列复频振动筛获河南省科学技术成果鉴定证书，企业荣获河南省工信厅授予的“河南省技术创新示范企业”荣誉。

2015年洗选设备行业部分企业新产品新技术开发项目见表4。

表2 2015年洗选设备行业主要企业产品产量、产值及其增长情况

序号	企业及产品名称	产量（台）	产值（万元）	产值比上年增长(%)
1	北方重工集团有限公司			
	分级机械	3	360	-8
	磁选机械	8	94	-17
	过滤机械	3	112	72
	浓缩机械	7	355	0
2	沈阳隆基电磁科技股份有限公司			
	磁选机械	1 764	15 048	-46
3	山东华特磁电科技股份有限公司			
	磁选机械	1 109	15 197	-41
4	鞍山重型矿山机器股份有限公司			
	筛分机械	427	10 776	-36
5	淮北矿山机器制造有限公司			
	浓缩机械	146	15 700	-7
6	镇江电磁设备厂有限责任公司			
	磁选机械	1 400	6 963	-17
7	南昌矿山机械有限公司			
	筛分机械	209	5 231	-5
8	河南威猛振动设备股份有限公司			
	筛分机械	144	1 152	6
9	河南群英机械制造有限责任公司			
	分级机械	12	276	10
	浓缩机械	3	80	10
	筛分机械	5	60	20
10	赣州金环磁选设备有限公司			
	磁选机械	260	19 000	10
11	海安县万力振动机械有限公司			
	筛分机械	580	2 600	2
12	河南平原矿山机械有限公司			
	筛分机械	180	1 960	12
13	岳阳科德科技有限责任公司			
	磁选机械	110	2 000	15
14	北矿机电科技有限责任公司			
	浮选机械	1 005	18 472	-8
15	唐山陆凯科技有限公司			
	筛分机械	843	7 400	10
16	上海山美重型矿山机械股份有限公司			
	筛分机械	43	704	10
17	钟祥新宇机电制造股份有限公司			
	振动机械	219	2 355	-25
18	淮北市协力重型机器有限责任公司			
	浓缩机械	87	3 045	5
19	韶关市韶瑞重工有限公司			
	筛分机械	220	1 860	5
20	新乡市高科机械设备有限公司			
	筛分机械	400	3 420	7

表3 2015年洗选设备行业部分企业洗选设备出口情况

序号	企业及产品名称	出口额（万美元）
1	北方重工集团有限公司	
	浓缩机	70
	浮选机	37
2	沈阳隆基电磁科技股份有限公司	
	磁选机	1 553
	除铁器	71
3	山东华特磁电科技股份有限公司	
	磁选机	669
	除铁器	23
4	淮北矿山机器制造有限公司	
	浓缩机	860
5	镇江电磁设备厂有限责任公司	
	除铁器	1 089
6	赣州金环磁选设备有限公司	
	磁选机	980
7	河南威猛振动设备股份有限公司	
	振动筛	2 879
8	河南群英机械制造有限责任公司	
	分级机	40
9	海安县万力振动机械有限公司	
	振动筛	2 000
10	河南平原矿山机械有限公司	
	振动筛	572
11	北矿机电科技有限责任公司	
	磁选机	1 200
	浮选机	5 351
12	上海山美重型矿山机械股份有限公司	
	振动筛	185
13	南昌矿山机械有限公司	
	振动筛	553
14	韶关市韶瑞重工有限公司	
	振动筛	350

表4　2015年洗选设备行业部分企业新产品新技术开发项目

序号	项目名称	主要技术性能	研制单位
1	X射线矿石分选机	不同矿石与围岩的高精度分辨技术；矿石与围岩的分离技术；矿石与围岩分辨、分离过程的模拟与仿真技术；矿石预选过程工艺参数的优化；对原矿石和X射线分选后的精矿进行选矿试验研究	沈阳隆基电磁科技股份有限公司
2	冶金渣处理成套设备	磁选后，获得全铁品位85%的渣钢，全铁品位90%的精渣钢，全铁品位60%以上的磁选粉，而且使尾渣粉金属铁含量小于1%	沈阳隆基电磁科技股份有限公司
3	离心选矿机	利用离心力强化流膜选矿，设备的处理能力可达2~2.5t/h，粒度的回收下限可达0.013~0.074mm	沈阳隆基电磁科技股份有限公司
4	超精细提纯机	具有除铁提纯效果好、全智能控制、节能、节水、环保等优点，解决了细粒级非金属矿除铁提纯难，运行成本高等问题。在非金属除铁工艺上添加了先进的设备和创新的除铁工艺	沈阳隆基电磁科技股份有限公司
5	大型立式强磁选机	项目在原有同类产品的基础上革命性地更改了设备核心部分——励磁线圈的结构	沈阳隆基电磁科技股份有限公司
6	湿式粗粒预选磁选机	为内筒走矿结构，磁系设计在滚筒的外部，矿浆从滚筒的一侧给入，经过磁场区域时，随着滚筒的运转，磁性矿物被带到滚筒的上部，脱离磁场后，进入精矿溜槽，非磁性物料直接流入尾矿槽	沈阳隆基电磁科技股份有限公司
7	大型全自动磁悬浮精选机	该项目主要应用在磁性精矿的作业，可以提高精矿品位2~9个百分点，或在不降低精矿品位的情况下适当放粗磨矿粒度，提高产率	沈阳隆基电磁科技股份有限公司
8	磁性矿石精细分选系统	完全从磁铁矿顽石中分离出钢球，分出钢球的顽石进入圆锥破碎机，满足破碎机的安全要求，不造成设备故障或损坏。分出的钢球含有矿石小于5%	沈阳隆基电磁科技股份有限公司
9	非金属矿山工艺及装备开发	该项目的核心技术是提纯除杂技术，其中磨矿和分级工艺便是重中之重。铁矿矿石难磨难选，该项目产品建设了尾矿库，实现了磨矿粒度较细，从而提高矿石品位	沈阳隆基电磁科技股份有限公司
10	提精降渣磁选机	筒体表面磁感强度标准100~500mT，实测300mT	山东华特磁电科技股份有限公司
11	电磁淘洗机	主要中心轴线最高磁感强度≥80×10^{-4}T，实测90×10^{-4}T	山东华特磁电科技股份有限公司
12	CTY1850大筒径湿式永磁预选机	磁感强度≥180mT	山东华特磁电科技股份有限公司
13	4985大型香蕉形直线振动筛	筛面宽度：4.9~8.5m 处理能力：1000~1 300t/h 分级粒度：13~50mm	鞍山重型矿山机器股份有限公司
14	大抛射强度振动筛	产品特点：细颗粒粘湿物料干法深度筛分不堵孔 抛射强度：80g；同比筛分效率提高15%	鞍山重型矿山机器股份有限公司
15	格筛除铁器	磁场强度：12 000Gs	镇江电磁设备厂有限责任公司
16	非常规粒级矿物浮选技术及应用	-0.2mm级别能够实现全粒级回收，提高了矿物的回收率，大幅度降低选厂能耗和成本	北矿机电科技有限责任公司
17	尾矿资源化关键技术及应用	江铜集团德兴铜矿尾矿综合回收，使系统回收率提高了0.6%，年创造效益八千多万元	北矿机电科技有限责任公司

（续）

序号	项目名称	主要技术性能	研制单位
18	SLon 浆料高梯度磁选机	适用于钾钠长石、石英砂、高岭土、霞石、萤石、蓝晶石、滑石等非金属矿去杂提纯及微细粒金属矿物分选，尤其对为细粒级非金属矿去杂提纯效果良好。该设备与 SLon 立环脉动高梯度强磁机联合使用，可产出高品质高附加值非金属精矿	赣州金环磁选设备有限公司

固定资产投资情况 2015 年洗选设备行业部分企业固定资产投资额见表 5。

表 5 2015 年洗选设备行业部分企业固定资产投资额 （单位：万元）

序号	企业名称	固定资产投资总额	其中：基本建设投资	其中：技术更新改造投资
1	北方重工集团有限公司	5 680	4 328	1 352
2	中信重工机械股份有限公司洛阳矿山机械厂	7 274	4 922	2 352
3	沈阳隆基电磁科技股份有限公司	128	128	
4	山东华特磁电科技股份有限公司	8 403	6 059	2 354
5	鞍山重型矿山机器股份有限公司	2 633	1 158	1 475
6	淮北矿山机器制造有限公司	800	200	600
7	镇江电磁设备厂有限责任公司	8		8
8	南昌矿山机械有限公司	1 070	680	390
9	河南威猛振动设备股份有限公司	948	569	379
10	河南群英机械制造有限责任公司	200	70	130
11	赣州金环磁选设备有限公司	994	878	100
12	海安县万力振动机械有限公司	500	220	280
13	河南平原矿山机械有限公司	1 490	724	226
14	岳阳科德科技有限责任公司	1 120	600	200
15	钟祥新宇机电制造股份有限公司	1 000	530	470
16	北矿机电科技有限责任公司	124	97	27
17	上海盾牌矿筛有限公司	100		100
18	淮北市协力重型机器有限责任公司	385	154	231
19	上海山美重型矿山机械股份有限公司	85		85
20	韶关市韶瑞重工有限公司	300		300
21	唐山陆凯科技有限公司	206		206

行业标准化工作 2015 年共完成了 20 项洗选设备标准，已讨论申报，待发。2015 年行业标准化工作情况见表 6。

表 6 2015 年行业标准化工作情况

序号	标准名称	标准编号	制定、修订情况
1	永磁筒辊式强磁选机	JB/T 12177—2015	参与起草
2	矿物回收磁选机	JB/T 12183—2015	参与起草
3	电磁立筒式重力磁选机	JB/T 12430 - 2015	负责起草

（续）

序号	标准名称	标准编号	制定、修订情况
4	永磁筒式磁选机	JB/T 7895—2008	负责起草
5	中磁场永磁滚筒	JB/T 7351—2015	参与起草
6	高梯度磁过滤器	JB/T 9044—2015	负责起草
7	对喷式气流磨	JB/T 12176—2015	主持
8	振动磨	JB/T 8850—2015	参与
9	永磁立盘式尾矿回收机	JB/T 12434—2015	参与
10	振动筛用箱式振动器	JB/T 12179—2015	制定、已批准实施
11	多元变振幅圆振动筛	JB/T 12180—2015	制定、已批准实施
12	多路给料高频直线振动筛	JB/T 12181—2015	制定、已批准实施
13	冷矿振动筛	JB/T 5508—2015	修订、已批准实施
14	振动筛制造通用技术条件	JB/T 5496—2015	修订、已批准实施
15	香蕉形直线振动筛	JB/T 10460—2015	修订、已批准实施
16	高频直线振动筛	JB/T 10653—2015	修订、已经完成报批
17	中心传动式浓缩机	GB/T 10605—2015	制定
18	振动筛用块偏心式振动器	JB/T 12178—2015	制定
19	振动筛制造通用技术条件	JB/T 5496—2004	修订、已批准实施
20	YKR 型圆振动筛	JB/T 6388—2004	修订、已批准实施

〔撰稿人：中国重型机械工业协会洗选设备专业委员会吕英凡；审稿人：中国重型机械工业协会洗选设备专业委员会王日清〕

物料搬运（起重运输）机械

起重运输机械在国际上一般通称为物料搬运设备。按照 GB/T 4754—2011《国民经济行业分类》标准的规定，物料搬运（起重运输）机械制造业行业被细分为 6 个行业小类：轻小型起重设备、起重机、生产专用车辆（编者注：行业内称为工业车辆，以下简称工业车辆）、连续搬运设备、电梯自动扶梯及升降机、其他物料搬运设备。

本文所述的物料搬运（起重运输）机械行业包含的是轻小型起重设备、起重机、工业车辆、连续搬运设备、电梯自动扶梯及升降机和其他物料搬运设备。

2013—2015 年物料搬运（起重运输）机械行业主要经济指标完成情况见表 1。

表 1　2013—2015 年物料搬运（起重运输）机械行业主要经济指标完成情况

指标名称	2013 年	2014 年	2015 年
主营业务收入（亿元）	6 328.92	6 906.47	6 856.61
利润总额（亿元）	470.66	513.30	537.88
主营业务收入利润总额率（%）	7.44	7.43	7.84

注：表中数据来源于中国重型机械工业协会统计简报。

行业经济运行情况

1. 2015 年物料搬运（起重运输）机械行业主要经济指标完成情况

2015年物料搬运（起重运输）机械行业主要财务指标见表2。

2015年物料搬运（起重运输）机械行业主要产品产量见表3。

2015年物料搬运（起重运输）机械行业固定资产投资情况见表4。

表2　2015年物料搬运（起重运输）机械行业主要财务指标

行业及企业分类	主营业务收入（亿元）	比上年增长（%）	主营业务成本（亿元）	比上年增长（%）	主营业务收入利润（亿元）	比上年增长（%）
物料搬运（起重运输）机械行业	6 856.61	-0.16	5 625.85	-0.79	1 189.86	2.74
其中：大型企业	2 963.40	-2.67	2 346.51	-4.14	599.34	3.37
中型企业	1 590.87	-3.42	1 317.14	-3.69	263.33	-2.47
小型企业	2 302.35	5.83	1 962.20	5.78	327.18	6.14
其中：国有企业	351.73	-28.38	283.45	-28.06	65.90	-30.50
私营企业	2 089.82	4.52	1 764.47	4.30	311.51	5.36
其他内资企业	1 943.00	1.62	1 647.97	1.18	285.43	4.37
三资企业	2 472.06	0.29	1 929.96	-1.33	527.02	6.64
其中：轻小型起重设备行业	448.71	-5.39	375.36	-5.71	70.90	-3.55
起重机行业	2 573.37	-3.29	2 197.82	-3.37	360.77	-3.04
连续搬运设备行业	411.03	6.43	347.26	7.46	61.77	1.12
工业车辆行业	439.96	-7.57	376.53	-6.75	60.86	-12.50
电梯、自动扶梯及升降机行业	2 744.86	3.72	2 130.85	2.08	596.50	9.82
其他物料搬运设备行业	238.69	6.67	198.04	7.97	39.04	0.88

行业及企业分类	利润总额（亿元）	比上年增长（%）	企业亏损面（%）	上年同期（%）	应收账款净值（亿元）	比上年增长（%）
物料搬运（起重运输）机械行业	537.88	5.62	15.17	11.25	1477.82	8.78
其中：大型企业	279.49	1.74	1.69	1.69	772.58	8.03
中型企业	132.65	9.38	11.48	7.54	343.13	7.56
小型企业	125.75	11.02	16.20	12.16	362.12	11.62
其中：国有企业	1.47	-85.36	36.67	36.67	349.37	9.92
私营企业	138.02	8.56	13.29	9.26	258.86	11.33
其他内资企业	158.13	12.75	15.01	10.96	380.41	11.79
三资企业	240.26	3.64	20.94	15.94	489.18	4.55
其中：轻小型起重设备行业	27.44	-9.88	14.34	11.95	77.16	-2.07
起重机行业	141.56	-0.97	17.62	12.56	690.48	10.10
连续搬运设备行业	22.62	-2.21	16.61	9.39	86.95	15.09
工业车辆行业	24.10	-13.81	22.38	19.58	55.77	5.00
电梯、自动扶梯及升降机行业	308.35	13.52	11.08	8.42	520.76	8.03
其他物料搬运设备行业	13.80	5.27	11.59	10.87	46.70	11.39

（续）

行业及企业分类	资产总值（亿元）	比上年增长（%）	负债总值（亿元）	比上年增长（%）	主营业务收入利润率（%）	上年同期（%）	主营业务利润总额率（%）	上年同期（%）
物料搬运（起重运输）机械行业	6 657.11	5.88	3 766.51	1.95	17.35	16.86	7.84	7.42
其中：大型企业	3 379.38	4.62	2 125.20	0.33	20.22	19.04	9.43	9.02
中型企业	1 460.00	5.00	744.99	1.76	16.55	16.39	8.34	7.36
小型企业	1 817.73	9.03	896.32	6.20	14.21	14.17	5.46	5.21
其中：国有企业	877.53	0.56	574.15	-4.69	18.74	19.31	0.42	2.04
私营企业	1 433.29	7.70	673.93	4.03	14.91	14.78	6.60	6.36
其他内资企业	1 847.40	8.58	927.49	3.45	14.69	14.30	8.14	7.33
三资企业	2 498.89	4.87	1 590.95	2.80	21.32	20.05	9.72	9.40
其中：轻小型起重设备行业	422.49	5.39	218.55	-2.95	15.80	15.50	6.12	6.42
起重机行业	2 927.03	3.89	1 703.97	-0.06	14.02	13.98	5.50	5.37
连续搬运设备行业	343.58	4.21	165.68	-6.94	15.03	15.82	5.50	5.99
工业车辆行业	333.84	2.72	162.20	4.19	13.83	14.61	5.48	5.88
电梯、自动扶梯及升降机行业	2 393.05	8.28	1410.02	5.99	21.73	20.52	11.23	10.26
其他物料搬运设备行业	237.13	15.91	106.09	6.05	16.36	17.30	5.78	5.86

注：表中数据来源于中国重型机械工业协会统计简报。

表3　2015年物料搬运（起重运输）机械行业主要产品产量

产品名称	企业数（家）	产量单位	产量	上年同期	比上年增长（%）
起重机	510	万t	1 186.84	1 066.16	11.32
输送机械（输送机和提升机）总计	164	万t	267.48	267.06	0.16
内燃叉车	44	万台	23.31	24.99	-6.72
电动叉车	41	万台	18.59	17.49	6.30
减速机	176	万台	592.28	634.09	-6.59

注：表中数据来源于中国重型机械工业协会统计简报。

表4　2015年物料搬运（起重运输）机械行业固定资产投资情况

行业名称	计划总投资		本年新增固定资产		自年初累计完成投资	
	当年完成（亿元）	比上年增长（%）	当年完成（亿元）	比上年增长（%）	当年完成（亿元）	比上年增长（%）
全国机械工业合计	88 830.81	-0.38	39 083.53	-7.85	49 293.47	9.70
重机机械行业	5 350.80	-10.97	2 338.12	5.45	2 805.62	-4.40
占全国机械工业比重（%）	6.02		5.98		5.69	
物料搬运（起重运输）机械行业	2 616.19	-8.04	1 183.64	9.35	1 399.42	-0.53
占全国机械工业比重（%）	2.95		3.03		2.84	

注：表中数据来源于中国重型机械工业协会统计简报。

2.2015年行业进出口情况

2015年物料搬运（起重运输）机械分类产品进出口情况见表5。2015年物料搬运（起重运输）机械进出口额排名前10位产品见表6。2015年物料搬运（起重运输）机械进出口额排名前10位国家（地区）见表7。2015年物料搬运（起重运输）机械进出口额排名前5位的省（市）见表8。

表5 2015年物料搬运（起重运输）机械分类产品进出口情况

货品名称	出口额（亿美元）	比上年增长（%）	进口额（亿美元）	比上年增长（%）	进出口总额（亿美元）	比上年增长（%）	进出口差额（亿美元）	上年同期差额（亿美元）	比上年增长（%）
重型机械行业总计	178.57	-2.41	60.09	-5.93	238.66	-3.32	118.48	119.10	-0.52
物料搬运（起重运输）机械行业合计	148.81	-0.69	52.62	1.13	201.43	-0.22	96.19	97.81	-1.65
占重型机械行业比重（%）	83.33		87.57		84.40		81.19		
轻小型起重设备	20.77	-3.57	9.43	5.84	30.20	-0.82	11.34	12.63	-10.21
占物料搬运（起重运输）机械行业比重（%）	13.96		17.92		14.99		11.79		
起重机合计	41.06	-5.13	6.38	21.52	47.44	-2.25	34.69	38.03	-8.78
占物料搬运（起重运输）机械行业比重（%）	27.59		12.12		23.55		36.06	38.88	
工业车辆合计	24.88	-2.73	4.43	-1.99	29.31	-2.62	20.45	21.06	-2.89
占物料搬运（起重运输）机械行业比重（%）	16.72		8.42		14.55		21.26		
电梯自动扶梯及升降机	29.99	5.33	3.82	-4.72	33.81	4.09	26.18	24.47	6.98
占物料搬运（起重运输）机械行业比重（%）	20.15		7.26		16.78		27.22		
连续搬运设备合计	18.05	2.67	12.64	-0.86	30.70	1.21	5.41	4.84	11.78
占物料搬运（起重运输）机械行业比重（%）	12.13		24.02		15.24		5.62		
其他物料搬运设备合计	14.05	5.02	15.92	-4.05	29.97	-0.003	-1.87	-3.22	158.22
占物料搬运（起重运输）机械行业比重（%）	9.44		30.25		14.88		1.94		

注：1. 表中数据来源于中国重型机械工业协会进出口年报，进出口差额中负号表示逆差。

2. 表中金额以亿美元为单位，由于四舍五入的原因会有微小的出入。

表6 2015年物料搬运（起重运输）机械进出口额排名前10位产品

序号	税号	货品名称	出口额（亿美元）	比上年增长(%)	序号	税号	货品名称	进口额（亿美元）	比上年增长(%)
		物料搬运（起重运输）机械总计	148.81				物料搬运（起重运输）机械总计	52.62	
1	84261942	集装箱装卸桥	14.51	17.68	1	84289090	提升、搬运、装卸机械	10.36	-5.73
2	84281010	载客电梯	13.84	4.69	2	84253190	电动卷扬机及绞盘	5.40	20.00
3	84272090	内燃叉车	10.62	-6.27	3	84283990	输送机及提升机	3.80	-7.32
4	84284000	自动扶梯及自动人行道	7.37	14.98	4	84263000	门座起重机	3.28	24.71
5	84264110	轮式起重机	7.16		5	84283300	带式输送机	2.69	12.08
6	84261930	门式起重机	6.40	-7.65	6	84283920	辊式输送机	2.06	15.73
7	84289090	提升、搬运、装卸机械	5.49	-2.49	7	84283910	链式输送机	1.72	-5.49
8	84283300	带式输送机	4.92	-20.26	8	84271090	电动叉车	1.56	5.41
9	84254210	液压千斤顶	4.83	1.68	9	84281010	载客电梯	1.35	-30.41
10	84262000	塔式起重机	4.22	-8.66	10	84253990	非电动卷扬机及绞盘	1.27	-19.62
		以上货品小计	79.36	4.46			以上货品小计	33.49	0.81
		占总计比重（%）	53.33				占总计比重（%）	63.65	

注：1. 表中数据来源于中国重型机械工业协会进出口年报，物料搬运（起重运输）机械共有73个税号。

2. 表中金额以亿美元为单位，由于四舍五入的原因会有微小的出入。

表7　2015年物料搬运（起重运输）机械进出口额排名前10位国家（地区）

序号	国家（地区）	出口额（亿美元）	比上年增长（%）	占出口总额比重（%）	序号	国家（地区）	进口额（亿美元）	比上年增长（%）	占进口总额比重（%）
	物料搬运（起重运输）机械总计	148.81		100.00		物料搬运（起重运输）机械总计	52.62		100.00
1	美国	16.56	3.63	11.13	1	德国	12.83	-0.39	24.38
2	印度尼西亚	7.46	18.23	5.01	2	日本	6.60	-13.16	12.54
3	澳大利亚	6.95	30.39	4.67	3	韩国	5.97	27.56	11.35
4	韩国	6.62	21.92	4.45	4	美国	5.08	11.16	9.65
5	印度	5.53	-15.96	3.72	5	中国台湾	2.60	7.88	4.93
6	马来西亚	5.13	-1.91	3.45	6	意大利	2.00	3.09	3.80
7	新加坡	4.87	-26.88	3.27	7	挪威	1.65	48.65	3.13
8	越南	4.76	-43.47	3.20	8	马来西亚	1.51	98.68	2.87
9	日本	4.72	0.21	3.17	9	荷兰	1.43	0.70	2.72
10	土耳其	4.17	10.32	2.80	10	奥地利	1.32	3.94	2.51
	合计	66.77		44.87		合计	40.99		77.88

注：1. 表中数据来源于中国重型机械工业协会进出口年报。

2. 2015年我国物料搬运（起重运输）机械共出口到216个国家（地区），共从81个国家（地区）进口。

3. 表中金额以亿美元为单位，由于四舍五入的原因会有微小的出入。

表8　2015年物料搬运（起重运输）机械进出口额排名前5位的省（市）

序号	省（市）	出口额（亿美元）	比上年增长（%）	占总出口额比重（%）	序号	省（市）	进口额（亿美元）	比上年增长（%）	占总进口额比重（%）
	物料搬运（起重运输）机械总计	148.81	-0.69			物料搬运（起重运输）机械总计	52.62	1.13	
1	江苏省	37.72	8.36	25.35	1	上海市	10.15	-24.25	19.30
2	上海市	28.72	-29.52	19.30	2	江苏省	9.42	-2.89	17.91
3	浙江省	21.77	-1.72	14.63	3	广东省	6.60	8.73	12.55
4	广东省	11.74	10.13	7.89	4	辽宁省	4.30	-9.66	8.16
5	辽宁省	9.12	-23.04	6.13	5	山东省	3.94	-23.20	7.49
	合计	109.07		73.30		合计	34.41		65.41

注：1. 表中数据来源于中国重型机械工业协会进出口年报。

2. 表中金额以亿美元为单位，四舍五入会有微小的出入。

（1）按企业性质分类的进出口情况。

出口方面：私人企业出口占主导地位。2015年，物料搬运（起重运输）机械行业中，私人企业出口额47.85亿美元，占行业出口额的32.16%，占比最大。其余依次为：中外合资企业出口额37.13亿美元，占出口总额的24.95%；外商独资企业出口额36.30亿美元，占出口总额的24.39%；国有企业出口额19.37亿美元，占出口总额的13.02%；中外合作企业出口额5.61亿美元，占出口总额的3.77%；集体企业出口额2.50亿美元，占出口总额的1.68%；个体工商户出口额0.03亿美元，占出口总额的0.02%。

进口方面：外资独资企业占主导地位。2015年，物料搬运（起重运输）机械行业中，外商独资企业进口额18.70亿美元，占行业进口总额的35.54%，占比最大。其余依次为：中外合作企业进口额14.38亿美元，占进口总额的27.33%；国有企业进口额11.48亿美元，占进口总额的21.82%；私人企业进口额6.83亿美元，占进口总额的1.64%；中外合作企业进口额0.86亿美元，占进口总额的1.64%；集体企业进口额0.36亿美元，占进口总额的0.68%。

（2）按贸易方式分类的进出口情况。

出口方面：一般贸易占主导地位。2015年，物料搬运（起重运输）机械出口按贸易方式分，一般贸易位居第一，出口额为94.43亿美元，占行业出口总额的63.46%。其余依次为：进料加工贸易出口额44.26亿美元，占出口总额的29.74%；对外承包工程出口货物出口额6.86亿美元，占出口总额的4.61%；边境小额贸易出口额1.09亿美元，占出口总额的0.73%；保税区仓储转口货物出口额0.91亿美元，占出口总额的0.61%；来料加工装配贸易出口额0.37亿美元，占出口总额的0.25%；保税仓储转口货物出口额0.33亿美元，占出口总额的0.22%；租赁贸易出口额0.13亿美元，占出口总额的0.09%。

进口方面：一般贸易占主导地位。2015年，物料搬运（起重运输）机械进口按贸易方式分，一般贸易位居第一，进口额为31.53亿美元，占进口总额的59.91%。其余依次为：进料加工贸易进口额13.39亿美元，占进口总额的25.44%；外商投资企业作为投资进口的设备、货物进口额3.04亿美元，占进口总额的5.77%；保税区仓储转口货物进口额2.48亿美元，占进口总额的4.71%；出口加工区进口设备进口额0.80亿美元，占进口总额的1.52%；保税仓储进出境货物进口额0.60亿美元，占进口总额的1.13%；来料加工装配贸易进口额0.47亿美元，占进口总额的0.89%；租赁贸易进口额0.13亿美元，占进口总额的0.25%。

3. 物料搬运（起重运输）机械行业部分企业的生产销售情况

2015年部分轻小型起重设备制造、起重机制造、连续搬运设备制造企业主要经济指标完成情况分别见表9、表10、表11。

表9　2015年部分轻小型起重设备制造企业主要经济指标完成情况

序号	企业名称	工业总产值（亿元）	上年同期（亿元）	比上年增长（%）
1	江苏通润机电集团有限公司	17.86	17.43	2.46
2	凯澄起重机械有限公司	3.42	4.28	-20.09
3	山东光明起重机械集团有限公司	2.96	2.78	6.47
4	浙江双鸟机械有限公司	2.07	2.08	-0.48
5	八达机电有限公司	2.01	2.07	-2.89
6	天津起重设备有限公司	0.21	0.31	-32.25
7	广东超宇起重设备有限公司	0.22	0.11	100.00
8	甘肃省定西起重机厂有限责任公司	0.01	0.03	-66.67

注：数据来源于中国重型机械工业协会统计简报，因缺少部分企业的分类数据，故未列入。

表10　2015年部分起重机制造企业主要经济指标完成情况

序号	企业名称	工业总产值（亿元）	上年同期（亿元）	比上年增长（%）
1	卫华集团有限公司	93.46	84.03	11.22
2	河南省矿山起重机有限公司	52.48	46.72	12.34
3	豫飞重工集团	45.91	43.46	5.65
4	太原重型机械集团有限公司	6.80	9.15	-25.62
5	江西起重机械总厂	6.21	5.94	4.50
6	新乡市中原起重机械总厂有限公司	6.08	5.99	1.57
7	株洲天桥起重机股份有限公司	5.01	3.64	37.48
8	山起重型机械股份有限公司	4.72	4.68	0.85
9	大连重工·起重集团有限公司	4.70	7.27	-35.29
10	法兰泰克重工股份有限公司	4.02	5.49	-26.80
11	山东光明起重机械集团有限公司	3.73	4.20	-11.21
12	浙江众擎起重机械制造有限公司	2.90	3.19	-9.13
13	广州起重机械有限公司	2.80	2.76	1.23
14	重庆起重机厂有限责任公司	2.00	1.60	25.30
15	南阳市起重机械厂	1.65	1.73	-4.93

注：表中数据来源于中国重型机械工业协会统计简报。因缺少部分企业的分类数据，故未列入。因四舍五入数据有微小出入。

表11　2015年部分连续搬运设备制造企业主要经济指标完成情况

序号	企业名称	工业总产值（亿元）	上年同期（亿元）	比上年增长（%）
1	北方重工集团有限公司	43.82	43.74	0.20
2	安徽攀登重工股份有限公司	13.81	13.10	5.39
3	上海科大重工集团有限公司	8.59	8.71	-1.40
4	四川省自贡运输机械集团股份有限公司	6.36	11.31	-43.82
5	衡阳起重运输机械有限公司	5.36	5.17	3.80
6	焦作科瑞森重装股份有限公司	4.78	4.70	1.66
7	山东山矿机械有限公司	4.00	5.19	-22.89
8	北京约基工业股份有限公司	2.81	3.82	-26.30
9	芜湖起重运输机器股份有限公司	2.49	3.11	-20.13
10	铜陵天奇蓝天机械设备有限公司	1.43	1.72	-17.20
11	山东省生建重工有限责任公司	1.05	2.07	-49.13
12	集安佳信通用机械有限公司	0.83	1.25	-33.77
13	湖州电动滚筒有限公司	0.83	1.11	-25.35
14	包头市万里机械有限责任公司	0.82	0.97	-15.96
15	广西百色矿山机械厂有限公司	0.53	0.30	76.67

注：表中数据来源于中国重型机械工业协会统计简报。因缺少部分企业的分类数据，故未列入。因四舍五入数据有微小出入。

4. 行业科技成果

2015年，物料搬运（起重运输）机械行业获中国机械工业科学技术奖共13项，其中，一等奖2项、二等奖5项、三等奖6项。

一等奖项目：

（1）太原重型机械集团有限公司、太原重工股份有限公司、中化二建集团有限公司研制的6 400t液压复式起重机，为世界上起重量最大的门架式液压起重机，解决了特大、特重、超高细长杆件的整体吊装的难题。过去，超重、超高细长工件的吊装大部分被国外设备垄断，而且国外吊装设备也无法满足某些项目施工的整体吊装的要求。该项目的研制成功，填补了我国大型液压复式起重机的空白，使得特大型工件的整体吊装成为可能。作为一种大型吊装平台，还可应用在大型桥梁建设、大型场馆建设等基础建设领域。

（2）山东科技大学、中国矿业大学、力博重工科技股份有限公司、徐州五洋科技股份有限公司研制的矿山复杂地形长距离大运力带式输送机系统，解决了传统带式输送机难以适应大型矿山长距离复杂地形条件下物料输送的问题。传统带式输送机在大型矿山长距离复杂地形条件下，多采用接力输送方式，设备占用量大、转载次数多、污染大；在大坡度、大弯角地形条件下甚至采用车辆运输方式，增加了运输距离和道路建设投资，生态环境也受到破坏。《国家重大技术装备研制和重大产业技术开发专项规划》明确提出：重点研制矿山长距离及大运力带式输送机。该项目的研制成功，突破了制约矿山长距离大运力带式输送机系统起动制动、中间传送和安全保障等共性关键技术难题，实现了大型矿山长距离大运力复杂地形带式输送系统的国产化。

二等奖项目：

（1）大连华锐重工集团股份有限公司研制的专用敞车用折返式双车翻车机卸车系统，是国际上首套能够对不摘钩专用敞车进行折返作业的翻车机卸车系统，实现了钢厂、电厂、港口等场所的中国专用铁路敞车所承载的煤炭等散状物料的翻车卸车作业。该系统大大地节约了土地资源，降低了成本。该系统由专用敞车用双车翻车机、重车定位车、六车迁车台、推车机、末车调车机等组成。其中的六车迁车台是国际首套也是目前国际上最大的翻车机卸车系统用迁车台，翻车机是我国第一台两支点专用敞车用双车翻车机。

（2）四川省自贡运输机械集团股份有限公司、尧柏特种水泥集团有限公司研制的超长距离管状带式输送机，长度达到7.1km，是亚洲第一长度的超长距离管状带式输送机。该输送机翻越7座山，其中3座大山，横跨汉江和冷水河，下穿西康和西康复线铁路，上越102国道，最高处离地面80m，最大上下坡度20°。设备沿线设置了215个地址编码传感装置和30个视频监控点，实现了自动化无人值守。该输送机已经在陕西省安康市尧柏特种水泥有限公司矿山运行。

（3）河南卫华重型机械股份有限公司研制的基于激光＋超声波识别及物联网技术的全自动垃圾吊，专用于垃圾焚烧发电的上料。基于激光＋超声波识别及物联网技术的全自动垃圾吊，主要有以下新技术：①采用了激光＋超声波扫描的智能判断技术，通过上位机系统将垃圾池划分为很多方格，不同的方格与垃圾池中不同的位置一一对应，在上位机的每个方格中显示垃圾池中相应位置堆放的垃圾高度。②基于物联网的远程监视及自诊断技术，通过物联网实现远程监视，利用专用软件将全自动垃圾吊的上位机信息发布出去，联网的任意一台计算机都能看到垃圾吊当前的运行状况。③基于神经网络智能传感技术，把所有传感器反馈的数据按照神经网络智能计算方法进行排序、分类和比较，确定出最优化的时间、速度、高度参数并与标准数据库进行比对，实时更新数据库数据，实时显示垃圾池的物料动态信息。④基于机电一体化的钢丝绳防缠绕技术，通过抓取最高点和实时监测抓斗距垃圾堆高度的方法避免抓斗的钢丝绳脱离滑轮槽和因抓斗倾翻造成钢丝绳缠绕打结的问题。该全自动垃圾吊通过上述综合扫描技术应用，实现大小车运行重复定位精度在 2 ~ 5mm，抓斗摇摆幅度下降 95% 以上。

（4）北方重工集团有限公司研制的超长距离大运量节能型越野带式输送机，单机输送距离长达 14.22km，运量 4 500t/h，带速 5.6m/s，驱动功率 4 × 1 700kW，沿途跨多条道路、桥梁、高低压输变电路，地形上下起伏 128 处并伴有 2 个大角度转弯。该项目是我国自主设计、制造的综合参数最大、工况最繁杂、技术难度最大的带式输送机。项目应用了许多新的设计理念：提出降低压陷阻力，提高安装精度，开发节能部件，改进转载设计等，使综合模拟摩擦因数小于 0.014 9 设计指标；提出增弹降阻理论并应用到带式输送机中，使整机节能效果达到 15% 以上；项目还采用新型低转动阻力托辊，托辊旋转阻力降低了 46%。在钢结构轻量化方面，用无走台桁架结构加自动巡检装置的钢结构形式代替传统的桁架走台加人工巡检的形式，节省钢材近 3 000t。同时，巡检方式的改变，取消了安全保护系统全线供电及信号采集系统，又节约 1 500 万元。利用颗粒仿真对转载系统的节能设计，降低了污染，减少了胶带冲击，解决了转载问题。在智能化控制方面，构建了带式输送机智能化控制系统，研制出无人值守带式输送机监测检修单元、智能动态可控张紧装置。

（5）河南卫华重型机械股份有限公司研发的起重机大型钢结构件自动化焊接工艺与装备，大大提高了起重机生产的自动化程度，整车生产效率提高 35% 以上。起重机箱形梁焊缝长、焊缝种类多、焊接变形大，小车架结构复杂，焊接时要进行全自由度变位，针对这些问题：①研发了箱形梁自动断续焊接设备，可以实现箱形梁内部各种类型交错断续焊缝的自动焊接，焊接定位精确。②研发了 π 形梁夹紧工装来辅助夹紧并控制焊接过程的变形，有效调整组装间隙。③研发了角焊缝龙门焊接专用设备，设备采用了抛物线及变截面焊缝跟踪技术，可在空间维度上自动跟踪定位空间曲线进行焊接，实现了角焊缝的自动化焊接。④研发了小车架焊接专用装备，配合重力推引、机械防坠等技术，实现了小车架空间任意维度的位置调整。⑤研发了自动寻踪导向装置，装置采用重力浮动调整和水平方向的全自由度调整，能够保证在焊接过程中寻踪导向的精确度，并且设计了误差补偿系统，能够适应纵向筋错边和腹板波浪度所引起的误差。⑥研发了抛物线焊接跟踪装置，装置能够在空间维度上自由调整位置，克服了箱形梁上拱和旁弯的影响，保证了箱形梁抛物线型焊缝自动焊接的精确定位。

三等奖项目：

（1）上海科大重工集团有限公司研发的 DG400 空间转弯环保型圆管带式输送机全长 7.1km，管径 400mm，带宽 1 500mm，带速 3.15m/s，输送能力 800t/h，8 处立面转弯和水平转弯重叠，水平转弯极为复杂，常规的带式输送机无法实现，其中一个 S 形水平转弯由一个 54° 和一个 46° 水平转弯组成，是钢绳芯胶带在世界上首次实现如此复杂的水平布置。管带机翻越 3 座山，横跨 1 条堰塞湖和总长约 2km 的水田，6 次穿越省级公路和 8 次穿越乡村大道。该管带机已经在贵州毕节地区纳雍县阳长镇使用。

（2）华电郑州机械设计研究院有限公司研制的 MQ180t 门座起重机，主要创新成果在于：①采用总体优化设计，单臂架结构和头部采用管子桁架结构技术。该结构形式突破了国内大型门座起重机“傻、大、粗”的特点，实现了大型门座起重机自重轻、性能好、运转平稳、安全可靠等优良性能。②采用折线卷筒新型挡圈爬台装置以及新型导向滑轮装置技术，解决了钢丝绳在工作过程中发生乱绳问题，实现了钢丝绳在任何工况下都能在卷筒上整齐排列。③采用可变滑轮倍率的滑轮装置技术，解决了滑轮倍率变换过程复杂、操作困难等技术难题，实现了按实际工作需要随时变换滑轮倍率，提高整机的工作效率。④采用可拆分式双层回转轨道技术，解决了大型门座起重机回转轨道加工制造及后期维修十分困难的技术问题，降低了制造、维护成本，提高了整机的使用寿命。⑤首次在门座起重机上采用起重机安全监控管理系统，建立了一套起重机实时监控系统，解决了门座起重机在使用过程中故障查出难的问题，同时也大大提高了门座起重机的安全性能。

（3）郑州新大方重工科技有限公司研制的 QLY 系列百吨百米级全自动伸缩桁架风电安装轮式起重机是一种新型风电起重机，它应用于风电建设中。最大起重量 100t，对应工作幅度 11.6 ~ 15.6m；最大工作幅度 45m，对应起重量 14t；最大起升高度 100m；起升速度 0 ~ 10m/s；回转速度 0 ~ 0.3r/min；行走速度 0 ~ 3km/h；爬坡度 30%；总功率 330kW。该项目关键技术包括：①采用轮胎式底盘，创新设计的支腿与行走车体合二为一，实现了贴位施工、展开支腿行走的特有功能，同时大大减少了下车底盘尺寸和重量。②塔身与起重臂均采用三级伸缩桁架结构，实现了整机自行走，同时运输单元少，抗风能力强。③利用四连杆技术将上车放倒，转机位行驶重心低，适应大坡度路面。④双变幅系统实现了起重臂的自扳起，减少辅助起重机占位，适应山地风电场工作平台小的特点。⑤直立塔身、动臂变幅、X形支腿构造、可以贴位施工、减少吊装作业平台、风电工况吊装能力比汽车起重机提高50%。⑥桁架结构伸缩节间采用腹杆插销链接形式，液压自动穿销，没有高空作业，增强了整机的可操作性和安全可靠性。

（4）纽科伦（新乡）起重机有限公司研制的酸洗车间全自动高精定位起重机，是针对在酸洗车间强酸侵蚀环境中使用而研发的。起重机采用了高精位移检测装置、机械防摇机构和电气防摇摆控制系统，实现了起重机的高精定位和无摇摆；单吊点双向双钩的酸洗吊具实现了起重机在酸洗池的自动取卸料和酸洗功能。该项目的研制成功，使工人远离酸洗槽作业，保障了工人的健康，同时有效地降低了工人的劳动强度，大大改善了酸洗车间起重机的自动化作业程度。

（5）北京起重运输机械设计研究院研制的济川药业项目包装车间大批量成品自动搬运码垛出入立体仓储系统，特点是建设规模大，设计技术难度高，系统性、综合性强，参与专业多，新技术、新工艺和创新多，为客户创造了很好的经济效益。该项目实施后，济川药业有限公司的产成品仓储物流能力跨入国内先进行列。该项目具体内容为：①自动化立体仓库建筑面积4 000m^2，建设投资2 218万元，年出库成品销售额20亿元。②采用20m高的自动化立体仓库系统，通过托盘输送机系统和堆垛机系统自动将整托盘的成品货物从设备入口处自动搬运摆放至高架库货架上，大幅提高成品存储的空间利用率，提高单位面积成品存储量。③采用高速箱输送线系统，将整箱搬运的起始端布置在各个产品的包装车间，车间生产的成品经过包装后可以直接输送到立体仓库内入库。④高速分拣系统通过运用智能信息化技术对不同车间输送来的成品进行高速分拣，保证成品分拣的准确率达到99%，有效抑制混批、混箱情况的出现。⑤采用行业内先进的机械手自动码垛系统，通过运用智能信息化技术对不同种类的产品采用不同的堆码形式，提高不同产品单位存储空间的存储量，节省了繁重人工搬运工作。⑥全方位、高起点运用智能信息化技术，将iWMS系统与电子监管码系统、ERP、WCS、RFS系统有效集成，实现了数字化、智能化运营，打造出国内一流的数字化医药企业。

（6）华电重工股份有限公司研制的4 000t/h移置式带式输送机，改变了露天矿多数套搬国外工艺，与工艺配套的露天矿所用的采、运排大型设备几乎全部进口的局面，实现了露天矿关键设备的国产化。移置式带式输送机是露天开采连续工艺和半连续工艺不可缺少的输送设备。该项目的主要研究内容：①全功能一体式机头站的研究与开发。②物料转接技术的研究。③中间段结构和受力分析。④高周疲劳滚筒的研究与设计。⑤移置式带式输送机运行监控系统。⑥中间过程的模拟检测验证。⑦系列化、标准化的设计、制造、安装、调试及培训体系的确定。

行业产业结构、企业规模、经济类型情况

2015年，物料搬运（起重运输）机械行业中，大型企业的主营业务收入和利润总额都占行业的主导位置，是行业经济发展的主导和骨干力量。

2015年物料搬运（起重运输）机械行业企业规模情况见表12。2015年物料搬运（起重运输）机械分行业经济类型和控股类型情况见表13。

表12　2015年物料搬运（起重运输）机械行业企业规模情况

企业规模	占行业主营业务收入比重（%）	占行业主营业务成本比重（%）	占行业利润总额比重（%）	主营业务收入利润总额率（%）
物料搬运（起重运输）机械				
大型企业	43.22	41.71	51.96	9.43
中型企业	23.20	23.41	24.66	8.34
小型企业	33.58	34.88	23.38	5.46

注：表中数据来源于中国重型机械工业协会统计简报。

表13　2015年物料搬运（起重运输）机械分行业经济类型和控股类型情况

行业及企业分类	主营业务收入（亿元）	占行业比重（%）	主营业务成本（亿元）	占行业比重（%）	利润总额（亿元）	占行业比重（%）	主营业务利润总额率（%）
轻小型起重设备行业	448.71	6.54	375.36	6.67	27.44	5.10	6.12
1. 按企业规模分							
大型企业	134.94	30.07	106.83	28.46	12.73	46.39	9.43
中型企业	127.07	28.32	108.73	28.97	6.14	22.38	4.83
小型企业	186.69	41.61	159.80	42.57	8.58	31.27	4.59

（续）

行业及企业分类	主营业务收入（亿元）	占行业比重（%）	主营业务成本（亿元）	占行业比重（%）	利润总额（亿元）	占行业比重（%）	主营业务利润总额率（%）
2. 按注册类型分							
国有企业	13.13	2.93	10.29	2.74	0.08	0.29	0.61
私营企业	161.25	35.94	135.64	36.14	9.34	34.04	5.79
其他内资企业	201.07	44.81	168.26	44.83	13.16	47.96	6.55
三资企业	73.26	16.33	61.17	16.30	4.86	17.71	6.64
3. 按控股类型分							
国有控股	24.45	5.45	20.32	5.41	-0.49	-1.79	-2.02
集体控股	4.28	0.95	3.85	1.03	0.10	0.36	2.32
私人控股	344.47	76.77	288.33	76.81	21.99	80.14	6.38
三资控股	44.32	9.88	37.13	9.89	3.74	13.63	8.43
其他控股	31.18	6.95	25.73	6.85	2.12	7.73	6.78
起重机行业	2 573.37	37.53	2197.82	39.07	141.56	26.32	5.50
1. 按企业规模分							
大型企业	1 089.49	42.34	927.05	42.18	48.73	34.42	4.47
中型企业	552.02	21.45	464.44	21.13	40.36	28.51	7.31
小型企业	931.86	36.21	806.34	36.69	52.47	37.07	5.63
2. 按注册类型分							
国有企业	318.61	12.38	257.48	11.72	0.98	0.69	0.31
私营企业	1 026.56	39.89	878.49	39.97	70.17	49.57	6.84
其他内资企业	853.73	33.18	739.23	33.63	62.44	44.11	7.31
三资企业	374.48	14.55	322.62	14.68	7.97	5.63	2.13
3. 按控股类型分							
国有控股	438.61	17.04	359.62	16.36	7.75	5.47	1.77
集体控股	8.24	0.32	6.51	0.30	0.58	0.41	6.98
私人控股	1 555.21	60.43	1 340.47	60.99	106.97	75.57	6.88
三资控股	360.88	14.02	310.88	14.14	8.52	6.02	2.36
其他控股	210.43	8.18	180.34	8.21	17.74	12.53	8.43
连续搬运设备行业	411.03	5.99	347.26	6.17	22.62	4.21	5.50
1. 按企业规模分							
大型企业	53.19	12.94	48.71	14.03	2.71	11.98	5.10
中型企业	102.19	24.86	84.51	24.34	5.42	23.96	5.31
小型企业	255.65	62.20	214.04	61.64	14.48	64.01	5.67
2. 按注册类型分							
国有企业	3.26	0.79	2.86	0.82	0.09	0.40	2.61
私营企业	204.62	49.78	168.07	48.40	14.14	62.51	6.91
其他内资企业	153.32	37.30	134.02	38.59	6.26	27.67	4.08
三资企业	49.83	12.12	42.31	12.18	2.13	9.42	4.28
3. 按控股类型分							
国有控股	24.83	6.04	21.87	6.30	0.98	4.33	3.96
集体控股	30.30	7.37	28.55	8.22	1.18	5.22	3.90
私人控股	302.44	73.58	251.87	72.53	18.21	80.50	6.02

（续）

行业及企业分类	主营业务收入（亿元）	占行业比重（%）	主营业务成本（亿元）	占行业比重（%）	利润总额（亿元）	占行业比重（%）	主营业务利润总额率（%）
三资控股	48.04	11.69	40.75	11.73	2.10	9.28	4.37
其他控股	5.42	1.32	4.21	1.21	0.14	0.62	2.66
工业车辆行业	439.96	6.42	376.53	6.69	24.10	4.48	5.48
大型企业	131.40	29.87	105.14	27.92	14.53	60.27	11.06
中型企业	151.98	34.54	134.69	35.77	3.86	16.02	2.54
小型企业	156.57	35.59	136.70	36.31	5.71	23.71	3.65
电梯、自动扶梯及升降机行业	2 744.86	40.03	2 130.85	37.88	308.35	57.33	11.23
大型企业	1 505.52	54.85	1 117.15	52.43	198.87	64.49	13.21
中型企业	602.10	21.94	481.45	22.59	72.38	23.47	12.02
小型企业	637.23	23.22	532.24	24.98	37.10	12.03	5.82
其他物料搬运设备行业	238.69	3.48	198.04	3.52	13.80	2.57	5.78
大型企业	48.85	20.47	41.63	21.02	1.92	13.91	3.93
中型企业	55.51	23.26	43.32	21.87	4.48	32.44	8.06
小型企业	134.33	56.28	113.09	57.10	7.40	53.66	5.51

注：1. 表中国有企业包括注册的国有企业、国有独资公司和国有联营企业。

2. 表中数据来源于中国重型机械工业协会统计简报。

轻小型起重设备行业经济发展情况

1. 2015 年轻小型起重设备进出口情况

2015 年轻小型起重设备分类产品进出口情况见表 14。

表 14　2015 年轻小型起重设备分类产品进出口情况

海关货物名称	出口额（亿美元）	比上年增长（%）	进口额（亿美元）	比上年增长（%）	进出口总额（亿美元）	比上年增长（%）	进出口差额（亿美元）	上年同期差额（亿美元）	比上年增长（%）
轻小型起重设备合计	20.77	-3.57	9.43	5.84	30.20	-0.82	11.34	12.63	-10.21
电动葫芦	1.51	-14.20	0.93	-4.12	2.44	-10.62	0.58	0.79	-26.58
滑车及手动葫芦	1.54	-2.53	0.26	8.33	1.80	-1.10	1.27	1.33	-4.51
卷扬机及绞盘	5.41	-7.84	6.67	9.88	12.08	1.17			
千斤顶	7.13	1.57	0.55	-21.43	7.68	-0.52	6.58	6.31	4.28
汽车举升机	3.56	-1.11	0.13	-53.57	3.70	-4.88	3.43	3.32	3.31
轻小型起重设备零件	1.62	-5.81	0.88	37.50	2.50	5.93	0.74	1.07	-30.84

注：1. 表中数据来源于中国重型机械工业协会进出口统计年报。

2. 由于四舍五入，表中数据可能会有微小出入。

2. 轻小型起重设备行业经济运行情况

（1）主营业务收入和利润总额与 2014 年同期相比，均有所下降。2015 年，轻小型起重设备行业主营业务收入 448.71 亿元，比上年下降 5.39%；利润总额 27.44 亿元，比上年下降 9.88%。物料搬运（起重运输）机械行业主营业务收入比上年下降 0.16%，利润总额比上年增长 5.62%。

（2）行业中的小型企业、其他内资企业、私人控股企业的主营业务收入占优势地位。如表 13 所示，2015 年，轻小型起重设备行业主营业务收入占物料搬运（起重运输）机械行业主营业务收入的 6.54%。按企业规模分，小型企业主营业务收入在大、中、小三种企业规模中占比最大；按注册类型分，其他内资企业主营业务收入在国有、私营、其他内资和三资四种注册类型中占比最大；按控股类型分，私人控股企业主营业务收入在国有、集体、私人、三资和其他五种控股类型中占比最大。可见，2015 年轻小型起重设备行业中的小型企业、其他内资企业和私人控股企业的主营业务收入占优势地位。

（3）行业产品进口额比上年同期增长，出口额比上年同期下降。2015 年，轻小型起重设备行业进出口总额 30.20 亿美元，其中，出口额 20.77 亿美元，进口额 9.43 亿美元，进出口顺差 11.34 亿美元，比上年下降 10.21%。如表 14 所示，轻小型起重设备行业出口额比上年同期减少，进口额比上年同期增加，进出口顺差也比上年同期减少。

起重机行业经济发展情况

1. 2015 年起重机产品的产量

2015 年起重机产品的产量情况见表 15。

2. 2015 年起重机分类产品的进出口情况

2015 年起重机分类产品进出口情况见表 16。

表 15　2015 年起重机产品的产量情况

产品名称	企业数(家)	产量(万 t)	上年同期	比上年增长（%）
起重机	510	1 186.84	1 066.16	11.32

注：表中数据来源于中国重型机械工业协会统计简报。

表 16　2015 年起重机分类产品进出口情况

海关货物名称	出口额（亿美元）	比上年增长（%）	进口额（亿美元）	比上年增长（%）	进出口总额（亿美元）	比上年增长（%）	进出口差额（亿美元）	上年进出口差额（亿美元）	比上年增长（%）
起重机合计	41.06	-5.13	6.38	21.52	47.44	-2.25	34.69	38.03	-8.78
桥式起重机	2.24	-17.65	0.44	-13.73	2.68	-17.03	1.80	2.21	-18.55
门式起重机	6.40	-7.65	0.03	200.00	6.43	-7.35	6.37	6.92	-7.95
装卸桥及其他桥架类起重机	14.78	12.48	0.32	-11.11	15.10	11.85	14.47	12.77	13.31
塔式起重机	4.23	-8.44	0.19	58.33	4.12	-13.08	4.04	4.50	-10.22
门座起重机	1.94	-10.60	3.28	24.71	5.22	8.75			
流动式起重机小计	9.76	-18.80	0.80	48.15	10.56	-15.92	8.96	11.49	-22.02
未列名起重机	0.54	38.46	1.09	34.57	1.63	35.83			
起重机零件	1.17	-9.30	0.24	-14.29	1.41	-10.19	0.93	1.01	-7.92

注：1. 表中数据来源于中国重型机械工业协会进出口统计年报。

2. 由于四舍五入，表中数据可能会有微小出入。

3. 起重机行业经济运行情况

（1）主营业务收入和利润总额均比上年同期有所下降。2015 年，起重机行业主营业务收入比上年下降 3.29%；利润总额比上年下降 0.97%。主营业务收入和利润总额均比上年同期有所下降。

（2）行业中的大型企业、私营企业、私人控股企业的主营业务收入占比较大。

2015 年，起重机行业主营业务收入占物料搬运（起重运输）机械行业主营业务收入的 37.53%。如表 13 所示，按企业规模分，大型企业主营业务收入占行业主营业务收入的 42.34%，在大、中、小三种企业规模中占比最大；按注册类型分，私营企业主营业务收入占行业主营业务收入的 39.89%，在国有、私营、其他内资和三资四种注册类型中占比最大；按控股类型分，私人控股企业主营业务收入占行业主营业务收入的 60.43%，在国有、集体、私人、三资和其他五种控股类型中占比最大。可见，2015 年起重机行业的大型企业、私人企业和私人控股企业的主营业务收入处于领先地位。

（3）产品进口额比上年同期增长，出口额比上年同期下降。2015 年，起重机行业进出口总额比上年下降 2.25%，其中，出口额比上年下降 5.13%，进口额比上年增长 21.52%，进出口顺差 34.69 亿美元，比上年下降 8.78%。

连续搬运设备行业经济发展情况

1. 2015 年连续搬运设备产品产量

2015 年连续搬运设备产品产量情况见表 17。

表 17　2015 年连续搬运设备产品产量情况

产品名称	企业数(家)	产量(万 t)	上年产量	比上年增长（%）
输送机械	164	267.48	267.06	0.16

注：表中数据来源于中国重型机械工业协会统计简报。

2. 2015 年连续搬运设备行业分类产品进出口情况

2015 年连续搬运设备行业分类产品进出口情况见表 18。

表 18　2015 年连续搬运设备行业分类产品进出口情况

海关货物名称	出口额（亿美元）	比上年增长（%）	进口额（亿美元）	比上年增长（%）	进出口总额（亿美元）	比上年增长（%）	进出口差额（亿美元）	上年同期进出口差额（亿美元）	比上年增长（%）
连续搬运设备合计	18.05	2.67	12.64	-0.86	30.70	1.22	5.41	4.84	11.78
输送机械	16.00	10.34	11.55	-3.02	27.55	4.32	4.45	2.58	72.48
装卸机械	2.06	-33.33	1.09	31.33	3.15	-19.64	0.96	2.26	-57.52

注：1. 表中数据来源于中国重型机械工业协会进出口统计年报。

2. 由于四舍五入，表中数据可能会有微小出入。

3. 连续搬运设备行业经济运行情况

（1）主营业务收入比上年同期有所增长，利润总额比上年同期略有下降。2015 年，连续搬运设备行业主营业务收入比上年增长 6.43%；利润总额比上年下降 2.21%。与上年同期相比，主营业务收入有所增长，利润总额略有下降。

（2）小型企业、私营企业、私人控股企业的主营业务收入占比最大。2015年，连续搬运设备行业主营业务收入占物料搬运（起重运输）机械行业主营业务收入的5.99%。如表13所示，按企业规模分，小型企业主营业务收入占行业主营业务收入的62.20%，在大、中、小三种企业规模中占比最大；按注册类型分，私营企业主营业务收入占行业主营业务收入的49.78%，在国有、私营、其他内资和三资四种注册类型中占比最大；按控股类型分，私人控股企业主营业务收入占行业主营业务收入的73.58%，在国有、集体、私人、三资和其他五种控股类型中占比最大。

1998—2015年物料搬运（起重运输）机械行业经济增长走势

1998—2015年主营业务收入及增长率走势见图1。

1998—2015年利润总额及其增长率走势见图2。

2001—2015年资产总值及其增长率走势见图3。

1998—2015年进出口额走势见图4。

1998—2015年进出口额增长率走势见图5。

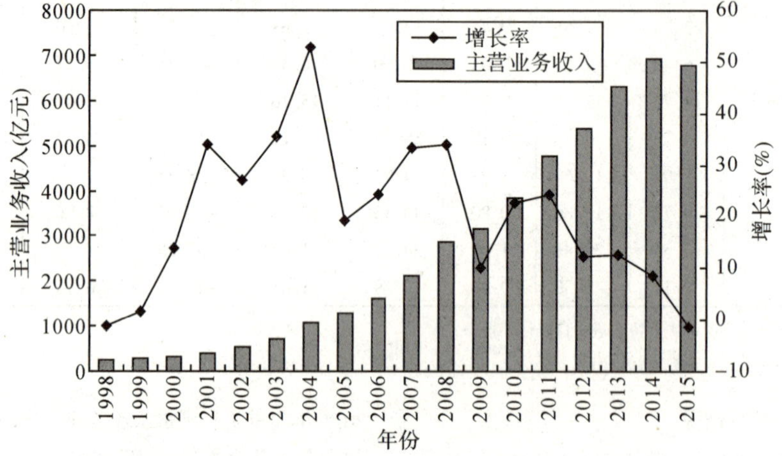

图1 1998—2015年主营业务收入及增长率走势

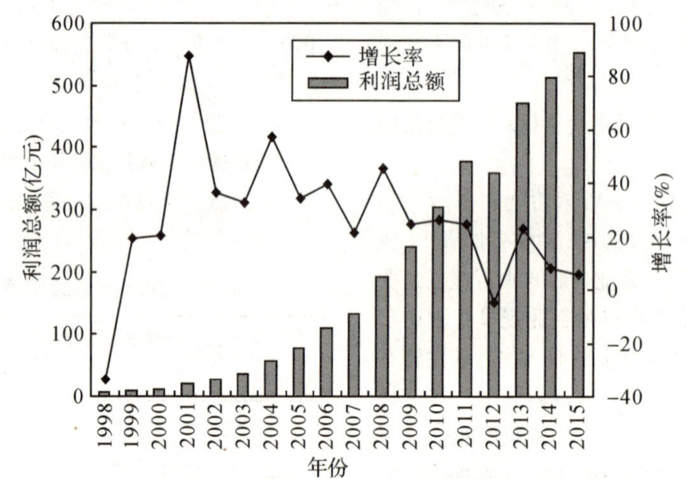

图2 1998—2015年利润总额及其增长率走势

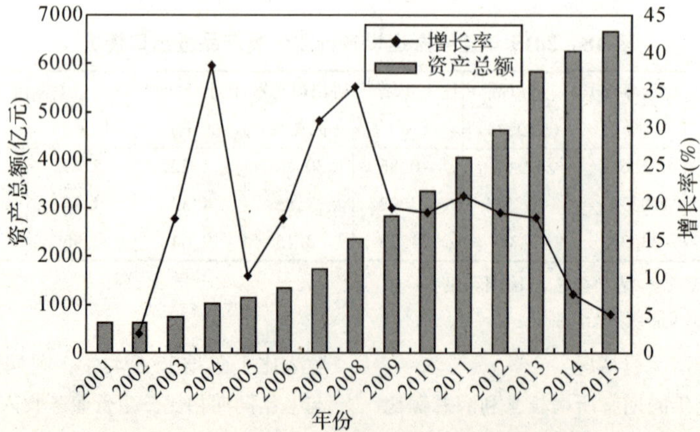

图3 2001—2015年资产总值及其增长率走势

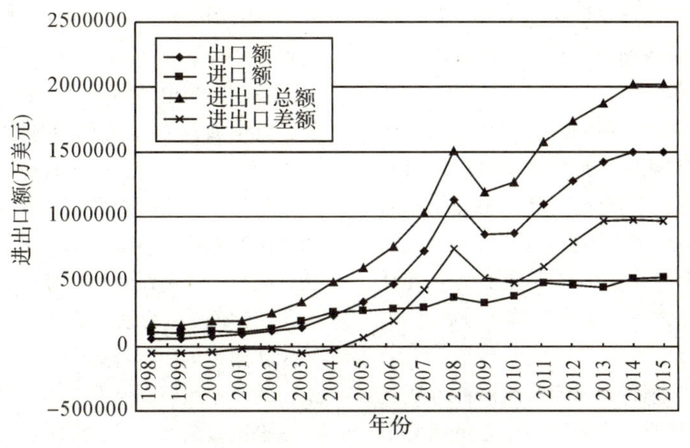

图4　1998—2015 年进出口额走势

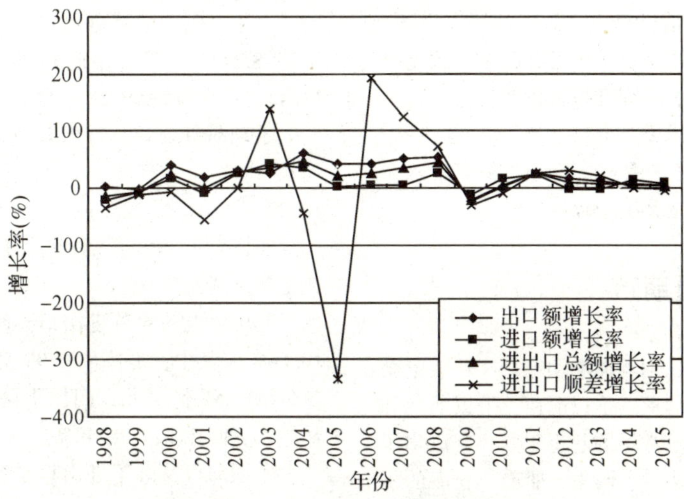

图5　1998—2015 年进出口额增长率走势

〔撰稿人：中国重型机械工业协会梁锐　审稿人：中国重型机械工业协会李镜〕

轻小型起重设备

千　斤　顶

生产发展情况　千斤顶产品按工作原理主要分为液压千斤顶和机械千斤顶。

为了满足不断增长的新的需求，生产企业特别是行业内的骨干企业投入较大的人力、财力、物力开发设计出大量新产品，改变了原来比较单一的产品结构，改进了加工工艺，提高了产品安全性和操作的便利性。目前超过 300 百种不同规格、不同型号的千斤顶产品极大地丰富了市场、满足了顾客需求。特种千斤顶是传统千斤顶产品的扩展和延伸，在道路桥梁建设等方面应用较广，为千斤顶行业创造新的发展空间。特别是分离式千斤顶在抢险救灾中，由于其轻巧灵活而越来越受青睐。

市场及销售　国内较具规模的千斤顶生产企业有 70 多家，主要分布在浙江、江苏、上海、安徽、山东等沿海地区，这 5 个省（市）的千斤顶产量占国内千斤顶总产量的 90% 左右。千斤顶行业继续在向产品质量高、规模效益好、管理成本低、国际竞争能力强的东南沿海经济发达地区的大中型企业集中。这些地区行业内专业分工更加细化，千斤顶绝大部分零部件由配套企业生产，因此配套企业生产、质量保证和规模化协作能力更有待提高。但随着这些地区劳动力成本和土地成本（上海沪南千斤顶厂、上海宝山千斤顶厂被征地后，已逐步退出千斤顶生产制造）的持续推高，以及与千斤顶生产相关的铸造、电镀加工受逐渐趋紧的能源、环保政策约束，这种集中的趋势有可能延缓，甚至产业区域结构有可能发生变化，中西部等相对欠发达地区业内企业应看到承接千斤顶产业转移的机会。

千斤顶产品按市场可大致分为商用千斤顶、汽车配套千斤顶、汽车维修保养用千斤顶及特种用途千斤顶。其中国内汽车配套千斤顶增幅较大，2015 年江苏通润机电集团生产销售汽车配套千斤顶 1 254 万台，占汽车配套市场的

20%左右。另外随着国内汽车保有量的快速上升，浙江杭州、嘉兴地区汽车维修保养设备增速明显，浙江省成为国内千斤顶生产、出口最大省份。

目前我国千斤顶产品主要出口到北美、欧洲、东亚、大洋洲等地区的182个国家和地区。2015年出口千斤顶共计3 918.4万台（上年为3 923.9万台）。其中58.2%产品由民营企业生产（比上年提高11.5个百分点），20.4%的产品由中外合资合作企业生产（比上年下降7.1个百分点），15%由外商独资企业生产（比上年下降1.4%），国有、集体和其他企业占6.4%。

技术、质量及标准 千斤顶行业是实行生产许可证制度的行业，国家起重运输机械质量监督检验中心承担着千斤顶产品生产许可证的相关管理工作，对行业健康发展发挥着越来越积极的作用。目前已完成《卧式油压千斤顶》《螺旋千斤顶》标准报批稿的编制，并完成送审稿意见汇总处理表及报批稿编制说明，将标准报批稿及有关文件上报至全国起重机械标准化技术委员会秘书处。

〔撰稿人：中国重型机械工业协会千斤顶分会王祥元 审稿人：中国重型机械工业协会李镜〕

起重葫芦

起重葫芦主要产品包括：钢丝绳电动葫芦、环链电动葫芦、微型电动葫芦、气动葫芦、手拉葫芦、手扳葫芦和滑车等提升机械设备，是比较常用的起重工具。广泛用于工厂、矿山、农业、电力、建筑、码头、船舶、仓库的机器安装和货物起吊等方面，是量大面广的通用起重产品。

国内市场与销售 根据中国重型机械工业协会统计网的统计数据，2015年网员企业年产15.9万台电动葫芦（不包括单相电动葫芦），比上年减少5.40%。其中，钢丝绳电动葫芦产销量排在前3位的企业分别是河南省矿山起重机有限公司、卫华集团有限公司和凯澄起重机械有限公司，3家企业产量比上年增长6.97%。

单相微型电动葫芦是主要供应国际市场的电动葫芦产品，其中浙江八达机电有限公司2015年产量比上年下降4.55%。

根据中国重型机械工业协会统计网提供的统计数据，国内手动葫芦产量最大的国内3家企业分别是浙江五一机械有限公司、浙江双鸟机械有限公司和杭州冠林机械有限公司，3家公司的总产量比上年下降1.55%。

我国起重葫芦行业经过几十年的发展，已经形成全球最大的产业规模和制造能力，基本满足国内市场需求。

进出口情况 根据海关进出口统计数据，2015年我国起重葫芦进出口总量为490.5万台，比上年增长5.90%。

其中：电动葫芦进出口总量为100.87万台，比上年下降8.18%。其中，进口量1.3万台，比上年增长14.45%；出口量99.57万台，比上年下降8.53%。

手动葫芦及滑车进出口总量为389.59万台，比上年增长10.27%。其中，进口量3.1万台，比上年增长10.09%；出口量386.49万台，比上年增长10.28%。

2015年我国起重葫芦进出口总金额为4.24亿美元，比上年下降6.79%。

其中：电动葫芦进出口总额2.44亿美元，同比下降10.64%。其中，进口额0.93亿美元，同比下降4.27%；出口额1.51亿美元，同比下降14.17%；贸易顺差0.58亿美元，同比下降26.42%。

手动葫芦及滑车进出口总额1.80亿美元，同比下降1.00%。其中，进口额0.26亿美元，同比增长8.75%；出口额1.54亿美元，同比下降2.51%；贸易顺差1.28亿美元，同比下降4.55%。

2015年电动葫芦进出口额增长走势见图1。

2015年手动葫芦及滑车进出口额增长走势见图2。

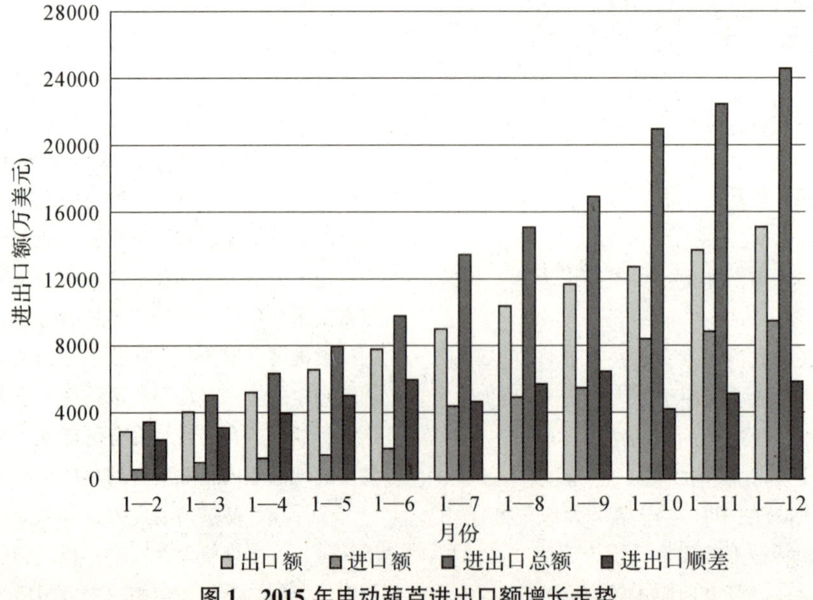

图1 2015年电动葫芦进出口额增长走势

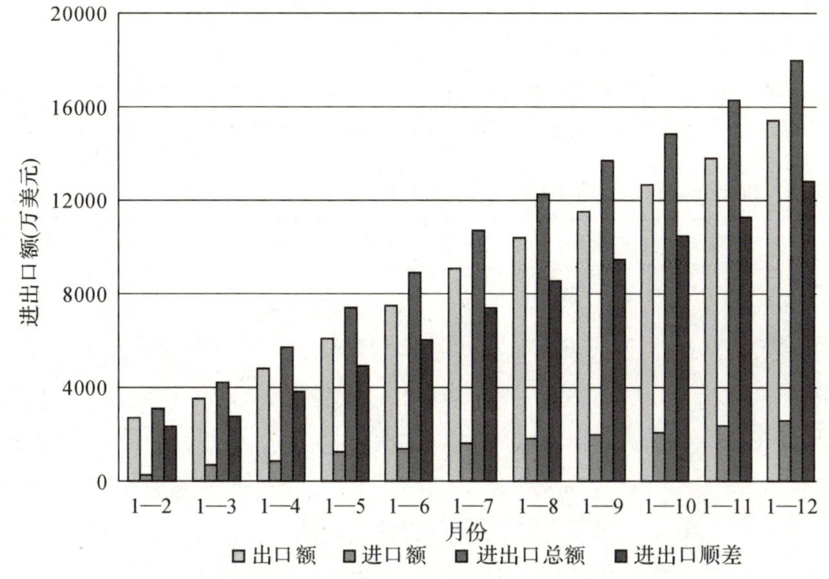

图2　2015年手动葫芦及滑车进出口额增长走势

2015年我国电动葫芦出口额排名前10位国家（地区）的情况见表1。

表1　2015年我国电动葫芦出口额排名前10位国家（地区）的情况

序号	国家（地区）	出口额（万美元）	占出口总额比重（%）	同比增长（%）
1	美国	1 707	11.31	-33.01
2	伊朗	1 471	9.74	1.10
3	越南	1 321	8.75	16.70
4	巴西	744	4.93	-30.92
5	马来西亚	734	4.86	20.92
6	德国	679	4.50	29.49
7	印度尼西亚	629	4.17	-9.50
8	土耳其	628	4.16	-9.64
9	泰国	542	3.59	-39.17
10	印度	368	2.43	-29.09

2015年我国电动葫芦进口额排名前10位国家（地区）的情况见表2。

表2　2015年我国电动葫芦进口额排名前10位国家（地区）的情况

序号	国家（地区）	进口额（万美元）	占进口总额比重（%）	同比增长（%）
1	德国	5 905	63.42	31.31
2	日本	457	4.91	-6.73
3	法国	393	4.22	-23.39
4	美国	368	3.95	-3.41
5	芬兰	298	3.20	44.66
6	波兰	254	2.73	4 133.33
7	挪威	245	2.63	—
8	丹麦	222	2.06	60.87
9	韩国	191	1.55	37.41
10	比利时	144	1.52	213.04

2015年我国手动葫芦与滑车出口额排名前10位国家（地区）的情况见表3。

表3　2015年我国手动葫芦与滑车出口额排名前10位国家（地区）的情况

序号	国家（地区）	出口额（万美元）	占出口总额比重（%）	同比增长（%）
1	美国	2 863	18.63	8.94
2	德国	950	6.18	-4.62
3	阿拉伯联合酋长国	830	5.40	6.00
4	越南	691	4.49	-25.57
5	印度尼西亚	533	3.47	-31.93
6	荷兰	530	3.45	-16.40
7	韩国	465	3.03	218.49
8	印度	432	2.81	-16.12
9	日本	426	2.77	-11.74
10	加拿大	418	2.72	-10.11

2015年我国手动葫芦与滑车进口额排名前5位国家（地区）的情况见表4。

表4　2015年我国手动葫芦与滑车进口额排名前5位国家（地区）的情况

序号	国家（地区）	进口额（万美元）	占进口金额比重（%）	同比增长（%）
1	美国	677	25.69	24.68
2	德国	544	20.64	-32.84
3	波兰	346	13.12	272.04
4	日本	219	8.33	26.26
5	越南	146	5.53	—

主要企业主要经济指标情况 2015年我国起重葫芦行业主机及配件产品主要生产企业经济指标完成情况见表5。

主要企业主营产品产量产值情况 2015年我国起重葫芦行业主要企业主机产品产量产值完成情况见表6。2015年我国起重葫芦行业主要企业配件产品产量产值完成情况见表7。

主要企业产品出口情况 2015年起重葫芦行业主机及配件产品主要企业产品出口情况见表8。

表5 2015年我国起重葫芦行业主机及配件产品主要生产企业经济指标完成情况 （单位：万元）

企业名称	起重葫芦产品销售收入	其他产品销售收入	工业总产值	利税总额	人均产值
凯澄起重机械有限公司	29 010	5 184	34 194	6 397	67
纽科伦（新乡）起重机有限公司	45 494	112 435	157 929	6 517	91
天津起重设备有限公司	913.80	6 603.55	7 587.2	283	15.8
浙江双鸟机械有限公司	22 498	—	22 778	2 679	70
浙江冠林机械有限公司	19 578	—	19 732	2 437	95
浙江五一机械有限公司	15 552	2 015	17 567	1 385	80
江苏三马起重机械制造有限公司	12 600	—	44 100	2 480	80
八达机电有限公司	18 000	—	20 100	—	—
南阳市起重机械厂	15 900	—	16 500	—	—
江阴市鼎力起重机械有限公司	2 500	4 500	6 400	572.75	22.86
上海浦东明昌起重机械制造有限公司	4 015	—	4 015	225	34.8
广州超宇起重设备有限公司	285.14	152.15	614.26	69.52	13.65
聊城五环机械有限公司	1 540	175	1 770	79	35
山东聊城科顺机械有限公司	2 400	4 500	6 900	210	—
重庆凯荣机械有限责任公司	4 000	—	4 000	60	36
河南省飞马起重机械有限公司	9 220	4 610	15 030	868	75
慈溪捷豹起重机械有限公司	2 260	345	2 630	230	45
南京特种电机厂有限公司	—	13 029	13 099	486	7.68
南京起重电机总厂	—	11 896.06	8 685.43	1294.41	31.02
江苏佳力起重机械制造有限公司	14 000	1 100	16 600	700	85
浙江凯勋机电有限公司	7 890.24	4 038.90	12 748.40	909.40	41.94
安徽九华机械股份有限公司	3 853	—	3 957	459	94.21
南京神天起重机械设备有限公司	2 000	—	2 000	80	40
江苏欧玛机械有限公司	3 154.20	326.45	3 480.65	137.50	—
河北神力索具集团有限公司	—	12 000	12 000	—	40
铜陵市神雕机械制造有限公司	3 165	120	3 285	400	110
华德起重机（天津）股份有限公司	5 000	1 500	6 000	1 000	120
无锡市瑞特起重机械有限公司	3 437	—	3 505	280	58
泰安金龙起重配件有限公司	—	5 000	5 000	500	25
临安华龙摩擦材料有限公司	—	5 820	6 000	785	40
常州深兰工程材料有限公司	—	1 800	1 800	200	300

表6　2015年我国起重葫芦行业主要企业主机产品产量产值完成情况

企　业　名　称	主营产品	产量（台）	产值（万元）
凯澄起重机械有限公司	钢丝绳电动葫芦	35 007	29 884
纽科伦（新乡）起重机有限公司	钢丝绳电动葫芦	24 755	36 886
	环链电动葫芦	4 879	8 607
天津起重设备有限公司	钢丝绳电动葫芦	403	2 140.2
浙江双鸟机械有限公司	钢丝绳电动葫芦	1 540	3 500
	环链电动葫芦	7 176	4 743
	手动葫芦	305 784	11 927
浙江冠林机械有限公司	钢丝绳电动葫芦	633	79
	环链电动葫芦	20 206	6 566
	手动葫芦	262 219	12 455
	单相电动葫芦	13 674	4 302
浙江五一机械有限公司	环链电动葫芦	15 950	3 050
	手动葫芦	385 050	11 950
	单相电动葫芦	14 500	552
江苏三马起重机械制造有限公司	钢丝绳电动葫芦	12 600	13 650
八达机电有限公司	单相电动葫芦	367 040	—
南阳市起重机械厂	手动葫芦	55 960	—
江阴市鼎力起重机械有限公司	钢丝绳电动葫芦	105	350
	环链电动葫芦	4 000	2 154
上海浦东明昌起重机械制造有限公司	手动葫芦	160 000	4 015
广州超宇起重设备有限公司	钢丝绳电动葫芦	326	289
聊城五环机械有限公司	手动葫芦	45 622	1 590
山东聊城科顺机械有限公司	手动葫芦	70 000	2 400
重庆凯荣机械有限责任公司	手动葫芦	180 000	3 500
河南省飞马起重机械有限公司	钢丝绳电动葫芦	17 540	9 605
慈溪捷豹起重机械有限公司	环链电动葫芦	430	95
	手动葫芦	105 000	2 165
江苏佳力起重机械制造有限公司	环链电动葫芦	11 000	15 400
浙江凯勋机电有限公司	环链电动葫芦	2 605	765.48
	单相电动葫芦	114 356	7 648.38
安徽九华机械股份有限公司	钢丝绳电动葫芦	1 904	79
	环链电动葫芦	3 411	139
	手动葫芦	87 503	3 561
	气动葫芦	1 997	83
	单相电动葫芦	2 411	95
南京神天起重机械设备有限公司	钢丝绳电动葫芦	1 500	2 000
江苏欧玛机械有限公司	环链电动葫芦	1 955	507.5
	手动葫芦	102 282	2 646.7
铜陵市神雕机械制造有限公司	环链电动葫芦	7 500	1 875
	手动葫芦	43 000	1 290
华德起重机（天津）股份有限公司	钢丝绳电动葫芦	1 500	5 000
无锡市瑞特起重机械有限公司	钢丝绳电动葫芦	500	250
	手动葫芦	108 500	3 255

表7　2015年我国起重葫芦行业主要企业配件产品产量产值完成情况

企　业　名　称	配件产品名称	产量单位	产量	产值（万元）
浙江双鸟机械有限公司	链条		—	2 608
广州超宇起重设备有限公司	锥形转子电动机	台	630	182
聊城五环机械有限公司	手动葫芦导轮		—	180
山东省聊城市东昌府区森达机械有限公司	手拉葫芦起重链轮	万件	260	3 400
	游轮	万件	100	—
	手拉链轮	万件	20	—
重庆凯荣机械有限责任公司	链条		—	500
南京特种电机厂有限公司	电动机	台	151 589	12 601
南京起重电机总厂	锥形转子电动机	台	136 754	12 396.17
	防爆电动机	台	3 158	493.56
	软起动电动机	台	16 080	933.76
河北神力索具集团有限公司	滑车	万台	21	1 700
	起重葫芦吊钩	万件	168	1 600
华德起重机（天津）股份有限公司	端梁、驱动、电控	台	5 000	1 500
泰安金龙起重配件有限公司	手拉链轮	万件	500	5 000
临安华龙摩擦材料有限公司	摩擦片		—	320
常州深兰工程材料有限公司	链条	万m	25	1 000

表8　2015年起重葫芦行业主机及配件产品主要企业产品出口情况

企　业　名　称	国家（地区）	出口数量（台）	出口金额（万美元）
凯澄起重机械有限公司	日本	—	363
纽科伦（新乡）起重机有限公司	欧洲	404	364
	北美洲	409	371
	南美洲	563	507
	非洲	506	404
	亚洲	1 164	932
天津起重设备有限公司	新加坡	5	7
浙江双鸟机械有限公司	美国	20 000	80
	南非	20 000	80
	阿拉伯联合酋长国	50 000	150
	印度	30 000	100
	马来西亚	5 000	30
浙江冠林机械有限公司	美国	37 177	520.5
	法国	29 742	416.4
	意大利	26 023	364.3
浙江五一机械有限公司	德国	1 100	75
	印度尼西亚	10 200	80

（续）

企 业 名 称	国家（地区）	出口数量（台）	出口金额（万美元）
	越南	11 000	73
	意大利	9 000	60
江苏三马起重机械制造有限公司	印度	92	30
	印度尼西亚	99	31
	埃及	105	36
	马来西亚	87	29
	越南	66	20
	北美洲	50 000	167
	欧洲	30 000	100
	日本	20 000	67
	其他	10 000	37
山东聊城科顺机械有限公司	泰国	988	3.06
	韩国	3 530	7.96
	印度尼西亚	9 258	50.83
	日本	330	6.33
	美国	6 217	43.33
	土耳其	496	3.75
重庆凯荣机械有限责任公司	欧美	60 000	184
	东南亚	20 000	46
	中东	23 000	48
	南美	10 000	15
河南省飞马起重机械有限公司	埃塞俄比亚	15	4.5
	美国	6	3
	伊朗	8	4.8
	泰国	20	8
	沙特阿拉伯	25	10.5
慈溪捷豹起重机械有限公司	欧洲	40 000	135
	北美	15 000	55
	澳大利亚	40 000	140
	其他	10 000	15
江苏佳力起重机械制造有限公司	南非	1 200	150
	秘鲁	1 000	150
	墨西哥	750	100
	土耳其	700	100
	马来西亚	800	100
浙江凯勋机电有限公司	土耳其	32 931	208.44

（续）

企业名称	国家（地区）	出口数量（台）	出口金额（万美元）
	意大利	21 252	73.86
	俄罗斯	28 326	140.71
	德国	6 619	87.53
	阿根廷	5 153	37.9
南京神天起重机械设备有限公司	巴基斯坦	50	8
	越南	30	6
	印度	40	7
	马来西亚	20	5
	印度尼西亚	10	4
江苏欧玛机械有限公司	马来西亚	285	1.98
	新加坡	421	3.36
	埃及	1 160	5.46
	中国香港	435	1.48
铜陵市神雕机械制造有限公司	美国	6 500	32.5
	俄罗斯	3 100	15
	印度	5 300	28
	新加坡	4 300	22
	土耳其	3 600	20
华德起重机（天津）股份有限公司	美洲	300	200
	欧洲	100	70
	东南亚	150	110
无锡市瑞特起重机械有限公司	东南亚	77 000	388

新产品研发情况 2015年起重葫芦行业部分企业根据行业、企业的特点，将市场需求和企业的技术能力相匹配，通过自主创新或合作创新，研发出不少新产品。

纽科伦（新乡）起重机有限公司共完成31项科技项目研发，投入研发费用共计1 751.71万元，新研发出了出口澳大利亚的100t轮胎式葫芦门式起重机、新式高卷扬电动葫芦（吊钩组采用倒三角形，防止钢丝绳缠绕的同时配用尼龙滑轮，提高了钢丝绳使用寿命；双速高效电动机起升平稳，噪声小，能耗低；绳头旋转和压绳器装置，使钢丝绳旋转无应力，排绳有序；双折线卷筒，实现钢丝绳的多层有序缠绕；内置式行星减速机传动，扭矩大，体积小，减小了葫芦长度；整个电动葫芦工作级别可达到M5）、风电维修起重机、洁净葫芦起重机（采用不锈钢吊钩，德国标准设计，外形美观、体积小、承载能力大；链条采用“三防”保护罩，伸缩自如；外部壳体采用整体压铸铝，重量轻，强度高，散热好；电动机采用隐形设计，体积小；无菌减速电动机驱动，内注食品级工业齿轮油，无噪声；驱动轮采用高强度工程塑料，耐磨损，不产尘；水平导向轮精确定位，传动件镀铬，不附尘；车架采用不锈钢材料，强度高）、0.5t船坞维修平台等16项新产品。

2015年度共计申报、授权专利33项，其中：受理发明专利5项、授权实用新型专利12项，受理实用新型专利16项；完成船艇搬运起重机、绿色建筑用PC预制板存储养护系统和柔性索具熔断机3个项目的科技查新及省级科技成果鉴定；“酸洗车间全自动高精定位起重机”项目获得中国机械工业科学技术奖三等奖。

2015年，通过了“河南省重大科技专项”评审，获得国家700万元支持资金。先后获批为“河南省企业技术中心”“河南省创新型试点企业”和“河南省知识产权优势企业”，并获批建设“河南省起重机轻量化工程技术研究中心”。

2015年成立了7个QC项目小组，其中“提升LD端梁生产制作流程的一次交检合格率”“降低电动葫芦售后服务率”分别荣获省质量管理小组成果一等奖和二等奖。

同时2015年公司顺利获得“2015年河南省工业质量标杆企业”和“河南省实施技术创新与精益管理质量标杆”称号，被中国机械工业质量管理协会授予“全国机械工业质量奖”和“全国机械工业质量效益型先进企业”称号。

2015年新增设备和工装80余台，引进双梁双枪埋弧龙门焊专机和拼槽单梁双枪埋弧龙门焊专机，实现单梁和双梁产品自动化焊接，焊接效率提高30%。投入使用外罩焊接机器人系统，实现葫芦外罩一次性自动点焊成功。自行设计建立跑车轮生产线，实现了跑车轮产品加工的高度自动化，从毛坯进库、粗加工、精加工、过程检测及成品出库，均为自动完成。自主制作了π形梁挤压工装、单梁180°液压翻转工装、加强板点焊工装、端梁线加强板焊接工装、盖板焊接汇装工装平台、LD端梁焊接变位机等20余项工装，进一步提高了生产效率和自动化水平。

天津起重设备有限公司对2014年研制生产的TH型钢丝绳电动葫芦进行了系列化研发，起重量由1.6～10t提升为1.6～50t，其他技术参数保持不变。起升高度6～24m，起升电动机采用筒型铸造铝结构，带有柱形转子、具备软起动功能，内置式制动器的笼式、双绕组12:2变极调速电动机，防护等级IP55、F级绝缘，接电持续率40%～60%ED，内置热敏电阻过热保护、优化风冷式；减速装置采用免维护设计，密封无需加油，低噪声斜齿轮传动，齿轮材料为铬钼镍合金钢、抗磨轴承，CNC加工中心生产，经过齿面硬化，研磨处理；起升制动器采用双盘式，电磁式自调节制动器，制动片寿命正常使用不低于100万次，环保型制动摩擦片防尘、不含石棉，摩擦接触面积大，制动力矩可调。该产品不适于在有爆炸危险、火灾危险及充满腐蚀性气体和介质中工作，不适用于吊运有毒物品和易燃、易爆物品。

浙江冠林机械有限公司设置了轻小起重产品研究所，负责企业的新产品研发和新工艺/新技术的引进。新产品有JXH－L型3～12t环链紧线器，有发明专利1项、实用新型专利26项。2015年申请发明专利5项、实用新型专利20项。

引进德国WAFISO链条编焊技术和设备，进一步提高企业的制链水平，用于生产强度等级为100级的起重链条。

2015年8月31日，启动了浙江冠林机械有限公司的研发及3号车间建设项目，基建投入9 500万元。

浙江五一机械有限公司开发的HS－T0.5t手拉葫芦、HSH－E0.75t环链手扳葫芦和12t铝合金手扳葫芦通过新产品鉴定。

HS－T0.5t手拉葫芦产品在手链轮罩壳的手拉链开口处采用卷边结构，保证手拉链运行顺畅，同时增加了罩壳开槽处的强度；设计了由摩擦片、棘轮、制动罩壳组成的制动装置，结构简单、成本低、安装维护方便、磨损减少、有效防止异物进入制动器，还具有产品需要更换时能自动报警的有益效果；采用贯穿支撑杆，提高了整体强度，强化了手链轮罩壳强度。

HSH－E0.75t环链手扳葫芦通过在长轴齿轮端增加轴颈，延伸至外墙板支撑孔中，使长轴由原两点支撑改为三点支撑，有效地改善传动长轴受力状况，提高齿轮及整机运行的平稳性，延长手扳葫芦使用寿命、提高了手扳葫芦负载能力。

12t铝合金手扳葫芦设计了由摩擦片、棘轮等组成的手扳葫芦制动装置，在棘轮的圆环上分布有若干凸块，当摩擦片磨损到一定程度后，凸块外露，产生异响，提醒使用者及时更换摩擦片，结构简单、成本低、安装维护方便、磨损减少、制动更可靠、使用寿命更长，还具有产品需要更换时能自动报警功能。

获得3项实用新型专利（新型手拉葫芦限载装置、可调节动载试拉台、电动葫芦的变速控制系统）。

江苏三马起重机械制造有限公司2015年蝉联江苏省名牌产品和江苏省著名商标。

慈溪捷豹起重机械有限公司2015年4月二期厂房正式投入使用，厂房总面积17 000m^2，目前已具备年产20万台手动葫芦、5 000台环链电动葫芦的生产能力。

南京起重电机总厂2015年新研发的产品和工艺有：130电磁制动伺服电动机、YZR3200－225系列冶金及起重用电动机、锥形转子电动机定子不加工工艺方案、锥形电动机定子不带壳嵌线、浸漆工艺、YSTD电磁制动电动机、防爆行程开关。

行业大事记 2015年12月7日至9日在河南省长垣县召开了中国重型机械工业协会起重葫芦分会二届三次会员大会，出席会议的有105家会员单位的139名代表，会议审议通过了中国重型机械工业协会起重葫芦分会二届三次会员大会暨理事会工作报告和财务报告。本次吸收的新会员单位有：浙江东海减速机有限公司、浙江手牌起重葫芦有限公司、无锡市瑞特起重机械有限公司、重庆美和机电有限公司、清苑伟业起重机械制造有限公司、河南省兴垣电子商务有限公司、铜陵市神雕机械制造有限公司、河北辰力吊索具制造有限公司、上海文盛机械科技有限公司、湖北华博三六电机有限公司、山东临清天德轴承有限公司。大会表彰了2014—2015年度16家先进会员单位、9家科技创新企业、8名优秀企业家。荣获先进会员单位的企业是：凯澄起重机械有限公司、纽科伦（新乡）起重机有限公司、浙江双鸟机械有限公司、浙江冠林机械有限公司、浙江五一机械有限公司、江苏三马起重机械制造有限公司、八达机电有限公司、诺威起重设备（苏州）有限公司、聊城五环机械有限公司、慈溪捷豹起重机械有限公司、慈溪市勤丰机械有限公司、南京特种电机厂有限公司、江苏欧玛机械有限公司、安徽九华机械有限公司、合康变频科技（武汉）有限公司、科美（杭州）机械有限公司。

荣获科技创新单位的企业是：凯澄起重机械有限公司、纽科伦（新乡）起重机有限公司、浙江双鸟机械有限公司、浙江冠林机械有限公司、浙江五一机械有限公司、江苏三马起重机械制造有限公司、八达机电有限公司、聊城五环机械有限公司和江西工埠机械有限公司。

荣获优秀企业家的是：凯澄起重机械有限公司黄珑琳、纽科伦（新乡）起重机有限公司马辉艳、浙江双鸟机械有限公司张文忠、浙江冠林机械有限公司王红华、浙江五一机械有限公司苏光耀、江苏三马起重机械制造有限公司辜宁生、慈溪捷豹起重机械有限公司苗鑫、合康变频科技（武汉）有限公司陈瑜。

质量和标准

（1）2015 年批准发布的 JB/T 9008.2—2015《钢丝绳电动葫芦　第 2 部分：试验方法》，代替标准 JB/T 9008.2—2004《钢丝绳电动葫芦　第 2 部分：试验方法》，新标准于 2016 年 3 月 1 日实施。

（2）2015 年制定推荐性行业标准《钢丝绳手扳葫芦》。负责起草单位为天津市石化通用机械研究所、北京起重运输机械设计研究院、天津市质量监督检验站第五十七站。参加起草单位有天津市产品质量监督检测技术研究院、天津市华民金属制品有限公司、天津市祥马起重设备厂、天津市钰骏金属制品厂、天津市劲龙起重设备厂、天津凯远起重机械有限公司。

（3）2015 年修订了推荐性行业标准 JB/T 7335—1994《环链手扳葫芦》。负责起草单位有浙江冠林机械有限公司、浙江双鸟机械有限公司、浙江五一机械有限公司、北京起重运输机械设计研究院。参加起草单位有重庆维大力起重设备有限公司、安徽九华机械股份有限公司、重庆美和机电有限公司、安吉长虹制链有限公司。

（4）2015 年修订了推荐性行业标准 JB/T 7332—1994《手动单轨小车》。起草单位是浙江双鸟机械有限公司、北京起重运输机械设计研究院、重庆维大力起重设备有限公司。

（5）2015 年修订了推荐性行业标准 JB/T 7334—1994《手拉葫芦》。负责起草单位是浙江双鸟机械有限公司、浙江冠林机械有限公司、浙江五一机械有限公司、北京起重运输机械设计研究院。参加起草单位有重庆维大力起重设备有限公司、安徽九华机械股份有限公司、安吉长虹制链有限公司、重庆美和机电有限公司。

（6）2015 年 4 月 30 日发布了机械行业标准 JB/T 7563—2015《YZE 系列起重及冶金用电磁制动三相异步电动机　技术条件》，并于 2015 年 10 月 1 日实施，代替 JB/T 7563—2005《YZE 系列起重及冶金用电磁制动三相异步电动机　技术条件》。起草单位有佳木斯防爆电机研究所、南京特种电机厂有限公司、无锡天宝电机有限公司、无锡市宏泰起重电机股份有限公司、中国长江航运集团电机厂、四川宜宾力源电机有限公司、无锡新大力电机有限公司、奔宇电机集团有限公司、安徽皖南电机股份有限公司、山西电机制造有限公司、大连天元电机股份有限公司、南京起重电机总厂。

（7）2015 年 4 月 30 日发布了机械行业标准 JB/T 7564—2015《YREZ 系列起重用锥形绕线转子制动三相异步电动机　技术条件》，并于 2015 年 10 月 1 日实施，代替 JB/T 7564—2005《YREZ 系列起重用锥形绕线转子制动三相异步电动机　技术条件》。起草单位是佳木斯防爆电机研究所、南京特种电机厂有限公司、南京起重电机总厂。

〔撰稿人：中国重型机械工业协会起重葫芦分会张敏　审稿人：中国重型机械工业协会起重葫芦分会张维新〕

桥式、门式起重机

生产发展现状　截至 2015 年年底，我国在用起重机械 210.44 万台，占特种设备总量的 19%。起重机械可以减轻劳动强度，提高劳动生产率，是现代化生产不可缺少的组成部分。随着生产规模日益扩大，特别是现代化、专业化、自动化、绿色化和智能化的生产需求，各种专门用途的起重机相继产生，在许多重要的部门中，不仅是生产过程中的辅助机械，而且已成为生产流水作业生产线上不可缺少的重要机械设备，广泛应用于国民经济的各行各业中。

2015 年桥式、门式起重机行业的市场需求进一步减少，行业产能严重过剩，出现了业主招标低价中标的现象，恶性竞争导致产品转型升级困难。

市场与销售　2015 年，虽然我国制造业大环境有小幅复苏迹象，但受全球经济普遍萧条的影响，我国桥式、门式起重机产品市场与销售呈现出同比下降的局面。2013—2015 年桥式、门式起重机的销售量和销售产值完成情况见表 1。

表 1　2013—2015 年桥式、门式起重机的销售量和销售产值完成情况

年份	销售量（万台）	销售产值（亿元）
2013	8.8	380
2014	8.2	350
2015	8.0	315

2015 年，桥式、门式起重机行业产值排名前 12 位企业的起重机产品销售总值达 214.49 亿元，约占整个国内市场份额 68.1% 的。他们分别是：卫华集团有限公司 85.35 亿元，河南省矿山起重机有限公司 48.31 亿元，河

南豫飞重工集团有限公司38.10亿元，太原重工股份有限公司8.18亿元，大连华锐重工集团股份有限公司6.46亿元，江西起重机械总厂6亿元，法兰泰克重工股份有限公司5.13亿元，株洲天桥起重机股份有限公司5.01亿元，山起重型机械股份公司4.56亿元，浙江众擎起重机械制造有限公司2.76亿元，广州起重机械有限公司2.63亿元，重庆起重机厂有限责任公司2亿元。

起重机产品主营收入增速排名前四位的分别是：株洲天桥起重机股份有限公司37.48%，重庆起重机厂有限责任公司25.3%，河南省矿山起重机有限公司12.34%，卫华集团有限公司11.22%。

2015年中国重型机械工业协会桥式起重机专业委员会部分会员企业主要经济指标见表2。

随着企业对提升自身产品的技术和质量的投入逐年加大，越来越多的国产起重机受到国外用户的青睐。根据《物料搬运机械进出口统计年报2015》统计，2015年起重机行业有关产品进出口情况见表3，其中：桥式、门式起重机出口额86 385万美元，进口额4 645万美元。桥式起重机专业委员会归口管理的桥式、门式起重机的出口额占整个起重机行业的22.17%，上年为22.3%，市场份额与上年基本持平。

表2　2015年中国重型机械工业协会桥式起重机专业委员会部分会员企业主要经济指标

（单位：亿元）

序号	企业名称	工业总产值	起重机销售产值
1	卫华集团有限公司	93.46	85.35
2	河南省矿山起重机有限公司	52.48	48.31
3	河南豫飞重工集团有限公司	45.91	38.10
4	太原重工股份有限公司	80.27	8.18
5	大连华锐重工集团股份有限公司	83.62	6.46
6	江西起重机械总厂	6.21	6.0
7	法兰泰克重工股份有限公司	5.65	5.13
8	株洲天桥起重机股份有限公司	5.01	5.01
9	山起重型机械股份公司	4.72	4.56
10	浙江众擎起重机械制造有限公司	2.90	2.76
11	广州起重机械有限公司	2.80	2.63
12	重庆起重机厂有限责任公司	2.0	2.0
	合　计	385.03	214.49

注：按起重机销售产值排序。

表3　2015年起重机行业有关产品进出口情况　（单位：万美元）

海关货物名称	出口额	进口额	进出口总额	进出口差额
起重机合计	410 615	63 752	474 367	346 862
1. 桥式起重机	22 383	4 368	26 751	18 015
2. 门式起重机	64 002	277	64 278	63 725
3. 装卸桥及其他桥架类起重机小计	147 848	3 166	151 014	144 682
4. 塔式起重机	42 263	1 895	44 158	40 368
5. 门座起重机	19 359	32 805	52 164	
6. 流动式起重机小计	97 607	8 021	105 628	89 586
7. 未列名起重机	5 448	10 863	16 310	
8. 起重机零件	11 705	2 359	14 063	9 346

注：进出口差额为负数表示逆差。

根据《中国重型机械工业协会统计简报》统计，2015年起重机行业的经营情况见表4。

表4　2015年起重机行业的经营情况

企业类型	主营业务收入（亿元）	比上年增长（%）	主营业务收入利润（亿元）	比上年增长（%）	利润总额（亿元）	比上年增长（%）	企业亏损面（%）	上年同期	应收账款净值（亿元）
起重机行业	2 573.37	-3.29	360.77	-3.04	141.46	-0.97	17.62	12.56	690.48
其中：大型企业	1 089.49	-7.33	158.32	-4.69	48.73	-3.49	0	0	421.28
中型企业	552.02	-6.77	82.59	-8.52	40.36	-13.46	13.16	5.26	142.81
小型企业	931.86	4.35	119.87	-3.62	52.47	14.52	19.00	14.29	126.40

由上表的数据可以看出，整个起重行业的亏损面进一步扩大。应收账款净值占主营业务收入的比例居高不下，严重制约着企业的发展。

新产品和科技成果 桥式、门式起重机行业企业，以国家政策为导向，紧密围绕“中国制造2025”要实施的五大工程：智能制造工程、制造业创新中心建设工程、工业强基工程、绿色制造工程和高端装备创新工程，开展产、学、研、用联合攻关，加快桥式、门式起重机产品由“制造大国”向“制造强国”转变。行业的一些骨干企业不遗余力地投入资金和技术人员，致力于研发新型起重机，使我国起重机制造业可以跻身世界先进水平。

太原重工股份有限公司负责研制生产的核电CAP1400环吊小车是为我国自行设计的核电站CAP1400项目专门配套使用，CAP1400为我国装机容量为140万kW的先进非能动核电技术，是国家重大科技专项之一，也是我国建设创新型国家的标志性工程之一。该产品创新使用了独特的主起升机构、主起升钢丝绳缠绕系统，同时在安全性、可靠性方面做出了许多重要改进，使得其功能和安全可靠性优于AP1000环吊小车，同时具有完全自主知识产权，填补了国家空白，技术水平处于国际领先地位。

北京起重运输机械设计研究院开展的“起重机械能耗测试方法标准研究”项目，填补了国内外起重机械能效测试技术和标准的空白，为起重机械能效限额标准制定和特种设备节能监管，促进起重机械节能降耗，推动起重机械行业的科技进步和产业转型升级奠定了基础。

该项目对电动葫芦、工业制动器、起重机械用电动机、起重机械用电力驱动运行机构、起重机械用电力驱动起升机构和冶金起重机的实际使用情况、工作制、主要耗能因素和能效变化等进行了深入研究，并确定能效考核测试指标。对各测试方法和能效考核指标均进行了大量试验验证工作。

产品的能效测试方法转化为8个国家标准：GB/T 30221—2013《工业制动器能效测试方法》；GB/T 29562.1—2013《起重机械用电动机能效测试方法　第1部分：YZP系列变频调速三相异步电动机》；GB/T 29562.2—2013《起重机械用电动机能效测试方法　第2部分：YZR/YZ系列三相异步电动机》；GB/T 29562.3—2013《起重机械用电动机能效测试方法　第3部分：锥形转子三相异步电动机》；GB/T 30222—2013《起重机械用电力驱动起升机构能效测试方法》；GB/T 30223—2013《起重机械用电力驱动运行机构能效测试方法》；GB/T 30028—2013《电动葫芦能效测试方法》；GB/T 31050—2014《冶金起重机能效测试方法》。

该项目的完成及推广为制定能效限额标准奠定了重要基础，将对起重机械的节能减排起到进一步推动作用。

卫华集团有限公司设计制造的酸洗车间全自动高精定位起重机作为特殊环境下工作的起重设备，对耐侵蚀能力、力学性能、运动控制性能和安全性能有着比通用型起重机更高的技术要求，尤其是在安全方面。

主要科技内容：

①电气控制方面：酸洗起重机取料、卸料自动控制系统在普通起重机基础上增加了定位功能，取卸料动作程序控制功能，无线以太网通信功能，实现了对酸洗处理过程中起重作业的远程控制。②机械设计方面：使用一种新型弹簧式位移检测装置能够有效防止位移检测轮脱轨或行车车轮打滑带来的测量误差，它的主要结构为检测轮在弹簧压力下能够始终与行走轨道面相接触，从而有效地提高了行车位移定位的准确性。③在起重机中添加一种新型防摇摆平衡机构，此平衡机构通过折叠臂组成的可收放V形折叠架将挂梁在随行车运行过程中限定于同一竖直平面内，从而有效地解决主梁随大车移动时挂梁相对于主梁在大车运动方向上前后摇摆的问题，同时也大大地缩短挂梁恢复至静止状态所需时间；④为了合理利用酸洗槽酸洗空间，提高酸洗工作效率，设计出单吊点双向板钩的酸洗吊具，为自动取卸料提供保证。

卫华集团有限公司开展的“起重机大型钢结构件焊接工艺及装备研究”，取得了良好的效果：①通过应用主梁角焊缝专用龙门焊接设备，焊接效率提高100%以上，焊接一次合格率达到98%；②主梁π型梁变形控制专用装备的投入，使焊接效率提高30%以上；③起重机小车架焊接自动变位焊接工装的使用，使小车架只需要一次装卡，便能够在伺服电动机的控制下实现空间变位。配合机器人使用时，小车架主要焊缝能够实现全自动焊接，焊接效率提高30%，焊接质量明显改善，一次合格率达到95%。

天津起重设备有限公司研发出600t大型智能化多吊点多工况自由组配门式起重机。整机采用全数字化控制、可编程序控制器PLC、故障诊断及数据管理系统、数字化操纵给定检测设备，可进行操纵的自动控制、自动显示和记录、起重机的自动保护和自动检测；采用自动补偿平衡系统，确保起重机在起吊重物的起升过程中各吊点受力平衡，消除可能存在的受力不均的问题；通过模块化变量组配，可适应多种工况下多种型号产品的装配要求和场地要求。

宁波市凹凸重工有限公司开发出伸缩悬挂起重机。传统的电动单梁悬挂起重机的安装需要占用厂房上部空间，有些如地铁列车维修车间由于需要保留列车安全运行空间，无法完成起吊。为满足这样的起升需求，开发一种可伸缩悬挂的起重机，在悬挂主梁不占用列车安全上部空间的情况下，利用伸缩悬臂小车的悬臂伸出主梁从而达到起吊重物的目的。该起重机结构简单，吊物稳定，解决了类似上述工况的吊装问题。

新的伸缩悬挂起重机可以在安装空间受限条件下达到起吊重物的目的。与原先技术相比，新产品结构简单实用，不占用安全空间，可有效利用厂房空间结构，市场前景十分可观。

2015年桥式、门式起重机行业获奖科研项目见表5。

表5 2015年桥式、门式起重机行业获奖科研项目

序号	项目名称	获奖类别	获奖等级	主要完成单位
1	6 400t液压复式起重机研制	中国机械工业科学技术奖	一等奖	太原重型机械集团有限公司、太原重工股份有限公司、中化二建集团有限公司
2	基于激光+超声波识别及物联网技术的全自动垃圾吊关键技术研究	中国机械工业科学技术奖	二等奖	河南卫华重型机械股份有限公司
3	起重机大型钢结构件焊接工艺及装备	中国机械工业科学技术奖	二等奖	河南卫华重型机械股份有限公司
4	酸洗车间全自动高精定位起重机	中国机械工业科学进步奖	三等奖	纽科伦（新乡）起重机有限公司
5	起重机械能耗测试方法标准研究	中国机械工业科学技术奖	三等奖	北京起重运输机械设计研究院
6	600t大型智能化多吊点多工况自由组配门式起重机	荣获专利7项，其中发明专利4项		天津起重设备有限公司

行业企业在响应国家号召，致力于研发起重机新产品的同时，桥机专委会骨干企业——卫华集团有限公司、大连华锐重工集团股份有限公司、太原重工股份有限公司、法兰泰克重工股份有限公司、山起重型机械股份公司、北京起重运输机械设计研究院、奥力通起重机（北京）有限公司、宁波市凹凸重工有限公司、浙江合建重工科技股份有限公司和天津起重设备有限公司等企业，十分重视知识产权的保护工作，2015年度共获得国家授权专利70余项。

质量与标准 目前，凡是从事桥式、门式起重机生产的企业，都具有制造许可证。各企业都持有有效的ISO 9001质量体系认证，通过质量体系运行的有效控制，产品的质量逐步提高。2015年与桥式起重机专业委员会会员单位相关的部分标准见表6。

表6 2015年与桥式起重机专业委员会会员单位相关的部分标准

序号	标准号	标准名称	实施日期
1	GB/T 31052.5—2015	起重机械 检查与维护规程 第5部分：桥式和门式起重机	2016-07-01
2	JB/T 7688.8—2015	冶金起重机技术条件 第8部分：均热炉夹钳起重机	2015-10-01
3	JB/T 12214—2015	核电站环行起重机	2015-10-01

行业发展中存在的问题及对策建议 随着全球经济的普遍疲软，多数行业出现了产能过剩的局面，严重的供大于求浮出水面。桥式、门式起重机行业不得不应对市场需求不足的挑战和考验，一批桥式、门式起重机整机生产企业停产、半停产的局面没有出现转机，产值和产量出现负增长。

目前我国桥式、门式起重机的发展主要存在以下6个方面的问题：

（1）没有形成自觉的创新机制，特别是在原始创新方面，行业内的重大科学发现和重大技术发明难得一见，在集成创新方面，相关技术成果融合汇聚从而形成具有市场竞争力的产品和产业机会不多。

（2）国外先进理念、创新产品的进入，例如德国工业4.0的导入将带来更多的创新产品，以及先进的制造技术与工艺理念，这些都会给国内的骨干起重机企业带来极大的挑战。

（3）行业内企业间缺乏合作精神，没有技术生态思维，没有形成“命运共同体”的理念。产品同质化严重，市场竞争无序，价格竞争为主，利润空间不断被压缩，恶性循环导致几败俱伤。

（4）国产桥式、门式起重机尚未形成强有力的品牌号召力、尖端的技术力量和过硬的质量，导致可靠性要求高的用户对国内起重设备认识存在偏差，信心不足。

（5）配件维修不易，与相对红火的售前市场相比，起重机行业在售后服务领域的发展就有点跟不上步调。受到结构特点的影响，设备电气系统中PLC、接触器、变频器、限位开关等配件的寿命较短，故障率较高，需要经常更换。但是由于配件采购点较少，价格又偏高，所以在配件维修和购买方面有很大的不便利性，不能及时维修和保养又严重影响了施工进度，从而影响了整个工程效益。

（6）行业细分市场不充分。精细化是企业未来发展的重点方向。因此，针对不同领域的客户提供专业化的产品，在最大程度上满足其特殊需求已经成为大多数品牌企业下一步发展的重点内容。

面对存在的问题，通过集思广益，总结经验，建议行业企业可以从以下8个方面应对：

1. 加快产业升级与产业结构调整

结合我国桥式、门式起重机产业现状及特点，应尽快延伸、完善和优化现有产业链，实现自主创新、原始创新。提升产品的工艺水平与技术含量，提高产品附加值。

2. 加大力度重点提升关键零部件、基础材料和工艺的能力与水平

重点提升减速器、制动电机、起重机专用变频器等关键零部件以及基础材料和工艺的能力与水平。包括提升传动系统、控制系统、新制造工艺的开发和产业化、材料适应性及制造工艺水平等。

3. 提升产业数字化、网络化与智能化水平

要以数字化、网络化、智能化制造为核心，来推动产品创新、制造技术创新和商业模式创新，提高创新设计能力，延伸产业链。

4. 坚持轻量化的发展理念

实现产品的轻型化，包括采用新的结构形式、新材料、新传动机构、新工艺等；采用优化设计、可靠性设计等新的设计理论和方法，加强部件一体化；在减轻自重同时提高产品的可靠性和使用寿命。应依托国家轻量化起重机课题研究，加速会员单位的融合，推进轻量化起重机进程。

5. 不断推进设计与制造过程的绿色化

一是要全面发展符合节能减排增效要求的绿色产品；二是通过减量、增效、循环、利用等措施，推进绿色、循环和低碳发展，开发高效率、低消耗、低排放的绿色制造流程，降低能源消耗总量，提高能源资源利用效率。《中国制造2025》将绿色发展作为主要方向之一，推动整个起重机械行业的绿色可持续发展符合国家产业政策。

6. 坚持走出去战略，开拓国际市场

在我国桥式、门式起重机市场趋于饱和的情况下，行业要牢固树立国际化理念，坚持走出去战略，积极开拓与融入国际市场。面对国内外大型工程项目的启动，“一带一路”的建设，要积极采取措施促进桥式、门式起重机产品加快“走出去”。

7. 建优质客户群，完善售后服务

在维护好传统营销模式的前提下，为了适应瞬息万变的市场需求，企业应不断地创造出新的销售经营模式。在机械设备销售的过程中，要对客户有所甄选，建立优质客户群；同时，随着这几年新设备的增量减少，生产厂家应适当开发售后市场，提高售后服务水平。当然，良好及完善的售后服务也将成为用户购买设备的决定性因素之一。

8. 提高行业准入门槛

行业准入门槛太低，价格竞争激烈，招标过程中最低价中标盛行，阻碍了新技术的应用，建议有关部门提高桥、门式起重机行业发放制造许可证的门槛，有利于推动企业的产品转型、产业升级和战略重组，有利于淘汰落后产能，有利于提高产品的国际竞争力。

〔撰稿人：中国重型机械工业协会桥式起重机专业委员会夏雯　审稿人：中国重型机械工业协会李镜〕

带式输送机

生产发展情况　2015 年带式输送机行业经济下行压力加大、市场需求减弱、发展环境复杂、行业经济运行遇到了严重困难和挑战。通过对带式输送机行业 71 家骨干企业统计数据分析，全部产品工业总产值为 173 亿元，比上年下降 2%，利润总额为 12.1 亿元，利润率同比下降 1.3 个百分点。其中 41 家带式输送机生产企业 2015 年带式输送机总产值为 100 亿元，比上年下降 9%，利润总额为 6.7 亿元，利润率同比下降 0.4 个百分点。

2015 年行业骨干企业带式输送机产品生产情况见表 1。

表 1　2015 年行业骨干企业带式输送机产品生产情况

序号	企业名称	产值（万元）	利润（万元）	出口产值（万元）	产量	
					以吨计（t）	以米计（m）
1	北方重工集团有限公司	109 549	462	6 900	70 859	236 974
2	安徽攀登重工股份有限公司	103 529	10 928	7 536	87 330	219 660
3	上海科大重工集团有限公司	85 918	3 738	33 500	57 111	986 471
4	四川省自贡运输机械集团股份有限公司	84 597	12 658	0	78 188	121 820
5	安徽盛运重工机械有限责任公司	70 992	13 770	4 896	1 420 000	
6	衡阳运输机械有限公司	63 613	1 128	3 428	47 922	164 800
7	宁夏天地西北煤机有限公司	56 987	600	0	26 858	

（续）

序号	企 业 名 称	产值（万元）	利润（万元）	出口产值（万元）	产量	
					以吨计（t）	以米计（m）
8	华电重工股份有限公司（物料部）	52 000	6 000	5 000		
9	焦作市科瑞森机械制造有限公司	40 413	2 424	217	26 942	
10	河南天隆输送装备有限公司	34 092	886	0	17 220	
11	衡水金太阳输送机械工程有限公司	32 013	3 261	815	41 398	
12	北京约基工业股份有限公司	28 136	1 096	18 026	23 220	80 389
13	安徽永生机械股份有限公司	16 850	580	2 500	20 000	
14	铜陵天奇蓝天机械设备有限公司	16 704	-124	0	13 395	54 950
15	江苏环宇起重运输机械有限责任公司	15 394	815			12 000
16	四川自贡起重输送机械制造有限公司	15 258	359	1 268	17 059	16 850
17	山东省生建重工有限责任公司	12 568	1 136	3 300	1 856	3 956
18	太原向明机械制造有限公司	12 365	150	0	3 977	
19	吉林省佳信通用机械股份有限公司	12 260	399	0	3 217	6 596
20	浙江宝科机械有限公司	11 880	637	3 300		
21	安徽马钢输送设备制造有限公司	11 200	134	0	13 209	
22	日照港机工程有限公司	9 540	670			
23	常州市传动输送机械有限公司	9 100	800			
24	江苏山鑫重工有限公司	9 050	1 700	0	6 800	64 000
25	江阴华东机械有限公司	9 033	180			
26	原平市兴胜机械制造有限公司	8 930	532	0		
27	福建龙净环保股份有限公司	8 600	380			6 200
28	包头市万里机械有限责任公司	8 182	46	0	5 223	16 255
29	江门市振达机械制造有限公司	8 050	133			10 000
30	宁波甬港起重运输设备有限公司	7 343	17	39		
31	山西东昌实业有限公司	6 796	118	0	26 858	
32	芜湖市爱德运输机械有限公司	5 810	488	0		
33	宝鸡杭叉工程机械有限责任公司	5 230	260	0	5 330	58 764

从带式输送机行业的数据分析可见，带式输送机行业国内市场订单大幅下滑，产品利润率进一步降低，部分企业产能闲置，资金异常紧张，行业增速明显放缓。部分企业经济指标出现负增长，甚至出现个别企业倒闭。一些行业外企业迫于转型压力，又挤进带式输送机行业参与竞争，可以说带式输送机行业遇到了前所未有的困难局面。虽然近年来，带式输送机行业中几个骨干企业国际市场开拓较好，对带式输送机行业产值及利润有了一定的弥补，但从整体上看行业企业运行可谓举步维艰，困难重重。

市场与营销 在严峻的市场形势下，带式输送机行业必须深化企业改革，加快转型升级，咬紧牙关，努力提升企业内生动力，活下来是根本，坚持住就是胜利。要坚定发展信心，增强发展自信，以更加强烈的责任与担当，勇于危中求变、变中求进、进中求新，化危为机，为企业赢得新的发展空间。

1. 凝心聚力，做好企业“十三五”发展规划

“十三五”时期，我国经济发展步入“新常态”，新一轮科技革命和产业变革与我国加快转变经济增长方式形成历史性交汇，数字化、智能化、绿色化、服务化产品和技术成为产业转型发展的新趋势。“中国制造 2025”“互联网 +”等产业政策导向与改善资源配置模式成为培育竞争优势的新途径，产业结构新变革将重塑经济格局。行业企业要眼界向外，瞄准带式输送机行业链以外的优势产品和市场，做好战略规划和调整，各企业根据企业自身特点，做好“十三五”发展规划。

2. 加快企业转型和产品升级，提升企业内生动力

带式输送机行业内企业的深化改革与转型升级刚刚起步，既是市场“倒逼”做出的战略选择，也是企业培育内生动力、自我改革、自我发展的必然要求。在当前这样一个特定的历史时期，最要紧的还是要苦练内功，增强企业的内生动力。要以深化企业改革和转型升级为主要驱动，进一步解放思想，认识经济新常态、适应经济新常态、引领经济新常态。要加速企业内外资源整合，推进企业转型和产品升级，实现核心产品高端化、市场销售成套化、服务领域专业化、企业资源国际化，使我国带式输送机制造技术在达到国际一流水平的同时，向建设具有国际竞争力

的现代化企业目标迈进。

3. 以智能制造为核心，助力企业提质增效

以推进智能制造和智能服务为主攻方向，构建智能制造和智能服务新体系。立足多年来带式输送机行业企业良好的产业基础和科技优势，大力发展先进装备制造业，集聚创新要素资源，突破关键核心技术，引领带式输送机行业向中高端制造方向迈进。越是在经济低迷、转型困难的特殊时期，越是要加快新产品研发和新技术推广工作，强化质量管理，开展质量品牌提升行动，实施质量强国战略。要广泛吸收优秀人才，通过智能攻坚和创造，重点解决一批影响产品质量提升的关键共性技术问题，提升企业核心竞争力，增强带式输送机竞争优势，助力整个行业提质增效，稳步发展。

4. 利用“互联网+”，创新企业发展新思路

国内很多企业已经开始利用各种交易平台进行大宗物资采购，也有一些企业正在着手建立电商平台进行产品及备件销售业务，这都是互联网与传统行业相结合的具体体现。“互联网+”不仅仅是技术上的“+”，还包括创新思维、理念及模式上的“+”，对此，我们要有清晰的认识。

“互联网+工业”是中国企业发展的必由之路。互联网技术和工业、制造业的结合，将改变制造业的生产方式、优化资源配置、提升企业创新能力和生产效率。

5. 多渠道拓展海外市场，加快行业国际化发展步伐

得国际市场者得天下。近年来，行业内部分企业海外市场开发取得了显著成绩，成为企业经济运行的重要支撑力量。在国内市场价格战加剧、部分领域条块分割、垄断加剧的条件下，海外市场无疑会成为行业内企业关注和竞争的新焦点。大幅度扩大海外市场份额，以期改善企业竞争环境和效益保证，是目前行业内部分企业的主要出路之一。开展海外市场“突破”工程，构建产品出口、工程总包和对外投资“三位一体”协同“走出去”的新格局。主动融入“一带一路”战略规划，加强产业链间的协同合作，实现“借船出海”，互利共赢，不断扩大海外市场份额。打造以技术、标准、品牌、质量、服务为核心的对外竞争新优势，加快企业国际化发展步伐，努力构建带式输送机行业国际竞争新格局。

科技成果与新产品 带式输送机行业内各企业近年来十分重视科技发展、技术创新，科技成果不断涌现。

北方重工集团有限公司以改革、创新、突破为主旋律，以重大装备、高端成套为主攻方向，2015年度共获得各级成果奖项6项，其中“超长距离大运量节能型越野带式输送机”获得辽宁省科学技术奖二等奖、中国机械工业科学技术奖二等奖，“超长距离大运量散料输送系统”获得沈阳市科技振兴奖。申报发明专利6项，获得专利授权15项，其中：发明专利9项、实用新型专利5项、外观专利1项，累计获得专利授权218项。编制行业标准12项，国家标准1项，企业标准38项。

四川省自贡运输机械集团股份有限公司大力开展科技创新战略，围绕带式输送机市场需求，开展了新产品研发及基础性能、新技术的研究，在带式输送机系统、特别是在长距离、大运量输送系统研发领域，取得了飞跃发展。其研制的管状带式输送机分别获得中国机械工业科学技术奖二等奖、四川省科学技术进步奖三等奖、中国港口科学技术进步奖一等奖、中国建筑材料科学技术奖二等奖、贵州省科学技术进步奖三等奖、自贡市科学技术进步奖一等奖。研发团队被自贡市政府评为自贡市优秀创业创新团队。“超长距离管状带式输送机”通过省级科技成果鉴定；“超大运量管状带式输送机在港口—钢厂直通联运中的研究应用”项目通过中国港口协会技术鉴定；“极端复杂地形条件下超长距离管状带式输送机关键技术研究应用”通过中国建筑材料联合会技术鉴定。新产品研发推进项目6项，其中“带式输送机定量分料系统”和“U型带式输送机”项目已按计划完成通过验收，并受到客户一致好评，该产品已全面投入市场。申请提交专利41项，授权发明专利3项，授权实用新型专利34项，专利总数超过100项大关。

衡阳运输机械有限公司应用可控软起制动、PLC自动控制、动态分析、自动张紧、平面转弯、中间驱动、大张力大扭矩重载型滚筒、高速托辊等高新技术，组织开发了5 000万吨级超大运量港口煤码头堆取装卸输送系统、深隧道长距离掘进胶带机、单机长度逾10km超长距离越野智能化带式输送机等一系列新产品、新技术、新工艺等创新项目。全年成功申报国家级奖项3个、省部级奖项7个、地市级奖项5个科技创新项目；申请国家发明专利共15项。“5 000万吨级大型港口物料装卸系统”获得湖南省首台套重大技术装备奖励；“移置式输送机”获得了衡阳市2015年科技奖一等奖。获得了“全国工业品牌培育示范企业”和“国家火炬计划重点高新技术企业”殊荣。

上海科大重工集团有限公司开发了长距离、高难度管状带式输送机、双向运行管状带式输送机、特大运量带式输送机（运量高达23 500/h）以及TBM后连续胶带机。其中TBM后连续胶带机具有出渣量大、污染小、运输管理简单等优点，是目前最先进的TBM后续处理最佳方案，单机B800×15km的后续连续胶带机目前已成功应用在山西水工局中部引黄工程。

质量与标准 2015年共新增标准1项，修订标准2项。

（1）新增标准JB/T 12195—2015《双轨小车悬挂输送机》。标准规定了双轨小车悬挂输送机的技术参数、技术要求、试验方法、检验规则以及标志、包装、运输与贮存等。标准适用于载重量大于等于2t或小于等于12t的轨道环形或矩形双轨小车悬挂输送机。

（2）新修订标准GB/T 14521—2015《连续搬运机械术语》，代替了原标准GB/T 14521.1～14521.9—1993《运输机械术语》。GB/T 14521—2015《连续搬运机械术语》与

GB/T 14521.1～14521.9—1993 相比主要变化如下：

①将 GB/T 14521.1～14521.9—1993《运输机械术语》进行整合，并更名为《连续搬运机械术语》。

②删除了原标准架空索道部分（见 1993 版 3.1.16）。

③增加了回转带式输送机的定义（见 3.2.1.11）、矿用刮板输送机的定义（见 3.2.2.1.3）、浆体管道液力输送机的定义（见 3.2.8.2）、积放式悬挂输送机的定义（见 3.2.9.5）、摩擦驱动悬挂输送机的定义（见 3.2.9.6）、单轨悬挂输送机的定义（见 3.2.9.7）、双轨悬挂输送机的定义（见 3.2.9.8）、悬挂单轨链式输送机拖拽地面小车的定义（见 3.2.9.9）、单轨电动小车悬挂输送机的定义（见 3.2.9.10）、双轨电动小车悬挂输送机的定义（见 3.2.9.11）、轴功率的定义（见 4.1.8）、张力的定义（见 4.1.11）、滚筒转动惯量的定义（见 4.2.1.2.7）、逆止力矩的定义（见 4.2.1.2.9）、斗深的定义（见 4.2.6.3.6）、液力偶合器的定义（见 5.1.5）、减速滚筒的定义（见 5.2.1.3）、增面滚筒的定义（见 5.2.1.8）、卸载滚筒的定义（见 5.2.1.9）、托辊组的定义（见 5.2.2）、保护装置地址编码系统的定义（见 5.2.5.1）、漏斗堵塞检测器的定义（见 5.2.5.6）、斗轮堆取料机的相关内容。

④修订了部分术语的英文名词和部分术语的解释。

（3）新修订标准 JB/T 9004—2015《限矩型液力偶合器　试验》，替代了原标准 JB/T 9004.1—1999、JB/T 9004.2—1999。标准规定了限矩型（包括普通型）液力偶合器出厂试验及型式试验的试验方法和技术指标。标准适用于 GB/T 5837 中以矿物油、清水或难燃液为工作介质的限矩型（包括普通型）液力偶合器。

〔撰稿人：中国重型机械工业协会带式输送机分会杨俊　审稿人：北方重工集团有限公司王瑀〕

散料装卸机械

2015 年，受港口码头、煤炭、矿石、电力、冶金、建材等领域供给侧改革与发展带来的不确定性影响，散料装卸机械行业经济运行仍面临困难和巨大压力，国内外诸多复杂因素直接影响行业对应领域的投资。国际和国内经济形势缺乏对行业涉及领域投资的有力支撑，相对应领域大都趋于饱和，局部过剩严重。

散料装卸机械产品分类及主要生产企业见表 1。

生产发展情况　2015 年，我国具有设计研发与生产制造散料装卸机械的规模以上骨干企业近 20 家。根据对行业 15 家主要主机生产企业的统计，散料装卸机械工业总产值达到 3 亿元以上的企业约占 57%，达到 10 亿元以上的企业占 26.6%；散料装卸机械行业通过产品结构调整和驱动创新，面对市场持续低迷和行业能力过剩的不利局面，注重提升抗风险能力。据 2015 年统计数据（部分数据参考上市企业年度财务报表），全行业的工业总产值达 549.78 亿元，比上年增长 20.04%；实现销售收入 518.21 亿元，比上年增长 22.4%（部分企业按所属子公司数据统计）。其中散料装卸机械的工业总产值为 90.1 亿元，比上年下降 8.41%。下降原因主要是市场持续低迷及制造能力过剩，少数企业同比基本持平或增长幅度不大，多数企业同比下降幅度较大，多年来首次出现利润负增长。2015 年散料装卸机械行业主要经济指标完成情况见表 2。

表 1　散料装卸机械产品分类及主要生产企业

产品分类	主要生产企业名称
门式、混匀式、圆形料场、侧式刮板（刮斗）、桥式刮板式堆取料机	北方重工集团有限公司装卸设备分公司、大连华锐重工集团股份有限公司、华电重工股份有限公司、哈尔滨重型机器有限责任公司、长春发电设备有限责任公司、湖南长重机器股份有限公司、上海电力环保设备总厂有限公司、大连通达矿冶机械有限公司、大连重工机电动力有限公司、泰富重装集团有限公司
斗轮堆取料机、斗轮取料机、堆料机	大连华锐重工集团股份有限公司、哈尔滨重型机器有限责任公司、长春发电设备有限责任公司、湖南长重机器股份有限公司、华电重工股份有限公司、上海电力环保设备总厂有限公司、北方重工集团有限公司装卸设备分公司、上海振华重工集团股份有限公司、大连通达矿冶机械有限公司、大连重工机电动力有限公司、哈尔滨龙鑫重型机器有限公司、大连天重散装机械设备有限公司、上海工茂起重设备有限公司、泰富重装集团有限公司
翻车机	大连华锐重工集团股份有限公司、武汉电力设备厂、华电重工股份有限公司、大连通达矿冶机械有限公司、大连重工机电动力有限公司、上海振华重工集团股份有限公司、大连天重散装机械设备有限公司
装船机、卸船机	上海振华重工集团股份有限公司、大连华锐重工集团股份有限公司、华电重工股份有限公司、长春发电设备有限责任公司、武汉电力设备厂、哈尔滨重型机器有限责任公司、泰富重装集团有限公司

表2　2015年散料装卸机械行业主要经济指标完成情况

指标名称	单位	实际完成
企业数	家	15
工业总产值（当年价）	万元	5 497 789.9
其中：散料装卸机械工业总产值（当年价）	万元	901 009.5
工业总产值比上年增长	%	22.40
其中：散料装卸机械工业总产值比上年增长	%	-8.41
工业增加值	万元	536 585
产品销售收入	万元	5 182 109
产品销售税金	万元	36 599
利润总额	万元	-32 394
年末固定资产原价	万元	1 580 832
年末固定资产净值	万元	1 069 437
流动资产合计	万元	4 905 486
流动资产平均余额	万元	4 978 527
流动负债合计	万元	5 163 847
流动负债平均余额	万元	4 908 689
所有者权益	万元	3 665 276
全员劳动生产率	万元/人	31.26

2015年，行业内许多企业克服重重困难，取得良好业绩。如大连华锐重工集团股份有限公司的技术创新体系日渐完善，创新模式与路径探索卓有成效，逐步建立起自己的核心竞争优势，其资产变现能力和支持创新的投入能力较强，为"十三五"的调整、创新发展打下了最坚实的基础。大力拓展"新产品、新领域、新顾客"市场，研究出台奖励政策，快速推进新产品市场化，积极强化新领域、新顾客订货，经营单位市场开拓效果明显。成功进入料场环保总包领域，全年签订5个翻车机小区项目，确立了市场领先地位。翻车机技术和EPC工程实现新突破。2015年8月，经过试验，大连重工设计生产的翻车机拨车机大臂起落时间由8s降至4s，效率提高了一倍，达到世界领先水平，为翻车机系统整体提效提供了有力保障。以技术为支撑，成功与河北某电厂签订了单车翻车机系统改造EPC总承包合同，该项目涵盖土建改造、设备拆除、新增翻车机系统、附属设备及公用工程。目前，依托翻车机产品优势，大连重工散料装卸机械EPC总承包工程实现了以铁路运输为主的西北、华北、东北地区全面覆盖，服务领域从最初的电厂、煤化工，逐渐拓展到港口、内陆物流、运河物流领域。上下发力稳定出口市场。成功签订了斐济铁矿砂设备总包外延合同和澳大利亚罗伊山备件合同，取得外延市场和海外服务市场订货的突破。按期高质完成华能曹妃甸堆取料机、印尼第三港务局港口设备等顾客急需产品出产，澳大利亚罗伊山、台塑越南河静钢厂等项目上50多台（套）大型出口设备顺利投入运行。2015年获得专利授权46项，创历史新高。华电重工股份有限公司高度重视技术研发及创新，拥有北京、上海、郑州、天津四个研发中心，多年来，公司通过引进吸收、自主研发和项目实践，开发出一系列具有行业先进水平的技术、工艺流程、核心产品以及加工制造模式，公司自主研发的环保圆形料场系统技术、新一代四卷筒抓斗卸船机等通过中电联等行业组织的技术鉴定，已达到国内领先水平，部分技术性能达到国际先进水平。公司新增专利80项，其中发明专利11项。引进了美国新型空间结构体系技术，该技术可以应用于散料场的封闭、体育场馆等工业和民用大跨度空间结构。并凭借该技术优势新签订煤场封闭项目合同金额逾6.1亿元，新型空间结构体系符合国家节能环保政策。上海振华重工集团股份有限公司对市场结构进行有效调整，改革工作全面深化，布局逐步优化，全球资源配置能力不断提升，各业务板块均取得了显著成绩。公司科技水平取得全面进步，大量具有创新技术的港机产品投产，自动化码头技术得到市场青睐，引领自动化码头建设潮流，继续保持全球市场份额绝对领先地位，产品进入全球90个国家和地区；成功入选科技部组织的"国家火炬计划重点高新技术企业"，"大型自升式平台升降系统关键技术研发与应用"荣获上海市科技进步奖一等奖。泰富重装集团聚焦港口与海洋工程装备，融合国际顶尖技术团队，运用欧洲产品技术与制造工艺，采用欧洲技术标准，实现在技术、标准、管理、质量控制等各个方面与国际无缝对接，通过与德国西门子、iSAM自动化、丹麦FLSmidth（艾法史密斯）公司和澳大利亚卧龙岗大学等国际知名的企业和院校合作，成功掌握了智能化海上移动码头、全智能无人化散料输送装备系统和环保节能料场等业内多项核心技术。按国家标准搭建了15 000m² 散料智能环保实验技术中心，该中心设有用于智能料场和环保料场技术转化应用的无人化智能料场实验室、致力于料性分析和干雾除尘技术研究的环保实验室，以及服务于产品研发和性能改进的结构实验室、电气传动控制实验室。凭借"实施智能制造引领重工产品品质提升"的经验模式，企业首度荣获全国"工业企业质量标杆"称号。湖南长重机器股份新增专利12项（发明专利6项），再次通过"国家高新技术企业"认定，同时积极开拓国外市场，在印度设立了办事处。哈尔滨龙鑫重型机器有限公司的MDQ1500/1500.50型门式单起升斗轮堆取料机荣获哈尔滨市政府装备制造业重点领域首台（套）产品认定。

产品分类产量　2015年，全行业生产的臂式、门式、混匀式、圆形、侧式刮板（刮斗）、桥式刮板、堆取料机、斗轮取料机、堆料机、翻车机、装船机、卸船机等散料装卸机械产品产量实现457台（套）计17.79万t，产量以台（套）计比上年增长12.25%，以吨位计比上年增长6.75%。2015年散料装卸机械行业主要产品产销量及增幅见表3。

表3　2015年散料装卸机械行业主要产品产销量及增幅

产品名称	产量				销量			
	以套计（台、套）	比上年增长（%）	以吨计（t）	比上年增长（%）	以套计（台、套）	比上年增长（%）	以吨计（t）	比上年增长（%）
翻车机卸车线	49	-57.14	9 234	-34.72	57	-65	10 260	-30.29
装卸船机	43	-11.63	49 867	-10.29	44	-4.5	50 616	-4.13
堆取料机	365	24.38	118 768	8.17	348	20.69	113 236	3.69

总体分析，三大类产品产量除堆取料机外均有较大幅度下降。堆取料机增加主要是受环保因素影响，密闭式圆形料场各类堆取料机在新建和改建工程中受到青睐。

产品进出口　散料装卸机械是为煤炭、矿石、水泥等大宗散状固体原料、燃料和材料进行转运、储运、存放、混匀、取样的重大关键设备。目前，我国正处于转变经济增长方式，走新型工业化道路、建设资源节约型和环境保护型社会的重要时期，散料装卸机械在经济建设与产业物流作用中，为推动循环经济发展，对提高运行质量和效益起着重要作用。散料装卸机械现有产品品种、规格、系列及性能完全可以满足国内需求。国际上受矿石需求影响，许多国家兴建专业矿石码头和中转码头，东南亚、南亚、中亚、南美洲等发展中国家，其基本建设需求大量散料装卸机械设备，带动了我国散料装卸机械设计水平与制造能力的提升。过去我国出口的大多是中小型散料装卸机械，目前我国每小时万吨能力的斗轮取料机、每小时2 000t能力的卸船机等大型散料装卸机械设备，已成功进入国际市场，并快速成为主力机型，而且可以实现批量供货或EPC总承包。在传统市场低迷的严峻形势下，行业骨干企业通过整合优势资源，发挥新技术、新产品研发能力，不断提升核心竞争力。2015年，大连华锐重工集团股份有限公司与国内知名港口设计院联合投标斐济Mba铁矿砂项目，一举中标，在传统产品延伸拓展上创下了新业绩。该项目的业主为澳大利亚某知名公司，大连重工主要负责项目中斐济劳托卡港码头卸船、装船、皮带机输送、冲洗过滤等系统，涉及机械、电气、建筑、水处理等多个专业，采用的均是全新工艺、全新设备，安全标准全部执行的是“澳标”。另外，上海振华重工集团股份有限公司、华电重工股份有限公司、大连华锐重工集团股份有限公司、湖南长重机器股份有限公司、泰富重装集团等大型企业，已具备批量出口特大型、大型斗轮堆取料机、装卸船机、翻车机卸车线的能力，行业内已有9家企业可实现不同机型整机出口；充分体现我国在散料装卸机械产品设计、制造方面的综合实力，其产品正在向超大型化、多品种、多国家、多地域发展。另外上海振华重工集团股份有限公司、大连华锐重工集团股份有限公司、华电重工股份有限公司、泰富重装集团、上海电力环保设备总厂有限公司、湖南长重机器股份有限公司、北方重工集团、大连通达矿冶机械有限公司等主要企业均实现300万美元以上出口额；已出口的堆取料机、装卸船机、翻车机水平均达到国外同类产品先进水平，可靠性明显提高。

目前我国散料装卸机械产品的生产和销售完全可以满足国内市场需求，并可满足国外市场需求。2015年实现出口额2.15亿美元，比上年下降39.07%。2015年散料装卸机械产品进出口情况见表4。

表4　2015年散料装卸机械产品进出口情况

产品名称	数量单位	进口量	进口额（万美元）	出口量	出口额（万美元）
堆取料机	台	276	4 414	394	13 742
翻车机	套	0	0	1	1 951
装船机	台	0	0	399	4 299
卸船机	台	8	1 110	39	1 534
合计		276	5 524	833	21 526

注：表中堆取料机、装船机、卸船机数据来自2015年全国物料搬运机械行业进出口统计年报。

质量及标准　目前各大类产品主要执行标准分别为：GB/T 14695—2011《臂式斗轮堆取料机　型式和基本参数》、GB/T 26475—2011《桥式抓斗卸船机》、JB/T 4149—2010《臂式斗轮堆取料机技术条件》、JB/T 7329—2008《斗轮堆取料机械术语》、JB/T 7015—2010《回转式翻车机、装卸船机执行用户技术规格书》。除专业产品行业标准以外，还执行GB、JB、JC、SD等相关标准。近年来出口产品较多，按属地化标准也相应增加了设计难度，大型斗轮堆取料机、翻车机、装卸船机产品设计和制造质量均有一定的提高。有7家企业设计过程中陆续采用了三维设计软件、有限元计算分析软件作为计算机辅助优化设计平台，采用计算机“虚拟试验仿真”技术实现“整体可视化”设计分析，确保产品设计达到国际先进水平。按全国工业产品生产许可证办公室颁布实施的“港口装卸机械产品生产许可证实施细则”要求，各企业认真贯执行并推动散料装卸机械产品设计、制造、质量规范化。目前凡从事港口装卸机械产品生产的企业，已陆续取得港口装卸机械产品生产许可证；取证后每年的复审强化了企业设计、制造能力和质量规范化。各企业在取得 ISO 9001：1994 版基础上，继续强化质量管理，进行了质量管理体系转版换证工作，通过了 ISO 9001：2000 版质量体系认证，加强了质量体系运行控制，完善了质量责任制，抓好质量信息处理、传递及重点项目的质量管理档案管理、质量分析通报工作，重大项目实施了检验负责制，制订检验计划，编制检验报告。

对外合作 行业各骨干企业，面对经济下行的局面，采取“以外补内”，自主出口订货总额虽然减少，但对接渠道越来越多，合作伙伴越来越多。2015 年行业企业先后与德国、澳大利亚、新加坡等国际著名公司（厂商）合作，通过引进技术，实现国外先进技术国产化。斗轮取料机、堆料机、翻车机、装卸船机产品分别出口澳大利亚、新西兰、新加坡、秘鲁、智利、马来西亚、巴西、韩国、土耳其、菲律宾、泰国、越南、缅甸、南非等国家。

〔撰稿人：中国重型机械工业协会散料装卸机械与搬运车辆分会邵龙成　审稿人：大连重工起重集团有限公司邹胜〕

仓储机械

2015 年是“十二五”规划的最后一年，我国经济发展面临多重困难和严峻挑战，经济下行压力依旧存在。但是，物流仓储行业因处于新的发展阶段，投资还在持续进行，而且钢材价格持续下跌，造成物流仓储机械行业在 2015 年的增速没有明显下滑。由于存在这些有利的因素，尽管物流仓储机械行业竞争比较激烈，但是企业仍然能够维持一定的利润水平，保持了较高增长率。

目前，我国每年约新建成 300 座自动化立体仓库（物流中心），年产有轨巷道堆垛机约 2 000 台，工业货架超过 60 万 t，输送分拣设备约 20 000 台，AGV/机械人（手）约 2 500 台，叉车 30 多万台，各类搬运小车几百万台，我国已经成为世界上最大的物流装备市场。

2015 年 5 月 19 日国务院发布了《中国制造 2025》规划之后，国家又陆续出台了一系列对物流仓储机械行业的发展具有深远影响的政策，物流仓储机械行业迎来了新的发展机遇期。2015 年国家颁布的与物流仓储机械装备发展相关的宏观政策汇总见表 1。

表 1　2015 年国家颁布的与物流仓储装备发展相关的宏观政策汇总

发布日期	发布单位	政策名称	重 要 内 容
2015/10/29	国家标准化管理委员会联合国家发展改革委、工信部、交通运输部、商务部、海关总署、国家邮政局等	《物流标准化中长期发展规划(2015—2020 年)》	规划提出了六项主要任务，确定了重点开展、大力推进以及积极探索的基础类、通用类、专业类物流标准制修订重点领域，选取了目前物流行业发展中有迫切需求、需要多部门协同推进以及基础性的标准化工作，确定了包括托盘标准应用推广、多式联运、冷链物流、物流信用、物流信息、电子商务物流、物流服务标准化试点、物流标准国际化培育以及物流标准化基础能力建设等重点开展的九项标准化工程
2015/10/23	国务院	《关于促进快递业发展的若干意见》	《意见》提出了促进快递业发展的总体要求、重点任务和政策措施，是国务院出台的第一部全面指导快递业发展的纲领性文件
2015/9/25	发展改革委员会	《关于开展现代物流创新发展城市试点工作的通知》	根据《通知》，首批将在全国遴选 10 - 15 个城市开展现代物流创新发展试点工作，力图通过试点城市在政府物流管理方面的改革创新，探索和营造有利于现代物流发展的体制机制，完善适应现代物流发展的法规规章，建立健全促进现代物流发展的政策体系，推动物流产业的发展和物流效率的提升
2015/8/28	国务院	《关于推进国内贸易流通现代化建设法治化营商环境的意见》	《意见》对现代流通业发展做出全面部署，并提出到 2020 年基本形成规则健全、统一开放、竞争有序、监管有力、畅通高效的内贸流通体系和比较完善的法治化营商环境
2015/8/13	发展改革委员会	《关于加快实施现代物流重大工程的通知》	《通知》强调进一步完善物流业投资环境，引导社会资本加大投入力度，加快推进现代物流重大工程项目建设，到 2020 年，全社会物流总费用与国内生产总值的比率在目前 16.6% 的基础上再下降 1 个百分点，物流业对国民经济的保障和支撑作用进一步增强

（续）

发布日期	发布单位	政策名称	重要内容
2015/7/22	商务部	《关于智慧物流配送体系建设的实施意见》	实施意见提出，在1—2年内，在全国创建10个智慧物流配送示范城市、打造50个智慧物流配送示范基地（园区）、培育200个智慧物流配送示范企业。通过示范创建工作，推动配送效率提高20%，仓储管理效率提高20%。明确了七项具体工作任务：建立布局合理、运营高效的智慧物流园区（基地）；建立深度感知的智慧化仓储管理系统；建立高效便捷的智慧化末端配送网络；建立科学有序的智慧化物流分拨调配系统；建立互联互通的智慧化物流信息服务平台；提高物流配送标准化、单元化水平以及提升物流企业信息管理和技术应用能力
2015/7/13	国家发展改革委员会	《关于实施增强制造业核心竞争力重大工程包的通知》	《通知》明确提出，聚焦国家战略需求，创新组织方式，加大支持力度，强化政策引导，力争用较短时间率先在高端船舶和海洋工程装备、轨道交通装备、工业机器人、新能源（电动）汽车、现代农业机械、高端医疗器械和药品等六大重点领域，推动一批重大关键技术实现产业化，建立一批具有持续创新发展能力的产业联盟，形成一批具有国际影响力的领军企业
2015/7/4	国务院	《关于积极推进“互联网+”行动的指导意见》	《意见》明确未来三年以及十年的发展目标，提出包括创业创新、协同制造、现代农业、智慧能源等在内的11项重点行动，并就做好保障支撑进行了部署。分析人士认为，这一顶层设计将加快推进“互联网+”的发展，有利于形成经济发展新动能，催生经济新格局
2016/5/19	国务院	《中国制造2025》	明确了9项战略任务和重点：一是提高国家制造业创新能力；二是推进信息化与工业化深度融合；三是强化工业基础能力；四是加强质量品牌建设；五是全面推行绿色制造；六是大力推动重点领域突破发展，聚焦新一代信息技术产业、高档数控机床和机器人、航空航天装备、海洋工程装备及高技术船舶、先进轨道交通装备、节能与新能源汽车、电力装备、农机装备、新材料、生物医药及高性能医疗器械等十大重点领域；七是深入推进制造业结构调整；八是积极发展服务型制造和生产性服务业；九是提高制造业国际化发展水平
2015/04/23	商务部	《托盘标准化与托盘循环共用手册》	指导各地和企业开展托盘标准应用实施工作

2015年11月份由中国机械工程学会物流工程分会编著的《物流工程技术路线图》正式出版发行。《物流工程技术路线图》是在深入分析社会经济发展对物流工程技术的需求，以及可预见的先进制造技术在物流工程中应用的基础上，分析与判断我国物流工程技术与装备的关键技术，提出未来影响物流工程的关键要素和共性关键技术，对物流仓储机械装备行业的发展有很好的指导意义。

2015年10月27日世界物料搬运联盟（World Materials Handling Alliance，简称WMHA）会议首次在中国举办。该联盟是由中国机械工程学会（CMES）和北京起重运输机械设计研究院、欧洲物料搬运联合会（FEM）、日本物流系统机器协会（JIMH）、美国物料搬运协会（MHI）共同发起，并于2014年正式签署了成立备忘录。该联盟所覆盖的产品类别包括：输送机、起重机或起重设备、升降设备、仓储设备、高空作业平台、货架和托盘、工业车辆。该联盟将在上述产品范围内，每年定期召开沟通和交流会议，开展市场（生产与对外贸易）数据交换、最新技术交流、最新国家/地区性（安全、环境、能源等领域）规格要求及标准协商。该联盟具有国际性、权威性和广泛的代表性，涉及了中、欧、美、日约2 300家企业，企业的员工总数超过50万人，年产值达到1 200亿欧元。世界物料搬运联盟将在推动物料搬运和仓储设备领域内的市场、技术、标准等方面的国际合作，提高中国物料搬运技术水平，增强中国物料搬运和仓储设备企业参与世界市场竞争的能力，参与国际标准的制定并推广中国标准在世界范围内执行等方面将产生非常积极的作用。

尽管物流仓储装备企业在2015年还能够维持一定的利润水平，保持较高增长率，但同时也存在着严重的隐患，主要体现在以下方面：

（1）行业内的竞争日趋激烈，存在着一定的无序竞争甚至恶性竞争的状况。不考虑设备质量和技术水平的“最低价中标”的采购方式，造成生产企业没有合理的利润，无法拿出资金投入到持续的研发工作中，在技术上只能采取低成本的跟随、模仿战略，使得物流仓储机械生产和服务企业难以积累实力以不断提高产品质量和研发能力，我国企业始终跟随国际先进企业的技术发展而无法超越。

（2）物流仓储机械行业的发展策略存在着一些不合理的地方。表现之一是盲目扩大产能。物流仓储机械是耐用品，更新换代速度并不快。对于电商等一些热门行业的爆发式需求，需要生产企业认真、实事求是地进行测算。表现之二是同质化的竞争和发展加剧。一些生产企业不是专注于某个行业领域向精细化发展，缺乏理性化和差异化竞争的理念。目前我国物流装备行业这种非理性的发展和竞争，使得市场上出现了供应失调的现象：一方面低端的、通用型的设备或服务竞争空前激烈，企业不容易获得利润；另一方面，一些高端的设备需求国内企业则无法提供产品或服务，一些潜力很大的细分市场无法被发现和挖掘出来，或者无法满足客户的个性化需求。

自动化立体仓库

1. 总体发展状况

2015年自动化立体仓库的市需求整体稳步增长，在人力资源成本增加、土地资源有限、国家经济转型升级等大背景下，许多领先发展的企业为了更好地为用户提供产品和服务质量，对自动化立体仓库不断升级改造，也有传统型企业也想以提升物流水平为契机进行转型升级。

这种新变化不仅带来了自动化立体仓库建设的巨大需求，而且应用不断升级延伸。自动化立体仓库建设的项目由起初只涉及原材料、成品等，延伸至生产现场包括供应、分拣、制造、配送、装配等环节的缓存物流全面自动化管理，且应用逐步深入，集成更加紧密；自动化立体仓库已融入供应链物流体系，来适应与满足“互联网+生产/贸易”的需求，以及自动化立体仓库本身的互联网化等特点，最终实现自动化立体仓库向网络化、一体化的物流服务方向发展；各行业都有相同和个性化的需求，增长较快的是电商自动化立体仓库的建设，表现在仓储一体，服务趋向专业化、网络化、供应链化以及平台化。另外，市场呈现出了业态细分、发展态势不同的特点，这主要表现在仓库租赁、担保品管理、自主仓库三个方面。

2. 供应商发展状况

2015年国内自动化立体仓库的供应商加快了自身的技术发展和管理提升，更多地从技术实力、行业方向以及地理位置等自身特点出发，捕捉和跟进市场需求。面对经济下行压力增大、市场出现疲软、行业竞争更加激烈的新形势，在开拓新行业、新领域的同时，集成商和设备供应商的界限进一步模糊，原来单一从事集成或设备供应的厂商纷纷向设备供应或系统集成发展，以期发展成为能力更加完善、实力更加强大的具有综合实力的供应商。面对自动化立体仓库持续和不断发展的需求，一些以往从事软件工程、输送设备、生产线自动化的企业，采用市场资源共享、联合研制、自主开发等多种方式，进一步注重深挖行业市场潜力、开发重点行业，响应热点市场的需求，如电商、烟草、医药、轮胎、服装、冷链、快消品、机械电子、新能源等等。

国内部分知名厂商在利用自有资金发展的同时，已清醒地认识到资本杠杆对发展的重要性，积极谋划运作上市，拓展融资渠道，加快公司的发展。

3. 产品技术发展状况

随着移动互联网、物联网及大数据技术的发展和应用，物流仓储机械装备的发展呈现出前所未有的快速发展态势，基于供应链系统协同运作的需要，快速、可靠、自动化、智能化、多样性、适应性将是发展的主要方向。高速、高密集存储技术的应用，导致存储设备的多样性快速发展，高密度、高自动化、快速的存储设备将获得快速应用。

随着全新集成技术在系统接口、数据传输、网络通信以及安全等多个方面的成熟应用，物流仓储行业在物流仓储机械设备、物流技术以及物流系统方面具有多样性选择。为适应这些发展趋势、满足客户需求，国内多种新技术应运而生，有的已经有实际案例，主要呈现以下几方面：

（1）轻型高速堆垛机（Miniload）的发展应用。轻型高速堆垛机采用行走与升降均为同步带牵引、单深货叉的存取形式。主要应用于配送中心、电商、医药等行业立体仓库中，是一种用于完成料箱的密集存储、高速存取的自动化设备。在前几年持续研发基础之上，现已推出更快（行走速度可达300m/min、行走加速度2m/s^2、升降速度可达180m/min、升降加速度3m/s^2、货叉的取放周期最快达到6s），更高（接近20m左右的超高MiniLoad）的产品。该产品的性能已接近国际先进水平。

（2）多层穿梭车技术的应用。多层穿梭车与固定于立体仓库端部的垂直提升机、连续提升机或提篮式货架自由组合、配合使用，以完成件箱物料的快速存取作业，从技术上实现单层直线逐步向垂直与水平方向动态分配（同层转向、垂直换层）；传统滑触线供电方式向自主供电方式发展；自身的重量进一步减轻等关键技术创新，其行走速度可达140m/min，加速度1.5m/s^2，货叉的取放周期为4s。多层穿梭车在应用上将从传统的烟草和电商行业向医疗和制造业拓展。由于作业的有效载荷与设备自重的比值比较小，大大降低了每个仓储单元存取作业的能耗，同时具备了处理变尺寸物料的能力，符合绿色概念发展方向。

（3）冷链自动化仓储领域逐步推开。随着我国经济发展和消费者生活水平日益提高，人们对食品质量与安全要求和重视程度也越来越高。同时，政府对低温仓储发展与建设也越来越重视，低温仓储得到迅速发展。冷库容积获得10%的稳步增长，相关企业逐步尝试并推进冷链自动化仓储的建设。

（4）新能源锂电池生产环节规模化应用已推开。随着我国电动汽车销量的大幅增长，锂离子动力电池的市场正进入黄金期。为了支撑产业快速的发展，物流系统主要需解决电池化成后至电池单体交付、模块组装前各工序内部及工序间的生产物料、半成品、成品的存储及自动化转运，实现从电池贴膜后自动组盘开始，到常温静置一、OCV 检测后自动 NG、常温静置二、常温静置三，最后到成品电池库测试工艺段之间物料的仓储、管理、输送、转运等功能。各锂电池生产企业大规模化的物流应用，也已规模化推开。

（5）智能仓储的发展。随着《中国制造 2025》战略的逐步实施，智能制造和智能物流将获得快速发展，其中“智能仓储”也将发挥其核心支撑作用。它将融合物联网、云计算、大数据等新一代信息技术，并通过物联网与互联网的支撑，实现纵向、端对端、横向等三项集成，实现仓储物流的智能化以及社会化生产及供给的最新形态，从而达到技术、组织、模式“三维一体”的仓储物流的创新。

输送分拣设备 我国现已经成为世界上最大的物流装备市场，输送与分拣系统是内部物流系统和装备的核心部分之一，年产分拣设备约 20 000 台套。

近年来，随着电商和网络购物规模的快速增长，快递包裹的处理数量也呈现飞速增长，仅 2015 年的“双十一”期间需要处理的包裹数量已经达到了 6.78 亿个，再加上人工成本的快速上升，市场对输送分拣设备的需求巨大，特别是智能化的输送分拣系统由于其效率为人工的 6 倍以上，在物流仓储装备行业的应用空间十分广阔，市场规模有望达 300 亿～500 亿元。物流装备企业为了抢占这部分市场，纷纷推出了各具特色的解决方案：

新型模块式输送机平台，率先实现所有核心部件都采用精益求精的模块化设计，涵盖了输送系统所需的所有关键部件，包括采用驱动或无动力的滚筒输送机和皮带输送机，用于汇入的合流机和汇出的分流机、移栽机，无缝对接输送线的转弯机和爬坡输送机。根据客户的需求，通过新型模块式输送机平台，所有关键产品可以任意组合，组成不同的系统。新设备还能快速完成项目规划和实施，轻松实现对现有系统的调整。新型输送机平台的不同关键部件之间不但可以自由组合，还能协同作用，保证复杂的物流系统达到高效率。而且，模块大部分都经预组装，可以大大降低现场安装的费用。独立可调的侧挡、无级支撑腿、集成的电线和用于加固件的通用支架都可以大大降低安装难度，缩短安装时间，最终降低了安装费用。

新型交叉带分拣机，其低能耗的环线驱动、交叉带伺服驱动、低噪声环线行走机构等技术均已达到国际先进、国内领先水平，25 000 件/h 的处理能力，是我国电商、快递、服装等行业的首选智能分拣设备。

柔性分拣机可以实现上坡、下坡，以及 U 形、L 形等布局方式。

自动导引车 AGV 近年来，“中国制造 2025”概念的提出，国家层面出台的《工业和信息化部关于推进工业机器人产业发展的指导意见》等相关政策不断落实，智能工厂、智能生产以及智能物流的推进，促使我国机器人需求呈现井喷之势，已成为全球第一大机器人市场。作为机器人领域中最柔性的自动化装配及搬运设备，自动导引车（Automated Guided Vehicle，AGV）也越来越受到各行各业的青睐。2015 年 AGV 市场需求增长势头迅猛、发展形势火热。

1. 市场发展情况

据统计，2015 年 AGV 的市场规模大约为 5 亿元，较上年增长 20%；国产 AGV 机器人增长 4 280 台，较上年同期增长 34%，其中真正意义上的 AGV 产品销售占比 51%，AGC（简易型 AGV）占比 45%，激光叉车仅占 4% 的销量。

目前 AGV 的应用已深入到机械、家电、微电子制造、烟草等多个行业。从 2015 年的市场情况来看，汽车、3C、电子商务、烟草等行业对 AGV 产品的需求增长较快，其中汽车制造业仍然是最为主要的市场，也是使用量最大的领域。

2. 技术发展

随着使用范围越来越广，客户需求不断提升，对 AGV 产品的技术创新也提出了更高要求。从导引技术方面看，电磁感应导引、磁带导引、光学导引、激光导引、视觉导引、惯性导引等是目前市场上应用较多的 AGV 导引技术。从 2015 年的发展情况来看，AGV 产品正逐步向第三代智能移动机器人过渡，要求 AGV 不仅具有感知功能，而且还要具有一定的决策和规划能力。因此，以激光导引、惯性导引、二维码导引技术等为代表的“自由路径导引”方式正逐渐兴起。

在驱动技术方面，驱动兼转向模式、差速驱动模式和全方位驱动模式仍为 AGV 常用的驱动方式，其中差速驱动和全方位驱动受市场欢迎度较高。由于采用驱动兼转向驱动方式的 AGV 运动性能稍差，转弯半径较大，但导引及运动的可靠性高，因此在市场上仍然有一定的使用。

在供电技术方面，除了传统的供电电池外，以物理线性放电、充电效率高、使用寿命长为特点的超级电容，在 AGV 上的应用开始发力。另外，无线供电技术在 2015 年也得到了一定程度的发展。

3. 企业创新

由于看到了 AGV 的市场潜力，原有的 AGV 企业在 2015 年都加紧投入、扩大产能，并在 AGV 产品的技术创新和产品研发上不断加大力度，综合实力明显提升。

2015 年，沈阳新松机器人自动化股份有限公司推出了第三代货架分拣智能移动机器人 AMR。该产品采用视觉导航 + 惯性导航的方式，同时车身上安装有射频识别设备，用以识别货架下方的二维码进行定位和信息确认；AMR 系统具有料架误差的校正功能，以及举升反转补偿功能，使得小车在运行时升降平稳，效率提高；系统具备出库、入库单据优化处理、路径科学规划调度、存储信息统计等功能；作为专为满足大型仓储、厂房、车间的货架调配、分拣、整合而研发的AGV产品，AMR负载可达400kg，运行速度最快可达1m/s，真正实现了“货到人”的工作模式。

2015年，昆明昆船物流信息产业有限公司推出的集中分拣式AGV系统，可与交叉带分拣机、滑靴式分拣机、MiniLoad高速堆垛机、多层穿梭车等系统共同构成分拣主机产品线。该AGV系统通过合理规划通信和作业机制，能够满足大量AGV高效作业的需求；通过二维码识别方式实现AGV的自动导引，能够在作业区域内灵活规划AGV运行路径及物料存储区域，在提高系统柔性的同时提高系统可靠性。集中分拣式AGV系统，在一定范围内可以补充甚至替代传统分拣作业模式，因其显著的柔性化特点，可以根据分拣规模有效控制设备投入，适合订单多、品种多、分拣时效性要求高的行业应用。

广东嘉腾机器人自动化有限公司研发的拖载型AGV“大黄蜂”，则在导航技术方面实现了突破。该产品具备自有知识产权的惯性无人制导技术，打破了国外激光制导技术的壁垒，让搬运机器人能够实现户外无人驾驶，获得2015年工业和信息化部“创客大赛”企业组一等奖。

值得一提的是，2015年很多企业从零部件、集成商和用户等角色进入AGV领域，甚至是一些传统制造领域的企业也在尝试“跨界”。例如，格力电器已自主研发了近100种自动化产品，覆盖了工业机器人、智能AGV、注塑机械手、大型自动化线体等10多个领域，拥有20多项设计专利。

货架行业

1. 市场总体情况

2015年，国内货架行业仍然走在快车道上，但并未像之前预测的那样进入爆发期。来自电商行业的需求一枝独秀，掩盖了其他行业的需求不振。货架企业分化明显，有些企业得到了良好发展，取得了历史上最好的业绩，也有些企业经营状况不佳。

2015年的钢材价格继续走低。钢价的下跌和全年市场增幅相抵后，实际增长率在10%左右，市场总体规模仍维持在60亿元左右。自动化立体仓库货架、以电商需求为代表的组合货架和穿梭小车货架仍占据主要的市场份额。

2. 市场的地域分布

华东、华北、华南地区处于第一梯队，华中、西南为第二梯队，东北、西北为第三梯队。海外市场的亮点频频，国内货架生产企业已进入到东南亚、澳大利亚等地市场。

3. 市场的行业分布状况

和2014年基本一致，与民生相关的商业、医药化工、食品饮料三个行业占据了需求的前三位。商业行业得益于前两年的商业超市和近两年电商的迅猛发展，始终占据榜首。此外，烟草及机械制造等传统行业，依然占有较高的市场份额。

4. 货架类型分析

自动化立体仓库货架、以电商需求为代表的组合货架和穿梭小车货架仍然是市场占有率极高的货架类型。按照货架结构来分，在自动化立体仓库货架项目中，横梁式货架是主要类型。在以电商需求为代表的组合货架项目中，横梁式、搁板式和阁楼式货架是主要类型。由于穿梭车货架的出现，受到冲击最大的是传统密集型货架中的驶入式货架，在2015年持续萎缩，订单鲜见；而另一种传统密集储存货架——压入式货架却以其特有的优势，市场需求不降反升。

5. 企业发展情况

行业竞争仍旧激烈，“看不懂”的低价也时有出现，但“强者恒强”的趋势得到体现，也有越来越多的客户和行业企业认同“优质优价”。2014年货架市场的快速发展，使部分订单移至2015年生产，再加上2015年总体上钢材价格持续下跌，也给货架企业带来了额外的利润，因此有部分公司创造了历史上最好的业绩。但也有些企业由于低价竞争，没有处理好现金流等原因，导致企业经营状况不佳。

2015年6月南京音飞储存设备股份有限公司在上交所上市，成为货架行业首家上市公司，为货架行业利用资本市场起到了示范引领的作用；上海精星仓储设备工程有限公司在浙江湖州购地300多亩（1亩≈666.6m^2）投资建设新厂，迈开了全国布局的步伐；同时，物流仓储机械行业中的集成商、输送机和穿梭车厂家等均有企业在主板或新三板挂牌上市，市场正在不断演化形成新的行业竞合生态。

6. 新技术新产品应用亮点

货架新技术新产品的应用主要集中在两个方面：一是自动化立体仓库货架向更高、更重型的应用方向发展，其中的亮点在于“库架合一”；二是货架在密集式高效率存储系统发展中的应用，其亮点在于穿梭车的“升级版”——子母车和自动化立体仓库的结合运用。

7. 企业转型初露端倪

目前已有国内货架生产企业从传统货架生产介入到穿梭车和“库架合一”等领域，实现由低端制造向高端制造的转型；有的企业提出从货架向集成商发展，介入第三方仓库运营，探索货架租赁模式，实现由制造向服务的转型。

8. 以东南亚为代表的海外新兴市场持续向好。

工业车辆行业

1. 市场状况

2015年，全年国内叉车市场共销售机动工业车辆236 976台，与2014年的268 910台相比，下降了11.88%。中国市场的销售量占亚洲叉车市场销售量 409 630 台的 57.85%，比 2014 年下降了 3.60 个百分点，仍列亚洲第一位；占世界叉车市场总销售量 1 064 224 台的 22.27%，比 2014 年下降了 2.90 个百分点，继续位列世界第一大销售市场。

（1）内燃叉车销售情况。2015 年共销售内燃平衡重乘驾式叉车 207 509 台，与上年同期的 249 403 台相比，下降了 16.80%。在销售的内燃平衡重乘驾式叉车中，柴油叉车为 194 257 台，其余为汽油叉车（含双燃料）。

（2）电动叉车销售情况。2015 年电动叉车（包括电动平衡重乘驾式叉车和各类电动仓储叉车）的销售量为 120 117 台，与上年同期的 110 219 台相比，上升了 8.98%。其中：全国共销售电动平衡重乘驾式叉车 38 166 台，与上年同期的 42 002 台相比，下降了 9.13%。全国共销售电动仓储叉车（包括电动乘驾式仓储叉车、电动步行式仓储叉车等）共 81 951 台，与上年同期的 68 217 台相比，上升了 20.13%。

2015 年，我国出口机动工业车辆总共 91 986 台，与 2014 年的出口量 92 694 台相比，下降了 0.76%。其中电动叉车出口 47 130 台，与 2014 年的出口量 39 337 台相比，上升了 19.81%；内燃叉车（含集装箱叉车）出口 44 856 台，与 2014 年的出口量 53 357 台相比，下降了 15.93%。在 2015 年出口的车型中，电动叉车增长明显，内燃叉车下降同样明显，电动叉车出口首次超过内燃叉车数量。

2. 供应商的发展变化

2015 年国内叉车制造商企业并购重组事件频发，国际品牌在国内市场加大了参与度，以期立足中国制造，辐射亚洲及新兴市场。

2015 年 7 月安徽合叉 HCF 品牌正式纳入 UC 集团品牌体系。

2015 年 8 月丰田自动织机公司宣布，从台励福分拆叉车业务成立的新公司手中收购了其叉车业务 55% 的股份，将其纳为子公司，丰田自动织机将通过在产品线中增加低价格产品，强化面向新兴市场国家的业务。

永恒力集团与安徽合力成立合资公司开展我国市场的物料搬运设备租赁业务，合资公司将创建成为我国市场中最大的物料搬运设备租赁公司。

3. 新技术与新产品

随着国家非道路移动机械排放标准的升高和北京等城市更严格地方标准的出台，以及物流仓储在全国范围内的需求增加，机动工业车辆市场中电动叉车与内燃叉车的比例呈现出明显的变化，生产企业越来越重视近年来增长最为明显的仓储叉车，产品类型更加丰富。在新能源叉车中，以比亚迪为代表的锂电池叉车、以合力等企业为代表的 LNG/LPG 燃气叉车，已经获得用户青睐并扩大使用。

托盘行业 2015 年国内托盘行业虽盛况略衰，但由于存在因人力成本引发的机械化倾向，以及基础差、基数小、水平低等有利因素，再加上商务部等政府部门强化了对托盘重要性的认知度，整个托盘行业依旧保持上升态势。

1. 生产企业数量及各类生产企业情况

目前全国各类托盘生产企业约有 12 000 家，其中木托盘生产企业约占 58%，塑料托盘生产企业约占 17%，复合材料托盘生产企业约占 15%，纸质托盘和金属托盘生产企业各占 5%。

2. 托盘市场保有量

截至 2015 年年底，推测我国托盘市场保有量为 10.2 亿片，比上年递增 16%。

目前，在五大类托盘中，木托盘保有量仍占绝对数量，为 78%；塑料托盘增幅较大，已由 2010 的 10% 增至 2015 年的 15%；其余依次为纸质托盘、金属托盘和复合材料托盘。

木托盘产量减少、保有量比例下降的主要原因是，木材资源保障性变差，供给量减少。塑料托盘产量明显上升的原因主要是使用面不断扩大，用量大幅增加；加之原油降价，因而近几年愈发受到客户青睐。纸质托盘虽然也有显著的变化，用途面扩展得较快，但毕竟仍有一定限制因素。金属托盘中，除了铁托盘外，还出现了铝制或铝合金制托盘。

3. 行业发展的新趋势

近些年我国的托盘生产规模不断扩大，产量增长很快，出现了以下几种倾向。

（1）木托盘由手工加工向机械化生产方向转换。

（2）托盘箱的产量上升。由于托盘箱既具有托盘功能，又可防盗、防晒，附加价值高于托盘，加上生产工艺不太复杂，在需求增长的趋势下，产量上升明显。

（3）从单一生产托盘转向托盘生产、回收、维修一体化。托盘企业数量增多，竞争激烈化，恶性降价导致托盘利润空间变小，加之木材涨价和资源不稳定，以及循环经济、环保要求、综合利用等原因，一些托盘生产企业开始由单一生产销售托盘，转向既生产又回收维修托盘。

（4）新技术、新材料、新产品大量涌现。近年来，陆续有大量托盘新产品、新技术和新材料推出。比如，某托盘生产企业研制的 EVA 改性复合材料，属于新型环保塑料发泡材料，通过改性发泡复合即可变成缓冲性能好。抗震、隔热、防静电的理想托盘材料。另外，某塑料托盘生产企业研发的一种新型塑料托盘，由于加入长玻璃纤维，使托盘变得重量轻、韧性好，且耐寒耐高温、可塑性强。此外，还有在塑料托盘中嵌入钢件，以废纸、废塑料、木屑、秸秆、树枝为原材料生产复合材料托盘等也逐步打开了市场的大门。

4. 托盘的使用情况

整体来看，托盘市场的需求强劲，各类托盘的利用状况如下：

（1）托盘利用规格。目前广泛利用的五大类托盘（木托盘、塑料托盘、纸托盘、金属托盘、复合材料托盘）标准化率在10%～25%之间，2008年我国公布的两种标准托盘的规格尺寸为1 200mm×1 000mm和1 100mm×1 100mm，前者为优先选择。尽管这两个标准均在国际标准化组织/托盘标准化技术委员会（ISOT/C51）规定的范围之内，各有优势和劣势，但从近年情况来看，1 200mm×1 000mm托盘的利用比例增长速度比1 100mm×1 100mm托盘高，而且这一趋势有进一步增强的迹象。

我国当下利用的托盘75%～85%为非标准托盘，这些非标托盘主要用于企业内的物料搬运、仓储等作业环节。造成这种情况的主要原因是：使用企业的产品多种多样，形状各异，客户企业考虑到包装材料成本，故不太考虑与标准托盘尺寸进行匹配。

（2）托盘利用的场所

按照托盘利用的比例排序为：仓库27%、配送中心和物流园区25%、超市13%、港口码头10%、工厂车间、货运枢纽、机场等处25%。

5. 托盘的租赁

目前，我国的托盘（包含笼式周转箱）租赁总量约为1 200万片。用于租赁的托盘基本是1 200mm×1 000mm、1 100mm×1 100mm的标准托盘。其中木托盘约占总量的70%，塑料托盘约占30%。

托盘租赁是未来发展的方向，但是我国的托盘租赁行业一直都没有做大做强，其原因是多方面的，其中很重要的一点就是托盘租赁难点多多。例如，托盘租赁需要具备一定规模、范围、人力和财力，而且投资回收期长、风险大、利润低，因此企业不愿搞托盘租赁。跨国公司集保在托盘租赁方面具有百余年的历史经验，十年前就来华开展托盘租赁业务，至今仍未收回投资成本，且还要面对来自同行竞争的严峻挑战。

6. 托盘的标准化工作进展情况

2014年年底商务部会同国家标准委开展“商贸物流标准化专项行动计划”，其中重点工作之一就是从托盘标准化入手，在快速消费品、农副产品等领域，率先开展标准托盘应用推广及循环共用。作为专项行动的起步之年，2015年的托盘标准化工作取得突破性进展。目前这项工作已在14个试点城市推进，有40家托盘行业企业参与其中。

为了提高各方参与的积极性，商务部会同商务部国际贸易经济合作研究院、中国仓储协会、中国物流与采购联合会托盘专业委员会，编制了《托盘标准化与托盘循环共用宣传手册》，并于2015年3月对外发布；此外，还拍摄了托盘标准化宣传短片《托举未来》，用更加直观的方式来宣传物流标准化。为了让具体的工作人员掌握工作难点和工作部署，商务部会同有关机构编写了《标准托盘循环共用发展指引》，提出了标准托盘应用和共用建设的指标，建设重点方式、模式以及国内外经验借鉴，并辅以案例给地方和企业参考；同时，通过召开现场会、举办培训的方式给予指导和进行经验交流。并且，商务部研究建立了标准托盘应用与共用状况监测运行分析制度，分半年和全年发布《标准托盘应用状况监测运行报告》，全面分析总结标准化推进情况。

〔撰稿人：中国重型机械工业协会物流与仓储机械分会纪凯　审稿人：中国重型机械工业协会李镜〕

机械式停车设备

生产发展情况

2015年，机械式停车设备行业全年新安装机械式停车泊位617 386个，比上年增长5.2%，是继2008年国际金融危机以来第二次增长幅度低于两位数。尽管停车设备行业也处在国家经济发展新常态的大背景下，但5.2%的微幅增长还是出乎预期。2015年新增项目2 079个（含汽车专用升降机），比上年增长5.3%；国内销售总额1 109 223.36万元，比上年增长2.9%，增幅同比下降11个百分点；

新增项目中，住宅小区配套占54.0%，与上年基本持平；公共配套项目占24.8%，比上年增加2.7个百分点，有逐年上升的趋势；单位自用车库项目占21.1%，比上年下降3.2个百分点。

2015年，停车设备出口到29个国家和地区，其中项目67个，停车泊位18 649个，比上年下降11.7%，继续了上一年的负增长；但出口额达到5.2亿元，比上年增长2.7%，其中全自动化停车设备出口比上年增长47.5%。

2015年国内外销售总额为116.1亿元，比上年增长2.9%。

产品分类产量

2015年，全国新建机械式停车库的城市（包括县级城市）有262个，比2014年增加了1个；262个城市中，有42个是首次建设机械式停车库，其中33个是县级城市。

首次建设的城市机械式停车泊位达到11 695个，占到全国新增泊位总数的1.9%。

建设量排名前10位的省（自治区、直辖市），泊位数占新增泊位总数的70.9%。

建设量排名前10位的城市，泊位数占新增泊位总数的 52.2%。

2015 年机械式停车库区域按省（自治区、直辖市）分布情况见表 1。

表 1　2015 年机械式停车库区域按省（自治区、直辖市）分布情况

排名前 10 位的省（市）	新增泊位（个）	占全部泊位比例（%）
江苏	86 437	14.0
陕西	67 234	10.9
浙江	56 136	9.1
河南	45 531	7.4
广东	40 381	6.5
安徽	33 648	5.4
上海	31 754	5.1
山西	28 290	4.6
山东	24 776	4.0
北京	23 515	3.8
其他地区	179 684	29.1
合　计	617 386	100

2015 年机械式停车库按城市分布情况见表 2。

表 2　2015 年机械式停车库按城市分布情况

城市	新增泊位（个）	占全部泊位比例（%）
西安	54 936	8.9
南京	45 539	7.4
郑州	33 093	5.4
上海	31 754	5.1
杭州	27 114	4.4
北京	23 515	3.8
天津	22 798	3.7
合肥	20 703	3.4
太原	19 832	3.2
广州	15 283	2.5
其他城市	322 819	52.2
合　计	617 386	100

2015 年，升降横移类车库共有 1 658 个项目，比上年增长 2.3%。简易升降类车库共有 177 个项目，比上年下降 3.2%。平面移动类车库共有 108 个项目，比上年增长 38.4%。垂直升降类车库共有 64 个项目，比上年增长 72.9%。巷道堆垛类车库共有 31 个项目，比上年增长 67.7%。垂直循环类和多层循环类车库分别安装了 3 个和 5 个项目，所占比例较少。

2015 年，汽车专用升降机（PQS）共有 12 个项目，销售额共计 798.65 万元。

升降横移类车库按层数统计，2 层的车库项目占多数，共 1 158 个项目、410 876 个泊位，占升降横移类泊位总数的 76.8%。

升降横移类车库按规模统计，泊位数超过 1 000 个的有 74 个项目；泊位数 500 到 1 000 个的有 225 个项目；泊位数 100 到 500 个的有 1332 个项目，泊位数 100 个以下的有 436 个项目。

2015 年新增机械式停车设备类别比较见表 3。

表 3　2015 年新增机械式停车设备类别比较

类别	泊位（个）	比例（%）
升降横移类（PSH）	535 066	86.7
简易升降类（PJS）	35 638	5.8
平面移动类（PPY）	28 843	4.6
垂直升降类（PCS）	9 851	1.6
巷道堆垛类（PXD）	7 470	1.2
垂直循环类（PCX）	362	0.06
多层循环类（PDX）	156	0.04
合　计	617 386	100

市场及销售

1. 国内市场及销售

从车库用户使用性质情况来看，住宅小区配建车库新建泊位 386 078 个，占泊位总数的 62.5%，比 2014 年增加 11 405 个泊位，比上年增长 3.0%。

住宅小区配建车库采用最多的库型是升降横移类，共有 333 768 个泊位，占小区车库总数的 86.5%；其次是简易升降类，共有 29 914 个泊位，占小区车库总数的 7.7%。

公共配套车库新建泊位 147 095 个，占公共配套泊位总数的 23.8%。比 2014 年增加 18 848 个泊位，比上年增长 14.7%。

公共配套车库采用最多的库型是升降横移类，共有 128 108 个泊位，占公共配套泊位总数的 87.1%；其次是平面移动类，共有 11 767 个泊位，占公共配套泊位总数的 7.9%。

单位自用车库新建泊位 84 213 个，占泊位总数的 13.7%，比上年增长 0.5%。

单位自用车库采用最多的库型是升降横移类，共有 73 190个泊位，占自用车库总数的 86.9%；其次是平面移动类，共有 5 180 个泊位，占自用车库总数的 6.1%。

2015 年新增机械式停车库用户情况见表 4。

表4　2015年新增机械式停车库用户情况

使用性质	项目数（个）	泊位数（个）	比例（%）
住宅小区	1 116	386 078	62.5
公共配套	514	147 095	23.8
单位自用	437	84 213	13.7
合计	2 067	617 386	100

2015年，国内销售20强企业（按公司名称字母排序）：安徽华星智能停车设备有限公司，北京大兆新元停车设备有限公司，北京航天汇信科技有限公司，北京鑫华源机械制造有限责任公司，大洋泊车股份有限公司，广东三浦车库股份有限公司，杭州大中泊奥科技有限公司，杭州西子石川岛停车设备有限公司，杭州友佳精密机械有限公司，河南省盛茂永代机械制造有限责任公司，江苏金冠停车产业股份有限公司，江苏中泰停车产业有限公司，山东莱钢泰达车库有限公司，山东天辰智能停车设备有限公司，上海赐宝停车设备制造有限公司，深圳中集天达空港设备有限公司，深圳市伟创自动化设备有限公司，深圳怡丰自动化科技有限公司，唐山通宝停车设备有限公司，浙江子华停车设备科技股份有限公司。

以上20家企业的国内销售额计755 186.77万元，占上报企业销售总额的68.1%，其安装泊位数409 981个，占国内新增泊位的66.4%。

2. 设备出口情况

2015年，停车设备共出口到29个国家和地区，出口项目67个，出口泊位总数18 469个，出口总额为52 104.09万元。

出口数据表明，2015年升降横移类出口项目为34个、共9 141个泊位，简易升降类出口10个项目、共986个泊位。平面移动类出口13个项目，泊位数为4 322个，垂直升降类出口6个项目，共2 187个泊位。

2015年设备出口区域比较见表5。2015年出口设备类型情况见表6。

表5　2015年设备出口区域比较

出口地区	出口泊位	出口地区	出口泊位
亚洲	9 950	欧洲	5 470
美洲	3 049	总计	18 469

表6　2015年出口设备类型比较

设备类型	项目数		泊位数	
	2014年	2015年	2014年	2015年
升降横移类（PSH）	31	34	5 713	9 141
简易升降类（PJS）	35	10	9 711	986
平面移动类（PPY）	8	13	4 918	4 322
垂直升降类（PCS）	3	6	285	2 187
垂直循环类（PCX）	0	3	0	983
巷道堆垛类（PXD）	3	1	286	850
合计	80	67	20 913	18 469

〔撰稿人：中国重型机械工业协会停车设备工作委员会李仲军　审稿人：中国重型机械工业协会停车设备工作委员会明艳华〕

大型铸锻件

生产发展情况　2015年，国内大型铸锻件行业继续面临自身及所服务部分行业产能过剩，市场需求疲软，市场竞争激烈，产品价格下滑的态势，国内企业的经营压力不断加大，部分企业利润大幅下滑甚至出现亏损，个别企业已陷入经营困境。未来一段时间，大型铸锻件行业激烈的市场竞争将会成为常态，行业发展举步维艰。同时，行业制造技术、装备、流程雷同，多年来无重大进步，全行业承受着转型升级和生存发展的双重考验。由于行业进入调整期，部分企业面临淘汰以至退出市场，制造技术领先的企业将胜出并保持领先优势，因此对于整个行业来说挑战与机遇共存、困难与希望同在。

2013—2015年大型铸锻件行业的经济指标完成情况（7家重点企业）见表1。2015年，工业总产值同比减少16%，但营业收入与2014年基本持平。

表1　2013—2015年大型铸锻件行业的经济指标完成情况（7家重点企业）

（单位：万元）

指标名称	2013年	2014年	2015年
工业总产值（现价）	6 940 362	6 590 923	5 566 747
工业增加值	831 734	122 740	861 099
营业收入	7 085 667	6 208 312	6 279 506
营业税金及附加	24 143	16 673	266 098
利润总额	−265 880	−911 587	−256 771
固定资产原值	4 871 266	4 532 334	5 237 632

（续）

指标名称	2013 年	2014 年	2015 年
固定资产净值	3 252 586	3 001 789	3 179 944
资产总额	11 065 572	14 257 296	16 671 937
负债总额	8 933 841	11 144 196	12 080 769
所有者权益	4 695 607	3 157 733	4 591 168

注：1. 表中统计的 7 个企业是中国第一重型机械集团公司、中国第二重型机械集团公司、上海重型机器厂有限公司、中信重工机械股份有限公司、太原重工股份有限公司、大连重工·起重集团有限公司、北方重工集团有限公司。

2. 2013 年、2014 年工业增加值采用生产法计算，2015 年工业增加值采用分配法计算。

市场及销售 2015 年大型铸锻件行业重点企业主要产品产销量及出口情况见表 2。从表 2 数据可知，炼油化工设备、矿山设备、冶炼设备、金属轧制设备和工矿配件（包括通用机械配件、重型矿山机械配件和电工电器配件）产销量和出口量均有下滑，行业经营困难的格局短期内很难改变。

科技成果及新产品 新产品、新技术的持续研发是提升企业核心竞争力的重中之重。行业内各企业进一步完善研发体系建设，着力提高科技创新能力，取得了较好的成绩。2015 年大型铸锻件行业部分科研项目获奖情况见表 3。

表 2　2015 年大型铸锻件行业重点企业主要产品产销量及出口情况

产品名称	产量		销量		出口量	
	数量（t）	比上年增长（%）	数量（t）	比上年增长（%）	数量（t）	比上年增长（%）
炼油化工设备	22 297	-15	7 081	-77	53	-45
矿山设备	194 452	-22	187 904	-13	17 380	-44
冶炼设备	62 247	-55	67 217	-48	12 341	-4
金属轧制设备	114 330	-34	129 527	-26	2 950	-69
工矿配件	140 370	-22	133 349	-4	23 709	-21

注：表中统计数据来自中国第一重型机械集团公司、中国第二重型机械集团公司、上海重型机器厂有限公司、中信重工机械股份有限公司、太原重工股份有限公司、大连重工·起重集团有限公司、北方重工集团有限公司。

表 3　2015 年大型铸锻件行业部分科研项目获奖情况

项目名称	奖项名称	获奖等级	主要完成单位
3.6 万 t 黑色金属垂直挤压机成套装备与工艺技术研发及产业化	国家科学技术进步奖	二等奖	内蒙古北方重工业集团有限公司
中信重工高端矿山重型装备技术创新工程	国家科学技术进步奖	二等奖	中信重工机械股份有限公司
12 000t 航空铝合金厚板张力拉伸装备研制与应用	国家科学技术进步奖	二等奖	中信重工机械股份有限公司
6 400t 液压复式起重机研制	中国机械工业科学技术奖	一等奖	太原重型机械集团有限公司
大型矿用磨机的研制及应用	中国机械工业科学技术奖	一等奖	中信重工机械股份有限公司
巨型重载锻造操作机研制与应用	中国机械工业科学技术奖	一等奖	中国第一重型机械股份公司
大型铸锻件关键成形技术开发及应用	中国机械工业科学技术奖	一等奖	中信重工机械股份有限公司
全转速钢制 1 200mm 末级长叶片研制	中国机械工业科学技术奖	二等奖	东方电气集团东方汽轮机有限公司
核电 CAP1400 上封头加工技术攻关	中国机械工业科学技术奖	二等奖	上海重型机器厂有限公司
薄壁类零件三辊轧机架的加工工艺的改进	中国机械工业科学技术奖	二等奖	太原重型机械集团有限公司
锻造半高速钢中间辊的研制	中国机械工业科学技术奖	三等奖	中钢集团邢台机械轧辊有限公司
特大锻件高温成形集成工艺系统与工业应用	中国机械工业科学技术奖	三等奖	燕山大学、中国第二重型机械集团公司、中信重工机械股份有限公司
大型加氢反应器制造技术创新	中国机械工业科学技术奖	三等奖	二重集团（德阳）重型装备股份有限公司
Ti75 冷却器管板焊接制造技术研究	中国机械工业科学技术奖	三等奖	东方电气集团东方汽轮机有限公司
150MN 锻造液压机	中国机械工业科学技术奖	三等奖	中国第一重型机械集团公司
超大直径超大壁厚加氢反应器国产化攻关	四川省科学技术进步奖	三等奖	中国第二重型机械集团公司
超大厚度钢锭火焰切割设备	黑龙江省科学技术进步奖	三等奖	中国第一重型机械集团公司

中国第二重型机械集团公司继续加强成台（套）产品、核电设备、石化容器、高端大型铸锻件、大型模锻件、传动设备等产品的研发，积极寻求新产品开发领域，拓展新产品市场。620℃超超临界汽缸已实现批量订货，与上汽联合研制的 600℃ Cr12 转子正按计划推进，两件 300MW 护环试制也取得阶段性成果，CAP1400 核电机组

汽轮机整体转子已具备制造能力，高压拼焊转子常规性能解剖试验已完成，并达到标准要求。1 000～1 750MW 核电机组发电机转子已具备批量生产能力。核电大锻件评定已阶段性完成，实现蒸汽发生器、稳压器关键大锻件的制造与评定，获得蒸汽发生器产品制造评定证书，掌握了自主化第三代 ACP1000 核心锻件关键技术，具备批量化制造能力。充分发挥 800MW 模锻压机生产线的能力和优势，围绕国内军用航空航天、国内民用航空、国际民用航空和非航空产业四大业务板块，研制出了一批代表国内先进水平的大型复杂模锻件，夯实了二重模锻件长线优势产品市场。

中国第一重型机械集团公司逐步推进科技创新。技术规划方面，组织专家对在研在建的热加工流程再造项目就技术性、经济性等进行了综合论证，分别梳理出停建项目和继续实施项目；组织编制了公司“十三五”科技发展规划。科研新产品开发方面，通过实施国家重大科技专项“CAP1400 反应堆压力容器研制”课题，开发出具有国际领先水平的一体化整体顶盖等锻件；国家“863”课题“高品质宽幅特厚不锈钢—低合金钢复合技术开发”完成试制；300t 大型重载矿用载货汽车完成全部设计；海水淡化设备已完成中试实验。全年获得省部级科技进步奖 3 项，完成技术梳理 231 项，评选出基层创新成果 30 项，授权发明专利 37 项。技术改造方面，积极组织力量按照公司规划的基建技改内容进行技术创新。同时，组织公司专家对在建实施的项目进行了综合论证，并拟定了停建项目的善后处理方案，调整了续建项目的工作计划。

上海重型机器厂有限公司在核电设备领域完成了三代核电 AP1000、EPR 技术关键核岛主设备的制造交付任务，并完成了全球首台四代高温气冷堆压力容器的制造工作，继续巩固了国内核电产品技术领先地位。

中信重工机械股份有限公司依托工程设计优势、产品设计优势和制造工艺优势，形成了具有鲜明特色的三位一体的技术研发体系。为支撑三位一体的创新体系，公司建立了四个研发平台：工业实验室平台、数字模拟实验平台、国际标准技术平台和信息化平台。公司在澳大利亚建立了研发基地，使公司的研发体系与国际接轨，并始终站在技术前沿。公司与清华大学、澳大利亚昆士兰大学等 20 多所院校开展了广泛深入的产学研项目合作，形成了国内外联动的开放式研发格局。公司主导产品均为自主开发，拥有自主知识产权。截至 2015 年 12 月 31 日，拥有有效专利 438 项，其中发明专利 136 项。2015 年，公司新产品产值率继续保持在 70% 以上。2015 年，公司继续以节能和环保产业等战略性新兴产业为发展方向，加大新产品、新技术的研发和产业化进程，重点研发项目实现新突破，技术及研发优势进一步增强。

太原重工股份有限公司作为国内重要的装备制造企业，通过多年发展，形成了雄厚的技术积累和勇于创新的企业精神。技术中心为国家认定的企业技术中心，技术研发实力雄厚，具备机、电、液、传为一体的研发能力，在 2015 年度国家级企业技术中心中排名第二。公司完成 TZ2000/87 风力发电机组、TZC300 履带起重机、TZT1200 履带式伸缩臂起重机、45MN 双动正反向挤压机、直接还原铁熔渣气化炉等 87 项新产品开发工作。全年共申报专利 132 项，其中发明专利 95 项；授权专利 73 项，其中发明专利 55 项。取得德国铁路公司供应商资质证书，2MW 风机型式认证完成设计评估，顺利通过起重机械制造许可证和压力容器设计许可证等换证复评，公司荣获中国质量奖提名奖。

大连重工·起重集团有限公司积极开发新产品、新技术。全年获得专利授权 46 项，创历史新高；三代核电技术重大专项“AP1000 环吊制造技术”课题顺利通过国家能源局验收；65m 国内最大臂长堆取料机、单点系泊电滑环、6MW 半直驱风电齿轮箱、大型火电机组低压球铁内缸等产品填补了国内空白；通过产学合作，形成了高效自动化电解锰系统、智能化钢卷夹钳起重机等 12 项产品技术储备，为相关领域拓展奠定了技术基础。稳步推进传统产品技术提升。11 项行业标准获批发布，标志着企业相关产品技术水平处于行业领先地位；全年专题深入现场走访客户 50 余家，收集技术提升课题 120 余项，科技计划得到较好实施，产品技术水平和核心竞争力进一步提升。

北方重工沈阳铸锻工业有限公司院所合作实现新突破。公司与中科院金属研究所、铸造研究所等成功签约，与东北大学、沈阳工业大学、沈阳铝镁设计院、吉林石化设计院等继续开展合作。2015 年在球铁材料、软芯锻造、高利用率空心钢锭及计算机热工艺模拟分析等领域取得了良好效果。污油泥处理装置及残极全自动清理机等项目获得了用户的高度好评。公司全年提交申请专利 5 项，完成专利申报项目 3 项，完成科研开发项目 30 项。成功研制一对“CAP1400MW 屏蔽（电机）飞轮保持护环”，填补了国内空白，制造技术属国际领先水平。成功开发了 H13 钢真空脱气钢锭代替电渣锭使用新工艺。并在行星架产品设计钢包内吹氩精炼工艺及压缩机不锈钢蜗壳铸件的生产工艺上进行了大力开发。

行业标准化工作 2015 年度，全国大型铸锻件标准化技术委员会深入落实《国务院关于印发深化标准化工作改革方案的通知》的精神，根据国家标准委和有关行业标准化行政主管部门的工作要求，按照“改革创新、协同推进、科学管理、服务发展”的工作方针，继续加强行业标准化工作，努力提高行业标准化水平。

按期完成了技术委员会换届工作，第二届技术委员会由来自大型铸锻件行业的相关企业、科研机构、检测机构、高等院校、行业协会等 38 个单位的 51 位委员组成。2015 年 11 月组织召开了全国大型铸锻件标准化技术委员会换届暨第二届一次全体委员会议。

积极组织申报国家标准和行业标准，2015年申报国家标准立项2项，行业标准13项，获批行业标准计划18项。严格标准制修订管理，完成1项国标和6项行标的征求意见和审查会审查工作。完成2项国标的报批工作。组织开展了22项行业标准复审工作。

为技术委员会“十三五”期间更好地开展工作，编制了《大型铸锻件专业领域“十三五”标准化发展规划》。同时，及时为大型铸锻件行业单位提供标准化咨询服务。

对外合作及企业发展 中国第二重型机械集团公司着力恢复造血功能，提升竞争能力。一是业务协同深入开展。在国机集团和兄弟企业的支持下，公司与兄弟企业签约内部协同项目金额30亿元，跟踪重点项目15项。围绕打造工程总包和国际贸易平台，实施了CMIC与进出口公司的整合。公司与兄弟科研院所签订8项联合研发协议及试制合同，申报以核电装备、高端铸锻件、航空模锻件及轨道交通、煤炭高效清洁综合利用装备等为代表的18项重点长线产品研发项目。成功立项国家、省级研发项目6项。二是体制机制更加适应市场。围绕做精做强主业的改革方向，以产品业务为界，构建独立面向市场的各经营主体。新体制机制运行以来，通过制度完善、加强协调、有效监控，预期效果已初步显现。各经营主体定位清晰、自我革新，市场认可度不断恢复和提升。公司围绕做活做优辅业改革方向，积极推进辅业子公司改制工作。三是着力改善和提升管理。制定了扭亏脱困管理提升工作计划及实施方案，针对重点工作、关键措施，逐项落实责任，强化监督检查。

千方百计抓好经营生产，改善运行质量。制定并认真落实各项专项提升方案，在开拓市场、提升质量、保证交货期、降低成本等方面积极采取综合措施，努力增收增效。通过艰难争取，成功签订1 780mm热连轧机设备制造和2 000mm“1+2”铝板热轧工程总包合同。通过实施项目管理，首台出口立磨项目实现提前交货。及时调整核电运行管理模式，CAP1400核电发电机转子实现了零NCR交货。真空钢锭锻件超探合格率等一批质量提升项目取得积极成效。成本精益核算管理试点成效明显。

中国第一重型机械集团公司不断加强生产管控。一是深入推进项目经理负责制，明确项目管理者的职责、职权，提升了公司项目管理的整体水平。二是积极推进生产专业化，切实抓好专项产品生产，全年专项产品完成情况取得历史最好成绩。三是不断规范外协管理，修订了公司“产品外协、外包管理制度”，强化了外协、外包业务及供方的统一管理和风险管控。全年完成的主要项目有：以咸宁、福清蒸发器为代表的9台（套）核电设备主体锻件；以专项产品——反应堆压力容器为代表的5台成套核电容器；以利津和惠州加氢为代表的58台容器设备；以1 450mm热连轧为代表的27台（套）轧机设备；以柳汽2 400t压力机为代表的15台（套）锻压设备等。

努力做好营销工作。一是签订了1 780mm不锈钢热连轧机、1 250mm热连轧机组、3 500mm中厚板轧机等冶金成套设备合同。二是石化容器订货有新进展，签订了中石化200万t/a渣油加氢装置、镇海炼化300万t/a柴油加氢精制反应器等合同。三是核电市场有新突破，开发了锻造不锈钢主管道市场，中标了防城港4号机组主管道的制造合同，实现了主管道市场开发“零”的突破。四是专项产品订货有新起色。五是新产品推广有新成效，正式签订了盾构机商务合同，为进入盾构机制造领域奠定了基础。六是加大回款工作力度，在长账龄回款方面显现出积极效果。

北方重工集团有限公司积极推动企业深化改革与转型升级。一是全面推进了体制机制改革，培育企业内生动力。二是大力提升了自主创新能力，实现产品高端化目标。三是继续提升工程成套能力，以板块化运行带动企业向工程服务商转型。四是多渠道拓展了海外市场，加快国际化步伐。五是加大了战略性新兴产业领域的市场开发力度，向绿色产业进军。六是实施了数字化改造，提升产品智能化水平与企业管理数字化水平。

中信重工机械股份有限公司持续深入推进“三大战略”转型。通过不断提升工程、产品、工艺技术研发的整体实力和水平，促使盈利模式从“加工制造增值”向“技术服务增值”的转变，从物料实验开始，向客户提供包括工艺流程设计、核心产品制造、工程总包服务、项目融资服务完整工业解决方案，形成以“核心制造+变频传动+智能控制+成套服务”为核心的新商业模式，重构中信重工“产业优势+互联网”新的竞争优势，致力于实现现代服务业与传统制造业的深度融合，以实际行动践行“中国制造2025”。

深化改革，加强市场开拓，适应经济新常态。面对持续低迷的市场，公司在市场营销方面，一是对营销体系实施重大改革，建立与市场相适应的大集团小分队的市场营销模式，形成了专业协同、分工负责、高效决策、快速反应的运行机制。通过改革构建一个全新的营销体系，打造一批新的产业领域；二是充分利用新全球化红利，携手国内外高端客户推进“一带一路”国家战略实施；2015年海外市场新增订货占公司全年新增订货42.43%；三是发挥工程成套优势，成功签订柬埔寨CMIC 5 000t/d水泥生产线EPC总承包合同等一批重点成套项目，同时从机制体制上强化成套项目管理，提高了工程成套项目的管理水平和执行力；四是依托主机优势强化备件订货，进一步完善大客户服务、用户服务和备件服务三位一体的大服务体系，着力打造生产性服务产业。

太原重工股份有限公司面对严峻的市场形势，积极应对，优化订货结构。持续加大重点产品、新产品和成套项目的整体策划和市场推广。成立“一带一路”战略项目组，多渠道收集信息，扩大产品出口，轮轴产品出口继续保持稳定增长态势，进一步推动了公司的国际化发展。重点产品生产组织成效明显。不断完善质量体系建设。取得德国铁路公司供应商资质证书，加快推进信息化建设。公司经营决策分析系统投入运行。公司成为全国首批200家通过两化融合管理体系认证的企业之一。

大连重工·起重集团有限公司产融结合大力拓展新领域。出资成立大连海威发展投资公司，初步搭建起对外多元投资平台，并联合多方成立基金管理公司，为下一步通过并购手段进入新领域奠定了良好基础；有效整合设计、营销、技术等多方优势，成功签订了海恩2号平台液压插销升降系统等4个海工项目合同；依托特种备件公司成立军工部，明确三大军工方向，正在全力申报相关资质；依托设计研究院，联合外部技术公司，积极推进节能环保市场拓展。

〔撰稿人：中国重型机械工业协会大型铸锻件分会董涛、杜青泉　审稿人：中国重型机械工业协会大型铸锻件分会蒋新亮、宁德林〕

基　础　件

减　速　机

市场分析　受2015年全年多数行业发展速度放缓的影响，减速机市场总体需求下滑明显，产品价格继续下降，销售规模和利润与上一年度相比，继续整体呈现下降态势。但行业企业也出现了明显的分化，规模较大及创新开发能力强的骨干企业，市场销售情况则相对要好。

从上游行业来看，冶金、有色、电力、起重、工程机械和煤炭等传统行业仍较为低迷，需求量下滑明显。风电行业情况明显好转，海上风电机组装机容量的增加及配套齿轮箱大型化的趋势明显。轨道交通、军工、海洋装备及机器人等新型战略性行业发展态势较好。

行业内几家减速机上市公司，全年销售业绩表现差异较大。

中国高速传动设备集团有限公司2015年实现营业收入98.46亿元，比上年增长20.8%，每股实现收益0.632元，实现毛利31.98亿元，比上年增长56.5%。这一业绩在行业内十分难得，其中对业绩贡献较大的产品当属来自风电及轨道交通行业。

杭州前进齿轮箱公司2015年实现营业收入149 501.29万元，较上年同期下降15.33%；归属于母公司净利润-11 992.25万元，较上年同期下降692.14%；归属于上市司股东的扣除非经常性损益的净利润-14 802.71万元，较上年同期下降100.35%。受宏观经济环境和行业影响，公司传统产品市场需求持续下降、产品售价下降，新开发产品尚处在培育期，船舶推进系统处于微利阶段，风电产品由于项目投入大、产量未达到盈亏平衡点，导致公司的综合毛利率下降；各投资子公司经营规模和效益大幅下滑或出现亏损，对外投资收益与上年度相比又有较大幅度减少等因素影响，公司2015年经营出现了较大亏损。

公司生产和销售的主要产品有船用齿轮箱及船舶推进系统、工程机械变速箱、风电增速箱及工业齿轮箱、汽车变速器、农业机械变速箱和驱动桥、摩擦材料及摩擦片、弹性联轴器，上述产品的铸件、锻件和零配件等。公司继续占据船用齿轮箱国内领先的地位。受国家渔业政策调整影响，公司的传统产品渔船齿轮箱销售有所下降，但船舶推进系统订单大幅增长，特种舰船和执法公务船、科考船等高端船舶配套齿轮箱销量增长明显；公司近年来不懈地开拓风电新客户和开发新产品的努力取得成效，风电齿轮箱订单显著上升；公司抓住了新能源汽车发展良机，全年新能源汽车变速箱销售同比上升超过200%；受工程机械行业持续低迷影响，公司工程机械变速箱销售同比大幅下滑。公司在培育潮汐发电、核电等新型能源市场有所突破，开拓了目前国际最大兆瓦潮涌发电增速箱市场，成功开发并发往欧洲即将进行主机安装和调试；完成了核电主循环齿轮箱商务合同及技术协议的签订。

宁波东力股份有限公司2015年实现营业收入5.01亿元，比上年同期下降1.34%；归属于上市公司股东的净利润为1 115.26万元，比上年同期下降53.24%；归属于上市公司股东的扣除非经常性损益的净利润-19.75万元，比上年同期增长99.17%；经营活动产生的现金流量净额为6 318.28万元，比上年同期上升67.84%。

重庆蓝黛动力传动机械股份有限公司主要从事乘用车变速器齿轮及壳体等零部件、变速器总成、摩托车主副轴组件的研发、生产与销售。2015年实现营业收入7.83亿元，比上年增长0.34%，实现主营业务收入7.1亿元，比上年增长0.03%，营业利润6 405.82万元，较上年同期下降23.64%。

双环传动公司业务涉及乘用车全自动变速器产业、轨道交通齿轮、新能源汽车齿轮、自动变速器齿轮、机器人RV减速器等。2015年公司收入和净利润稳步增长，2015年实现营业收入13.97亿元，比上年增长10.34%，净利润1.37亿元，比上年增长11.81%。

行业发展 为适应经济发展新常态下的要求，减速机行业仍保持了稳健的发展态势，尤其是展示了逐步走向国际市场的潜力和趋向。

2015年，由大连重工集团公司自主研发设计出口印度的2.5MW风电齿轮箱，经过丹麦船级社—德国劳氏船级社专家对齿轮箱整个生产过程的检查，确认了2.5MW齿轮箱的批量化生产制造过程符合IPE认证要求，公司顺利取得了齿轮箱批量化生产制造IPE认证。

在此之前，公司自主研发的2.5MW齿轮箱已经获得了DNV-GL设计认证，并通过了在印度进行的风场型式认证，这标志着大连重工集团公司风电齿轮箱的研发、制造、批量化生产能力已全面提升，具备了进军国际市场的资质，在公司实施国际化战略上又迈出了重要步伐。

作为全球齿轮箱与动力传动解决方案的专家，南京高速齿轮集团公司也在2015年获得了向墨西哥瓜达拉哈拉地铁项目提供144台地铁齿轮箱的机会。

墨西哥瓜达拉哈拉地铁项目采用的是南高齿研制的PDM490-04型双级减速地铁齿轮箱，该型地铁齿轮箱具有高功率密度、承载强、可靠度高、易维护等特点，其无检修寿命大于120万km。

地铁齿轮箱是地铁车辆关键零部件电牵引系统的重要组成部分，处于变载荷、高振动等工况下，对其安全及稳定性要求极高。南高齿研制的地铁齿轮箱通过对车辆运行的各种工况模拟分析，确保齿轮箱满足强度和刚度要求，同时保证齿轮箱在不同倾斜状态下运行时，轴承、齿轮均能充分润滑。南高齿轨道交通系列齿轮箱采用多项专利技术及独特的齿轮修形技术，有效地提高了齿轮箱的承载能力，使齿轮箱具有高功率密度，产品整机的重量、体积、噪声及综合性能均达到国际先进水平。

南高齿轨道交通传动产品已广泛涉及地铁、有轨电车、城际、高铁车辆和机车等应用领域。目前，已有近20 000台南高齿齿轮箱在中国、北美、南美、欧洲、东南亚、南非等地的各类轨道交通车辆装备上稳定运行。

在风电传动领域，从2005年至2015年，南高齿集团在全球范围内已累计交付风电主齿轮箱3.7万台，累计装机量60GW，居全国销量首位。

南高齿是世界领先的风能传动和工业传动设备及解决方案供应商之一，以齿轮技术、产品和服务为核心业务，集生产、研发、销售、服务于一体，面向能源、重大装备和通用设备等工业领域，注重在清洁能源、低耗和高效领域的长期投入。这不仅让南高齿成为中国市场领先的风电齿轮箱研发与制造中心，更成为全球风能传动设备行业中增速最快、质量最稳定、服务最完善的供应商之一。

此外，南高齿齿轮集团子公司——南京高精齿轮集团有限公司也获得了美国石油协会颁发的API Spec Q1质量管理体系认证证书。该证书的获得表明南京高精齿轮集团有限公司针对高速齿轮箱的设计、加工和服务已经建立起了符合API Spec Spec Q1标准的质量管理体系。随着南高齿获得API Spec Q1质量管理体系认证证书，南高齿进军石油行业国际市场的壁垒已被打破。

南高齿高速齿轮箱产品在发电、冶金、石化、油气和科研等领域扮演着极为重要的角色，典型应用包括汽轮机、燃气轮机、鼓风机、压缩机、离心及轴流风机、高低压泵等机组配套齿轮箱。

在机器人传动技术领域，秦川机床集团有限公司的机器人关节减速器已形成了中小批量生产能力，随着工艺的进一步优化，未来预计产能或达到月产5 000台。目前秦川机床的关节减速器已经解决了前期研发过程中的工艺问题，各项指标均可以达到国外同类产品的水平。

中国航天科工集团二院699厂也在齿轮伺服机构精密装配技术研究方面取得重大突破，掌握了该产品可视、可测、可控的关键技术。目前此项技术已应用于实际生产，装配效率提高4倍左右。

伺服机构零件精度高且结构复杂，极易受装配应力影响而产生启动力矩分布不均匀的现象，导致产品性能不稳定。过去该产品的精密装配主要依靠工人经验，不仅周期、成本、质量等方面难以控制，且技术传承性差，成为制约武器系统生产的瓶颈问题。为此，699厂开展攻关，经过一年多时间取得了突破性成果。一方面制作了仿真装配演示视频，使整个装配过程实现可视化；另一方面通过专用检测设备的研制，使装配过程中的应力实时可测，实现了装配质量的可控性。

洛阳国舰齿轮传动有限公司大型高精工业用齿轮箱生产基地项目一期、二期已竣工，其中项目一期建成标准化厂房8 000m^2，包括恒温恒湿减振磨齿车间4 000m^2，引进具有国际领先水平的德国高精度成形磨齿机、先进齿轮检测仪等设备100余台；项目二期建成机械加工、装配车间及热处理车间1.5万m^2。项目三期新建机械加工及装配车间2万m^2，引进德国高精度数控成形磨齿机3台，国际先进的格林贝格齿轮检测设备1台，国内先进的配套生产设备数控车床、数控外圆磨床等4台。项目全部建成后，将成为我国又一高端齿轮加工及变速箱整机生产基地。

为推进以新产业、新技术、新模式、新业态为特征的“四新”经济发展，泰尔重工2015年被马鞍山市确立为“四新”经济试点企业。

“四新”经济是以现代信息技术广泛嵌入和深化应用为基础，以市场需求为根本导向，以技术创新、应用创新、模式创新为内核并相互融合的新型经济形态。是在新一轮科技革命、产业变革蓄势待发大背景下，国内经济发展理念不断创新而提出的以理论创新为先导的“四新”经济新理论、新取向，并把发展“四新”经济上升为推动转型升级的重要抓手，加速布局抢占即将到来的新一轮工业革命浪潮制高点。

作为行业领军企业，泰尔重工抢占发展先机，将现代信息技术与企业发展广泛结合起来，提出了“传动世界、智造未来”的使命，将智能化转型发展作为企业重点工作，以实际行动推动“四新”经济发展，切实融入“工业4.0”。

为推动行业技术进步和发展，由北京工业大学、北京市精密测控技术与仪器工程技术研究中心承办的“2015全国齿轮技术研讨会”在北京举行。会议主题为“中国制造2025”之齿轮技术，与会专家围绕齿轮行业形势、“十三五”规划与国家强基工程齿轮课题、面向机器人和数控机床的精密传动技术、齿轮箱的轻量化技术、齿轮与齿轮箱的测试试验技术、齿轮标准新动态与我国齿轮量值传递等方面内容进行了交流和讨论。

科技创新及新产品开发 在科技创新及新品开发方面，减速机行业也取得了不俗成绩。

由杭州前进齿轮箱公司自行研发试制的GCST77齿轮箱已交付用户使用。GCST77是为大型液化石油气船配套的大型齿轮箱，该产品按CCS船级社规范要求设计，能满足B2冰区加强的要求。在试制过程中，公司员工努力克服零件质量要求高，箱体组件高大给机加工和装配带来的诸多困难，圆满完成了试制任务。

首批配装法士特公司12挡AMT自动变速器的两辆中联重科180t全路面起重机已交付香港用户，标志着法士特AMT产品在继卡车、客车市场之后正式进入工程机械终端市场，这是国产AMT自动变速器首次匹配大吨位汽车起重机，不仅填补了工程机械市场无国产AMT的空白，同时打破了跨国公司在这一市场的长期垄断。

法士特AMT匹配中联重科起重机的B26国产化项目于2012年起动，从2013年开始做行驶可靠性试验，历时一年半，经过了北京试验场试验、常德坏路及无路试验、云贵川山区试验及高原路况试验和常规路面行驶试验等，累计试验里程超过5万km，具有极高的性价比和良好的可靠性，完全满足中联重科180t全路面起重机的使用要求。

据统计，法士特AMT系列自动变速器目前已通过200万km高温、高原、高寒和山区等各种工况、路况及各种载荷试验和物流车队的长期实际使用，具有安全、舒适、节能、易操控等明显优势，其高质量、高性能、高可靠性和低油耗、低排放、低成本的设计要求，进一步满足了行业发展和市场用户需求，成为引领行业未来发展的优选配置。

为突破机床产品质量与关键技术瓶颈，打破欧美、日本等发达国家对高端机床产品的国际市场垄断和核心技术封锁局面，由重庆机床（集团）有限责任公司牵头承担的国家科技计划项目“精密机械传动设计制造关键技术及其在齿轮机床的应用”课题启动。新组建的核心技术团队将结合国家“十二五”科技支撑计划项目“精密机械传动设计制造关键技术及其在齿轮机床的应用”课题研发的齿轮机床主轴箱与工作台精密机械传动系统性能试验检测平台，建立起企业机床性能测试实验平台与CAE分析能力。

通过该课题的实施，将建立起更为实际的“产、学、研、用”长效协作机制与平台，以及更具有国际竞争力的高端机床产品研发的核心技术团队，解决企业在产品设计、加工制造、装配工艺及质量与过程控制等方面实际存在的突出问题，迅速提高我国制齿机床行业的自主研发和创新能力，降低企业生产成本，提升企业产品质量、性能及效率，实现企业实际意义上的转型升级，进一步缩小我国机床企业与国外发达国家在核心技术研究、高端产品质量与性能等方面的差距。

由中国中车公司戚墅堰所自主研制的CRH380B高寒动车组齿轮箱通过了30万km运营考核，这标志着我国高速动车组齿轮驱动装置自主研发再获重大突破。

CRH380B高寒动车组由中国中车公司长春轨道客车股份有限公司研制，主要运行在哈大高速客专上。根据最近30年的气象记录，中国东北三省冬季极端最低温度达零下40℃，全年温差达到80℃，是中国最寒冷、也是温差最大的地区。低温对于高铁齿轮箱是一严峻的考验，甚至会导致轴温升高、轴承失效等严重后果，带来行车安全隐患。此前，高寒动车组齿轮箱技术一直被德国公司垄断。戚墅堰所为应对恶劣的运营环境，对高寒动车组齿轮箱专门进行了设计优化和仿真分析，采用耐低温性能更加优良的齿轮和箱体材料，保证整机系统在低温工况的可靠性。经过9个月的线路运营考核，由中铁检验认证中心、沈阳铁路局等单位人员组成的专家组一致认定：国产高寒齿轮箱运行状态良好，满足线路运营要求。

截至目前，戚墅堰所机车齿轮箱产品已经覆盖高速动车组高寒、非高寒两大领域，拥有160～380km/h各个速度等级的高速动车组齿轮箱设计、生产创新平台，建立了完整的试验验证体系，已经生产各类高铁齿轮箱14 000多套。

由江苏泰隆集团与重庆大学机械传动国家重点实验室历经4年之久的攻坚克难，突破了日本、捷克等国外技术垄断，自主研发出摆线针轮减速器、谐波减速器、轮边发动机减速器、摆线钢球减速器等四款高精密减速器，实现了国产机器人用精密减速机国产化的突破。

该产品获授权专利13项，其中，国际发明专利1项（美国），国内发明专利6项，新型实用专利6项，被列入国家“863”计划项目、国家科技支撑项目和国家自然科学基金等重点扶持项目。目前，该产品已完成了机体理论结构设计、加工制造、性能测试、成套技术实验室验证与批量生产考核，产品已经高精密五轴喷涂机器人多关节驱动系统实际应用，并通过了国内权威专家组的科技成果鉴定，总体技术水平国内领先，核心技术达国际同类产品先进水平。

由杭齿集团承担的浙江省前进传动技术研究院建设项目顺利通过验收。浙江省前进传动技术研究院建设于2012年，公司在研究院建设期间，不断加大科技投入，先后承担国家支撑计划、国家火炬计划项目2项、省部级重大科技专项4项、省级新产品计划项目11项；主持国家和行业标准制修订2项；在高端重载齿轮箱传动装置关键技术及产业化等方面取得了突破性成果，获得国家科学技术奖二等奖1项、浙江省科学技术奖一等奖、三等奖各1项，授权专利157项，其中发明专利9项；成果转化取得了显著的经济效益。

浙江省前进传动技术研究院建设成功对完善公司技术创新体系、提高创新能力、提升产品技术水平发挥了积极作用，为杭齿集团公司的可持续发展打造了强大的核心竞争力。

燃气轮机高速重载齿轮箱的研制是“1150工程”燃机重大专项项目之一，项目结合QD128型燃气轮机齿轮箱研发，重点解决高速重载齿轮箱关键设计和工艺技术难题。专家组认为，燃气轮机高速重载齿轮箱研制项目的研发成功不但能提高产品的整体性能，还能持续提高中航工业公司对于齿轮传动系统的研发、制造能力，为中国航空事业的可持续性发展做出贡献。

由杭齿集团承担的浙江省重大科技专项“大兆瓦级风电齿轮箱关键技术研究及产业化”项目顺利通过浙江省科技厅验收。“大兆瓦级风电齿轮箱关键技术研究及产业化”项目，是杭齿集团与浙江大学合作进行的产学研联合开发项目。从2011年立项至今，项目重点研究了差动行星机构与柔性均载机构等创新设计技术，通过对风电齿轮箱振动分析、动态可靠性分析，箱体有限元分析、齿轮疲劳强度分析等技术的应用，对齿轮箱进行优化设计，以提高齿轮承载能力、啮合平稳性和可靠性；建立温度、压力、振动位移、噪声等有效状态监测参数采集与分析试验台，分析各种信号特征，建立关键参数与设备运行稳定性的量化关系和评价体系，为远程运行实况监测和故障分析提供依据。

该项目的实施，成功研制出了适应我国风场的2MW及3MW的风电齿轮箱样机并实现产业化。

由南高齿集团研发的四项新产品也顺利通过技术鉴定。该四项产品分别为：亚洲最大功率的卸船机差动齿轮箱、国内输出转矩最大/卷板厚度最厚的卷板机减速机、国内首次自主研发的ZX320水泥磨中心传动行星齿轮箱及可应用于多种薄板生产线的ESP热轧板材高速剪用主齿轮箱。亚洲最大功率的卸船机行星差动齿轮箱，齿轮箱总装机功率为3 200kW，2013年出口马来西亚，用于亚洲首例最大生产率的桥式抓斗卸船机项目，其搬运率为4 000t/h。通过该齿轮箱可实现抓斗的起升、下降、打开、闭合以及抓斗小车的前行、后退、走曲线等所有动作，可大大简化卸船机结构并减轻其重量。

为了提升国内卷板装备加工水平，适应市场发展需求，南高齿研发的全新结构的卷板机减速机是一种低速重载、高可靠性的卷板机用齿轮箱，其最大输出转矩为7 800kN·m，最大卷板厚度为280mm，是目前国内输出转矩最大、卷板厚度最厚的卷板机减速机。该减速机采用了国内首创的全新功率合流、组合式减速机结构，卷板厚度规格跨度大，解决了国内卷板、压延行业对超厚、超宽，特别是硬度较高的金属板材进行卷曲加工的问题，产品性能及设计结构也达到了国内领先水平，填补了国内卷板装备领域的空白。

ZX320水泥磨中心传动行星齿轮箱是水泥球磨机系统的核心设备之一，采用“输入级人字齿轮副+两级行星齿轮副”的三级传动结构形式，具有体积小、承载能力强，可靠性高等特点，可大幅度降低齿轮箱重量。

ZX系列水泥磨中心传动行星减速机是南高齿自主研制的一种新型低速重载行星减速机，可以同时满足大功率、大速比且小体积的要求。该系列减速机由南高齿于2009年向市场推出，并于2010年获得国家实用新型专利。目前，该型减速机已成功应用于国内外多个项目并获得市场一致好评。

ESP是薄（中）板坯连铸连轧技术的一种，用于热轧带钢，其工艺实现了精轧机组的无头轧制，整线紧凑，具有低能耗、高质量、高成材率等优势。

ESP热轧板材高速剪用主齿轮箱输入转速高，冲击力大。南高齿设计和制造的ESP热轧板材高速剪用主齿轮箱攻克了一系列的技术难关，具有大转矩、高转速、高稳定性的特点。该产品可针对不同的带钢厚度采用液压驱动离合装置进行工作模式的自动切换，剪切扭矩和剪切速度跨度大，工艺适应性好，可应用于多种薄板生产线，特别是先进的ESP热轧板材生产线。

由法士特公司承担的国家“十二五”科技支撑计划课题“商用车变速器制造物联应用”项目也通过了有关部门组织的验收。“商用车变速器制造物联应用”项目由法士特公司承担，中国海洋大学参与。主要以商用车变速器企业为代表的离散制造业生产企业为研究对象，围绕生产管理精益化和制造过程协同化的需求，攻克制造过程物联应用关键技术，集成应用制造过程物联标准及共性技术、信息集成技术等相关课题研究成果，利用非接触性电子识别和电子看板等制造物联技术，识别物料身份，记录加工状态，实现车间在制品实时监控、质量追溯功能，研究商用车生产过程制造物联应用，提高变速器制造生产效率和的供应链的准确性，降低生产和工业物流成本，为其他行业制造物联技术的集成应用提供可借鉴的参考经验和应用示范。

由绍兴前进齿轮箱有限公司承担并自主研发的“DL800农机动力换挡齿轮箱”“LJ3F1000农机动力换挡齿轮箱”“QSWZ32转向驱动桥”和“06/16镁合金箱体船用齿轮箱”四项新产品通过了浙江省新产品鉴定，四项产品在结构设计上均有创新，其中的“DL800动力换挡齿轮箱”产品荣获了中国农业机械工业协会颁发的“2015中国农机零部件产品”创新奖。四项产品技术均处国内同类产品领先水平。

标准化与科技奖励 2015年又有一批减速机行业标准通过审查并发布。2015年发布的减速机行业标准见表1。

表1 2015年发布的减速机行业标准

序号	标准号	标准名称
1	JB/T 8853—2015	圆锥圆柱齿轮减速器
2	JB/T 9050.1—2015	圆柱齿轮减速器 第1部分：通用技术条件
3	JB/T 5558—2015	减（增）速器试验方法
4	JB/T 7683—2015	机械无级变速器分类及型号编制方法
5	JB/T 7935—2015	圆弧圆柱蜗杆减速器
6	JB/T 5559—2015	锥面包络圆柱蜗杆减速器
7	JB/T 6502—2015	NGW行星齿轮减速器
8	JB/T 12230—2015	HP型行星齿轮减速器
9	JB/T 12231—2015	JP型行星齿轮减速器
10	JB/T 5243—2015	收获机械传动箱清洁度测定方法
11	JB/T 9721—2015	土方机械减速器试验方法
12	QC/T1022-2015	纯电动乘用车减速器总成技术条件

2015年减速机行业又有一批科研项目获得了不同层次的科技进步奖。

由杭州前进齿轮箱集团股份有限公司开发的“特大速比800系列船用齿轮箱”项目荣获浙江机械工业科学技术奖一等奖。杭齿公司“GCH1000型船用齿轮箱”项目荣获浙江机械工业科学技术奖二等奖。

由杭州前进齿轮箱有限公司与浙江大学合作的“大功率船用齿轮箱关键技术研究及应用”项目荣获浙江省科学技术奖一等奖。由杭州前进齿轮箱有限公司与浙江理工大学合作的“轮式装载机驱动桥关键技术研究与应用”获浙江省科学技术奖三等奖。

由南车戚墅堰机车车辆工艺研究所有限公司开发的“CRH3型系列动车组齿轮箱驱动装置”项目荣获江苏省科学技术奖一等奖。苏州通润驱动设备股份有限公司的“FT系列扶梯驱动主机”项目荣获江苏省科学技术奖三等奖。

〔撰稿人：中国重型机械研究院股份公司赵玉良　审稿人：中国重型机械研究院股份公司王宇航〕

制 动 器

中国重型机械行业中的制动器分行业主要是为起重运输机械、冶金矿山机械、风力发电机械和港口机械等提供配套制动器产品的行业。2015年，我国钢铁、水泥、有色金属等行业继续实施淘汰过剩产能、转型升级的政策，制动器行业在2014年负增长的基础上继续徘徊。但是行业部分企业升级换代、创新产品也赢得了可喜收获。2015年风电行业制动器需求业务量稳步上升，风电行业制动器的后市场呈现出勃勃生机。

生产发展状况 2015年制动器行业主要经济指标完成情况见表1。

表1 2015年制动器行业主要经济指标完成情况

指标名称	实际完成（万元）
工业总产值	108 206.03
工业增加值	-13 101.18
主营业务收入	88 693.46
产品销售税金及附加	819.27
利润总额	13 932.26

2015年，制动器行业工业总产值比上年下降了10.8%，主营业务收入比上年下降了9.0%；利润总额比上年增长了9.6%。主营业务收入下降和利润总额上升的主要原因：一是制动器主要的上游市场需求持续下降，钢铁、煤炭、港口、矿山等均出现需求萎缩，订单下降的局面依然存在。部分企业升级换代产品、创新产品等附加值较高产品的份额同比上升。二是风力发电行业，自2014年下半年市场全面恢复以来，风电制动器产品的需求出现稳步增长、明显回升的局面。三是行业主要企业——焦作金箍制动器股份有限公司对主营业务收入进行结构性调整，坚持带款提货政策，虽然丢失部分市场，但是资金回收取得了较好的效果，经济运行形势出现向好走势，主营业务收入和利润均平稳发展。焦作金箍制动器股份有限公司在做好风电制动器配套供货的同时，努力开发风电制动器后市场，取得了良好的效果。江西华伍制动器股份有限公司，在市场需求下降的情况下，调整产品结构，加强内部管理，着重进行制动器及其控制系统的研发、设计，增加了企业发展的动力。2015年江西华伍制动器股份有限公司主营业务收入比上年增长25.5%，利润比上年增长9.0%。部分企业转型升级、创新产品带来了生机，变频

变力技术、惯性技术、叠加技术在制动器中的应用逐步得到用户的认可，取得了市场和利润双赢的效果，使收入和利润水平下滑的趋势得到逆转。但是制动器行业整体仍然存在市场需求下降的态势。行业企业重新洗牌加剧，制动器行业整体已经进入调整期。2015 年制动器行业主要企业主营业务收入和利润完成情况见表 2。

表 2　2015 年制动器行业主要企业主营业务收入和利润完成情况

企业名称	主营业务收入（万元）	利润（万元）
江西华伍制动器股份有限公司	40 851	4 750
焦作金箍制动器股份有限公司	26 443	2 030
焦作长江制动器有限公司	5 499	896
上海博瑞制动器有限公司	8 150	530
石家庄五龙制动器股份有限公司	5 231	450
长沙三占惯性制动有限公司	3 655	185
贵阳天龙摩擦材料有限公司	1 504	112
宁波华阳起重电器有限公司	310	20

产量及产品结构　2015 年全行业制动器的产品结构性变化较大，产品向多品种小批量方向发展，其中制动器系统和制动系统控制产品的销售量增加。批量化产品总产量下降，非标准产品和个性化产品产量增加。虽然电力液压制动器仍占制动器行业生产产量的主导地位，但是盘式制动器、带式制动器和钳盘式制动器等个性化制动器产品市场进一步扩大。具有变频变力技术、惯性技术、叠加技术的制动器产品，以及制动器控制系统也逐步被市场接受，使用范围逐渐扩大，使用量逐步提高，取代了部分传统电力液压制动器产品。2015 年制动器行业分类产品产量见表 3。2015 年制动器行业主要企业产品产量见表 4。

表 3　2015 年制动器行业分类产品产量

产品名称	产量（台）
电力液压块式制动器	118 023
电力液压盘式制动器	8 840
直流电磁块式制动器	8 203
交流电磁块式制动器	15 000
气动钳盘式制动器	1 084
风电偏航制动器	19 304
惯性制动器	500
双推杆推动器	30 380
单推杆推动器	79 300

表 4　2015 年制动器行业主要企业产品产量

企业名称	产量（台）
江西华伍制动器股份有限公司	65 048
焦作金箍制动器股份有限公司	61 201
焦作市长江制动器有限公司	45 000
上海瑞制动器有限公司	27 050
石家庄五龙制动器股份有限公司	22 000
长沙三占惯性制动有限公司	6 050
宁波华阳起重电器有限公司	3 200
贵阳天龙摩擦材料有限公司	300

〔撰稿人：中国重型机械工业协会传动部件专业委员会邢德文　审稿人：中国重型机械工业协会李镜〕

油膜轴承

生产发展情况　2015 年，我国钢铁消费与产量呈下降态势，钢铁行业经济效益大幅下降，亏损面大幅上升，加上资金紧张，钢铁企业经营困难。钢铁行业的现状对轧机油膜轴承行业的影响主要表现在①新建轧机项目较少，成套油膜轴承需求量比上年减少，备件需求量与上年持平；②一些钢厂轧机运行多年，轧机相关设备（轧辊、轴承座、AGC 缸、润滑系统等）精度下降，影响了油膜轴承的运行精度，进水、漏油及轴承烧损的现象时有发生，一些关键零部件的修复再利用需求增加。

2015 年国内，在建的油膜轴承轧线有：唐钢中厚板 3500 粗轧机、营口京华 3800 宽厚板轧机、印尼 1780 热连轧机、沙钢 3500 宽厚板轧机、山钢日照 2250 热连轧机等。投入运行的轧线有：宝钢湛江 2250 热连轧机、沈阳有色 1780 炉卷轧机、燕山钢铁 1580 热连轧机、攀钢西昌 2050R1 轧机、日钢 ESP 轧机等。

2015 年油膜轴承备件销量占油膜轴承整体销量的 60% 左右。其中油膜轴承零部件修复数量增长很快。

国内从事轧机油膜轴承业务的企业主要以太原重型机械集团有限公司（简称太重集团）为代表。太重集团 1958 年开始研制油膜轴承，目前已成为国内唯一集产品研发、设计、制造、服务为一体的专业生产企业，产品规格从 ϕ160 ~ 2 000mm，能满足所有热轧板带轧机、冷轧板带轧机装备要求。太重集团也是我国《轧辊油膜轴承》行业标准的制定者。中国有色（沈阳）冶金机械有限公司从事少量轧机油膜轴承的制造，还有一些国外公司，如普瑞特设在上海的工厂、达涅利设在常熟工厂也从事轧机油膜轴承制造业务。

行业交流 2015年9月，中国重型机械工业协会油膜轴承分会与太重集团在太原联合举办了“中国重型机械工业协会油膜轴承分会2015年度会员大会暨轧机油膜轴承技术研讨会”。中国重型机械工业协会、国内钢铁企业、油膜轴承制造企业和科研院校等21个单位的50名代表参加了会议。参会代表由国内研究油膜轴承的知名专家学者、轧机油膜轴承用户、轧机油膜轴承制造企业人员等组成。大会选举产出了第六届油膜轴承理事会，并就轧机油膜轴承的理论研究、新技术推介、现场使用维护经验等进行了深入交流。

产量及市场 太重集团油膜轴承产品的国内市场占有率达到80%，同时远销日本、印度、德国、英国、巴西、南非和哈萨克斯坦等15个国家。沈阳冶金机械有限公司、上海普瑞特、常熟达涅利的国内市场占有率达到20%。

截至2015年年底，我国已建成的使用油膜轴承的轧机机架数达到661个，其中热轧宽带轧机机架472个，中宽厚板轧机机架122个，冷轧带钢轧机机架67个。

2015年油膜轴承行业主要产品产量和出口额见表1。

表1 2015年油膜轴承行业主要产品产量和出口额

产品名称	产量		出口额	
	数量（t）	比上年增长（%）	数量（万元）	比上年增长（%）
油膜轴承	2 064/2 030	-1.65	51.5/54	4.85

科技成果及新产品 太重集团针对现有一些老旧机械锁紧结构的轧机油膜轴承设计出一套全新的液压锁紧机构——U形油缸锁紧装置。以U形油缸、推动元件为主体，配合挡盖、锁定部等零件共同作用，实现油膜轴承的锁紧及拆卸。锁紧时高压油输入到锁紧油腔，使推动元件向轧辊辊身方向移动，将油膜轴承锁紧到轧辊上。拆卸时高压油输入到拆卸油腔，使推动元件向辊端移动，将油膜轴承从轧辊上拆卸下来。U形液压锁紧装置结构紧凑、可靠性高、成本低。在不改动原有轧辊结构与尺寸的情况下，可用于改造已使用机械锁紧装置的油膜轴承。U形液压锁紧装置，可降低油膜轴承与轧辊的成本，提高锁紧精度，减少锁紧时发生事故的可能性，延长锁紧机构的使用寿命。为此，太重集团新增“移动式油膜轴承装拆工具”“一种高精度加工两半瓦薄壁衬套工装”2项发明专利。

现有油膜轴承密封装置因其结构限制，在使用过程中存在润滑油泄漏造成资源浪费和环境污染等问题，同时密封更换周期短、维护成本高。针对这些问题，太重集团设计出一套新型油膜轴承密封装置。该密封装置由密封盖、定距环、密封箍和脚型密封组成，套装在由锥套、衬套、轴承座和轧辊构成的空间内，其特征在于：脚型密封的密封肢橡胶体内嵌入弹性支撑骨架，密封盖上、与双道所述密封肢的耦合面部位，粘结自润滑耐磨层，密封盖内孔底部增设集油槽及导油孔，导油孔的出口连接导油管，导油管出口位于与轴承座的回油出口孔处。与现有技术相比，具有以下优点：①脚型密封的封油肢橡胶体内嵌入弹性支撑骨架，解决了高温环境（特别是热轧油膜轴承）导致密封肢回弹力不足问题，充分保证了密封肢对密封盖的“追随性”。②密封耦合面粘结自润滑耐磨层，摩擦系数低，延长了橡胶密封件的使用寿命。③密封盖底部设置集油槽及导油孔，导油孔出口连接导油管，可将越过首道油封肢的润滑油集聚，并通过导油管引导到轴承座回油出口孔处，降低了润滑油的泄漏量。新密封装置，具有密封效果好，使用寿命长，润滑油泄漏小，运行成本低，结构紧凑，拆装便捷的优点。

太重集团针对宝钢1580轧机结构特点及原油膜轴承存在的不足，进行优化设计、制造，优化后的油膜轴承满足轧机使用要求，提高了装拆效率，降低了运行成本。宝钢1580精轧机F1－F7油膜轴承采用美国麦斯塔公司的技术，属于一种全无键的结构形式，锥套靠过盈与辊颈连接。装配时，借助高压液压油将锥套涨大套入轧辊辊颈，液压撤去后，锥套收缩抱紧辊颈。从结构看，该轴承的刚性大、旋转精度高，有利于获得高精度的板材。但频繁拆装均需将锥套涨缩来完成，对锥套的材料性能要求极高，出现过量的不能恢复的塑形变形是锥套失效的主要原因。宝钢1580热轧精轧机组麦斯塔形油膜轴承锥套的平均使用寿命为5～8年，来自日本同行的数据显示，此类锥套的寿命也是5～8年，这一寿命远短于TZ型无键型轴承。随着原始装机件逐步报废，新增补备件的寿命均不超过5年，短的只有2年左右。该结构锥套制造成本高、使用寿命较短，而且装拆过程复杂。太重集团于2014年进行优化设计，样机于2015年交货并装机，目前，使用效果良好。

2015年油膜轴承行业新产品新技术开发情况见表2。

表2 2015年油膜轴承行业新产品新技术开发情况

项目名称	主要技术性能
宝钢1580热连轧机油膜轴承改造	油膜轴承直径：1 065mm
	轧制压力：40 000kN
唐山中厚板3500轧机粗轧油膜轴承	油膜轴承直径：1 450mm
	轧制压力：75 000kN
营口京华3800轧机油膜轴承	油膜轴承直径：1 520mm
	轧制压力：85 000kN
印尼1780热连轧机油膜轴承	油膜轴承直径：1 065mm
	轧制压力：43 000kN
沙钢3500宽厚板轧机精轧油膜轴承	油膜轴承直径：1 500mm
	轧制压力：70 000kN

注：表中仅收录太原重型机械集团有限公司的资料和数据。

对外合作

2015 年太重集团与中国第一重型机械集团公司签订了印尼 1780 热连轧机油膜轴承供货合同，这是国产油膜轴承第一次成套出口到印尼市场。太重集团与印度 JSW、JSL 等钢铁巨头达成了油膜轴承供货意向，将于 2016 年为其现有生产线提供备品备件。

〔撰稿人：中国重型机械工业协会油膜轴承分会孙鹏程 审稿人：中国重型机械工业协会油膜轴承分会杨汇荣〕

润滑液压设备

生产发展情况 2015 年，润滑液压设备行业受到国家限产能、去库存的政策影响，行业企业的订单大幅下降，生产成本上涨，应收账款增加，企业的盈利能力下降，造成企业自身发展能力严重不足。润滑液压设备行业的企业多数为中小型民营企业，自有资金少，创新能力低，抗市场风险能力不足。但是润滑液压设备行业企业，克服企业内部自身困难，以市场为导向，增强企业内部科技创新能力的建设，提升核心竞争力，加快产业结构调整和产业转型升级的步伐，克服企业订单下滑的严重挑战，加大新产品的开发力度，加快产品结构调整，扩大产品的应用领域，提高产品的技术含量，扩大企业的市场占有率，使行业维持了一定程度的发展。

2015 年，润滑液压设备行业实现工业总产值 19.15 亿元，较 2014 年下降 15.90%，产品销售收入 18.51 亿元，较 2014 年下降 13.51%，产品出口 1290.4 万美元，较 2014 年下降 16.20%。2015 年润滑液压设备行业 35 家主要生产企业主要经济指标完成情况见表 1。

润滑液压设备行业主要生产企业有：太原矿山机器润滑液压设备有限公司、四川川润股份有限公司、常州市华立液压润滑设备有限公司、启东润滑设备有限公司、上海澳瑞特润滑设备有限公司、南通市南方润滑液压设备有限公司、启东市南方润滑液压设备有限公司、上海润滑设备厂有限公司、四平维克斯换热设备有限公司、启东中冶润滑设备有限公司、启东安升润滑设备有限公司、启东丰汇润滑设备有限公司、温州市三丰润滑设备制造有限公司、江苏澳瑞思液压润滑设备有限公司、沈阳市北方润华冷却设备有限公司、温州市龙湾润滑液压设备厂、北京中冶华润科技发展有限公司、大连华锐股份有限公司液压装备厂、沈阳市北方润滑设备制造有限公司、淄博九洲润滑科技有限公司、温州中合润滑设备制造有限公司、沈阳市大金润滑设备厂、苏州宝宇液压设备制造有限公司、四平市隆百洲机电科技有限公司、沈阳三丰液压润滑设备有限公司、江苏恒泰自动化润滑设备有限公司、美润思（北京）科技有限公司、浙江镇南精工机械有限公司、宁波盛发液压有限公司、黄山工业泵制造有限公司、陕西中润液压设备有限公司、淄博市博山润丰油泵厂、南通市博南润滑液压设备有限公司、泰州市远望换热设备有限公司及重庆安特瑞润滑设备有限公司。

表 1 2015 年润滑液压设备行业 35 家主要生产企业主要经济指标完成情况

指标名称	指标单位	实际完成
工业总产值（当年价）	万元	191 538
工业总产值同比增长	%	-15.90
工业增加值	万元	44 621
产品销售收入	万元	185 100
产品销售税金及附加	万元	11 823
利润总额	万元	7 530
年末固定资产原价	万元	67 650
年末固定资产净值	万元	50 435
流动资产合计	万元	146 755
流动资产平均余额	万元	131 875
流动负债合计	万元	110 487
流动负债平均余额	万元	92 566
所有者权益	万元	81 021
全员劳动生产率	元/人	103 529

注：表中全员劳动生产率（元/人）是按当年工业增加值和企业人数计算的

2015 年，润滑液压设备行业有 35 家主要生产企业，按企业所有制性质划分，国有企业 2 家，占全行业企业总数的 5.71%，上市公司企业 1 家，占全行业企业总数的 2.85%，外资控股企业 1 家，占全行业企业总数的 2.85%，私人控股企业 31 家，占全行业企业总数的 88.57%。

产品分类产量 按照使用领域的不同，润滑液压设备分为润滑产品和液压产品两大类。润滑产品又根据使用介质的不同和润滑部位的不同分为稀油润滑、干油润滑、油气润滑、工艺润滑和喷射润滑五大部分。液压产品主要有斜轴式轴向柱塞泵、径向柱塞马达、乳化液泵装置、冶金设备液压系统、综合采煤机液压元件和系统及液压油缸等。各主要生产企业在面对市场的同时，积极提高企业核心竞争力，增强企业的科技创新能力，以市场为导向，积极开拓市场，企业主导的产品产量较 2014 年有一定幅度的增长，但大部分产品类型产品有一定程度的下滑。2015 年润滑液压设备行业主要产品产量及销量见表 2。

表2　2015年润滑液压设备行业主要产品产量及销量

产品名称	单位	产量	产量比上年增长（%）	销量	销量比上年增长（%）
稀油站（系统）	台（套）	4 818	-30.87	4 738	-28.50
干油站（系统）	台（套）	12 901	-16.47	10 701	-14.78
冷却器	台	10 213	18.36	9 436	17.55
干油分配器	块	137 845	-11.37	125 482	-10.97
油气润滑系统	台（套）	439	-5.76	427	-3.89
工艺润滑站（系统）	台（套）	58	-38.15	53	-36.78
液压站（系统）	台（套）	1 159	-11.78	1 030	-8.77
液压柱塞泵	台	6 671	8.53	5 211	9.13
其他润滑液压产品	台（套）	12 612	-11.02	11 285	-9.56
液压缸	套	2 065	-15.16	2 231	-7.56
风电润滑（系统）	套	1 159		958	

市场及销售　2015年，润滑液压设备生产企业，在国家紧缩银根的政策调控环境下，主动迎接市场的挑战，主营业务向相关产业延伸，积极开拓国外市场，促使企业转型升级。2015年，润滑液压产品的订货量较2014年有所下降，销售量较2014年下降9.47%。2015年润滑液压行业生产集中度，较2014年有一定的提高，生产过亿元单位的销售收入总计130 093万元，占整个行业销售收入的70.28%。2015年润滑液压设备行业销售收入过亿元的企业见表3。

润滑液压设备产品进出口　2015年，由于国际市场整体疲软，润滑液压设备行业随主机配套的出口量减少，零部件出口也有所下降，总出口量2015年较2014年下降了1.45%，2015年度进口额相比2014年增加了7.55%，2015年度进出口额呈现逆差。2015年润滑液压设备产品进出口情况见表4。

表3　2015年润滑液压设备行业销售收入过亿元的企业

序号	企业名称	销售收入（万元）
1	四川川润股份有限公司	48 300
2	常州市华立液压润滑设备有限公司	30 017
3	南通市南方润滑液压设备有限公司	20 174
4	启东市南方润滑液压设备有限公司	18 102
5	启东润滑设备有限公司	13 500
6	合计	130 093

表4　2015年润滑液压设备进出口情况

产品名称	进口量	单位	进口额（万美元）	产品名称	出口量	单位	出口额（万美元）
过滤器、净油机	件	129	131.5	稀油站	套	268	375.3
各类冷却器	台	41	157.6	液压系统	套	25	415.6
各类润滑泵	台	175	186.6	干油系统	套	35	26.5
各类控制阀	台	1 936	496.7	冷却器	台	23	41.5
各类仪器仪表	套	10 678	756.5	润滑泵	台	103	101.7
				其他	件	4 460	329.8
合计		12 959	1 728.9	合计		4 914	1 290.4

〔撰稿人：中国重型机械工业协会润滑液压设备分会徐郁林　审稿人：中国重型机械工业协会润滑液压设备分会郝尚清〕

中国
重型
机械
工业
年鉴
2016

分析冶金机械、矿山机械、物料搬运机械行业国内、国外市场情况

It analyzes international and domestic market situations concerning metallurgical machinery, mining machinery, material hoisting and handling machinery

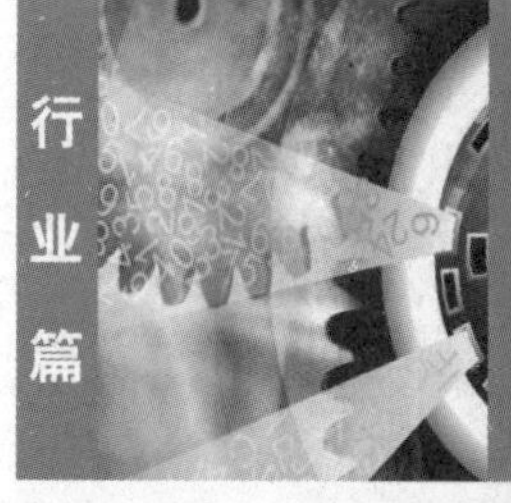

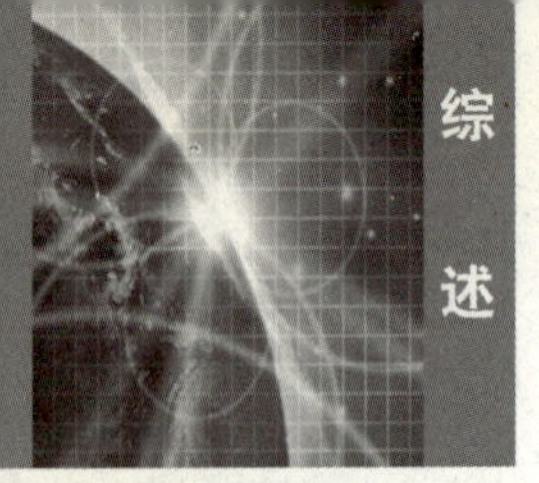

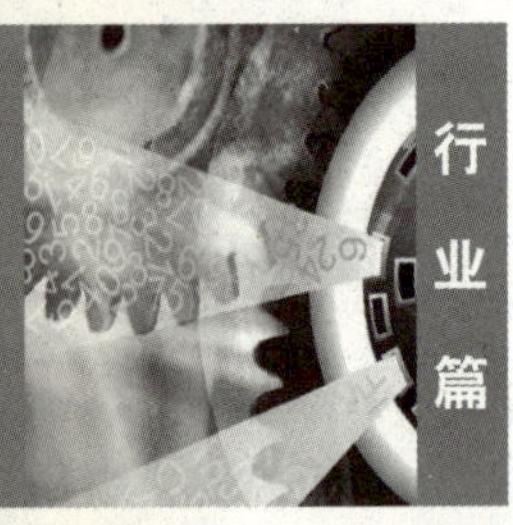

市场篇

冶金机械国内市场及进出口情况

一、国内市场情况

（一）行业基本运行情况

1. 冶金机械行业主要经济指标

2015年，冶金机械行业资产总额为1 611.13亿元，比上年减少2.40%；负债总额1 123.57亿元，比上年减少9.11%；应收账款净值335.01亿元，比上年减少8.08%；利润总额24.24亿元，比2014年的-49.37亿元，增长149.10%；主营业务利润总额率2.03%，比2014年的-4.16%上升6.19个百分点；全年企业亏损面为25.69%，比2014年的17.56%，上升8.13个百分点。（数据来源：《中国重型机械工业协会统计简报2015年12月》）

（1）冶金机械行业近3年主营业务收入增幅。冶金机械行业主营业务收入增幅2013年为2.93%；2014年为2.29%；2015年为1.82%，增幅持续走低。

2015年冶金机械行业各月主营业务收入增幅呈下降趋势，其中1—2月增幅为全年最高点8.06%，6月降至0.96%，10月降到最低点0.16%，至12月全年主营收入增幅上升为1.82%。2014—2015年1—12月冶金机械行业主营业务收入增幅比较见图1。

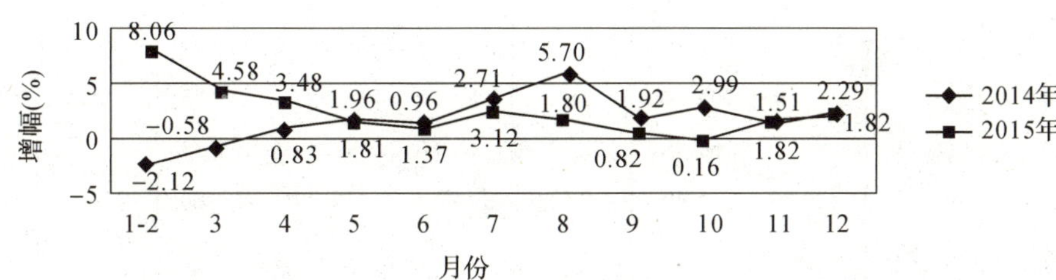

图1　2014—2015年1—12月冶金机械行业主营业务收入增幅比较

（2）冶金机械行业近3年利润总额。冶金机械行业2015年利润总额24.24亿元，比2014年-49.37亿元，同比增长149.10%，利润总额总体呈上升趋势。

（3）冶金机械行业近3年主营业务收入利润。冶金机械行业主营业务收入利润2013年为155.04亿元，2014年为146.48亿元，2015年为128.96亿元，呈持续走低趋势。

（4）冶金机械行业主要经营指标完成情况。2015年冶金机械行业按企业规模、企业注册类型、控股类型分类的主要经营指标完成情况见表1。国有企业亏损面大，私营企业情况相对较好。

表1　2015年冶金机械行业按企业规模、企业注册类型、控股类型分类的主要经营指标完成情况

企业分类	主营业务收入（亿元）	比上年增长（%）	主营业务成本（亿元）	比上年增长（%）	主营业务收入利润（亿元）	比上年增长（%）	利润总额（亿元）	比上年增长（%）	企业亏损面（%）	上年同期（%）
冶金机械行业	1 196.36	1.82	1 060.96	2.45	128.96	-3.33	24.24	149.61	25.69	17.56
1. 按企业规模分列										
大型企业	335.88	1.29	309.19	1.31	25.48	1.19	-12.54	-85.83	52.94	47.06
占行业比重（%）	28.08		29.14		19.76		-51.72			
中型企业	359.05	-1.46	313.41	-0.73	43.32	-6.90	19.19	-0.52	38.24	29.41
占行业比重（%）	30.01		29.54		33.59		79.16			
小型企业	501.42	4.67	438.35	5.71	60.16	-2.49	17.59	-13.48	22.81	14.69
占行业比重（%）	41.91		41.32		46.65		72.56			

（续）

企业分类	主营业务收入（亿元）	比上年增长（%）	主营业务成本（亿元）	比上年增长（%）	主营业务收入利润（亿元）	比上年增长（%）	利润总额（亿元）	比上年增长（%）	企业亏损面（%）	上年同期（%）
2. 按注册类型分列										
国有企业	43.80	-32.38	45.62	-37.31	-1.95	-76.18	-5.27	-93.88	78.57	64.29
占行业比重（%）	3.66		4.30		-1.51		-21.76			
私营企业	608.02	15.30	541.94	18.81	62.82	-8.04	28.39	3.59	18.69	11.48
占行业比重（%）	50.82		51.08		48.72		117.11			
其他内资企业	449.97	-5.67	391.53	-5.14	56.07	-9.25	0.16	-98.20	28.96	19.67
占行业比重（%）	37.61		36.90		43.48		0.66			
三资企业	94.57	-10.72	81.86	-12.83	12.02	4.52	0.97	5.82	46.15	38.46
占行业比重（%）	7.91		7.72		9.32		3.98			
3. 按控股类型分列										
国有控股	293.04	-14.68	265.20	-16.71	26.36	12.66	-14.20	-83.86	57.78	44.44
占行业比重（%）	24.49		25.00		20.44		-58.60			
集体控股	22.98	-4.40	19.61	-5.40	3.28	2.66	0.66	0.51	7.69	7.69
占行业比重（%）	1.92		1.85		2.54		2.74			
私人控股	798.34	12.34	705.34	15.54	88.53	-7.97	37.45	-0.52	20.65	12.99
占行业比重（%）	66.73		66.48		68.66		154.53			
三资控股	46.23	-27.08	41.40	-27.80	4.57	-22.17	-0.80	-241.90	53.57	42.86
占行业比重（%）	3.86		3.90		3.54		-3.29			
其他控股	35.77	6.78	29.40	2.80	6.21	30.97	1.12	267.47	33.33	25.00
占行业比重（%）	2.99		2.77		4.82		4.63			

注：数据来源于《中国重型机械工业协会统计简报》2015年12月期。

2. 冶金机械行业主要产品情况

（1）基本情况。2015年冶金机械行业主要产品产量处于负增长状态。冶炼设备产量2013年增幅为5.75%、2014年增幅为-3.49%、2015年为-11.62%，连续下行趋势加速；2013年轧制设备增幅为-5.08%、2014年为-11.96%、2015年为-17.24%，连续3年下滑。2015年冶金机械行业主要产品产量见表2。

表2　2015年冶金机械行业主要产品产量

产品名称	企业数（家）	本年产量（万t）	上年同期（万t）	比上年增长（%）
冶金机械合计	171	116.77	136.06	-14.18
1. 金属冶炼设备	98	65.55	74.17	-11.62
2. 金属轧制设备	73	51.22	61.89	-17.24

注：数据来源于《中国重型机械工业协会统计简报》2015年12月。

（2）产品分布情况。

冶炼设备：全国有厂家98个（2014年106个），分布地区21个。其中：河北省15家企业产量13.47万t、甘肃省1家企业12.18万t、辽宁省7家企业7.65万t；三地区企业数占比为23.47%，产量占比为50.80%。轧制设备：全国有厂家73个（2014年75个），分布地区20个。其中：福建省4家企业产量13.75万t、河北省13家企业9.85万t、江苏省9家企业5.77万t；三地区企业数占比为35.62%，产量占比为57.34%。

3. 冶金机械行业固定资产投资情况

2015年，冶金机械行业固定资产投资增速放缓，完成固定资产投资231.82亿元，比上年下降16.83%，增幅比上年同期下降39.50个百分点。2015年冶金专用设备制造行业固定资产投资情况见表3。

表3　2015年冶金专用设备制造行业固定资产投资情况

行业名称	计划总投资		当年新增固定资产		自年初累计完成投资	
	完成（亿元）	比上年增减（%）	完成（亿元）	比上年增减（%）	完成（亿元）	比上年增减（%）
冶金专用设备制造	469.06	-19.87	244.62	10.52	231.82	-16.38

注：数据来源于《中国重型机械工业协会统计简报》2015年12月。

（二）冶金机械行业国内市场情况

1. 冶金机械行业进入“寒冬”

2015年，我国经济增速持续放缓，GDP增长6.9%，创25年新低。2015年，在去产能背景下，全国粗钢产量8.04亿t，比上年下降2.3%，近30年来首次出现下降。国内粗钢表观消费7亿t，比上年下降5.4%，降幅增加1.4个百分点。钢铁消费与产量双双呈下降态势。钢材价格已连续4年下降，2015年跌幅加大。重点统计的钢铁企业利润为-645亿元，由盈转亏，亏损面达50.5%，比上年扩大33.67个百分点。钢铁主业从微利经营进入整体亏损，行业发展进入“严冬”期。与此相应，冶金机械行业市场需求疲软，竞争更加激烈。而冶金机械行业自身也面临着诸多困境：行业内恶性竞争蔓延，低价竞争现象普遍；行业企业应收账款压力大，企业经营活动资金紧张；行业企业的自主创新能力因企业疲于保命而投入较弱，缺少核心技术和关键技术；粗放的发展方式还没有根本转变；基础制造技术、基础元器件、关键零部件和原材料发展滞后；高新技术与传统装备工业改造结合不够，信息化程度不高等。这些因素都加剧了冶金机械行业的“凛冽寒风”。

2. 国内冶金机械行业市场经营特点

2015年冶金机械行业的国内市场呈现出以下特点：一是冶金机械行业市场进入了总体供大于求的微利时期，企业的任务由满足用户增量需求转向为用户存量服务，以现有企业的装备更新和技术改造为主，新建订单次之。二是冶金机械行业市场对于高技术水平、高环保标准的高端、智能装备的需求依然旺盛，行业企业加大创新力度，研发含有高新技术、填补国内空白技术等高端装备满足用户需求。

3. 冶金机械行业市场经营案例

（1）主要技改项目。

由中冶京诚公司设计供货的烟台华新不锈钢公司1号方坯连铸机改造工程，改造后可生产ϕ260mm圆铸坯。

中冶南方公司中标鞍钢股份炼钢总厂一分厂1号方坯连铸及改造工程，改造后可提高铸坯表面质量，拓宽品种。

普锐特冶金技术有限公司为常州中天钢铁公司技术改造的2套线材轧机投产，并提供一套综合性的轧机电气和自动化升级方案，新设备在大幅度降低成本的前提下生产细晶螺纹钢。与河北钢铁集团邯郸钢铁公司签订热轧带钢机组过程自动化系统现代化改造合同，使其能够生产出诸如多相钢和特种深冲钢等先进材料。完成的山东泰山钢铁公司3座70t转炉现代化改造用于生产不锈钢项目，转炉改造改用干式除尘，设置基础自动化和过程自动化设施。

达涅利公司在鞍钢2号高速线材生产线改造工程中，配备的高速线材在线水浴韧化处理（EDC技术），是首次在中国成功应用。

达涅利公司签订津西钢铁公司中型轧机升级改造项目，产品规格扩大，同时还提供新的水平辊式矫直机。

达涅利公司为宝钢升级改造现有半径14m四流大方坯连铸机，使其能生产直径300mm、380mm和450mm（预留）的圆坯。

达涅利公司获得西宁特钢公司连铸机升级改造合同，就现有半径11m的铸机进行升级改造，用于生产250mm×280mm大方坯。

达涅利公司签订鞍钢1 676mm五架冷连轧机与一条酸洗作业线组成酸轧联合机组升级改造项目合同，将提高最终产品厚度精度和板形控制精度。

（2）主要高新技术项目。

北京科技大学等单位研制出基于IGCT（集成门极换流晶闸管）的20MVA高性能中压三电平交直交变频系统样机，在3 300mm宽厚板粗轧机组上实现成功应用。

陕钢集团和湖北立晋钢铁公司合作完成的“高强度抗震钢筋直接轧制技术研究及产业化应用”项目首次取消连铸坯二次加热工艺，在棒材连铸-轧钢一体化方面实现重大突破，形成无加热直接轧制的铸轧一体化工艺。

国内首台超高强钢单机架冷轧带钢机（可逆式）在宝钢诞生，已轧制出100kg级超高强度钢。

中国重型机械研究院股份公司与山东日照钢铁签订向其提供3套210t RH精炼炉合同，设备均采用干式机械真空泵。

中国重型机械研究院股份公司与浙江久立特材科技股份有限公司签订LG60冷轧管机设备供货合同，该机组是国内首套全自动生产ϕ30~63mm不锈钢无缝核电管的设备。

宝钢湛江钢铁基地2 250mm热轧工程，采用中冶赛迪自主研发的步进梁式板坯加热炉脉冲燃烧和智能控制技术，高强热轧带钢平整机组技术，卷取张力达到国内同类机组最高水平。

中冶东方与中国二重合作总承包的山东瑞丰不锈钢有限公司120万t金属制品项目1 450mm酸连轧机组，采用国际先进的连续酸洗和连续轧制技术，设计速度可达1 350m/min。

由中冶京城调试的宝钢湛江钢铁350t转炉控制系统达到一键炼钢，该设备采用美国罗克韦尔的控制系统，在国内是首套调试。中冶京城将自主研发的位置闭环控制程序模块应用在罗克韦尔系统PLC中，使氧副枪的定位精度和快速响应性能得到大大的提升，氧副枪的定位精度小于5mm，远小于工艺要求的±20mm水平。

（3）国外冶金公司在国内获得新建订单

宝钢湛江钢铁基地为其1 550mm冷轧带钢机向法国法孚（Five）公司订购两条垂直带钢连续退火炉。

龙腾特种钢有限公司签订的达涅利公司中型优特钢轧

线将配备其核心设备，用于生产异形钢，包括电梯导轨和齿条扁钢。

普锐特冶金技术有限公司提供的两台双流板坯连铸机在宝钢湛江投入运行。每年可生产合计 500 万 t 优质高强度钢种，将用来制造钢管、容器和轨道车辆。同时，铸机也生产 IF（无间隙原子）钢种。

山东日照钢铁向普锐特冶金技术有限公司订购 5 套无头带钢生产线（阿维迪铸轧生产线），生产线长度仅 180m，与传统的连铸连轧工艺相比，能耗降低 45%。

普锐特冶金技术有限公司签订宝钢湛江钢铁有限公司 Mulpic（多功能间断式冷却）系统订单，该系统安装在迁建至湛江的 4 200mm 中厚板轧机上，能够提高冷却速率，实现精确的冷却控制，确保钢板实现均衡的冶金性能并减少平直度缺陷。

普锐特冶金技术有限公司签订山东钢铁集团日照有限公司的两台双流板坯连铸机订单。铸机将浇铸许多钢种，包括碳钢、包晶钢、结构钢、HSLA（高强度低合金）钢、深冲钢和多种管线钢。

普锐特冶金技术为唐山钢铁集团有限责任公司提供的 180 万 t/a 冷轧带钢厂设备，将面向中国汽车工业生产优质汽车板。

达涅利公司提供核心设备和技术的天津冶金集团轧三友发钢铁有限公司 H3（高速、高效、高品质的“三高”线材生产线）线材厂，投产后一个月达到 113m/s 的轧制速度。

由达涅利公司提供核心设备的阴兴澄特钢公司 H3 高速线材生产线，生产规格为 ϕ4.5 ~ 25mm，最大轧制速度达 105m/s，

山钢集团日照精品基地就 2 050mm 热连轧带钢机关键设备和西马克及 TMEIC 公司签订供货合同，西马克提供最新技术 CVC + 定宽机以及高强卷取机，具有工作辊多级冷轧和低温轧制等特点。

江苏沙钢集团淮钢公司向达涅利公司订购 5 流圆坯连铸机，最大断面可达 800mm，项目通过使用平衡良好的二次冷却及准确定位的末端搅拌器，产品内部及表面质量良好。

宝钢集团为其南通钢厂向达涅利公司订购一台弧形半径 14m 的圆坯连铸机，用于生产 280mm × 280mm、320mm × 320mm 及 320mm × 425mm 大方坯。

西宁特殊钢公司新建一台半径为 16.5mm 专用于大中型方坯的三流连铸机，项目由达涅利公司负责提供机械、电气及自动化系统设备。产品规格为 250mm × 280mm 和 410mm × 530mm。生产的钢种包括合金结构钢、弹簧钢、齿轮钢、轴承钢和不锈钢等。

新建冶金机械市场的大部分份额被外商企业拿走。

二、冶金机械行业进出口情况

据国家海关总署统计，2015 年冶金设备产品进出口总额 19.36 亿美元，比上年下降 16.07%。其中，出口国家和地区 164 个，出口额 15.08 亿美元，比上年下降 7.87%；进口国家和地区 47 个，进口额 4.28 亿美元，比上年下降 36.08%，进出口顺差 10.79 亿美元，比上年下降 11.68%。

2015 年冶金设备各大类产品进出口情况见表 4，出口分类：金属冶炼设备和连续铸钢设备出口额占比为 8.89%；金属轧制设备出口额占比为 20.76%；冶金设备零件占比为 70.36%。进口分类：金属冶炼设备和连续铸钢设备进口额占比为 2.1%；金属轧制设备进口额占比为 28.04%；冶金备件进口额占比为 69.86%。

表 4　2015 年冶金设备各大类产品进出口情况

货品名称	出口数量（台/t）	出口金额（万美元）	进口数量（台/t）	进口金额（万美元）	进出口总额（万美元）	进出口差额（万美元）
冶金设备合计		150 781		42 833	193 614	107 950
金属冶炼设备	1 018	5 295	19	878	6 173	4 417
连续铸钢设备	193	8 065	0	0	8 065	8 065
金属轧制设备	14 041	31 298	917	12 028	43 326	19 270
冶金设备零件		106 123		29 927	136 050	76 197

注：数据来源于中国重型机械工业协会《全国冶金矿山机械行业进出口统计年报 2015》。

2015 年冶金设备进出口贸易按企业性质分类情况见表 5。与 2014 年一致，私人企业和国有企业在冶金设备出口、进口贸易中占据主要地位。

表 5　2015 年冶金设备进出口贸易按企业性质分类情况

企业性质	出口额（万美元）	占出口金额比重（%）	企业性质	进口额（万美元）	占进口金额比重（%）
冶金设备合计	150 782	100.00	冶金设备合计	42 832	100.00
私人企业	70 317	46.64	国有企业	17 683	41.28
国有企业	49 711	32.97	私人企业	10 950	25.57

（续）

企业性质	出口额（万美元）	占出口金额比重（%）	企业性质	进口额（万美元）	占进口金额比重（%）
外商独资企业	18 376	12.19	外商独资企业	6 388	14.91
中外合资企业	8 599	5.70	中外合资企业	5 578	13.02
集体企业	3 564	2.36	集体企业	2 211	5.16
中外合作企业	139	0.09	个体工商户	21	0.05
个体工商户	76	0.05			

注：数据来源于中国重型机械工业协会《全国冶金矿山机械行业进出口统计年报2015》

2015冶金机械行业进出口贸易按贸易方式分类情况见表6。与2014年一致，一般贸易仍是冶金设备进出口的主要贸易形式。

表6　2015年冶金设备进出口贸易按贸易方式分类情况

贸易方式	出口金额（万美元）	占出口金额比重（%）	贸易方式	进口金额（万美元）	占进口金额比重（%）
冶金设备合计	150 782	100.00	冶金设备合计	42 832	100.00
一般贸易	125 396	83.16	一般贸易	39 561	92.36
进料加工贸易	12 733	8.44	外商投资企业作为投资进口的设备、物资	1 372	3.20
对外承包工程出口货物	10 180	6.75	保税区仓储转口货物	1 093	2.55
边境小额贸易	958	0.64	进料加工贸易	280	0.65
保税仓储进出境货物	460	0.31	保税仓储进出境货物	212	0.50
来料加工装配贸易	445	0.29	其他	205	0.48
保税区仓储转口货物	319	0.21	来料加工装配贸易	47	0.11
其他	291	0.19	出口加工区进口设备	35	0.08
国家间、国际组织无偿援助和赠送的物资	0	0	加工贸易进口设备	21	0.05
			租赁贸易	7	0

注：数据来源于中国重型机械工业协会《全国冶金矿山机械行业进出口统计年报2015》

2015年冶金设备进出口贸易按省（市）排名情况见表7。从2015年冶金设备出口、进口金额排名前3位的省（市）来看，江苏省、河北省的出口额比2014年分别增长39.59%和81.43%，上海市的出口额比2014年减少43.43%；天津市的进口额比2014年增长近15倍，江苏省、山东省进口额比2014年分别减少24.52%和42.85%。

表7　2015年冶金设备进出口贸易按省（市）排名表

序号	省（市）	出口金额（万美元）	占出口金额比重（%）	序号	省（市）	进口金额（万美元）	占进口金额比重（%）
	冶金设备合计	150 782	100.00		冶金设备合计	42 832	100.00
1	江苏省	39 964	26.50	1	天津市	9 917	23.15
2	河北省	20 496	13.59	2	江苏省	8 329	19.45
3	上海市	14 888	9.87	3	山东省	4 801	11.21
4	辽宁省	9 373	6.22	4	上海市	4 600	10.74
5	陕西省	7 658	5.08	5	广东省	2 191	5.11
6	天津市	7 201	4.78	6	湖北省	1666	3.89
7	北京市	6 416	4.26	7	云南省	1 348	3.15
8	福建省	6 393	4.24	8	四川省	1 211	2.83
9	浙江省	6 360	4.22	9	河北省	985	2.30
10	山东省	6 106	4.05	10	浙江省	959	2.24

注：数据来源于中国重型机械工业协会《全国冶金矿山机械行业进出口统计年报2015》

2015年冶金设备进出口贸易按国家（地区）排名情况见表8，从2015年冶金设备出口、进口金额排名前3位的国家（地区）来看，出口越南的冶金设备金额比2014年减少26.99%，出口伊朗和印度尼西亚的冶金设备金额比2014年都有较大幅度增长，分别为85.67%和66.29%；进口德国、日本、美国冶金设备金额比2014年分别减少28.86%、14.57%和55.08%。

表8　2015年冶金设备进出口贸易按国家（地区）排名情况

序号	国家（地区）	出口金额（万美元）	占出口金额比重（%）	序号	国家（地区）	进口金额（万美元）	占进口金额比重（%）
	冶金设备合计	150 782	100.00		冶金设备合计	42 832	100.00
1	越南	15 371	10.19	1	德国	20 172	47.09
2	伊朗	13 990	9.28	2	日本	6 192	14.46
3	印度尼西亚	12 859	8.53	3	美国	4 323	10.09
4	美国	12 679	8.41	4	意大利	3 731	8.71
5	印度	11 519	7.64	5	法国	2 179	5.09
6	日本	9 659	6.41	6	韩国	1 755	4.10
7	泰国	7 531	4.99	7	中国台湾	1124	2.62
8	韩国	6 720	4.46	8	荷兰	609	1.42
9	土耳其	4 810	3.19	9	奥地利	523	1.22
10	德国	4 153	2.75	10	挪威	411	0.96

注：数据来源于中国重型机械工业协会《全国冶金矿山机械行业进出口统计年报2015》

2015年冶金机械行业主要产品进出口情况见表9。2015年有四种冶金设备出现进出口逆差，其中钢坯连铸机用结晶器振动装置比2014年逆差加大。经过粗略计算，冶金设备出口单价仍远低于进口单价。排除金属设备零件大类，金属轧制设备进口单价是出口单价的大约6倍，比2014年30倍的价格差有明显下降，金属冶炼设备进口单价是出口单价的大约9倍，比2014年10倍的价格差也有一定减少。

表9　2015年冶金机械行业主要产品进出口情况

货品名称	数量单位	出口数量	出口额（万美元）	进口数量	进口额（万美元）	进出口总额（万美元）	进出口差额（万美元）
冶金设备合计			150 782		42 832	193 614	107 950
1. 金属冶炼设备小计	台	1 018	5 295	19	878	6 173	4 417
（1）炼焦炉	台	252	66	0	0	66	66
（2）转炉	台	640	1 730	4	253	1 983	1 477
（3）炉外精炼设备	台	126	3 499	15	624	4 123	2 874
2. 连续铸钢设备小计	台	193	8 065	0	0	8 065	8 065
（1）方坯连铸机	台	35	1 126	0	0	1 126	1 126
（2）板坯连铸机	台	21	5 971	0	0	5 971	5 971
（3）其他钢坯连铸机	台	137	969	0	0	969	969
3. 金属轧制设备小计	台	14 041	31 298	917	12 028	43 326	19 270
（1）板材轧机小计	台	3 652	11 225	29	608	11 833	10 617
板材热轧机	台	344	2 792	0	0	2 792	2 792
板材冷轧机	台	3 308	8 432	29	608	9 041	7 824

（续）

货品名称	数量单位	出口数量	出口额（万美元）	进口数量	进口额（万美元）	进出口总额（万美元）	进出口差额（万美元）
（2）管轧机小计	台	2 004	3 101	10	1 452	4 553	1648
热轧管机	台	42	132	4	185	317	-54
冷轧管机	台	644	2 024	3	1 107	3 131	917
定、减径轧管机	台	113	236	2	160	396	76
其他金属管轧机	台	1 205	709	1	0	709	709
（3）型材轧机	台	1 142	864	4	893	1 757	-29
（4）线材轧机	台	376	2 982	11	1 085	4 067	1 897
（5）其他金属轧机小计	台	3 265	7 353	59	4 197	11 550	3 157
其他金属热轧机或冷热联轧机	台	155	1 16	1	80	1 696	1 535
其他金属冷轧机	台	3 110	5 738	58	4 116	9 854	1 621
（6）拉拔机小计	台	3 602	5 774	804	3 793	9 567	1 981
300t及以下的冷拔管机	台	435	180	19	287	467	-107
其他冷拔管机	台	3	7	0	0	7	7
拔丝机	台	1 825	4 536	700	3 024	7 560	1 513
金属杆、管、型材、异型材等的拉拔机	台	1 339	1 050	85	482	1 533	568
4. 冶金设备零件小计			106 123		29 927	136 050	76 197
（1）金属冶炼设备零件小计			39 065		5 234	44 299	33 832
海绵铁回转窑的零件	kg	1 759 488	711	51 922	142	853	569
焦炉零件	kg	25 171 958	7 432	9 557	42	7 474	7 390
锭模及浇包	台	79 835	5 034	316	854	5 888	4 180
炉外精炼设备的零件	kg	12 911 512	5 470	42 249	125	5 595	5 346
其他金属冶炼设备及铸造机的零件	kg	65 633 013	20 417	1 262 468	4 072	24 489	16 346
（2）连铸机零件小计	kg	19 768 529	11 164	687 873	2 094	13 258	9 070
钢坯连铸机用结晶器	kg	1 585 207	1 562	197 745	629	2 192	933
钢坯连铸机用振动装置	kg	168 600	211	246 773	529	740	-319
其他钢坯连铸机用零件	kg	18 014 722	9 391	243 355	935	10 326	8 455
（3）金属轧制设备零件小计			55 894		22 599	78 493	33 295
金属轧机用轧辊	个	166 381	28 926	23 580	10 374	39 300	18 552
其他金属轧机零件	kg	65 917 122	26 968	3 500 160	12 224	39 193	14 744

注：数据来源于中国重型机械工业协会《全国冶金矿山机械行业进出口统计年报2015》。进出口差额为负表示逆差。

2015年，我国冶金设备进出口均有一定程度下降，其中进口下降幅度较大，部分原因是国内市场需求疲软，产能过剩导致。从出口情况看，随着国家“一带一路”战略的实施，加之2015年国务院发布的《关于推进国际产能和设备制造合作的指导意见》，明确中国推动国际产能合作的重要目标，并在专项财政、融资、中介机构、政府服务等多方面给予优惠帮扶，都推动着国内冶金设备“走出去”，寻找更广大的市场。

国际冶金设备市场的竞争在不断加剧，我国冶金设备出口虽然取得了一定的进展，但是仍有很大的潜力，有机遇更有挑战，只有在产品、技术上不断创新，才能在更加激烈的市场竞争中占有一席之地。

〔撰稿人：中国重型机械研究院股份公司宋晔　审稿人：中国重型机械研究院股份公司孟令忠〕

矿山机械国内市场及进出口情况

2015年，我国矿山机械出口额达14.69亿美元，比上年下降12.4%。出口额占国内主营业务收入的2.27%，比上年下降了0.23个百分点。进口额为3.19亿美元，比上年下降38.06%；进出口总额17.88亿美元，比上年下降18.43%；进出口顺差11.50亿美元，比上年下降1.08%。2015年矿山机械主要产品进出口情况见表1。

表1　2015年矿山机械主要产品进出口情况

货品名称（按海关分类）	出口金额（万美元）	进口金额（万美元）	进出口总额（万美元）	进出口差额（万美元）
矿山机械合计	146 852	31 900	178 752	114 952
1. 采掘、凿岩设备及钻机	39 467	12 964	52 431	26 504
（1）采煤、凿岩机及隧道掘进机	33 821	11 128	44 949	22 693
（2）矿用电铲	1 311	682	1 993	628
（3）采矿钻机	571	258	829	314
（4）工程钻机	3 764	896	4 660	2 869
2. 破碎、粉磨设备	77 077	8 706	85 783	68 372
（1）齿辊式破碎设备	10 657	2 092	12 749	8 564
（2）球磨式粉磨设备	19 691	808	20 498	18 883
（3）其他破碎或粉磨设备	46 730	5 806	52 536	40 924
3. 筛分、洗选设备	25 007	9 441	34 449	15 566
4. 矿山提升设备	1 335	276	1 611	1 059
（1）电动矿山提升设备	1 300	74	1 374	1 226
（2）非电动矿山提升设备	35	202	237	-167
5. 矿山机械零件	3 965	513	4 478	3 452

注：数据来源于中国重型机械工业协会《全国冶金矿山机械行业进出口统计年报2015》。

随着我国矿山机械行业近年来的快速发展，国产矿山机械不论是质量还是产量都基本满足国内需求。从2006年以后的销售额年增长率看，2008年度达到近十年的最高点，为45.5%。2008年以后，销售额年增长率呈明显下降趋势，尤其是2015年，销售额年增长率仅为0.82%。2006—2015年矿山机械产品销售额年增长率见表2。2006—2015年矿山机械主营业务收入见图1。

表2　2006—2015年矿山机械产品销售额年增长率

年份	2006年	2007年	2008年	2009年	2010年	2011年	2012年	2013年	2014年	2015年
年增长率(%)	38	44.9	45.5	27.4	34.2	28.5	16.3	16.1	10.8	0.82

注：数据来源于《中国重型机械工业年鉴》及中国重型机械协会统计简报2015.12期。

一、国内市场概况

1. 国内市场发展情况

按人民币对美元的平均汇率为6.46计算，2015年矿山机械国内市场总容量（即：主营业务收入-出口金额+进口金额）为4 098.96亿元，其中，国内供应量为4 078.35亿元，进口量约20.61亿元。国内市场占有率达99.5%，比上年略高了0.3个百分点。2006—2015年矿山机械国内市场总容量发展趋势见图2。

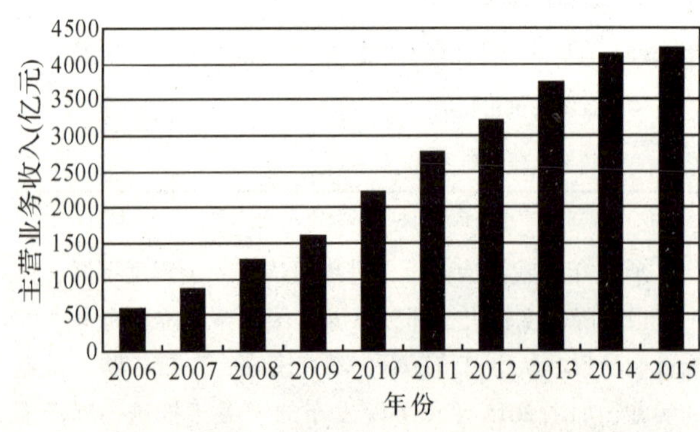

图1　2006—2015年矿山机械主营业务收入

注：数据来源于《中国重型机械工业年鉴》及中国重型机械工业协会统计简报**2015.12**期。

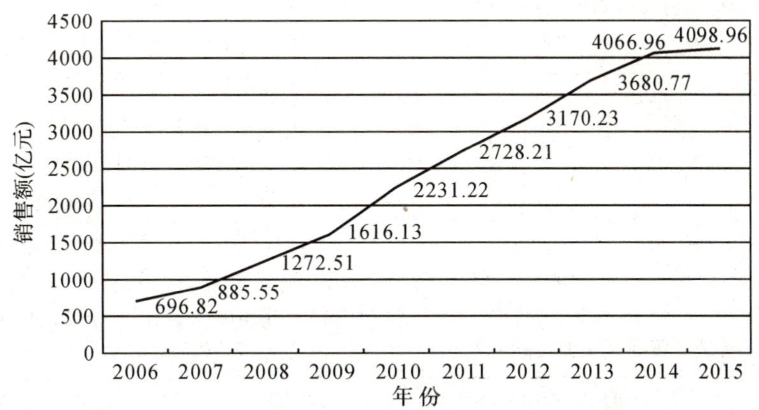

图 2　2006—2015 年矿山机械国内市场总容量发展趋势

2. 我国市场中的国内、国外产品构成

（1）市场占有率分析。分析 2011 年以来国产矿山机械在国内市场的销售额，可以发现，国产矿山机械在国内市场始终占据着绝对优势，客观地反映出国内市场对国产设备的依存度相当高，也说明国内客户在采购时，产品的性价比是其优先关注的重要因素。2011—2015 年矿山机械国内市场国产、进口产品销售额占有率见表 3。

表 3　2011—2015 年矿山机械国内市场国产、进口产品销售额占有率

年份	2011 年	2012 年	2013 年	2014 年	2015 年
国产产品占有率（%）	98.0	98.2	98.8	99.2	99.5
进口产品占有率（%）	2.0	1.8	1.2	0.8	0.5

注：数据来源于《中国重型机械工业年鉴》和中国重型机械工业协会统计简报 2015.12 期。

（2）进口设备分析。2015 年，我国从 41 个国家和地区进口矿山机械产品，美国、德国和奥地利等 3 国仍是主要进口国，以上 3 国的进口贸易额占矿山机械产品全部进口贸易额的 60.18%。2015 年我国矿山机械进口贸易额排名前三位的省（自治区、直辖市）分别是内蒙古自治区、上海市和山西省。2015 年矿山机械产品进口贸易额按国家排名情况见表 4。2015 年矿山机械产品进口贸易额按省（自治区、直辖市）排名见表 5。

表 4　2015 年矿山机械产品进口贸易额按国家排名情况

序号	国家	进口额（亿美元）	占金额比（%）
1	美国	0.92	28.92
2	德国	0.61	19.27
3	奥地利	0.38	11.99
4	英国	0.20	6.19
5	澳大利亚	0.17	5.43
6	日本	0.17	5.25
7	法国	0.15	4.73

注：数据来源于中国重型机械工业协会《全国冶金矿山机械行业进出口统计年报 2015》。

表 5　2015 年矿山机械产品进口贸易额按省（自治区、直辖市）排名

序号	省（直辖市、自治区）	进口额（亿美元）	所占比例（%）
1	内蒙古自治区	0.44	13.64
2	上海市	0.42	13.02
3	山西省	0.37	11.72
4	天津市	0.31	9.71
5	北京市	0.23	7.27
6	江苏省	0.18	5.74
7	陕西省	0.18	5.74

注：数据来源于中国重型机械工业协会《全国冶金矿山机械行业进出口统计年报 2015》。

从表 1 可以看出，采煤、凿岩机及隧道掘进机仍是矿山机械进口贸易中的重点。2015 年度，国内进口采煤、凿岩机及隧道掘进机数量达 1 121 台，进口金额达 11 128 万美元，占当年采掘、凿岩设备及钻机装备进口贸易额的 85.84%；占当年矿山机械全部产品进口贸易额的 34.88%，比 2014 年的 32.61%，增加了 2.27 个百分点。单台设备进口平均价格连续三年大幅下降，从 2013 年的 207.94 万美元/台降至 2014 年的 133.34 万美元/台，再降至 2015 年的 9.93 万美元/台（约合 64.13 万元/台）。这从另一个侧面表明，正是由于这些年来国产采煤、凿岩机及隧道掘进机在制造技术和质量等方面与国外先进装备差距的不断减小，使得单台设备进口平均价格在逐渐降低。

2015 年度，奥地利、美国和德国仍是采煤、凿岩机及隧道掘进机的主要进口国，以上 3 国的进口贸易额占该类装备进口贸易额的 78.53%。2015 年采煤、凿岩机及隧道掘进机进口贸易额排名前三位的国家情况见表 6。

2015 年，我国矿山设备进口贸易中，国有企业进口贸易占据主导地位，达 52.26%；其次是外商独资企业。2015 年我国矿山设备进口贸易按企业性质分类统计情况见表 7。

表6 2015年采煤、凿岩机及隧道掘进机进口贸易额排名前三位的国家情况

序号	国家	进口额（亿美元）	占金额比（%）
1	奥地利	0.34	30.99
2	美国	0.31	27.66
3	德国	0.22	19.88

注：数据来源于中国重型机械工业协会《全国冶金矿山机械行业进出口统计年报2015》。

表7 2015年我国矿山设备进口贸易按企业性质分类统计

序号	企业性质	占进口金额比重（%）
1	国有企业	52.26
2	外商独资企业	23.05
3	私人企业	17.14
4	中外合资企业	7.00
5	集体企业	0.33
6	其他企业	0.14
7	中外合作企业	0.08

注：数据来源于中国重型机械工业协会《全国冶金矿山机械行业进出口统计年报2015》。

2015年我国矿山设备进口贸易按贸易方式分类统计见表8。从表8中的数据可以看出，一般贸易是我国矿山设备进口贸易的主体，占比高达79.46%。

表8 2015年我国矿山设备进口贸易按贸易方式分类统计

序号	贸易方式	占进口金额比重（%）
1	一般贸易	79.46
2	进料加工贸易	10.39
3	保税区仓储转口货物	8.72
4	出口加工区进口设备	0.91
5	外商投资企业作为投资进口的设备、物资	0.34
6	其他	0.11
7	保税仓储进出境货物	0.06
8	租赁业务	0.03

注：数据来源于中国重型机械工业协会《全国冶金矿山机械行业进出口统计年报2015》。

这些年来，国产采煤、凿岩机及隧道掘进机在制造技术和质量等方面确实是取得了长足的进步，但与国外先进技术相比，国内各相关制造企业还尚未完全掌握其核心技术，在产品的制造、控制、可靠性和安全性等方面仍存在相当的差距。国内各制造企业还需进一步结合我国资源领域的特点，不断加强基础技术研究，进一步完善装备的结构和功能。在不断提高自主创新能力的同时，适时引进先进技术，加速国产装备的换代升级，使其能够满足不同用户的个性化需求，从而推动我国的采煤机、凿岩机及隧道掘进机提升到一个新的水平。

二、设备出口情况

1. 设备出口情况

2015年，世界经济增速放缓，全球经济复苏之路崎岖艰辛。受其影响，我国矿山机械出口额仅有14.69亿美元，比上年下降12.4%；按人民币对美元汇率6.46计算，出口额占国内主营业务收入的2.27%，比上年下降了0.23个百分点。但2015年仍是我国矿山机械连续进出口实现顺差的第8年，当年进口额为3.19亿美元，进出口总额17.88亿美元，实现进出口顺差达11.5亿美元。

2015年，我国矿山机械产品实现了和181个国家和地区的出口贸易，除极少部分出口到美国等发达国家以外，大部分产品仍然是出口到新加坡、越南、印度尼西亚等东南亚和中东等重工业欠发达国家和地区。2015年矿山机械出口贸易按国家（地区）排名情况见表9。

表9 2015年矿山机械出口贸易按国家（地区）排名情况

序号	国家（地区）	出口额（亿美元）	占出口总额的比（%）
1	新加坡	1.70	11.61
2	越南	0.90	6.15
3	印度尼西亚	0.83	5.66
4	中国香港	0.78	5.33
5	伊朗	0.65	4.40
6	沙特阿拉伯	0.55	3.75
7	印度	0.50	3.40

注：数据来源于中国重型机械工业协会《全国冶金矿山机械行业进出口统计年报2015》。

2015年，广东省矿山设备出口贸易额达2.67亿美元；上海市紧跟其后，矿山设备出口贸易额达2.11亿美元。2015年我国矿山设备出口贸易按省（市）排名情况见表10。

表10 2015年我国矿山设备出口贸易按省（市）排名情况

序号	省（市）	出口额（亿美元）	占出口总额的比（%）
1	广东省	2.67	18.20
2	上海市	2.11	14.40
3	河南省	1.55	10.58
4	辽宁省	1.50	10.20
5	江苏省	1.43	9.76
6	北京市	0.91	6.18
7	山东省	0.85	5.8

注：数据来源于中国重型机械工业协会《全国冶金矿山机械行业进出口统计年报2015》。

2015年，私人企业和国有企业在我国矿山设备出口贸易中占据了主导地位，二者占矿山设备出口贸易总额的比重达73.71%。2015年我国矿山设备出口贸易按企业性质分类统计见图3。

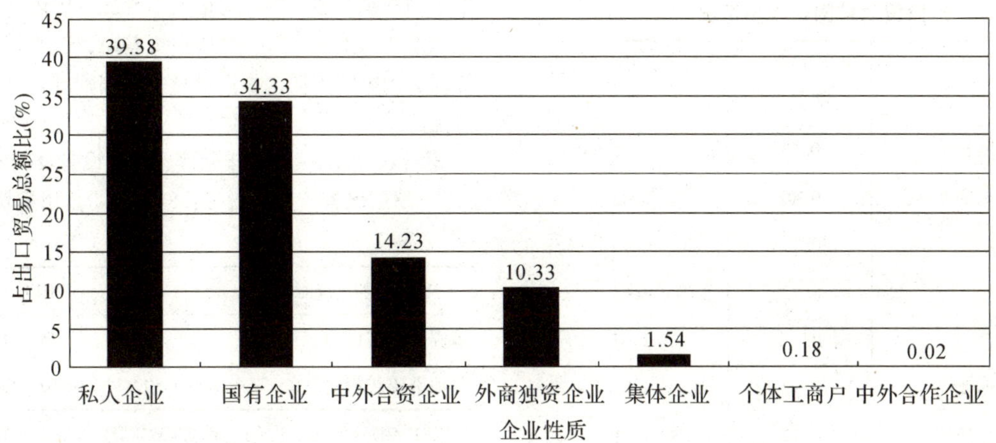

图3 2015年我国矿山设备出口贸易按企业性质分类统计

注：数据来源于中国重型机械工业协会《全国冶金矿山机械行业进出口统计年报2015》。

2015年，一般贸易、进料加工贸易和对外承包工程出口货物仍是我国矿山设备出口贸易的三大板块，三者占矿山设备出口贸易总额的比重高达94.81%。其中，一般贸易占据主导地位，达61.09%。2015年我国矿山设备出口按贸易方式分类统计见表11。

表11 2015年我国矿山设备出口按贸易方式分类统计

序号	贸易方式	占出口总额比重（%）
1	一般贸易	61.09
2	进料加工贸易	18.27
3	对外承包工程出口货物	15.45
4	边境小额贸易	3.58
5	保税区仓储转口货物	1.01
6	来料加工装配贸易	0.23
7	保税仓储进出境货物、国家间、国际组织无偿援助和赠送的物资及租赁贸易等其他贸易	0.37

注：数据来源于中国重型机械工业协会《全国冶金矿山机械行业进出口统计年报2015》。

2. 出口设备分析

从表1中的数据可以发现，采煤、凿岩机及隧道掘进机和其他破碎或粉磨设备（所属税号：84742090）是国产矿山机械产品中的出口重点。其中：

（1）国产采煤、凿岩机及隧道掘进机出口自2013年以来，连续两年实现激增，其出口贸易额从2013年的3 487万美元增至2014年度的25 428万美元，再增至2015年度的33 821万美元，占矿山机械全部产品出口贸易额比重从2013年的2.2%升至2014年度的15.2%，再升至2015年度的23.0%。

2015年，国产采煤、凿岩机及隧道掘进机出口至新加坡、伊朗和中国香港3个国家和地区的出口贸易额占采煤机、凿岩机及隧道掘进机全部出口贸易额的77.88%。2015年国产采煤、凿岩机及隧道掘进机出口贸易按国家（地区）排名情况见表12。

表12 2015年国产采煤、凿岩机及隧道掘进机出口贸易按国家（地区）排名情况

序号	国家（地区）	出口额（亿美元）	占出口总额的比（%）
1	新加坡	1.62	47.95
2	中国香港	0.75	22.03
3	伊朗	0.27	7.90
4	墨西哥	0.14	4.17
5	韩国	0.09	2.69
6	俄罗斯联邦	0.06	1.88
7	印度	0.06	1.85

注：数据来源于中国重型机械工业协会《全国冶金矿山机械行业进出口统计年报2015》。

（2）2015年其他破碎或粉磨设备（所属税号：84742090）的出口贸易额较2013年、2014年相比，连续两年下降。但该类设备2015年出口贸易额占破碎、粉磨设备出口贸易总额的比重达60.63%，高出了2014年3.07个百分点。2015年，沙特阿拉伯、印度尼西亚和越南是进口国产其他破碎或粉磨设备（所属税号：84742090）排名前三位的国家，2015年其他破碎或粉磨设备（所属税号：84742090）出口贸易按国家排名情况见表13。2013—2015

年破碎、粉磨设备及其他破碎或粉磨设备（所属税号：84742090）出口贸易额见表14。

表13　2015年其他破碎或粉磨设备（所属税号：84742090）**出口贸易按国家排名情况**

序号	国家	出口额（亿美元）	占出口总额的比（%）
1	沙特阿拉伯	0.43	9.28
2	印度尼西亚	0.40	8.53
3	越南	0.33	6.95
4	印度	0.22	4.63
5	缅甸	0.13	2.67
6	马来西亚	0.12	2.62
7	塔吉克斯坦	0.12	2.51

注：数据来源于中国重型机械工业协会《全国冶金矿山机械行业进出口统计年报2015》。

这说明，在国内外大经济环境的影响下，国内相关矿山机械大中型企业通过自主创新，进一步加大新市场的开发和新品研究的投入力度，积极寻找新的增长领域，谋求多元化的增长方式；通过技术改造、深化管理等有效措施，使得国产矿山机械的制造技术和质量较前些年取得了不小的进步。但与国外先进技术相比，国内各相关设备制造厂家还需下大力气，尽快缩短差距，努力打开欧美地区等发达国家的市场，真正跻身中高端领域，具备国际化竞争优势。

表14　2013—2015年破碎、粉磨设备及其他破碎或粉磨设备（出口税号：84742090）**出口贸易额**

（单位：万美元）

货品名称（按海关分类）	2013年	2014年	2015年
破碎、粉磨设备	95 814	88 424	77 077
其他破碎或粉磨设备	59 974	50 900	46 730

注：数据来源于《中国重型机械工业年鉴》和中国重型机械工业协会《全国冶金矿山机械行业进出口统计年报2015》。

〔撰稿人：洛阳矿山机械工程设计研究院有限责任公司沈剑峰　审稿人：洛阳矿山机械工程设计研究院有限责任公司杜波〕

物料搬运机械进出口市场分析

物料搬运机械通常包括轻小型起重设备、起重机、输送机械、装卸机械、工业车辆、仓储机械、架空索道等几类产品。根据《中华人民共和国海关统计商品目录》的分类统计，物料搬运机械所涉及的商品共有4类，用4位数字来表示的商品代码分别为8425、8426、8427、8428。8425为轻小型起重设备，包括滑车及起重葫芦、卷扬机及绞盘、千斤顶等；8426为起重机；8427为工业车辆；8428为连续输送设备、电梯、自动扶梯、架空索道等。全路面起重机、汽车起重机列于8705中，电动牵引车、短距离运货机动车辆等列于8709中，本文中提及的物料搬运机械商品还包括上述4类商品的相关零部件，这部分列在商品代码8431中。

一、进出口市场概述

2015年与我国进行物料搬运机械进出口贸易的国家或地区共有294个，进出口贸易总额达201.4亿美元，其中进口贸易总额为52.6亿美元，出口贸易总额为148.8亿美元，进出口贸易顺差为96.2亿美元。与2014年相比，进出口贸易总额下降0.2%，进出口贸易顺差下降1.6%，这是我国物料搬运机械行业进出口贸易连续多年高速增长后的首次出现负增长，但进出口贸易总额与2014年非常接近。

进出口贸易额超过1亿美元的国家或地区共51个，超过2亿美元的国家或地区为29个，超过3亿美元的国家或地区共20个。2015年进出口金额超过4亿美元的国家或地区见图1。进出口贸易额排名前三位的国家，分别是美国16.6亿美元，德国12.8亿美元，印度尼西亚7.5亿美元。

2015年我国内地31个省、市、自治区发生了物料搬运机械进出口贸易。2015进出口金额排前10位的省（市）见图2。排名前10位省（市）的进出口贸易额为179.9亿美元，占进出口贸易总额的89.3%，除北京市和湖南省外，其他省市都处于沿海地区。

2015年进出口贸易总额按产品分类统计见图3，其中起重机类产品进出口贸易额最大，为47.4亿美元，占进出口总额的23.6%，比2014年减小了0.4个百分点，贸易顺差达34.7亿美元，比2014年减少了3.3亿美元。

2015年进出口贸易额排名前10位的商品及进出口总额见表1。前10位商品的进出口总额为109.3亿美元，占进出口贸易总额的54.3%。

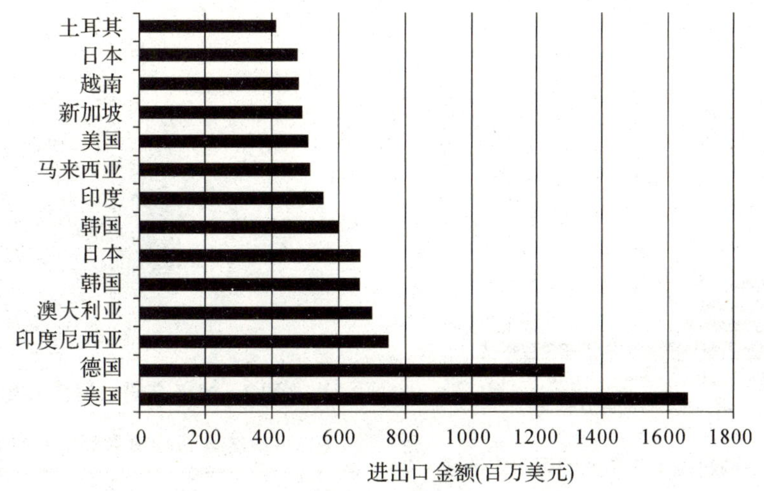

图 1　2015 年进出口金额超过 4 亿美元的国家或地区

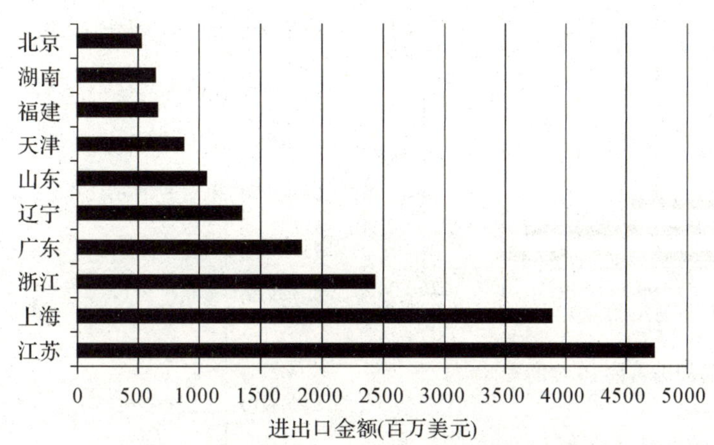

图 2　2015 年进出口金额前 10 位的省（市）

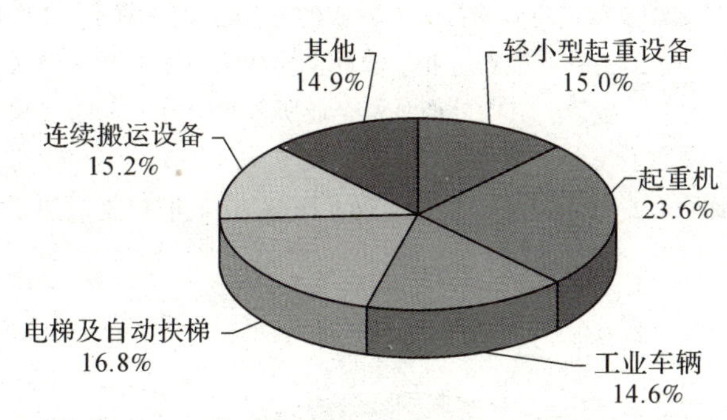

图 3　2015 年进出口贸易总额按产品分类统计

二、进口市场概述

2015 年我国从 81 个国家或地区进口物料搬运机械，进口贸易总额为 52.6 亿美元，比 2014 年增长 1.2%。进口贸易额超过 1 亿美元的国家或地区共 14 个，前 3 名分别是德国、日本和韩国，其进口贸易额分别为 12.8 亿美元、6.6 亿美元和 6.0 亿美元，分别占进口贸易总额的 24.4%、12.5% 和 11.4%。2015 年进口贸易额超过 1 亿美元的国家或地区见图 4。2015 年我国物料搬运机械进口贸易额按地区统计，排名前 10 位的省（市）主要集中在沿海地区，进口贸易额最大的是上海市，共计 10.2 亿美元，占全国进口市场份额的 19.3%；江苏省居第二位，为 9.4 亿美元，占全国进口市场份额的 17.9%；广东省居第三位，为 6.6 亿美元，占全国进口市场份额的 12.6%。2015 年进口贸易额排名前 10 位的省（市）见图 5。

表 1　2015 年进出口贸易额排名前 10 位的商品及进出口总额

商品税号	商品名称	进出口额（万美元）
84289090	未列名提升、搬运、装卸机械	158 455.55
84281010	载客电梯	151 863.68
84261942	集装箱装卸桥	141 064.10
84272090	其他内燃叉车	110 215.60
84313900	税号 8428 所列其他机械零件	98 424.65
84253190	电动的卷扬机及绞盘	95 965.61
84313100	电梯、自动梯及升降机零件	93 602.53
84283990	其他输送机及提升机	93 238.20
84283200	斗式提升输送机	76 179.43
84283300	带式输送机	73 756.98

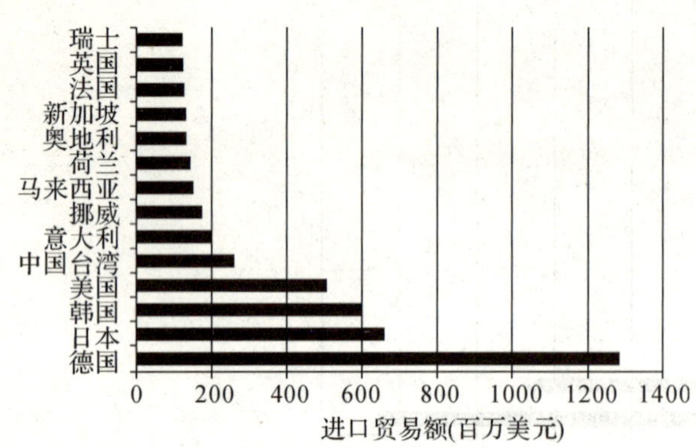

图4 2015年进口贸易额超过1亿美元的国家或地区

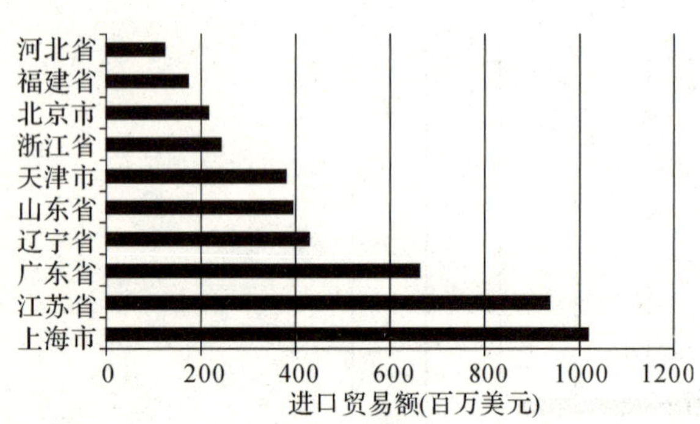

图5 2015年进口贸易额排名前10位的省（市）

2015年进口贸易按产品进行分类统计，其他物料搬运设备列第一位，进口额为15.9亿美元，占进口贸易总额的30.3%，其中包括了立体仓库设备、机械停车设备、机场专用设备及未列名设备和相关零部件等；连续搬运设备列第二位，进口额为12.5亿美元，占进口贸易总额的24.0%。2015年进口贸易按产品分类统计见图6。

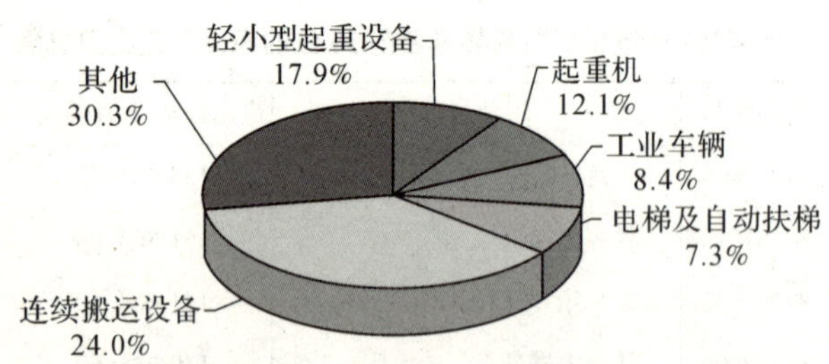

图6 2015年进口贸易按产品分类统计

2015年进口贸易额排名前10位的产品及进口额见表2。

2015年进口贸易按贸易方式分类统计见图7。从图中可以看出，一般贸易是我国物料搬运机械进口贸易的主体，占59.9%。

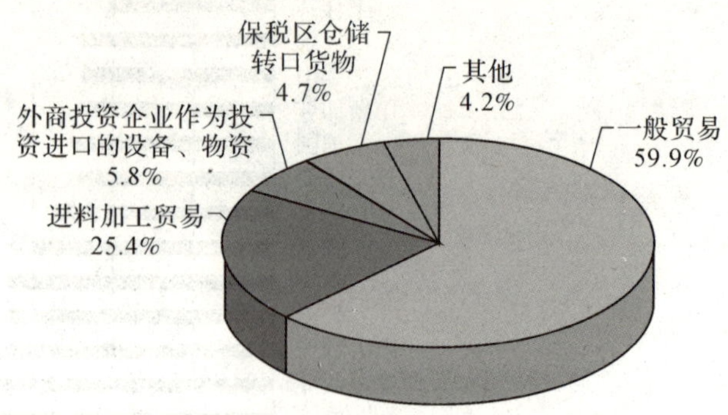

图7 2015年进口贸易按贸易方式分类统计

表2 2015年进口贸易额排名前10位的产品及进口额

商品税号	商品名称	进口额（万美元）
84289090	未列名提升、搬运、装卸机械	103 581.98
84253190	电动的卷扬机及绞盘	53 991.93
84283990	其他输送机及提升机	38 013.81
84263000	门座式起重机	32 804.68
84313900	税号8428所列其他机械零件	29 317.98
84283300	带式输送机	26 931.49
84289040	搬运机器人	20 937.02
84283920	辊式输送机	20 554.46
84283910	链式输送机	17 205.64
84313100	电梯、自动梯及升降机零件	14 481.39

2015年进口贸易按企业性质的分类统计见图8。图中数据表明，外商独资企业、合资企业和国有企业是进口贸易的3大板块，其中外商独资企业所占比例最大，比2014年增加了3.8个百分点。国有企业占比与2014年相比增加了4.1个百分点。合资企业占比与2014年相比增加了2.3个百分点。

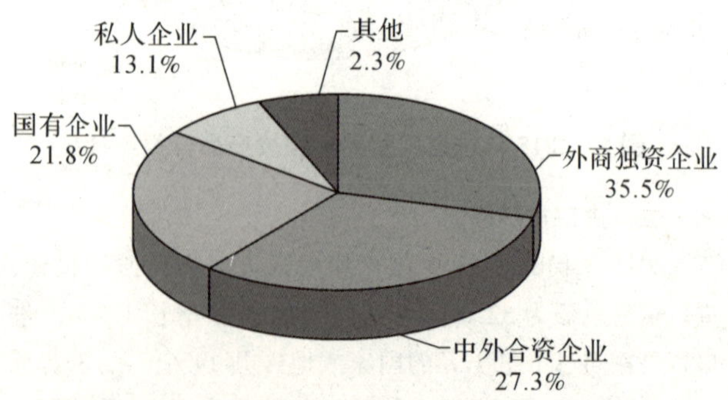

图8 2015年进口贸易按企业性质的分类统计

三、出口贸易概况

2015年我国物料搬运机械出口到214个国家或地区，出口贸易总额为148.8亿美元，同比下降0.7%，这是物料搬运机械出口额首次出现下降，其中出口额超过 2 亿美元的国家或地区共 22 个，出口贸易额超过 3 亿美元的国家或地区共 16 个，出口贸易额超过 4 亿美元的国家或地区共 10 个。出口贸易额最大的是美国，出口额为 16.6 亿美元，占出口总额的 11.1%；印尼居第二位，出口额为 7.5 亿美元，占出口总额的 5.0%；澳大利亚居第三位，出口额为 7.0 亿美元，占 4.7%。2015 年出口额超过 3 亿美元的国家或地区见图 9。

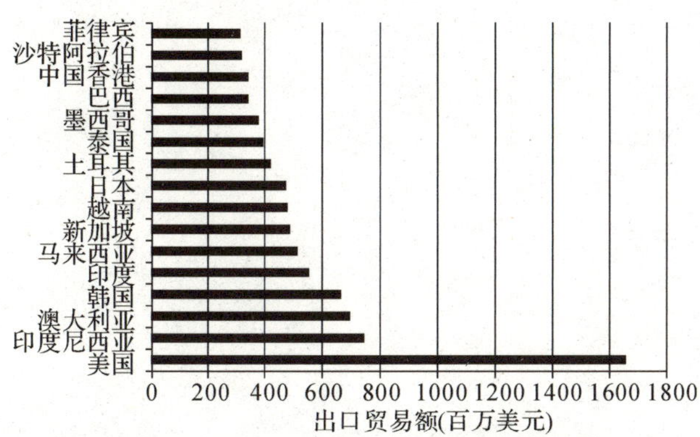

图 9　2015 年出口额超过 3 亿美元的国家或地区

2015 年我国出口贸易额排名前 10 位的省（市）见图 10。其中江苏省出口贸易额达 37.7 亿美元，占全国出口贸易总额的 25.4%，这是多年来江苏省首次超过上海市居出口市场的第一名，排名前 3 位的江苏省、上海市和浙江省的出口贸易额占全国的 59.3%。

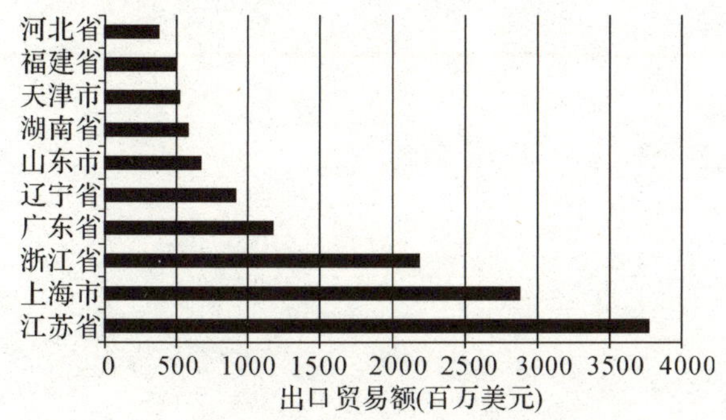

图 10　2015 年我国出口贸易额排名前 10 位的省（市）

2015 年出口贸易按产品分类统计见图 11。其中出口贸易额最大的是起重机，共计 41.1 亿美元，占出口总额的 27.6%。

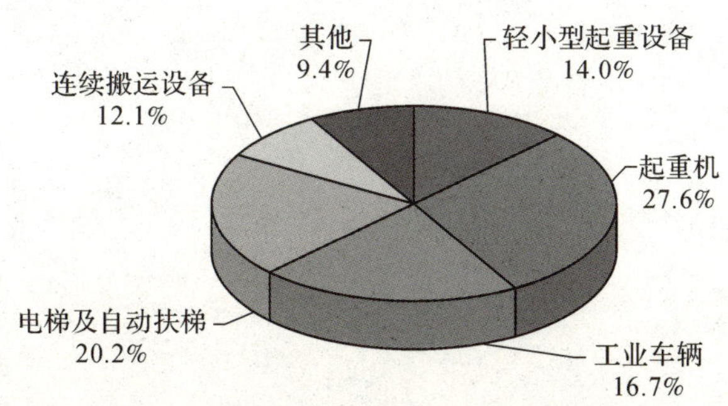

图 11　2015 年出口贸易按产品分类统计

2015 年出口贸易额居前 10 位的商品及出口额见表 3。

表 3　2015 年出口贸易额居前 10 位的商品及出口额

商品税号	商品名称	进口额（万美元）
84261942	集装箱装卸桥	138 733.10
84281010	载客电梯	138 355.58
84272090	其他内燃叉车	101 822.34
84313100	电梯、自动梯及升降机零件	79 121.14
84284000	自动梯及自动人行道	73 663.70
84313900	税号 8428 所列其他机械零件	69 106.67
84261930	门式起重机	64 001.59
84312090	品目 8427 所列机械的其他零件	56 845.80
84283990	其他输送机及提升机	55 224.39
84289090	未列名提升、搬运、装卸机械	54 873.57

2015 年出口贸易按贸易方式分类统计见图 12。从图中的数据可以看出，我国出口贸易方式主要为一般贸易和进料加工贸易，这两种贸易方式占全部贸易的 93.2%。

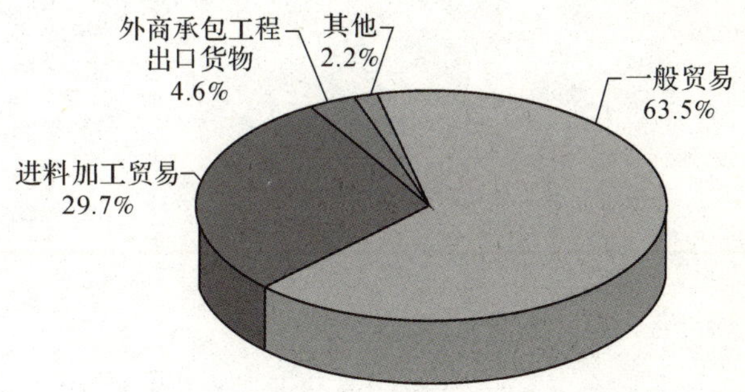

图 12　2015 年出口贸易按贸易方式分类统计

2015 年出口贸易按企业性质分类统计见图 13。出口企业主要由私人企业、合资企业、独资企业和国有企业等四类企业组成，占全部出口贸易的 94.5%。

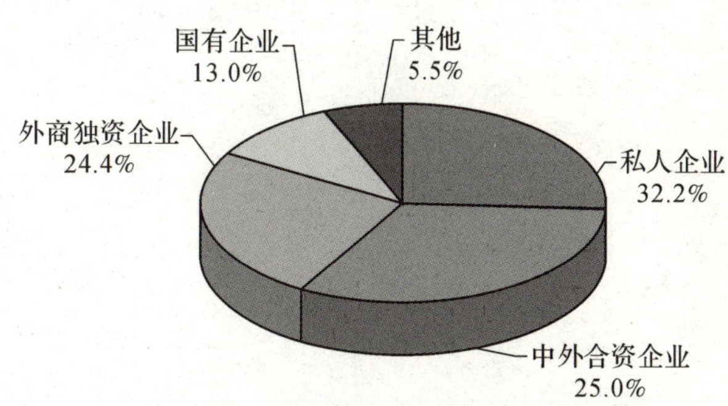

图 13　2015 年出口贸易按企业性质分类统计

〔撰稿人：中国重型机械工业协会物料搬运工程设备成套与服务分会肖立群　审稿人：中国重型机械工业协会李镜〕

中国重型机械工业年鉴 2016

2015 年重型机械行业主要企业运行情况，重点企业经营理念、文化建设及发展规划

Mainly enterprises' operating situations, business concepts, cultural development and development programs in the heavy machinery industry in 2015

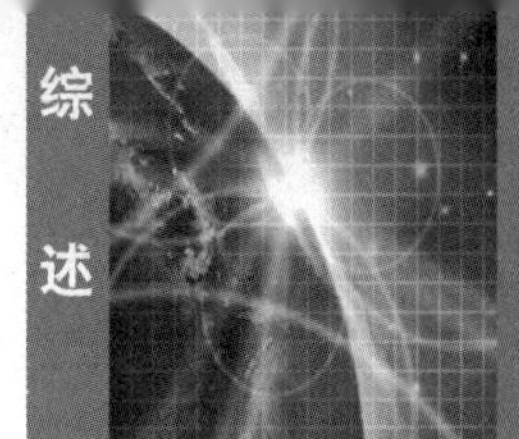

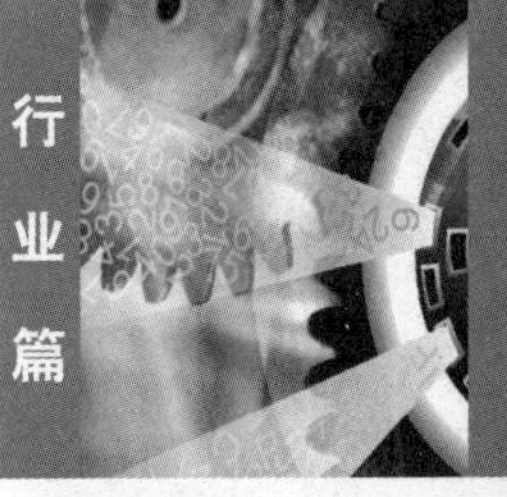

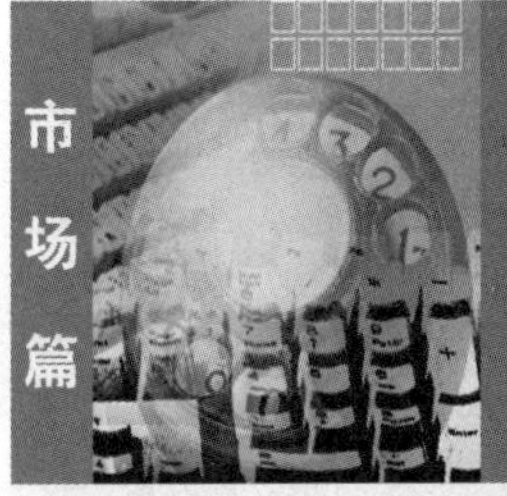

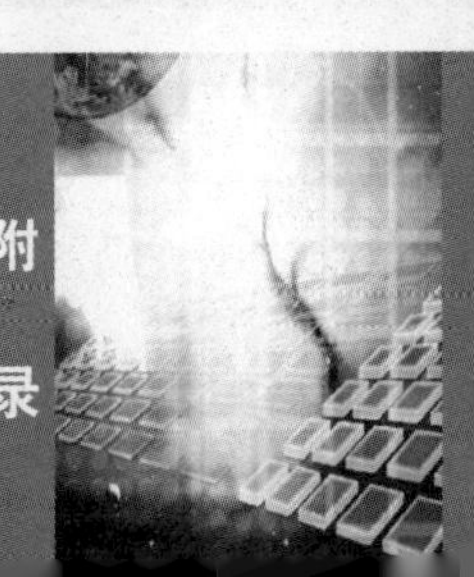

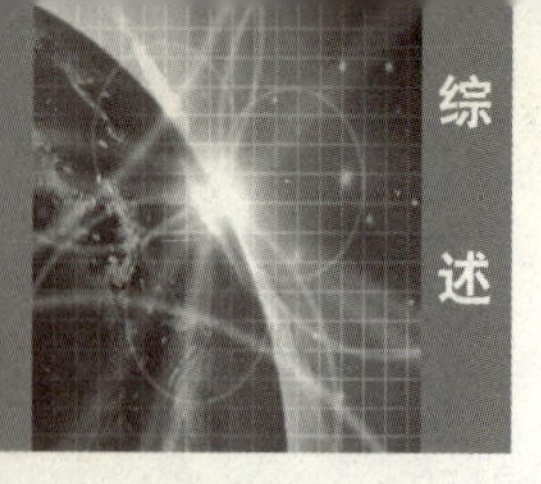

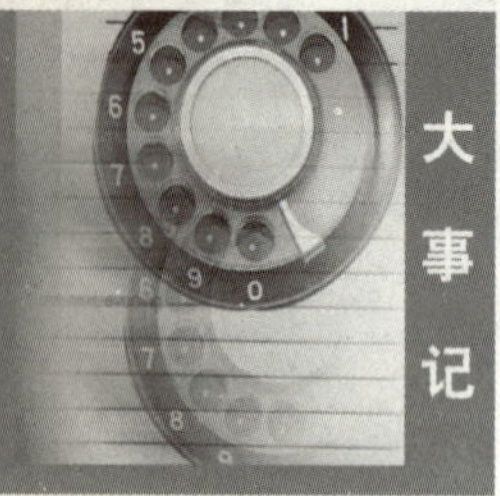

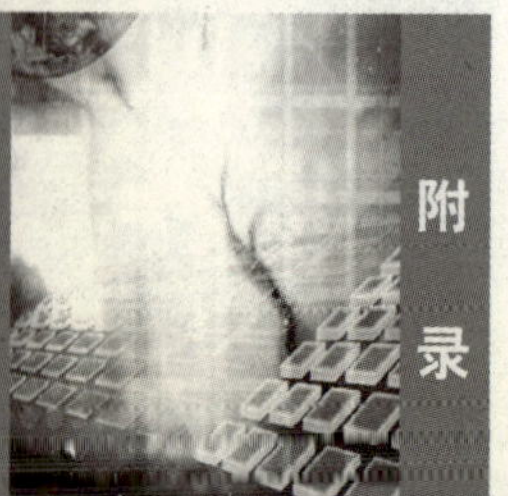

中国重型机械工业年鉴 2016

企业篇

企业介绍

中国第一重型机械集团公司

一、企业发展情况

1. 改革改制

(1) 成立改革领导机构。为进一步推进改革工作开展，中国第一重型机械集团公司（以下简称中国一重）公司党委设立了深化改革领导小组，负责统一部署和组织推动公司的各项改革工作的开展。领导小组下设办公室，负责组织开展公司改革重大问题的政策研究、统筹协调工作，提出改革方案和措施，协调督促有关改革实施。

(2) 深化劳动人事分配制度改革。中国一重坚持薪酬分配向各类人才倾斜的原则，建立了“以岗定薪、岗变薪变、工效挂钩、激励与约束并重”的薪酬分配体系。不断完善竞争性选拔人才工作办法，采取竞争性选拔的方式，实行竞聘上岗。依托技术、研发等机构在大连、天津等沿海发达地区的优势，吸引高层次人才、重点院校毕业生，保持专业技术人才队伍的整体稳定。

(3) 强化企业内部管理。公司不断强化企业内部管理，持续完善内控机制，特别是在专项巡视集中整改期间，理顺调整部分业务管理职能，明确了“两金”（应收账款、存货）占用责任和压降目标，改进质量考评方式，强化设备和能源管理，完善了能源消耗考核评价机制。

(4) 强化内部监督防止国有资产流失。中国一重明确了集团公司、股份公司党委常委会议事规则和办法，制订了《中共中国第一重型机械集团公司委员会“三重一大”决策实施办法（暂行）》和《中共中国第一重型机械股份公司委员会“三重一大”决策实施办法（暂行）》，公司重大决策严格执行“三重一大”相关规定，以进一步规范决策行为，防范决策风险。通过重新修订“三重一大”决策实施办法，充分保证了党在深化企业改革中的绝对领导地位和政治核心作用。

(5) 推进改革脱困工作。按照国资委相关要求，中国一重积极推进企业改革脱困工作，结合公司实际情况，初步拟定了《中国第一重型机械集团公司改革脱困方案》。该方案将以提升企业发展质量为核心，以全力解决制约企业生存发展的关键性问题为重点，针对公司存在的突出问题和薄弱环节，拟定了切实可行的改革脱困措施，待履行内部审批程序后，将正式下发并逐一推进落实。

(6) 其他方面。为进一步加强公司管理，贯彻中央八项规定精神，厉行勤俭节约，反对铺张浪费，加强党风廉政建设，规范业务支出行为，本着“便捷、高效、勤俭、节约”的原则，制定了《差旅费管理制度》和《业务招待费管理制度》。

为提高公司整体运行质量，中国一重成立了低效、无效资产管理领导小组，负责认定公司低效、无效资产处置方案报公司决策机构。领导小组下设办公室，负责组织责任单位开展低效、无效资产的清查工作，组织责任单位提出低效、无效资产处置建议，形成公司总体低效、无效资产处置意见报领导小组。

2. 生产发展情况

2015 年，中国一重全年实现商品产值 57 亿元，实现主营业务收入 48.5 亿元，实现利润总额 -16.5 亿元，商品产量 11.2 万 t，国有资产保值增值率 91.6%。全年完成的主要项目有：以咸宁、福清蒸发器为代表的 9 台（套）核电设备主体锻件；以专项产品Ⅰ反应堆压力容器为代表的 5 台成套核电容器；以利津和惠州加氢为代表的 58 台容器设备；以 1 450mm 热连轧为代表的 27 台（套）轧机设备；以柳汽 2 400t 压力机为代表的 15 台（套）锻压设备等。

2015 年，世界经济仍处在国际金融危机后深度调整期，国内经济增长新动力不足和旧动力减弱的结构性矛盾突出，经济下行压力较大，重型装备制造行业仍面临自身及下游行业产能双重过剩的局面。产品订单总量及部分产品价格持续下滑，导致利润减少。

3. 市场经营及销售情况

中国一重产品以国内重型机械制造为主，主要包括：冶金设备、核能设备、重型压力容器、大型铸锻件、锻压设备、矿山设备等。2015 年，传统产品市场持续低迷，公司营销系统面临严峻考验，全年新增订货 52.7 亿元，回款 57 亿元。核电市场有新突破，开发了锻造不锈钢主管道市场，全年签订核电产品 5.1 亿元。专项产品订货有新起色，签订合同 6.6 亿元，同比增长 20%。中国一重 2015 年主营业务收入构成见表 1。

表 1　中国一重 2015 年主营业务收入构成

序号	种　类	2015 年主营业务收入及各类产品所占比重	
		收入（万元）	比重（%）
1	冶金成套设备	163 275	33.65
2	核能设备	60 102	12.39
3	重型压力容器	50 728	10.45
4	大型铸锻件	88 435	18.23
5	锻压设备	14 725	3.03
6	矿山设备	6 432	1.33
7	其他	101 538	20.92
合计		485 235	100

4. 科技成果及新产品情况

通过实施国家科技重大专项“CAP1400 反应堆压力容器研制”课题，开发出具有国际领先水平的一体化整体顶盖等锻件；国家“863”课题“高品质宽幅特厚不锈钢－低合金钢复合技术开发”完成工业规格复合板试制；自主电铲、盾构掘进机、300t 大型重载矿用卡车完成全部设计，已具备样机制造条件；海水淡化设备已完成中试实验；城市生活垃圾焚烧发电设备已完成三种规格机械炉排炉设计；“大深潜项目”完成二级控制平台及系统搭建、安装调试。

2015 年获得省部级科技进步奖 3 项，其中“巨型重载操作机研制及工程应用”成果获得中国机械工业科学技术奖（发明类）一等奖，“大型伺服闭式四点压力机”“热锻工艺全过程数值模拟及优化软件开发与工程应用”等一批国家课题通过技术验收。全年完成技术梳理 231 项，评选出基层创新成果 30 项，授权发明专利 37 项，其中“一种大型钢锭的浇注方法”发明专利被评为第十七届中国专利优秀奖。2015 年开发研制的重大科技成果及当年获省市以上科技成果奖项目见表 2。

表 2　2015 年开发研制的重大科技成果及当年获省市以上科技成果奖项目

序号	项目名称	完成年月	主要性能参数及技术内容简介	成果水平评价	负责单位 参与单位
1	“巨型重载操作机研制及工程应用”成果	2015 年	1. 在国家“973”计划和“863”计划立项支持下，通过开展巨型重载锻造操作机的基础科学问题和设计方法研究，取得了巨型重载锻造操作机的构型创新与机构设计方法、超大复杂结构件的核心制造工艺技术、操作机液压驱动系统核心设计技术、操作机电控系统集成设计关键技术、操作机虚拟装配与性能仿真设计技术等研究成果，自主研发出 1 台具有完全自主知识产权的 2 000kN/4 000kN · m 锻造操作机，填补了我国大型锻造操作机自主设计和制造的技术空白，培育了我国高端装备的自主研发能力 2. 该操作机的成功研制，不但使中国一重成为目前世界上掌握大型锻造操作机设计和制造核心技术的少数几家公司之一，同时极大地提高了大锻件的制造质量和生产效率，提升了我国大锻件锻造行业技术水平，并为产学研合作提供了新模式	中国机械工业科学技术奖（发明）一等奖	中国第一重型机械股份公司（负责）、上海交通大学（参与）
2	“大型先进压水堆核岛超纯净超大型锻件绿色制造技术与工程应用”成果	2015 年	1. 该项目针对国家能源发展战略中核电关键设备大型锻件依赖进口、受制于人的现状，在国家科技专项的支持下，发明了带接管一体化大型封头及管板锻件仿形整体制造技术，双端不对称同步压下变截面筒体类锻件成形技术，大型筒体及异形锻件旋转喷淬装置及超大锻件亚温淬火技术。带有挡渣堰、整体塞棒等优质耐火材料的新型真空铸锭用浇注系统，低 Si 控 Al 钢及二次浇注等制造技术。在超纯净钢锭的冶炼、超大型复杂形状锻件的近净成形及热处理等方面取得创新突破，解决了我国大型锻件关键制造技术国产化制造的瓶颈问题，将世界最大高纯净钢锭的浇注及最大整体锻件的制造提升到 700t 级，使我国特大整体核电锻件的制造技术位居国际领先地位 2. 项目成果已为红沿河、福清等核电站生产各类压力容器十余台、蒸发器几十台。为国内外用户提供了各类锻件近千件，取得了显著的经济和社会效益。该项目获发明专利 6 项，实用新型专利 6 项	国际领先	中国第一重型机械股份公司（负责）、钢研总院（参与）、清华大学（参与）
3	“150MN 锻造液压机”专著	2015 年	由国防工业出版社出版的《150MN 锻造液压机》，是针对我国为解决重大装备制造的技术瓶颈问题，加快振兴重大装备制造业而自行设计制造的 150MN 锻造液压机成果而撰写的专著，为从事锻压制造工艺与装备的专业人员提供了新思想、新知识和新技术，是一本理论、方法和技术相结合的科技专著，用以向国内推广新型巨型液压机的设计理论、方法和技术，对相关专业工程技术人员从事锻压设备的设计与制造具有重要指导意义	中国机械工业科技进步奖三等奖	中国第一重型机械股份公司（负责）

5. 产品质量及标准工作情况

改进质量考评方式，严格质量监督检查，努力提高实物质量，顺利完成了 ASME U、U2 换证工作，组织开展了核安全文化宣贯活动。

2015 年，技术标准制修订计划共 62 项，其中：行业标准 5 项、企业标准 57 项，包括工艺、规程、作业指导书、操作要领书、规范等。

一重产品采用国际标准情况：

矿山设备：美国材料与试验学会标准（ASTM），美国哈尼司菲格尔（P&H）公司标准。

冶金、连铸设备：日本工业标准（JIS），日本日立造船株式会社标准。

轧制设备：欧洲标准（EN），德国标准（DIN）、德国西马克德马克标准。

锻压（包括：压力机、水压机、液压机）设备：日本工业标准（JIS）、日本小松制作所标准。

石油化工设备：美国机械工程师学会标准（ASME）及 RCC－M 标准。

核电设备：核电标准分别采用了 ASME 及 RCC－M 标准。

6. 技术改造情况

积极组织力量按照公司规划的基建技改内容进行技术创新。同时，根据中央巡视组反馈意见，组织公司专家对在建实施的项目进行了综合论证，并拟定了停建项目的善后处理方案，调整了续建项目的工作计划，尽量减少损失。

7. 对外合作情况

通过国家科研立项项目，与相关科研院所、高校进行技术创新合作。

二、企业发展存在的主要问题

一是解放思想的程度仍然不够，故步自封、小进则满等思想限制了企业的发展。二是以产定销的传统生产经营模式，使产品无法紧跟市场需求，没有充分发挥出市场的引领作用。因此，需要进一步解放思想、转变观念、改进作风，在经营上建立层层模拟法人实体运行机制和研－产－供－销－运－用快速联动反应机制，充分挖掘采购、物流、制造、资金等六个利润源泉。

［撰稿人：中国第一重型机械集团公司杨先仙　审稿人：中国第一重型机械集团公司万靖君］

中国第二重型机械集团公司

2015 年，中国第二重型机械集团公司（简称中国二重）在国务院国资委的关心支持下，在国机集团的正确领导下，认真贯彻落实党的十八大及十八届三中、四中全会精神，以 2016 年实现扭亏脱困为目标，扎实推进实施扭亏脱困各项方案，为推进企业持续健康发展打好基础。

一、努力保持生产经营平稳运行，改善运行质量

面对复杂的国内外形势，中国二重在开拓市场、提升质量、保证交货期、降低成本等方面积极采取综合措施，尽最大努力增收增效。完善与新运行模式相匹配的营销工作运行机制，加强新体制下生产运行协调与监控工作；做好公司紧缺生产资源和公共服务部门的统筹安排、协调及阶段性瓶颈的牵头疏通工作；做好公司“外贸、核电、协同、重大”四类合同监控、协调，定期检查、督促、落实、考核。各业务单元加强大型铸锻件、大型成台（套）、核电、容器产品等传统主业拓展和业务模式的创新，推进现有主业转型升级，获得了 1780 热连轧机等宝贵订单；及时调整核电运行管理模式，CAP1400 核电发电机转子等研制成功；真空钢锭锻件超声波探伤合格率等质量提升项目取得积极成效。同时，在业务单元试行项目管理制及项目经理责任制，取得了较好的效果，国机协同项目江苏恒远立磨实现按期交货，并创造了同类产品最短工期纪录，燕钢 1 580 热连轧机，实现按期交货。

但受外部市场低迷、自身竞争力有待增强的影响，中国二重经济运行状况仍不理想。公司全年完成机器产品产量 5.6 万 t，同比下降 48.1%；钢水产量 9.6 万 t，同比下降 39.5%；锻钢件产量 4.3 万 t，同比下降 44.3%；实现营业收入 50 亿元，利润总额亏损 0.5 亿元；经营订货 39.5 亿元，同比降低 17.2%。2015 年主要产品销售情况见表 1。

表 1　2015 年主要产品销售情况

产品名称	销量（t）	销售额（万元）
合　计	59 896	276 977
其中：冶金设备	17 241	69 514
传动设备	2 126	6 163
石油化工压力容器	6 507	42 881
大型电站铸锻件产品	14 880	53 092
设备备件	3 132	9 669
船用件	1 939	3 351
模锻件	2 348	37 218

在内部协同方面，在国机集团和兄弟企业的支持下，公司与兄弟企业签约内部协同项目金额30亿元，正在跟踪重点项目15项。国机集团将CMIC（中国机械对外经济技术合作总公司）全部股权无偿划转给中国二重，围绕打造工程总包和国际贸易平台，实施了CMIC与进出口公司的整合。公司与兄弟科研院所签订8项联合研发协议及试制合同，申报以核电装备、高端铸锻件、航空模锻件及轨道交通、煤高效清洁综合利用装备等为代表的18项重点长线产品研发项目，成功立项国家、省级研发项目6项，预算国拨经费1.14亿元。

二、继续推进技术研发工作

1. 成台（套）产品的研发方面

开展了热轧关键设备及热连轧工艺研究。通过对热轧关键设备研制，无头轧制设备高速飞剪研究成果已初步具备与用户进行技术交流的能力；无头轧制设备高速卷取机组研究已用于产品订货和项目技术交流；热轧定宽机设备技术和热轧平整机组工艺控制已实现订货。热连轧工艺研发成果、热轧铝带工艺研究成果已应用于相关项目的技术交流；中厚板矫直工艺研究研发成果等已实现订货。

依托CMEC塞尔维亚年产4 000万t露天煤矿总包项目，推进矿山建材设备研制。

完成40MN智能化热模锻压力机生产线的技术方案，基本具备自行设计现代化热模锻压力机的能力，具备热模锻压力机自动化和自动线的总包能力。

依托天元化工粉煤热解项目，进行了粉煤热解反应器产品研制。完成了ϕ3.8m×52m回转反应炉、年处理粉煤100万t的ϕ6.2m×69m异形抄板回转反应炉方案设计并取得订货，为后续承揽更多大型粉煤热解回转反应炉订单创造了条件。

2. 核电设备方面

ACP1000核电技术已签订福清6号机组、巴基斯坦K－3项目主管道和波动管合同。国核压水堆示范工程1号机组CAP1400主管道和波动管，预计2016年年底实现交货。CAP1400堆芯补水箱已经完成锻件材料制造及零部件大部分堆焊、焊接制造工作，部分技术可应用于反应堆压力容器、稳压器、高温气冷堆设备的制造，为中国二重争取稳压器、反应堆压力容器合同提供坚实的技术支撑。

中核华龙1号ACP1000锻造主泵泵壳，已完成模拟研究试料制取，正在进行外形粗加工。

核电大锻件方面，完成了ACP1000核电蒸汽发生器管板、椭圆形封头、下部筒体下、上部筒节上；ACP1000稳压器下封头、中部筒体、下部筒体补充评定报告（书面）补充评定报告；开展了高强度、高韧性材料与关键制造技术应用与研究。核电大锻件评定已阶段性完成，实现蒸汽发生器、稳压器关键大锻件的制造与评定，获得蒸汽发生器产品制造评定证书，掌握了自主化第三代ACP1000核心锻件关键技术，具备批量化制造能力。

3. 石化容器开发

开发了高端换热器、连续重整反应器等新型重型容器产品。通过研究分析EO反应器的产品结构特点及结构设计，对连续重整反应器的设计和制造难点进行了充分的分析。研究SA－541（4N级）深海装置评定锻件材料，为承接深海容器产品打下了基础。承接了巴西IESA公司的低温容器订货合同，完成了焊接工艺试验和焊接工艺评定，目前两台产品的制造已接近尾声，为后续承接国外石化容器项目提供了经验和业绩。与天津辰鑫设计院初步搭建石化工程总包的合作框架，力争在神华煤制烯烃项目上有所突破。

4. 高端大型铸锻件

620℃超超临界汽缸已实现批量订货，与上汽联合研制的600℃ Cr12转子按计划推进，两件300MW护环试制也取得阶段性成果，CAP1400核电机组汽轮机整体转子已具备制造能力，高压拼焊转子常规性能解剖试验已完成，并达到标准要求。1 000～1 750MW核电机组发电机转子已具备批量生产能力。

同时，全面开展了620℃高中压转子10% CrMoWNbNB材料研究，即将进入产品试验阶段。

5. 大型模锻件研制

充分发挥8万t模锻压力机生产线的能力和优势，围绕国内军用航空航天、国内民用航空、国际民用航空和非航空产业四大业务板块，研制出钛合金整体框锻件、大飞机7050铝合金模锻件、航天火箭发动机精密模锻件、高性能涡轮盘、C919大型客机起落架锻件等一批代表国内先进水平的大型复杂模锻件，夯实了二重模锻件长线优势产品市场。

6. 开展对外技术交流和合作

中国二重按南车集团签署的以传动产品合作为核心内容的战略合作协议，成立了四个专项工作组分别推进机车主从动齿轮零件制造、轨道交通走行部分零部件铸改锻和进口改国产、风电齿轮箱制造合作；同时，中车与中国二重协商推进资阳南车传动与二重精衡公司的合资合作。

中国二重与国内相关海洋平台制造与设计单位进行了合作交流，已经基本具备自升式海洋钻井平台在国内外承接订单的技术支撑。煤化工设备研制方面，已与天元化工签订了年产660万t粉煤热解回转反应炉设计合同。与深圳宝安集团贝氏材料公司签订战略合作协议，共同开发Mn系贝氏体新产品，并生产出首批试制件。2015年申报的重大科技成果见表2。

表2　2015年申报的重大科技成果

序号	项目名称	完成年月	主要性能参数及技术内容简介	成果水平评价	负责单位参与单位
1	超大直径超大壁厚加氢反应器国产化攻关	2011.4	中国二重独立研发出锻焊结构反应器超纯净钢和多包合浇微合金化控制技术、将2.25Cr-1Mo-0.25V钢的淬透深度提高至500mm、内径ϕ5 400mm反应器倒“Y”形过渡段收口锻造，400~600mm厚壁的主焊缝焊接技术及90°弯管整体自动堆焊、多通道焊缝横向裂纹无损检测等多项创新技术。突破了本体超大型化、超厚壁锻件均质化控制、420t钢锭超大筒体锻件的高温蠕变极限和持久强度、焊接再热裂纹、超大筒体加工和现场组焊等技术瓶颈问题，该加氢反应器多项质量和技术指标填补世界空白	同类产品国际领先	二重集团（德阳）重型装备股份有限公司
2	620℃超超临界火电机组大型关键铸件研制及产业化	2012.10	1. 在国内同行业首次开展620℃ 1 000MW超超临界汽轮机用ZG13Cr9Mo2Co1VNbNB中压内缸铸件成套制造技术的研究，与国外同步（国内独家）成功开发及制造了具有完全自主知识产权的620℃1 000MW超超临界中压内缸等铸件 2. 通过对620℃1 000MW超超临界中压内缸铸件从钢水冶炼、铸造、材料及热处理、模拟仿真、质量保证、作业效率等关键技术的集成攻关，产品质量达到了国际先进水平，具有如下创新点 1）研究出了620℃超超临界汽轮机用ZG13Cr9Mo2Co1VNbNB材料的冶炼工艺技术 2）研究出了620℃超超临界铸件凝固模拟仿真技术、控制内部缺陷、铸造裂纹控制等铸造工艺技术 3）研究出了保证最佳力学性能的材料化学成分配比及铸件晶粒度控制与提高室温和高温力学性能的热处理工艺、防止铸件产生热处理裂纹等热处理技术 4）研究出了预热温度、焊接电流、层间温度，加热、焊后冷却过程温度均匀性控制等焊接技术	填补了国内空白，与国外同类产品相比，研制成果达到国际先进水平	二重集团（德阳）重型装备股份有限公司
3	三峡升船机螺母柱的研制	2013年12月	1. 掌握了大型铸件成形过程数值模拟技术，掌握预测缩孔、缩松判据与探伤等级的对应关系 2. 突破了铸件产品的制造极限，实现了批量铸件整体UT探伤零缺陷、焊条零消耗的苛刻要求 3. 掌握了大型水电站升船机铸件成分精确稳定控制技术、变形规律及控制技术、内部质量保证和缺陷控制技术、裂纹防止技术、热处理组织和高力学性能保证技术 4. 大型升船机齿条、螺母柱铸件能满足气体含量［O］≤25PPM，力学性能：$R_p0.2 \geq 650$（N/mm²）、$R_m \geq 800$（N/mm²）、$\Psi \geq 12\%$、AKV≥30J，铸件本质晶粒度全部达到6.5级的苛刻要求	国际先进水平	二重集团（德阳）重型装备股份有限公司

三、质量管理提升取得成效

2015年，中国二重积极推进管理创新，不断完善工作机制，从体系建设、监督管理、预防机制、质量提升和考核激励等方面规划和实施了大量工作，确保了公司质量体系的有效运行，保持了产品实物质量趋势向好的良好态势。

2015年，中国二重组织完成了ISO 9000、核电和特种设备三大体系质量手册和150余个程序文件的全面修订工作，结合各二级单位自身特点共同搭建起公司新的质量保障机制。构建了新的质量考核机制、奖惩条例以及领导人员质量责任追究机制，突出对领导人员管理责任的考核，同时强化了分段考核机制，较为有效地解决了新的运营模式下的重复考核问题。持续开展了体系运行诊断和系统改进工作，及时发现了公司质量管理体系及相关专业过程存在的上百项管理问题。通过引入效能监察机制，加大对质量问题的问责考核力度。组织开展了“一次成功、件件达标”专项质量提升活动，专项质量提升活动初见成效。顺利完成了各类质量资质取换证工作，通过了PED-CE换证审核、AS 9100航空航天质量管理体系监督审核和增加场地审核、ISO 9000军品质量体系综合评议和民品质量体系换证审核、ASME 核证材料组织监督审核、NADCAP 特种工艺无损检测监督审核等质量资质审核。

全年未发生重大质量责任事故；公司级纠正措施按期整改完成率 100%；质量资质取（换）证及监督审核全部按期完成；产品实物质量趋势向好，下滑态势已基本得到遏制；质量管理提升项目取得了阶段性成效，真空钢锭锻件 UT 合格率、板焊类容器焊缝探伤一次合格率均达到提升目标；配管质量提升项目，外方及用户见证后产品出厂合格率为 100%，得到了客户和监理公司的认可。

四、推进企业改革发展

在国务院国资委、中国银监会的指导协调和地方政府、银行债权人的大力支持下，平稳推进债务重组工作，实现公司债务重组平稳落地。先后达成“以股抵债 + 现金受偿 + 保留债务”的综合受偿方案，并进入司法重整，实现了“快进快出”目标，妥善解决了中票、企业债问题，成功化解债务危机，资产负债率由 2015 年初 131.7% 下降至年末的 92% 左右，每年可减少利息支出 6 亿 ~ 8 亿元。

围绕做精做强主业的改革方向，以产品业务为界，构建独立面向市场的各经营主体，并对业务少、竞争力弱的业务单元进行了业务分解和重组。积极推进辅业子公司改制工作，已形成辅业子公司改制方案。

人员分流达到预期阶段目标。通过采取提前退养、离岗休养（休息）、协商解除劳动合同等多种途径实施人员分流，通过积极稳妥地处置各类矛盾，公司核心骨干员工队伍得到有效保护。

2015 年末，中国二重在岗职工期末人数 7 708 人，同比减少 2 466 人，同比减少 24.24%。通过后续的辅业改制，预计人员将会进一步优化。

加快推进重大资产盘活。研究制定了镇江基地整体盘活方案，并在镇江基地清理论证的基础上，认真制定“完善现有功能，保证镇江公司正常生产运行”投资项目计划，积极争取国有资本金的支持，积极与可能有合作的单位进行沟通联系，争取使码头发挥效益。积极推进 8 万 t 大型模锻压力机生产线的单项验收及整体项目的竣工验收工作，推进成都工程中心项目的单项验收及整体项目的竣工验收工作，为资产处置做好准备工作。认真研究相关政策，制订好盘活其他资产方案和处理低效、无效资产的预案，开展好资产减负、资产盘活相关工作。

稳步推进社会职能移交。顺利完成了职工生活区供电、有线电视网络业务的移交工作。供水、供气业务及社区管理职能移交已与地方政府达成共识，正在抓紧做好准备工作，争取尽快启动实施。

〔撰稿人：中国第二重型机械集团公司杨毓银　审稿人：中国第二重型机械集团公司魏巍〕

太原重型机械集团有限公司

一、企业基本情况

太原重型机械集团有限公司（简称太重集团）前身为太原重型机器厂，始建于 1950 年，是新中国自行设计、建造的第一座重型机械制造企业。公司 2005 年进入中国制造业 500 强，2006 年获得“全国五一劳动奖状”，2008 年跨入百亿企业行列，自 2011 年开始，销售规模始终位于我国重型机械行业首位。

太重集团装备制造水平先进，自主创新能力卓著，是全国“创新型企业 20 强”之一，拥有冶炼、铸造、锻造、热处理、焊接、机加工、总装调试、检测计量和包装运输等配套齐全的装备研发制造能力。2015 年，太重技术中心在国家认定企业技术中心中排名上升第二位，居同行业第一位。

在雄厚的技术实力和先进的装备水平下，太重集团在冶金、矿山、发电、交通、化工、建筑、新能源、航空航天等领域为全球二十多个国家和地区的客户提供优质的产品与服务。截至 2015 年，太重集团已为上述领域，尤其是为国家重点建设项目提供了两千余种、近三万台（套）装备产品，涵盖了起重设备、轧钢设备、锻压设备、油膜轴承、挖掘设备、煤炭机械、焦化设备、煤化工设备、铁路轮轴产品、齿轮传动系统、电控系统、液压元器件及系统、航天发射装置、舞台设备、大型和精密铸锻件等诸多门类，先后获得国家级发明奖 4 项、国家级成果奖 26 项、国家科技进步奖 22 项，创造了 420 余项国内外第一，被誉为“国民经济的开路先锋”。

二、生产经营情况

2015 年，国内外宏观经济形势没有明显好转，经济下行压力持续加大，装备制造业及其服务的煤炭、冶金等行业产能过剩，市场需求不足，整个行业规模、效益继续下滑。太重集团积极采取措施，持续加强新产品研发，不断提升精细化管理水平，在传统产品需求不断减少的情况下，积极拓展轨道交通、新能源等新产品、新领域，保持了平稳运行。

2015 年，太重集团完成工业总产值 132.1 亿元，工业销售产值126.9亿元，工业增加值20.5亿元。2015年太重集团产品产值产量按产品大类分类见表1。

表1　2015年太重集团产品产值产量按产品大类分类

产品大类	产值（万元）	产量（吨）
轮轴产品	437 772	260 982
矿山设备	235 251	68 487
起重设备	60 687	20 832
轧钢设备	71 668	41 374
锻压设备	32 683	9 903
风电设备	100 755	31 051
焦炉设备	42 413	7 395
煤化工设备	48 310	6 455
液压产品	57 732	31 155
铸锻件	59 326	407 50
其他	174 400	245 871

三、市场情况

从国际看，全球经济仍处于调整期，部分国家经济开始复苏，但对装备制造业的拉动并不明显。太重集团出口主要是轮轴产品，近两年其他产品国际市场需求已经很少。

从国内看，我国经济仍处于新旧动能转换阶段，传统产业产能过剩问题依然突出，市场需求总体偏弱，一方面给传统市场带来了一定的压力，另一方面也将为企业的转型发展带来积极影响。从长远来看，新能源、高铁、大数据以及服务制造等一些新产业、新动力正在形成，“一带一路”“中国制造2025”、供给侧改革等一系列战略性措施的不断深化，为下一轮增长打下基础。

从各产品看，轮轴板块随着大量高铁、地铁项目的开工建设，发展势头良好，全年完成产销规模43.7亿元，同比增长12%。重工轨道出口占比继续提升，为公司主要利润点。矿山设备板块受产能过剩影响，挖掘机、采煤机等产品需求大幅下降，市场信息量极少，规模快速下滑。冶金类产品由于钢铁行业产能过剩，服务于该行业的冶金设备如大型轧钢设备、冶金起重机、锻压产品等产品需求极少，价格水平较低，部分产品仍然亏损。风电、焦炉、煤化工产品主要依托大型成套项目，占用资金量大，规模增长的同时要持续控制风险。液压板块已经开发多种系列的高端产品，但短期内难以实现替代进口，低端产品比重仍较大，规模、效益水平基本保持平稳。铸锻件板块受产量小、价格低、折旧高等多重因素挤压，仍然亏损，经公司对质量、采购、工艺的不断控制，亏损额已大幅减少。

四、科技成果及新产品

2015年，太重技术中心在全国1 098家国家级企业技术中心评价排名中上升到第2位，居全国重型机械行业首位。全年完成产品研发113项，完成新产品试制108项，制（修）订标准41项，申请专利170项，授权专利120项，其中授权发明专利62项。2015年获得国家级科技进步二等奖1项，省级及行业协会科学技术奖7项。2015年太重集团获科技奖情况见表2。

表2　2015年太重集团获科技奖情况

序号	项目名称	奖项名称
1	3.6万t黑色金属垂直挤压机成套装备与工艺技术研发及产业化	国家科技进步奖二等奖
2	干熄焦提升机系列研制	山西省科技进步奖二等奖
3	110MN卧式双动短行程铝挤压机研制	山西省科技进步奖二等奖
4	油页岩开采机关键技术的研究与应用	山西省科技进步奖二等奖
5	6 400t液压复式起重机研制	中国机械工业科学技术奖一等奖
6	薄壁类零件三辊轧机架的加工工艺的改进	中国机械工业科学技术奖二等奖
7	加压移动床气化炉布煤破粘系统研究与应用	中国机械工业科学技术奖三等奖
8	延长磨齿机金刚轮使用寿命的方法	中国机械工业科学技术奖三等奖

2015年，自主开发研制了世界最大的1 300t桥式起重机，具有世界先进的技术水平，代表着今后大型水电站起重机的发展方向；开发完成了永磁电动机电牵引采煤机、交流液压冲击式采煤机、2500型压裂泵车等；自主开发研制了世界最大的225MN单动卧式短行程铝挤压机，达到当今世界先进技术水平；继续在风电机组的优化设计、安全性可靠性等方面进行技术创新，提高公司风电机组的市场竞争力；核电起重机方面成功研制了CAP1400环形起重机，是国家科技重大专项之一，也是我国建设创新型国家的标志性工程之一；自主开发完成时速350km中国标准动车组车轴及车轮，并正在上路试验，为实现高铁关键零部件的国产化奠定基础。

五、产品质量

在市场竞争加剧、产品价格下滑的情况下，太重集团保证产品质量过硬、售后服务到位，健全问题处理机制和用户回访制度，以优良品质、优质服务，树立了良好的品牌形象。2015年修订了质量考核办法，加大对内部合同、新产品质量以及工艺执行的考核，并督促各单位建立质量考核细则，不断提升质量意识，成功入围中国质量奖提名奖。

六、技术改造

2015年，太重集团公司完成技改投资6.8亿元，完成年计划的104%。研发中心、风电园区、滨海、榆液等重点项目的建设有序推进。

太重集团使用的主要能源为焦炉煤气、天然气、电力，产品单耗每年保持下降，至2015年，圆满完成“十二五”节能考核目标。

七、企业发展中存在的问题

一是市场需求不足。受传统产业产能过剩影响，市场订货信息不足，排产缺口较大，生产任务不均衡。受影响较大的有煤机产品、挖掘机、焦化设备等。

二是市场竞争激烈，产品价格保持低位。当前市场环境继续恶化，竞争日趋激烈，竞相压价仍然是主要竞争手段，新增订货价格继续保持低位，产品平均价格同比下滑5%～10%，部分产品价格下滑超过15%，企业效益压力较大。

三是资金紧张。在当前的经济环境下，回款更加困难，回款中现金占比减少。部分用户要求推迟交货、大型成套项目和新产品试制垫资等因素都造成企业资金周转缓慢。2015年年底，公司应收账款、存货在全力控制下已遏制住上涨趋势，但仍处高位，带息负债同比增长30%，利息支出同比增长20%。

四是经营风险加大。目前市场环境不断恶化，用户暂停、取消合同的情况明显增加，致使企业库存居高不下；已交货用户付款情况较差，形成较多的应收账款和较大的坏账准备，用户的不断调整影响太重对合同的执行，法律纠纷增多。违约风险、资金风险等生产经营风险不断加大。

面对复杂的经济形势和市场环境，太重集团将继续贯彻党的十八大和十八届三中、四中、五中全会精神，秉承“中国装备、装备世界”的历史使命，践行“诚信、创新、精益、卓越”的核心价值观，以创新驱动为引领，以国际化和信息化为工作主线，重点打造高端制造、工程成套、生产性服务三大增长引擎，逐步把太重集团建设成为国际一流的装备制造旗舰企业。

〔撰稿人：太原重型机械集团有限公司尤振林　审稿人：太原重型机械集团有限公司朱玉胜〕

北方重工集团有限公司

一、企业发展情况

1. 改革改制情况

(1) 推进体制改革，同中国建材集团联合重组。推进北方重工集团有限公司（简称北方重工）与中国建材集团联合重组是沈阳市实施全面创新改革试验、深化国资国企改革先行先试的重要内容，北方重工作为全市四家国有企业改革试点单位之一，在市、区政府的直接领导下，在国资部门的具体指导下，同中国建材集团的联合重组工作取得了实质性进展。2015年12月14日，沈阳市政府、开发区管委会、中国建材集团三方签署了《联合重组合作协议》，开发区国有资产经营有限公司同中国建材集团签署了《国有股权无偿划转协议》，就联合重组相关重大问题达成一致意见。

(2) 以深化改革为动力促进企业转型升级。打造“升级版”的北方重工，实现“两个转型”与“四项升级”。

两个转型。市场身份的转型：即要由单机制造商的身份向工程服务商的身份转变，积极向产业链的上游延伸，大力发展工程成套业务；服务领域的转型：即要由以服务传统产业为主向服务战略性新兴产业与传统产业“并重”转变，大力开发隧道掘进机市场、石油天然气压裂装备与工程服务市场、现代建筑产业装备市场、环保产业装备市场。

四项升级。一是技术升级，产品技术与工程技术要向“高端化、智能化、成套化”方向发展；二是市场升级，单机市场与成套市场要相互依托，国内市场与海外市场要相互补充，传统市场与新兴市场要相互促进；三是管理升级，逐步实现制造过程的数字化、智能化与管理过程的信息化相结合的现代企业管理模式；四是人才升级，改革薪酬制度与分配方式，建设一支以高层次科研人才为牵引的人才队伍，全面提升员工职业素养。

(3) 调整运行机制为深化改革转型升级创造条件。调整完善内部运行管理机制，进一步减少和消除影响企业发展的内部因素，提高经济运行效率和质量。

——逐步清晰主营业务板块，形成一批主营业务突出，资源配置合理，核心优势明显的业务板块，对现有的12家分公司及3家子公司进行二次重组整合，规划成“四+六”板块，即四大新兴产业装备板块+六大传统产业板块。

——调整职能部门设置，整合集团层面管理本部职责和分公司二级部职责，优化人力资源配置，使企业内部组织结构更加符合市场要求。

——推行和完善科技领军人才和技术骨干的专项激励机制，营造一种创新兴企、高能多得的向上氛围。

——创新经营方式，根据市场需求变化，大力发展BOT、PPP及融资租赁等新型营销业务；积极开展绿色再制造及增值服务。

2. 生产发展情况

2015年是北方重工经受重大考验的一年。一年来，国内市场订单大幅下滑，部分产能出现闲置，资金链条异常紧张。面对困难和考验，全体员工努力拼搏，共克时艰，保持了较为稳定的生产经营局面，企业改革取得重要进展，转型升级迈出坚实步伐，国际化道路越走越宽。北方重工在不断战胜困难与挑战的进程中奋力前行。

全年完成工业总产值119.5亿元，同比下降8.6%；实现销售收入113亿元，同比下降11.7%；实现利润5 300万元，同比下降6.9%；上缴税金1.56亿元，同比下降22%；完成工业增加值9.7亿元（分配法），同比下降15.7%。2015年主要产品产量见表1。

表1　2015年主要产品产量

主要产品类别	数量（t）
输送机械	304 294
减速机	106
矿山专用设备	227 018
金属冶炼设备	17 240
金属轧制设备	3 217
水泥设备	3 118

3. 市场经营及销售情况。2015年主要产品销售收入见表2。

表2　2015年主要产品销售收入

主要产品类别	销售收入（万元）
输送机械	438 245
减速机	13 261
矿山专用设备	534 171
金属冶炼设备	22 346
金属轧制设备	12 032
水泥设备	4 402
其他	116 603

国内市场形势依然严峻。全球经济低迷延续，我国经济受多重因素影响，面临的形势更加复杂。近几年国家基础建设投资明显减弱，传统制造业受到较大冲击，北方重工2015年国内市场订货下降29.7%，其中电力、冶金、矿山、煤炭机械等订货量分别下降39.2%、79.1%、41.4%和75.8%，这种形势也在“倒逼”传统的装备制造业要加快转型升级。

国际市场预期不容乐观。2015年，全球经济仍处于萧条状态，新建项目数量剧减，伴随铁矿石、钢铁、石油行业市场低迷，波及其他行业发展，导致很多项目搁浅，出口营销工作面临着巨大的考验。在“一带一路”政策的指引及亚投行的支持下，外部环境将会有所改善，但国际市场预期仍不乐观。

在严峻的市场形势下，北方重工进一步强化危机意识，充分认清形势；坚定发展信心，增强发展自信，以更加强烈的责任与担当，勇于危中求变、变中求进、进中求新，化危为机，为企业赢得新的发展空间。

4. 科技成果及新产品情况

近年来，北方重工承担多项国家、省、市重大技术装备开发研制课题，为国家开发制造重大技术装备打下了坚实的基础。2015年，共承担2个项目，其中《超高压页岩气压裂成套装备》被列入辽宁省科技创新重大专项，《QMJ4260煤巷全断面高效掘进机的研制》被列入沈阳市科技计划项目。2015年，北方重工自主开发的新产品有PC预制构件全自动混凝土布料机、混凝土预制构件边模系统、YLC3000压裂车、浆体管道输送技术、QQ（LS）1 000·11.8长型料场螺旋取料机、ϕ12.2m×8.0m半自磨机、ϕ7.2m×50m回转窑、金属矿山用GYG1408高压辊磨机、仓储式风扇磨煤机、年产60万t水泥粉磨站用四辊熟料立磨、城市生活垃圾焚烧发电成套技术、0.6－3.0×1 725mm差厚板轧机机组、EBZ160Z悬臂式掘进机等23项。

2015年，北方重工共获得省、市级科技奖项6个。其中“超长距离大运量节能型越野带式输送机”获得中国机械工业科技进步奖二等奖、辽宁省科技进步奖二等奖，“GHC型高效永磁筒式磁选机”获得辽宁省科技进步奖三等奖，“大型球团带式焙烧机成套装备”“QJSYT－094硬岩土压双模式掘进机”获得沈阳市科技进步奖一等奖，“超长距离大运量散料输送系统”获得沈阳市科技振兴奖。2015年重大科技成果及获省市以上科技（进步）奖项见表3。

5. 产品质量及标准工作情况

（1）产品质量工作。加强质量管控措施，持续改进各项工作质量。完成《质量、环境、职业健康安全测量企业管理手册》（第二版）的第1次修订；通过东北认证有限公司对北方重工油田特种作业车质量管理体系进行扩项审核；通过北京起重运输机械设计研究院对北方重工带式输送机样机审查工作，生产许可证换证工作顺利完成；通过

API（美国石油协会）认证的现场审核工作。

表3 2015年重大科技成果及获省市以上科技（进步）奖项

序号	项目名称	完成时间	主要性能参数及技术内容简介	成果水平评价	负责单位 参与单位
1	超长距离大运量节能型越野带式输送机	2013年9月	单机输送距离长达14.22km，运量4 500t/h，带速5.6m/s，驱动功率4×1 700kW，这是由我国自主设计、制造、安装并调试的综合参数最大、工况最繁杂、技术难度最大的带式输送机	中国机械工业科技进步奖二等奖 辽宁省科技进步奖二等奖 总体技术水平达到国际先进水平，部分性能指标达到国际领先水平	北方重工集团有限公司
2	GHC型高效永磁筒式磁选机	2011年3月	北方重工可以根据需求，制造直径从750mm到1 500mm，筒体长度从1 800mm到4 500mm高效永磁筒式磁选机。其中GHC1545型磁选机是目前世界上投入工业应用的最大规格永磁筒式磁选机，它的单机处理量可达800～1 000m^3以上，并具有处理能力大、回收率高、入选物料粒级宽等特点	辽宁省科技进步奖三等奖 国际领先水平	北方重工集团有限公司
3	大型球团带式焙烧机成套装备	2014年9月	年产250万t球团矿大型带式焙烧机成套装备，总长度达145m，最大处理物料量600t/h，有效面积388.5m^2。是由我国自主设计、制造、安装并调试的综合参数最大、工况最繁杂、技术难度最大的带式焙烧机	沈阳市科技进步奖一等奖 整机技术水平达到国际先进水平，部分性能指标超过国际领先水平	北方重工集团有限公司
4	QJSYT－094硬岩土压双模式掘进机	2011年7月	该设备开挖直径9.43m，最小转弯半径180m，可实现土压、硬岩双模式掘进，填补了国内空白，实现了复杂工况综合掘进技术的全面突破，并在多项关键技术上超越了国外公司，成为国际上为数不多的双模式掘进机的突出代表	沈阳市科技进步奖一等奖 整机达到国际同类产品先进水平，部分指标达到国际领先水平	北方重工集团有限公司

制定新加坡地铁项目盾构机、菲律宾MSMS等44项产品的检验计划、监造计划等质量预控文件；深入各分公司，历时半年时间完成班组长质量培训工作；开展金属结构件产品的质量互助巡检工作，确保入库产品（含供方提供的产品）满足产品特性要求；对供方实施质量索赔87项，索赔金额353.19万元；开展群众性质量管理，7项QC成果获得沈阳市一等奖。

（2）标准工作。2015年，企业主持和参与制定了《周边传动中心自动提耙浓缩机》《单缸液压圆锥破碎机》《煤用锤式破碎机》和《硬岩掘进机》等行业技术标准4项，极大地推动了国家、相关行业和企业的科技进步。

6. 技术改造情况

北方重工2015年度重点技术改造项目为压裂装备产业化项目，本项目共计完成投资5 819万元。我国页岩气开采已经基本掌握了水平钻井技术和压裂工程技术，具备了页岩气规模化商业开发条件，压裂装备市场需求高峰即将到来。面对广阔的压裂装备市场空间，北方重工建设压裂装备制造产业基地，采用专业化生产及经营模式，加快产品技术研发速度，快速掌握核心制造技术、试验技术，完成专业化生产能力建设，形成北方重工的核心竞争力，进而领先于同行业企业，同时获取专用车辆生产企业及产品准入许可，使产品快速进入市场，加速北方重工石油装备的发展步伐。

项目建在沈阳经济技术开发区五号路16甲1号，占地面积38 886m^2（约合58.4亩），一期新建1#联合生产厂房6 997.4m^2（其中A车间3 498.7m^2、B车间3 498.7m^2）、新建2#联合生产厂房5 544m^2（其中D车间2 592m^2、E车间1 800m^2、F车间1 152m^2），办公楼3 300m^2、收发室70m^2；项目总建筑面积约16 000m^2。

项目新购置工作平台、车床、等离子切割机、焊机等机加装配设备及超高压试验系统等设备17台套，形成我国先进的压裂装备车辆生产线，实现企业的加速发展。完成厂区电力工程、动力工程、厂区道路及户外管网、厂区绿化及道路照明等设施的建设。

〔供稿单位：北方重工集团有限公司〕

中信重工机械股份有限公司

2015年，面对错综复杂的国内外宏观经济形势和更加严峻的行业发展环境，中信重工机械股份有限公司（简称中信重工）坚持“稳中求进、创新发展”的方针，适应新常态，转型谋发展，积极应对各种风险和挑战，经受住了市场的冲击，保持了生产经营的有序稳定运行。

公司运营情况

2015年，中信重工共实现营业收入120.1亿元，同比下降6.80%；实现利润总额1.3亿元，同比下降71.98%；完成机器产品产量9.2万吨，同比下降18.29%；实现工业总产值113.1亿元，同比下降4.18%；当年新增订货额55亿元，同比下降46.66%。

1. 持续推进战略转型，培育新增长点

大力培植变频产业。2015年3月，中信重工北京设计研究院正式成立，同时，与中国科学院自动化研究所共建的智能控制系统联合实验室正式揭牌。4月，高端电液智能控制装备制造项目的1-2号厂房建成投用。

2015年，中信重工完成了CHIC2500系列集约型高压变频器、10kV 2 700kW的G3型高压变频器、用于公司矿用磨机的6kV 7 500kW高压变频器、用于低频低速矿井提升机的高压变频器产品的开发，变频器产品的系列更加丰富。

2. 坚持技术先导，以创新驱动引领技术发展

中信重工坚持技术先导战略，以节能和环保等战略性新兴产业为重点研发方向，加大新产品、新技术的研发和产业化进程。国家科技支撑计划课题——有机介质低温余热发电项目通过结题验收。“炉冷烧结机余热发电技术研究及工程示范”项目列入河南省重大科技专项并获政府大力支持。围绕大型搅拌磨系列装备及工艺系统研究，开发多个系列产品，并实现多台（套）市场订货。总包的锦州三鸽水泥窑协同处理城市生活垃圾项目完成达标达产考核，一次通过验收。

在2015年国家科学技术大会上，中信重工高端矿山重型装备技术创新工程、12 000t航空铝合金厚板张力拉伸装备研制与应用，双双荣获国家科技进步奖二等奖；年产千万吨级矿井大型提升容器及安全运行保障关键技术，获国家技术发明奖二等奖。截至2015年12月底，公司共拥有有效专利438项，其中，发明专利136项。

3. 践行“一带一路”战略，提升国际化水平

中信重工积极践行国家“一带一路”战略，总包的柬埔寨贡布水泥厂项目成功点火。为蒙古国最大铜矿厄尔登特铜矿扩产项目提供的关键核心设备全面投产并连续运营。全年海外收入占比42.76%，同比上升8.15个百分点。

2015年末，中信重工还成功签订合同额1.54亿美元的柬埔寨CMIC公司日产5 000t水泥生产线项目EPC总包合同。

为了更好地开拓澳大利亚和巴西的备件及服务产业市场，中信重工对澳大利亚公司和巴西公司的职能进行了重新定位，在收集订货信息、协助订货、技术服务的基础上，重点向备件销售、市场开拓、服务产业化发展。

4. 大力发展制造型服务业，盘活存量资源

在经济新常态下，中信重工所服务的下游行业市场增量资源有限，但存量资源巨大。公司依托主机制造优势，三策并举不断挖掘备件及服务市场潜力。

一是贴近大客户建设备件服务中心。目前，中信重工正在筹建巴西备件服务中心、澳洲备件服务中心、老挝备件服务中心和泰国备件服务中心，计划通过备件服务中心向用户提供备件订货、大修及维保服务、工艺技术咨询服务等增值服务。

二是公司层面搭建备件服务平台。中信重工正在加快备件网的建设，面向所有客户提供备件服务，帮助客户实现备件零库存，降低生产成本。

三是针对不同行业和客户制定精准服务方案。如，在煤炭和矿山行业，向用户提供提升机等设备的远程监控诊断服务。

2015年，中信重工备件服务产业的订单额11.1亿元，占比20.15%。

5. 利用资本市场平台兼并重组进入新领域

2015年5月，中信重工正式发布公告，筹划向唐山开诚电控设备集团全体股东以发行股份及支付现金的方式购买其合计持有的唐山开诚80%的股权，并同时进行配套融资。截至报告期末，唐山开诚80%股权已完成工商变更，其中30%股份已过户到位，剩下50%现金支付对价部分也已于2016年1月份完成。依托新成立的中信重工开诚智能装备有限公司，公司将强力发展基于特殊工况和高危环境下的特种机器人产业。

6. 继续深化改革，释放新活力

为有效应对当前经济下行压力，集中公司优势力量，充分挖掘国际、国内两种市场资源，充分发挥公司多产业、多产品的独特优势，中信重工继营销总监制之后，又

对营销体系实施重大改革，成立了23个市场营销专门项目部，通过改革有望构建一个全新的营销体系，打造一批新的产业领域。

7. 深入推进管理创效活动

将价值工程应用到工程设计、产品设计及工艺设计环节，通过优化设计降低成本。在采购环节，通过对大宗物资的采购进行梳理，采取集中招标采购，比价采购等方式，有效降低采购成本。生产制造环节，设定目标控制成本，实行成本倒逼，通过部门联动，降低制造成本。

8. 稳健实施资本性支出事项

上市募投项目中，高端电液项目1#、2#厂房已建成投用。节能环保项目1#－3#厂房主体工程基本结束。新能源项目已完成项目建设用地的购置和围墙砌筑。

厂内技改项目中，80t电渣重熔炉2015年1月顺利投产，为中信重工迈进高品质铸锻件市场奠定了基础。5 000t油压机设备基础正在施工，关键部件制造已进入精加工阶段。

参股河南国鑫投资担保公司事项。目前，该公司已开始正式运营。

存在的问题

2015年，公司经受住了市场环境的严峻考验，在“新常态”下跑赢了大市，尤其是为未来发展积蓄了力量，前景可期。但在回顾成绩的同时，更要清醒地看到，公司内部还存在一些制约企业发展的突出问题，承载着来自市场、竞争、发展的巨大压力。一是主要经济指标出现明显下滑。二是热加工扭亏形势依然严峻。三是市场总量未能取得有效突破，难以支撑公司快速发展。四是新领域、新市场增长点尚未形成。五是随着公司的转型发展，人才短缺的问题更加突出。

〔供稿单位：中信重工机械股份有限公司〕

上海重型机器厂有限公司

2015年，是上海重型机器厂有限公司（简称上重公司）持续深化改革调整的关键年，也是上重公司转型发展、重新构建核心竞争力、建设经营新模式的重要一年。上重公司直面传统国企在经济“新常态”下的突出矛盾，积极求变、转型发展，按照国资国企改革的要求推进改革调整，基本完成了既定改革目标，为转型发展开启了新局面。2015年，上重公司经济工作紧紧围绕减亏解困，稳中求进，确保经营有序可控。

一、改革改制情况

在事业部制运行的基础上，上重公司于2015年中期职代会上提出，先行推进铸锻特钢、碾磨特装两部分业务单列运营，按照“成熟一个推出一个”，对“动车”模式升级，进一步深化改革调整工作。在事业部模拟独立核算基础上，进一步整合优势资源、轻装上阵，调整重组铸锻特钢、碾磨特装板块，发挥单体运营的管理扁平、目标清晰、责任到位、运作灵活等优势，建立“自主经营、自负盈亏”的经营实体，注册成立了“上海电气上重碾磨特装有限公司”和“上海电气上重铸锻有限公司”。新公司管理架构与运营团队、人力资源匹配与平移、资产评估与配置、运营与目标等基本到位，为公司实现短期内强势突破奠定了基础。

二、生产发展情况

2015年的体制、机制改革完成后，上重公司在观念理念、资源配置、管控模式、机制体制等方面都有了新的改观，特别是在供应链建设、成本管控等方面有了更好地改善。各板块生产运行基本处于受控、稳定状态，板块间协作意识有所增强，参与供应链建设的积极性普遍增高，产品生产上下游及时有效联动基本实现，供应链体系管控模式有所创新和完善。成本意识、资金流管控有所加强，在资金利用、降本增效方面取得了较好的效果。2015年主要产品产量见表1。

表1　2015年主要产品产量

指标名称	2015年实际	
	台（套）	t
金属成形机床	3	982
铸钢件		10 182
锻件		14 428
矿山专用设备	90	16 406
其中：矿物破碎机械	1	163
矿物粉磨机械	89	16 243
金属轧制设备	296	6 529

三、市场经营及销售情况

1. 市场营销情况

在行业形势严峻的情况下，通过事业部制实践及新业务板块建立，进一步明确了各产品板块的市场定位，对优质订单拼抢力度更为明显。面对低迷的市场需求和残酷的同业竞争，上重公司主动对市场进行战略性调整，选择性调整无利产品的承接和销售比例，提高承接项目的盈利水平。

2. 产品销售收入。2015 年产品销售收入（按产品分类）见表 2。

表 2　2015 年产品销售收入（按产品分类）

产品大类	金额（万元）
碾磨设备	55 575
冶金设备	21 244
铸件	9 293.00
锻件	33 479.08

3. 出口销售情况。2015 年出口销售情况见表 3。

四、科技成果及新产品情况

2015 年，上重公司积极探索和尝试研发考核新模式，逐步引入科技项目管理量化评价体系，强化专项工作推进。2015 年中，大型先进压水堆核电核岛主设备超大型锻件的研制及工程应用项目获上海市科技进步奖一等奖；首根 1 000MW 等级发电机转子锻件通过专家评审，性能指标达到国际同类大锻件先进水平；华龙一号（ACP1000）核电堆内构件整套大锻件通过 RCC－M M140 制品评定；大型舰船用铸件后艉轴架项目通过工艺评审和实物联检验收，已进入解剖检验阶段；HP1403 磨煤机通过设计评审；CB2 汽缸新材料各项研究已经全部完成，正策划课题的联合鉴定工作，力争尽快实现合同销售。2015 年重大科技成果及当年获省市以上科技（进步）成果奖项见表 4。

表 3　2015 年出口销售情况

主要出口产品	结算币种	金额
碾磨设备	万元	3 144
	万美元	484

表 4　2015 年重大科技成果及当年获省市以上科技（进步）成果奖项

项目名称	完成年月	主要性能参数及技术内容简介	成果水平评价	负责单位参与单位
清洁能源高端装备用大型铸锻件关键部件材料研究与工程应用	2013 年	围绕核电核岛主设备关键部件用钢以及超超临界汽轮机低压转子用钢等材料研究与工程应用，以实现大型锻件国产化为出发点，其成果用于清洁能源高端装备用核电核岛主设备（压力容器、蒸发器、堆内构件）及百万千瓦超超临界低压转子等大型铸锻件制造 主要技术内容与创新点如下： 1. 大型奥氏体不锈钢化学成分控制技术 2. 大型奥氏体不锈钢组织、结构演变与晶粒度控制技术 3. 大型锻件淬火质量的流场控制及热处理技术 4. 核电大锻件材料标准的研究与制定	上海市科技进步奖一等奖 经检索及专家评审表明：其主要技术指标达到国际先进水平，填补该领域多项国内空白。该项目成果已获国内专利 22 项（18 项发明专利），受理专利 9 项（5 项发明专利），发表论文 12 篇，编制能源行业标准 4 部	上海电机学院 上海重型机器厂有限公司

五、产品质量及标准工作情况

1. 质量管控有所夯实，在事业部制实践下，调整原有质量管控模式、构建新型质保监管体系，优化质量问题分析处理机制、流程，有效地提高了工作效率和质量管控效果。坚持从客户需求出发，以问题为导向提升质量管控能力，年中会同客户开展质量专项提升等课题，取得了较好的成果。组织开展核安全文化宣贯与培育、“恪守质量诚信、护航深化改革”质量月等活动，强化了“质量第一、企命关天”的意识。产品质量情况见表 5。

2. 质量监督部门抽查情况：2015 年 7 月 24 日上海市质量监督检验技术研究院来上重公司抽查某型号碗式磨煤机产品，抽查合格。

六、基本建设及技术改造情况

2015 年，上重公司主要投资改造方向是加大节能减排的设施完善，全年总计批准立项的技改投资 1 704 万元，项目主要内容包括：燃煤锅炉天然气改造项目当年投资 1 200 多万元，VOC 废气治理项目和 40t 电炉除尘设备更新等项目共计约 400 多万元，其他还包括一些日常技措项目。

表 5　产品质量情况

序号	指标名称	2015 年度		
		指标(%)	子项(万元)	母项(万元)
1	产品等级品率	76.3	80 208.4	105 147.2
1.1	优等品产值率	29.8	31 303.3	105 147.2
1.2	一等品产值率	21.9	22 993.7	105 147.2
1.3	合格品产值率	48.4	50 850.1	105 147.2
2	质量损失率（现价）	7.5	7 907.8	105 147.2
2.1	内部损失率	2.7	2 804.3	105 147.2
2.2	外部损失率	4.8	5 103.5	105 147.2
3	工业产品销售率	97.8	102 829.5	105 147.2
4	新产品产值率	40.3	42 417.5	105 147.2

根据上海市和闵行区二级政府关于加大环保整治力

度，限期完成燃煤锅炉清洁能源改造的目标和要求，2015年上重公司实施并完成了重大投资项目“燃煤锅炉天然气改造技改项目”。该项目总投资为1 748万元，主要内容是将公司原5台燃煤锅炉（60蒸吨/h装机容量）替换为4台燃气锅炉（50蒸吨/h装机容量），并同时更新改造了水处理全套系统和锅炉操作与控制系统，对公司相关燃煤气炉窑进行改造，全部改用天然气。该项目的实施，使蒸汽锅炉每年的能耗由11 465t标煤减少到5 715t，降低能耗约50%，每年可减少有害废气（主要是SO_2、NO_X）的排放达274.8t，可以大大改善周边居住环境，符合国家政策和行业发展规划，符合产业发展方向和节能环保要求，是先进制造业科学发展观的体现，是企业可持续性发展的必然趋势。

〔撰稿人：上海重型机器厂有限公司赵富　审稿人：上海重型机器厂有限公司张国营〕

云南冶金昆明重工有限公司

云南冶金昆明重工有限公司（以下简称“昆明重工”）是云南冶金集团股份有限公司的控股子公司。其前身昆明重型机器厂始建于1958年，系原机械工业部重点骨干企业，1990年晋升为国家二级企业，1998年通过ISO 9001质量体系认证，首批荣获国家计量检测体系合格证书，为国家一级计量单位。2005年11月企业技术中心晋升为云南省省级企业技术中心。2014年被认定为云南省科技型中小企业；2011年11月被认定为国家高新技术企业，2014年通过复审。拥有“国家技能大师工作室”“云南省职工技师工作站”与全国机械冶金建材系统“创新工作室”。昆明重工的“KH”牌精密轧机、起重机、拉丝机先后被评为“云南名牌产品”；“KH”牌回转圆筒设备、精密轧机、商品锻件、商品铸钢件、商品铸锻件、破碎机、塔式起重机等7项产品被认定为“昆明名牌”产品；2003年至今，公司注册商标“KH及图”连续三届被认定为“云南省著名商标”，2011年被国家工商行政管理局认定为“中国驰名商标”；公司连续27年获得“昆明市守合同重信用企业”称号。

昆明重工技术力量雄厚，生产能力强，检测手段完备，产品质量优良，集科研、开发、制造、服务为一体，是云南省提供大型成套设备综合能力最强的机械制造企业和铸锻件生产中心。公司现主要生产冶金、起重、矿山、化工、水利等重型机械产品成套设备及商品铸锻件，产品行销全国，出口德国、日本、越南、缅甸等二十多个国家和地区，先后为多个国内外重大项目提供技术装备。

多年来，昆明重工通过持续广泛的技术交流和合作生产，加速传统产品的升级换代，致力于新技术新产品的开发应用，多项产品技术达到国内先进水平，2项产品荣获国家科技奖，48项产品获省部级科技奖和优质产品称号，12项产品获昆明市科技进步奖，昆明重工目前共申请了65件专利，获授权54件，其中发明专利1件，软件著作权3件，实用新型50件，参与制（修）定企业标准5项，被列为“昆明市2015年知识产权试点单位”。

一、企业生产发展情况

2015年，昆明重工通过权力下放和风险管控相结合的原则，在全公司范围内推行“内部模拟市场、自主经营”分公司管理模式，划小核算单位，分公司享有独立的营销、设计、生产组织、部分物资采购、内部分配、内部人事及产品服务等自主权，重点体现了以追求效益（利润）为核心的经营理念。同时紧抓基础管理，将生产计划完成率、质量管理、安全生产管理、7S管理、设备管理及工艺纪律管理等纳入考核范围。实行自主经营后，各分公司竭力开拓市场，拓展服务，优化结构，提高效率，降低成本，多元经营，控制风险，充分调动职工的积极性和创造性，市场意识明显增强，合同质量有所提高，无论是外售产品价格，还是物资采购价格都能控制在较合理范围，总体运营质量比去年明显提高。全年完成工业总产值8 082.3万元，销售收入12 739.4万元。主要产品产量见表1。

表1　主要产品产量

序号	产品种类	数量（台）
1	回转圆筒设备	10
2	金属压延加工设备	6
3	起重设备	73
4	矿山设备	53
5	橡胶设备	12

经济发展特点。当前，国家经济发展面临速度换挡、结构调整、动力转换，增长趋缓，整个工业领域均在较大下行压力的背景下运行，与重型机械行业密切相关的投资增速持续下滑。随着行业周期性走弱，产能过剩行业、重

化工行业的生存困境凸显，经营风险将进一步增大。我国经济增长阶段转换的征兆更加明显，经济增长正从过去的高速增长转为中低速增长，从规模扩张式发展转为质量效益型发展的阶段，经济增长对投资的依赖性进一步降低，这也对企业的发展提出了新的挑战和要求。具体到装备制造业来说，市场需求结构的变化和升级，经济低线运行、顾客需求趋冷，产品销售由增量主导向存量主导（产品存货积压过多）转变，市场倒逼企业转型升级，市场竞争激烈，经营压力加大。

二、企业市场经营及销售情况

2015 年昆明重工主要产品销售收入见表 2。

表 2　2015 年昆明重工主要产品销售收入

序号	产品种类	销售收入（万元）
1	回转圆筒设备、起重设备、橡胶设备	2 335.85
2	金属压延加工设备	1 683.30
3	矿山设备	461.72

2015 年，昆明重工坚持科技创新引领战略发展，多措并举，激发活力，力争市场拓展提质增量。通过认真梳理，对有市场竞争力的主导产品进行优化升级，做好、做精、做出特色，逐步淘汰竞争力弱、同质化严重的劣势产品。以昆重特种装备制造公司为主体，整合现有设备及人员，狠抓基础管理，进一步理顺生产流程，缩短生产周期，提高产品质量。以轻量化行车为主导，把联合省内外大型设计院作为推广应用的切入点，以设计带动推广应用，加大营销力度，创新营销模式，从源头上开拓市场，促进工业厂房革命。采取租售并举的策略，充分依托集团工程技术平台业务广、资源多的优势，延伸塔机产品服务，扩大市场占有率。以多辊高精度精密轧机研发制造作为着力点，逐步拓展集团内需业务，继续巩固有较强竞争优势的中小型轧机、圆筒设备市场。通过设备技术服务发掘备品备件加工等配套服务，增强生存空间和生存能力。不断加大对国家产业发展方向的研究，结合云南省的区域优势，注重产学研用相结合，加快与国内多家科研机构的合作推进，以新型环保厕所、架桥机、立体停车库的研发为突破口，开发具有自主知识产权、市场前景好、符合产业发展方向的新产品，进一步提升核心竞争力。结合实际，积极探索新的营销模式和手段，继续推行“全员营销”政策，充分利用社会资源，积极寻求社会配套资源合作伙伴，争取更多的市场机会，不断提高市场营销的质量，不断拓展市场份额。

三、企业科技成果及新产品情况

1. 科技项目

“多金属复合轧制关键技术的研发及推广应用”项目列为云南省工信委 2015 年度云南省工业 100 项重点技术创新项目、昆明市 2015 年工业企业技术创新资金项目。“1450 六辊 HC 可逆液压轧机成套设备研制及产业化”项目完成了云南省科技厅科技计划的结题验收工作，被认定为 2015 年度云南省重点新产品。

“大产能多功能铸锭连续铸造机组的开发及产业化”项目期满，完成任务书要求的各项任务和考核指标，取得了较好的经济效益和社会效益，通过结题验收。

2. 新产品

根据昆明重工新产品开发管理办法规定，开发“大产能多功能铸锭连续铸造机”“$\phi350/\phi950\times650$ 四辊复合轧机”等多项新产品并引入市场推广。新产品“内爬式塔式起重机”进行立项开发，该项目的开发充分考虑到公司塔机系列产品的延展性，可以填补省内该类产品空白，形成技术储备，该机与常见的附着式塔机不同，必须安装在建筑物内部（电梯井道或楼梯间等特设开间），施工覆盖面为整圆，这在建筑密度大的城市施工中有其独特的优势，可有效避免起重臂横跨街区，与建筑物、电线、水管等相撞的危险，具有施工覆盖面大、使用费用低、安全性高等优点。总长 56m，最大起重量 50t 的“MA50t/10t 35m 双梁门式起重机”，在用户现场一次安装成功，是公司建厂以来生产的跨度最长、吨位最大的产品，它标志着公司的市场竞争力跃上一个新台阶，研发设计、生产制造和安装高度水平向前迈出了坚实的一步。

3. 获奖情况

2015 年，昆明重工被认定为“云南省科技型中小企业”“昆明市科技创新型试点企业”“昆明市年知识产权试点单位”。“1450 六辊 HC 可逆液压轧机成套设备研制及产业化”项目荣获云南省科技进步奖及中国机械工业科技奖三等奖。

2015 年，公司“KH”桥式、塔式起重机（50t 及以下）通过复评再次获云南省名牌；“KH”商品铸铁件、“KH”破碎机、“KH”精密轧机、“KH”回转圆筒设备、“KH”商品铸钢件、“KH”塔式起重机通过复评再次获昆明名牌产品。

在云南省企业信用促进会开展的 2015 年企业信用评级工作中，昆明重工获得 A + 级信用评定。塔式起重机售后服务获“全国用户满意服务”荣誉，这是公司第 3 次蝉联此项荣誉，是全国 400 余家企业中唯一获此殊荣的塔机生产企业。

在 2014—2015 年度全国“讲理想、比贡献”活动中，昆明重工的殷浩荣获创新标兵称号，唐炜荣获优秀组织者称号。在继耿家盛国家级技能大师工作室后，耿家华作为 2015 年国家技能大师工作室带头人、云岭首席技师，获得“耿家华技能大师工作室”称号。

4. 专利申请及授权

2015 年，昆明重工大力推进知识产权保护工作，被列为“昆明市知识产权试点单位”。截至 2015 年，公司申请并获授权的发明专利 1 项，实用新型专利 50 项，软件著作权 3 件。

四、企业产品质量及标准工作情况

1. 质量工作

昆明重工完善体系建设，提升质量管理，把关注细节作为工作重点，进一步分解细化质量目标，提高全员质量意识，不断降低质量损失，努力加强过程监管及质量考核，确保产品质量不断提高。一方面从产品设计、外购件的进厂检验到产品生产流转、装箱发货、安装调试及售后服务全过程严格执行《质量手册》《程序文件》，消除影响产品质量的每一个结症；另一方面以生产为基础，关注细节，持续改进，进一步做好质量保证工作，不断加强质量管理。公司 ISO 9001: 2008 质量管理体系通过中国质量认证中心云南省评审中心监督审核，评审中心依据 ISO 9001: 2008 质量体系要求，深入各部门，对公司质量管理进行全面细致的现场抽查，抽查内容包括起重运输设备、回转圆筒设备等7个产品系列，范围覆盖了产品设计、工艺水平等7个质量控制过程。2015 年，经云南省质量技术监督局批准，公司取得了 MG50t 通用门式起重机制造许可证，成为近两年来全省唯一一家生产条件免评审取得特种设备制造许可证的企业。通过了电器产品“3C 国家强制认证证书”年度审查。

2. 标准化工作

长期以来，昆明重工都十分重视标准化工作，积极参与各种标准化组织活动与标准起草和审定工作。昆明重工多年来一直是全国矿山机械标准化技术委员会、中国工程机械工业协会建筑起重机械分会、中国冶金设备标准化技术委员会的主要委员单位。近年来，主持或参与了多项行业标准和企业标准的制（修）订工作。2015 年，结合公司新产品开发，主持制定了 Q/KZG 165—2014《六辊可逆液压 AGC 轧机》、Q/KZG 164—2015《五机架连轧机》两项企业标准。

公司主导产品的设计生产制造主要执行《重型机械标准》及桥式、门式、塔式起重机等特种设备的国家标准，无采用国际标准及转化情况。公司的所有工艺设计图纸，均由标准化管理办公室根据 14 项机械制图的国家标准进行审查后，再进入生产工艺。产品具体采标情况如下：GB/T 14405—2011《通用桥式起重机》、GB/T 5031—2008《塔式起重机》、GB/T 14406—2011《通用门式起重机》、Q/KZG 162—2009《中小型四辊可逆式液压轧机》、JB/T 7910—1999《拉丝机》、JB/T 8916—1999《回转窑》、JB/T 3264—2002《简摆颚式破碎机》等。

五、企业对外合作情况

产学研结合是技术创新的主要发展路径之一，也是迅速提高企业创新能力的一条捷径。根据技术创新需求，昆明重工积极与科研院所、高等院校、企业建立以产学研多种形式结合的新机制，共同推动自主创新。近年来，公司与太原科技大学、北京起重运输机械设计研究院、贵阳铝镁设计研究院有限公司、昆明理工大学、昆明有色冶金设计研究院股份公司、云南省机械设计研究院、昆明风动新技术集团发展有限公司等国内 10 多个相关单位建立了科技合作关系，采取科技合作、人才交流、信息交流的形式，组织协同攻关，占领技术制高点，增强了企业核心竞争力。企业和昆明理工大学建立密切的合作关系，每年都组织在校学生来公司实习、学习。目前已与昆明理工大学达成“矿冶装备集成开发技术产业化实施合作协议”及“联合共建‘云南省矿冶装备数字化设计与健康维护工程研究中心’合作协议，为昆明理工大学机电工程学院的企业实践基地（国家卓越工程师计划实践基地）。

六、企业改革与结构调整

自 2015 年以来，为了实现企业的持续发展和适应环保、交通等政策限制，昆明重工一直在探索具有昆明重工特色、适合昆明重工的改革发展之路，也实行了很多“自下而上”的改革探索：引入民营经济、发展混合所有制经济；盘活部分土地资源、反哺主业；试行内部模拟市场、自主经营；扩大维保业务市场、寻找新的经济增长点，通过多元化战略缓解主业发展的瓶颈。目前，改革发展的三大方向逐步明晰：

一是传统主业浓缩优化。保留具有核心竞争力和技术优势的产品，逐步淘汰同质化竞争激烈、成本高、长期没有市场优势的产品，集中优势做好、做精、做出特色。

二是维保市场业务拓展取得新突破。继续加大集团内部安装调试、维护保运业务的市场开拓，积极开拓外部保运及备品备件市场。特别是借助集团以昆明重工为实施主体的维保管控中心，强化服务意识，以维保为主线，延伸售后服务链条，提升业务层次水平。继文铝和会泽驰宏等企业的维保服务获得高度认可后，又分别与翁福、三环、天安、云峰等公司签订设备维修改造项目合同。

三是盘活资源，引进文化项目。借助省、市、区各级政府关于城市发展规划的要求，以及大力扶持文创产业发展的有关政策，结合昆明重工所在地交通便捷、区位优越、投资潜力巨大、工业文化底蕴深厚等优势，在现址上打造一流文化产业园区。

昆明重工深化改革全面展开，本着“精干、高效”的原则，对职能部门、子（分）公司以及基层党支部和中层管理人员的任职进行了全面调整。优化调整职能处室机构，成立 3 个全资子（分）公司：昆明重工特种设备制造公司、云南冶金慧保设备技术服务有限公司、昆明重工文化投资有限公司，分别对应“浓缩”“配套”“盘活”三个产业结构方向，多业态发展，逐步从生产制造型企业转向投资控股型企业。

〔撰稿人：云南冶金昆明重工有限公司李艳芳　审稿人：云南冶金昆明重工有限公司殷浩〕

中钢集团衡阳重机有限公司

一、基本情况

中钢集团衡阳重机有限公司（简称中钢衡重，英文简称 SINOSTEEL HYMC）是中国中钢集团公司的全资子公司，拥有铸造、焊接、机械加工、金属材料热处理、装配以及机电液系统集成配套等重型装备综合制造能力，是我国重型冶矿专业设备制造行业的重要企业之一。

中钢衡重致力于先进重型装备的研发、制造和服务，产品覆盖矿山、冶金工业的主要工艺环节和水泥建材、煤炭、新型能源等领域。公司的板带材卷取卷筒、露天（地下）采矿装备、大型有色冶炼炉、节能球磨机、连铸连轧生产线部分关键单机设备，以及大型铸锻件等主导产品，在国内具有较好的市场声誉和行业地位，并远销亚、非、欧、美等海外市场。

公司作为高新技术企业，拥有国家级企业技术中心，通过了 GB/T 19001 质量管理体系、GB/T 24001 环境管理体系和 GB/T 28001 职业健康安全管理体系认证，具有国家授予的生产企业进出口自营权、矿用产品安全标志认可等多项资质。

二、生产经营情况

2015 年，中钢衡重全年完成工业总产值 2.93 亿元，完成产量 1.58 万 t，企业运营虽保持基本稳定，但也面临更为严峻的挑战。面对宏观经济下行压力持续影响，钢铁、建材、有色等主要行业产能过剩矛盾未得到明显缓解，业内同质化竞争日益激烈，人工成本、融资成本、能源资源及环保成本不断上升等诸多困难和不利因素，公司以应对危机为契机，以深化改革为动力，进一步坚定信心、迎难而上，着力维持基本运营，着力推进企业改革，不断激发内生动力，增强企业适应市场经济的能力和实力，为企业长远发展奠定坚实基础，

三、技术创新情况

2015 年，中钢衡重以提升技术实力和产品市场竞争力为重点，着力加强创新能力建设，促进产品研发和工艺创新多出成果，增强企业发展后劲。一是加强公司技术中心建设。以国家认定企业技术中心为平台，在加快推进自身创新能力建设的同时，继续坚持与高校和专业院所开展产学研合作，进一步发挥内外部技术资源对企业自主创新的促进和推动作用。二是结合市场客户需求，加快推进技术创新项目。中钢衡重通过出台支持技术创新的内部激励政策，不断改善技术创新内部条件和提供必要的投入，加强对技术创新项目实施情况的跟踪和检查评估等，努力加快传统产品升级换代、新产品研发试制、高新技术推广应用等创新项目的实施。2015 年，全年完成 XZQMC－75 旋转撬毛车、30t 地下运矿车、PSCX－1.5－100 旋转破碎车、UV－5 地下辅助车辆通用底盘优化，以及 YZ35 牙轮钻机液压驱动、YZ－55 高原型牙轮钻机等十多项设计开发与试制项目，继续保持了在国内露天和地下采矿关键装备的技术领先地位。

四、质量、安全环保管理及标准化工作

1. 质量管理工作

一是不断完善持续改进质量管理体系，保持体系有效运行。中钢衡重结合内部调整和工作实际，对体系文件和有关程序文件等调整和完善，通过开展内部体系审核、过程质量评审和管理评审等方式，进一步提高体系自我完善、自我改进能力。2015 年，公司继续保持了质量管理体系认证资格。二是进一步强化质量策划和过程质量控制。中钢衡重本着事先预防，重点控制的原则，结合内部调整，将制造工艺和质量控制职能进行整合，从生产技术准备源头加强对过程品质控制的策划，同时着力强化对各环节、各层级过程品质控制的指导监督，及时解决过程质量问题，有效地保证了产品质量满足规定要求。三是对质量事故“零容忍”，加大质量专项考核力度，从严落实质量损失责任。四是不断改进服务。公司通过规范售后服务管理和服务人员培训，促进自身服务能力不断提高；通过及时提供服务咨询和受理客户投诉，妥善解决客户使用设备出现的故障排除和所需的备品配件供应等问题，使售后服务响应速度和质量均有不同程度地进步，客户满意度进一步提升。

2. 安全和环保管理工作

中钢衡重始终将安全生产作为重中之重予以高度重视，认真贯彻执行安全生产相关的法律法规和规章制度，切实落实安全生产责任。公司与重点二级单位的主要负责人签订了年度安全目标责任书，各单位又将其年度安全生产管理目标分解落实到工段、班组，并通过公司安委会和安全工作例会、各单位主要负责人月度安全讲话发言、各类媒介进行宣贯。坚持实行公司两级领导班子二班安全值班和生产单位管理干部二、三班跟班，确保安全责任落实到位。加强安全巡查、安全培训、隐患整改，全年共开展专项检查 13 次，各类反事故应急演练 8 场次，组织安全培训 32 场，培训各类人员 1 150 人次，全年公司排查并整改隐患或问题 2 600 个，其中重大隐患整改率达到 100%。

公司实现年度安全生产目标。

在环保方面，2015年，中钢衡重一如既往地高度重视企业履行社会责任相关工作，坚持将履行社会责任与生产经营、与改革发展相结合，着重在节能减排、环境保护等方面，积极采取有效措施，推进"清洁生产""绿色生产"，减少污染和排放。2015年，公司各项废物排放均在控制指标内，未出现环境污染事故，万元产值综合能耗比上年进一步下降，为地方经济社会发展做出了贡献，较好地展现了央企良好的社会形象，得到了社会各界的积极评价和广泛认可。

3. 标准化工作

中钢衡重作为全国矿山机械标准化技术委员会的委员单位，积极参与国家和行业技术标准的制（修）订工作，充分发挥企业在矿山装备上的技术优势和引领作用。同时，及时更新相关的标准，先后组织了多次国家、行业以及企业现行相关标准的专题培训和宣贯工作，促进企业持续提升装备制造水平。2015年，中钢衡重主持起草《地下轮胎式矿用车辆　制动系统的性能要求和试验方法》1项国家标准，《地下轮胎式矿用车辆　驱动桥》和《热连轧地下卷取机　技术条件》等2项行业标准，另外参与修订的《地下铲运机　试验方法》行业为标准已通过全国矿标委审核。

〔撰稿人：中钢集团衡阳重机有限公司赵文凌　审稿人：中钢集团衡阳重机有限公司游朝阳〕

山东山矿机械有限公司

一、企业基本情况

山东山矿机械有限公司（简称山矿公司）始建于1970年，是中国重型机械工业协会常务理事单位、矿山机械分会、破碎粉磨分会、带式输送机分会及中国电器工业协会牵引电气分会副理事长单位。山矿公司是一个拥有总资产7.9亿元的集团型企业，注册资金2亿元，为国家级高新技术企业、中国机械500强企业。"山矿"商标被国家工商行政管理总局商评委认定为中国驰名商标，连续多年为山东省著名商标。

山矿公司建立了省级企业技术中心和市级矿山机械工程研究中心，利用先进的SolidWorks三维设计、CAPP工艺手段，建立了PDM（产品数据管理系统），开发生产出一系列高效新型、高技术含量、高附加值的大型及成套设备，公司的新产品产值率达到30%以上。山矿公司主导产品为破碎筛分粉磨机械、带式输送机械、煤炭洗选机械、竖井掘进机械、工矿电机车、建材机械等六大系列300多品种规格。产品广泛应用于电力、冶金、煤炭、矿山、建材、港口码头、化工等行业，覆盖全国市场，并出口加拿大、德国、意大利、日本、孟加拉国、尼日利亚、阿尔及利亚、印度、越南、古巴等国家和地区。山矿公司以优质的产品、良好的服务和诚实的信誉，在大批国家重点工程项目建设中脱颖而出，市场业绩在全国同行业中名列前茅，输送设备、破碎设备、工矿电机车均列前两名。公司设计生产的带式输送机被评为2012年度中国机械工业优质品牌，带式输送机、破碎机和球磨机三项产品为山东省名牌产品。

二、企业生产经营情况

近两年的经济"新常态"下，宏观经济增长动力转移，宏观经济结构分化，供需失衡，传统制造业在被调整、去产能、优胜劣汰的激烈竞争挑战中生存。2015年，在较为困难的环境下，山矿公司依然保持了企业总体运行平稳的局面。一年来，山矿公司紧紧围绕年度目标，坚持以提高企业发展质量和效益为中心，把握发展大势，坚持稳中求进，攻坚克难，扎实做好各项工作，开展了厂区基础设施升级改造、车间现场环境整治、安全生产月以及节约降耗等一系列活动，取得了较好效果。山矿商标于2015年7月被国家工商总局商评委认定为"中国驰名商标"，并获得了市政府的奖励。

2015年，主要经济指标完成水平低于预期目标，同比有所降低。

生产方面。任务相对不足、工序不平衡，尤其是下半年较为严重，在大型项目合同相对较少的情况下，企业统筹整合各项资源，合理安排人员、资金、材料等各项资源，组织任务较少人员协助其他车间突击急发货产品的生产和包装发运，较好地保证了各项急供货、重点任务的按要求完成，生产程序组织更加舒畅，投入产出效率与效益得以提升。坚持预防为主的质量管理思想，重视质量管理流程，突出质量监督巡查小组的过程监控及程序化运作，从原材料、焊缝、涂装、铸件外观、主要部件加工、装配质量等方面，加大了产品质量控制与把关，以点带面，有效提高了产品的整体质量。整体上企业保持了良好的生产经营秩序、稳定的产品质量和稳固向上的运营趋势。

营销方面。建立快速响应市场的营销模式，拓展市场，抓订单。深刻总结销售方面的经验，细分行业和用户特点，采取不同的营销策略，重点做好新产品的市场推广，将新技术、新产品实现为有效订货，大力推介公司优势产品，在保证盈利前提下提高项目中标率。紧抓国家淘汰落后产能的机遇，积极推广环保节能的矿山设备，巩固电力、冶金、码头等常规市场，努力开发煤炭、煤制气、建材、环保能源等行业后备市场，努力响应国家“一带一路”战略部署，不断拓展国际市场。2015 年招投标中标率略有降低，新增订单减少，但能支撑企业正常运转。

三、企业技术改造情况

技改方面，为了进一步提升企业专业化制造水平，改善厂区环境，本着在现有条件下做基本投入的原则，分阶段、分步骤对车间现场、部分设备设施进行了整治、改善。改建铸胶车间，新建横梁车间，添置了滚筒铸胶电用蒸汽硫化罐、皮带机横梁、托辊喷漆生产线及移动喷漆房等。同时对机器设备、车间厂房进行喷涂、复新，并在车间内部安装了宣传标语及宣传视板，对公司南北主干道进行了修整等。通过今年的改造升级，公司的厂区面貌焕然一新，生产手段和能力得到进一步提升，树立了企业良好形象，形成了公司内部看点，基本实现了人流、物流的顺畅，为公司产品质量提升和吸引用户实现项目订货奠定了坚实基础。2015 年技改投入及整治资产近 2 000 余万元。

四、科技成果及新产品、标准化情况

多年来，山矿公司一直保持较高的研发投入水平，确保了研发创新能力的持续提高。2015 年，公司紧紧围绕市场需求和行业发展趋势，加大新产品开发力度，坚持绿色、环保、经济、智能化的发展方向，在主导产品中实现了一批关键技术和新产品、新工艺的创新，产品结构得以改善，产品设计更加优化，提升了产品和零部件的标准化档次，对大型结构件、钢结构进行合理分体，以便于运输，降低成本。2015 年，完成新产品开发设计 30 项，形成了较为齐备的技术资料储备，其中 4 项通过了权威机构的鉴定。年度内公司开发的环保型密闭带式输送机和现阶段国内最大管径 ϕ800mm 的管带机，制作了产品样机，并在厂区安装、成功运行。

标准化方面，积极参与了带式输送机国家标准和双辊破碎机、弹簧圆锥破碎机、吊式圆盘给料机、座式圆盘给料机 4 项行业标准的修订工作。

加强对技术人员的培训，积极邀请行业专家来公司授课和技术人员外出培训，定期举行内部人员交流座谈会，提高设计人员综合素质，充分发挥先进的技术设计、分析软件的作用，提高主导产品的设计研发能力。

五、企业发展存在的问题

结构性的供给侧改革加速着不同行业的分化，矿山、冶金行业的经济风险下移至末端的矿山设备制造业，企业跨年度结转的部分订单延迟交货期不定，部分大项目执行周期延长，市场风险增加，资金回收速度慢，难度大，企业流动资金紧张。经济运行的诸多不稳定因素持续深刻地影响着企业的生存发展。

〔供稿单位：山东山矿机械有限公司〕

中冶陕压重工设备有限公司

一、企业基本情况

中冶陕压重工设备有限公司（简称中冶陕压）是中国冶金科工集团公司暨中国冶金科工股份有限公司旗下的重型装备研发制造企业，公司冷热加工能力配套齐全，工艺制造技术水平先进，具有设备成套及工程项目总包能力。企业以生产大型精密板带轧机和板带处理成套设备、大型有色轧制设备、特种金属轧制设备、大型锻压成套设备、锻钢轧辊和大型铸锻件等为主要产品，涉及钢铁、机械、有色金属、矿山、电力、石油、化工、汽车、船舶等行业，是中国西部乃至国际、国内都有着广泛影响力的大型国有重工业企业。

在企业 2 400 多名职工队伍中，拥有教授级高级工程师、高级工程师以及各类工程技术人员 800 余人。企业建立了完整的技术创新体系，有独立的新产品开发能力，从市场开拓、产品设计研发、工艺技术创新、生产制造、质量控制到售后服务，具有严格、规范、精准的运行管理体系。企业具有三标管理体系和资质，具有进出口贸易经营权，可以按国际标准、欧洲标准和国外公司标准制造设备。

公司已形成年产冶金及锻压设备 50 000t 的生产能力，产品形成了 15 个系列、200 多个品种规格，主导产品有各种黑色、有色板带轧制设备、板带连续处理设备以及板带精整设备等。公司还具有年生产 2 万 t 成品锻钢轧辊、2.5 万 t 大型铸钢件、4.5 万 t 锻件以及 9 万 t 锻造用钢锭的生产能力。公司致力于打造为国民经济提供重大装备的国内一流、国际知名的专业化冶金设备及大型成套设备的研发制造基地；打造中国西北地区最大的锻钢轧辊生产基地；打造以生产销售铸锻件、焊接件、热处理件、机械零部件以及相关材料和技术为主的大型铸锻件生产基地。坚持“精品、名牌、成套、创新”的产品方针和“精心设计、精心制造、精诚服务”的质量方针，使企业在为社会和客户提供产品和服务的过程中得到持续的发展和提升。

企业经过近50年的改革发展，积淀并秉承了浓厚的优秀企业文化，保持着“严、实、细”的管理特色，在业界拥有良好的口碑和信誉。企业被陕西省政府授予“重合同、守信用”先进单位；先后获得“陕西省经济百杰单位”“陕西著名国企”“陕西省振兴装备制造业重要贡献企业”“西安高新区明星企业”“环境保护工作先进单位”“安全生产先进单位”等荣誉称号。

二、企业改革改制情况

2015年，企业主动适应国家经济和行业发展新常态，按照集团打造“四梁八柱”业务体系升级版的要求，通过制定公司“十三五”战略发展规划和三年滚动发展规划，紧紧围绕公司发展战略核心内容和年度重点目标任务，以积极进取的工作态度和认真细致的工作成果，努力做好公司转型升级发展的顶层设计。同时，积极配合集团装备制造顶层设计专家组完成了在公司的调研任务并共同编制完成了调研报告相关内容。

中冶集团暨中国中冶董事长、党委书记国文清在2016年集团工作会上提出，要紧紧围绕战略新定位谋篇布局，持续推动转型升级创新发展。对装备制造业务要本着“去粗取精”“去低留高”的原则，坚持走“专精特新”发展道路。集团仅保留对国家队第一梯队核心业务起支撑作用的少数高端制造企业，真正打造成为“钢铁冶金建设国家队的硬支撑”。中冶集团总经理、中国中冶总裁张兆祥在工作会报告中，进一步明确了以“提质增效、去产能”为总体要求推进装备企业改革。集团将充分利用国家促进装备制造业发展的各项政策，综合利用资产剥离、股权转让、资产重组等市场手段，推进中冶陕压深化改革。

三、企业生产发展情况

(1) 2015年实际完成工业总产值（不含税）66 931万元，比上年同期100 184万元减少33 253万元，降幅33.2%。2015年工业总产值按行业小类分组情况见表1。

表1 2015年工业总产值按行业小类分组情况

（单位：千元）

按行业小类分	2015年	上年同期	增幅
冶金专用设备制造	517 461	829 724	-37.63%
其他专用设备制造	67 088	68 329	-1.82%
炼钢	13 103	17 612	-25.60%
金属结构制造	151	0	
金属成形机床制造	4 053	14 352	-71.76%
金属表面处理及热处理加工	542	415	30.60%
黑色金属铸造	28 307	29 896	-5.32%
锻件及粉末冶金制品制造	38 605	41 515	-7.01%

(2) 2015年实现工业增加值13 660万元，比上年同期33 607万元减少了19 947万元，降幅59.35%。

(3) 2015年实现销售产值73 263万元，比上年同期78 978万元减少了5 715万元，降幅7.24%。

(4) 2015年新签合同量是53 805万元，比上年同期93 545万元减少了39 740万元，降幅42.48%。全年新签订海外合同量6 252万元，比上年6 545万元减少293万元，降幅4.47%。

(5) 2014年以来，国内经济下行压力加大，钢铁行业产能严重过剩，市场需求疲软，价格持续下滑，行业竞争激烈，企业各项指标均有一定程度的下滑。2015年企业主要产品产量见表2。

表2 2015年企业主要产品产量

企业主要产品	单位	产量	上年同期	增长速度
金属轧制设备	t	22 814	36 293	-37.14%
金属成形机床	台	1	4	-75.00%
工矿配件	t	1 195.37	389.2	207.14%
轧辊	t	2 270.19	2 555.33	-11.16%
外协件	t	671.77	977.93	-31.31%
粗钢	t	32 296.59	39 944.41	-19.15%
铸钢件	t	8 796.81	10717.79	-17.92%

四、市场经营及销售情况

(1) 2015年实现营业收入71 352万元，比上年同期102 482万元减少31 130万元，降低30.37%；主营业务收入69 551万元，比上年同期96 537万元减少26 986万元，降低27.95%。2015年企业主要产品销售收入占比见表3。

表3 2015年企业主要产品销售收入占比

企业主要产品	2015年销售收入（万元）	占比（%）
金属轧制设备	49 135	70.65
金属成形机床	815	1.17
工矿备件	7 039	10.12
铸件	3 347	4.81
锻件	3 346	4.81
钢锭	1 628	2.34
加工件	840	1.21
轧辊	3 401	4.89
合计	69 551	100.00

(2) 2015年实现出口交货值7 363万元，比上年同期7 632万元减少了269万元，降幅为3.52%。

(3) 2015年，受钢铁行业产能严重过剩的影响，冶金专用设备市场急剧萎缩，公司销售收入大幅降低。随着国家“一带一路”战略的逐步实施，和企业在外商中良好的市场信誉和口碑，签订的涉外合同量、出口交货量比上年只有小幅下降。

五、科技成果及新产品情况

（1）积极推进“中冶精密压延设备工程技术中心”建设工作，不断提升企业技术创新和自主研发能力。2015年是集团正式批准建设“中冶精密压延设备工程技术中心”的第二年，公司按照建设任务书统一安排，建立健全各项规章制度，调动全公司资源，明确职责，确保工程中心建设扎实向前推进。目前工程中心各项建设工作已基本完成，并向集团科技部递交了建设验收评审的申请书。

（2）科技研发工作取得较好成绩。其中，《核电用宽幅锆板带冷轧技术及装备的研究与应用》获得了集团2015年科学技术奖二等奖，这是近年来公司第一次获得的集团科技奖励；《高强宽厚带钢横切机组关键技术与应用》和《热轧平整分卷机组的优化与提升》顺利通过集团科技成果鉴定，前一成果综合水平达到国内领先水平，后一成果形成的成套工艺和核心技术达到国内先进水平；《宽幅带钢精密六辊可逆冷轧机组》和《难熔难轧稀有金属精密压延设备》通过了工程技术中心委员会的鉴定；同时，全年还完成了“高效紧凑型六辊可逆冷轧机组”“1 500mm推拉式酸洗机组”等8项自主研发项目。公司再次被认定为陕西省高新技术企业，全年申报省级新产品16项，新申请专利36件，其中发明专利30件；新获授权专利23件，其中发明专利13件。

六、产品质量及标准工作情况

（1）严格执行ISO 9001质量管理体系。2015年4月对公司三标合一体系进行了内部审核和外部监督审核，并顺利通过了审核。2015年10月14—16日普瑞特（原西门子）公司对公司进行了年度第二方审核，公司以严格的质量管理和过硬的产品质量通过了普瑞特公司的审核。严格的质量控制体系，使公司产品质量稳步提高，废品损失逐年下降。

（2）2015年公司继续以加强热加工质量过程控制为工作重点，坚持每季度召开热加工质量专题会，不定期召开热加工讨论分析会、技术交底会，认真分析研讨解决热加工过程中存在的技术和质量问题，并有针对性的制定了一系列的改进措施，与中南大学合作开展的轧辊科技攻关，使轧辊质量明显的改善和提升。2015年下半年在热加工车间开展的质量管理班组建设工作，力争通过质量管理提高轧辊和热加工制造质量，解决轧辊的相关问题，为进一步拓展轧辊市场奠定基础。同时将铸锻件的质量管理提高的一个新的高度，以降低成本、促进生产交货期、赢得市场。

（3）2015年12月份陕西省机械产品质量监督检测总站按期对公司制造的机器产品进行年检。对GFME108.00飞剪的制造质量进行了检测，检验结果全部合格。此外公司于2015年9月委托陕西省机械产品质量监督检测总站对公司为金堆城钼业公司制造的“1 780mm单机架钨钼板可逆冷热、轧机组”设备的制造质量进行了专项检验，检验结果全部合格。

（4）公司产品统一执行JB/T 5000.1—2007《重型机械通用技术条件》的标准。对外合作产品采用了国外公司的设计标准来制造，不同的公司要求不同：如SMS公司要求采用SN200标准，SIEMENS公司要求采用DIN/DIN EN/DIN EN ISO等系列标准，日本公司要求采用JIS等系列标准。

（5）取得压力管道元件设备制造资格许可证。经过质量处及各相关单位一年半的通力协作，终于先期取得了压力管道元件特种设备制造许可证。2015年10月，陕西省质量技术监督局向中冶陕压重工设备有限公司首次颁发了B级压力管道元件特种设备制造许可资格证书，这标志着公司的产品制造研发可以向锻制法兰、锻制管件、阀体锻件的锻坯、锻制法兰及管接头（机加）等领域进军，为公司在今后的市场开拓方面开辟了新的方向，将有利于增强企业的综合竞争实力，具有深远的战略发展意义。

七、技术改造和节能减排情况

（1）2014年公司技术改造项目完成投资3 239万元，主要技术改造项目包括各种生产设备的购置和技术改造、大型工具工装的购置和制作以及信息化建设项目等。通过设备的技术改造，使老旧设备增加了新的功能，提高了操作精度和运行效率，同时也节约了投资费用；公司加快推进企业信息化建设，在上年成功开发具有陕压特色的三大管理信息化平台：轧辊全生命周期平台、质量管理平台和短线商品及备件销售管理平台的基础上，成套产品销售业务流程和PLM产品生命周期管理平台也相继完成研发工作，顺利上线运行，逐步发挥出系统平台的管理成效。

（2）2015年完成的节能减排项目包括锻造热处理炉改造、锻造加热炉改造、能源计量数据采集系统等项目，这些项目对提高能源使用效率、保证能源计量数据的准确可靠发挥了重要作用。全年通过强有力的节能减排管理措施，克服了产量下降、产品价格下滑的不利因素，全年能源消耗总量下降到3.333 2万t（标准煤），万元产值综合能耗（可比价）0.421 9t（标准煤），超额完成了国家发改委在“万家企业节能低碳行动”中给公司下达的节能任务，并完成了“2013－2015年任期中央企业节能减排考核。

八、对外合作情况

（1）中冶陕压近几年出口的产品类型主要是冶金轧钢、矿山建材类的设备及备件，从种类看备件量大，但从出口合同额上看设备的出口量大；出口的国家和地区有德国、比利时、日本、意大利以及中国台湾等。中冶陕压出口产品主要体现在制造技术优势、质量控制优势和生产管理优势三方面，由于不属于自主知识产权产品，外方提供图纸和技术及标准，属于被动出口型企业。由于具有物美价廉、诚信实在、合同履约率高的特点，在“来图加工”类的冶金轧钢工矿设备备件出口方面具有一定的市场竞争优势。

（2）公司十分重视产学研的结合，2014 年公司与中南大学签订了为期两年的《锻钢轧辊表面点状缺陷成因与控制研究技术开发合同》，拟对锻钢轧辊的典型钢种生产工艺进行有效控制，探索出夹杂物的形成机理，并制定出控制措施。2015 年，项目正在按计划实施，已取得了一定的成果，有效提高了公司轧辊产品的质量，极大地提升了公司轧辊产品的市场竞争力。

九、企业发展存在的主要问题

当前，世界经济仍处于深度调整之中，复苏动力不足，我国经济下行压力加大。钢铁冶金和装备制造行业面临着市场需求不足、产能严重过剩、商品价格低位波动、资金与债务等潜在风险显性化的困难和挑战，总体经营形势严峻。企业发展存在的主要问题有：

（1）市场观念和发展思路还要进一步转变提升。近几年来，作为深耕钢铁冶金行业多年的老国企，如何适应国家和行业发展新常态，加快转型升级发展步伐，是摆在公司面前的重大问题。公司与集团的定位、要求还有相当大的差距，呈现出市场开拓渠道单一、技术创新后劲不足、潜力不够，管理创新的意识、胆略和魄力不足等诸多问题。所以，一定要改变过去的传统惯性思维，回归理性、回归市场，要以壮士断腕的勇气和魄力大力推进企业提质增效和创新发展。

（2）科技创新和技术研发能力有待提高。要进一步转变观念、转换体制机制，最关键是要创造科技创新人才脱颖而出的环境，让一切创新源泉竞相迸发。公司的技术研发和科技创新工作必须跟市场需求紧密结合，跟提高生产力、竞争能力、价值创造能力紧密结合，只有这样才能对症下药，做到有的放矢。

（3）风险防控意识不强，“两金”清欠力度要进一步加大。营销和采购部门的风险防范意识不强，在承揽合同时往往对合同量的关注度较高，但对合同风险的评估能力不足，对合同签订、合同执行、合同结算等全过程风险控制不够，造成合同执行风险加大。2016 年随着国家对钢铁企业“去产能”力度加大，会给公司“两金”清欠与资金回收带来巨大压力，为此我们要采取强有力措施推进清欠工作并切实防控财务风险，保证企业资金链安全。

〔撰稿人：中冶陕压重工设备有限公司赵思思　审稿人：中冶陕压重工设备有限公司王智强　李虎〕

卫华集团有限公司

卫华集团有限公司（简称卫华集团）经过近 30 年的发展，现已形成两大业务板块，一是以起重机械、矿用机械、港口机械、汽车起重机、减速机等产品为主的装备制造板块；二是以房屋建筑、市政工程、钢结构、工程建设、防腐施工以及工程总承包为主的建工板块。卫华集团总资产 65 亿元，员工 6 800 余人，占地面积 342 万 m^2。

卫华集团是中国重型机械工业协会、中国物料搬运协会和桥式起重机分会副理事长单位，全国首批国家技术创新示范企业之一。企业先后荣获“中国机械百强企业”“中国民营 500 强企业”“国家级高新技术企业”“国家火炬计划重点高新技术企业”“国家认定企业技术中心”“国家级知识产权优势企业”“全国守合同重信用企业”“全国质量标杆”“全国机械工业质量奖”“河南省省长质量奖”和“中国 100 最佳雇主”等 500 多项荣誉称号。

卫华集团拥有国家认可技术检验测试中心、博士后科研工作站、院士工作站，授权专利 494 项。以中国科学院院士杨叔子、工程院院士张铁岗为带头人的 600 人的卫华集团科研团队，是我国通用起重机行业最大的研发团队，荣获国家、省市级科技成果 85 项。

2015 年，卫华集团销售收入 91.76 亿元，桥门式起重机产销量连续多年蝉联全国第一。产品及业务覆盖机械、冶金、矿山、电力、铁路、航天、港口、石油、化工等行业，先后服务于西气东输、南水北调、卫星发射、中国核电、中国中煤、中国神华、中国石油、中国石化、上海宝钢、北京首钢、杭州湾跨海大桥等数千家大型企业和国家重点工程，承接了多项国家“863”计划、“国家科技支撑计划”项目，助力“神舟十号”“嫦娥三号”成功飞天，并远销美国、英国、日本、俄罗斯、韩国等 98 个国家和地区。

建工板块成立了卫华建工集团，已取得房屋建筑工程施工总承包一级、防腐保温工程专业承包一级、钢结构工程专业承包二级、化工石油设备管道安装工程专业承包二级、市政公用工程施工总承包资质等各类资质。先后承接了中铁各工程局、中化工各建设公司、中石油、中海油、北航天石化、宝冶集团、神华集团等多家大型企业的“高、精、尖”重点工程，并建设了郑州龙湖悦府·海棠、郑州新芒果大厦、郑州星联湾、郑州会展中心等项目。

一、生产发展情况

2015 年，卫华集团完成工业总产值 93.46 亿元，同比增长 10.09%，销售总值 91.76 亿元，同比增长 9.93%，实现了平稳发展。2015 年卫华集团主要产品产量见表 1。

表 1　2015 年卫华集团主要产品产量

（单位：台）

产品	桥式起重机	门式起重机	单梁起重机	冶金起重机	门座起重机	悬臂起重机	电动葫芦	减速机
产量	9 365	603	40 814	257	12	263	46 156	2 439

卫华集团位居中国民营企业 500 强第 386 位；蝉联中国机械工业百强，跃居至 44 位，较上年提高 8 位；居“2015 河南企业 100 强” 29 位，较上年提高 12 位，行业地位不断提升。从卫华集团工业总产值、销售收入等主要经济指标来看 2015 年卫华在全国制造业的表现是优秀的。

二、市场经营及销售情况

2015 年，为适应经济“新常态”，卫华集团主动出击，创新营销模式，由单一的“长垣模式”转变为“长垣模式＋企业直销＋企业联盟”的综合营销模式，提高了市场占有率。

在起重机市场萎缩的情况下，公司开始关注开发细分市场。一是大力开发冶金起重机市场，在山东钢铁集团日照公司项目中承揽了 23 台冶金起重机，在宝钢湛江项目中承揽了 15 台冶金起重机，在河北安丰钢铁项目中承揽了 2 台 320t 铸造起重机，创造了卫华冶金起重机的新纪录。为易门铜业制造的 MGY－74/32 冶金门式起重机是国内首台双主梁门式冶金起重机。冶金起重机销量同比增长了 29.8%。

卫华集团全年销售垃圾发电起重机 29 台，同比增长近 8 倍；销售港口起重机 9 台，同比增长了 29%。卫华集团成为中国酒泉卫星发射中心的指定“装备承制单位”。公司生产的跨度 70m 双梁桥式起重机成功服务于中国核工业建设，刷新核工业领域起重机室内跨度世界最大记录。同时，卫华集团初探矿机市场，销售 47 台，在竞争激烈的矿机市场打开了突破口。

2015 年，卫华集团实施“走出去”战略。由集团高管带队，全年共出访了白俄罗斯、巴西、埃及等 9 个国家，与当地政府、企业达成了合作共识。签订国际、国内代理商 52 家；全年国际订单同比增长了 57.6%。

三、科技成果及新产品情况

2015 年 2 月，卫华集团成立卫华机械工程研究院，整合研发资源，加大研发力量。2015 年共立项研发项目 38 项，已有 21 个项目当年结题，其中有世界最大的 2.6 万 t 起重机、核电起重机、酒厂专用起重机、多功能起重机、港口起重机、高卷扬电动葫芦、高端抓斗、QY－10T 汽车起重机等。2015 年的研发项目无论从数量、进度还是从质量上都有了明显提高。

2015 年是卫华集团自成立以来承担国家级重大科技项目最多的一年。牵头承担的《面向工程机械大型结构件的机器人焊接生产线关键技术研究与应用示范》等三个课题列入国家科技支撑计划。国家“863”计划重点攻关项目——“18m^3 大型挖泥机”成功通过科技部验收，它结束了我国一直没有自主研发、自行设计制造特大型挖泥机的历史，打破了国际垄断。

2015 年，卫华在申报科技进步奖方面取得了重大突破。《基于激光＋超声波识别及物联网关键技术的全自动垃圾吊》等 3 个项目获得省部级科技进步奖二等奖，一个项目获得省部级科技进步奖三等奖；《超低温专用起重机》等三个项目获得河南省装备制造工业科技进步奖一等奖。2015 年重大科技成果及获省市以上科技（进步）奖项见表 2。

表 2　2015 年重大科技成果及获省市以上科技（进步）奖项

序号	项目名称	完成时间	主要性能参数及技术内容简介	成果水平评价	负责单位参与单位
1	起重机大型钢结构件自动化焊接工艺与装备研发	2015.10.25	起重机大型钢结构件自动化主焊接设备采用了 ϕ4.0mm 埋弧焊丝，焊接速度可达 2m/min，在焊接速度和焊缝质量上都远远超过了原有的作业方式。箱形梁断续焊接专用装备能够适用于所有型号规格的箱形梁纵向筋，能够自由设置焊接时间和空进时间以得到不同的断续焊缝，焊接效率提升 75% 以上	中国机械工业科学技术奖二等奖	中国机械工业联合会 中国机械工程学会

（续）

序号	项目名称	完成时间	主要性能参数及技术内容简介	成果水平评价	负责单位参与单位
2	酸洗车间全自动高精定位起重机	2015.10.25	该项目的主要性能参数如下： 额定起重量6.4t、跨度31.5m、工作级别A6、起升机构M6、小车运行机构M5、大车运行机构M6、起升高度11m、起升速度1.29～12.9m/min、小车运行速度4.27～42.7m/min、大车运行速度11.6～116m/min、电气控制采用PLC＋调速装置 酸洗车间全自动高精定位起重机结构先进，利用一系列新型结构产品来保证行车的使用性能，此系列新型结构产品已申报并获得国家专利。其中包括：控制吊具摇摆量的平衡机构、检测行车在三维坐标内位移量的位移检测装置以及提高生产效率配套定制的特殊酸洗车间专用吊具 电气控制系统增加了定位技术功能、取卸料动作程序顺序控制功能、无线以太网通讯功能以及起重机运动控制技术，从而实现了对酸洗处理过程中起重作业的远程控制	中国机械工业科学技术奖三等奖	中国机械工业联合会 中国机械工程学会
3	基于激光＋超声波识别及物联网技术的全自动垃圾吊关键技术研究	2015.10.25	1. 垃圾抓斗的防摇摆技术：综合利用载荷摇摆的物理原理以及起重机实测实验数据设定模型，计算并预测载荷摇摆幅度和摇摆相位，可有效减少摇摆幅度95%以上 2. 精确定位技术：通过对垃圾吊大小车和抓斗的运行位置进行实时监控和反馈，获得精确的抓斗空间三维位置，配合变频器控制和防摇摆功能，同时在各机构中增加定点调整，在保证了定位精度的同时也极大提高了垃圾吊的工作效率，定位精度较传统起重机提升80%以上 3. 智能判断技术：通过将垃圾贮存坑虚拟地划分为1m^{2}单位的网格，在作业时对垃圾贮存坑实时扫描，以颜色的变化表示对应网格内垃圾的高度，垃圾吊自动进行选择对比，计算出最优的抓取点 4. 远程操控技术：全自动垃圾吊不仅具有本地控制能力，而且具有通过广域网进行远程的操控功能	中国机械工业科学技术二等奖	中国机械工业联合会 中国机械工程学会
4	大跨度桥式起重机	2015.10.27	大跨度桥式起重机进行的创新设计，使其成为具有国际竞争力的优势产品，不仅提高了卫华集团大跨度桥式起重机产品技术水平，同时，将创新设计思想逐步推广延伸至卫华集团其他类型产品，为卫华集团5业的转型升级，建设成为具有中国特色新型工业化企业贡献了力量。大跨度桥式起重机以其科技性、创新性受到用户的高度认可，其技术水平达到国际先进水平。卫华集团作为国内起重机行业的一流企业，大跨度桥式起重机的研究以质量为先，采用结构优化、创新设计的理念促进了产业革新，带动起重机行业在中国特色新型工业化道路上不断开拓进取	国际先进	河南省科技厅
5	集装箱门式起重机	2015.10.27	基于物联网及自动化控制技术的集装箱门式起重机关键技术研究及产业化是目前集装箱门式起重机的发展方向。通过把物联网及自动化控制技术创新地应用在起重机上，使其品质优异，寿命长，性能稳定，安全可靠，维护方便，大大提高了整机可监控性、稳定性、可靠性，是国内集装箱门式起重机产品史上具有划时代意义的创新品	国内领先	河南省科技厅
6	移动式伸缩悬臂铣设计及应用	2015.10.27	该设备的自主研制成功，使卫华集团承接制造大型复杂高精度结构件项目成为可能，是卫华集团在大型起重机领域的一个全新突破，提升了公司技术水平，展现了卫华集团的研发制造水平，为公司赢得广泛的赞誉	国内领先	河南省科技厅

（续）

序号	项目名称	完成时间	主要性能参数及技术内容简介	成果水平评价	负责单位参与单位
7	伸缩梁悬臂起重机	2015.10.27	该起重机的回转吊臂和伸缩吊臂均为箱形梁结构，为了减轻悬臂起重机的重量，对回转吊臂和伸缩吊臂结构进行了优化，在不影响吊臂的强度和刚度的情况下，采用了空腹箱形梁结构 为了解决伸缩吊臂伸缩过程卡死及左右摆动的情况，在回转吊臂两侧各布置有一排支撑轮，伸缩吊臂下侧布置有导向滚轮，各滚轮均与吊臂的相应部位配合，增加了伸缩梁的定位精度。伸缩吊臂通过安装在伸缩吊臂上的齿条和装在回转吊臂上的三合一减速电动机驱动的齿轮组成齿条传动机构，驱动伸缩吊臂在回转吊臂中移动	国内领先	河南省科技厅
8	起重机主梁上拱度自动化焊接	2015.10.27	起重机主梁上拱度自动化焊接：起重机主梁上拱度自动化焊接机械跟踪装置很好地解决了单靠机械跟踪就能很好地完成焊接这样一个问题，可以说在同行业中处于相对的领先地位。箱形梁上拱度自动化焊接投入使用完全地解决了主梁角焊缝的焊接需要，使得起重机生产自动化程度进一步的提高，产品质量上升了一个大的台阶，使得起重机生产的自动化水平进一步的提高	国内领先	河南省科技厅

“大跨度桥式起重机”等5项科技成果通过了省级成果鉴定。其中1项被鉴定为国际先进水平，其余4项被鉴定为国内领先水平。全年申请专利78项，授权专利66项其中发明专利14项。卫华集团拥有的授权专利处于全国起重机行业首位，科技实力不断提升。

卫华院士工作站从全省223家院士工作站中脱颖而出，以第一名的成绩荣获2015年度“河南省优秀院士工作站”称号；卫华博士后科研工作站连续第四次荣获“河南省优秀博士后科研工作站”称号。科技创新明显地提高了卫华集团的核心竞争力，为卫华集团转型升级提供了动力。

四、产品质量及标准工作情况

卫华集团坚持实施质量优先战略，坚持走“质量兴企、品牌强企”之路。在机构设置上，卫华集团建立了“质量管理委员会——首席质量官——卫华机械工程研究院——各公司质检部——班组兼职质检员”五级质量机构，形成完善的质量管控体系。

卫华集团通过加大质量工作投入，夯实质量管理基础。在设计方面：公司组织开发参数化设计软件系统，通过输入用户的产品参数，可直接生成起重机的全套图纸，设计效率提升50%以上，设计差错率几乎为零；工装设备方面：配备先进的设备和工装，如单梁起重机U形槽流水线生产，仅1天时间就可完成从钢板到成品的加工，比过去的生产方式效率提高3倍以上，且质量大幅提高，成本下降10%以上；葫芦跑车轮柔性自动化生产线，可实现从毛坯的自动上料到成品的自动下料，为国内起重行业首创。检测技术保障体系建设方面：卫华集团技术检验测试中心拥有各类先进检测仪器设备452台套，为保证原材料质量及热处理、焊接、外协、外购件的质量检测提供了有效手段，实现检测/校准结果正确率100%。

卫华集团大力开展群众性质量改善活动。2015年，卫华集团共开展了10个精益改善项目，通过开展《双梁一次交检合格率提升项目》《单梁端梁生产模式改善项目》和《减速机质量提升改善项目》等项目，对产生质量损失的因素加以控制，双梁大小车一次交检合格率平均提升10%，减速机一次交检合格率由不足75%提升到98%，同比提升23.5%，质量损失率降低31%。2015年，针对具体质量问题开展QC小组21项，共获得省QC小组成果一等奖3项、二等奖2项。

得益于严格的质量管控手段，卫华集团先后获得“全国质量管理先进企业”“河南省省长质量奖”“全国机械工业质量奖”“全国质量标杆”和“河南省质量标杆”等荣誉。

目前卫华集团拥有技术标准379项，管理标准188项，工作标准273项，这些标准有效地推动了集团公司员工行为规范、提升了现场管理水平。2006年，卫华集团通过了AAA级标准化良好行为企业确认；2012年、2015年均顺利通过AAAA级标准化良好行为企业复审，实现了标准化良好行为的升级。卫华集团作为“全国起重机械标准化技术委员会桥式和门式起重机分技术委员会委员单位”，近年来主持或参与71项国际、国家及行业标准的制（修）订，为行业标准化工作、行业产品设计的标准化、系列化、模块化发展等做出了突出贡献。

〔撰稿人：卫华集团有限公司李艳鑫、宁欣欣　审稿人：卫华集团有限公司李虎〕

中国重型机械有限公司

一、基本概况

中国重型机械有限公司（以下简称中国重机）成立于1980年9月，隶属于中国机械工业集团有限公司，是以工程总承包、带资运营、贸易和服务为主营业务的工程总承包综合服务企业。业务领域覆盖冶金、矿山、交通、建材、电力、水务、环保、化工、生物能源、农产品仓储及加工等行业领域。截至2015年底，经商务部批准，中国重机已在越南、缅甸、柬埔寨、塔吉克斯坦、印度尼西亚、土耳其、泰国、斯里兰卡、埃塞俄比亚、南苏丹、南非、肯尼亚、几内亚、老挝、尼日立亚、坦桑尼亚、孟加拉国和厄瓜多尔等18个国家设立境外代表处和分公司。

2015年，面对复杂多变的国际经济环境和下行压力加大的国内经济形势，中国重机认真贯彻国机集团2015年工作会议和稳增长工作会议精神，以提高经济效益为目标，促生效、拓市场，稳增长、求发展，全面深化管理，防控经营风险，取得了喜人的经营业绩，超额完成国机集团下达的任务目标。

二、生产发展情况

截至2015年年底，中国重机资产总额54.48亿元，相比上年同期增加6.51亿元，负债总额40.06亿元，所有者权益14.42亿元，国有资产保值增值率125.62%。

2015年全年实现营业收入160 695万元，利润总额实现29 022万元。

2015年中国重型机械有限公司主要经济指标

项目	2014年	2015年	同比增长（%）
资产总额（万元）	479 700.97	544 782.52	13.57
净资产（万元）	117 058.68	144 156.38	23.15
营业收入（万元）	86 328.15	160 695.41	86.14
利润总额（万元）	6502.45	29 022.65	346

三、市场经营及销售情况

1. 市场开拓取得重大成果

2015年，中国重机坚持国内外市场并举，坚持“巩固传统市场，扩大非洲市场，布局拉美市场”的总体要求，紧跟国家“一带一路”战略的实施推进，关注我国对外经贸政策走向和国家“两优”资金的投向，奋力开拓国内外市场。

（1）老挝市场取得新的重大突破。中国重机与老挝国家电力公司签署老挝南俄4水电站项目EPC合同，设计总装机容量240MW，是老挝国家重点工程项目之一，进一步树立了中国重机的企业品牌。

（2）柬埔寨市场滚动发展。中国重机深度开发柬埔寨电力市场，上半年与柬埔寨国家电力公司签订柬埔寨国家电网西南环网输变电工程项目合同，该项目是柬埔寨国家电网2020年战略规划的重要组成部分，涵盖柬埔寨五个省和首都金边市，承担柬埔寨西部包括达岱水电站在内，由中国企业投资的五座水电站所发的电力输送。

（3）缅甸市场重新开启。缅甸市场是中国重机实施“走出去”战略最早的海外市场，经过不懈努力与缅甸国家电力部签订上巴路桥水电站EPC项目合同。合同范围包括总装机容量为30MW梯级水电站的两个发电站及金属结构、输变电线路设计、供货、安装、调试、保运等工作。

（4）孟加拉国市场持续签约。中国重机先后签订孟加拉国AMAN立磨项目新增煤磨、热风炉及粉煤灰系统供货，堆场网架和输送廊道钢结构设计、供货和安装指导合同；签订了孟加拉国AMAN集团的第二条立磨生产线承包合同，实现同一市场的多年持续发展。

（5）国内港口市场保持稳定。中国重机先后与广西北部湾港股份有限公司签订钦州保税区集装箱轮胎式龙门起重机、多用途四连杆门座式起重机，北海铁山港集装箱轮胎式龙门起重机合同，保持了在国内港机设备供货的市场份额。

（6）促生效工作取得积极进展。在促进合同生效的工作中，中国重机坚持领导亲自抓，组织强有力工作班子，明确职责、落实分工、定期汇报进展、专题研究问题、提出有效对策的工作机制，举中国重机全公司之力，集中优势资源，锲而不舍、盯住不放。中国重机推进了柬埔寨农村电网扩建三期和四期工程、塔吉克斯坦冰晶石、氟化铝工厂和硫酸厂项目合同的最终生效和首批贷款放款到账；推进老挝230kV纳邦－南俄1－欣赫输变电工程合同生效。中国重机还积极推进柬埔寨230kV西南环网输变电项目工程合同生效，经过多方的不懈努力，柬埔寨财经部和中国进出口银行签订了贷款协议书，取得了项目当年签约、当年生效和当年执行的新突破。

（7）市场布局不断调整。中国重机瞄准“一带一路”沿线和周边重点国家市场，投入人力物力，巩固原有市场，拓展新的市场。围绕中巴经济走廊建设，在巴基斯坦市场设立开发点，并以此为依托，进一步拓展中东及中亚市场。在孟加拉国市场多年实现滚动开发的基础上设立代表处，以进一步深度开发政府项目。围绕蒙古国工业园区建设，积极跟踪电站项目。在坦桑尼亚设立代表处，在尼日利亚设立分公司，积极推进非洲市场开发和项目进展。在拉美市场，锁定厄瓜多尔、秘鲁、阿根廷等目标市场，投入力量，设立分支机构。

2. 重点项目执行情况

中国重机强化项目执行管理，加强质量、成本、进度控制，积极消除合同履约风险，推进了在手项目的有效执行。柬埔寨金边环网输变电工程进入收尾阶段，柬埔寨国家电力公司签发了项目接收证书，正全力以赴加快剩余工程进度。

柬埔寨金边－巴威输变电工程，已完成两个新建变电站的征地，输电线路已完成部分征地。变电站一次设备运抵现场，正加紧安装和土建施工。作为解决金边地区电力短缺的民心工程，该项目力争2016年完工。

柬埔寨农网扩建二期工程，完成了全部图纸设计，已完成大部分设备订货，线路施工全面展开，力争2017年上半年提前完成。塔吉克斯坦冰晶石、氟化铝工厂完成部分工程量，硫酸工厂项目正式开始计算工期，已完成图纸设计，正加紧设备招标采购。老挝纳邦－南俄1－欣赫输变电项目已完成输电线路和变电站的施工勘测，正在做线路施工设计，签订采购分包合同，完成部分输电线路铁塔基础施工。

孟加拉国MI5号包装线项目，已完成考核验收，收回全部货款。孟加拉国AMAN立磨一期项目设备已全部运抵现场。

中国重机有效解决遗留问题，推进拖期项目执行取得突破性进展。巴基斯坦钢厂焦炉机械改造项目已通过性能考核并交付用户，所有现场安装调试工作正式结束。

泰国莫奈煤矿改造项目，经过项目组人员的艰苦努力，取得业主支持理解和分包商的配合，成功解决了现场遗留的技术、质量等方面问题，有效推进了项目进展，已正式竣工移交业主。

3. 业务发展情况

当前，国内外经济形势依然复杂多变，全球经济依然处于深度调整期，复苏态势疲弱，增长动力不足，经济下行压力加大。

2016年是我国全面建成小康社会决胜阶段的开局之年，也是推进结构性改革的攻坚之年。中央经济工作会提出，统筹国内国际两个大局，按照“五位一体”总体布局和“四个全面”战略布局的要求，牢固树立和贯彻落实创新、协调、绿色、开放、共享的发展理念，适应经济发展新常态，坚持改革开放，坚持稳中求进总基调，坚持稳增长、调结构、惠民生、防风险，保持经济运行在合理区间。

随着柬埔寨达岱水电站BOT项目2015年起正式进入商业运营期，中国重机实现了业务转型战略目标，经济增加值、利润总额创历史新高，中国重机已经站在了新的起点上。

一年来，北京三联国投和柬达水电有限公司加强了BOT项目的运营管理控，确保安全运行，合理安排发电计划，保障售电收入，加强成本管理，注重风险控制，运行当年达到设计能力，实现了当年运行当年达产的壮举，为稳增长起到关键性作用，为中国重机持续稳定发展提供了有力保障。

四、履行企业社会责任情况

2015年，中国重机组织开展“国机爱心日”捐献“一日工资”活动，在职职工捐款61 372元，汇至国机集团“爱心基金”管理委员会账户。

一年来，中国重机在开展海外工程建设和投资运营业务中，坚持以创造经济、社会和环境综合价值为目标，注重质量安全，注重环境保护，融入当地社区，积极开展公益活动。在柬埔寨，参加柬埔寨红十字会举行的“国际红十字和红新月运动152周年纪念日”活动，并向柬埔寨红十字会捐款。

在经营活动中，严格按照中国重机的质量、环境和职业健康安全管理体系的要求，认真做好EPC工程承包项目的质量管理、环境保护和职业健康安全管理工作，做好项目现场施工中的降污减排和节能降耗工作，认真履行环境责任。组织开展节能减排宣传周活动，增强广大员工低碳工作、低碳生活意识。加强职业健康安全管理。进一步健全规章制度，做好施工现场的安全监管，系统开展安全培训。认真开展专项活动，扎实组织开展安全生产月活动，安全生产的“三项活动”专项整治。强化所属企业的安全管理，加强对所属企业的安全生产工作的监管，签订年度安全生产责任书。

中国重机全年未发生重伤及以上生产安全事故，连续9年获国机集团安全生产考核A级企业，并被评为国机集团安全生产管理专项提升先进单位。

〔撰稿人：中国重型机械有限公司郭春玲〕

中国重型机械研究院股份公司

一、总体发展情况

中国重型机械研究院股份公司（原西安重型机械研究所，以下简称中国重型院）创建于1956年，是以冶金装备、重型锻造/挤压装备、环保装备和油气输送装备等综合性装备技术研发、设计、工程成套及咨询的科技创新型企业。1999年转制为科技型企业，以资产划转方式加入中国机械工业集团有限公司（以下简称国机集团）。2006年9月，国家工商行政管理总局批准组建成立中国重型机械研究院。2009年1月，中国重型机械研究院改制为中国重型机械研究院有限公司。2012年6月，经国务院国资委批准，中国重型机械研究院有限公司变更设立为中国重型机械研究院股份公司。目前，中国重型院下设15个专业研究所、7个子公司、2个中试工厂、4个分院。主营业务涵盖：钢铁、有色金属冶炼、二次精炼、连续铸造、板（带箔）管（棒）型材轧制、精整处理、金属锻造/挤压、拉伸塑性成型、工业烟气净化回收、页岩油开采与油气输送等所需各种大型、高端工艺装备研发设计、成套和工程承包。

2015年，面对国内外经济持续下行、钢铁行业主业全面亏损、冶金装备行业市场需求萎缩、竞争白热化的外部形势，中国重型院立足本业，强化科研创新，加大市场营销，重视复合型人才培养，努力探索和创新商业模式，加大风险管控力度。中国重型院尽管年度新签合同额、营业收入等指标有所下降，但相对同行业，基本实现总体平稳、风险可控的发展目标。2015年，中国重型院实现营业收入10.68亿元，同比下降25.51%，利润总额4 064.82万元，同比增长1.15%。

二、市场经营情况

中国重型院坚持技术引领拓市场，精细服务赢客户。2015年，中国重型院签订合同16.98亿元，其中，合同额3 000万元以上的大型成套装备合同共计6项，合同总额11.85亿元。

市场营销新特点

1. 积极推广新技术、新产品，拓展新领域，寻找新客户。冶金装备专业与燕钢签订两台双流板坯连铸机合同；板带精整装备专业与包钢签订4条冷轧重卷机组合同，均是2015年开发的重要新用户。炉外精炼装备专业签订山钢三套210tRH精炼项目，该项目真空系统采用干式机械式真空泵，是中国重型院首套。板带轧制装备专业签订瑞丰950mm酸轧合同、阳光1 250mm五机架连轧机合同和鼎信两套850mm不锈钢二十辊冷轧机组，其中，950mm酸轧机组是中国重型院成功进入酸轧领域的第一条生产线，标志着中国重型院板带轧制装备专业成功拓展到酸连轧机组领域；在多辊轧机方面签订的850mm不锈钢二十辊冷轧机组，是中国重型院承接的首条不锈钢二十辊冷轧机组，对中国重型院在多辊及不锈钢轧制领域的技术提升和市场开拓具有重要的意义。

2. 继续加强与民营企业合作

在严峻的市场环境下，民营企业凭借市场响应快、生产成本控制严格、技术水平持续进步、设备连续运转率高、人力投入少等特点，保持着较快发展。中国重型院强化民企注重的项目后期服务，赢得客户信任。2015年与民营企业合作取得一定成果，主营业务民营企业合同达到260项，合同额占比42.55%。

3. 紧盯技术改造、紧抓备件签约

中国重型院加大对现有用户的回访力度，对正在运行的设备提供服务，宣传新技术、新工艺，紧盯投产设备的升级换代和技术改造。全年签订技术改造项目30项，合同金额约4 737万元。随着中国重型院外供设备量的增长，备件的供应逐渐成为中国重型院延伸服务的一项重要工作，一方面宣传国产替代进口备件，一方面抓好备件的签约。2015年签订备件合同约200项，合同额共计约7 273万元。

4. 开拓国际市场

中国重型院努力打造国际市场营销团队，着手制作海外项目合同范本框架，主动走出去，寻找合作伙伴。2015年，中国重型院对伊朗市场进行专项调研，前往土耳其进行用户拜访和市场调研，参加“泰国国际管材展”，参加赴越南商务考察对接活动。同时，中国重型院加强与国际中间商、集团所属国际贸易公司的合作。中国重型院与中国重型机械有限公司、中国机械设备工程股份有限公司、中国成套工程有限公司三家公司签订战略合作框架协议。2015年中国重型院跟踪海外项目13项，签订出口项目5项，合同额1 646.49万元人民币。

三、企业科技创新情况

中国重型院注重科研投入，在高端装备制造、战略性新兴产业技术领域开展科研开发和前瞻性储备科研课题。2015年，中国重型院获得国家、省市、集团、区科技计划项目20项，获得政府及上级主管部门拨款合同额共计6 157万元；此外，针对中国重型院各专业发展战略，自定科研课题7项，投入资金702万元。2015年，获得国家知识产权局授予“国家知识产权优势企业”荣誉，荣获“陕西省创新方法应用标杆企业”称号。

1. 科技奖励及鉴定

2015年，中国重型院荣获各类科技成果奖励10项，其中与西南铝业（集团）有限责任公司、中信重工机械股份有限公司、重庆大学等八家单位共同完成的“12 000t航空铝合金厚板张力拉伸装备研制与应用”获得国家科技进步奖二等奖。

完成科技成果鉴定和验收项目10项。申请专利275件，授权专利172件，其中发明专利64件，申报软件著作权3件，授权2件。2015年重大科技成果及获省部以上科技（进步）奖项简介见表1。

表1　2015年重大科技成果及获省部以上科技（进步）奖项简介

序号	项目名称	完成年月	主要性能参数及技术内容简介	成果水平评价	负责单位参与单位
1	12 000t航空铝合金厚板张力拉伸装备研制与应用	2011年11月	该项目创新性地提出“全浮动、高负载、均匀夹紧、断带保护”的总体设计思路，研发的机组全浮动张力拉伸技术，解决大吨位拉伸机对基础和设备的缓冲保护难题；研发的预应力组合梁式机头的小变形多单元结构技术，解决大吨位拉伸机单个零件重量过大和钳口变形大等难题；研发的钳口复合斜面夹紧技术，解决宽板均匀夹紧及高可靠性的技术难题；研发的重型拉伸机多项断带缓冲保护技术，有效地解决断带冲击造成设备容易损伤的技术难题；研发的大拉伸力主缸同步控制技术，解决板材均匀变形的技术难题	该项目取得多项创新成果，在钳口负载系数、断带缓冲保护技术等方面达到国际领先水平。获2015年度国家科技进步奖二等奖	中国重型机械研究院股份公司、西南铝业（集团）有限责任公司、中信重工机械股份有限公司、重庆大学、太原科技大学、中南大学、西安交通大学、燕山大学
2	超大型径轴向数控轧环装备及工艺研发与应用	2012年12月	该项目研发的超大型径轴向数控轧环装备及工艺在径轴向轧制机架结构、主轧辊直流无级调速传动、轴向机架滚轮行走、定心辊位置和力综合控制、液压伺服和比例联合控制、电气计算机和PLC联合控制、超大型环件径轴向轧制成形工艺模型和成形过程自动控制以及超大型环件生产流程辅助设计等多项技术上优于国内其他厂家。在设备结构、液压和电气控制、工艺模型和成形过程自动控制等多项技术上都与国际先进水平相当，环件成形精度也达到了国际先进水平	该项目整体达到国际先进水平。获2015年度陕西省科学技术奖二等奖，中国机械工业科学技术奖三等奖	中国重型机械研究院股份公司、青岛武晓集团股份有限公司、西北工业大学
3	超宽幅O5级汽车面板生产－精整机组关键工艺及装备研发与应用	2012年3月	该项目研发剖分重卷机组、带张力活套的拉弯矫直重卷机组生产工艺、水平卧式检查站、高精度的延伸率控制系统及双层卧式检查站转向辊的动态补偿控制技术和剖分机组双卷取机张力同步控制技术，提高带钢的成材率。该项目生产产品的错层误差≤1mm，塔形误差≤1mm，拉矫板型精度＜2I，剪切宽度精度＜0.5mm，剪切毛刺高度≤0.025mm，技术指标及表面质量达到日本JFE公司内控质量标准	该项目整机为国内首创，达到国际先进水平。获2015年度陕西省科学技术奖二等奖	中国重型机械研究院股份公司、广州JFE钢板有限公司
4	420mm×2 700mm特厚直弧形板坯连铸机成套技术装备	2011年6月	该直弧形连铸机断面为420mm×2 700mm，连铸机主半径为12m，是目前世界最先进的连铸机之一。其独特优势和先进性主要体现在采用了蝶形可独立单臂升降回转台、适用于特厚铸坯的多点弯曲多点矫直辊列曲线、钢流防氧化保护浇铸及下渣检测、大容量中间包及中间包在线连铸测温、结晶器在线调宽、结晶器液压非正弦振动、动态二冷水控制、动态轻压下、两级自动化控制等三十多项国际一流连铸新技术、工艺	该项目整体技术达到国际先进水平，其中特厚特宽连铸坯复合压下技术和结晶器振动液压缸自冷却润滑技术等处于国际领先水平。获2015年度中国机械工业集团科学技术奖一等奖	中国重型机械研究院股份公司、南阳汉冶特钢有限公司

（续）

序号	项目名称	完成年月	主要性能参数及技术内容简介	成果水平评价	负责单位参与单位
5	1 450mm 五机架全连续冷轧机组工艺与设备的研制及应用	2011 年 9 月	该机组是我国第一条完全依靠自己的技术力量，通过自主研制、开发和集成建设的大型宽带钢冷轧生产线。全部采用国产技术的冷连轧机组生产线成套的关键技术，轧机为无头轧制，主机段五架轧机前四机架采用四辊机型、第五机架采用 UCM 六辊机型的布置形式；机组采用激光测速仪和张力计，检测钢带速度和张力，进行速度、张力闭环控制；采用自动快速换辊装置；具有断带保护、故障报警、工作辊准停、过焊缝、动态变规格等功能；采用两级计算机自动控制系统	该项目打破国外垄断，实现冷轧机组关键工艺设备和核心技术全国产化，填补国内空白。获得 2015 年度中国机械工业科学技术奖二等奖	中国重型机械研究院股份公司、燕山大学
6	大型铝扁管挤压生产线 27MN 卧式挤压机	2015 年 7 月	该挤压生产线主要用于大型铝合金扁管的挤压加工，其产品为钢铝复合扁管的新型替代品，在石油化工热交换器方面具有广泛的应用前景。该项目取得多项自主知识产权，共申报发明专利 3 件，实用新型专利 10 件	该项目为国内首条大型铝扁管专用挤压生产线，填补国内空白	中国重型机械研究院股份公司
7	核电用大直径薄壁硬铝合金管材精整工艺及装备研究与应用	2015 年 5 月	该项目建立适用于硬质铝合金大直径薄壁管材的矫直过程数学模型，解决了应用于核电、核能制备、军工武器装备用管材的高精度精整理论计算难题。研发适用于硬质铝合金大直径薄壁管材的碾压道次少的合理矫直工艺方案，有效地保证大直径薄壁硬铝合金管材的矫后直线度达到 0.15 ~ 0.3mm/m。研制出的等预应力立柱系统、矫直辊中心线调整装置、矫直机入口可升降装置、矫直辊角度液压比例调节装置等，解决了大型矫直装备的刚度不均匀性、矫直中心对正、弯曲管材料头避让、矫直辊角度精整调整等难题。所矫直管材的直线度比国际先进水平提高了 40%	该项目的研制成功打破了国外对我国大直径薄壁硬铝合金管材精整生产关键装备技术的封锁。项目总体技术处于国际先进水平	中国重型机械研究院股份公司
8	高性能难变形工模具钢板高效精密矫直工艺及装备的研究与应用	2015 年 5 月	该项目开发了适用于不同材质的高性能工模具板材的矫直工艺，实现难变形的工模具板材的高效精密的矫正。提出上四下五的九辊交错辊系、上四辊整体压下，结合两端单辊单独微调的矫直机辊系布置方案，满足难变形工模具板材的矫直负荷要求。提出在机械压下装置下方设有液压恒压负荷缸的过载保护方式，避免压下量设置不当造成的钢板过矫直断裂的问题，有效地保护机械设备工作的安全性。研制出的上活动横梁液压缸自重平衡装置，消除压下机构螺杆与螺母的配合间隙，避免该间隙对设备冲击造成的危害	该项目设备性能先进，工作可靠，具有显著的经济效益和社会效益。总体技术达到国际先进水平	中国重型机械研究院股份公司
9	850mm 二十辊不锈钢冷轧项目	2015 年 3 月	该项目是国内外首次采用乳化液润滑的不锈钢窄带二十辊轧机，中国重型院开创性的为背衬辊系独立设计油气润滑系统，轧机在无板型仪闭环系统的情况下，设计速度 500m/min，实际达到 502m/min，创造同规格轧机乳化液润滑工况下最高轧制速度。该项目也是国内外首套进行工业批量生产硬态未退火不锈钢轧制的二十辊轧机。该轧机从热轧来料一个轧程可实现 90% 的总压下率，节省中间退火环节，大大缩短了工艺流程及降低了生产成本	该轧机填补国内空白，创造同规格轧制速度之最，技术水平先进	中国重型机械研究院股份公司
10	LT 干法除尘系统	2015 年 10 月	该项目采用“新的炉口微差压控制模式”“节能高效的煤气冷却器供水模式”，不仅实现部分设备利旧，而且整套系统达到节能环保的目标。该系统放散排放浓度≤15mg/Nm^3，回收煤气浓度 10mg/Nm^3。整个过程采用干法工艺，无任何废水废气等二次污染	该项目技术达到当今国际钢铁行业中先进技术水平	中国重型机械研究院股份公司

2. 新产品及新工艺研究

2015 年，中国重型院研发国产首台（套）大型成套装备 6 项。①宝钢 C162 超高钢切边处理设备，解决了当前世界最高强度汽车用冷轧马氏体钢板进行切边处理的重大技术难题。②大型铝扁管挤压生产线 27MN 卧式挤压机，为国内首条大型铝扁管专用挤压生产线。③超大型径轴向数控轧环装备及工艺研发与应用，研发的多项技术、环件成形精度都达到国际先进水平。④核电用大直径薄壁硬铝合金管材精整工艺及装备研究与应用，总体技术处于国际先进水平，所矫直管材的直线度比国际先进水平提高40%。⑤高性能难变形工模具钢板高效精密矫直工艺及装备的研究与应用，开发适用于不同材质的高性能工模具板材的矫直工艺，实现难变形工模具板材的高效精密的矫正。⑥LG15～40GHLL型高速冷轧管机组，是国内开发的首条全自动无缝管生产线，提出“机器换人”的新理念。

开发新技术、新产品应用4项。①连铸设备参数化设计研究，使连铸设备设计实现模块化、标准化、系列化，提高设计效率与设计准确率。②浙江久立LG60冷轧管机，国内首套全自动生产 ϕ30～63mm不锈钢无缝核电管的设备，可实现连续装料、伺服控制、连续轧制等先进工艺。③真空精炼用干式真空抽气试验系统试验研究，针对炼钢企业节能减排、提升钢材质量、提高钢铁冶炼技术的专项研究，研发的真空发生装置，具有启动快、噪声低、没有污染、操作灵活，零部件通用性强等优势。④高精度面板智能化冷连轧生产线，应用自主研发的多项智能控制系统，提升机组生产效率、提高产品质量、降低能源和资源的消耗。

3. 创新平台产学研用合作

中国重型院结合现有的创新平台，在多项重大项目中与国内知名高校和大型企业广泛开展合作，分别与燕山大学、重庆大学、西安交通大学和中南大学等在多专业领域联合创新攻关。

基于高品质特殊钢特超厚板连铸技术及创新平台建成的中间包、结晶器水模试验台和仿真实验室，在高品质特殊钢特超厚板连铸技术领域与包头联方高新技术有限责任公司、重庆大学、钢铁研究总院等多家单位展开合作，在“特厚板铸坯二冷区传热特性试验平台及数值仿真研究”“矩形坯连铸机二次冷却技术研究”“智能化铸坯质量在线判定系统研究”等一系列科研项目中取得突破。截止2015年年底，共完成三个项目的中间包流场实验和仿真模拟分析，并为用户提供完整的实验和仿真计算报告。

金属挤压与锻造装备技术国家重点实验室在自主研发的5MN卧式正反向双动挤压机的基础上进行一系列挤压新工艺探索性试验，完成系列铝合金板材的挤压试验、铝基陶瓷增强材料系列试验以及 ϕ40mm棒料的挤压试验。协同西北工业大学高温合金挤压工艺探索试验、配合兰州理工大学难变形合金挤压实验准备工作。

金属挤压/模锻设备与工艺创新能力平台由中国重型院作为责任单位，联合中国第二重型机械集团（德阳）重型装备股份有限公司、上海重型机器厂有限公司、西安交通大学和重庆大学共同承担，已建立25MN双动反向挤压生产线、800MN模锻压机等工艺试验平台、精细化智能控制系统和挤压/模锻设备液压试验阀台及伺服控制系统等设备，于2015年12月通过工信部组织的技术专家验收。

围绕煤炭及油页岩行业的发展，实现资源转化，提高煤炭利用价值，自筹资金建设陕西煤焦化和油页岩工程技术试验检测中心，搭建起中国重型院现代煤化工新工艺技术及装备研发的技术平台，逐步形成独具特色的煤炭热解专有技术体系，提升行业影响力。目前该检测中心已建设完成，进入试验阶段。

建立“冶金重型技术装备国际技术转移中心”，在为用户提供冶金装备、重型锻造/挤压装备、轧制精整装备、环境污染治理与节能装备及其配套产品的技术贸易的同时，与国外高等院校、研究机构和生产企业开展科技合作，主要针对发展中国家有关行业、产业发展的需要，瞄准重型机械装备前沿技术和发展趋势，以核心技术、关键设备为内容，进行技术转移。

4. 学术交流

积极参加、举办专题讲座以及学术交流会议。邀请天津力神电池股份有限公司专家作题为“超级电容器在冶金行业中的应用”的学术报告；邀请法国Transvalor公司产品开发专家Richard Ducloux博士就连铸和锻造过程数值模拟软件做培训讲座；邀请西安交通大学赵升吨教授作“制造强国的发展模式探讨”专题讲座；邀请西安中星测控有限公司谷荣祥董事长作“物联网在冶金重型机械领域的应用展望”专题讲座等等。通过学术交流活动，使技术人员了解相关领域技术发展最新动态，开阔视野，拓展思路，为科研创新奠定良好基础。

四、质量管理及标准化工作

1. 质量管理工作

中国重型院质量管理与三合一管理体系持续有效，质量、环境和职业健康安全管理体系通过中国质量认证中心审核，获得认证资格。根据国机集团要求，中国重机院建设内部控制体系，开展自我评价，及时发现问题。对各级管理体系采用过程监督检查方法，定期定时不定项对项目合同执行过程体系文件、工厂产品检验记录等抽查、检查，确保管理体系有效运行。实行全工作流程质量管理，从提高图纸设计质量出发规范设计，加强加工制造过程管理，对产品质量和交货期不合格、服务意识差的标准件供货商和制造厂及时淘汰，选择加工能力强、价格合理、抗风险能力好的企业。按照质检总局、国机集团关于开展“质量月”活动的通知，由主管院长领导、部署，以质量管理部、人力资源部为主体，开展一系列活动，包括邀请质量专家做关于“先进质量方法及管理体系标准”的专题讲座、开展管理体系标准答题及知识竞赛活动等。

2. 标准化工作

中国重型院承担着全国冶金设备标准化技术委员会秘书处工作。2015年，中国重型院主持及参与1项国家标准，5项行业标准的编制，已进入审查阶段。2015年，中国重型院主持及参与编制的13项冶金行业标准经国家工业和信息化部批准发布。

五、发展的主要突出问题

1. 经营困局

国内市场需求持续下滑。作为主要用户行业的钢铁行业全面亏损，冶金装备市场进入寒冬，市场需求持续萎缩，国内新建项目、技改项目与上年同期相比降幅较大，同类项目签约合同金额下降。国际市场开拓能力不足，营销主要通过中介公司，缺乏有经验的项目运营和管理人才以及复合型技术人才，海外市场的推广力度不足。

合同签约难度增大，履约风险增大。前几年仅仅是部分民营企业用户将提供项目担保、融资建设、延期付款等作为项目谈判的必要条件，最近部分国有大型钢铁企业也将此作为能否参与项目投标的必要条件，使得履约风险随之增大。

2. 科研短板

受制于国家科研项目资金管理的大背景及本单位的科研政策，科技人员承担研发项目的积极性、创新热情有待进一步激励提高。

中国重机院各专业因先天的因素，装备技术研发是强项，但工艺技术研究是弱项、是短板。中国重型院长久以来一直充当设备供货商的角色，很少参与冶金及其设备所需的前期研究，科研人员在冶金设备的研究方面具有很高的水平，但对整个冶金生产工艺流程了解不深，发展动态和趋势掌握不透，前瞻性技术装备项目的超前研发不足。因此，制约、影响着中国重型院工程承包业务的开展。

〔撰稿人：中国重型机械研究院股份公司宋晔　审稿人：中国重型机械研究院股份公司孟令忠〕

洛阳矿山机械工程设计研究院有限责任公司

一、企业发展情况

1. 生产发展情况

2015 年，洛阳矿山机械工程设计研究院有限责任公司（简称洛矿院）贯彻“稳中求进，创新发展”八字方针，强化技术创新和产品研发，狠抓技术准备与技术服务，积极开拓国内外成套市场，有序推进成套项目的执行，充分调动全院职工的积极性和创造性，确保各项工作稳步开展。

积极拓展成套营销业务。受国际经济复苏缓慢，内需低迷的影响，经营指标有所下降，但在传统优势和新的产业领域仍有突破点。国外市场：签订了柬埔寨 CMIC 公司 5000TPD 水泥总包项目，为拓展海外水泥市场奠定了基础；签订了巴基斯坦先锋水泥有限公司 12MW 水泥余热发电项目和印度桑伊水泥有限公司 10000TPD 水泥余热发电项目；国内市场：签订了贵州新发 2×4500TPD 水泥总包项目；经过不懈努力签订了“引故入洛”引水工程 1 号隧洞施工项目，为硬岩掘进机市场推广奠定了基础。签订了无为华塑 2×800t/d 活性石灰设计合同，保持了在活性石灰领域的优势地位。

成套项目执行有序推进。全年工程项目设计 12 项，其中平煤京宝干熄焦、平煤集团朝川干熄焦、云南新平鲁奎山水泥余热发电、兴澄特钢烧结机余热发电、兴澄特钢活性石灰余热发电等项目完成设计；缅甸 MCL 水泥项目、贵州新发 2×4 500t/d 水泥线项目、多米尼加粉磨站 3 期、安阳鑫磊干熄焦项目、巴基斯坦水泥余热发电等 6 个项目设计按计划进行。执行成套项目 21 项，提铁降杂、柬埔寨 KCC2 水泥项目等 6 个项目投产。首个合同能源管理项目平煤首山干熄焦项目一期已通过达产验收，二期具备验收条件；缅甸 MCL 水泥项目、兴澄特钢烧结机节能改造项目、平煤集团朝川和京宝干熄焦项目等一批重点项目建设有序推进。

稳步推进信息化建设。客户服务管理信息系统正式上线运行；发电设备公司 ERP 系统已将采购、库存业务纳入常态化管理，并在工艺设计工作中推进 CAPP 系统应用；报价管理系统和外协管理系统完成开发并进入业务测试阶段；生产厂库房条码管理系统，以齿轮箱厂和重装厂为试点推进，在两个分厂的毛坯库、成品库和外标件库正式上线运行；资金预算管理系统已将资金计划管理相关业务纳入系统常态化管理。

优化技术服务。采取技术准备例会制度，通过创新管理模式，加强技术准备的协调和组织管理。重点抓好出国产品和国内重点项目，如美国 DELTA 公司平整机、西门子 1450 热连轧机、巴西 FERROUS 公司 ϕ4.27m×7.32m 球磨机、老挝金矿 ϕ8.8m×5.5m 半自磨机、厄瓜多尔和紫金矿业 ϕ7.9m×13.6m 球磨机、ϕ10.97m×5.4m 半自磨机、西藏天圆 ϕ7.32m×11.28m 球磨机、ϕ5.03m×8.3m 球磨机、ϕ10.37m×5.19m 半自磨机、印度 JKMD－5.5×4PⅢ提升机、广州塔牌 RP200－180 辊压机、选粉机、水泥磨等。

2. 市场经营及销售情况

2015 年，洛矿院新增订货 211 715.2 万元，新增生效合同 135 735 万元，收款 139 536.1 万元，销售收入 138 597.3万元，利润 8 500 万元。

3. 科技成果及新产品情况

科技成果。2015 年，“矿物粉碎节能技术及关键装备”获河南省科技进步奖一等奖。“大型矿用磨机的研制及应用”获得中国机械工业科学技术奖一等奖；“千米深井用大型凿井提升设备关键技术研究”获得河南省科技进步奖二等奖。“大型摩擦式提升机机电液一体化成套应用研究”“新型高效节能水泥磨关键技术研发”通过了河南省科技成果鉴定。

2015 年 1 月 16 日，国家能源局产业化项目“高效炉冷烧结矿余热发电成套装备产业化”顺利通过国家能源局验收。2015 年 12 月 12 日，国家科技支撑计划“基于有机介质低温余热发电关键技术及能源合同管理”项目通过国家科技部专家验收。

2015 年，申报河南省重大科技专项两项，其中炉冷烧结机余热发电技术研究及工程示范项目通过专家评审，获得河南省政府资金支持 1 000 万元。申报发明专利 44 项，实用新型专利 41 项；取得发明专利授权 22 项，实用新型专利授权 26 项。

新产品。大型搅拌磨系列装备及工艺系统研究：开发出了 CSM-250、CSM-750、CSM-850 立式搅拌磨；完成 CSM-500 立式搅拌磨的方案设计。在市场推广方面取得普朗铜矿 3 台、云锡 1 台和安徽铜冠沙溪 1 台立式搅拌磨订货。

干熄焦余热发电成套工艺与装备技术研究。平煤集团首山干熄焦余热发电示范工程项目一期通过考核验收并整体移交业主，二期已完成调试，顺利并网发电；自主完成安阳鑫磊 160t/h 干熄焦工程及余热发电项目设计，标志着已具备市场主流规模干熄焦余热发电工程的自主设计能力。

高效炉冷烧结机余热发电成套工艺与装备技术研究。兴澄特钢示范工程建设有序推进，与宝钢集团、沙钢集团、江苏永钢等 15 家钢铁企业进行了技术交流，引起行业内广泛关注。

水泥窑处理生活垃圾工艺系统完善及垃圾综合处理新技术研究。完成黄河同力垃圾预处理、旁路防风改造，总包的锦州三鸽水泥窑协同处理城市生活垃圾项目通过达标达产考核，并一次通过验收。

立磨粉磨系统工艺研究及关键装备优化。与多米尼加 ESTRELLA 公司签订了总额 5750 万元的 EP 总包合同，将年产 50 万 t 水泥粉磨系统推向国际市场。

辊压机粉磨系统工艺研究及关键装备优化。完成物料平衡、热工、风量等计算和原料终粉磨工艺系统方案设计，具备订货条件。与塔牌集团签订公司最大辊压机、V 形选粉机、动态选粉机以及磨机合同，总额约 1.5 亿元。

大型棒磨机开发及系列优化。采用回归方法开发出针对水煤浆棒磨机功率、规格的选型软件；结合现场运行情况进行 ϕ4.7m 大型棒磨机的研发并推向市场，在宜兴项目取得订单，2015 年实现订货 7 台。

大型矿用磨机国际化及竞争适应性研究。结合目前市场需求，对氧化铝磨机工艺及配套设施调研，满足工艺系统要求。目前已实现 2 台 ϕ4.5m×8.5m 氧化铝行业大型磨机订货。

自主研制的国内首台直径 5m TBM（硬岩掘进机），首次在“引故入洛”引水工程 1 号隧洞成功掘进，受到新华网、《科技日报》等众多媒体的报道。立盘过滤机拓展应用取得突破，电厂脱硫试验取得成功，将在电厂脱硫上大力推广。

4. 产品质量及标准工作情况

通过对设计、工艺、管理、生产、经营各环节、各层面的全过程全方位质量控制管理，加强质量红线考核，并将考核结果直接与单位和个人的绩效工资挂钩，保证了技术工作质量。

组织完成《矿山机械设备安全技术要求》强制性国家标准起草审查和 11 项国家标准、15 项机械行业标准的制（修）订工作；编制完成《“十三五”矿山机械行业标准化发展规划》；完成立磨、减速器产品标准综合体课题的研究工作，并通过省市验收。

为了满足国际化的要求，对 13 项设计图纸文档企业标准进行修订；完成主导产品单绳缠绕式和多绳摩擦式提升机、矿用磨机、水泥磨机、立磨、搅拌磨、辊压机、旋回破碎机、圆锥破碎机、减速器等国内外标准对比、设计计算规范、安装调试规范、出厂验收规范；重新梳理主导产品包装、运输、存放技术规范，对 Q/HM 1269-2012《矿用磨机和搅拌磨机包装、拆卸、运输、存放》进行修订。完成主导产品安装调试使用维护说明书和使用维护手册初稿。

5. 技术改造情况

国拨投资 6 516 万元、洛矿院自筹 2 792 万元的国家发改委项目“矿山提升设备安全准入分析验证实验室”开始建设，该实验室分为矿井提升机安全准入分析验证系统、提升绞车安全准入分析验证系统、矿用辅助绞车安全准入分析验证系统、慢速大力值绞车安全准入分析验证系统、罐笼防坠器及缓冲装置安全准入分析验证系统、制动器分析验证装置、摩擦衬垫分析验证装置、连接装置及悬挂装置分析验证系统、辅助系统共 9 部分。

二、企业发展存在的主要问题

随着企业的发展，需要进一步充分激发技术人员的创新激情、提高技术人员的市场理念、提高技术研发市场化效果、开发高附加值的技术产品、提高成套项目管理水平、提高国际化接轨能力。多培养技术（机电液）、市场一体化的复合型人才。

〔供稿单位：洛阳矿山机械工程设计研究院有限责任公司〕

上海科大重工集团有限公司

一、公司情况

上海科大重工集团有限公司（简称上海科大重工）成立于1993年，注册资本一亿元，注册地址：上海青浦工业园区华青路815号，园区基础设施完善、投资环境良好。公司是集设计开发、生产制造于一体的科技型实体民营企业，专业生产各种规格的带式输送机，尤其擅长生产长距离、大运量带式输送机。是中国重型机械工业协会带式输送机分会副理事长单位，全国守合同重信用企业。

上海科大重工现有员工总数455名，工程技术人员67名，各部门管理人员45名，技术开发能力及生产制造实力均相当雄厚。在青浦工业园区拥有华青路、盈港路、汇联路三个厂区，总占地面积115 500m^2，总建筑面积75 600m^2。主要产品为各类高规格带式输送机及圆管输送机。产品产量多年来位列行业前列，连续12年被评为上海市“名牌”产品，并多次获得“科技进步奖”。自2006年以来，公司累计申请专利125项，其中发明专利28项授权3项，实用新型专利申请及授权97项，依靠科技创新为企业发展突破瓶颈，实现了向科技型企业的成功转型。

上海科大重工于2001年通过ISO 9001：2000国际质量体系认证及上海市计量合格认证，2010年顺利通过ISO 14001：2004环境质量体系及OHSAS 18001：1999职业健康安全管理体系认证，曾先后被认定为：全国守合同重信用企业、上海市科技小巨人企业、上海市高新技术企业、上海市著名商标、上海市“名牌”产品、上海市百强私营企业、上海市先进企业、上海市文明单位等。

二、生产发展情况

2015年主要经济指标见表1。工业总产值按行业划分情况见表2。

表1　2015年主要经济指标　（单位：万元）

员工总人数	产品名称	工业总产值（当年价）	销售收入	工业增加值	利润	出口产值	新产品产值（当年价）	产量	
								t	m
455	企业所有产品	85 918	85 918	21 471	3 738	33 500	9 320	57 111	986 471
	带式输送机	83 985	83 985	20 987	3 639	33 500	9 320	57 111	986 471
	部件（滚筒、托辊）	1 933	1 933	483	99				

表2　工业总产值按行业划分情况

（单位：万元）

煤炭行业	港口行业	冶金行业	矿山行业	其他行业
233 115	25 573	1 630	2 100	33 500

三、科技成果及新产品

上海科大重工着眼于运输环节，致力研制一种具高效、可靠、稳定、环保等优点的特大运量带式输煤系统——B2200特大运量智控高能效带式输送系统，该设备研制成功后将是目前国内冶金行业可选用输送机的最佳方案，因此该项目的研发方向符合国家产业“高端及重大成套装备”中“智能化物流、冶金、纺织、包装等成套装备”。该项目涉及一条目前技术先进、高强度、长距离、大运量的输送系统，该输送系统的运行，将解决冶金开采业面临的所有公路运输困难、影响当地居民生活及运输费用高的问题。

该装备与普通带式输送机相比，技术含量高，主要研制内容包括电力、机械、程序控制等几方面，具有以下优点：

1. 运输连续稳定可靠，取代由多条普通胶带机组成的输送系统；效率高，该输送系统的设计铁矿石运输能力达20 000t/h；

2. 解决了大运量带式输送机起动过程中出现的瞬时张力剧增及紧急制动时出现的物料堆积。

3. 对环境没有影响，节能环保。

4. 不需转载，减少了故障和能耗，设备维护和综合运营费用比较低。

5. 智能化的控制系统设计，对输送机的启动、稳定运行、制动全过程进行速度检测，整套系统设置了包括打滑检测装置、防跑偏装置、料流检测保护装置、抗震支柱等众多装置，达到智能高效的输送效果。

上海科大重工从以下三个方面对该系统进行了深入研究。

1）精确校核驱动功率。带式输送机驱动功率的确定直接影响整机的配套选型及支撑结构件的强度。为此，上海科大重工深入工地考察并仔细分析物料的特性，得到了精确的物料摩擦因数，使得对于全程导料带式输送机的驱动功率有了更深刻的认识，最终功率的确定相对初次方案降低26%。

2）精确校核结构强度。鉴于该系统的特大运量，并且是面向国际市场的高端工业产品，上海科大重工对该项目的支撑结构进行了深入的分析。通过全尺寸模型、软件仿真，及结构稳定性分析，使得在产品设计上能够保证后期运行的安全性。同时也充分考虑加工、运输及安装的实际情况，成功运用模块化设计并得到用户和施工单位的认可。

3）精确校核控制系统。该输送系统需要考虑多驱动平衡，控制起、制动加速度及张紧平衡。对于国内产品的设计，通常考虑起动系数1.3～1.7。如果上海科大重工采用该值将导致配套件的型号巨大。为此上海科大重工通过与供应商沟通，优化了控制系统，使得各配套件相对成本降低。

4）施工工艺研究：对于高端工业产品的制造，特别是产品质量、产品细节的把控都需要通过合理的工艺来实现。针对带式输送机行业，焊接加工件占比近89%，并都需要油漆。为此合理的优化焊接工艺及油漆工艺显得尤为重要。对于大量的焊接，如何控制质量对于这种特大型带式输送机来说更是一个巨大的挑战。为此，上海科大重工专门与加工设备厂合作，引进槽型托辊架，中间架机器人生产线，引进油漆喷涂线，引进托辊半自动生产线。通过这些措施，将焊接质量提升了一大步，达到了国内领先水平。

上海科大重工采用自有专利技术，并符合GB/T 10595—2009《带式输送机》国家标准的技术要求。上海科大重工参与了国家标准GB/T 10595—2009的制定。该项目产品综合技术指标达国内领先、国际先进水平，在行业中具有一定的知名度及良好的口碑，同时也具有较强的出口创汇能力。长期以来，出于战略考虑，发达国家的大型生产制造技术一直对我国实行封锁。公司承接的巴西淡水河谷项目，是目前国际运输能力最大的带式输送系统，达到20 000t/h且承载能力强，不是运输一般的如煤等其他散状物料，而是运输铁矿石。该产品的开发成功，可有效缓解我国港口、矿山、电力等行业急需大型运输机械产品的局面，显著提高我国运输机设备的生产能力和水平，使我国大型装备的研制水平位于国际前列，对促进我国重大装备制造业的技术进步、全面提高我国大型装备制造业总体水平具有重大战略意义，打破了极少数发达国家在该领域的技术垄断。

上海科大重工的胜出意味着成功跻身世界先进带式输送机供货企业行列，技术水准达到国际一流标准，且VALE公司仅在2010～2015年的全球带式输送机采购量高达1000亿美元，这是个非常庞大而惊人的数字，VALE公司CEO在与上海市市长韩正会谈期间，已明确表示将采购战略重点转向中国市场，此次项目的成功意味着今后上海科大重工巨大的海外市场的开拓，也意味着中国优秀先进重大技术装备产品在世界市场的竞争力和占有率。

除与巴西VALE公司建立长期的合作关系之外，公司还将触角伸及澳洲市场，与英美资源集团、力拓集团达成合作意向，不仅提升企业参与国际市场竞争能力，也为企业进一步拓展国际市场奠定了基础。

四、产品质量及标准工作情况

上海科大重工质量管理体系的质量方针为：科学管理、精心运作、持续改进、开拓创新。

科学管理：采用科学的管理方法，以系统而合理的方式进行管理，提高公司的运作效率和效果。

精心运作：公司依存于顾客，顾客的满意与否是检验产品质量的标准，只有通过全体员工的不断努力、精心运作，向顾客提供满意的产品和服务。

持续改进：持续改进总体业绩是全体员工永恒的追求。持续地改进管理体系，优化各个过程；持续地改进产品和服务，实现顾客满意。

开拓创新：科技创新是科学发现和技术发明的灵魂，企业发展需要源源不断的动力，只有充分调动员工的积极性，激发创新力，开创新工艺，满足顾客要求并尽力超越顾客的期望，才能使企业获得发展。

上海科大重工质量目标：

1. 确保成品出厂合格率100%。

2. 顾客满意度≥95%

3. 不断加强基础设施管理，完善现场生产环境，加大人力资源投入，开发先进生产工艺，提高产品质量和经济效益。公司检测中心检测设备包括：托辊检测设备、振动消磁仪、滚筒能力试验装置、滚筒摩擦试验装置、表面电阻实验装置、带机整体检测平台、拉力试验机、X超声波探测仪、激光扫描仪等，并且为试验室及办公人员配备先进的计算机软件系统，实现办公全程自动化、无纸化。公司自贯彻ISO 9001:2000质量体系标准以来，一切生产经营活动均按照标准办事；全部生产程序均程序化、规范化、有记录可查；对顾客负责，真正做到“顾客是上帝，服务到永远”的准则。公司每年都顺利通过体系审核，及时整改不足之处，保证质量体系在公司有效运行，上海科大重工成立至今，从未有抽查产品不合格现象。如今，上海科大重工已经成为许多国有大中型企业定点采购对象，如煤矿系统的神华集团、西山矿务局、黄陵矿务局、大同煤炭集团等国内大型煤矿；电力系统的外高桥电厂、上海吴泾电厂、江苏大仓电厂、贵州纳雍电厂、徐州电厂、常熟电厂等；钢铁系统的宝钢、沙钢、江阴兴澄钢厂、济钢等等。在保证国内市场份额的同时，不断创新的技术水准和品质引起了众多海外大型客户的关注，2011年交付的全球最大铁矿石供应商巴西淡水河谷CLN项目，是淡水河谷公司与中国企业签订的第一台整机供货合同，运量20 000t/h是国内最大运量的两倍，达到国际先进水平，价格又远远低于德国、芬兰等发达国家的同行企业。这些著名项目的承担，给上海科大重工带来了无限的商机，国外大型同类企业不断关注公司，到上海科大重工来实地考察，目前成功签订的有南非、俄罗斯、摩洛哥、蒙古等项目。上海科大重工依靠自身强大的科技开发实力及生产制造实力，不断延伸与海外客户的合作及新客户的接洽。目前公司向巴西淡水河谷公司等国际大公司提供的产品已具备国内出口产品中最高端最先进技术。

五、技术改造情况

上海科大重工申报的“环保型智控大运量带式输送机成果转化和产业化技术改造项目”于2013年2月获上海市青浦区经济委员会备案，并获青浦区环保局环评批复；同年4月24日，该项目获上海市经信委、上海市发改委批准（沪经信投〔2013〕212号文件），项目拟安排中央投资工业中小企业技术改造专项资金960万元，该项目于2013年1月开始投入建设，至2016年5月底，已经完成采购葫芦双梁起重机、双面刨台式镗铣床、数控卧式车床、立式钻床等，设备价值4 225万元，财务支付金额4 083万元，项目完成进度约85%，计划2016年6月30日前完成项目建设。达产后将大力提升产品产能及性能，预计年新增产量50km左右，年新增产值3亿元、利润2 500万元、税收1 500万元，新增就业100人。通过该项目实施，上海科大重工力争成为带式输送机生产行业龙头。此外，作为代表行业内出口产品水准最高的企业，该项目的成功实施，将大幅提高公司海外市场占有率，进一步扩大中国大型重工设备在国际上的影响力和知名度，提升中国机械工业整体水平，稳步跻身世界先进之列。

六、对外合作情况

2012年，公司投入大量资金与山西大同煤矿集团合作成立山西大同煤矿集团机电装备科大机械有限公司，建设重点实验室，添置先进设备，旨在依靠山西大同煤矿集团强大的技术设计实力，结合上海科大重工十几年的开发生产能力，强强联手，围绕公司发展规划，对具有国际竞争力的产品进行全方位技术研究开发，提高企业整体技术创新能力。目前钢结构建设已基本完成，2015年年底可以投入生产使用。届时，针对国内行业规范在带宽2 000mm以上带式输送机的通用部件尚未定型的情况下，将结合企业自身情况加快对通用滚筒、托辊组产品定型的投入，力争在未来3年内实现，并积极参与国家该行业规范的制定；每年研究开发出具有较强国际竞争力、有较高技术水平、拥有自主知识产权、有商品化产业化前景的科技成果3项以上，公司计划每年至少申报技术含量较高的专利技术10项，其中发明专利2项，申报2项上海市高新技术成果转化项目。

〔撰稿人：上海科大重工集团有限公司孙静　审稿人：上海科大重工集团有限公司李燕〕

西门子（中国）有限公司

——推出开放式冷却回路的集成驱动系统

西门子股份公司是全球领先的技术企业，创立于1847年，业务遍及全球200多个国家，专注于电气化、自动化和数字化领域。作为世界最大的高效能源和资源节约型技术供应商之一，西门子在高效发电和输电解决方案、基础设施解决方案、工业自动化、驱动和软件解决方案，以及医疗成像设备和实验室诊断等领域占据领先地位。西门子自1872年进入中国，140余年来以创新的技术、卓越的解决方案和产品坚持不懈地对中国的发展提供全面支持，并以出众的品质和令人信赖的可靠性、领先的技术成就、不懈的创新追求，在业界独树一帜。2016财年（2015年10月1日至2016年9月30日），西门子在中国的总营收达到64.4亿欧元，拥有约31 000名员工。西门子已经发展成为中国社会和经济不可分割的一部分，并竭诚与中国携手合作，共同致力于实现可持续发展。

日前西门子又推出了由Simotics FD电机和水冷型Sinamics S120变频器组成的环保型集成传动系统。该系统基于全集成驱动系统（IDS）理念，采用集成冷却理念，将可用工业水转化为传动系统冷却水，使设备、电机和变频器共享开放式冷却回路。共享冷却回路使变频器可省去循环冷却环节，大幅减少所需空间，同时提高经济和能源效率。这种柔性传动系统可满足钢铁、汽车和过程工业的复杂应用需求以及海上和船舶应用的需求。

水冷是一种有效的电机和变频器散热方法，在过程工业领域非常重要。西门子推出了一种高效的一体化理念，最大限度地降低对水质的要求。这意味着任何可用水均可用于传动系统冷却，包括工业领域常用的工业水和处理后的江河水。由于整个系统能够抵抗冷却水中的富氧，故能够预防有害氧化。冷却水中无需添加剂，这不仅能降低传动系统对环境的影响，还能简化调试和维护。铜镍合金的使用能确保传动系统耐侵蚀和抗微生物滋长，从而增强系统的耐用性。对电机和变频器进行水冷的集成冷却装置能够提高散热效率，大幅减少对高成本空调系统的需求。此外，废热也可以得到有效利用，从而提高系统的总体能源效率，并为能源回收创造可能。由于变频器和电机可轻松实现高防护等级，这套水冷系统即使在严苛环境下亦能实现高可靠性。

〔供稿单位：西门子（中国）有限公司〕

统计资料

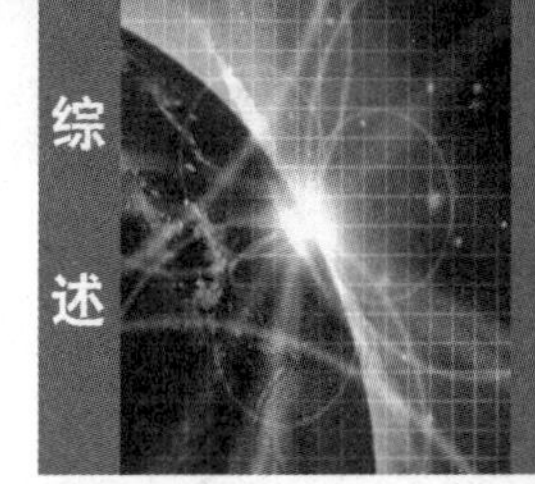

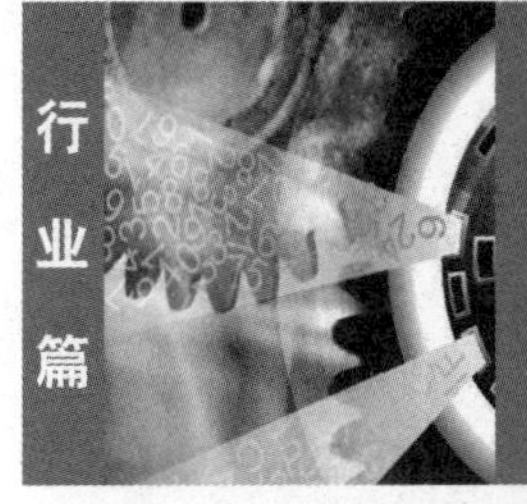

客观反映2015年重型机械行业主要经济指标及产品进出口情况

It objectively reflects the main economic indicators and product import & export of the heavy machinery industry in 2015

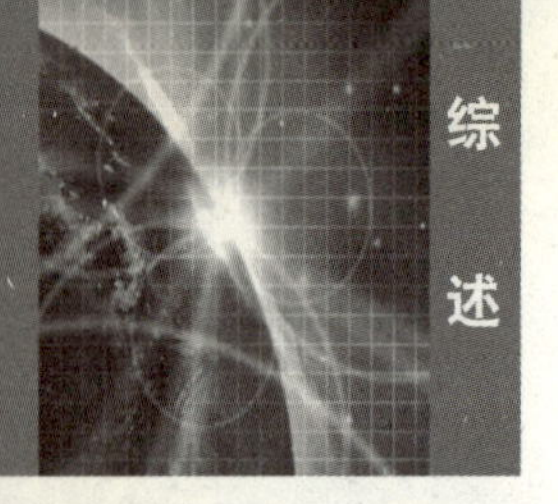

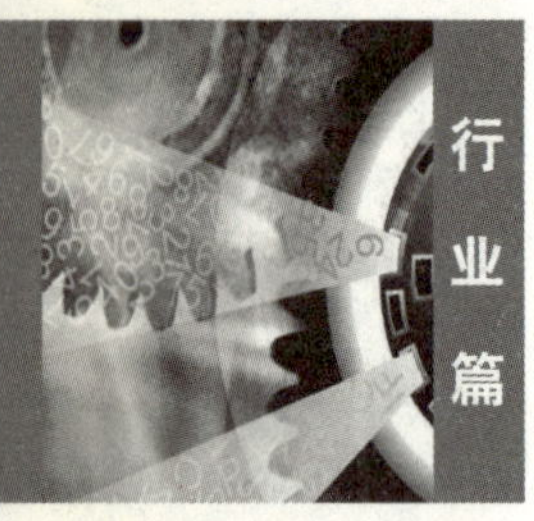

统计资料

2015 年重型机械行业主要经济指标

行业及企业分类	主营业务收入（亿元）	同比增长（%）	主营业务成本（亿元）	同比增长（%）	主营业务收入利润（亿元）	同比增长（%）	利润总额（亿元）	同比增长（%）	企业亏损面（%）	上年同期（%）
重型机械行业合计	12 226.22	0.61	10 289.38	0.56	1 863.58	0.74	764.60	12.76	15.03	10.49
一、冶金矿山机械行业	5 369.60	1.61	4 663.53	2.23	673.72	-2.60	226.72	34.27	14.90	9.80
占重机行业比重（%）	43.92		45.32		36.15		29.65			
1. 按企业规模分列										
大型企业	1 374.15	-5.80	1 215.02	-4.76	154.25	-13.10	-0.48	-99.16	28.81	18.64
占行业比重（%）	25.59		26.05		22.90		-0.21			
中型企业	1 299.63	1.17	1 111.06	2.11	180.76	-4.44	81.88	2.52	22.61	19.43
占行业比重（%）	24.20		23.82		26.83		36.12			
小型企业	2 695.82	6.08	2 337.44	6.35	338.71	4.20	145.31	-0.12	13.48	8.26
占行业比重（%）	50.21		50.12		50.27		64.10			
2. 按注册类型分列										
国有企业	223.52	-25.27	192.20	-28.04	30.42	-2.15	-4.60	-94.38	50.00	44.00
占行业比重（%）	4.16		4.12		4.52		-2.03			
私营企业	2 671.71	8.70	2 317.06	9.94	335.94	1.04	164.63	2.47	11.02	6.15
占行业比重（%）	49.76		49.68		49.86		72.62			
其他内资企业	2 202.72	-0.85	1 922.55	-0.57	269.45	-3.04	67.06	-15.15	16.85	11.90
占行业比重（%）	41.02		41.23		39.99		29.58			
三资企业	271.66	-11.24	231.72	-8.67	37.91	-24.55	-0.38	-103.40	36.28	27.43
占行业比重（%）	5.06		4.97		5.63		-0.17			
3. 按控股类型分列										
国有控股	1 059.94	-15.32	918.10	-16.32	137.19	-8.35	-9.50	-87.04	41.24	32.77
占行业比重（%）	19.74		19.69		20.36		-4.19			
集体控股	142.25	1.87	124.77	0.46	16.80	13.33	5.53	5.70	15.79	13.16
占行业比重（%）	2.65		2.68		2.49		2.44			
私人控股	3 815.13	8.92	3 318.72	10.18	471.72	0.88	226.35	1.39	11.23	6.51
占行业比重（%）	71.05		71.16		70.02		99.84			
三资控股	165.78	-22.25	141.13	-19.53	23.30	-35.87	-6.09	-209.72	43.68	31.03
占行业比重（%）	3.09		3.03		3.46		-2.69			
其他控股	186.51	5.16	160.81	5.00	24.71	6.23	10.42	28.46	16.49	14.43
占行业比重（%）	3.47		3.45		3.67		4.60			
二、物料搬运机械行业	6 856.61	-0.16	5 625.85	-0.79	1 189.86	2.74	537.88	5.62	15.17	11.25
占重机行业比重（%）	56.08		54.68		63.85		70.35			
1. 按企业规模分列										
大型企业	2 963.40	-2.67	2 346.51	-4.14	599.34	3.37	279.49	1.74	1.69	1.69
占行业比重（%）	43.22		41.71		50.37		51.96			
中型企业	1 590.87	-3.42	1 317.14	-3.69	263.33	-2.47	132.65	9.38	11.48	7.54
占行业比重（%）	23.20		23.41		22.13		24.66			

（续）

行业及企业分类	主营业务收入（亿元）	同比增长（%）	主营业务成本（亿元）	同比增长（%）	主营业务收入利润（亿元）	同比增长（%）	利润总额（亿元）	同比增长（%）	企业亏损面（%）	上年同期（%）
小型企业	2 302.35	5.83	1 962.20	5.78	327.18	6.14	125.75	11.02	16.20	12.16
占行业比重（%）	33.58		34.88		27.50		23.38			
2. 按注册类型分列										
国有企业	351.73	-28.38	283.45	-28.06	65.90	-30.50	1.47	-85.36	36.67	36.67
占行业比重（%）	5.13		5.04		5.54		0.27			
私营企业	2 089.82	4.52	1 764.47	4.30	311.51	5.39	138.02	8.56	13.29	9.62
占行业比重（%）	30.48		31.36		26.18		25.66			
其他内资企业	1 943.00	1.62	1 647.97	1.18	285.43	4.37	158.13	12.75	15.01	10.96
占行业比重（%）	28.34		29.29		23.99		29.40			
三资企业	2 472.06	0.29	1 929.96	-1.33	527.02	6.64	240.26	3.64	20.94	15.94
占行业比重（%）	36.05		34.31		44.29		44.67			
3. 按控股类型分列										
国有控股	828.10	-16.98	680.14	-16.73	142.84	-18.65	57.17	5.29	26.58	21.52
占行业比重（%）	12.08		12.09		12.00		10.63			
集体控股	103.03	-2.77	91.03	-4.11	11.61	9.80	5.17	1.70	15.63	21.88
占行业比重（%）	1.50		1.62		0.98		0.96			
私人控股	3 426.24	4.18	2 890.09	4.03	515.51	4.89	229.88	5.24	14.00	10.10
占行业比重（%）	49.97		51.37		43.33		42.74			
三资控股	2 041.10	0.26	1 585.92	-1.63	442.61	7.64	203.97	6.35	19.42	14.46
占行业比重（%）	29.77		28.19		37.20		37.92			
其他控股	458.15	4.19	378.68	2.77	77.29	11.61	41.70	5.22	15.87	11.90
占行业比重（%）	6.68		6.73		6.50		7.75			

行业及企业分类	应收账款净值（亿元）	同比增长（%）	资产总计（亿元）	同比增长（%）	负债总计（亿元）	同比增长（%）	主营业务收入利润率（%）	上年同期（%）	主营业务利润总额率（%）	上年同期（%）
重型机械行业合计	2 646.47	2.50	12 183.89	4.40	7 075.11	0.67	15.24	15.22	6.25	5.58
一、冶金矿山机械行业	1 168.65	-4.48	5 526.78	2.67	3 308.59	-0.76	12.55	13.09	4.22	3.20
占重机行业比重（%）	44.16		45.36		46.76					
1. 按企业规模分列										
大型企业	578.28	-12.69	2 461.72	-4.80	1 697.17	-9.15	11.23	12.17	-0.03	-3.87
占行业比重（%）	49.48		44.54		51.30					
中型企业	218.00	-2.00	1 091.69	2.77	616.93	2.23	13.91	14.72	6.30	6.22
占行业比重（%）	18.65		19.75		18.65					
小型企业	372.37	9.94	1 973.36	13.75	994.49	15.33	12.56	12.79	5.39	5.73
占行业比重（%）	31.86		35.71		30.06					
2. 按注册类型分列										
国有企业	206.88	-17.17	845.76	-6.77	619.25	-17.78	13.61	10.39	-2.06	-27.39
占行业比重（%）	17.70		15.30		18.72					
私营企业	263.29	7.31	1 503.68	8.18	718.12	2.28	12.57	13.53	6.16	6.54
占行业比重（%）	22.53		27.21		21.70					
其他内资企业	594.03	-2.65	2 813.92	5.17	1 755.20	7.01	12.23	12.51	3.04	3.56
占行业比重（%）	50.83		50.91		53.05					

（续）

行业及企业分类	应收账款净值（亿元）	同比增长（%）	资产总计（亿元）	同比增长（%）	负债总计（亿元）	同比增长（%）	主营业务收入利润率（%）	上年同期（%）	主营业务利润总额率（%）	上年同期（%）
三资企业	104.45	-11.59	363.42	-11.40	216.02	-9.39	13.96	16.42	-0.14	3.62
占行业比重（%）	8.94		6.58		6.53					
3. 按控股类型分列										
国有控股	657.53	-7.93	2 735.86	1.07	1 906.70	-2.05	12.94	11.96	-0.90	-5.86
占行业比重（%）	56.26		49.50		57.63					
集体控股	22.65	-5.70	107.74	4.88	72.34	4.08	11.81	10.61	3.89	3.75
占行业比重（%）	1.94		1.95		2.19					
私人控股	373.59	4.48	2 252.88	7.29	1 077.25	3.45	12.36	13.35	5.93	6.37
占行业比重（%）	31.97		40.76		32.56					
三资控股	87.33	-13.68	295.12	-13.48	176.84	-10.16	14.05	17.04	-3.67	2.60
占行业比重（%）	7.47		5.34		5.34					
其他控股	27.55	3.68	135.19	2.10	75.47	-5.12	13.25	13.12	5.59	4.57
占行业比重（%）	2.36		2.45		2.28					
二、物料搬运机械行业	1 477.82	8.78	6 657.11	5.88	3 766.51	1.95	17.35	16.86	7.84	7.42
占重机行业比重（%）	55.84		54.64		53.24					
1. 按企业规模分列										
大型企业	772.58	8.03	3 379.38	4.62	2 125.20	0.33	20.22	19.04	9.43	9.02
占行业比重（%）	52.28		50.76		56.42					
中型企业	343.13	7.56	1 460.00	5.00	744.99	1.76	16.55	16.39	8.34	7.36
占行业比重（%）	23.22		21.93		19.78					
小型企业	362.12	11.62	1 817.73	9.03	896.32	6.20	14.21	14.17	5.46	5.21
占行业比重（%）	24.50		27.31		23.80					
2. 按注册类型分列										
国有企业	349.37	9.92	877.53	0.56	574.15	-4.69	18.74	19.31	0.42	2.04
占行业比重（%）	23.64		13.18		15.24					
私营企业	258.86	11.33	1 433.29	7.70	673.93	4.03	14.91	14.78	6.60	6.36
占行业比重（%）	17.52		21.53		17.89					
其他内资企业	380.41	11.79	1 847.40	8.58	927.49	3.45	14.69	14.30	8.14	7.33
占行业比重（%）	25.74		27.75		24.62					
三资企业	489.18	4.55	2 498.89	4.87	1 590.95	2.80	21.32	20.05	9.72	9.40
占行业比重（%）	33.10		37.54		42.24					
3. 按控股类型分列										
国有控股	490.48	8.98	1 565.83	2.51	1 027.86	-0.86	17.25	17.60	6.90	5.44
占行业比重（%）	33.19		23.52		27.29					
集体控股	12.47	5.65	75.26	13.00	34.48	16.82	11.27	9.98	5.01	4.79
占行业比重（%）	0.84		1.13		0.92					
私人控股	481.97	12.10	2 648.34	8.07	1 244.64	2.50	15.05	14.94	6.71	6.64
占行业比重（%）	32.61		39.78		33.04					
三资控股	419.78	5.05	2 021.26	5.68	1 278.60	3.27	21.68	20.20	9.99	9.42
占行业比重（%）	28.41		30.36		33.95					
其他控股	73.13	8.88	346.42	4.86	180.93	3.00	16.87	15.75	9.10	9.01
占行业比重（%）	4.95		5.20		4.80					

〔撰稿人：中国重型机械工业协会严祥文　审稿人：中国重型机械工业协会李镜〕

2015 年冶金矿山机械行业主要经济指标

行业及企业分类	主营业务收入（亿元）	同比增长（%）	主营业务成本（亿元）	同比增长（%）	主营业务收入利润（亿元）	同比增长（%）	利润总额（亿元）	同比增长（%）	企业亏损面（%）	上年同期（%）
冶金矿山机械行业	5 369.60	1.61	4 663.53	2.23	673.72	-2.60	226.72	34.27	14.90	9.80
一、冶金机械行业	1 196.36	1.82	1 060.96	2.45	128.96	-3.33	24.24	-149.61	25.69	17.56
占冶矿行业比重（%）	22.28		22.75		19.14		10.69			
1. 按企业规模分列										
大型企业	335.88	1.29	309.19	1.31	25.48	1.19	-12.54	-85.83	52.94	47.06
占行业比重（%）	28.08		29.14		19.76		-51.72			
中型企业	359.05	-1.46	313.41	-0.73	43.32	-6.90	19.19	-0.52	38.24	29.41
占行业比重（%）	30.01		29.54		33.59		79.16			
小型企业	501.42	4.67	438.35	5.71	60.16	-2.49	17.59	-13.48	22.81	14.69
占行业比重（%）	41.91		41.32		46.65		72.56			
2. 按注册类型分列										
国有企业	43.80	-32.38	45.62	-37.31	-1.95	-76.18	-5.27	-93.88	78.57	64.29
占行业比重（%）	3.66		4.30		-1.51		-21.76			
私营企业	608.02	15.30	541.94	18.81	62.82	-8.04	28.39	3.59	18.69	11.48
占行业比重（%）	50.82		51.08		48.72		117.11			
其他内资企业	449.97	-5.67	391.53	-5.14	56.07	-9.25	0.16	-98.20	28.96	19.67
占行业比重（%）	37.61		36.90		43.48		0.66			
三资企业	94.57	-10.72	81.86	-12.83	12.02	4.52	0.97	5.82	46.15	38.46
占行业比重（%）	7.91		7.72		9.32		3.98			
3. 按控股类型分列										
国有控股	293.04	-14.68	265.20	-16.71	26.36	12.66	-14.20	-83.86	57.78	44.44
占行业比重（%）	24.49		25.00		20.44		-58.60			
集体控股	22.98	-4.40	19.61	-5.40	3.28	2.66	0.66	0.51	7.69	7.69
占行业比重（%）	1.92		1.85		2.54		2.74			
私人控股	798.34	12.34	705.34	15.54	88.53	-7.97	37.45	-0.52	20.65	12.99
占行业比重（%）	66.73		66.48		68.66		154.53			
三资控股	46.23	-27.08	41.40	-27.80	4.57	-22.17	-0.80	-241.90	53.57	42.86
占行业比重（%）	3.86		3.90		3.54		-3.29			
其他控股	35.77	6.78	29.40	2.80	6.21	30.97	1.12	267.47	33.33	25.00
占行业比重（%）	2.99		2.77		4.82		4.63			
二、矿山机械行业	4 173.25	1.55	3 602.57	2.16	544.77	-2.43	202.48	-7.00	11.84	7.60
占冶矿行业比重（%）	77.72		77.25		80.86		89.31			
1. 按企业规模分列										
大型企业	1 038.28	-7.88	905.83	-6.67	128.77	-15.46	12.06	-62.28	19.05	7.14
占行业比重（%）	24.88		25.14		23.64		5.96			
中型企业	940.57	2.20	797.65	3.26	137.44	-3.64	62.69	3.49	17.67	16.28
占行业比重（%）	22.54		22.14		25.23		30.96			

（续）

行业及企业分类	主营业务收入（亿元）	同比增长（%）	主营业务成本（亿元）	同比增长（%）	主营业务收入利润（亿元）	同比增长（%）	利润总额（亿元）	同比增长（%）	企业亏损面（%）	上年同期（%）
小型企业	2 194. 40	6. 41	1 899. 09	6. 50	278. 55	5. 76	127. 73	2. 05	10. 90	6. 48
占行业比重（%）	52. 58		52. 71		51. 13		63. 08			
2. 按注册类型分列										
国有企业	179. 72	-23. 30	146. 58	-24. 56	32. 37	-17. 59	0. 67	-84. 12	38. 89	36. 11
占行业比重（%）	4. 31		4. 07		5. 94		0. 33			
私营企业	2 063. 69	6. 90	1 775. 11	7. 49	273. 12	3. 39	136. 25	2. 24	9. 03	4. 77
占行业比重（%）	49. 45		49. 27		50. 13		67. 29			
其他内资企业	1 752. 75	0. 46	1 531. 01	0. 68	213. 39	-1. 27	66. 90	-4. 51	13. 30	9. 62
占行业比重（%）	42. 00		42. 50		39. 17		33. 04			
三资企业	177. 08	-11. 52	149. 86	-6. 23	25. 89	-33. 18	-1. 34	-113. 19	31. 08	21. 62
占行业比重（%）	4. 24		4. 16		4. 75		-0. 66			
3. 按控股类型分列										
国有控股	766. 89	-15. 56	652. 90	-16. 15	110. 83	-12. 25	4. 70	-68. 10	35. 61	28. 79
占行业比重（%）	18. 38		18. 12		20. 34		2. 32			
集体控股	119. 28	3. 17	105. 15	1. 64	13. 52	16. 26	4. 87	6. 45	17. 46	14. 29
占行业比重（%）	2. 86		2. 92		2. 48		2. 41			
私人控股	3 016. 78	8. 05	2 613. 38	8. 82	383. 19	3. 17	188. 90	1. 78	8. 67	4. 74
占行业比重（%）	72. 29		72. 54		70. 34		93. 29			
三资控股	119. 56	-20. 21	99. 73	-15. 51	18. 73	-38. 51	-5. 29	-206. 09	38. 98	25. 42
占行业比重（%）	2. 86		2. 77		3. 44		-2. 61			
其他控股	150. 74	4. 78	131. 40	5. 50	18. 50	-0. 10	9. 30	19. 11	10. 96	10. 96
占行业比重（%）	3. 61		3. 65		3. 40		4. 59			

行业及企业分类	应收账款净值（亿元）	同比增长（%）	资产总计（亿元）	同比增长（%）	负债总计（亿元）	同比增长（%）	主营业务收入利润率（%）	上年同期（%）	主营业务利润总额率（%）	上年同期（%）
冶金矿山机械行业	1 168. 65	-4. 48	5 526. 78	2. 67	3 308. 59	-0. 76	12. 55	13. 09	4. 22	3. 20
一、冶金机械行业	335. 01	-8. 08	1 611. 13	-2. 40	1 123. 57	-9. 11	10. 78	11. 35	2. 03	-4. 16
占冶矿行业比重（%）	28. 67		29. 15		33. 96					
1. 按企业规模分列										
大型企业	183. 63	-10. 08	849. 00	-4. 91	652. 07	-15. 21	7. 58	7. 59	-3. 73	-26. 68
占行业比重（%）	54. 81		52. 70		58. 04					
中型企业	57. 53	-12. 20	290. 17	-0. 43	191. 01	-2. 85	12. 07	12. 77	5. 34	5. 29
占行业比重（%）	17. 17		18. 01		17. 00					
小型企业	93. 85	-0. 93	471. 97	1. 16	280. 49	3. 70	12. 00	12. 88	3. 51	4. 24
占行业比重（%）	28. 01		29. 29		24. 96					
2. 按注册类型分列										
国有企业	39. 36	-21. 05	236. 57	-5. 66	214. 88	-28. 95	-4. 46	-12. 65	-12. 04	-133. 00
占行业比重（%）	11. 75		14. 68		19. 12					
私营企业	82. 63	-5. 63	461. 61	0. 69	297. 34	-8. 44	10. 33	12. 96	4. 67	5. 20
占行业比重（%）	24. 66		28. 65		26. 46					
其他内资企业	182. 77	-6. 21	790. 87	-2. 30	524. 19	1. 76	12. 46	12. 95	0. 04	1. 88
占行业比重（%）	54. 56		49. 09		46. 65					

（续）

行业及企业分类	应收账款净值（亿元）	同比增长（%）	资产总计（亿元）	同比增长（%）	负债总计（亿元）	同比增长（%）	主营业务收入利润率（%）	上年同期（%）	主营业务利润总额率（%）	上年同期（%）
三资企业	30.26	-6.05	122.08	-7.56	87.17	-7.10	12.71	10.86	1.02	0.86
占行业比重（%）	9.03		7.58		7.76					
3. 按控股类型分列										
国有控股	185.35	-10.72	829.93	-3.79	613.63	-12.31	9.00	6.81	-4.85	-25.63
占行业比重（%）	55.33		51.51		54.61					
集体控股	8.07	-11.86	27.72	-6.68	16.21	-12.01	14.26	13.28	2.89	2.74
占行业比重（%）	2.41		1.72		1.44					
私人控股	113.42	-3.45	634.19	0.73	412.91	-3.62	11.09	13.54	4.69	5.30
占行业比重（%）	33.85		39.36		36.75					
三资控股	18.03	-9.85	78.34	-8.07	57.70	-6.87	9.88	9.26	-1.72	0.89
占行业比重（%）	5.38		4.86		5.14					
其他控股	10.15	-1.10	40.97	-6.18	23.11	-16.11	17.37	14.17	3.14	0.91
占行业比重（%）	3.03		2.54		2.06					
二、矿山机械行业	833.63	-2.95	3 915.65	4.92	2 185.02	4.16	13.05	13.59	4.85	5.30
占冶矿行业比重（%）	71.33		70.85		66.04					
1. 按企业规模分列										
大型企业	394.64	-13.85	1 612.73	-4.74	1 045.10	-4.91	12.40	13.51	1.16	2.84
占行业比重（%）	47.34		41.19		47.83					
中型企业	160.47	2.26	801.53	3.98	425.92	4.69	14.61	15.50	6.67	6.58
占行业比重（%）	19.25		20.47		19.49					
小型企业	278.51	14.15	1 501.39	18.39	714.00	20.64	12.69	12.77	5.82	6.07
占行业比重（%）	33.41		38.34		32.68					
2. 按注册类型分列										
国有企业	167.52	-16.20	609.18	-7.19	404.37	-10.30	18.01	16.76	0.37	1.80
占行业比重（%）	20.09		15.56		18.51					
私营企业	180.66	14.49	1 042.07	11.87	420.79	11.50	13.23	13.68	6.60	6.90
占行业比重（%）	21.67		26.61		19.26					
其他内资企业	411.25	-0.98	2 023.05	8.42	1 231.01	9.42	12.17	12.39	3.82	4.02
占行业比重（%）	49.33		51.67		56.34					
三资企业	74.20	-13.67	241.35	-13.22	128.85	-10.87	14.62	19.36	-0.76	5.08
占行业比重（%）	8.90		6.16		5.90					
3. 按控股类型分列										
国有控股	472.18	-6.78	1 905.93	3.35	1 293.07	3.70	14.45	13.91	0.61	1.62
占行业比重（%）	56.64		48.67		59.18					
集体控股	14.58	-1.90	80.02	9.59	56.12	9.89	11.34	10.06	4.08	3.96
占行业比重（%）	1.75		2.04		2.57					
私人控股	260.17	8.36	1 618.69	10.10	664.34	8.39	12.70	13.30	6.26	6.65
占行业比重（%）	31.21		41.34		30.40					
三资控股	69.30	-14.62	216.78	-15.29	119.14	-11.68	15.67	20.33	-4.43	3.33
占行业比重（%）	8.31		5.54		5.45					
其他控股	17.40	6.68	94.22	6.17	52.35	0.70	12.27	12.87	6.17	5.43
占行业比重（%）	2.09		2.41		2.40					

〔撰稿人：中国重型机械工业协会严祥文　审稿人：中国重型机械工业协会李镜〕

2015 年物料搬运（起重运输）机械行业主要经济指标

行业及企业分类	主营业务收入（亿元）	同比增长（%）	主营业务成本（亿元）	同比增长（%）	主营业务收入利润（亿元）	同比增长（%）	利润总额（亿元）	同比增长（%）	企业亏损面（%）	上年同期（%）
物料搬运机械行业	6 856.61	-0.16	5 625.85	-0.79	1 189.86	2.74	537.88	5.62	15.17	11.25
一、轻小型起重设备行业	448.71	-5.39	375.36	-5.71	70.90	-3.55	27.44	-9.88	14.34	11.95
占物料搬运行业比重（%）	6.54		6.67		5.96		5.10			
1. 按企业规模分列										
大型企业	134.94	-19.20	106.83	-21.43	27.30	-9.49	12.73	-21.34		
占行业比重（%）	30.07		28.46		38.50		46.38			
中型企业	127.07	1.27	108.73	1.06	17.85	3.47	6.14	-2.66	6.45	6.45
占行业比重（%）	28.32		28.97		25.18		22.37			
小型企业	186.69	2.69	159.80	3.41	25.75	-1.32	8.58	7.68	15.81	13.02
占行业比重（%）	41.61		42.57		36.32		31.25			
2. 按注册类型分列										
国有企业	13.13	-0.55	10.29	-1.69	2.75	5.20	0.08	-47.13	40.00	20.00
占行业比重（%）	2.93		2.74		3.88		0.29			
私营企业	161.25	2.54	135.64	3.28	24.67	-1.18	9.34	5.30	16.33	10.88
占行业比重（%）	35.94		36.14		34.80		34.02			
其他内资企业	201.07	-11.98	168.26	-12.52	31.71	-8.69	13.16	-16.19	7.58	12.12
占行业比重（%）	44.81		44.83		44.73		47.97			
三资企业	73.26	-2.86	61.17	-4.32	11.76	5.04	4.86	-15.11	15.15	15.15
占行业比重（%）	16.33		16.30		16.59		17.72			
3. 按控股类型分列										
国有控股	24.45	-0.95	20.32	0.80	4.03	-7.00	-0.49	-198.20	33.33	11.11
占行业比重（%）	5.45		5.41		5.69		-1.80			
集体控股	4.28	5.03	3.85	4.70	0.42	7.93	0.10	-15.08	20.00	20.00
占行业比重（%）	0.95		1.03		0.59		0.36			
私人控股	344.47	-6.45	288.33	-6.70	54.14	-5.05	21.99	-7.94	14.65	11.62
占行业比重（%）	76.77		76.81		76.36		80.11			
三资控股	44.32	-1.57	37.13	-2.59	7.01	4.09	3.74	16.33	8.33	12.50
占行业比重（%）	9.88		9.89		9.89		13.61			
其他控股	31.18	-3.46	25.73	-5.05	5.30	5.28	2.12	-22.71	6.67	13.33
占行业比重（%）	6.95		6.85		7.47		7.71			
二、起重机行业	2 573.37	-3.29	2 197.82	-3.37	360.77	-3.04	141.56	-0.97	17.62	12.56
占物料搬运行业比重（%）	37.53		39.07		30.32		26.32			
1. 按企业规模分列										
大型企业	1 089.49	-7.33	927.05	-7.74	158.32	-4.69	48.73	-3.49		
占行业比重（%）	42.34		42.18		43.88		34.42			
中型企业	552.02	-6.77	464.44	-6.65	82.59	-8.52	40.36	-13.46	13.16	5.26
占行业比重（%）	21.45		21.13		22.89		28.51			

（续）

行业及企业分类	主营业务收入（亿元）	同比增长（%）	主营业务成本（亿元）	同比增长（%）	主营业务收入利润（亿元）	同比增长（%）	利润总额（亿元）	同比增长（%）	企业亏损面（%）	上年同期（%）
小型企业	931.86	4.35	806.34	4.41	119.87	3.62	52.47	14.52	19.00	14.29
占行业比重（%）	36.21		36.69		33.23		37.07			
2. 按注册类型分列										
国有企业	318.61	-29.80	257.48	-29.24	59.15	-32.90	0.98	-89.96	50.00	41.67
占行业比重（%）	12.38		11.72		16.40		0.69			
私营企业	1 026.56	5.08	878.49	4.92	139.73	5.19	70.17	10.50	15.42	11.56
占行业比重（%）	39.89		39.97		38.73		49.57			
其他内资企业	853.73	3.36	739.23	2.45	110.77	10.22	62.44	3.36	17.23	10.50
占行业比重（%）	33.18		33.63		30.70		44.11			
三资企业	374.48	-7.33	322.62	-8.28	51.12	1.07	7.97	-14.20	30.91	23.64
占行业比重（%）	14.55		14.68		14.17		5.63			
3. 按控股类型分列										
国有控股	438.61	-26.44	359.62	-26.95	76.55	-24.69	7.75	-59.99	41.94	29.03
占行业比重（%）	17.04		16.36		21.22		5.47			
集体控股	8.24	-29.40	6.51	-36.63	1.62	29.57	0.58	305.95	18.18	27.27
占行业比重（%）	0.32		0.30		0.45		0.41			
私人控股	1 555.21	5.45	1 340.47	5.60	204.11	4.03	106.97	8.35	16.04	11.32
占行业比重（%）	60.43		60.99		56.58		75.57			
三资控股	360.88	-6.88	310.88	-8.12	49.32	3.62	8.52	-9.01	25.64	17.95
占行业比重（%）	14.02		14.15		13.67		6.02			
其他控股	210.43	10.48	180.34	9.81	29.18	15.02	17.74	15.60	16.36	10.91
占行业比重（%）	8.18		8.21		8.09		12.53			
三、连续搬运设备行业	411.03	6.43	347.26	7.46	61.77	1.12	22.62	-2.21	16.61	9.39
占物料搬运行业比重（%）	5.99		6.17		5.19		4.21			
1. 按企业规模分列										
大型企业	53.19	20.69	48.71	22.16	4.32	6.69	2.71	13.29		
占行业比重（%）	12.94		14.03		6.99		11.99			
中型企业	102.19	-2.87	84.51	-2.27	17.16	-5.61	5.42	-14.79	20.69	13.79
占行业比重（%）	24.86		24.34		27.78		23.98			
小型企业	255.65	7.90	214.04	8.76	40.29	3.68	14.48	0.78	16.33	8.98
占行业比重（%）	62.20		61.64		65.23		64.03			
2. 按注册类型分列										
国有企业	3.26	-54.05	2.86	-55.14	0.38	-43.29	0.09	-41.45		33.33
占行业比重（%）	0.79		0.82		0.61		0.38			
私营企业	204.62	10.35	168.07	10.93	35.46	7.75	14.14	4.89	13.75	7.50
占行业比重（%）	49.78		48.40		57.41		62.53			
其他内资企业	153.32	8.51	134.02	10.58	18.59	-3.94	6.26	-7.92	19.23	11.54
占行业比重（%）	37.30		38.59		30.09		27.66			
三资企业	49.83	-4.91	42.31	-3.99	7.34	-10.01	2.13	-21.16	25.00	11.11
占行业比重（%）	12.12		12.18		11.89		9.44			
3. 按控股类型分列										
国有控股	24.83	-9.50	21.87	-7.95	2.83	-19.16	0.98	-14.93	11.11	22.22
占行业比重（%）	6.04		6.30		4.58		4.35			

（续）

行业及企业分类	主营业务收入（亿元）	同比增长（%）	主营业务成本（亿元）	同比增长（%）	主营业务收入利润（亿元）	同比增长（%）	利润总额（亿元）	同比增长（%）	企业亏损面（%）	上年同期（%）
集体控股	30.30	42.78	28.55	44.46	1.66	20.58	1.18	41.46	25.00	25.00
占行业比重（%）	7.37		8.22		2.69		5.22			
私人控股	302.44	7.06	251.87	7.77	48.99	3.63	18.21	0.60	14.73	8.04
占行业比重（%）	73.58		72.53		79.31		80.52			
三资控股	48.04	-5.44	40.75	-4.57	7.12	-10.28	2.10	-21.04	24.24	12.12
占行业比重（%）	11.69		11.74		11.53		9.27			
其他控股	5.42	27.75	4.21	30.71	1.16	17.00	0.14	-61.98	42.86	14.29
占行业比重（%）	1.32		1.21		1.88		0.64			
四、工业车辆行业	439.96	-7.57	376.53	-6.75	60.86	-12.50	24.10	-13.81	22.38	19.58
占物料搬运行业比重（%）	6.42		6.69		5.11		4.48			
大型企业	131.40	-14.41	105.14	-16.41	25.56	-5.89	14.53	-6.20		
占行业比重（%）	29.87		27.92		41.99		60.27			
中型企业	151.98	-10.91	134.69	-7.70	16.33	-30.41	3.86	-42.64	18.18	18.18
占行业比重（%）	34.54		35.77		26.84		16.02			
小型企业	156.57	3.11	136.70	3.50	18.97	0.23	5.71	-0.51	23.93	20.51
占行业比重（%）	35.59		36.31		31.17		23.71			
五、电梯自动扶梯行业	2 744.86	3.72	2 130.85	2.08	596.50	9.82	308.35	13.52	11.08	8.42
占物料搬运行业比重（%）	40.03		37.88		50.13		57.33			
大型企业	1 505.52	2.88	1 117.15	0.96	376.98	8.83	198.87	5.07		
占行业比重（%）	54.85		52.43		63.20		64.49			
中型企业	602.10	0.77	481.45	-1.10	117.68	8.69	72.38	41.72	7.45	5.32
占行业比重（%）	21.94		22.59		19.73		23.47			
小型企业	637.23	8.83	532.24	7.72	101.84	15.12	37.10	18.58	12.19	9.33
占行业比重（%）	23.22		24.98		17.07		12.03			
六．其他物料搬运设备行业	238.69	6.67	198.04	7.97	39.04	0.88	13.80	5.27	11.59	10.87
占物料搬运行业比重（%）	3.48		3.52		3.28		2.57			
大型企业	48.85	18.79	41.63	19.42	6.88	15.72	1.92	119.09	25.00	25.00
占行业比重（%）	20.47		21.02		17.61		13.91			
中型企业	55.51	-1.46	43.32	0.03	11.72	-6.59	4.48	7.99	6.67	13.33
占行业比重（%）	23.26		21.87		30.02		32.44			
小型企业	134.33	6.35	113.09	7.44	20.45	1.15	7.40	-8.45	11.76	10.08
占行业比重（%）	56.28		57.10		52.37		53.66			
建筑材料生产专用机械制造	1 255.45	1.22	1 072.17	1.16	173.91	0.66	85.60	-2.77	13.51	8.73
大型企业	136.45	1.73	116.34	2.04	18.77	-2.34	10.22	10.87		
占行业比重（%）	10.87		10.85		10.79		11.94			
中型企业	392.79	-5.17	333.81	-5.25	56.44	-5.05	31.80	-1.38	15.49	11.27
占行业比重（%）	31.29		31.13		32.45		37.15			
小型企业	726.20	4.94	622.02	4.79	98.71	4.87	43.58	-6.44	13.35	8.46
占行业比重（%）	57.84		58.01		56.76		50.92			

（续）

行业及企业分类	应收账款净值（亿元）	同比增长（%）	资产总计（亿元）	同比增长（%）	负债总计（亿元）	同比增长（%）	主营业务收入利润率（%）	上年同期（%）	主营业务利润总额率（%）	上年同期（%）
物料搬运机械行业	1 477.82	8.78	6 657.11	5.88	3 766.51	1.95	17.35	16.86	7.84	7.42
一、轻小型起重设备行业	77.16	-2.07	422.49	5.39	218.55	-2.95	15.80	15.50	6.12	6.42
占物料搬运行业比重（%）	5.22		6.35		5.80					
1. 按企业规模分列										
大型企业	18.57	-15.02	161.06	4.68	73.93	-10.95	20.23	18.06	9.43	9.69
占行业比重（%）	24.07		38.12		33.83					
中型企业	28.71	2.58	107.92	3.46	64.84	1.94	14.05	13.75	4.83	5.03
占行业比重（%）	37.21		25.54		29.67					
小型企业	29.88	3.20	153.50	7.57	79.78	1.53	13.79	14.36	4.59	4.38
占行业比重（%）	38.72		36.33		36.50					
2. 按注册类型分列										
国有企业	6.84	-1.61	22.56	2.71	18.68	2.17	20.98	19.83	0.61	1.15
占行业比重（%）	8.86		5.34		8.55					
私营企业	21.70	4.36	119.65	5.78	60.95	-4.69	15.30	15.88	5.79	5.64
占行业比重（%）	28.13		28.32		27.89					
其他内资企业	34.45	-2.52	215.18	5.04	107.30	-4.14	15.77	15.20	6.55	6.88
占行业比重（%）	44.65		50.93		49.10					
三资企业	14.16	-9.81	65.10	6.82	31.62	1.86	16.06	14.85	6.64	7.60
占行业比重（%）	18.35		15.41		14.47					
3. 按控股类型分列										
国有控股	12.01	0.08	43.59	9.33	34.23	12.80	16.50	17.57	-2.02	2.04
占行业比重（%）	15.57		10.32		15.66					
集体控股	1.27	-1.44	6.17	1.21	3.25	1.35	9.75	9.49	2.32	2.87
占行业比重（%）	1.65		1.46		1.49					
私人控股	49.82	-1.19	313.05	5.54	154.84	-4.89	15.72	15.49	6.38	6.49
占行业比重（%）	64.57		74.10		70.85					
三资控股	9.72	10.90	37.08	9.76	13.34	-2.50	15.82	14.96	8.43	7.13
占行业比重（%）	12.60		8.78		6.10					
其他控股	4.34	-31.33	22.61	-7.73	12.89	-15.05	17.00	15.59	6.78	8.47
占行业比重（%）	5.62		5.35		5.90					
二、起重机行业	690.48	10.10	2 927.03	3.89	1 703.97	-0.06	14.02	13.98	5.50	5.37
占物料搬运行业比重（%）	46.72		43.97		45.24					
1. 按企业规模分列										
大型企业	421.28	10.91	1 763.12	2.92	1 132.24	-1.88	14.53	14.13	4.47	4.29
占行业比重（%）	61.01		60.24		66.45					
中型企业	142.81	8.68	525.83	7.65	262.49	6.40	14.96	15.25	7.31	7.88
占行业比重（%）	20.68		17.96		15.40					
小型企业	126.40	9.10	638.08	3.61	309.24	1.59	12.86	12.95	5.63	5.13
占行业比重（%）	18.31		21.80		18.15					
2. 按注册类型分列										
国有企业	336.82	10.06	832.26	-0.01	541.81	-5.30	18.57	19.42	0.31	2.15
占行业比重（%）	48.78		28.43		31.80					
国有企业	97.10	14.00	570.79	6.98	249.13	7.75	13.61	13.60	6.84	6.50

（续）

行业及企业分类	应收账款净值（亿元）	同比增长（%）	资产总计（亿元）	同比增长（%）	负债总计（亿元）	同比增长（%）	主营业务收入利润率（%）	上年同期（%）	主营业务利润总额率（%）	上年同期（%）
占行业比重（%）	14.06		19.50		14.62					
其他内资企业	179.55	12.76	776.15	9.41	414.83	4.04	12.97	12.17	7.31	7.31
占行业比重（%）	26.00		26.52		24.34					
三资企业	77.02	0.46	747.83	0.77	498.20	-0.95	13.65	12.52	2.13	2.30
占行业比重（%）	11.15		25.55		29.24					
3. 按控股类型分列										
国有控股	430.11	9.29	1 118.74	3.06	728.59	-2.32	17.45	17.05	1.77	3.25
占行业比重（%）	62.29		38.22		42.76					
集体控股	1.01	3.89	7.69	2.05	4.18	25.46	19.64	10.70	6.98	1.21
占行业比重（%）	0.15		0.26		0.25					
私人控股	167.72	18.06	976.81	6.64	441.89	4.08	13.12	13.30	6.88	6.69
占行业比重（%）	24.29		33.37		25.93					
三资控股	69.51	0.33	696.97	1.53	470.24	-0.57	13.67	12.28	2.36	2.42
占行业比重（%）	10.07		23.81		27.60					
其他控股	22.13	4.09	126.82	4.12	59.06	1.39	13.87	13.32	8.43	8.06
占行业比重（%）	3.20		4.33		3.47					
三、连续搬运设备行业	86.95	15.09	343.58	4.21	165.68	-6.94	15.03	15.82	5.50	5.99
占物料搬运行业比重（%）	5.88		5.16		4.40					
1. 按企业规模分列										
中型企业	4.73	-0.79	29.50	-1.53	14.55	-5.79	8.12	9.18	5.10	5.43
占行业比重（%）	5.44		8.59		8.78					
中型企业	30.53	1.24	123.29	-3.99	63.97	-18.54	16.79	17.28	5.31	6.05
占行业比重（%）	35.11		35.89		38.61					
小型企业	51.69	27.25	190.78	11.35	87.16	3.68	15.76	16.40	5.67	6.07
占行业比重（%）	59.44		55.53		52.61					
2. 按注册类型分列										
国有企业	1.06	74.96	6.82	35.54	3.26	6.22	11.64	9.43	2.61	2.05
占行业比重（%）	1.22		1.99		1.97					
私营企业	34.09	12.24	155.91	4.56	69.50	-8.42	17.33	17.75	6.91	7.27
占行业比重（%）	39.21		45.38		41.94					
其他内资企业	38.62	5.63	140.00	0.26	69.51	-12.66	12.12	13.69	4.08	4.81
占行业比重（%）	44.42		40.75		41.95					
三资企业	13.18	64.60	40.85	13.68	23.42	20.03	14.74	15.57	4.28	5.17
占行业比重（%）	15.16		11.89		14.13					
3. 按控股类型分列										
国有控股	3.77	-6.91	32.81	4.84	21.15	-3.68	11.40	12.77	3.96	4.22
占行业比重（%）	4.34		9.55		12.77					
集体控股	1.37	2.26	5.58	5.11	1.73	-0.14	5.49	6.50	3.90	3.94

（续）

行业及企业分类	应收账款净值（亿元）	同比增长（%）	资产总计（亿元）	同比增长（%）	负债总计（亿元）	同比增长（%）	主营业务收入利润率（%）	上年同期（%）	主营业务利润总额率（%）	上年同期（%）
占行业比重（%）	1.57		1.63		1.04					
私人控股	66.19	10.93	250.47	3.31	113.66	-11.01	16.20	16.73	6.02	6.41
占行业比重（%）	76.12		72.90		68.60					
三资控股	13.05	65.88	39.78	13.67	23.10	19.82	14.83	15.63	4.37	5.23
占行业比重（%）	15.01		11.58		13.94					
其他控股	2.57	-1.97	14.93	-4.61	6.04	-17.83	21.50	23.47	2.66	8.94
占行业比重（%）	2.96		4.35		3.65					
四、工业车辆行业	55.77	5.00	333.84	2.72	162.20	4.19	13.83	14.61	5.48	5.88
占物料搬运行业比重（%）	3.77		5.01		4.31					
大型企业	16.71	8.99	112.94	7.26	31.96	-6.77	19.45	17.69	11.06	10.09
占行业比重（%）	29.97		33.83		19.70					
中型企业	21.45	5.30	114.19	-4.94	72.29	8.51	10.75	13.76	2.54	3.95
占行业比重（%）	38.47		34.21		44.57					
小型企业	17.60	1.15	106.70	7.16	57.95	5.80	12.12	12.46	3.65	3.78
占行业比重（%）	31.57		31.96		35.73					
五、电梯自动扶梯行业	520.76	8.03	2 393.05	8.28	1 410.02	5.99	21.73	20.52	11.23	10.26
占物料搬运行业比重（%）	35.24		35.95		37.44					
大型企业	306.19	6.12	1 247.23	5.73	846.61	4.71	25.04	23.67	13.21	12.93
占行业比重（%）	58.80		52.12		60.04					
中型企业	107.24	10.72	534.78	7.25	256.19	2.01	19.54	18.12	12.02	8.55
占行业比重（%）	20.59		22.35		18.17					
小型企业	107.34	11.01	611.03	14.88	307.22	13.49	15.98	15.11	5.82	5.34
占行业比重（%）	20.61		25.53		21.79					
六．其他物料搬运设备行业	46.70	11.39	237.13	15.91	106.09	6.05	16.36	17.30	5.78	5.86
占物料搬运行业比重（%）	3.16		3.56		2.82					
中型企业	5.10	6.25	65.53	35.80	25.91	12.33	14.08	14.45	3.93	2.13
占行业比重（%）	10.92		27.63		24.42					
小型企业	12.39	1.41	53.97	6.69	25.21	-1.13	21.12	22.27	8.06	7.36
占行业比重（%）	26.54		22.76		23.76					
小型企业	29.21	17.28	117.63	11.24	54.98	6.80	15.22	16.00	5.51	6.40
占行业比重（%）	62.55		49.61		51.82					
建筑材料生产专用机械制造	206.94	-7.76	1 052.88	6.51	549.30	-0.50	13.85	13.93	6.82	7.10
大型企业	34.92	-1.76	225.32	11.58	144.20	7.58	13.75	14.33	7.49	6.87
占行业比重（%）	16.87		21.40		26.25					
中型企业	83.52	-16.27	386.54	4.88	187.99	-6.18	14.37	14.35	8.10	7.78
占行业比重（%）	40.36		36.71		34.22					
小型企业	88.51	-0.62	441.02	5.49	217.11	-0.24	13.59	13.60	6.00	6.73
占行业比重（%）	42.77		41.89		39.52					

〔撰稿人：中国重型机械工业协会严祥文　审稿人：中国重型机械工业协会李镜〕

2015年冶金机械行业主要经济指标按省、自治区、直辖市分布

序号	地区名称	主营业务收入（亿元）	同比增长（%）	主营业务成本（亿元）	同比增长（%）	主营业务收入利润（亿元）	同比增长（%）	利润总额（亿元）	同比增长（%）	企业亏损面（%）	上年同期（%）
	冶金机械行业	1 196.36	1.82	1 060.96	2.45	128.96	-3.33	24.24	-149.61	25.69	17.56
1	北京市	10.88	-19.72	9.00	-22.18	1.74	-8.25	-0.57	37.97	23.08	30.77
	占行业比重（%）	0.91		0.85		1.35		-2.35			
2	天津市	28.50	115.71	24.28	128.34	4.05	59.43	1.76	50.27	40.00	30.00
	占行业比重（%）	2.38		2.29		3.14		7.26			
3	河北省	154.85	-5.88	134.59	-7.15	19.67	3.57	6.27	-4.18	27.27	14.14
	占行业比重（%）	12.94		12.69		15.26		25.88			
4	山西省	3.67	-21.23	2.85	-24.39	0.78	-6.26	-0.05	-17.48	42.86	42.86
	占行业比重（%）	0.31		0.27		0.61		-0.20			
5	内蒙古自治区	6.30	52.17	6.03	60.03	0.25	-31.60	0.02	-72.12	20.00	60.00
	占行业比重（%）	0.53		0.57		0.19		0.08			
6	辽宁省	160.50	-18.26	144.18	-16.58	15.63	-31.31	-8.70	3 016.19	34.78	28.26
	占行业比重（%）	13.42		13.59		12.12		-35.88			
7	吉林省	17.80	-8.75	15.38	-6.84	2.34	-20.59	0.40	-35.67	33.33	22.22
	占行业比重（%）	1.49		1.45		1.82		1.64			
8	黑龙江省	5.04	-15.50	3.87	-19.77	1.14	2.75	0.03	-50.88	75.00	25.00
	占行业比重（%）	0.42		0.36		0.89		0.13			
9	上海市	7.44	-21.63	6.39	-24.70	1.00	5.49	-0.37	-1 565.21	33.33	8.33
	占行业比重（%）	0.62		0.60		0.77		-1.53			
10	江苏省	211.56	1.55	185.12	3.27	24.88	-10.32	4.74	-25.77	27.27	20.45
	占行业比重（%）	17.68		17.45		19.29		19.54			
11	浙江省	9.95	9.02	7.79	12.59	2.09	-2.90	0.67	-13.69	26.67	13.33
	占行业比重（%）	0.83		0.73		1.62		2.75			
12	安徽省	26.20	15.90	22.53	18.08	3.61	4.27	2.14	22.58		
	占行业比重（%）	2.19		2.12		2.80		8.85			
13	福建省	12.97	-10.39	11.60	-5.90	1.27	-38.47	0.58	-31.45	10.00	
	占行业比重（%）	1.08		1.09		0.98		2.38			
14	江西省	13.76	-1.22	11.47	0.29	2.18	-8.78	1.87	-8.84		
	占行业比重（%）	1.15		1.08		1.69		7.70			
15	山东省	102.52	36.96	95.86	37.75	6.31	25.86	2.97	13.84	8.70	4.35
	占行业比重（%）	8.57		9.04		4.89		12.25			
16	河南省	62.93	12.78	57.13	18.46	5.47	-25.06	2.23	-30.49	13.79	6.90

（续）

序号	地区名称	主营业务收入（亿元）	同比增长（%）	主营业务成本（亿元）	同比增长（%）	主营业务收入利润（亿元）	同比增长（%）	利润总额（亿元）	同比增长（%）	企业亏损面（%）	上年同期（%）
	占行业比重（%）	5.26		5.38		4.24		9.19			
17	湖北省	118.38	43.70	111.56	64.60	6.25	-55.45	1.71	-44.00	22.86	14.29
	占行业比重（%）	9.90		10.52		4.85		7.07			
18	湖南省	89.63	-20.30	70.62	-26.74	18.26	20.42	4.02	104.44	10.00	3.33
	占行业比重（%）	7.49		6.66		14.16		16.60			
19	广东省	6.57	17.60	4.95	-2.04	1.59	204.70	0.94	979.83	37.50	25.00
	占行业比重（%）	0.55		0.47		1.23		3.87			
20	广西壮族自治区	35.54	53.17	34.78	55.65	0.58	-19.51	0.27	-34.67		
	占行业比重（%）	2.97		3.28		0.45		1.10			
21	重庆市	29.70	30.50	23.93	29.93	5.53	33.27	5.15	33.17		
	占行业比重（%）	2.48		2.26		4.29		21.24			
22	四川省	51.95	-21.95	50.75	-30.38	1.00	-115.30	-1.07	-98.72	58.33	41.67
	占行业比重（%）	4.34		4.78		0.78		-4.42			
23	贵州省	1.96	-12.83	1.90	-13.74	0.05	80.03	-0.15	0.90	50.00	50.00
	占行业比重（%）	0.16		0.18		0.04		-0.61			
24	云南省	0.13	-42.67	0.15	-35.46	-0.02	119.94	-0.05	44.15	100.00	100.00
	占行业比重（%）	0.01		0.01		-0.02		-0.21			
25	陕西省	18.56	-6.62	16.36	-9.21	2.17	21.61	-0.66	-310.18	42.86	28.57
	占行业比重（%）	1.55		1.54		1.68		-2.73			
26	甘肃省	9.05	-1.14	7.88	-1.65	1.11	6.14	0.10	-50.65	50.00	50.00
	占行业比重（%）	0.76		0.74		0.86		0.40			

序号	地区名称	应收账款净值（亿元）	同比增长（%）	资产总计（亿元）	同比增长（%）	负债总计（亿元）	同比增长（%）	主营业务收入利润率（%）	上年同期（%）	主营业务利润总额率（%）	上年同期（%）
	冶金机械行业	335.01	-8.08	1 611.13	-2.40	1 123.57	-9.11	10.78	11.35	2.03	-4.16
1	北京市	9.83	-19.95	58.80	1.26	50.25	2.94	16.00	14.00	-5.23	-3.04
	占行业比重（%）	2.93		3.65		4.47					
2	天津市	5.33	-17.42	26.07	-3.03	14.15	-5.26	14.21	19.23	6.18	8.86
	占行业比重（%）	1.59		1.62		1.26					
3	河北省	30.67	-0.83	179.19	10.71	129.35	11.88	12.70	11.54	4.05	3.98
	占行业比重（%）	9.15		11.12		11.51					
4	山西省	1.82	-19.99	11.98	3.20	9.35	7.42	21.38	17.97	-1.29	-1.23
	占行业比重（%）	0.54		0.74		0.83					
5	内蒙古自治区	1.87	11.77	5.57	-15.47	4.94	3.38	3.98	8.85	0.31	1.69
	占行业比重（%）	0.56		0.35		0.44					
6	辽宁省	101.48	-10.46	384.50	-8.26	237.36	-7.60	9.74	11.59	-5.42	-0.14
	占行业比重（%）	30.29		23.87		21.13					

（续）

序号	地区名称	应收账款净值（亿元）	同比增长（%）	资产总计（亿元）	同比增长（%）	负债总计（亿元）	同比增长（%）	主营业务收入利润率（%）	上年同期（%）	主营业务利润总额率（%）	上年同期（%）
7	吉林省	4.97	30.28	13.73	9.66	8.92	23.74	13.16	15.13	2.23	3.16
	占行业比重（%）	1.48		0.85		0.79					
8	黑龙江省	2.45	-2.80	10.51	0.14	7.91	-0.22	22.71	18.68	0.62	1.06
	占行业比重（%）	0.73		0.65		0.70					
9	上海市	3.91	7.68	14.49	1.23	7.64	-5.02	13.40	9.95	-4.99	0.27
	占行业比重（%）	1.17		0.90		0.68					
10	江苏省	60.45	-4.59	219.89	-8.06	142.49	-10.88	11.76	13.32	2.24	3.06
	占行业比重（%）	18.04		13.65		12.68					
11	浙江省	3.42	2.86	12.23	-1.23	5.71	-15.14	21.03	23.61	6.70	8.46
	占行业比重（%）	1.02		0.76		0.51					
12	安徽省	2.29	-32.20	10.29	-17.56	4.54	-34.26	13.77	15.31	8.19	7.74
	占行业比重（%）	0.68		0.64		0.40					
13	福建省	0.76	-34.51	6.54	-28.77	2.43	-44.84	9.77	14.23	4.45	5.82
	占行业比重（%）	0.23		0.41		0.22					
14	江西省	0.74	-5.48	9.15	90.87	2.80	31.92	15.85	17.16	13.57	14.70
	占行业比重（%）	0.22		0.57		0.25					
15	山东省	5.89	46.22	35.44	24.43	20.15	17.92	6.15	6.69	2.90	3.48
	占行业比重（%）	1.76		2.20		1.79					
16	河南省	6.49	4.83	54.59	15.24	37.55	74.16	8.69	13.08	3.54	5.74
	占行业比重（%）	1.94		3.39		3.34					
17	湖北省	25.93	-16.66	183.50	-5.72	147.86	-14.65	5.28	17.03	1.45	3.71
	占行业比重（%）	7.74		11.39		13.16					
18	湖南省	8.06	-12.28	60.47	-5.51	42.46	1.61	20.37	13.48	4.49	1.75
	占行业比重（%）	2.41		3.75		3.78					
19	广东省	0.66	-27.28	4.69	4.93	2.59	-20.28	24.22	9.35	14.27	1.55
	占行业比重（%）	0.20		0.29		0.23					
20	广西壮族自治区	3.06	143.11	9.53	34.75	6.96	41.15	1.63	3.11	0.75	1.77
	占行业比重（%）	0.91		0.59		0.62					
21	重庆市	4.15	-7.73	14.22	4.72	9.70	-11.05	18.63	18.24	17.33	16.98
	占行业比重（%）	1.24		0.88		0.86					
22	四川省	32.91	-15.29	195.39	-5.15	177.41	-32.74	1.93	-9.86	-2.06	-126.09
	占行业比重（%）	9.82		12.13		15.79					
23	贵州省	0.10	-86.54	9.56	-4.76	7.08	-8.28	2.77	1.34	-7.55	-6.52
	占行业比重（%）	0.03		0.59		0.63					
24	云南省	0.02	-27.08	0.33	3.31	0.27	29.41	-17.17	-4.48	-40.68	-16.18
	占行业比重（%）	0.01		0.02		0.02					
25	陕西省	11.51	-5.74	65.98	11.58	36.99	20.66	11.69	8.98	-3.57	1.59
	占行业比重（%）	3.44		4.10		3.29					
26	甘肃省	6.25	-4.98	14.48	-10.84	6.72	-16.97	12.32	11.48	1.07	2.14
	占行业比重（%）	1.87		0.90		0.60					

〔撰稿人：中国重型机械工业协会严祥文　审稿人：中国重型机械工业协会李镜〕

2015 年矿山机械行业主要经济指标按省、自治区、直辖市分布

序号	地区名称	主营业务收入（亿元）	同比增长（%）	主营业务成本（亿元）	同比增长（%）	主营业务收入利润（亿元）	同比增长（%）	利润总额（亿元）	同比增长（%）	企业亏损面（%）	上年同期（%）
	矿山机械行业	4 173.25	1.55	3 602.57	2.16	544.77	-2.43	202.48	-7.00	11.84	7.60
1	北京市	27.95	-20.04	22.89	-19.57	4.94	-22.06	0.67	-52.95	33.33	14.29
	占行业比重（%）	0.67		0.64		0.91		0.33			
2	天津市	99.43	12.46	81.16	15.89	17.58	-1.96	12.10	0.19	6.67	3.33
	占行业比重（%）	2.38		2.25		3.23		5.98			
3	河北省	186.61	-3.70	153.49	-3.31	31.61	-6.56	13.45	-12.17	23.66	10.69
	占行业比重（%）	4.47		4.26		5.80		6.64			
4	山西省	153.26	-41.55	128.42	-44.14	24.20	-23.55	0.97	-47.52	23.46	23.46
	占行业比重（%）	3.67		3.56		4.44		0.48			
5	内蒙古自治区	40.66	-2.79	37.64	-1.79	2.94	-15.02	0.73	-34.05	40.00	33.33
	占行业比重（%）	0.97		1.04		0.54		0.36			
6	辽宁省	323.19	-18.00	283.35	-17.94	38.60	-17.97	7.63	-58.42	14.81	7.41
	占行业比重（%）	7.74		7.87		7.09		3.77			
7	吉林省	120.94	9.97	110.07	12.89	10.27	-14.30	3.14	5.48	6.67	10.00
	占行业比重（%）	2.90		3.06		1.89		1.55			
8	黑龙江省	12.21	-26.18	10.42	-24.05	1.71	-36.83	-2.95	-10.22	21.43	28.57
	占行业比重（%）	0.29		0.29		0.31		-1.46			
9	上海市	54.89	-25.75	47.30	-25.81	7.39	-26.14	-4.43	77.95	40.74	29.63
	占行业比重（%）	1.32		1.31		1.36		-2.19			
10	江苏省	215.46	9.95	179.06	10.37	34.84	7.87	13.90	0.44	16.26	12.20
	占行业比重（%）	5.16		4.97		6.40		6.87			
11	浙江省	27.11	-19.95	22.46	-20.10	4.49	-19.50	1.01	-32.35	18.75	8.33
	占行业比重（%）	0.65		0.62		0.82		0.50			
12	安徽省	263.88	7.24	235.39	7.99	26.55	0.60	8.90	-2.11	11.68	6.09
	占行业比重（%）	6.32		6.53		4.87		4.39			
13	福建省	20.99	10.42	19.22	12.90	1.60	-6.96	0.49	18.31	4.76	14.29
	占行业比重（%）	0.50		0.53		0.29		0.24			
14	江西省	113.37	4.49	97.39	5.68	15.01	-2.67	10.08	-0.44	0.00	2.50
	占行业比重（%）	2.72		2.70		2.76		4.98			
15	山东省	655.94	5.57	566.38	7.02	85.63	-1.32	44.20	-3.41	2.62	2.62
	占行业比重（%）	15.72		15.72		15.72		21.83			
16	河南省	1 095.12	7.28	965.75	8.29	124.17	-0.17	50.47	-1.95	3.48	2.53
	占行业比重（%）	26.24		26.81		22.79		24.92			
17	湖北省	56.22	-8.41	49.35	-7.78	6.54	-11.93	2.32	-14.50	10.71	3.57
	占行业比重（%）	1.35		1.37		1.20		1.15			
18	湖南省	256.92	41.89	226.30	42.49	28.30	35.41	8.10	24.68	8.43	3.61
	占行业比重（%）	6.16		6.28		5.20		4.00			

（续）

序号	地区名称	主营业务收入（亿元）	同比增长（%）	主营业务成本（亿元）	同比增长（%）	主营业务收入利润（亿元）	同比增长（%）	利润总额（亿元）	同比增长（%）	企业亏损面（%）	上年同期（%）
19	广东省	18.03	-5.73	15.93	-4.47	2.04	-14.20	0.74	-16.32	27.78	0.00
	占行业比重（%）	0.43		0.44		0.37		0.37			
20	广西壮族自治区	63.52	14.45	49.85	13.08	12.76	20.28	8.19	22.40	20.00	6.67
	占行业比重（%）	1.52		1.38		2.34		4.04			
21	重庆市	57.03	13.52	41.09	17.15	15.46	5.25	7.93	5.78	9.68	6.45
	占行业比重（%）	1.37		1.14		2.84		3.92			
22	四川省	157.58	2.84	137.37	3.75	18.83	-2.84	6.62	4.65	10.94	6.25
	占行业比重（%）	3.78		3.81		3.46		3.27			
23	贵州省	48.46	32.70	39.43	28.06	8.23	54.44	3.03	143.07	25.00	17.86
	占行业比重（%）	1.16		1.09		1.51		1.50			
24	云南省	2.91	-25.21	2.79	-28.88	0.09	-250.82	-0.49	-25.69	66.67	50.00
	占行业比重（%）	0.07		0.08		0.02		-0.24			
25	陕西省	69.43	46.73	56.00	53.35	13.03	24.65	2.11	-21.43	21.05	15.79
	占行业比重（%）	1.66		1.55		2.39		1.04			
26	甘肃省	4.58	-18.42	4.09	-18.18	0.47	-21.09	-0.01	-93.50	25.00	25.00
	占行业比重（%）	0.11		0.11		0.09		-0.01			
27	宁夏回族自治区	24.18	-21.89	17.38	-23.14	6.66	-18.20	2.95	-22.36	37.50	12.50
	占行业比重（%）	0.58		0.48		1.22		1.46			
28	新疆维吾尔自治区	3.39	-3.16	2.59	0.82	0.80	-13.99	0.64	-15.03	66.67	33.33
	占行业比重（%）	0.08		0.07		0.15		0.32			

序号	地区名称	应收账款净值（亿元）	同比增长（%）	资产总值（亿元）	同比增长（%）	负债总计（亿元）	同比增长（%）	主营业务收入利润率（%）	上年同期（%）	主营业务利润总额率（%）	上年同期（%）
	矿山机械行业	833.63	-2.95	3 915.65	4.92	2 185.02	4.16	13.05	13.59	4.85	5.30
1	北京市	27.26	15.91	66.82	0.99	38.22	-0.47	17.69	18.15	2.38	4.05
	占行业比重（%）	3.27		1.71		1.75					
2	天津市	24.17	-1.59	120.04	19.71	75.09	31.46	17.68	20.28	12.17	13.66
	占行业比重（%）	2.90		3.07		3.44					
3	河北省	64.15	25.16	243.16	12.70	116.78	17.36	16.94	17.46	7.21	7.90
	占行业比重（%）	7.70		6.21		5.34					
4	山西省	143.43	-23.01	484.72	-14.25	371.72	-14.71	15.79	12.07	0.63	0.71
	占行业比重（%）	17.21		12.38		17.01					
5	内蒙古自治区	6.44	4.94	25.94	5.29	17.10	1.03	7.23	8.27	1.80	2.66
	占行业比重（%）	0.77		0.66		0.78					
6	辽宁省	95.62	-3.45	414.45	0.62	255.20	2.95	11.94	11.94	2.36	4.65
	占行业比重（%）	11.47		10.58		11.68					
7	吉林省	4.77	28.88	37.02	-9.79	21.58	-15.37	8.50	10.90	2.60	2.71
	占行业比重（%）	0.57		0.95		0.99					
8	黑龙江省	10.66	-16.58	33.19	-12.63	20.37	-6.42	14.02	16.38	-24.14	-19.85
	占行业比重（%）	1.28		0.85		0.93					
9	上海市	42.90	-0.22	140.61	4.34	103.01	3.14	13.46	13.53	-8.08	-3.37
	占行业比重（%）	5.15		3.59		4.71					

（续）

序号	地区名称	应收账款净值（亿元）	同比增长（%）	资产总值（亿元）	同比增长（%）	负债总计（亿元）	同比增长（%）	主营业务收入利润率（%）	上年同期（%）	主营业务利润总额率（%）	上年同期（%）
10	江苏省	30.01	1.57	159.49	1.12	80.73	-6.77	16.17	16.48	6.45	7.06
	占行业比重（%）	3.60		4.07		3.69					
11	浙江省	10.16	0.27	42.64	-0.01	26.92	-3.24	16.55	16.46	3.74	4.42
	占行业比重（%）	1.22		1.09		1.23					
12	安徽省	34.90	6.38	141.26	6.58	71.78	6.93	10.06	10.73	3.37	3.69
	占行业比重（%）	4.19		3.61		3.29					
13	福建省	1.59	3.04	8.91	5.24	4.46	7.16	7.64	9.06	2.33	2.17
	占行业比重（%）	0.19		0.23		0.20					
14	江西省	5.95	8.65	47.59	24.65	13.96	20.78	13.24	14.22	8.89	9.33
	占行业比重（%）	0.71		1.22		0.64					
15	山东省	66.18	21.53	408.01	24.67	211.11	36.32	13.06	13.97	6.74	7.36
	占行业比重（%）	7.94		10.42		9.66					
16	河南省	118.69	-20.52	868.71	4.63	398.47	3.56	11.34	12.18	4.61	5.04
	占行业比重（%）	14.24		22.19		18.24					
17	湖北省	6.48	3.22	41.77	3.10	19.18	-5.73	11.64	12.10	4.12	4.42
	占行业比重（%）	0.78		1.07		0.88					
18	湖南省	14.79	24.21	77.88	4.00	43.42	18.75	11.02	11.54	3.15	3.59
	占行业比重（%）	1.77		1.99		1.99					
19	广东省	3.52	23.05	16.58	5.61	9.32	7.38	11.32	12.44	4.11	4.63
	占行业比重（%）	0.42		0.42		0.43					
20	广西壮族自治区	6.28	-6.35	41.50	8.08	23.29	13.32	20.08	19.11	12.89	12.05
	占行业比重（%）	0.75		1.06		1.07					
21	重庆市	18.92	9.64	66.30	15.28	25.27	19.49	27.11	29.24	13.91	14.92
	占行业比重（%）	2.27		1.69		1.16					
22	四川省	9.07	-23.25	70.45	-0.90	39.58	2.79	11.95	12.64	4.20	4.13
	占行业比重（%）	1.09		1.80		1.81					
23	贵州省	9.26	28.67	55.26	15.28	30.68	-1.01	16.99	14.60	6.26	3.42
	占行业比重（%）	1.11		1.41		1.40					
24	云南省	1.33	42.00	13.61	19.62	11.37	14.65	3.24	-1.61	-16.89	-16.99
	占行业比重（%）	0.16		0.35		0.52					
25	陕西省	50.82	35.12	212.07	30.53	115.27	28.45	18.77	22.09	3.04	5.67
	占行业比重（%）	6.10		5.42		5.28					
26	甘肃省	2.45	-4.31	16.05	-3.11	7.66	1.51	10.23	10.58	-0.32	-4.00
	占行业比重（%）	0.29		0.41		0.35					
27	宁夏回族自治区	23.33	17.21	52.01	0.30	25.19	-7.50	27.55	26.31	12.19	12.26
	占行业比重（%）	2.80		1.33		1.15					
28	新疆维吾尔自治区	0.53	24.11	9.60	8.46	8.32	20.85	23.70	26.68	18.85	21.49
	占行业比重（%）	0.06		0.25		0.38					

〔撰稿人：中国重型机械工业协会严祥文　审稿人：中国重型机械工业协会李镜〕

2015 年轻小型起重设备行业主要经济指标按省、自治区、直辖市分布

序号	地区名称	主营业务收入（亿元）	同比增长（%）	主营业务成本（亿元）	同比增长（%）	主营业务收入利润（亿元）	同比增长（%）	利润总额（亿元）	同比增长（%）	企业亏损面（%）	上年同期（%）
	轻小型起重设备行业	448.71	-5.39	375.36	-5.71	70.90	-3.55	27.44	-9.88	14.34	11.95
1	天津市	5.64	-11.28	5.16	-9.17	0.47	-30.01	0.05	-84.03	25.00	25.00
	占行业比重（%）	1.26		1.37		0.66		0.18			
2	河北省	59.14	-33.39	48.22	-33.55	10.48	-32.89	5.27	-38.91	7.69	7.69
	占行业比重（%）	13.18		12.85		14.78		19.20			
3	山西省	0.92	-55.40	0.72	-54.10	0.19	-60.12		-95.42		
	占行业比重（%）	0.21		0.19		0.27		0.01			
4	内蒙古自治区	0.20	-0.31	0.18	-3.58	0.02	54.75		78.41		
	占行业比重（%）	0.05		0.05		0.02		0.02			
5	辽宁省	4.02	-46.11	3.35	-45.77	0.66	-47.82	0.09	-76.67	42.86	42.86
	占行业比重（%）	0.90		0.89		0.93		0.32			
6	吉林省	10.83	28.39	9.38	26.68	1.41	41.69	0.09	65.91		
	占行业比重（%）	2.41		2.50		1.98		0.33			
7	黑龙江省	0.40	-12.75	0.34	-8.50	0.06	-31.90		-95.21		
	占行业比重（%）	0.09		0.09		0.08					
8	上海市	32.72	3.58	26.79	2.11	5.87	10.63	2.14	16.98	20.00	20.00
	占行业比重（%）	7.29		7.14		8.28		7.81			
9	江苏省	115.88	-2.44	93.84	-4.67	21.42	8.24	9.09	-4.42	13.04	8.70
	占行业比重（%）	25.83		25.00		30.21		33.14			
10	浙江省	40.15	-5.02	32.55	-6.25	7.38	0.44	2.32	14.05	14.00	6.00
	占行业比重（%）	8.95		8.67		10.40		8.45			
11	安徽省	18.70	-3.99	17.10	5.20	1.57	-49.97	0.28	-51.66	9.09	9.09
	占行业比重（%）	4.17		4.55		2.21		1.03			
12	福建省	3.96	15.22	3.45	17.88	0.49	1.64	0.06	-2.48	50.00	37.50
	占行业比重（%）	0.88		0.92		0.69		0.21			
13	江西省	6.78	14.29	5.69	17.20	1.08	1.03	0.73	-2.27		
	占行业比重（%）	1.51		1.52		1.52		2.65			
14	山东省	27.65	7.40	23.62	7.36	3.82	9.63	1.78	12.89	5.26	5.26
	占行业比重（%）	6.16		6.29		5.38		6.49			
15	河南省	26.05	17.96	22.36	15.96	3.60	32.28	2.12	42.83		5.26

（续）

序号	地区名称	主营业务收入（亿元）	同比增长（%）	主营业务成本（亿元）	同比增长（%）	主营业务收入利润（亿元）	同比增长（%）	利润总额（亿元）	同比增长（%）	企业亏损面（%）	上年同期（%）
	占行业比重（%）	5.81		5.96		5.07		7.72			
16	湖北省	30.03	28.07	27.61	26.37	2.35	57.32	0.45	48.04	14.29	14.29
	占行业比重（%）	6.69		7.36		3.31		1.63			
17	湖南省	13.98	0.37	10.66	-3.64	3.19	18.19	0.94	71.84	25.00	25.00
	占行业比重（%）	3.11		2.84		4.50		3.44			
18	广东省	28.68	-14.93	25.02	-15.54	3.55	-10.50	1.83	5.88	12.50	12.50
	占行业比重（%）	6.39		6.67		5.00		6.68			
19	重庆市	0.25	11.29	0.22	11.27	0.03	9.77		146.60		
	占行业比重（%）	0.06		0.06		0.04		0.01			
20	四川省	20.23	14.72	16.97	14.67	2.94	17.11	0.19	-63.48	15.38	15.38
	占行业比重（%）	4.51		4.52		4.15		0.71			
21	贵州省	0.82	39.31	0.79	40.77	0.03	11.96		-68.06	100.00	100.00
	占行业比重（%）	0.18		0.21		0.05					
22	云南省	0.74	-14.55	0.62	-7.65	0.12	-38.47	0.02	-83.14		
	占行业比重（%）	0.16		0.16		0.17		0.08			
23	陕西省	0.41	30.66	0.34	39.13	0.07	0.86		-5.62		
	占行业比重（%）	33.00		25.02		10.69		2.24			
24	甘肃省	0.51	4.99	0.38	-6.54	0.13	56.55	-0.03	-27.08	100.00	100.00
	占行业比重（%）	40.70		27.31		19.66		-18.32			

序号	地区名称	应收账款净值（亿元）	同比增长（%）	资产总值（亿元）	同比增长（%）	负债总计（亿元）	同比增长（%）	主营业务收入利润率（%）	上年同期（%）	主营业务利润总额率（%）	上年同期（%）
	轻小型起重设备行业	77.16	-2.07	422.49	5.39	218.55	-2.95	15.80	15.50	6.12	6.42
1	天津市	1.56	-5.30	5.81	-11.14	3.25	-15.50	8.25	10.46	0.88	4.87
	占行业比重（%）	2.03		1.37		1.49					
2	河北省	8.82	-11.69	98.98	-2.00	46.47	-19.50	17.72	17.59	8.91	9.71
	占行业比重（%）	11.43		23.43		21.26					
3	山西省	1.00	-2.40	4.75	-1.79	4.20	-2.11	21.06	23.55	0.18	1.73
	占行业比重（%）	1.30		1.12		1.92					
4	内蒙古自治区	0.06	0.20	0.20	2.14	0.04	9.18	8.46	5.45	2.33	1.30
	占行业比重（%）	0.08		0.05		0.02					
5	辽宁省	0.65	-17.77	5.11	-41.10	3.33	-46.86	16.39	16.93	2.17	5.01
	占行业比重（%）	0.85		1.21		1.53					
6	吉林省	3.39	12.32	10.57	8.99	10.42	7.72	12.99	11.77	0.83	0.65
	占行业比重（%）	4.39		2.50		4.77					

（续）

序号	地区名称	应收账款净值（亿元）	同比增长（%）	资产总值（亿元）	同比增长（%）	负债总计（亿元）	同比增长（%）	主营业务收入利润率（%）	上年同期（%）	主营业务利润总额率（%）	上年同期（%）
7	黑龙江省	0.10	-41.76	0.68	1.08	0.54	1.37	13.97	17.89	0.18	3.29
	占行业比重（%）	0.12		0.16		0.25					
8	上海市	10.56	14.29	33.21	17.58	15.25	1.67	17.95	16.80	6.55	5.80
	占行业比重（%）	13.68		7.86		6.98					
9	江苏省	16.51	-15.61	90.27	2.63	43.04	-0.80	18.48	16.66	7.85	8.01
	占行业比重（%）	21.40		21.37		19.70					
10	浙江省	9.74	-0.14	42.19	-0.73	23.70	-9.01	18.37	17.37	5.77	4.81
	占行业比重（%）	12.62		9.99		10.85					
11	安徽省	2.96	92.44	17.09	49.47	11.92	65.68	8.39	16.09	1.51	3.00
	占行业比重（%）	3.84		4.05		5.46					
12	福建省	0.72	-5.65	7.06	12.40	4.47	5.47	12.43	14.09	1.46	1.72
	占行业比重（%）	0.93		1.67		2.05					
13	江西省	0.72	-5.50	4.59	11.12	2.04	26.59	15.94	18.03	10.74	12.56
	占行业比重（%）	0.93		1.09		0.93					
14	山东省	0.56	-11.17	9.76	-7.89	4.92	-10.09	13.80	13.52	6.44	6.13
	占行业比重（%）	0.73		2.31		2.25					
15	河南省	3.08	3.63	24.81	23.32	6.23	18.42	13.81	12.31	8.13	6.71
	占行业比重（%）	3.99		5.87		2.85					
16	湖北省	2.76	-18.77	8.20	6.76	4.26	4.18	7.81	6.36	1.49	1.29
	占行业比重（%）	3.58		1.94		1.95					
17	湖南省	0.87	8.03	3.54	10.07	0.93	-0.58	22.84	19.40	6.76	3.95
	占行业比重（%）	1.13		0.84		0.43					
18	广东省	10.15	8.02	34.39	16.65	19.35	2.80	12.37	11.76	6.39	5.13
	占行业比重（%）	13.16		8.14		8.85					
19	重庆市	0.05	-3.16	0.11	15.24	0.05	22.98	10.11	10.25	1.02	0.46
	占行业比重（%）	0.06		0.02		0.02					
20	四川省	2.21	-6.67	18.09	30.16	12.15	47.49	14.53	14.23	0.96	3.02
	占行业比重（%）	2.87		4.28		5.56					
21	贵州省	0.06	-33.83	0.12	-27.24	0.10	-10.77	3.97	4.94	-0.08	-0.37
	占行业比重（%）	0.08		0.03		0.04					
22	云南省	0.16	-51.27	0.68	-34.14	0.09	-68.76	16.03	22.26	2.96	15.01
	占行业比重（%）	0.21		0.16		0.04					
23	云南省	0.25	16.88	0.73	21.66	0.54	-4.77	16.92	21.92	0.97	1.35
	占行业比重（%）	12.12		53.33		36.26					
24	甘肃省	0.22	-1.12	1.53	-15.24	1.26	-17.89	25.22	16.92	-6.46	-9.29
	占行业比重（%）	10.87		111.42		84.44					

注：新增陕西省数据

〔撰稿人：中国重型机械工业协会严祥文　审稿人：中国重型机械工业协会李镜〕

2015 年起重机行业主要经济指标按省、自治区、直辖市分布

序号	地区名称	主营业务收入（亿元）	同比增长（%）	主营业务成本（亿元）	同比增长（%）	主营业务收入利润（亿元）	同比增长（%）	利润总额（亿元）	同比增长（%）	企业亏损面（%）	上年同期（%）
	起重机行业	2 573.37	-3.29	2 197.82	-3.37	360.77	-3.04	141.56	-0.97	17.62	12.56
1	北京市	5.52	-34.98	4.26	-37.97	1.21	-20.84	-1.43	-630.67	66.67	16.67
	占行业比重（%）	0.21		0.19		0.33		-1.01			
2	天津市	7.12	-20.46	5.56	-24.69	1.52	-0.16	0.41	-20.69	21.43	28.57
	占行业比重（%）	0.28		0.25		0.42		0.29			
3	河北省	25.24	-20.34	22.35	-21.01	2.78	-15.44	1.78	-12.08	33.33	16.67
	占行业比重（%）	0.98		1.02		0.77		1.26			
4	山西省	0.15	-25.35	0.13	-33.60	0.02	4981.82	-0.01	-47.03	100.00	100.00
	占行业比重（%）	0.01		0.01				-0.01			
5	内蒙古自治区	5.63	37.95	5.62	38.41		-83.08		-83.33		
	占行业比重（%）	0.22		0.26							
6	辽宁省	72.41	-43.74	62.27	-44.58	9.83	-35.43	3.20	-4.50	36.07	19.67
	占行业比重（%）	2.81		2.83		2.72		2.26			
7	吉林省	53.02	15.46	46.32	13.32	6.50	32.56	1.43	3.71	9.09	9.09
	占行业比重（%）	2.06		2.11		1.80		1.01			
8	黑龙江省	15.88	12.38	14.92	14.65	0.92	-14.91	0.54	-6.39	50.00	50.00
	占行业比重（%）	0.62		0.68		0.26		0.38			
9	上海市	257.59	-12.05	221.94	-14.35	35.28	9.25	2.70	-25.03	26.09	17.39
	占行业比重（%）	10.01		10.10		9.78		1.91			
10	江苏省	638.55	-15.02	528.91	-15.23	105.95	-14.96	22.85	-22.10	29.17	19.17
	占行业比重（%）	24.81		24.07		29.37		16.14			
11	浙江省	59.80	1.48	50.02	6.53	9.51	-18.56	3.87	0.16	17.78	13.33
	占行业比重（%）	2.32		2.28		2.64		2.74			
12	安徽省	147.46	0.39	127.94	0.24	18.63	1.60	10.97	29.05	8.11	8.11
	占行业比重（%）	5.73		5.82		5.16		7.75			
13	福建省	24.48	7.11	21.73	7.90	2.66	0.80	1.02	23.69	13.33	20.00
	占行业比重（%）	0.95		0.99		0.74		0.72			
14	江西省	28.54	35.77	23.34	37.87	5.00	26.64	2.45	20.12		12.50
	占行业比重（%）	1.11		1.06		1.39		1.73			
15	山东省	422.94	14.95	365.77	16.56	52.73	3.61	25.44	10.23	8.94	5.69
	占行业比重（%）	16.44		16.64		14.62		17.97			
16	河南省	624.80	9.52	541.85	9.20	79.92	11.47	53.16	6.09	1.84	1.23
	占行业比重（%）	24.28		24.65		22.15		37.55			
17	湖北省	26.27	-9.42	22.93	-9.84	3.17	-3.65	1.38	19.90	5.00	5.00
	占行业比重（%）	1.02		1.04		0.88		0.98			
18	湖南省	60.26	-6.38	50.49	-5.82	9.34	-9.55	6.08	-15.23	18.52	14.81
	占行业比重（%）	2.34		2.30		2.59		4.30			

（续）

序号	地区名称	主营业务收入（亿元）	同比增长（%）	主营业务成本（亿元）	同比增长（%）	主营业务收入利润（亿元）	同比增长（%）	利润总额（亿元）	同比增长（%）	企业亏损面（%）	上年同期（%）
19	广东省	29.62	14.80	25.35	16.03	4.15	7.39	1.97	7.56	35.00	15.00
	占行业比重（%）	1.15		1.15		1.15		1.39			
20	广西壮族自治区	17.48	-6.56	14.69	-9.79	2.74	15.62	0.94	129.56	20.00	20.00
	占行业比重（%）	0.68		0.67		0.76		0.67			
21	重庆市	11.02	5.36	8.93	3.70	2.03	13.73	1.16	22.02	36.36	27.27
	占行业比重（%）	0.43		0.41		0.56		0.82			
22	四川省	25.46	30.44	20.64	35.72	4.65	11.18	1.20	14.09	15.79	21.05
	占行业比重（%）	0.99		0.94		1.29		0.85			
23	贵州省	1.60	-2.08	1.57	-2.02	0.03	-4.49	0.02			
	占行业比重（%）	0.06		0.07		0.01		0.01			
24	云南省	0.45	-62.09	0.36	-62.54	0.08	-60.10		-102.74	50.00	
	占行业比重（%）	0.02		0.02		0.02					
25	陕西省	2.29	-11.39	1.99	-23.30	0.29	-1966.41	-0.06	-86.26	50.00	100.00
	占行业比重（%）	0.09		0.09		0.08		-0.04			
26	甘肃省	2.15	6.90	1.64	12.38	0.51	-7.90	-0.05	-450.53	100.00	
	占行业比重（%）	0.08		0.07		0.14		-0.03			
27	宁夏回族自治区	1.38	-25.96	1.25	-23.50	0.12	-44.64	-0.21	69.75	50.00	75.00
	占行业比重（%）	0.05		0.06		0.03		-0.15			
28	新疆维吾尔自治区	6.29	-31.60	5.06	-32.88	1.21	-25.79	0.75	-47.31	16.67	16.67
	占行业比重（%）	0.24		0.23		0.33		0.53			

序号	地区名称	应收账款净值（亿元）	同比增长（%）	资产总值（亿元）	同比增长（%）	负债总计（亿元）	同比增长（%）	主营业务收入利润率（%）	上年同期（%）	主营业务利润总额率（%）	上年同期（%）
	起重机行业	690.48	10.10	2 927.03	3.89	1 703.97	-0.06	14.02	13.98	5.50	5.37
1	北京市	4.38	-14.43	25.36	-6.92	15.63	-3.78	21.84	17.94	-25.90	3.17
	占行业比重（%）	0.63		0.87		0.92					
2	天津市	2.60	29.04	11.56	15.29	7.04	40.65	21.31	16.98	5.73	5.75
	占行业比重（%）	0.38		0.39		0.41					
3	河北省	4.54	36.33	18.46	3.58	5.96	11.84	11.03	10.39	7.05	6.39
	占行业比重（%）	0.66		0.63		0.35					
4	山西省	0.07	-44.53	0.69	-11.04	0.60	-8.56	11.16	0.16	-6.72	-9.47
	占行业比重（%）	0.01		0.02		0.03					
5	内蒙古自治区	-0.01	-227.27		-94.29	0.01	-91.92	0.05	0.38		
	占行业比重（%）										
6	辽宁省	18.44	6.44	100.33	6.39	52.46	9.78	13.57	11.82	4.43	2.61
	占行业比重（%）	2.67		3.43		3.08					
7	吉林省	1.56	8.66	13.35	7.33	6.49	7.42	12.25	10.67	2.69	3.00
	占行业比重（%）	0.23		0.46		0.38					
8	黑龙江省	1.92	-10.43	10.43	-3.00	6.61	0.04	5.83	7.70	3.39	4.07
	占行业比重（%）	0.28		0.36		0.39					
9	上海市	55.57	0.16	611.57	2.11	439.72	0.54	13.70	11.03	1.05	1.23
	占行业比重（%）	8.05		20.89		25.81					

（续）

序号	地区名称	应收账款净值（亿元）	同比增长（%）	资产总值（亿元）	同比增长（%）	负债总计（亿元）	同比增长（%）	主营业务收入利润率（%）	上年同期（%）	主营业务利润总额率（%）	上年同期（%）
10	江苏省	359.55	7.47	1 145.88	0.61	713.01	-4.58	16.59	16.58	3.58	3.90
	占行业比重（%）	52.07		39.15		41.84					
11	浙江省	23.06	20.14	84.05	7.23	52.42	5.98	15.91	19.82	6.48	6.56
	占行业比重（%）	3.34		2.87		3.08					
12	安徽省	12.34	1.80	86.69	14.52	38.34	5.48	12.63	12.48	7.44	5.78
	占行业比重（%）	1.79		2.96		2.25					
13	福建省	3.54	27.23	20.09	4.39	10.08	-1.98	10.86	11.54	4.15	3.59
	占行业比重（%）	0.51		0.69		0.59					
14	江西省	4.38	69.74	18.51	21.62	6.41	50.92	17.53	18.80	8.59	9.71
	占行业比重（%）	0.63		0.63		0.38					
15	山东省	14.40	0.94	158.32	5.37	50.81	7.83	12.47	13.83	6.01	6.27
	占行业比重（%）	2.09		5.41		2.98					
16	河南省	63.90	21.29	365.78	5.79	140.86	-2.10	12.79	12.57	8.51	8.78
	占行业比重（%）	9.25		12.50		8.27					
17	湖北省	7.63	39.66	21.76	6.10	14.50	-0.27	12.05	11.32	5.27	3.98
	占行业比重（%）	1.11		0.74		0.85					
18	湖南省	85.28	12.14	108.32	18.54	54.25	4.47	15.50	16.04	10.09	11.15
	占行业比重（%）	12.35		3.70		3.18					
19	广东省	3.79	13.54	22.67	10.05	15.10	7.73	14.02	14.99	6.67	7.11
	占行业比重（%）	0.55		0.77		0.89					
20	广西壮族自治区	7.14	13.18	25.23	15.51	15.77	26.83	15.68	12.67	5.40	2.20
	占行业比重（%）	1.03		0.86		0.93					
21	重庆市	0.63	15.27	6.00	0.10	3.61	2.68	18.40	17.04	10.49	9.06
	占行业比重（%）	0.09		0.21		0.21					
22	四川省	4.25	38.96	18.55	7.00	9.76	-8.68	18.25	21.41	4.72	5.39
	占行业比重（%）	0.62		0.63		0.57					
23	贵州省	0.02	5.29	0.05	-24.21	0.04	-10.50	1.96	2.01	1.01	1.55
	占行业比重（%）			0.00							
24	云南省	0.05	27.72	0.75	-6.83	0.44	-9.00	18.99	18.04	-0.28	3.82
	占行业比重（%）	0.01		0.03		0.03					
25	陕西省	2.33	41.48	7.09	11.81	5.20	14.93	12.69	-0.60	-2.73	-17.59
	占行业比重（%）	0.34		0.24		0.31					
26	甘肃省	0.61	1 786.24	23.87	121.98	21.50	110.14	23.54	27.33	-2.30	0.70
	占行业比重（%）	0.09		0.82		1.26					
27	宁夏回族自治区	0.96	-61.49	4.66	-36.65	3.75	-27.12	8.82	11.80	-15.03	-6.56
	占行业比重（%）	0.14		0.16		0.22					
28	新疆维吾尔自治区	7.56	153.85	17.01	-8.59	13.62	-1.35	19.20	17.70	11.94	15.50
	占行业比重（%）	1.09		0.58		0.80					

注：贵州缺部分数据。

〔撰稿人：中国重型机械工业协会严祥文　审稿人：中国重型机械工业协会李镜〕

2015年连续搬运设备行业主要经济指标按省、自治区、直辖市分布

序号	地区名称	主营业务收入（亿元）	同比增长（%）	主营业务成本（亿元）	同比增长（%）	主营业务收入利润（亿元）	同比增长（%）	利润总额（亿元）	同比增长（%）	企业亏损面（%）	上年同期（%）
	连续搬运设备行业	411.03	6.43	347.26	7.46	61.77	1.12	22.62	-2.21	16.61	9.39
1	北京市	6.53	3.10	5.08	4.77	1.43	-1.94	0.33	6.85	20.00	20.00
	占行业比重（%）	1.59		1.46		2.31		1.47			
2	天津市	6.41	-17.13	5.34	-19.15	1.05	-5.31	0.41	13.58	33.33	
	占行业比重（%）	1.56		1.54		1.70		1.83			
3	河北省	31.57	0.22	23.57	-0.72	7.90	3.01	2.10	-4.64	24.00	12.00
	占行业比重（%）	7.68		6.79		12.79		9.28			
4	山西省	2.82	4.25	2.51	3.84	0.28	-0.94	-0.01	-158.19	50.00	50.00
	占行业比重（%）	0.69		0.72		0.46		-0.05			
5	辽宁省	0.97	64.85	0.91	75.83	0.05	-19.07	0.03	-21.11		
	占行业比重（%）	0.23		0.26		0.09		0.14			
6	吉林省	2.23	-7.02	1.69	-2.65	0.53	-17.94	-0.11	-163.93	66.67	0.00
	占行业比重（%）	0.54		0.49		0.86		-0.49			
7	黑龙江省	2.79	-10.87	2.52	-9.24	0.27	-22.56	0.07	-3.54		
	占行业比重（%）	0.68		0.73		0.43		0.29			
8	上海市	27.61	-8.94	21.88	-14.35	5.63	20.28	2.46	36.71	21.43	14.29
	占行业比重（%）	6.72		6.30		9.12		10.89			
9	江苏省	85.22	4.34	72.94	4.97	11.88	0.66	4.33	-0.32	18.31	11.27
	占行业比重（%）	20.73		21.00		19.23		19.13			
10	浙江省	37.70	-4.13	32.73	-4.39	4.77	-2.72	1.64	-4.18	15.79	10.53
	占行业比重（%）	9.17		9.42		7.73		7.25			
11	安徽省	64.34	5.90	54.12	7.90	9.90	-3.37	4.76	-11.61	7.50	2.50
	占行业比重（%）	15.65		15.59		16.02		21.06			
12	福建省	2.86	16.16	2.38	16.16	0.48	15.92	0.14	18.64		
	占行业比重（%）	0.70		0.68		0.78		0.63			
13	江西省	7.58	48.43	7.32	63.80	0.25	-59.76	0.24	-25.34		
	占行业比重（%）	1.84		2.11		0.41		1.08			
14	山东省	15.74	2.68	13.72	8.39	1.91	-24.70	0.85	-28.94	12.50	25.00
	占行业比重（%）	3.83		3.95		3.10		3.74			
15	河南省	38.30	38.25	35.53	39.54	2.63	23.06	1.61	35.66	33.33	
	占行业比重（%）	9.32		10.23		4.26		7.13			
16	湖北省	31.83	16.46	26.80	18.16	4.84	8.05	1.15	2.55	5.88	5.88

（续）

序号	地区名称	主营业务收入（亿元）	同比增长（%）	主营业务成本（亿元）	同比增长（%）	主营业务收入利润（亿元）	同比增长（%）	利润总额（亿元）	同比增长（%）	企业亏损面（%）	上年同期（%）
	占行业比重（%）	7.74		7.72		7.84		5.10			
17	湖南省	20.09	37.08	15.79	38.47	4.11	32.83	1.38	25.26	0.00	0.00
	占行业比重（%）	4.89		4.55		6.66		6.10			
18	广东省	8.16	-2.08	6.73	2.10	1.40	-17.82	0.66	-6.93	12.50	12.50
	占行业比重（%）	1.99		1.94		2.27		2.93			
19	广西壮族自治区	1.65	101.11	1.40	100.24	0.24	105.05	0.03	-147.65		
	占行业比重（%）	0.40		0.40		0.39		0.14			
20	重庆市	0.48	122.93	0.30	137.45	0.17	101.96	0.10	40.98		
	占行业比重（%）	29.93		20.55		7.37		6.66			
21	四川省	12.66	0.74	11.20	2.08	1.38	-6.94	0.81	1.36		
	占行业比重（%）	797.28		765.71		59.80		55.18			
22	贵州省	0.63	48.13	0.59	44.55	0.04	151.57	0.00	175.00		
	占行业比重（%）	39.67		40.14		1.73		0.07			
23	陕西省	1.87	-53.68	1.47	-50.72	0.38	-62.42	-0.26	-327.93	100.00	
	占行业比重（%）	117.79		100.79		16.65		-17.63			
24	新疆维吾尔自治区	0.98	31.41	0.74	26.28	0.23	51.20	-0.12	-671.07	100.00	
	占行业比重（%）	62.69		48.46		13.71		-6.50			

序号	地区名称	应收账款净值（亿元）	同比增长（%）	资产总值（亿元）	同比增长（%）	负债总计（亿元）	同比增长（%）	主营业务收入利润率（%）	上年同期（%）	主营业务利润总额率（%）	上年同期（%）
	连续搬运设备行业	86.95	15.09	343.58	4.21	165.68	-6.94	15.03	15.82	5.50	5.99
1	北京市	5.04	6.33	12.76	3.35	6.97	-17.63	21.86	22.99	5.09	4.91
	占行业比重（%）	5.80		3.71		4.20					
2	天津市	1.39	-15.22	9.67	-35.63	7.83	-40.75	16.35	14.31	6.46	4.71
	占行业比重（%）	1.60		2.81		4.72					
3	河北省	8.46	1.81	39.87	3.35	18.53	-5.06	25.03	24.35	6.65	6.99
	占行业比重（%）	9.73		11.60		11.18					
4	山西省	1.68	-8.01	4.92	-3.13	3.50	-1.47	10.00	10.53	-0.44	0.78
	占行业比重（%）	1.93		1.43		2.11					
5	辽宁省	0.02	10.84	0.16	7.70	0.06	-24.60	5.50	11.21	3.26	6.80
	占行业比重（%）	0.03		0.05		0.04					
6	吉林省	0.69	-1.65	2.59	-13.08	0.52	-44.09	23.75	26.91	-4.99	7.25
	占行业比重（%）	0.79		0.75		0.32					
7	黑龙江省	0.38	19.30	1.67	96.90	0.25	1.79	9.49	10.92	2.33	2.16
	占行业比重（%）	0.44		0.49		0.15					
8	上海市	10.86	50.82	31.64	22.60	16.28	15.14	20.40	15.44	8.92	5.94
	占行业比重（%）	12.49		9.21		9.83					

（续）

序号	地区名称	应收账款净值（亿元）	同比增长（%）	资产总值（亿元）	同比增长（%）	负债总计（亿元）	同比增长（%）	主营业务收入利润率（%）	上年同期（%）	主营业务利润总额率（%）	上年同期（%）
9	江苏省	17.08	30.65	65.29	7.97	35.06	5.67	13.94	14.45	5.08	5.32
	占行业比重（%）	19.65		19.00		21.16					
10	浙江省	8.70	6.59	41.66	-1.70	22.42	-9.77	12.67	12.48	4.35	4.36
	占行业比重（%）	10.00		12.12		13.53					
11	安徽省	8.38	5.32	37.99	4.24	16.46	4.31	15.38	16.86	7.41	8.87
	占行业比重（%）	9.64		11.06		9.93					
12	福建省	0.78	35.06	2.20	21.00	0.95	9.12	16.78	16.82	5.02	4.91
	占行业比重（%）	0.90		0.64		0.57					
13	江西省	0.53	0.89	4.00	9.21	2.74	-0.56	3.35	12.36	3.22	6.39
	占行业比重（%）	0.61		1.16		1.65					
14	山东省	0.72	9.86	11.92	8.96	6.23	7.81	12.16	16.58	5.38	7.77
	占行业比重（%）	0.83		3.47		3.76					
15	河南省	1.12	-3.72	9.39	12.89	1.49	-22.03	6.87	7.72	4.21	4.29
	占行业比重（%）	1.29		2.73		0.90					
16	湖北省	3.14	-8.33	15.28	7.87	5.92	18.97	15.21	16.39	3.62	4.11
	占行业比重（%）	3.61		4.45		3.57					
17	湖南省	4.20	22.91	17.61	37.46	4.62	-28.33	20.46	21.12	6.87	7.51
	占行业比重（%）	4.83		5.13		2.79					
18	广东省	3.57	89.10	8.08	-5.76	2.63	-22.79	17.15	20.44	8.11	8.54
	占行业比重（%）	4.11		2.35		1.59					
19	广西壮族自治区	0.31	63.45	2.69	6.74	1.80	6.41	14.60	14.32	1.86	-7.86
	占行业比重（%）	0.35		0.78		1.09					
20	广西壮族自治区	0.09	13.30	0.22	91.45	0.01	11.09	35.83	39.55	20.58	32.54
	占行业比重（%）	1.49		5.81		0.24					
21	四川省	7.97	13.35	14.25	1.05	6.72	-26.70	10.91	11.81	6.41	6.37
	占行业比重（%）	137.44		383.62		159.79					
22	贵州省			0.04	0.58	0.04		6.35	3.74	0.17	0.09
	占行业比重（%）			1.08		0.83					
23	陕西省	1.48	-33.93	6.31	-12.27	1.99	-21.79	20.56	25.34	-13.85	2.81
	占行业比重（%）	25.52		169.75		47.24					
24	陕西省	0.35	-12.74	3.38	-36.93	2.67	-40.77	23.78	20.67	-12.16	2.80
	占行业比重（%）	22.23		120.29		56.61					

注：1. 贵州缺部分数据。

2. 同上年比，缺云南省数据，新增重庆市数据。

〔撰稿人：中国重型机械工业协会严祥文　审稿人：中国重型机械工业协会李镜〕

2015 年重型机械进出口按国家（地区）统计

序号	国家（地区）	出口金额（万美元）	占出口总额的比重（%）	序号	国家（地区）	进口金额（万美元）	占进口总额的比重（%）
	重型机械行业总计	1 785 703	100.00		重型机械行业总计	600 931	100.00
1	美国	182 985	10.25	1	德国	154 587	25.72
2	印度尼西亚	95 731	5.36	2	日本	73 851	12.29
3	韩国	74 865	4.19	3	美国	64 323	10.70
4	澳大利亚	73 040	4.09	4	韩国	62 109	10.34
5	越南	72 034	4.03	5	中国台湾	27 781	4.62
6	印度	71 815	4.02	6	意大利	24 007	3.99
7	新加坡	66 034	3.70	7	奥地利	17 549	2.92
8	马来西亚	57 801	3.24	8	挪威	16 920	2.82
9	日本	57 316	3.21	9	法国	16 322	2.72
10	泰国	49 127	2.75	10	马来西亚	15 215	2.53
11	土耳其	48 750	2.73	11	荷兰	15 146	2.52
12	伊朗	44 322	2.48	12	英国	14 574	2.43
13	墨西哥	42 322	2.37	13	新加坡	13 114	2.18
14	中国香港	42 138	2.36	14	瑞士	12 538	2.09
15	沙特阿拉伯	38 956	2.18	15	瑞典	9 815	1.63
16	巴西	35 842	2.01	16	波兰	8 931	1.49
17	菲律宾	34 703	1.94	17	中国	8 371	1.39
18	德国	33 085	1.85	18	加拿大	6 985	1.16
19	俄罗斯联邦	30 014	1.68	19	芬兰	6 497	1.08
20	阿拉伯联合酋长国	28 340	1.59	20	西班牙	5 691	0.95
21	英国	28 195	1.58	21	捷克	4 797	0.80
22	荷兰	26 341	1.48	22	丹麦	4 217	0.70
23	卡塔尔	24 386	1.37	23	爱沙尼亚	3 299	0.55
24	中国台湾	24 065	1.35	24	澳大利亚	2 997	0.50
25	委内瑞拉	20 367	1.14	25	比利时	2 073	0.34
26	南非	19 258	1.08	26	泰国	824	0.14
27	加拿大	18 520	1.04	27	越南	833	0.14
28	哥伦比亚	17 607	0.99	28	土耳其	756	0.13
29	巴基斯坦	17 551	0.98	29	立陶宛	751	0.12
30	意大利	16 255	0.91	30	斯洛文尼亚	681	0.11
31	缅甸	16 112	0.90	31	匈牙利	612	0.10
32	阿尔及利亚	16 144	0.90	32	罗马尼亚	598	0.10
33	比利时	15 222	0.85	33	印度	499	0.08

（续）

序号	国家（地区）	出口金额（万美元）	占出口总额的比重（%）	序号	国家（地区）	进口金额（万美元）	占进口总额的比重（%）
34	哈萨克斯坦	14 518	0.81	34	新西兰	417	0.07
35	法国	13 294	0.74	35	中国香港	387	0.06
36	智利	12 935	0.72	36	印度尼西亚	331	0.06
37	埃及	12 130	0.68	37	巴西	365	0.06
38	孟加拉国	11 537	0.65	38	阿拉伯联合酋长国	237	0.04
39	阿根廷	11 479	0.64	39	南非	230	0.04
40	尼日利亚	10 161	0.57	40	爱尔兰	229	0.04
41	巴拿马	9 516	0.53	41	斯洛伐克	266	0.04
42	西班牙	9 119	0.51	42	以色列	154	0.03
43	秘鲁	8 808	0.49	43	保加利亚	164	0.03
44	波兰	8 440	0.47	44	菲律宾	116	0.02
45	科威特	7 887	0.44	45	冰岛	104	0.02
46	瑞典	7 613	0.43	46	阿根廷	131	0.02
47	伊拉克	7 540	0.42	47	斯里兰卡	78	0.01
48	埃塞俄比亚	6 654	0.37	48	卢森堡	41	0.01
49	以色列	6 270	0.35	49	希腊	78	0.01
50	老挝	6 336	0.35	50	葡萄牙	48	0.01

〔撰稿人：中国重型机械工业协会严祥文　审稿人：中国重型机械工业协会李镜〕

2015 年冶金矿山机械进出口情况按产品分类统计

税号	货品名称	数量单位	出口量	出口额（万美元）	进口量	进口额（万美元）	进出口总额（万美元）	进出口顺差（万美元）
	冶金矿山机械总计			**297 634**		**74 732**	**372 366**	**222 902**
	占重机行业总计比重（%）			16.67		12.44	15.60	18.81
	（一）冶金设备合计			**150 782**		**42 832**	**193 614**	**107 950**
	占冶金矿山机械总计比重（%）			50.66		57.31	52.00	48.43
	1. 金属冶炼设备小计	台	**1 018**	**5 295**	**19**	**878**	**6 173**	**4 417**
84178010	（1）炼焦炉	台	252	66			66	66
84541000	（2）转炉	台	640	1 730	4	253	1 983	1477
84542010	（3）炉外精炼设备	台	126	3 499	15	624	4 123	2 874
	2. 连续铸钢设备小计	台	**193**	**8 065**			**8 065**	**8 065**
84543021	（1）方坯连铸机	台	35	1 126			1 126	1 126
84543022	（2）板坯连铸机	台	21	5 971			5 971	5 971
84543029	（3）其他钢坯连铸机	台	137	969			969	969
	3. 金属轧制设备小计	台	**14 041**	**31 298**	**917**	**12 028**	**43 326**	**19 270**
	（1）板材轧机小计	台	3 652	11 225	29	608	11 833	10 617
84552110	板材热轧机	台	344	2 792			2 792	2 792
84552210	板材冷轧机	台	3 308	8 432	29	608	9 041	7 824
	（2）管轧机小计	台	2 004	3 101	10	1 452	4 553	1 648
84551010	热轧管机	台	42	132	4	185	317	-54
84551020	冷轧管机	台	644	2 024	3	1 107	3 131	917
84551030	定、减径轧管机	台	113	236	2	160	396	76
84551090	其他金属管轧机	台	1 205	709	1		709	709
84552120	（3）型材轧机	台	1142	864	4	893	1 757	-29
84552130	（4）线材轧机	台	376	2 982	11	1 085	4 067	1 897
	（5）其他金属轧机小计	台	3 265	7 353	59	4 197	11 550	3 157
84552190	其他金属热轧机或冷热联轧机	台	155	1 616	1	80	1 696	1 535
84552290	其他金属冷轧机	台	3 110	5 738	58	4 116	9 854	1 621
	（6）拉拔机小计	台	3 602	5 774	804	3 793	9 567	1 981
84631011	300t 及以下的冷拔管机	台	435	180	19	287	467	-107
84631019	其他冷拔管机	台	3	7			7	7
84631020	拔丝机	台	1 825	4 536	700	3 024	7 560	1 513
84631090	金属杆、管、型材、异型材等的拉拔机	台	1 339	1 050	85	482	1 533	568
	4. 冶金设备零件小计			**106 123**		**29 927**	**136 050**	**76 197**
	（1）金属冶炼设备零件小计			39 065		5 234	44 299	33 832
84179010	海绵铁回转窑的零件	kg	1 759 488	711	51 922	142	853	569
84179020	焦炉零件	kg	25 171 958	7 432	9 557	42	7 474	7 390

（续）

税号	货品名称	数量单位	出口量	出口额（万美元）	进口量	进口额（万美元）	进出口总额（万美元）	进出口顺差（万美元）
84542090	锭模及浇包	台	79 835	5 034	316	854	5 888	4 180
84549010	炉外精炼设备的零件	kg	12 911 512	5 470	42 249	125	5 595	5 346
84549090	其他金属冶炼设备及铸造机的零件	kg	65 633 013	20 417	1 262 468	4 072	24 489	16 346
	（2）连铸机零件小计	kg	19 768 529	11 164	687 873	2 094	13 258	9 070
84549021	钢坯连铸机用结晶器	kg	1 585 207	1 562	197 745	629	2 192	933
84549022	钢坯连铸机用振动装置	kg	168 600	211	246 773	529	740	-319
84549029	其他钢坯连铸机用零件	kg	18 014 722	9 391	243 355	935	10 326	8 455
	（3）金属轧制设备零件小计			55 894		22 599	78 493	33 295
84553000	金属轧机用轧辊	个	166 381	28 926	23 580	10 374	39 300	18 552
84559000	其他金属轧机零件	kg	65 917 122	26 968	3 500 160	12 224	39 193	14 744
	（二）矿山机械合计			**146 852**		**31 900**	**178 752**	**114 952**
	占冶金矿山机械总计比重（%）			49.34		42.69	48.00	51.57
	1. 采掘、凿岩设备及钻机小计	**台**		**39 467**		**12 964**	**52 431**	**26 504**
	（1）采煤、凿岩机及隧道掘进机小计	台	29 842	33 821	1 121	11 128	44 949	22 693
84303110	自推进的采（截）煤机	台/kg	6	624	8	2 338	2 962	-1 714
84303120	自推进的凿岩机	台/kg	2 161	997	43	1 270	2 267	-273
84303130	自推进的隧道掘进机	台/kg	58	30 390	11	3 852	34 242	26 538
84303900	非自推进的采煤、凿岩机及隧道掘进机	台	27 617	1 810	1 059	3 667	5 478	-1 857
84305020	（2）矿用电铲	台	10	1 311	6	682	1 993	628
	（3）采矿钻机小计	台	246	571	22	258	829	314
84305031	牙轮直径在380mm及以上的采矿钻机	台	26	56			56	56
84305039	其他采矿钻机	台	220	515	22	258	773	258
	（4）工程钻机小计	台	21 781	3 764	41	896	4 660	2 869
84306911	钻筒直径在3m以上的非自推进工程钻机	台	12	182	1	121	303	61
84306919	其他非自推进工程钻机	台	21 769	3 583	40	775	4 358	2 808
	2. 破碎、粉磨设备小计	**台**	**49 538**	**77 077**	**1 194**	**8 706**	**85 783**	**68 372**
84742010	（1）齿辊式破碎设备	台	5 581	10 657	602	2 092	12 749	8 564
84742020	（2）球磨式粉磨设备	台	2 514	19 691	102	808	20 498	18 883
84742090	（3）其他破碎或粉磨设备	台	41 443	46 730	490	5 806	52 536	40 924
	3. 筛分、洗选设备小计	**台**	**35 754**	**25 007**	**1 704**	**9 441**	**34 449**	**15 566**
84741000	筛分、洗选设备	台	35 754	25 007	1 704	9 441	34 449	15 566
	4. 矿山提升设备小计	**台**	**5 360**	**1 335**	**162**	**276**	**1 611**	**1 059**
84253110	（1）电动矿山提升设备	台	5 015	1 300	62	74	1 374	1 226
84253910	（2）非电动矿山提升设备	台	345	35	100	202	237	-167
	5. 矿山机械零件	kg	**10 115 475**	**3 965**	**208 695**	**513**	**4 478**	**3 452**
84314991	矿用电铲用零件	kg	10 115 475	3 965	208 695	513	4 478	3 452

〔撰稿人：中国重型机械工业协会严祥文　审稿人：中国重型机械工业协会李镜〕

2015年冶金设备进出口额按国家（地区）统计

序号	国家（地区）	出口额（万美元）	占出口总额的比重（%）	序号	国家（地区）	进口额（万美元）	占进口总额的比重（%）
	冶金设备合计	**150 782**	**100.00**		**冶金设备合计**	**42 832**	**100.00**
1	越南	15 371	10.19	1	德国	20 172	47.09
2	伊朗	13 990	9.28	2	日本	6 192	14.46
3	印度尼西亚	12 859	8.53	3	美国	4 323	10.09
4	美国	12 679	8.41	4	意大利	3 731	8.71
5	印度	11 519	7.64	5	法国	2 179	5.09
6	日本	9 659	6.41	6	韩国	1 755	4.10
7	泰国	7 531	4.99	7	中国台湾	1 124	2.62
8	韩国	6 720	4.46	8	荷兰	609	1.42
9	土耳其	4 810	3.19	9	奥地利	523	1.22
10	德国	4 153	2.75	10	挪威	411	0.96
11	俄罗斯联邦	4 024	2.67	11	瑞典	348	0.81
12	中国台湾	3 649	2.42	12	瑞士	228	0.53
13	马来西亚	3 116	2.07	13	中国	185	0.43
14	墨西哥	2 682	1.78	14	斯洛文尼亚	179	0.42
15	意大利	1 887	1.25	15	英国	178	0.41
16	菲律宾	1 831	1.21	16	保加利亚	140	0.33
17	沙特阿拉伯	1 745	1.16	17	比利时	119	0.28
18	南非	1 579	1.05	18	芬兰	111	0.26
19	阿尔及利亚	1 394	0.92	19	罗马尼亚	85	0.20
20	埃及	1 339	0.89	20	丹麦	66	0.15
21	孟加拉国	1 326	0.88	21	加拿大	46	0.11
22	尼日利亚	1 326	0.88	22	西班牙	21	0.05
23	哈萨克斯坦	1 295	0.86	23	俄罗斯联邦	22	0.05
24	巴西	1 247	0.83	24	巴西	20	0.05
25	加拿大	1 200	0.80	25	泰国	18	0.04
26	荷兰	1 148	0.76	26	马来西亚	11	0.03
27	巴基斯坦	1 084	0.72	27	中国香港	7	0.02
28	比利时	1 040	0.69	28	新加坡	3	0.01
29	澳大利亚	983	0.65	29	埃及	3	0.01
30	乌兹别克斯坦	835	0.55	30	波兰	6	0.01

〔撰稿人：中国重型机械工业协会严祥文　审稿人：中国重型机械工业协会李镜〕

2015年矿山设备进出口额按国家（地区）统计

序号	国家（地区）	出口额（万美元）	占出口总额的比重（%）	序号	国家（地区）	进口额（万美元）	占进口总额的比重（%）
	矿山设备合计	**146 852**	**100.00**		**矿山设备合计**	**31 900**	**100.00**
1	新加坡	17 049	11.61	1	美国	9 226	28.92
2	越南	9 027	6.15	2	德国	6 147	19.27
3	印度尼西亚	8 314	5.66	3	奥地利	3 826	11.99
4	中国香港	7 821	5.33	4	英国	1 975	6.19
5	伊朗	6 460	4.40	5	澳大利亚	1 733	5.43
6	沙特阿拉伯	5 507	3.75	6	日本	1 675	5.25
7	印度	4 989	3.40	7	法国	1 509	4.73
8	美国	4 754	3.24	8	中国	991	3.11
9	俄罗斯联邦	4 344	2.96	9	芬兰	910	2.85
10	缅甸	4 315	2.94	10	中国台湾	704	2.21
11	委内瑞拉	3 389	2.31	11	韩国	620	1.94
12	马来西亚	3 352	2.28	12	加拿大	412	1.29
13	南非	2 887	1.97	13	丹麦	322	1.01
14	老挝	2 682	1.83	14	印度	292	0.92
15	澳大利亚	2 542	1.73	15	意大利	265	0.83
16	阿尔及利亚	2 406	1.64	16	荷兰	247	0.78
17	哈萨克斯坦	2 366	1.61	17	捷克	228	0.71
18	泰国	2 275	1.55	18	瑞典	224	0.70
19	土耳其	2 270	1.55	19	瑞士	135	0.42
20	民主刚果	2 063	1.41	20	马来西亚	86	0.27
21	韩国	1 976	1.35	21	南非	75	0.23
22	菲律宾	1 920	1.31	22	西班牙	58	0.18
23	蒙古	1 815	1.24	23	新加坡	53	0.17
24	智利	1 800	1.23	24	挪威	37	0.12
25	墨西哥	1 793	1.22	25	俄罗斯联邦	39	0.12
26	尼日利亚	1 742	1.19	26	波兰	30	0.09
27	塔吉克斯坦	1 682	1.15	27	新西兰	27	0.09
28	肯尼亚	1 604	1.09	28	巴西	16	0.05
29	加纳	1 572	1.07	29	泰国	9	0.03
30	埃塞俄比亚	1 334	0.91	30	斯里兰卡	7	0.02

〔撰稿人：中国重型机械工业协会严祥文　审稿人：中国重型机械工业协会李镜〕

2015 年物料搬运（起重运输）机械进出口情况按产品分类统计

税号	货品名称	数量单位	出口量	出口额（万美元）	进口量	进口额（万美元）	进出口总额（万美元）	进出口顺差（万美元）
	物料搬运（起重运输）机械总计			**1 488 069**		**526 199**	**2 014 268**	**961 871**
	占重机行业总计比重（%）			83.33		87.56	84.40	81.19
	（一）轻小型起重设备合计			**207 689**		**94 317**	**302 006**	**113 372**
	占物料搬运机械总计比重（%）			13.96		17.92	14.99	11.79
84251100	**1. 电动葫芦**	**台**	**995 234**	**15 099**	**13 476**	**9 311**	**24 410**	**5 787**
84251900	**2. 滑车及手动葫芦**	**台**	**3 864 624**	**15 366**	**31 297**	**2 634**	**18 001**	**12 732**
	3. 卷扬机及绞盘小计	**台**	**6 875 915**	**54 130**	**48 114**	**66 712**	**120 842**	**-12 582**
84253190	（1）电动的卷扬机及绞盘	台	1 871 846	41 974	32 667	53 992	95 966	-12 018
84253990	（2）非电动卷扬机及绞盘	台	5 004 069	12 156	15 447	12 720	24 876	-564
	4. 千斤顶小计	**台**	**39 184 140**	**71 293**	**353 292**	**5 530**	**76 823**	**65 763**
84254100	（1）车库中使用的固定千斤顶系统	台	13 510	281	299	28	309	254
84254210	（2）其他液压千斤顶	台	20 964 086	48 267	41 942	4 251	52 518	44 015
84254910	（3）其他千斤顶	台	18 206 544	22 745	311 051	1 251	23 996	21 493
	5. 车辆举升机小计	**台**	**2 293 499**	**35 629**	**3 333**	**1 346**	**36 975**	**34 283**
84254290	（1）液压举升机	台	649 360	31 503	2 676	1 115	32 618	30 388
84254990	（2）其他举升机	台	1 644 139	4 126	657	232	4 358	3 894
	6. 轻小型起重设备零件	**kg**	**58 537 937**	**16 172**	**3 986 057**	**8 782**	**24 955**	**7 390**
84311000	税号 8425 轻小型起重设备零件	kg	58 537 937	16 172	3 986 057	8 782	24 955	7 390
	（二）起重机合计			**410 615**		**63 752**	**474 367**	**346 862**
	占物料搬运机械总计比重（%）			27.59		12.12	23.55	36.06
	1. 桥式起重机小计	**台**	**3 947**	**22 383**	**922**	**4 368**	**26 751**	**18 015**
84261120	（1）通用桥式起重机	台	3 010	18 286	690	1 578	19 864	16 709
84261190	（2）其他桥式起重机	台	937	4 097	232	2 791	6 887	1 306
84261930	**2. 门式起重机**	**台**	**3 183**	**64 002**	**12**	**277**	**64 278**	**63 725**
	3. 装卸桥及其他桥架类起重机小计	**台**	**2 900**	**147 848**	**152**	**3 166**	**151 014**	**144 682**
	（1）装卸桥小计	台	248	145 059	26	2 429	147 488	142 630
84261921	①抓斗式卸船机	台	15	5 630	8	32	5 662	5 598
84261941	②通用装卸桥	台	16	151			151	151
84261942	③集装箱装卸桥	台	190	138 733	3	2 331	141 064	136 402
84261943	④其他动臂式装卸桥	台	8	2	14	65	67	-62
84261949	⑤其他装卸桥	台	19	543	1	1	544	542
	（2）其他桥架类起重机小计	台	2 652	2 789	126	737	3 526	2 051
84261200	①胶轮移动式吊运架及跨运车	台	1 746	1 163	52	68	1231	1 096
84261990	②未列名桥架类起重机和移动式吊运架及跨运车	台	906	1 625	74	670	2 295	956
84262000	**4. 塔式起重机**	**台**	**3 308**	**42 263**	**37**	**1 895**	**44 158**	**40 368**
84263000	**5. 门座起重机**	**台**	**781**	**19 359**	**439**	**32 805**	**52 164**	**-13 445**
	6. 流动式起重机小计	**台**	**5 384**	**97 607**	**555**	**8 021**	**105 628**	**89 586**
	（1）轮式起重机小计	台	3 991	71 643	29	1 228	72 871	70 415

（续）

税号	货品名称	数量单位	出口量	出口额（万美元）	进口量	进口额（万美元）	进出口总额（万美元）	进出口顺差（万美元）
	①汽车起重机小计	台	2 803	44 865			44 865	44 865
87051091	最大起重量不超过 50t 汽车起重机	辆	2 109	26 313			26 313	26 313
87051092	最大起重量超过 5t，但不超过 100t 汽车起重机	辆	657	16 284			16 284	16 284
87051093	最大起重量超过 100t 汽车起重机	辆	37	2 268			2 268	2 268
	②全路面起重机小计	辆	588	9 293	4	789	10 082	8 504
87051021	最大起重量不超过 50t 全路面起重机	辆	449	4 115			4 115	4 115
87051022	最大起重量超过 5t，但不超过 100t 全路面起重机	辆	95	1 913			1 913	1 913
87051023	最大起重量超过 100t 全路面起重机	辆	44	3 265	4	789	4 054	2 476
	③轮胎起重机小计	台	600	17 485	25	439	17 924	17 046
84264110	（通用）轮胎起重机	台	269	7 501	18	396	7 897	7 106
84264190	其他轮胎式起重机	台	331	9 984	7	43	10 027	9 940
84264910	（2）履带式起重机	台	776	23 916	15	4 999	28 915	18 917
84264990	（3）其他流动式起重机	台	25	60	3	119	179	-59
84269100	（4）公路车辆的随车起重机	台	592	1 988	508	1 675	3 663	313
84269900	**7. 未列名起重机**	**台**	**9 834**	**5 448**	**566**	**10 863**	**16 310**	**-5 415**
	8. 起重机零件	**kg/个**	**51 436 521**	**11 705**	**3 464 523**	**2 359**	**14 063**	**9 346**
84314100	税号 8426 戽斗、铲斗、抓斗及夹斗	kg/个	51 436 521	11 705	3 464 523	2 359	14 063	9 346
	（三）工业车辆合计	**台**		**248 796**		**44 326**	**293 122**	**204 471**
	占物料搬运机械总计比重（%）			16.72		8.42	14.55	21.26
	1. 电动车辆（叉车）小计	**台**	**75 205**	**47 334**	**8 891**	**15 613**	**62 947**	**31 721**
84271020	（1）乘驾式高起升堆垛叉车	台	1 023	667	621	1 356	2 023	-689
84271090	（2）其他电动车辆（叉车）	台	74 182	46 666	8 270	14 257	60 923	32 410
	2. 内燃叉车小计	**台**	**59 104**	**106 187**	**968**	**8 395**	**114 581**	**97 792**
84272010	（1）集装箱叉车	台	304	4 364	1	1	4 366	4 363
84272090	（2）其他内燃叉车	台	58 800	101 822	967	8 393	110 216	93 429
	3. 短距离牵引车小计	**辆**	**1 980**	**3 068**	**1 342**	**1 379**	**4 447**	**1 688**
87091110	（1）电动牵引车	辆	1 334	520	1 216	1 078	1 598	-557
87091910	（2）其他机动牵引车	辆	646	2 547	126	302	2 849	2 246
	4. 固定平台搬运车小计	**辆**	**18 260**	**2 098**	**791**	**1 015**	**3 113**	**1 083**
87091190	（1）电动固定平台搬运车	辆	11 411	1 237	583	886	2 123	351
87091990	（2）其他固定平台搬运车	辆	6 849	862	208	129	990	733
84279000	5. 手动起升搬运车辆	台	1 582 421	31 660	2 546	992	32 651	30 668
	6. 工业车辆零件小计	**kg**	**417 352 964**	**58 450**	**17 934 366**	**16 932**	**75 383**	**41 518**
84312010	（1）品目 8427 所列机械用装有差速器的驱动桥及其零件，不论是否装有其他传动部件	kg/个	1 047 800	833	2 416 495	2 150	2 983	-1 317
84312090	（2）品目 8427 所列机械的其他零件	kg	411 884 746	56 846	15 263 102	14 317	71 163	42 529

（续）

税号	货品名称	数量单位	出口量	出口额（万美元）	进口量	进口额（万美元）	进出口总额（万美元）	进出口顺差（万美元）
87099000	（3）税号8709搬运车牵引车零件	kg	4 420 418	772	254 769	465	1 237	307
	（四）电梯、自动梯及升降机合计	**台**		**299 941**		**38 168**	**338 108**	**261 773**
	占物料搬运机械总计比重（%）			20.16		7.25	16.79	27.21
84281010	**1. 载客电梯**	**台**	**53 558**	**138 356**	**1 700**	**13 508**	**151 864**	**124 847**
84281090	**2. 其他升降机及倒卸式起重机**	**台**	**4 827**	**8 800**	**1 071**	**10 085**	**18 885**	**－1 285**
84284000	**3. 自动梯及自动人行道**	**台**	**20 543**	**73 664**	**39**	**93**	**73 757**	**73 570**
84313100	**4. 电梯、自动梯及升降机零件**	**kg**	**437 485 587**	**79 121**	**13 540 171**	**14 481**	**93 603**	**64 640**
	（五）连续搬运设备合计	**台**	**267 745**	**180 536**	**52 024**	**126 420**	**306 955**	**54 116**
	占物料搬运机械总计比重（%）			12.13		24.03	15.24	5.63
	1. 输送机械（输送机及提升机）小计	**台**	**264 257**	**159 985**	**51 260**	**115 478**	**275 463**	**44 507**
84282000	（1）气力输送机	台	10 685	4 143	4 387	5 243	9 386	－1 100
84283100	（2）地下专用的输送机	台	201	325	19	498	823	－173
84283200	（3）斗式提升输送机	台	9 777	19 473	4 483	4 189	23 661	15 284
84283300	（4）带式输送机	台	146 376	49 248	19 852	26 931	76 179	22 316
84283910	（5）链式输送机	台	11 580	18 766	5 149	17 206	35 972	1 561
84283920	（6）辊式输送机	台	21 823	12 150	3 954	20 554	32 705	－8 404
84283990	（7）其他输送机及提升机	台	56 331	55 224	13 292	38 014	93 238	17 211
	（8）架空索道小计	台	7 484	655	124	2 843	3 498	－2 188
84286010	①货运架空索道	台	1 592	129	5	8	137	122
	②客运架空索道	台	24	116	9	1 432	1 547	－1 316
84286021	循环式客运架空索道	0	3	95	5	1 428	1 524	－1 333
84286029	其他客运架空索道	0	21	20	4	3	24	17
84286090	③其他缆车、架空索道	台	5 868	410	110	1 404	1 813	－994
	2. 装卸机械小计	**台**	**3 488**	**20 551**	**764**	**10 941**	**31 492**	**9 609**
84261910	（1）装船机	台	399	4 299	1	1	4 300	4 299
84261929	（2）卸船机	台	39	1 534	8	1 110	2 644	423
84289031	（3）堆取料机械	台	394	13 742	276	4 414	18 157	9 328
84289039	（4）其他装卸机械	台	2 656	975	479	5 416	6 391	－4 441
	（六）其他物料搬运设备小计			**140 493**		**159 217**	**299 709**	**－18 724**
	占物料搬运机械总计比重（%）			9.44		30.26	14.88	－1.95
	1. 立体仓库设备	**台**	**87**	**3 894**	**227**	**3 394**	**7 288**	**500**
84798992	（1）自动化立体仓储设备	台						
84271010	（2）有轨巷道堆垛机	台	87	3 894	227	3 394	7 288	500
84289020	**2. 机械停车设备**	**台**	**6 556**	**2 232**	**31**	**362**	**2 594**	**1 870**
	3. 机场专用搬运设备	**台**	**1 509**	**5 374**	**4**	**1 622**	**6 995**	**3 752**
84797100	（1）机场用旅客登机桥	台	234	5 337			5 337	5 337
84797900	（2）其他旅客登机（船）桥	台	1 275	37	4	1 622	1 658	－1 585
84289010	**4. 矿车推进机、转车台、货车倾卸**	**台**	**498**	**3 839**	**2**	**2**	**3 841**	**3 838**
84289040	**5. 搬运机器人**	**台**	**20 581**	**1 174**	**30 846**	**20 937**	**22 111**	**－19 763**
84289090	**6. 未列名提升、搬运、装卸机械**	**台**	**2 434 413**	**54 874**	**171 245**	**103 582**	**158 456**	**－48 708**
84313900	**7. 税号84.28所列其他机械零件**	**kg**	**218 691 878**	**69 107**	**11 183 128**	**29 318**	**98 425**	**39 789**

注：表中进出口顺差为负数表示逆差。

〔撰稿人：中国重型机械工业协会严祥文　审稿人：中国重型机械工业协会李镜〕

2015年物料搬运（起重运输）设备进出口额按国家（地区）统计

序号	国家（地区）	出口金额（万美元）	占出口总额的比重（%）	序号	国家（地区）	进口金额（万美元）	占进口总额的比重（%）
	物料搬运（起重运输）设备总计	**1 488 069**	**100.00**		**物料搬运（起重运输）设备总计**	**526 199**	**100.00**
1	美国	165 553	11.13	1	德国	128 268	24.38
2	印度尼西亚	74 559	5.01	2	日本	65 984	12.54
3	澳大利亚	69 515	4.67	3	韩国	59 734	11.35
4	韩国	66 169	4.45	4	美国	50 775	9.65
5	印度	55 306	3.72	5	中国台湾	25 953	4.93
6	马来西亚	51 333	3.45	6	意大利	20 011	3.80
7	新加坡	48 659	3.27	7	挪威	16 473	3.13
8	越南	47 636	3.20	8	马来西亚	15 118	2.87
9	日本	47 152	3.17	9	荷兰	14 289	2.72
10	土耳其	41 669	2.80	10	奥地利	13 200	2.51
11	泰国	39 321	2.64	11	新加坡	13 058	2.48
12	墨西哥	37 846	2.54	12	法国	12 635	2.40
13	巴西	33 898	2.28	13	英国	12 421	2.36
14	中国香港	33 793	2.27	14	瑞士	12 175	2.31
15	沙特阿拉伯	31 705	2.13	15	瑞典	9 243	1.76
16	菲律宾	30 952	2.08	16	波兰	8 895	1.69
17	德国	27 788	1.87	17	中国	7 195	1.37
18	英国	26 810	1.80	18	加拿大	6 526	1.24
19	阿拉伯联合酋长国	26 630	1.79	19	西班牙	5 613	1.07
20	荷兰	25 079	1.69	20	芬兰	5 475	1.04
21	卡塔尔	24 115	1.62	21	捷克	4 566	0.87
22	伊朗	23 872	1.60	22	丹麦	3 829	0.73
23	俄罗斯联邦	21 646	1.45	23	爱沙尼亚	3 299	0.63
24	中国台湾	19 712	1.32	24	比利时	1 950	0.37
25	哥伦比亚	16 896	1.14	25	澳大利亚	1 259	0.24
26	委内瑞拉	16 699	1.12	26	越南	832	0.16
27	加拿大	16 499	1.11	27	泰国	797	0.15
28	巴基斯坦	15 206	1.02	28	土耳其	755	0.14
29	南非	14 792	0.99	29	立陶宛	751	0.14
30	意大利	14 287	0.96	30	匈牙利	611	0.12

〔撰稿人：中国重型机械工业协会严祥文　审稿人：中国重型机械工业协会李镜〕

2015 年轻小型起重设备进出口额按国家（地区）统计

序号	国家（地区）	出口额（万美元）	占出口总额的比重（%）	序号	国家（地区）	进口额（万美元）	占进口总额的比重（%）
	轻小型起重设备合计	**207 689**	**100.00**		**轻小型起重设备合计**	**94 317**	**100.00**
1	美国	68 180	32.83	1	美国	20 979	22.24
2	韩国	10 865	5.23	2	德国	18 343	19.45
3	日本	10 757	5.18	3	挪威	9 283	9.84
4	德国	9 328	4.49	4	日本	6 692	7.10
5	印度	6 436	3.10	5	新加坡	6 303	6.68
6	澳大利亚	5 715	2.75	6	加拿大	4 230	4.49
7	越南	5 318	2.56	7	瑞士	3 505	3.72
8	加拿大	5 315	2.56	8	韩国	3 501	3.71
9	英国	4 502	2.17	9	荷兰	3 109	3.30
10	俄罗斯联邦	4 428	2.13	10	西班牙	2 815	2.98
11	泰国	4 134	1.99	11	意大利	2 752	2.92
12	新加坡	4 024	1.94	12	芬兰	2 618	2.78
13	荷兰	3 701	1.78	13	法国	2 273	2.41
14	巴西	3 672	1.77	14	波兰	1 644	1.74
15	印度尼西亚	3 594	1.73	15	瑞典	1 121	1.19
16	马来西亚	3 095	1.49	16	马来西亚	1 082	1.15
17	阿拉伯联合酋长国	2 948	1.42	17	英国	943	1.00
18	法国	2 796	1.35	18	中国台湾	789	0.84
19	土耳其	2 586	1.25	19	捷克	383	0.41
20	墨西哥	2 563	1.23	20	丹麦	358	0.38
21	中国台湾	2 251	1.08	21	比利时	280	0.30
22	西班牙	2 217	1.07	22	中国	220	0.23
23	南非	2 122	1.02	23	越南	195	0.21
24	伊朗	2 107	1.01	24	奥地利	194	0.21
25	波兰	1 871	0.90	25	罗马尼亚	145	0.15
26	意大利	1 512	0.73	26	爱沙尼亚	126	0.13
27	瑞典	1 421	0.68	27	冰岛	83	0.09
28	沙特阿拉伯	1 324	0.64	28	新西兰	64	0.07
29	菲律宾	1 229	0.59	29	澳大利亚	58	0.06
30	阿根廷	1 196	0.58	30	印度	49	0.05

〔撰稿人：中国重型机械工业协会严祥文　审稿人：中国重型机械工业协会李镜〕

2015年起重机进出口额按国家（地区）统计

序号	国家（地区）	出口额（万美元）	占出口总额的比重（%）	序号	国家（地区）	进口额（万美元）	占进口总额的比重（%）
	起重机合计	**410 615**	**100.00**		**起重机合计**	**63 752**	**100.00**
1	印度尼西亚	33 031	8.04	1	德国	15 419	24.19
2	墨西哥	24 333	5.93	2	马来西亚	12 085	18.96
3	韩国	21 576	5.25	3	韩国	6 149	9.64
4	印度	20 386	4.96	4	英国	5 383	8.44
5	新加坡	19 501	4.75	5	美国	4 496	7.05
6	卡塔尔	19 140	4.66	6	中国	3 368	5.28
7	越南	16 868	4.11	7	挪威	3 194	5.01
8	土耳其	15 781	3.84	8	意大利	3 057	4.80
9	沙特阿拉伯	12 734	3.10	9	波兰	2 233	3.50
10	巴西	11 982	2.92	10	奥地利	1 690	2.65
11	菲律宾	11 011	2.68	11	爱沙尼亚	1 558	2.44
12	马来西亚	10 322	2.51	12	日本	1 359	2.13
13	哥伦比亚	10 141	2.47	13	荷兰	1 041	1.63
14	美国	10 104	2.46	14	新加坡	895	1.40
15	中国香港	9 542	2.32	15	土耳其	648	1.02
16	英国	8 998	2.19	16	斯洛文尼亚	413	0.65
17	巴基斯坦	8 435	2.05	17	西班牙	186	0.29
18	阿拉伯联合酋长国	8 217	2.00	18	中国台湾	133	0.21
19	荷兰	7 477	1.82	19	芬兰	130	0.20
20	巴拿马	7 079	1.72	20	丹麦	90	0.14
21	泰国	6 891	1.68	21	加拿大	36	0.06
22	哈萨克斯坦	5 403	1.32	22	沙特阿拉伯	29	0.05
23	中国台湾	5 271	1.28	23	越南	33	0.05
24	委内瑞拉	5 274	1.28	24	法国	33	0.05
25	比利时	4 886	1.19	25	瑞典	24	0.04
26	意大利	4 906	1.19	26	印度	17	0.03
27	澳大利亚	4 882	1.19	27	比利时	21	0.03
28	阿尔及利亚	4 621	1.13	28	斯洛伐克	13	0.02
29	科威特	4 451	1.08	29	澳大利亚	16	0.02
30	伊朗	3 738	0.91	30	泰国	0	0.00

〔撰稿人：中国重型机械工业协会严祥文　审稿人：中国重型机械工业协会李镜〕

2015 年工业车辆进出口额按国家（地区）统计

序号	国家（地区）	出口额（万美元）	占出口总额的比重（%）	序号	国家（地区）	进口额（万美元）	占进口总额的比重（%）
	工业车辆合计	**248 796**	**100.00**		**工业车辆合计**	**44 326**	**100.00**
1	美国	46 698	18.77	1	德国	12 755	35.03
2	澳大利亚	12 724	5.11	2	日本	7 888	8.71
3	日本	11 020	4.43	3	美国	6 073	8.54
4	德国	9 103	3.66	4	韩国	3 853	8.05
5	荷兰	8 553	3.44	5	意大利	2 019	6.23
6	韩国	7 904	3.18	6	瑞典	1 708	5.83
7	泰国	7 355	2.96	7	奥地利	1 453	5.76
8	比利时	7 105	2.86	8	法国	1 123	3.44
9	土耳其	6 597	2.65	9	中国台湾	1 073	3.43
10	印度尼西亚	6 210	2.50	10	澳大利亚	780	3.20
11	法国	6 153	2.47	11	加拿大	747	2.87
12	阿根廷	5 996	2.41	12	英国	709	1.55
13	南非	5 635	2.26	13	捷克	700	1.40
14	英国	5 502	2.21	14	芬兰	548	1.11
15	马来西亚	5 002	2.01	15	荷兰	460	1.01
16	沙特阿拉伯	4 958	1.99	16	马来西亚	445	0.88
17	新加坡	4 687	1.88	17	越南	342	0.86
18	俄罗斯联邦	4 630	1.86	18	丹麦	264	0.75
19	越南	4 553	1.83	19	罗马尼亚	240	0.43
20	巴西	4 081	1.64	20	波兰	225	0.24
21	菲律宾	3 778	1.52	21	中国	148	0.12
22	印度	3 394	1.36	22	爱沙尼亚	147	0.09
23	委内瑞拉	3 228	1.30	23	爱尔兰	137	0.08
24	阿拉伯联合酋长国	3 013	1.21	24	瑞士	99	0.06
25	中国香港	2 981	1.20	25	印度	82	0.06
26	意大利	2 860	1.15	26	斯里兰卡	71	0.05
27	中国台湾	2 492	1.00	27	印度尼西亚	46	0.04
28	阿尔及利亚	2 246	0.90	28	土耳其	40	0.03
29	瑞典	2 195	0.88	29	比利时	32	0.03
30	智利	2 122	0.85	30	西班牙	21	0.03

〔撰稿人：中国重型机械工业协会严祥文　审稿人：中国重型机械工业协会李镜〕

2015年电梯、自动扶梯及升降机进出口额按国家（地区）统计

序号	国家（地区）	出口额（万美元）	占出口总额的比重（%）	序号	国家（地区）	进口额（万美元）	占进口总额的比重（%）
	电梯、自动扶梯及升降机合计	**299 941**	**100.00**		**电梯、自动扶梯及升降机合计**	**38 168**	**100.00**
1	马来西亚	21 776	7.26	1	日本	13 369	35.03
2	韩国	18 751	6.25	2	荷兰	3 324	8.71
3	印度	15 739	5.25	3	德国	3 259	8.54
4	新加坡	14 383	4.80	4	韩国	3 071	8.05
5	美国	13 993	4.67	5	奥地利	2 376	6.23
6	土耳其	11 020	3.67	6	瑞典	2 226	5.83
7	泰国	10 984	3.66	7	捷克	2 199	5.76
8	澳大利亚	10 958	3.65	8	意大利	1 312	3.44
9	印度尼西亚	10 929	3.64	9	美国	1 308	3.43
10	中国香港	10 818	3.61	10	瑞士	1 220	3.20
11	阿拉伯联合酋长国	10 220	3.41	11	西班牙	1 094	2.87
12	沙特阿拉伯	8 346	2.78	12	英国	591	1.55
13	伊朗	7 754	2.59	13	法国	536	1.40
14	日本	7 730	2.58	14	芬兰	424	1.11
15	俄罗斯联邦	6 869	2.29	15	泰国	387	1.01
16	墨西哥	6 127	2.04	16	爱沙尼亚	336	0.88
17	越南	5 809	1.94	17	中国	330	0.86
18	巴西	5 668	1.89	18	中国台湾	286	0.75
19	菲律宾	5 547	1.85	19	加拿大	165	0.43
20	加拿大	5 030	1.68	20	新加坡	91	0.24
21	中国台湾	5 009	1.67	21	澳大利亚	46	0.12
22	哥伦比亚	4 602	1.53	22	挪威	33	0.09
23	德国	3 886	1.30	23	丹麦	31	0.08
24	澳门	3 435	1.15	24	土耳其	21	0.06
25	南非	3 302	1.10	25	希腊	22	0.06
26	孟加拉国	3 279	1.09	26	斯洛伐克	20	0.05
27	意大利	3 101	1.03	27	马来西亚	14	0.04
28	西班牙	2 945	0.98	28	中国香港	12	0.03
29	智利	2 874	0.96	29	比利时	13	0.03
30	卡塔尔	2 594	0.86	30	卢森堡	10	0.03

〔撰稿人：中国重型机械工业协会严祥文　审稿人：中国重型机械工业协会李镜〕

2015年连续搬运设备进出口额按国家（地区）统计

序号	国家（地区）	出口额（万美元）	占出口总额的比重（%）	序号	国家（地区）	进口额（万美元）	占进口总额的比重（%）
	连续搬运设备	**180 536**	**100.00**		**连续搬运设备**	**126 420**	**100.00**
1	澳大利亚	26 406	14.63	1	德国	37 576	23.60
2	印度尼西亚	17 178	9.51	2	韩国	25 710	16.15
3	越南	8 578	4.75	3	日本	24 424	15.34
4	马来西亚	7 495	4.15	4	美国	12 210	7.67
5	伊朗	7 258	4.02	5	中国台湾	9 755	6.13
6	泰国	6 966	3.86	6	法国	7 425	4.66
7	日本	6 692	3.71	7	意大利	4 652	2.92
8	美国	6 308	3.49	8	波兰	4 132	2.60
9	印度	6 006	3.33	9	荷兰	4 086	2.57
10	韩国	4 915	2.72	10	瑞士	3 977	2.50
11	缅甸	4 501	2.49	11	挪威	3 739	2.35
12	委内瑞拉	3 922	2.17	12	新加坡	3 498	2.20
13	中国香港	3 566	1.98	13	奥地利	3 106	1.95
14	菲律宾	3 354	1.86	14	瑞典	2 796	1.76
15	新加坡	3 173	1.76	15	丹麦	1 414	0.89
16	巴基斯坦	3 152	1.75	16	英国	1 375	0.86
17	巴西	2 963	1.64	17	芬兰	1 231	0.77
18	阿尔及利亚	2 927	1.62	18	中国	1 154	0.72
19	土耳其	2 543	1.41	19	加拿大	952	0.60
20	埃及	2 547	1.41	20	捷克	891	0.56
21	沙特阿拉伯	2 449	1.36	21	西班牙	863	0.54
22	柬埔寨	2 366	1.31	22	爱沙尼亚	769	0.48
23	尼日利亚	2 165	1.20	23	马来西亚	718	0.45
24	孟加拉国	2 079	1.15	24	中国香港	309	0.19
25	俄罗斯联邦	2 072	1.15	25	澳大利亚	296	0.19
26	中国台湾	1 994	1.10	26	印度尼西亚	280	0.18
27	荷兰	1 499	0.83	27	比利时	294	0.18
28	哈萨克斯坦	1 476	0.82	28	巴西	293	0.18
29	老挝	1 320	0.73	29	匈牙利	275	0.17
30	乌兹别克斯坦	1 319	0.73	30	越南	245	0.15

〔撰稿人：中国重型机械工业协会严祥文　审稿人：中国重型机械工业协会李镜〕

2015 年其他物料搬运设备进出口额按国家（地区）统计

序号	国家（地区）	出口额（万美元）	占出口总额的比重（%）	序号	国家（地区）	进口额（万美元）	占进口总额的比重（%）
	其他物料搬运设备合计	**140 493**	**100.00**		**其他物料搬运设备合计**	**159 217**	**100.00**
1	美国	20 270	14.43	1	德国	37 576	23.60
2	日本	9 184	6.54	2	韩国	25 710	16.15
3	澳大利亚	8 831	6.29	3	日本	24 424	15.34
4	越南	6 511	4.63	4	美国	12 210	7.67
5	菲律宾	6 033	4.29	5	中国台湾	9 755	6.13
6	中国香港	5 985	4.26	6	法国	7 425	4.66
7	巴西	5 532	3.94	7	意大利	4 652	2.92
8	英国	5 288	3.76	8	波兰	4 132	2.60
9	德国	3 691	2.63	9	荷兰	4 086	2.57
10	马来西亚	3 643	2.59	10	瑞士	3 977	2.50
11	印度尼西亚	3 618	2.58	11	挪威	3 739	2.35
12	印度	3 346	2.38	12	新加坡	3 498	2.20
13	土耳其	3 143	2.24	13	奥地利	3 106	1.95
14	泰国	2 991	2.13	14	瑞典	2 796	1.76
15	荷兰	2 907	2.07	15	丹麦	1 414	0.89
16	新加坡	2 892	2.06	16	英国	1 375	0.86
17	加拿大	2 832	2.02	17	芬兰	1 231	0.77
18	中国台湾	2 694	1.92	18	中国	1 154	0.72
19	委内瑞拉	2 522	1.80	19	加拿大	952	0.60
20	韩国	2 158	1.54	20	捷克	891	0.56
21	沙特阿拉伯	1 894	1.35	21	西班牙	863	0.54
22	墨西哥	1 658	1.18	22	爱沙尼亚	769	0.48
23	俄罗斯联邦	1 638	1.17	23	马来西亚	718	0.45
24	法国	1 611	1.15	24	中国香港	309	0.19
25	秘鲁	1 334	0.95	25	澳大利亚	296	0.19
26	伊拉克	1 324	0.94	26	印度尼西亚	280	0.18
27	阿拉伯联合酋长国	1 249	0.89	27	比利时	294	0.18
28	阿尔及利亚	1 226	0.87	28	巴西	293	0.18
29	伊朗	1 168	0.83	29	匈牙利	275	0.17
30	意大利	1 136	0.81	30	越南	245	0.15

〔撰稿人：中国重型机械工业协会严祥文　审稿人：中国重型机械工业协会李镜〕

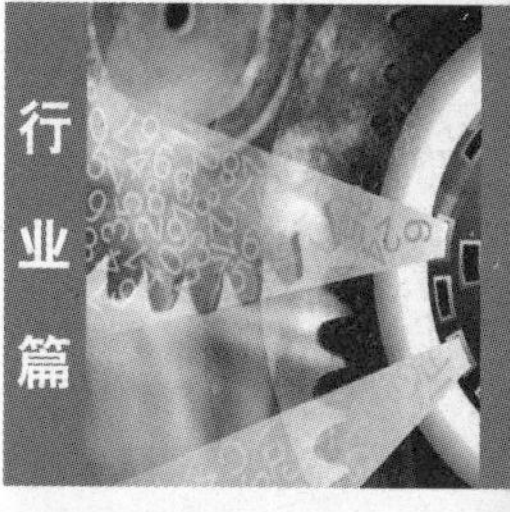

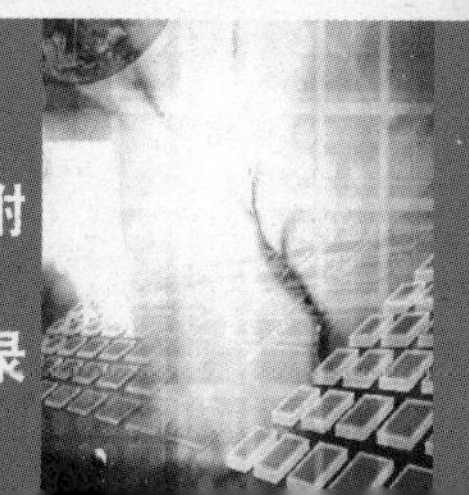

介绍重型机械行业标准化及质量工作情况

It publishes the progress made in standardization and quality inspection by the heavy machinery industry

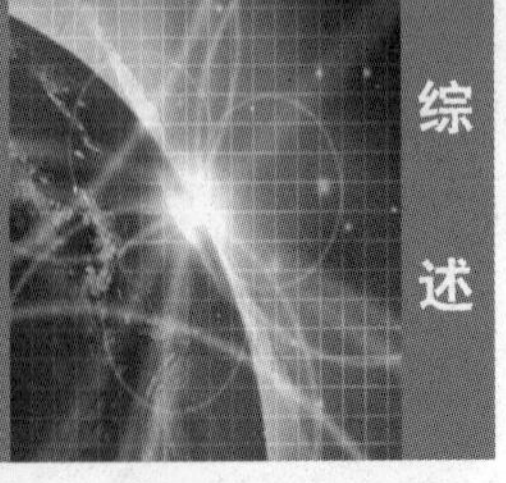

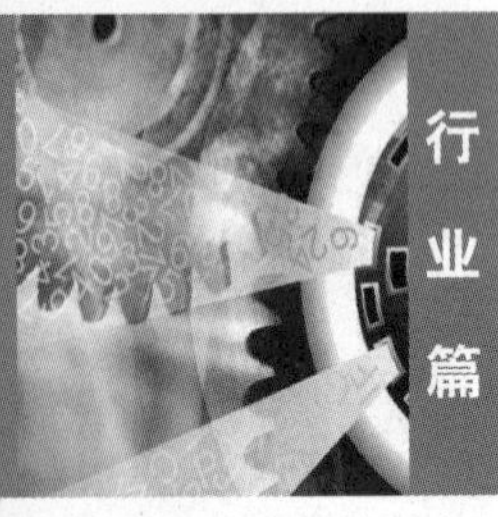

标准与质量

我国冶金设备行业标准化工作情况

全国冶金设备标准化技术委员会（SAC/TC409，简称冶金设备标委会）主要负责冶炼设备、连铸设备、轧制设备、重型锻压和金属挤压成形设备、冶金专用液压润滑及控制设备、冶金机械专用配套和冶金专用传动配套设备等领域的国家标准和行业标准制修订和归口管理工作。截至2015年12月31日，冶金设备标委会归口管理的冶金设备行业现行有效标准共349项。

为了落实《深化标准化工作改革方案》，做好“十三五”标准化工作，在中国机械工业联合会的组织和领导下，冶金设备标委会参加了“十三五”机械工业标准化发展规划的编制工作。在回顾总结“十二五”冶金设备标准化工作基础上，结合行业技术、产业发展现状和未来趋势，经过充分的讨论，最终明确了“十三五”期间冶金设备标准化工作的主要任务，并提出如下“十三五”冶金设备标准制修订工作的重要专业领域和重点标准计划项目。

1. 高效、节能、低成本的洁净钢生产技术装备，包括：大型烧结、球团设备；无料钟炉顶装料设备；铁水预处理设备；余热回收装置；冶炼干燥/烘烤设备；炉外精炼设备（LF、RH、VD、VOD等）；高效恒速连铸设备等。

2. 高强钢、高等级特钢型材、高质量合金钢板（带）的轧制设备和热处理设备，包括：高强汽车板生产设备；冷轧板连续退火生产线；高速线棒材生产设备；高效除鳞设备；高效高性能宽幅薄板热连轧机组等。

3. 产品质量稳定性控制技术及自动化控制技术，包括控轧控冷设备；板形控制设备；轧机变频传动系统；连轧机组自动化控制系统等。

4. 专机专用关键基础零部件。

为了解行业标准项目计划进展情况和存在的问题，工信部安排开展行业标准项目计划的自查及梳理工作。在中国机械工业联合会的领导下，冶金设备标委会对归口管理的2009～2014年行业标准计划执行情况进行了检查和整理，按要求上报了计划延期和废止的意见。

按照国家标准委开展强制性国家标准整合精简评估工作，完成了冶金设备标委会强制性标准计划项目的评估。

国家标准委落实标准化深化改革方案，提出了围绕“一带一路”“中国制造2025”国际产能和装备制造合作等战略，研究制定中国标准“走出去”工作方案，推动铁路、电力、钢铁、航天、核电等重点领域标准“走出去”。冶金设备标委会根据行业自身发展情况，结合企业在成套设备出口方面对标准的需求，经过多方调研和讨论，向国家标准委提出了“十三五”技术标准研制与应用重点任务方向的建议，包括《重型机械　通用技术条件（中、英文)》《冶金设备　设计要素》《冶金生产管控一体系统　技术要求》《板带轧制　板形控制》等多项标准计划预案。

2015年度，全国冶金设备标委会获批下达国家标准计划项目2项，行业标准计划项目6项；组织审查国家标准1项，行业标准35项；复审了2010年前行业标准22项(2项的复审结论为修订，其他的为继续有效)；完成复核报批国家标准4项，行业标准37项；获批准发布的国家标准1项，行业标准44项。2015年完成报批的项目见表1。2015年发布的标准见表2。

表1　2015年完成报批的项目

序号	标准名称	类别	性质	制定或修订	代替标准
1	冷轧机组主传动鼓形齿式联轴器	产品	推荐	制定	
2	冷轧机组主传动十字轴式万向联轴器	产品	推荐	制定	
3	冶炼设备　术语	基础	推荐	制定	
4	轧制设备　术语	基础	推荐	制定	
5	气动加油泵	产品	推荐	制定	
6	油气分配器	产品		制定	
7	油气润滑站	产品		制定	
8	离心式洁油器	产品		制定	
9	润滑装置用螺杆泵	产品		制定	
10	连铸机干油润滑装置	产品		制定	

（续）

序号	标 准 名 称	类别	性质	制定或修订	代替标准
11	连铸机干油集中加油站	产品		制定	
12	集中补脂装置	产品	推荐	制定	
13	列管式油冷却器	产品	推荐	修订	JB/T 7356—2005
14	双筒网式过滤器	产品	推荐	制定	
15	双线分配器（40MPa）	产品	推荐	制定	
16	电动润滑泵（40MPa）	产品	推荐	制定	
17	多点润滑泵（31.5MPa）	产品	推荐	修订	JB/T 8810.3—1998
18	单线分配器（31.5MPa）	产品	推荐	制定	
19	免加脂电动润滑泵（20MPa）	产品	推荐	制定	
20	模块式双线分配器（40MPa）	产品	推荐	制定	
21	润滑系统　电磁截止阀（31.5MPa）	基础	推荐	制定	
22	润滑系统　压力控制器	产品	推荐	制定	
23	润滑系统　自动换向阀（40MPa）	产品	推荐	制定	
24	双柱升降式电动油脂泵（20MPa）	产品	推荐	制定	
25	自动控制润滑泵站（40MPa）	产品	推荐	制定	
26	稀油润滑装置　技术条件	基础	推荐	修订	JB/T 10465—2004
27	动静压轴承用稀油润滑装置	产品	推荐	制定	
28	线、棒闭口轧机	产品	推荐	制定	
29	热镀锌机组用活套	产品	推荐	制定	
30	带材拉伸弯曲矫直机	产品	推荐	制定	
31	管端挤压式高压管接头	产品	推荐	制定	
32	板坯连铸机　第1部分：术语	基础	推荐	制定	
33	板坯连铸机　第2部分：性能参数	基础	推荐	制定	
34	板坯连铸机　第3部分：通用技术条件	基础	推荐	制定	
35	板坯连铸机　第4部分：验收规范	基础	推荐	制定	
36	带钢连续热镀锌机组　验收规范	产品	推荐	制定	
37	带钢连续彩色涂层机组　验收规范	产品	推荐	制定	
38	冷连轧机组　飞剪　通用技术条件	产品	推荐	制定	
39	热轧金属带材地下卷取机卷筒	产品	推荐	制定	
40	冷轧带材精整与处理生产线　开卷机、卷取机	产品	推荐	修订	JB/T 6995—1993
41	热连轧机组粗轧机用焊接式中间轴大型十字万向联轴器	产品	推荐	制定	

表2　2015年发布的标准

序号	标准编号	标准名称	代替标准	实施日期
1	JB/T 8853—2015	圆锥圆柱齿轮减速器	JB/T 8853—2001	2015-10-01
2	JB/T 9050.1—2015	圆柱齿轮减速器　第1部分：通用技术条件	JB/T 9050.1—1999	2015-10-01
3	JB/T 5558—2015	减（增）速器试验方法	JB/T 9050.3—1999 JB/T 5558—1991	2015-10-01
4	JB/T 7683—2015	机械无级变速器分类及型号编制方法	JB/T 7683—1995	2015-10-01
5	JB/T 7935—2015	圆弧圆柱蜗杆减速器	JB/T 7935—1999	2015-10-01
6	JB/T 6502—2015	NGW行星齿轮减速器	JB/T 6502—1993	2015-10-01

（续）

序号	标准编号	标准名称	代替标准	实施日期
7	JB/T 5559—2015	锥面包络圆柱蜗杆减速器	JB/T 5559—1991	2015-10-01
8	JB/T 12228—2015	单双动卧式铝挤压机		2015-10-01
9	JB/T 12229—2015	油泵直接传动双柱斜置式自由锻造液压机		2015-10-01
10	JB/T 12230—2015	HP 型行星齿轮减速器		2015-10-01
11	JB/T 12231—2015	JP 型行星齿轮减速器		2015-10-01
12	JB/T 12496—2015	电石炉		2016-01-01
13	JB/T 12497—2015	锰硅电炉		2016-01-01
14	JB/T 12498—2015	热连轧热卷箱		2016-01-01
15	JB/T 12499—2015	热连轧转鼓式飞剪		2016-01-01
16	JB/T 12500—2015	小方坯连铸机		2016-01-01
17	JB/T 12501—2015	筒型混铁车		2016-01-01
18	JB/T 12502—2015	旋转焦罐车		2016-01-01
19	JB/T 12503—2015	鱼雷型混铁车		2016-01-01
20	JB/T 12504—2015	圆形焦罐		2016-01-01
21	JB/T 12505—2015	滚切式横切剪		2016-01-01
22	JB/T 12506—2015	矫直机用十字轴式万向联轴器		2016-01-01
23	JB/T 12507—2015	卷取机用十字轴式万向联轴器		2016-01-01
24	JB/T 12508—2015	冷轧主传动用鼓形齿式联轴器		2016-01-01
25	JB/T 12509—2015	立辊轧机主传动十字万向联轴器		2016-01-01
26	JB/T 12510—2015	中厚钢板压力校平液压机		2016-01-01
27	JB/T 12467—2015	三辊斜轧管机组		2016-03-01
28	JB/T 12468—2015	三辊连续轧管机组		2016-03-01
29	JB/T 12469—2015	周期式热轧管机组		2016-03-01
30	JB/T 12470—2015	卧式双动黑色金属挤压机		2016-03-01
31	JB/T 12471—2015	高炉开铁口机		2016-03-01
32	JB/T 12472—2015	CGEK 型、CGGK 型轨道固定件		2016-03-01
33	JB/T 12473—2015	连轧管机用鼓形齿式万向联轴器		2016-03-01
34	JB/T 12474.1—2015	焦炉机械　第 1 部分：型式与参数		2016-03-01
35	JB/T 12474.2—2015	焦炉机械　第 2 部分：顶装式装煤车		2016-03-01
36	JB/T 12474.3—2015	焦炉机械　第 3 部分：侧装式装煤车		2016-03-01
37	JB/T 12474.4—2015	焦炉机械　第 4 部分：推焦机		2016-03-01
38	JB/T 12474.5—2015	焦炉机械　第 5 部分：拦焦机		2016-03-01
39	JB/T 12474.6—2015	焦炉机械　第 6 部分：熄焦车		2016-03-01
40	JB/T 12474.7—2015	焦炉机械　第 7 部分：电机车		2016-03-01
41	JB/T 12474.8—2015	焦炉机械　第 8 部分：液压交换机		2016-03-01
42	JB/T 12474.9—2015	焦炉机械　第 9 部分：炉顶导烟车		2016-03-01
43	JB/T 12474.10—2015	焦炉机械　第 10 部分：捣固机		2016-03-01
44	JB/T 12474.11—2015	焦炉机械　第 11 部分：振动给料器		2016-03-01

〔撰稿人：中国重型机械研究院股份公司苏静　审稿人：中国重型机械研究院股份公司晁春雷〕

我国矿山机械行业标准化工作概况

全国矿山机械标准化技术委员会（SAC/TC88，以下简称全国矿机标委会）是全国性矿山机械（固体矿物的开采与选别加工处理设备）行业标准化工作的技术组织，负责全国矿山机械行业标准化工作的技术归口管理，并与相应的国际标准化组织建立联系和开展交流活动。2014年国家标准化管理委员会批复成立第五届全国矿机标委会，第五届标委会由1名顾问和63名委员组成，秘书处设在洛阳矿山机械工程设计研究院有限责任公司。

全国矿机标委会2015年主要组织完成行业标准制（修）订、标准复审、强制性国家标准整合精简预评估、标准体系完善、参与国际标准化活动等重点工作，圆满完成了各项工作任务，继续保持了稳步发展的良好态势，取得了丰硕成果，为我国矿山机械行业和标准化事业的发展做出了重要贡献。

截至2015年年底，全国矿机标委会下设电气设备分委会、液压传动与控制设备分委会和筒式磨机工作组，石材矿山开采机械工作组，归口标准总数324项（其中国家标准67项、机械行业标准257项），包括强制性标准21项（全部是产品安全类国家标准）、推荐性标准303项。

1. 标准制定、修订工作完成情况

2015年，矿山机械行业共列入国家标准计划项目4项，行业标准计划项目13项。完成审查和报批国家标准计划项目11项、行业标准计划项目15项。

为落实2015年国家标准和行业标准制定、修订项目计划，协调标准起草工作中的有关问题，全国矿机标委会于2015年4月在湖南省衡阳市召开了矿山机械行业2015年度国家标准和行业标准起草协调工作会议，逐项对2015年度标准计划项目进行了协调落实，明确了标准项目的负责起草单位、参加起草单位和标准主要技术内容及总体要求、分工和进度安排，为2015年标准项目计划的正常实施和顺利完成奠定了基础。2015年8月，全国矿山标委会在吉林省长春市组织召开了矿山机械标准审查会，完成了对《矿井提升机　回收评估规范》等标准计划项目的技术审查。在2015年年底召开的五届二次年会上，组织完成对《矿山机械设备　安全技术要求》等11项国家标准和15项机械行业标准的审查，并逐步实现报批。2015年完成的标准计划项目见表1。

表1　2015年完成的标准计划项目

序号	项目计划编号	项目名称	标准级别	标准属性	制定或修订	备注
1	20131990—T—604	天然石开采设备　安全要求　第1部分：圆盘式荒料锯切机	国家标准	推荐	制定	报批阶段
2	20131991—T—604	天然石开采设备　安全要求　第2部分：金刚石串珠锯切机	国家标准	推荐	制定	报批阶段
3	20131992—T—604	天然石开采设备　安全要求　第3部分：链臂式锯切机	国家标准	推荐	制定	报批阶段
4	20131987—T—604	矿井提升机　天轮和导向轮　修复工艺要求	国家标准	推荐	制订	报批阶段
5	20131986—T—604	矿井提升机　回收评估规范	国家标准	推荐	制订	报批阶段
6	20141791—Q—604	矿山机械设备　安全技术要求	国家标准	强制	制订	报批阶段
7	20131989—T—604	天然石开采叉装车　安全要求	国家标准	推荐	制订	报批阶段
8	20140834—T—604	矿渣立磨试验台应用试验方法	国家标准	推荐	制订	报批阶段
9	20140835—T—604	矿渣立磨　磨盘、磨辊衬板（辊套）修复规范	国家标准	推荐	制订	报批阶段
10	20140836—T—604	凿井绞车	国家标准	推荐	修订	报批阶段
11	2012—1849T—JB	地下轮胎式采矿车辆　制动系统的性能要求和试验方法	国家标准	推荐	制订	报批阶段
12	2014—0542T—JB	周边充气胶轮传动式浓缩机	行业标准	推荐	修订	报批阶段
13	2015—1402T—JB	露天矿用风送式喷雾机	行业标准	推荐	制订	报批阶段
14	2015—1404T—JB	砂石破碎筛分成套设备	行业标准	推荐	制订	报批阶段
15	2015—0446T—JB	单缸液压圆锥破碎机	行业标准	推荐	修订	报批阶段

（续）

序号	项目计划编号	项 目 名 称	标准级别	标准属性	制定或修订	备注
16	2015—0448T—JB	煤用锤式破碎机	行业标准	推荐	修订	报批阶段
17	2015—0447T—JB	高频直线振动筛	行业标准	推荐	修订	报批阶段
18	2015—1182T—JB	旋回式半移动破碎站	行业标准	推荐	制订	报批阶段
19	2011—1859T—JB	低压变频传动矿井提升电控系统	行业标准	推荐	制订	报批阶段
20	2012—1867T—JB	地下铲运机　试验方法	行业标准	推荐	修订	报批阶段
21	2012—1868T—JB	立爪挖掘装载机	行业标准	推荐	修订	报批阶段
22	2013—0547T—JB	矿井提升辅助电梯	行业标准	推荐	制订	报批阶段
23	2014—0539T—JB	箱式浓缩机	行业标准	推荐	制订	报批阶段
24	2015—1400T—JB	矿用轨轮式混凝土转载机	行业标准	推荐	制订	报批阶段
25	2015—1401T—JB	矿用履带式喷浆操作机	行业标准	推荐	制订	报批阶段
26	2015—1406T—JB	重介质浅槽选矿机	行业标准	推荐	制订	报批阶段

2. “十三五”矿山机械行业标准化发展规划和标准体系的完善

根据中国机械工业联合会的统一部署，全国矿机标委会秘书处组织人员在广泛调研矿山机械行业产品和技术发展状况的基础上，收集需求并加以分析研究，结合前几年完成的矿山机械标准体系研究、国家标准体系建设工程等相关工作成果，编制了“十三五”矿山机械行业标准化发展规划（初稿），组织有关专家审议，后经进一步完善后上报中国机械工业联合会，同时结合编制规划，根据行业发展需求，对矿山机械行业标准化体系进一步进行了完善。该规划内容主要包括矿山机械行业标准化工作基本情况、“十二五”工作总结、“十三五”标准化工作面临的形势、指导思想和发展目标、主要任务、重点领域和重点项目及政策措施建议等七个部分。“十三五”期间，矿山机械行业标准化制修订工作的重点项目共计拟新制定114项标准（其中：国家标准34项、行业标准80项）。

3. 标准复审工作

为了提高标准水平，保证标准的时效性，促进产业升级和技术进步，调整标准体系，定期对现行业标准准进行复审是标委会重要工作内容之一。根据国家标准化管理委员会和中国机械工业联合会关于做好国家标准与机械行业标准复审工作的通知要求，全国矿机标委会对归口范围内的2009年以前（含2009年）批准发布的现行国家标准和机械行业标准进行了梳理，在广泛征求标准原负责起草单位和行业单位意见的基础上，结合国家标准化相关政策，对这些标准的技术水平、使用情况及存在问题进行了认真分析研究，逐项提出了复审意见和结论，并于2015年8月在吉林省长春市召开的审查会议上进行了审定，逐项得出了复审结论。

4. 强制性国家标准整合精简预评估工作

根据国家标准化管理委员会、中国机械工业联合会有关强制性整合精简预评估工作的文件要求，全国矿机标委会参加了上级组织召开的强制性整合精简预评估培训工作会议，系统地领会了国家强制性标准整合精简预评估工作的指导精神，并对在预评估过程中遇到和可能遇到问题进行了交流。此后，组织行业专家、企业代表、科研院所及检测机构等方面的专家，按照《强制性标准整合精简技术评估方法》的要求，在已有强制性国家标准梳理成果的基础上，对归口范围内的21项强制性国家标准和5项在研强制性国家标准计划项目进行深入的研究，得出了预评估结论，上报上级主管部门。

5. 天然石矿山开采设备分技术委员会筹建工作

按照标委会五届一次会议确定的工作任务，根据行业发展需要，标委会启动了天然石矿山开采设备分技术委员会筹建工作，经与地方质监部门协商，由福建省质量监督局为主向国家标准委申报成立天然石矿山开采设备分技术委员会（SAC/TC88/SC3），国家标准委已受理并初审通过，正按筹建程序进入公示答辩阶段。

6. 参与国际标准化活动

近年来，全国矿机标委会根据国家标准化管理委员会有关我国实质性参与国际标准化活动为产品出口提供强有力技术支持的要求，按照积极寻找突破口，先参与相关国际标准制定、条件成熟后再承接秘书处为目标的工作计划。

国际标准化组织ISO/TC 127土方机械技术委员会，联合ISO/TC 82矿业技术委员会组成联合工作组ISO/TC 127/WG 14（第14工作组，简称为“UGM”），已制订出《地下轮胎式采矿机械　安全要求》国际标准草案，目前已进入工作组投票阶段。全国矿机标委会秘书处代表中国参与该联合工作组活动，并组织行业单位参与了该标准的制定工作。

ISO/TC 82矿业技术委员会2013年已开始恢复活动，并首先启动《采矿岩石钻机　术语》《采矿岩石钻机　安全》两项国际标准制定，标委会组织行业相关单位积极参加该技术委员会及工作组组织的活动，选派专家参与该国际标准的制定工作，为促进该领域自主创新产品进入国际市场将提供强有力技术支持。目前两项国际标准还处于工作组草案阶段。由于种种原因，出国参加会议比较困难，目前还只是通过电子邮件联系的方式参与活动。

7. 加大行业技术服务力度，引导企业积极参与标准制定工作

全国矿机标委会继续组织编辑《矿山机械标准化》和《标准出版快讯》等内部刊物，社会各界通过标委会门户网站全面了解标委会工作动态、国家的标准化政策、行业技术发展等多方面信息，企业可以快速查阅、购买所需的标准资料，为行业发展提供了交流平台，收到了很好效果。

行业标准化工作只有与市场经济紧密结合，与企业发展需求紧密结合，才能充满新的活力，具有大的发展。多年以来，全国矿机标委会十分重视依靠企业的力量促进行业标准化工作的开展，标委会通过公开征集标准项目，吸引了大量关心标准化工作的单位和个人加入到矿山机械行业标准化工作中，使企业真正成为标准化工作的主体，调动了企业参与标准化工作的积极性，同时也使标准密切结合了工作实际，实用性更强。

〔撰稿人：洛阳矿山机械工程设计研究院有限责任公司杨现利　审稿人：洛阳矿山机械工程设计研究院有限责任公司邹声勇〕

我国起重运输机械行业标准化工作情况

2015年3月11日，国务院印发了《深化标准化工作改革方案》，标志着标准化改革全面启动，标准化事业发展进入了新的阶段。在这标准化工作改革的布局之年、启动之年，作为五个全国专业标准化技术委员会秘书处的承担单位，北京起重运输机械设计研究院在国家标准化管理委员会、工业和信息化部及中国机械工业联合会的领导下，在起重运输机械行业企业的大力支持下，较好地完成了标准的制修订工作、国际标准化工作和标准化服务工作。

截至2015年12月31日，起重运输机械行业已制定标准438项，其中国家标准254项（包括强制性国家标准15项，推荐性国家标准239项），机械行业标准184项。这些标准对于提高起重运输机械产品质量、规范市场秩序、保障健康和安全及促进贸易发挥了重要作用。

一、2015年起重运输机械国内标准化工作情况

1. 起重机械标准化工作情况

全国起重机械标准化技术委员会（SAC/TC227，简称“起重机标委会”）负责我国起重机械及其零部件领域国家标准和机械行业标准的归口管理工作。截至2015年12月31日，我国起重机械行业共有现行有效标准287项，其中国家标准200项（包括11项强制性标准和189项推荐性标准），机械行业标准87项。

2015年，起重机标委会共组织完成11项国家标准和12项机械行业标准的制修订工作，并重点完成了如下重要标准的制修订工作及其他标准化工作。2015年已完成的起重机械标准计划项目见表1。

表1　2015年已完成的起重机械标准计划项目

序号	标准项目名称	标准级别	标准性质	制定或修订	代替标准
1	塔式起重机安全性能评估规程	国家标准	推荐	制定	
2	起重机　分级　第2部分：流动式起重机	国家标准	推荐	修订	GB/T 20863.2—2007
3	起重机械　检查与维护规程　第12部分：浮式起重机	国家标准	推荐	制定	
4	起重机械　检查与维护规程　第2部分：流动式起重机	国家标准	推荐	制定	
5	起重机械　检查与维护规程　第4部分：臂架起重机	国家标准	推荐	制定	
6	起重机械　检查与维护规程　第6部分：缆索起重机	国家标准	推荐	制定	
7	起重机械　检查与维护规程　第8部分：铁路起重机	国家标准	推荐	制定	
8	起重机械　检查与维护规程　第9部分：升降机	国家标准	推荐	制定	
9	8级钢制锻造起重部件	国家标准	推荐	修订	GB/T 25852—2010
10	起重机械　控制装置布置形式和特性　第1部分：总则	行业标准	推荐	修订	GB/T 24817.1—2009

（续）

序号	标准项目名称	标准级别	标准性质	制定或修订	代替标准
11	机械式停车设备　使用与操作安全要求	行业标准	推荐	制定	
12	钢丝绳手扳葫芦	行业标准	推荐	制定	
13	电磁圆盘式制动器	行业标准	推荐	制定	
14	起重机防风制动装置	行业标准	推荐	制定	
15	起重机　弹簧缓冲器	行业标准	推荐	修订	JB/T 8110. 1—1999
16	起重机　橡胶缓冲器	行业标准	推荐	修订	JB/T 8110. 2—1999
17	起重机械无线遥控装置	行业标准	推荐	修订	JB/T 8437—1996
18	汽车起重机专用底盘	行业标准	推荐	修订	JB/T 6042—2006
19	起重机械用变频器	行业标准	推荐	制定	
20	起重机械用电阻器	行业标准	推荐	制定	
21	环链手扳葫芦	行业标准	推荐	修订	JB/T 7335—2007
22	手动单轨小车	行业标准	推荐	修订	JB/T 7332—2007
23	手拉葫芦	行业标准	推荐	修订	JB/T 7334—2007

（1）完成重要国家标准和机械行业标准的制修订。

1）制定《起重机械　检查与维护规程》系列国家标准。截至2015年年底，我国在用起重机械超过210万台(除房屋建筑工地和市政工程工地用起重机外)。据国家质检总局统计数据显示，起重机械安全事故多数是发生在使用环节，重要原因之一就是维护保养工作不到位、不及时。为降低起重机械的安全事故，加强在用起重机械的检查和维护工作，配合国家质检总局制定法规和实行强制维保工作，受国家质检总局特种设备安全监察局委托，起重机标委会申报了《起重机械　检查与维护规程　第1部分：总则》等12项国家标准计划项目。截至2015年年底，已全部完成该系列国家标准的制定工作。

2）制定国家标准《机械式停车设备　使用与操作安全要求》。近年来，随着城市汽车的日益增多，城市停车难的问题日益突出，机械式停车设备以其“占地面积小、容车量大”的优点，成为解决“停车难”的有效工具，应用越来越广，已成为新型城镇化建设与城市节约用地不可或缺的设备。据行业协会不完全统计，截至2015年年底，全国拥有机械式停车库的城市达到450个，已建机械式停车库的项目总数达14 436个，泊位总量超过336万个。国家标准《机械式停车设备　使用与操作安全要求》规定了机械式停车设备使用与操作安全要求，为加强在用机械式停车设备的使用安全，保障社会公众的停车安全，提高设备利用率，填补标准空白，减少因操作、管理不当造成的安全事故，配合特种设备的监督管理，奠定了重要基础。

3）制定机械行业标准《起重机械用变频器》。起重机械因其使用环境、作业工况、负载特性等特殊情况，在功能和性能上与通用变频器要求不一样，起重机械用变频器主要用于调节供电电压和频率，对交流电动机进行调速和满载软起动。目前国内没有统一的起重机械专用变频器标准，产品质量参差不齐。该标准的制定，解决了起重机械用变频器无标准的现状，完善了起重机械标准体系，为进一步规范国内起重机械用变频器的设计和制造，提高我国起重机械的产品质量，降低起重机械的故障率和事故率，并配合特种设备的监督管理打下了基础。

（2）积极完成上级主管部门下达的各项任务。

1）起重机械“十三五”标准规划的编制工作。为了指导“十三五”期间起重机械标准化工作，做好标准规划顶层设计，根据中国机械工业联合会文件机联秘标〔2014〕166号文的要求，在广泛征求行业需求的基础上，编报了起重机械“十三五”标准规划。

2）国内外标准对比分析。为配合国家标准化管理委员会做好装备制造业的标准化工作，按时完成了《起重机械领域国内外标准对比分析》的编报工作，并派出人员参加了国标委组织召开的“装备制造业国内外标准对比座谈会”。

3）行业标准执行情况的自查和梳理工作。根据中国机械工业联合会“关于对机械行业标准项目计划执行情况进行自查及梳理的通知”及“关于提交标准延期或废止情况的通知”的要求，完成了对2009年至2014年起重机械标准制（修）订项目执行情况的自查工作，对于到期尚未完成的项目说明了原因，并提交了延期申请。

4）问卷调查工作。根据国家标准化管理委员会部函标委综合函〔2015〕17号“关于开展《全国专业标准化技术委员会管理规定》适用性评估调查工作的通知”的要求，按时完成了“《全国专业标准化技术委员会管理规定》适用性评估调查”的编报工作。

5）启用“全国专业标准化技术委员会工作平台”。根据国家标准化管理委员会标委综合函〔2015〕103号

“国家标准委办公室关于启用‘全国专业标准化技术委员会工作平台’的通知”的要求，起重机标委会秘书处完成了技术委员会基本信息、委员基本信息的核对确认工作。

6）参与中国装备走出去典型领域标准需求的研究工作。为落实《深化标准化工作改革方案》的文件精神，推广中国标准，唱响中国装备，国家标准化管理委员会组织有关单位开展了中国装备走出去典型领域标准需求研究课题，首期包括航天、核电和工程机械三个领域。起重机标委会参与了工程机械子课题领域中有关塔式起重机和流动式起重机的研究和调研工作，并提出了“中国装备重点领域走出去标准名录”中的“起重机械标准目录”。

7）配合国标委做好“世界标准日的宣传工作”。2015年10月14日是世界标准日，2015年世界标准日的主题是“标准是世界的通用语言”。在世界标准日前夕，国家标准委批准发布了《家用和类似用途插头插座》等35项重要国家标准，涉及健康安全、旅游消费、生态环境等经济社会发展诸多方面，其中包括起重机标委会归口的GB/T 31052.11—2015《起重机械　检查与维护规程　第11部分：机械式停车设备》。为配合国标委做好世界标准日的宣传，起重机标委会编报了该国家标准的解读材料，并派员参加了新闻发布会。

（3）围绕国家标准化改革思路，开展“精简整合强制性标准，优化完善推荐性标准体系”的研究工作。按照《深化标准化工作改革方案》中“精简整合强制性标准”的工作要求，起重机标委会对归口管理的现行强制性国家标准和在研强制性国家标准计划进行了梳理分析，并提出了起重机械专业领域强制性国家标准和国家标准计划的精简整合预评估结论。同时，为了优化标准体系结构，指导近几年起重机械标准的立项工作，完成了《起重机械“十二五”技术标准体系建设方案》的修订工作，并按照该方案的规划，对部分标准进行了整合修订。

（4）针对特种设备开展各项工作。根据《中华人民共和国特种设备安全法》和《特种设备目录》的规定，部分起重机械属于特种设备，因此，起重机械标准化工作与特种设备密不可分、相互衔接。2015年，起重机标委会针对特种设备开展了如下主要工作：

1）为配合国家质检总局进一步做好大型起重机械安装安全监控管理系统的工作，起重机标委会组织在起重机械行业中对GB/T 28264—2012《起重机械　安全监控管理系统》的实施情况进行了广泛征求意见，并于2015年6月10日至12日在湖北省宜昌市组织召开了该标准的征求意见讨论会。

2）近年来，随着科学技术的发展，各种新型式的起重机不断涌现，委托起重机标委会鉴别其产品是否符合标准要求、是否属于特种设备等方面的来函也越来越多。2015年度，起重机标委会收到了相关来函共计3份，秘书处在广泛征求委员意见的基础上，本着慎重、负责的态度给予了答复。

（5）稳步推进起重机械电气设备标准化工作。为更好地开展起重机械电气设备标准化工作，提高起重机械电气设备产品质量，规范市场经济秩序，减少因电气设备故障引发的起重机械安全事故，经研究，决定在起重机标委会下面设立“起重机械电气设备工作组”。根据全国起重机械标准化技术委员会文件起标技秘字〔2015〕26号“关于成立全国起重机械标准化技术委员会电气设备工作组（SAC/TC227/WG3）的批复”，2015年5月5—7日，在上海市召开了“全国起重机械标准化技术委员会电气设备工作组（SAC/TC227/WG3）成立大会暨一届一次会议”。工作组组长单位设在北京起重运输机械设计研究院。

（6）开展重要标准的宣贯工作。为推动标准的贯彻实施，起重机标委会分别在江苏苏州、山东泰安和河南长垣组织召开了3期对GB 6067.5—2014《起重机械安全规程　第5部分：桥式和门式起重机》、GB 26469—2011《架桥机安全规程》和GB/T 26470—2011《架桥机通用技术条件》的宣贯会，并在浙江省诸暨市组织召开了对JB/T 8909—2013《简易升降类机械式停车设备》和JB/T 8910—2013《升降横移类机械式停车设备》的宣贯会，共有480余人参加了培训。

（7）2015年批准发布的起重机械标准情况。2015年，起重机械专业领域批准发布了3项国家标准和9项机械行业标准。2015年批准发布的起重机械标准见表2。

表2　2015年批准发布的起重机械标准

序号	标准号	标准名称	代替标准号	实施日期
1	GB/T 24809.2—2015	起重机　对机构的要求　第2部分：流动式起重机		2016-07-01
2	GB/T 31052.5—2015	起重机械　检查与维护规程　第5部分：桥式和门式起重机		2016-07-01
3	GB/T 31052.11—2015	起重机械　检查与维护规程　第11部分：机械式停车设备		2016-05-01
4	JB/T 7688.8—2015	冶金起重机技术条件　第8部分：均热炉夹钳起重机		2015-10-01
5	JB/T 9008.2—2015	钢丝绳电动葫芦　第2部分：试验方法	JB/T 9008.2—2004	2016-03-01
6	JB/T 9738—2015	汽车起重机	JB/T 9738—2000	2016-03-01
7	JB/T 10474—2015	巷道堆垛类机械式停车设备	JB/T 10474—2004	2015-10-01

（续）

序号	标准号	标准名称	代替标准号	实施日期
8	JB/T 10475—2015	垂直升降类机械式停车设备	JB/T 10475—2004	2015－10－01
9	JB/T 12214—2015	核电站环行起重机		2015－10－01
10	JB/T 12215—2015	钢丝绳卷扬提升式垂直升船机		2015－10－01
11	JB/T 12576—2015	轮胎起重机		2016－03－01
12	JB/T 12577—2015	随车起重机		2016－03－01

2. 连续搬运机械标准化工作情况

全国连续搬运机械标准化技术委员会（SAC/TC331，简称“连续搬运标委会”）负责连续搬运机械（包括输送机械、给料机械、装卸机械和液力偶合器等液力转动机械）国家标准和行业标准的归口管理工作。截至2015年年底，我国连续搬运机械行业共有现行有效标准77项，其中国家标准10项（包括1项强制性标准），机械行业标准67项。

2015年，连续搬运标委会组织完成了GB/T 10595—2009《带式输送机》的修订及机械行业标准《液力偶合器　通用技术条件》和《普通型、限矩型液力偶合器　易熔塞》的修订工作，并重点完成了如下重要标准的（制）修订及其他标准化工作：

（1）修订GB/T 10595—2009《带式输送机》。带式输送机是我国连续搬运机械行业中量大面广的产品，广泛应用于各行各业，随着国民经济的迅猛发展，带式输送机行业也有了长足的进步，现行标准GB/T 10595—2009《带式输送机》自2009年11月1日发布实施以来，在实施过程中发现了一些与之不协调的问题，标准内容已不能满足当前产品技术发展的要求，而且影响了产品在国内外市场的竞争能力。该标准的修订，将为提高带式输送机产品质量和技术水平，避免标准制约产品技术的发展，进一步规范市场秩序，保护我国带式输送机行业的生存和发展，加快与国际接轨的步伐，并为生产许可证管理提供技术依据，打下了良好的基础。GB/T 10595－2009《带式输送机》修订版是在广泛征求意见的基础上，以带式输送机产品的设计、制造、检验等方面的实践经验为技术支撑进行修订的。该标准在制定时参考了ISO 1537《松散物料连续搬运设备——槽形带式输送机（携带式输送机除外）——托辊》、DIN 22112《井下煤矿用带式输送机——托辊》及DIN 22115：2003《井下煤矿用带式输送机　涂层托辊技术要求和试验方法》等国际标准和国外先进标准，达到了国内先进水平。

（2）积极完成上级主管部门下达的各项任务。

1）“十三五”标准规划的编制工作。为了机械工业标准化工作能更好地服务于机械工业的发展，根据中国机械工业联合会文件机联秘标〔2014〕166号文的要求，连续搬运标委会参与了机械工业“十三五”标准化发展规划中连续搬运机械部分的编写工作。

2）国内外标准对比分析。为配合国家标准化管理委员会做好装备制造业的标准化工作，按时完成了《连续搬运机械领域国内外标准对比分析》的编报工作。并派出人员参加了国标委组织召开的“装备制造业国内外标准对比座谈会”。

3）行业标准执行情况的自查和梳理工作。根据中国机械工业联合会“关于对机械行业标准项目计划执行情况进行自查及梳理的通知”及“关于提交标准延期或废止情况的通知”的要求，完成了对2009年至2014年起重机械标准制修订项目执行情况的自查工作。对于到期未完成的项目说明了原因，并提交了延期申请。

4）问卷调查工作。根据国家标准化管理委员会部函标委综合函〔2015〕17号“关于开展《全国专业标准化技术委员会管理规定》适用性评估调查工作的通知”的要求，按时完成“《全国专业标准化技术委员会管理规定》适用性评估调查”的编报工作。

5）“十二五”技术标准体系建设方案修订工作。为了优化标准体系结构，指导近几年起重运输机械标准的立项工作，根据中国机械工业联合会的要求，按时完成了连续搬运机械“十二五”技术标准体系建设方案的修订工作。

6）全国专业标准化技术委员会2015年度工作报告的上报工作。根据国家标准化管理委员会“国家标准委办公室关于报送全国专业标准化技术委员会2015年度工作报告的通知”的要求，按时报送了连续搬运机械标委会的工作报告。

（3）标准计划项目的立项工作。2014年，根据连续搬运机械标准体系建设方案的安排、行业需求以及连续搬运机械行业标准复审结论，结合连续搬运机械“十二五”标准化工作重点，连续搬运机械标委会组织申报1项国家标准《带式输送机设计计算方法》，5项机械行业标准计划项目，项目名称分别为《积放式悬挂输送机　技术条件》《辊子输送机》《单轨小车悬挂输送机　技术条件》《螺旋输送机》和《带式输送机用盘式制动器》。

（4）行业服务。积极配合全国工业产品生产许可证办公室完成“轻小型起重运输设备生产许可证实施细则”有关带式输送机相关要求的修订工作及征求意见工作。

（5）2015年批准发布的连续搬运机械标准情况。2015年，连续搬运机械专业领域批准发布了1项国家标准和5项机械行业标准。2015年批准发布的连续搬运机械标准见表3。

表3　2015年批准发布的连续搬运机械标准

序号	标准号	标准名称	代替标准号	实施日期
1.	GB/T 14521—2015	连续搬运机械术语	GB/T 14521. 1—1993 GB/T 14521. 2—1993 GB/T 14521. 3—1993 GB/T 14521. 4—1993 GB/T 14521. 5—1993 GB/T 14521. 6—1993 GB/T 14521. 7—1993 GB/T 14521. 8—1993 GB/T 14521. 9—1993	2016－07－01
2	JB/T 12194—2015	液力传动油		2015－10－01
3	JB/T 12195—2015	双轨小车悬挂输送机		2015－10－01
4	JB/T 3666—2015	吊式圆盘给料机	JB/T 3666—1996	2015－10－01
5	JB/T 3667—2015	座式圆盘给料机	JB/T 3667—1996	2015－10－01
6.	JB/T 9004—2015	限矩型液力偶合器　试验	JB/T 9004. 1—1999 JB/T 9004. 2—1999	2015－10－01

3. 工业车辆标准化工作情况

截至2015年12月31日，我国工业车辆行业已有现行有效标准共57项，其中国家标准40项（包括2项强制性国家标准和38项推荐性国家标准），机械行业标准17项。

2015年，全国工业车辆标准化技术委员会（简称“工业车辆标委会”）共组织完成2项国家标准和1项机械行业标准的制修订工作，并重点完成了如下重要标准的修订工作及其他标准化工作。2015年已完成的工业车辆标准项目见表4。

表4　2015年已完成的工业车辆标准项目

序号	标准项目名称	标准类别	标准性质	制定或修订	完成年限	备注
1.	工业车辆　稳定性验证　第13部分：带门架的越野型叉车	国家标准	推荐	制定	2015	计划编号：20140782－T－604
2.	工业车辆　稳定性验证　第15部分：铰接平衡重式叉车	国家标准	推荐	制定	2015	计划编号：20142421－T－604
3	500～10 000kg平衡重式叉车	行业标准	推荐	修订	2015	计划编号：2014－0624T－JB

（1）整合修订JB/T 2390—2007《平衡重式叉车　基本参数》和JB/T 2391—2008《500～10 000kg平衡重式叉车技术条件》。平衡重式叉车广泛应用于国民经济的各个领域，并凭借产品质量和价格优势，在国际市场中占有一席之地。上述2项标准在整合修订时，补充了平衡重式叉车的基本参数，修改了叉车护顶架、货叉、制动器、稳定性、安全等技术要求，并增加了视野、能效等要求，实现了安全要求与国际标准的接轨。整合修订上述2项标准，对于提高平衡重式叉车的产品质量和技术水平，规范市场经济，推动平衡重式叉车新技术的发展，减少平衡重式叉车安全事故的发生，促进产品出口贸易，具有重要作用。

（2）积极完成上级主管部门下达的各项任务。

1）工业车辆“十三五”标准规划的编制工作。为了指导“十三五”期间工业车辆标准化工作，做好标准规划顶层设计，根据中国机械工业联合会文件机联秘标〔2014〕166号文的要求，在广泛征求行业需求的基础上，编报了工业车辆“十三五”标准规划。

2）国内外标准对比分析。为配合国家标准化管理委员会做好装备制造业的标准化工作，按时完成了《工业车辆领域国内外标准对比分析》的编报工作，并派出人员参加了国标委组织召开的“装备制造业国内外标准对比座谈会”。

3）行业标准执行情况的自查和梳理工作。根据中国机械工业联合会“关于对机械行业标准项目计划执行情况进行自查及梳理的通知”及“关于提交标准延期或废止情况的通知”的要求，完成了对2009年至2014年工业车辆标准（制）修订项目执行情况的自查工作，对于到期未完成的项目说明了原因，并提交了延期申请。

4）问卷调查工作。根据国家标准化管理委员会部函标委综合函〔2015〕17号“关于开展《全国专业标准化技术委员会管理规定》适用性评估调查工作的通知”的要求，按时完成了“《全国专业标准化技术委员会管理规定》适用性评估调查”的编报工作。

(3) 充分运用信息化手段，尽快建立制（修）订全过程信息公开和共享平台。为了强化制（修）订流程中的信息共享、社会监督和自查自纠，有效避免国家标准、行业标准在立项、制定过程中的交叉重复矛盾，并简化制（修）订程序，提高审批效率，缩短制（修）订周期，国家标准化管理委员会组织开发了“全国专业技术委员会组织管理系统”及“全国专业标准化技术委员会工作平台”。“新平台”是技术委员会开展国家标准制修订工作的网络化平台，功能模块由公告通知、文件共享、网络会议、电子投票、内部讨论、项目跟踪、消息推送等模块组成，将可满足技术委员会委员协同工作的需求。工业车辆标委会已配合系统上线工作，完成了委员信息等核对补报工作，为以后正式应用“新系统”开展各项业务做好了充分的准备。

(4) 开展中国装备走出去课题研究。为推动中国装备标准推广实施，唱响中国装备品牌，国家标准化管理委员会组织有关单位开展中国装备走出去典型领域（航天、核电和工程机械）标准需求研究课题。根据海关总署的统计数据显示，2014年工业车辆出口额为22.06亿美元，是工程机械领域第二大出口产品。配合课题研究，工业车辆标委会参与了工程机械子课题领域中有关叉车的研究和调研工作，陪同国标委相关领导完成了相关企业的走访调研工作，并提出了“中国装备重点领域走出去标准名录”中的“叉车标准目录”。

(5) 开展重要标准的宣贯工作。自行式工业车辆和步行式车辆是工业车辆产品中量大面广的产品，需求量逐年上升，其产品质量和安全性受到全社会的广泛关注。强制性国家标准GB 10827.1—2015《工业车辆　安全要求和验证第1部分：自行式工业车辆（除无人驾驶车辆、伸缩臂式叉车和载运车)》及GB 10827.5—2013《工业车辆　安全要求和验证　第5部分：步行式车辆》作为规范上述产品安全方面要求最有力的保障手段，更应引起高度重视。为推动上述两项强制性国家标准的贯彻实施，2015年9月16日至18日，工业车辆标委会在浙江省长兴县组织召开了上述项国家标准宣贯会，来自从事工业车辆设计、制造、安装和检验等方面的工程技术人员共计60余人参加了宣贯会。

(6) 2015年度标准批准发布情况。

2015年度工业车辆专业领域批准发布了2项国家标准及3项机械行业标准，2015年批准发布的工业车辆标准项目见表5。

表5　2015年批准发布的工业车辆标准项目

序号	标准号	标准名称	发布日期	实施日期
1	GB/T 26950.2—2015	防爆工业车辆　第2部分：内燃工业车辆	2015-12-10	2016-07-01
2.	GB/T 32272.1—2015	机动工业车辆　验证视野的试验方法　第1部分：起重量不大于10t的坐驾式、站驾式车辆和伸缩臂式叉车	2015-12-10	2016-07-01
3	JB/T 12388—2015	自行式轮胎平板搬运车	2015-10-10	2016-03-01
4	JB/T 12574—2015	叉车属具　术语	2015-10-10	2016-03-01
5	JB/T 12575—2015	叉车属具　纸卷夹	2015-10-10	2016-03-01

4. 物流仓储设备标准化工作情况

全国物流仓储设备标准化技术委员会（SAC/TC499，简称“物流仓储设备标委会”）负责物流仓储设备国家标准和机械行业标准的归口管理工作。截至2015年12月31日，物流仓储设备行业已经制定标准17项，其中国家标准4项（均为推荐性标准），行业标准13项，这些标准对于提高物流仓储设备产品质量、促进物流仓储设备技术进步、规范市场秩序、保障健康和安全及促进贸易发挥了重要作用。2015年，共组织完成3项国家标准的制（修）订工作。

2015年已完成的物流仓储设备行业标准项目见表6。

表6　2015年已完成的物流仓储设备行业标准项目

序号	标准项目名称	标准类别	标准性质	制定或修订	完成年限	备　注
1	物流仓储配送中心导轮式分拣机技术规范	国家标准	推荐	制定	2015	计划编号：20112042-T-604
2	物流仓储配送中心螺旋箱式输送机技术规范	国家标准	推荐	制定	2015	计划编号：20112043-T-604
3	物流仓储配送中心输送、分拣系统及周边设备分类和术语	国家标准	推荐	制定	2015	计划编号：20112044-T-604

(1) 国家标准和机械行业标准的制(修)订情况。国家标准草案《物流仓储配送中心导轮式分拣机技术规范》《物流仓储配送中心螺旋箱式输送机技术规范》和《物流仓储配送中心输送、分拣系统及辅助设备 分类和术语》的制定,全面、系统地规范了输送设备、分拣设备及辅助设备设计及选用中涉及的产品分类和常用术语,完善了物流仓储设备标准体系,对提高导轮式分拣机和螺旋箱式输送机的产品质量,促进该行业更科学、更合理有序的发展,将起到积极的推动作用。

(2) 积极完成上级主管部门下达的各项任务。

1) 回复《物流标准化中长期发展规划(2015—2020年)》(征求意见稿)。根据国家标准化管理委员会工业标准一部转来的《物流标准化中长期发展规划(2015—2020年)》(征求意见稿),全国物流仓储设备标准化技术委员会进行了认真的研究,并提出两方面主要意见:①“新规划”中应进一步理顺标委会之间标准体系的交叉、重复和矛盾;②“新规划”中应增加物流仓储设备标准体系建设工程(牵头单位:工信部、中国机械工业联合会、相关学会协会、有关高等院校等共同参与开展)。

2) 上报2014年度《全国专业标准化技术委员会年报》。根据“国家标准委办公室关于报送全国专业标准化技术委员会2014年度工作报告的通知”的要求,结合专业现状以及2014年度实际工作情况,认真编制了《全国物流仓储设备标准化技术委员会工作报告》和《全国物流仓储设备标准化技术委员会工作报表》。

3) 编制机械工业“十三五”标准化发展规划。根据中国机械工业联合会秘书处文件机联秘标〔2014〕166号“关于编制机械工业‘十三五’标准化发展规划的通知”的要求,物流仓储设备标委会秘书处面向标委会委员及有关单位征集了物流仓储设备行业“十三五”标准化发展规划中的重点项目,并按时完成了“物流仓储设备‘十三五’标准规划”的编制及上报工作。

4) 行业标准计划执行情况的自查及梳理。根据中国机械工业联合会秘书处文件机联秘标〔2015〕15号“关于对机械行业标准项目计划执行情况进行自查及梳理的通知”的要求,2015年3月物流仓储设备标委会按时完成了“机械行业标准制(修)订计划项目梳理情况表”的编制工作。

5) 完成了《全国专业标准化技术委员会管理规定》适用性评估调查工作。根据国家标准化管理委员会标委综合函〔2015〕17号“关于开展《全国专业标准化技术委员会管理规定》适用性评估调查工作的通知”的要求,按时完成了《适用性评估调查问卷》的填报工作。

6) 启用“全国专业标准化技术委员会工作平台”。根据国家标准化管理委员会标委综合函〔2015〕103号“国家标准委办公室关于启用‘全国专业标准化技术委员会工作平台’的通知”的要求,2015年8月31日标委会秘书处完成了技术委员会的基本信息、委员基本信息的核对确认工作,及补报工作。

(3) 国家标准委田世宏主任一行考察委员单位六维公司研发试验基地。2015年5月21日,质检总局党组成员、国家标准委主任田世宏,国家标准委国际部主任李玉冰,国家标准委工业一部副主任肖寒,国家标准委办公室副处长李贺军及江苏省有关领导一行,来到六维公司试验研发基地桥林调研考察企业开展联盟标准化试点的有关工作。

二、2015年起重运输机械国际标准化工作情况

北京起重运输机械设计研究院(简称“北起院”)作为国际标准化组织的四个技术委员ISO/TC96“起重机技术委员会”、TC101“连续机械搬运设备技术委员会”、TC110“工业车辆技术委员会”、TC111“钢制圆环链、吊链、部件及附件技术委员会”的国内技术对口单位,积极组织起重机械和工业车辆行业的专家参与国际标准化活动。2015年完成了如下国际标准化工作:

1. 2015年国际标准文件管理及投票情况

日常负责国际标准化组织的四个技术委员会ISO/TC96(起重机技术委员会)、ISO/TC101(连续机械搬运设备技术委员会)、ISO/TC110(工业车辆技术委员会)和ISO/TC111(钢制圆环链、吊链、部件及附件技术委员会)国内对口的标准化技术业务工作,包括国际标准文件的登记、存档工作,并负责对国际标准文件的投票。2015年共收到ISO/TC96文件205个,其中投票文件32个,实际投票31个,其他文件173个,正式国际标准4个,修改件2个。收到ISO/TC110文件183个,其中投票文件24个,实际投票24个,其他文件159个,正式国际标准9个。收到ISO/TC111文件58个,其中投票文件9个,实际投票9个,其他文件49个,正式国际标准2个,修改件1个。

2. 承担ISO/TC110/SC5可持续性分技术委员会副主席和联合秘书处

2015年4月20日,国家标准化管理委员会以标委办外〔2015〕59号文“国家标准委办公室关于承担国际标准化组织工业车辆技术委员会可持续性分委会(ISO/TC110/S5)副主席、联合秘书处等有关事项的通知”,正式任命北起院赵春晖担任国际标准化组织工业车辆技术委员会可持续性分技术委员会(ISO/TC110/SC5)副主席,任期为2015年至2017年。

3. 参加国际会议情况

(1) 参加ISO/TC110/SC5可持续性分技术委员会预备会议。2015年4月19日至24日,北京起重运输机械设计研究院与安徽合力股份有限公司组成的4人代表团赴德国柏林参加了ISO/TC110/SC5预备会议及CEN/TC150/WG15会议。ISO/TC110/SC5预备会议主要讨论了SC5可持续性分技术委员会的工作范围、2015年11月在悉尼召开的SC5第一次会议的议程、交流了ISO livelink网上工具

使用方法等内容，为2015年11月召开的SC5第一次会议奠定了良好的基础。在CEN/TC150/WG15“欧洲标准化委员会工业车辆技术委员会可持续性工作组”会议上，赵春晖女士代表中国在会上介绍了“中国工业车辆能效标准的现状”，得到了与会代表的高度赞扬。

（2）组团参加ISO/TC96起重机技术委员会系列会议。负责在起重机械行业中组成9人代表团代表国家标准化管理委员会（SAC）参加了2015年9月7日至14日在澳大利亚悉尼召开的“2015年ISO/TC96起重机技术委员会系列会议”。在此次会议上，中国代表提出了3项国际标准提案，分别为《起重机—术语—第4部分：臂架起重机》《电动葫芦能效测试方法》及《起重机械—安全监控和运行管理要求》。其中，国际标准提案《起重机—术语—第4部分：臂架起重机》得到了与会代表的广泛支持，会议决定开展新工作项目ISO 4306—4《起重机—术语—第4部分：臂架起重机》，并提名中国代表、北京起重运输机械设计研究院赵春晖女士担任项目负责人，美国、英国、法国和俄罗斯的代表作为工作组成员，参加该标准的制定工作。《电动葫芦能效测试方法》项目在提案介绍讨论后，引起了各国与会代表的重视，会议决定在进一步完善有关资料后，于年底前开始立项投票。《起重机械—安全监控和运行管理要求》项目将于2016年初向SC5成员征集立项意见。上述成绩的取得，标志着中国开始主导制定起重机ISO标准项目，实现了由我国牵头制定起重机国际标准的历史性突破。

（3）组团参加ISO/TC110工业车辆技术委员会系列会议。负责在工业车辆行业中组成9人代表团代表国家标准化管理委员会（SAC）参加了2015年9月2日至6日在澳大利亚悉尼召开的2015年ISO/TC110系列会议。此次系列会议包括ISO/TC110/SC1“通用术语”分技术委员会会议、SC1/WG2“工业车辆属具术语”工作组会议、SC2“机动工业车辆安全”分技术委员会会议、SC5“可持续性分技术委员会”会议及ISO/TC110“工业车辆”技术委员会会议，中国代表参加了所有会议。

此次会议是北起院第十次组团参加ISO/TC110工业车辆技术委员会系列会议。在过去的几年里，我国积极参与工业车辆国际标准的起草，争取到将中文作为国际标准语言增加到新制定的国际标准ISO 5053—1：2015《工业车辆—术语和定义—第1部分：工业车辆类型》中，实现了历史性的突破。此次会议的又一亮点是我国将继续参与ISO 5053—2《工业车辆—术语和定义—第2部分：货叉和属具》的起草，中文仍将直接列入国际标准中。另外，在ISO/TC110/SC2会议上，我国提出了第一项国际标准提案《工业车辆—使用、操作和维护—安全规范》，实现了由我国牵头制定工业车辆国际标准零的突破。我国代表在会上介绍了该标准的背景、重要意义及主要框架，引起了各国与会代表的重视，会议决定尽快开始立项投票。

值得一提的是，2015年1月1日，我国已正式承担SC5可持续性分委会（ISO/TC110/S5）的副主席和联合秘书处。在当年的系列会议上，SC5分技术委员会召开了第一次会议，会议由德国的Anderas Kuehn博士和我国的赵春晖女士共同主持。此次会议讨论确定了SC5的范围，相关国家代表介绍了欧洲、美国、中国、日本等国家可持续性方面的法规和标准情况，及下次会议之前的工作任务，会议取得了圆满的成功。

我国代表积极参与会上的讨论，代表中国发表更多的意见，并积极介绍中国工业车辆标准的情况。在ISO/TC110/SC2“机动工业车辆安全”分技术委员会会议上，赵春晖女士代表中国在会上介绍了“2015年中国工业车辆行业批准发布的标准情况及2015年制（修）订标准情况”，获得了与会代表的高度赞扬。

4. 正式成立国际标准化组织起重机技术委员会（ISO/TC96）国内技术对口专家工作组

2015年6月10日，国家标准化管理委员会以标委外函〔2015〕60号文“国家标准委国际合作部关于成立国际标准化组织起重机技术委员会（ISO/TC 96）国内技术对口专家工作组的批复”，正式批准成立国际标准化组织起重机技术委员会（ISO/TC96）国内技术对口专家工作组，工作组有19名组员，工作组秘书处设在北京起重运输机械设计研究院。2015年7月6日至8日，在北京市召开了“国际标准化组织起重机技术委员会（ISO/TC96）国内技术对口专家工作组成立大会”。该工作组的成立，将为促进我国更好地参加国际标准化活动，尽快将我国具有优势的起重机械技术及标准上升为国际标准提案，使我国有更多的起重机械产品进入和占领国际市场打下良好的基础。

5. 不断加强国家标准英文版翻译工作

为进一步满足我国起重运输机械国际贸易的需要，扩大我国起重运输机械的出口量，并为我国产品占领国际市场打下基础，推动更多标准和企业“走出去”，根据国家标准化管理委员会文件国标委综合〔2014〕81号“国家标准委关于下达2014年国家标准外文版翻译出版计划的通知”的要求，组织有关专家开展了GB/T 14405—2011《通用桥式起重机》和GB/T 14406—2011《通用门式起重机》的翻译工作。同时，根据“深化标准化工作改革方案”中提出的“提高标准国际化水平”的要求，组织申报了18项起重运输机械国家标准英文版（其中包括起重机械国家标准14项、工业车辆国家标准4项）的翻译计划。

〔撰稿人：北京起重运输机械设计研究院赵春晖　审稿人：中国重型机械工业协会李镜〕

2015 年全国特种设备安全状况

一、特种设备基本情况

1. 特种设备登记数量情况

截至 2015 年年底，全国特种设备总量达 1 100.13 万台，比 2014 年上升 6.14%。其中：锅炉 57.92 万台、压力容器 340.66 万台、电梯 425.96 万台、起重机械 210.44 万台、客运索道 985 条、大型游乐设施 2.04 万台、场（厂）内机动车辆 63.02 万台。另有：气瓶 13 698 万只、压力管道 43.63 万 km。2015 年特种设备数量分类比例见表 1。

表 1　2015 年特种设备数量分类比例

特种设备分类	数量单位	数量	占比（%）
锅炉	万台	57.92	5
压力容器	万台	340.66	31
电梯	万台	425.96	39
起重机械	万台	210.44	19
客运索道	条	985	
场（厂）内专用机动车辆	辆	63.02	6
大型游乐设施	万台（套）	2.04	

2. 特种设备生产和作业人员情况。

截至 2015 年底，全国共有特种设备生产（含设计、制造、安装、改造、修理、气体充装）单位 62 706 家，持有许可证 68 804 张，其中：设计单位 3 241 家，制造单位 16 780 家，安装改造修理单位 21 555 家，移动式压力容器及气瓶充装单位 21 130 家。

2015 年特种设备生产单位数量分布见表 2。

表 2　2015 年特种设备生产单位数量分布

生产单位	数量（家）	占比（%）
设计	3 241	5
制造	16 780	27
安装改造修理	21 555	34
充装	21 130	34

截至 2015 年年底，全国特种设备作业人员持证 1 047.64万张，比 2014 年上升 8.70%，其中，2015 年考核发证 148.83 万张。

3. 特种设备安全监察和检验检测情况

截至 2015 年年底，全国共设置特种设备安全监察机构 2 550 个，其中国家级 1 个、省级 32 个、市级 469 个、县级 2 048 个。全国特种设备安全监察人员共计 23 648 人，较 2014 年增加 7 908 人，主要原因是市县级政府机构改革，出现部门“二合一”“三合一”等情况，使得基层监察人员数量大幅增加。

截至 2015 年年底，全国共有特种设备综合性检验机构 485 个，其中质检部门所属检验机构 295 个，行业检验机构和企业自检机构 190 个。另有型式试验机构 48 个，无损检测机构 433 个，气瓶检验机构 1 924 个，安全阀校验机构 314 个，房屋建筑工地和市政工程工地起重机械检验机构 173 个。

2015 年，全国各级特种设备安全监管部门开展特种设备执法监督检查 127.94 万人次，发出安全监察指令书 12.93 万份。特种设备检验机构对 109.62 万台特种设备及元部件的制造过程进行了监督检验，发现并督促企业处理质量安全问题 3.44 万个；对 151.21 万台特种设备安装、改造、修理过程进行了监督检验，发现并督促企业处理质量安全问题 37.25 万个；对 545.71 万台在用特种设备进行了定期检验，发现并督促使用单位处理质量安全问题 131.77 万个。

二、特种设备安全状况

1. 事故总体情况

2015 年，全国共发生特种设备事故和相关事故 257 起，死亡 278 人，受伤 320 人，与 2014 年相比，事故起数减少 26 起，同比下降 9.19%；死亡人数减少 4 人，同比下降 1.42%；受伤人数减少 10 人，同比下降 3.03%，全国未发生特种设备重特大事故。2015 年特种设备万台设备死亡人数为 0.36，较 2014 年下降 7.69%，较好地实现了国务院安委会下达的万台设备死亡人数不超过 0.38 的控制目标。2010—2015 年万台设备死亡人数趋势见图 1。

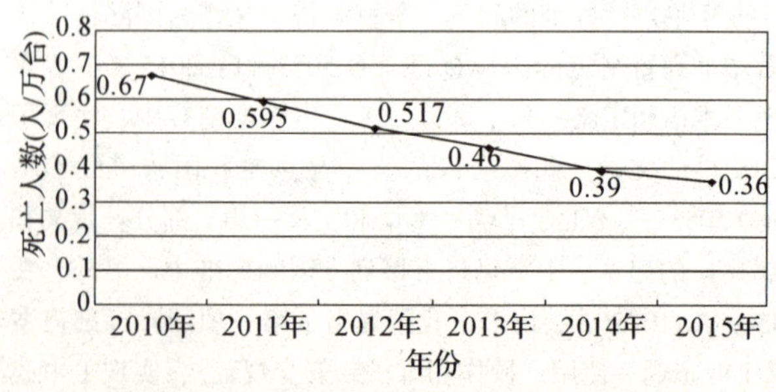

图 1　2010—2015 年万台设备死亡人数趋势

2. 事故特点

按设备类别划分，锅炉事故 18 起，压力容器事故 27

起，气瓶事故29起，压力管道事故3起，电梯事故58起，起重机械事故79起，场（厂）内机动车辆事故32起，大型游乐设施事故9起，客运索道事故2起。其中，电梯和起重机械事故起数和死亡人数所占比重较大，事故起数分别占22.57%、30.74%，死亡人数分别占16.55%、41.01%。

按发生环节划分，发生在使用环节219起，占85.21%；维修检修环节15起，占5.84%；安装装卸环节17起，占6.61%；充装运输环节6起，占2.34%。

按涉事行业划分，发生在制造业89起，占34.63%；发生在建设工地和建筑业49起，占19.07%；发生在交通运输与物流业18起，占7.00%；发生在社会及公共服务业93起，占36.19%；其他行业8起，占3.11%。

按损坏形式划分，承压类设备（锅炉、压力容器、气瓶、压力管道）事故的主要特征是爆炸或泄漏着火；机电类设备（电梯、起重机械、客运索道、大型游乐设施、场（厂）内专用机动车辆）事故的主要特征是倒塌、坠落、撞击和剪切等。

3. 事故原因

（1）锅炉事故。发生在使用环节16起、安装环节1起、修理环节1起，其中，违章作业或操作不当原因8起，设备缺陷和安全附件失效原因4起。

（2）压力容器事故。设备缺陷和安全附件失效原因6起，违章作业或操作不当原因4起，非法设备使用原因5起。

（3）气瓶事故。违章作业或操作不当原因2起，设备缺陷和安全附件失效原因2起，气体泄露引发原因2起。

（4）压力管道事故。事故现象均为管道破裂介质泄漏，或直接造成人员伤害，或引发爆燃造成人员伤害，事故原因主要是管道质量原因或人员违章操作。

（5）电梯事故。发生在使用环节38起，安装、改造、修理维保环节20起。事故原因中，安全附件或保护装置失灵等设备原因39起；违章作业或操作不当原因13起；应急救援（自救）不当导致的事故2起；管理不善或儿童监护缺失以及乘客自身原因导致的事故4起。

（6）起重机械事故。事故原因主要是违章作业或操作不当，另有设备原因6起，吊具原因4起。

（7）场（厂）内专用机动车辆事故。31起为叉车事故，1起为旅游观光车事故。违章作业或操作不当原因30起，设备原因2起。

（8）大型游乐设施事故。安全保护装置失灵等设备原因4起，违章作业原因3起。

（9）客运索道事故。2起事故均为天气原因导致设备故障，造成乘客高空滞留。

三、2015年特种设备安全监察与节能主要工作情况

1. 实施重点监管，严守安全底线

（1）开展电梯安全监管大会战。在企业自查自纠基础上，各地监督检查发现隐患电梯10.7万台，封停1 900多台，完成整改10.1万台，其中整治“三无”电梯1.3万台，更新改造老旧电梯1.3万台；积极推进电梯应急处置平台建设，11个省（自治区）开通电梯应急专用呼叫号码，杭州等15个城市建成电梯应急处置服务平台，电梯救援人员到达现场和实施救援平均用时大幅缩短；推动部门联合监管，积极促成国务院安委办组织质检、安监等8部门开展电梯安全专项督查调研，并提出强化电梯安全的建议措施。各地不断创新电梯安全监管模式，北京在全国率先打通了住宅专项维修资金应急使用通道，全面建立“三无”电梯解决机制；贵州运用大数据，将电梯救援平台纳入“质量云”工程建设，提升电梯困人救援处置能力；浙江推动各地试点开展特种设备“智慧监管”。

（2）开展油气输送管道隐患整治攻坚战。按照国务院安委会的工作部署，梳理并进一步明确了质检部门的油气输送管道安全监管职责；成立了质检总局压力管道安全技术中心，为油气输送管道隐患整治攻坚战提供技术支撑；推进油气输送管道检验检测和风险评估，全国共实施油气输送管道安装监督检验8 146km，实施在用管道全面检验30 385km。

（3）加强重点领域重点设备监管。深刻汲取天津港“8·12”特别重大爆炸事故的教训，认真贯彻落实国务院安委会和质检总局的统一部署，组织开展了涉及危险化学品的特种设备安全生产大检查。加强物联网、二维码等信息化科技手段的运用，新出厂的大型起重机械全部加装安全监控管理系统；建立了全国移动式压力容器公共服务信息平台，采用二维码作为移动压力容器的身份标识，有效整合设备信息。天津、河北、浙江、四川等地推进分类监管，完成氨制冷液氨介质特种设备使用单位安全标准化管理项目；新疆建立气瓶从严管理常态化工作机制，开展气瓶集中报废试点；湖南强化“气化湖南”建设工程质量安全监管。

2. 加强顶层设计，着力推进改革

制定颁布《特种设备安全监管改革顶层设计方案》，为未来一段时间安全监管改革提供行动指南。按照国务院要求，开展了清理规范部门行政审批中介服务工作，启动了权力清单和责任清单的制定工作。制定完成了《特种设备行政许可目录》。印发了《特种设备检验检测机构整合试点方案》，积极推动检验机构整合试点。中国特检院与地方检验机构探索整合途径；甘肃省编办批准成立定位为技术检查机构的甘肃省特种设备安全技术研究中心。

3. 强化风险管理，提升应急能力

针对7月份电梯事故发生的情况，紧急召开全国视频会议，部署开展针对性检查，及时消除安全隐患；与中央电视台、中国经济网等媒体合作开展了电梯安全网络调查、网络直播访谈节目，开展“电梯安全宣传周”系列宣传活动；质监总局组织研发了舆情监测系统，并推广至全部省级质监部门使用；质监总局与上海市有关方面联合组

织开展特种设备事故应急处置综合演练。各地加大风险和应急体系建设力度，广西建设了特种设备及质量安全应急指挥系统；山东开展了特种设备重大危险源辨识、风险评估和风险预控研究。

4. 健全工作体系，夯实监管基础

配合完成了《大气污染防治法》的修订工作，制定了《特种设备现场安全监督检查规则》等规范性文件，安全技术大规范建设取得实质性进展；管道完整性管理纳入强制性标准。中国特种设备安全与节能促进会颁布了特种设备安全方面的第一个团体标准——《电梯应急处置平台技术规范》。各地加快地方立法进程，山东省颁布了《山东省特种设备安全条例》，广东省颁布了《广东省特种设备安全条例》和《广东省电梯使用安全条例》；重庆、内蒙古、四川、安徽、新疆等地相继出台了电梯安全监督管理办法。各地加快建立完善多元共治工作格局，积极推动地方政府和相关部门落实“一岗双责”，着重推动和加强县级特种设备安全监管队伍建设，监管力量进一步向乡镇、街道、居委会延伸。总局完成特种设备安全与节能技术委员会换届工作，成立了国务院安委会专家咨询委员会特种设备专业委员会。

5. 突出节能减排，服务发展大局

通过大力推进燃煤锅炉节能环保综合提升工程，燃煤锅炉节能减排攻坚战取得初步成效。开展对锅炉监察人员、能效测试人员、司炉工培训教师等人员节能环保专项培训，组织开展了锅炉能效测试报告年度抽查和锅炉能效测试机构能力验证；在用燃煤工业锅炉能效普查工作纳入国务院对省级人民政府节能目标责任评价考核指标体系；全国完成5 689台燃烧工业锅炉能效普查，建成120个达标示范锅炉系统，制修订44项特种设备节能地方标准。质监总局与国家发展改革委联合发布《高效节能锅炉推广目录（第一批）》，推动锅炉产业提质增效升级。质监总局与美国能源部做出开展锅炉系统自愿性能效标准合作的决定，被列为第七轮中美战略与经济对话的成果之一。贵州省积极开展在用燃煤锅炉能效普查，建成燃煤锅炉淘汰系统；广东省建立了锅炉节能公共服务平台建设，开展锅炉系统运行节能诊断工程试点；四川省设立专门调研课题，开展“燃煤锅炉节能”研究。认真做好重大活动特种设备安全保障，京津冀三省市圆满完成了“9·3”纪念活动电梯等特种设备保障工作，并探索建立京津冀常态化的特种设备协调保障机制；河南、黑龙江、福建省分别完成上海合作组织成员国总理第十四次会议、第二届中俄博览会和首届青运会等特种设备安全保障工作；上海市创新监管模式，积极服务自贸区、迪士尼等重大工程项目特种设备安全保障；浙江省政府出台了《关于“精准对接精准服务”支持特种设备产业发展的若干意见》，推动装备制造业转型升级。

6. 加大宣传力度，营造良好氛围

以贯彻落实《特种设备安全法》为核心，综合运用多种方式开展宣传教育。由中国特种设备安全与节能促进会和质监总局特种设备局共同编写的《中华人民共和国特种设备安全法实务全书》正式出版。由质监总局和国家新闻出版广电总局共同监制、河南电影电视制作集团等单位联合拍摄的我国首部特种设备安全教育系列电影科教片《美丽中国梦　质检安全行》，在全国正式上映。质监总局组织召开了“纪念特种设备安全监察60周年暨《特种设备安全法》颁布两周年座谈会”。组织开展了“小手拉大手，安全共相守”庆“六一”特种设备安全进校园、进社区宣传主题活动，继续开展“百城万校儿童安全乘梯流动宣传活动”。各地也不断加大特种设备安全宣传力度，江苏省以电梯安全连环画、微电影等方式，开展电梯知识进校园活动；海南省拍摄了《电梯安全系万家，椰城幸福靠大家》宣传片，在各社区免费宣传放映；云南省制作了地铁安全生产、特种设备安全视频并滚动播放；山西省采取“报网联动、微信助力”等多种方式开展宣传。

四、2016年特种设备安全与节能工作重点

1. 深化开展电梯安全攻坚等三大攻坚战

（1）继续开展电梯隐患整治。以电梯大会战建档问题电梯为重点，继续做好挂牌督办、后续监管和服务工作，消除隐患和风险。同时组织“回头看”，防止问题反复。

（2）加强电梯应急处置工作。多种模式推进电梯应急处置平台建设，扩大应急处置平台覆盖范围，重点建立省级数据中心，加强电梯故障数据统计分析和风险监测预警。积极开展基于物联网的电梯综合信息服务平台建设的试点。

（3）推动电梯安全监管改革。对电梯维保监管实施改革，推动改革制造、维修单位许可方式，对维保单位实施分级分类监管。

（4）依法履行监管和检验职责。进一步完善压力管道监管法规，推进压力管道安全技术中心建设。完善使用登记办法，依法开展压力管道使用登记。开展油气输送管道安装工程和管道使用企业监督检查，督促检查管道相关企业及检验检测机构依法开展油气管道安装监督检验和定期检验，重点推动高风险区域管道检验检测工作。

（5）提升锅炉运行水平。重点做好在用燃煤工业锅炉能效普查、锅炉系统安全节能标准化管理、人员培训和锅炉节能规范标准制修订等工作。配合做好推广高效锅炉、锅炉节能环保改造、整治落后燃煤小锅炉等工作。

2. 推进改革创新

（1）创新企业主体责任落实机制。加强企业诚信体系建设，推动质量品牌建设，探索推动使用单位建立故障统计制度，鼓励企业实施标准自我声明和服务质量公开承诺，加快“互联网＋”等新技术应用。

（2）优化安全监管体制机制。加快设立技术检查机构进程，推进特种设备安全监管方式改革，深化行政许可改革，清理规范行政审批中介服务。

（3）加大检验工作改革力度。加大检验工作改革力度，推进检验机构整合试点；探索检验工作改革新模式；研究开展无损检测机构专项治理。

3. 强化依法治特

（1）完善法规标准体系。深入贯彻落实《特种设备安全法》和新修订的《大气污染防治法》；积极协调国务院法制办，开展《电梯安全条例》制订研究；会同国家发展改革委、环保部研究制定《锅炉节能环保监督管理办法》；完善特种设备召回、报废等相关配套制度；推进《特种设备使用管理规则》等安全技术规范“大规范”建设；开展强制性标准整合精简工作，探索建立安全技术规范与标准的协调机制；组织开展相关法律法规研究，加大对不适应特种设备安全监管的文件、规范等清理力度。

（2）做好普法宣传。以贯彻落实《特种设备安全法》为核心，充分利用电视、电台、报纸、网络、微信等各种媒体，继续以进企业、进社区、进校园等方式广泛宣传特种设备法律法规和安全知识，探索推动电梯等特种设备知识进课堂、进课程。

（3）严格依法执法。制定监督检查计划，加强现场安全监督检查，严厉查处违法违规行为，不断提升执法效能。严格按照相关法律法规开展事故调查和处理工作。

4. 加强隐患排查治理

（1）加强风险防控和应急处置。推动建立全国统一标准的特种设备风险预警与应急处置平台；继续完善各级特种设备应急预案，分类指导企业编制专项应急预案，加强风险监测预警。

（2）强化监督检查。组织开展重要活动、重点时段和重大工程特种设备安全保障，加强重点设备和薄弱环节的安全监察，开展高风险及易发事故的承压设备隐患治理，防范重特大事故发生。

（3）推进分类监管。鼓励企业引入团体标准，开展特种设备风险等级和使用单位风险管理状况评价，推进使用单位分类监管。

5. 夯实工作基础

（1）完善工作体系。进一步完善六大工作体系，以落实企业主体责任为重点，建立权力清单和责任清单，探索建立“履职免责、失职追责”的工作机制。

（2）狠抓能力提升。以地方分级管理及市场监管体制改革为契机，建立健全风险监测与应急处置队伍，采用网络培训、现场培训、学历教育等方式加大人员培训力度。推动完善事故应急专家库。

〔撰稿人：国家起重运输机械质量监督检验中心王顺亭　审稿人：中国重型机械工业协会李镜〕

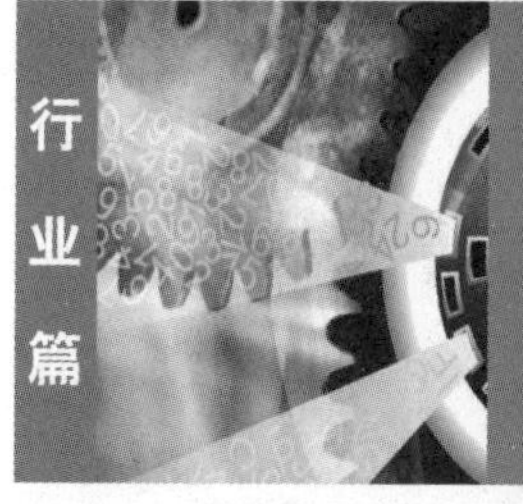

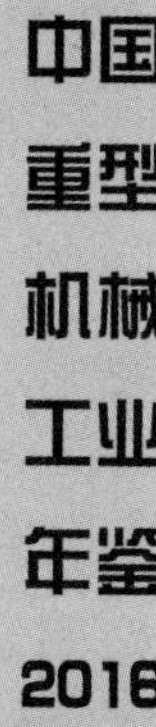

发布中国重型机械工业协会第六届理事会名单，组织机构，分会会员名录

Lists of directors, organizational frameworks, lists of members of sub-associations of the sixth boards of directors of CHMIA

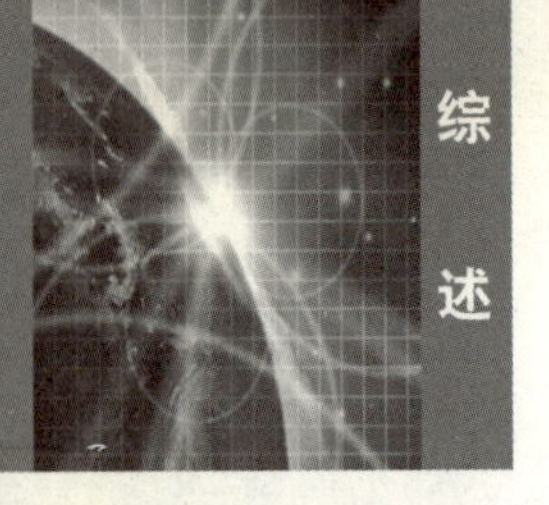

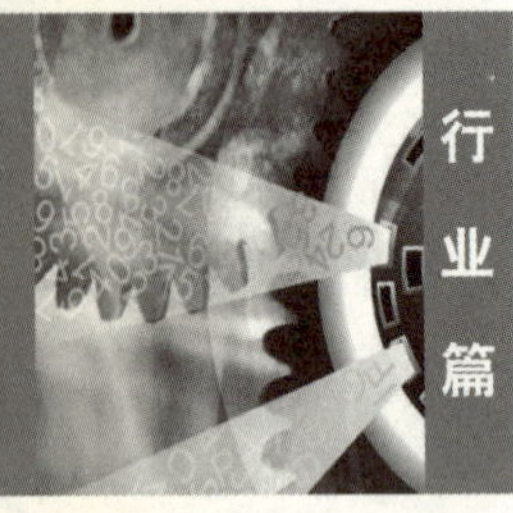

附录

中国重型机械工业协会组织机构

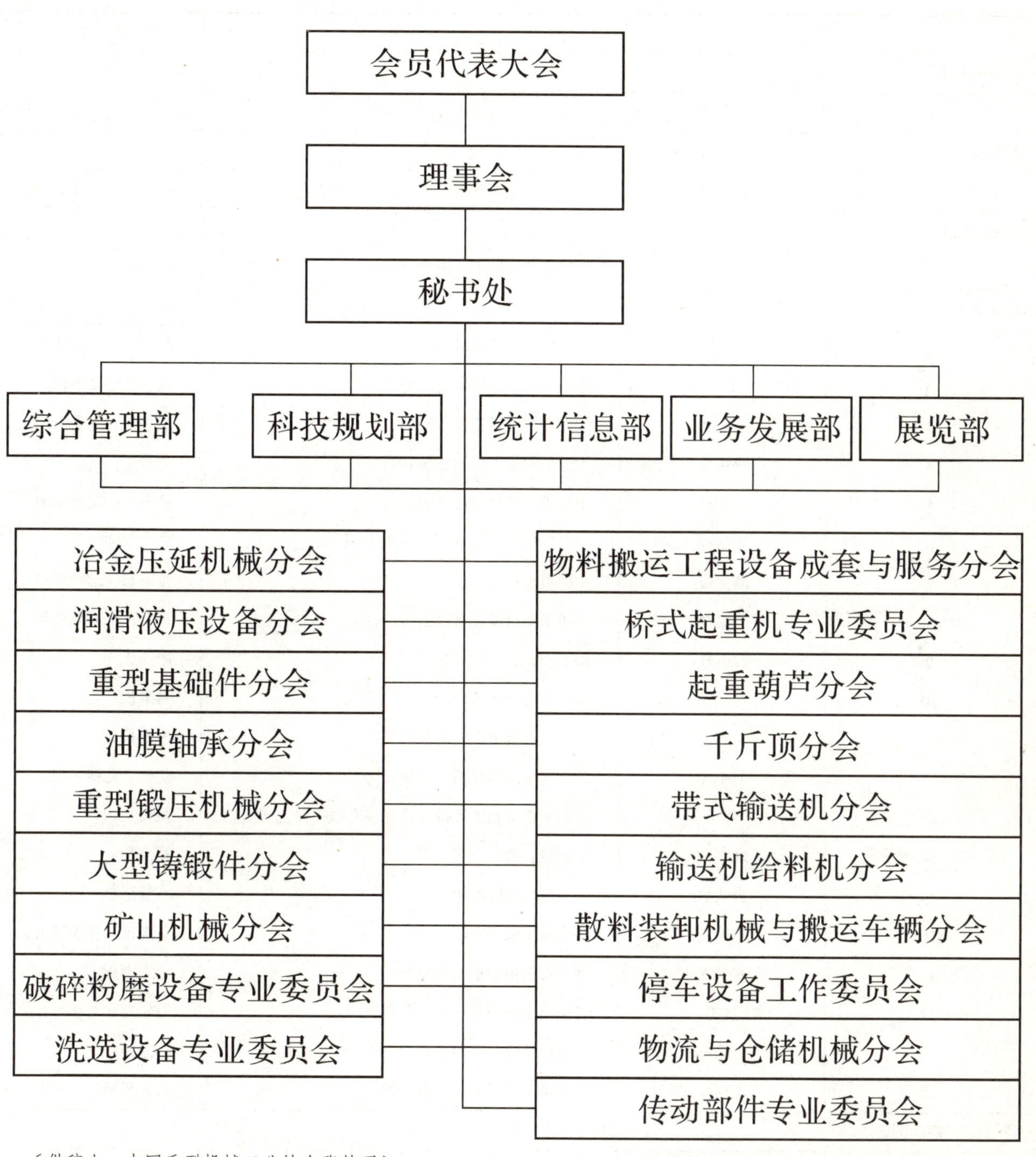

〔供稿人：中国重型机械工业协会张艳君〕

中国重型机械工业协会第六届理事会正副理事长、正副秘书长

序 号	姓 名	单 位 名 称	职 务
名誉理事长			
1	徐善继	中国重型机工业协会	
理事长			
1	耿洪臣	北方重工集团有限公司	董事长、党委书记
常务副理事长			
1	李镜	中国重型机械工业协会	常务副理事长
副理事长			
1	孙敏	中国第一重型机械集团公司	副总裁、党委常委
2	王平	中国第二重型机械集团公司	董、党委副书记
3	王创民	太原重型机械集团有限公司	董事长、党委书记
4	贾祎晶	大连华锐重工集团股份有限公司	总裁
5	俞章法	中信重工机械股份有限公司	董事长、党委书记
6	严云福	上海振华重工（集团）股份有限公司	总工程师
7	陆文俊	中国重型机械有限公司	董事长、总经理
8	张安频	上海重型机器厂有限公司	执行董事兼总经理
9	高继轩	国家质检总局特种设备局	副局长
10	韩红安	卫华集团有限公司	董事长
11	晁春雷	中国重型机械研究院股份公司	董事长
12	刘小虎	北京起重运输机械设计研究院	院长、党委书记
13	郝兵	洛阳矿山机械工程设计研究院有限责任公司	院长
14	陆鹏程	中钢设备股份有限公司	董事长
15	彭明德	中材装备集团有限公司	常务副总经理
16	王汝贵	华电重工股份有限公司	总经理、党委副书记
17	崔培军	河南省矿山起重机有限公司	党委书记
18	彭勇	云南冶金昆明重工有限公司	总经理
19	黄乐亭	天地科技股份有限公司	副总经理
20	王继生	中信重工机械股份有限公司	总工程师
秘书长、副秘书长			
1	王继生	中国重型机械工业协会	秘书长
2	张维新	中国重型机械工业协会	副秘书长
3	张艳君	中国重型机械工业协会	副秘书长

〔供稿人：中国重型机械工业协会张艳君〕

中国重型机械工业协会第六届理事会常务理事、理事

序号	姓名	单位名称	职务
常务理事			
1	刘宏民	燕山大学	校长
2	徐格宁	太原科技大学	国家特色/工程教育认证专业负责人、国家机械实验教学示范中心主任
3	朱　庆	江苏通润机电集团有限公司	常务副总
4	梁敏志	上海起重运输机械厂有限公司	总经理
5	黄珑琳	凯澄起重机械有限公司	总经理
6	张满苍	北京首钢机电有限公司	总经理
7	马昭喜	山东山矿机械有限公司	董事长
8	杨　军	四川矿山机器（集团）有限责任公司	总经理
9	廖纯德	衡阳运输机械有限公司	董事长
10	成固平	株洲天桥起重机股份有限公司	董事长
11	徐新民	山起重型机械股份公司	董事长、总经理
12	李　静	芜湖起重运输机器股份有限公司	董事长
13	刘木南	三一海洋重工有限公司	院长
14	宋太俊	河南长垣起重工业园区管理委员会	管委会主任
15	明艳华	中国重型机械工业协会停车设备工作委员会	理事长
16	周水妹	杭州西子石川岛停车设备有限公司	总经理
17	张战波	北京中冶设备研究设计总院有限公司	院长
18	贺石中	广州机械科学研究院有限公司	总经理助理
19	李　平	上海科大重工集团有限公司	董事长
20	龚欣荣	四川省自贡运输机械集团股份有限公司	总经理、总工
21	郭章先	豫飞重工集团有限公司	党委书记、董事长兼总裁
22	辜宁生	江苏三马起重机械制造有限公司	总裁
23	段京丽	焦作金箍制动器股份有限公司	董事长、总经理
24	杨永柱	鞍山重型矿山机器股份有限公司	董事长
25	齐景光	中原圣起工业有限公司	董事长
26	黄海珊	广州起重机械有限公司	董事长
27	张志华	郑州新大方重工科技有限公司	董事长
28	张明荣	泰星减速机股份有限公司	董事长
29	殷爱国	江苏泰隆减速机股份有限公司	总经理
30	郑才刚	宁波东力股份有限公司	副总经理
31	张文忠	浙江双鸟机械有限公司	董事长
32	翁耀根	无锡华东重型机械股份有限公司	董事长
33	许　强	机械工业第一设计研究院	总工程师

（续）

序号	姓名	单 位 名 称	职 务
34	聂仲毅	中钢集团西安重机有限公司	董事长、总经理、党委书记
35	姚光辉	焦作科瑞森重装股份有限公司	董事长
36	罗永忠	四川川润股份有限公司	董事长
37	张承忠	沈阳隆基电磁科技股份有限公司	董事长
38	王兆连	山东华特磁电科技股份有限公司	董事长
39	汪碧远	SEW－传动设备（天津）有限公司	总经理助理
40	刘文军	北京约基工业股份有限公司	总工程师
41	韩红静	北京斯诺堡轴承有限公司	总经理
42	郭继保	太原通泽重工有限公司	总工程师
43	唐 波	上海重型装备制造行业协会	副会长、秘书长
44	汪 玉	安徽盛运重工机械有限责任公司	董事长
45	王红华	浙江冠林机械有限公司	董事长
46	喻连生	江西工埠机械有限责任公司	董事长
47	黄庆学	太原理工大学	校长
48	龚友良	南昌矿山机械有限公司	总经理
理事			
1	张 勇	中国煤炭机械工业协会	理事长
2	李玉贵	重型机械教育部工程研究中心	常务副主任
3	陈 思	唐山冶金矿山机械厂	厂长
4	葛 明	象王重工股份有限公司	董事长
5	肖富凯	中冶京诚（湘潭）矿山装备有限公司	副总经理
6	张克斌	太重煤机有限公司	
7	周光海	重庆起重机厂有限责任公司	董事长
8	王伯芝	济南重工股份有限公司	董事长
9	宋伟刚	东北大学机械工程与自动化学院	教授
10	朱真才	中国矿业大学科学技术研究院	常务副院长
11	孙 波	湖北宜都机电集团有限责任公司	董事长
12	肖 爕	湖南长重机器股份有限公司	副总经理兼总工程师
13	秦春林	南宁广发重工集团有限公司	董事长
14	黄立军	北京起重工具厂	法人代表
15	李亚慧	哈尔滨重型机器有限责任公司	总经理
16	段春红	唐山市矿山机械厂	总经理
17	胡善宏	淮北矿山机器制造有限公司	董事长
18	杨 斌	南昌凯马有限公司	总经理
19	朱 江	江西起重机械总厂	总经理
20	谭 渊	广西百色矿山机械厂有限公司	董事长
21	马卫国	新疆通用机械有限公司	总经理
22	钱立华	铜陵天奇蓝天机械设备有限公司	总经理
23	宋保魁	郑起重工有限公司	董事长
24	任会江	河南省新乡市矿山起重机有限公司	董事长
25	胡鹏辉	河南重工起重机集团有限公司	总经理

（续）

序号	姓名	单 位 名 称	职 务
26	韩永章	河南宝起华东起重机有限公司	总经理
27	韩宜增	河南豫中起重集团有限公司	董事长
28	阮曙峰	浙江众擎起重机械制造有限公司	董事长
29	李子木	宁夏天地奔牛银起设备有限公司	总经理
30	张佳林	辽宁恒泰重机有限公司	董事长
31	王孙同	浙江东海减速机有限公司	总经理
32	孙文田	鞍钢重型机械有限责任公司	总经理
33	吴 潇	柳州起重机器有限公司	董事长
34	詹玉巍	天水长城控制电器有限责任公司	总经理助理
35	陶 楠	长春发电设备总厂	厂长
36	梁 旭	洛阳起重机厂有限公司	常务副总经理
37	黄建华	上海电力环保设备总厂有限公司	总经理
38	张清明	光明起重集团有限公司	董事长
39	项建忠	浙江通力重型齿轮股份有限公司	董事长
40	施 凡	湖州双力自动化科技装备有限公司	总经理
41	徐 敏	无锡新大力电机有限公司	董事长
42	杜 勇	武汉电力设备厂	副厂长
43	朱天合	河南焦矿机器有限公司	总经理
44	吴建一	湖北银轮起重机械股份有限公司	总经理
45	李 坤	天津重钢机械装备股份有限公司	董事长兼总经理
46	李祥啟	大洋泊车股份有限公司	董事长
47	周 卉	山东莱钢泰达车库有限公司	董事长
48	江 鹏	湖北鄂重重型机械有限公司	董事长
49	张彦五	上海嘉庆轴承制造有限公司	董事长
50	李伟敏	河南省东风起重机械有限公司	董事长
51	何国胜	八达机电有限公司	董事长
52	张瑞庆	无锡宏达重工股份有限公司	董事长
53	操文章	安徽攀登重工股份有限公司	董事长
54	丁加新	吉林省佳信通用机械股份有限公司	董事长
55	许彦科	山西新富升机器制造有限公司	总工程师
56	纪振昌	河北同力滑车有限公司	总经理
57	姚雨轩	江苏佳力起重机械制造有限公司	市场总监
58	王东升	北京中冶华润科技发展有限公司	董事长
59	刘新代	河南天隆输送装备有限公司	副董事长
60	张俊新	天津起重设备有限公司	常务副总经理
61	曹明生	江西华伍制动器股份有限公司	总经理
62	冀慎珠	新泰市羊流起重机械协会	常务副会长
63	崔天雄	济南永固重型机械制造有限公司	副总经理
64	李 涛	四平维克斯换热设备有限公司	总经理
65	万名炎	湖北省咸宁三合机电制业有限责任公司	董事长
66	陈敏兆	浙江合建重工科技股份有限公司	董事长

（续）

序号	姓名	单 位 名 称	职 务
67	付小邗	浙江矿山机械有限公司	董事长
68	胡建明	浙江双金机械集团股份有限公司	副董事长
69	赵文明	奔宇电机集团有限公司	总经理
70	韩景轩	河南华北起重吊钩有限公司	董事长
71	高 海	安徽铜冠机械股份有限公司	副总经理
72	金红萍	法兰泰克重工股份有限公司	董事长
73	刘存德	《重型机械》编辑部	主编
74	于伟涛	《矿山机械》杂志社	主编
75	黄 平	《起重运输机械》编辑部	主编
76	李国俊	《大型铸锻件》杂志	主编
77	林善灿	宝山钢铁股份有限公司设备部	副部长
78	承 勇	常州市华立液压润滑设备有限公司	总经理
79	李传林	中钢集团衡阳重机有限公司	总经理
80	时文泊	河南太行振动机械股份有限公司	董事长
81	谢 伟	科尼起重机设备（上海）有限公司	东北亚区董事总经理
82	刘仰南	德马格起重机械（上海）有限公司	总经理
83	龙宏欣	纽科伦（新乡）起重机有限公司	董事长
84	苏光耀	浙江五一机械有限公司	董事长
85	薛文峰	韶关市韶瑞重工有限公司	总经理
86	刁明霞	淄博大力矿山机械有限公司	董事长
87	王宏玉	沈阳新松机器人自动化股份有限公司	副总裁
88	尹军琪	北京伍强科技有限公司	总经理
89	朱剑君	宁波市凹凸重工有限公司	董事长
90	王泽聚	宁夏天地西北煤机有限公司	董事长
91	钱夏夷	江苏省特种设备安全监督检验研究院	院长
92	熊铁钢	湘电重型装备有限公司	副总经理
93	陈利华	浙江浙矿重工股份有限公司	董事长
94	杨 钢	镇江磁电设备有限责任公司	董事长
95	魏德州	东北大学资源与土木工程学院	院长
96	王思民	河南威猛振动设备股份有限公司	总经理
97	黄小伟	奥力通起重机（北京）有限公司	董事长
98	叶宏洪	广东永通起重机械实业有限公司	董事长
99	罗清华	江西特种电机股份有限公司	常务副总经理
100	田 振	辽宁国远科技有限公司	董事长
101	张树文	山东德鲁克起重机有限公司	总经理
102	韩秉文	长春一汽四环随车工具有限公司	董事长
103	王 斌	湖北博尔德科技股份有限公司	董事长
104	徐建人	上虞华运输送设备有限公司	总经理
105	李继东	沈阳泰丰胶带制造有限公司	总经理助理
106	张 斌	广东中兴液力传动有限公司	董事长
107	王东成	东莞大马输送设备有限公司	办公室主任

（续）

序号	姓名	单 位 名 称	职 务
108	赵红平	湖南鸿韵传送科技发展有限公司	总经理
109	肖阳东	四川东林矿山运输机械有限公司	总经理
110	周冬青	湖北三六重工有限公司	董事长
111	张 标	启东市南方润滑液压设备有限公司	总经理
112	张 超	启东润滑设备有限公司	总经理
113	邰正彪	泰尔重工股份有限公司	总裁
114	陈德木	杭州杰牌传动科技有限公司	董事长、总经理
115	肖北平	荆州市巨鲸传动机械有限公司	董事长
116	高铁英	浙江恒星科技控股集团有限公司	集团副总经理
117	郭 建	洛阳中重铸锻有限责任公司	总经理
118	张 军	深圳怡丰自动化科技有限公司	副总经理
119	苗庆华	河南中继威尔停车系统股份有限公司	总经理
120	马景山	北京航天汇信科技有限公司	副总经理
121	洪伟泉	浙江子华停车设备有限公司	总经理
122	王牧轩	唐山通宝停车设备有限公司	总经理
123	侯玉鹏	山东天辰智能停车设备有限公司	总经理
124	蒋玲华	上海赐宝停车设备制造有限公司	总经理
125	崔 维	昆明昆船物流信息产业有限公司	副总经理
126	谭延斌	沈阳飞机工业集团物流装备有限公司	总经理
127	岳秀江	北京机械工业自动化研究所	副所长
128	付龙根	上海沪南千斤顶厂	厂长
特邀理事			
1	赵 兵	中国机械工业集团有限公司	总裁助理、教授级高工
2	须 雷	德马格起重机械（上海）有限公司	高级经理、教授级高工
3	王 鹰	带式输送机分会	高级顾问、教授
4	李国杰	三一集团珠海三一港口机械有限公司	院长、副总经理 教授级高工

中国重型机械工业协会第七届理事会监事长、监事

序号	姓名	单 位 名 称	职 务
监事长			
1	王顺亭	国家起重运输机械质量监督检验中心	中心主任
监事			
1	王国强	吉林大学机械科学与工程学院	党委书记
2	王玉敏	中国建材机械工业协会	常务副会长
3	孙 超	哈尔滨国海星轮传动有限公司	总经理

〔供稿人：中国重型机械工业协会张艳君〕

中国重型机械工业协会会员名录

矿山机械

单位名称	联系地址	邮编	电话	传真
中信重工机械股份有限公司	河南省洛阳市涧西区建设路206号	471039	0379－64088001	0379－64214680
矿山重型装备国家重点实验室	河南省洛阳市涧西区建设路206号	471039	0379－64088003	0379－64214680
洛阳矿山机械工程设计研究院有限责任公司	河南省洛阳市涧西区建设路206号	471039	0379－64087719	0379－64221800
太原重型机械集团有限公司	山西省太原市万柏林区玉河街53号	030024	0351－6365768	0351－6361133
太重煤机有限公司	山西省太原市经济技术开发区电子街25号	030009	0351－3040108	0351－3041942
山东山矿机械有限公司	山东省济宁市济安桥北路11号	272014	0537－2226931	0537－2228529
上海冶金矿山机械厂	上海市闸北区万荣路1053号	200072	021－56652175	021－56639508
南昌凯马有限公司	江西省南昌市国家经济技术开发区丁香路凯马机电工业园	330101	0791－83951398	0791－83951350
中国矿业大学科学技术研究院	江苏省徐州市三环南路	221116	0516－83590758	0516－83590289
山西新富升机器制造有限公司	山西省太原市小东门街新开南巷27号	030013	0351－3075217	0351－2664710
浙江矿山机械有限公司	浙江省义乌市义亭工业区	322005	0579－5817891	0579－5815387
鞍山重型矿山机器股份有限公司	辽宁省鞍山市立山区胜利北路900号	114042	0412－6215364	0412－6216900
济南重工股份有限公司	山东省济南市东郊机场路	250109	0531－86139298	0531－88287286
吉林大学机械科学与工程学院	吉林省长春市人民大街5988号	130025	0431－85094404	0431－85095288
太原科技大学交通与物流学院	山西省太原市万柏林区窊流路66号	030024	0351－6998056	0351－6863369
淄博大力矿山机械有限公司	山东省淄博市周村区恒通路887号	255300	0533－6181501	0533－6181392
山东省生建重工有限责任公司	山东省淄博市淄川区昆仑路1号	255129	0533－5787201	0533－5780070
山东泰山天盾矿山机械有限公司	山东省新泰市开发区新兴路	271200	0538－7069810－8603	0538－7069332
湘电重型装备股份有限公司	湖南省湘潭市下摄司街302号	411101	0731－58595647	0731－58595267
中钢集团衡阳重机有限公司	湖南省衡阳市珠晖区东风路	421002	0734－8352311	0734－8332398
四川矿山机器（集团）有限责任公司	四川省江油市建设北路888号	621701	0816－3696018	0816－3698888
浙江双金机械集团有限公司	浙江省杭州市余杭区瓶窑镇	311115	0571－28057991	0571－28057991
浙江浙矿重工股份有限公司	浙江省长兴县和平镇工业园区	313103	0572－6955888	0572－6959977
韶关市韶瑞重工有限公司	广东省韶关市西郊武江科技工业园	512026	0751－8136683	0751－8136193
贵阳高原矿山机械有限公司	贵州省贵阳市花溪区航天路路尾	550025	0851－83636103	0851－83636113
哈尔滨国海星轮传动有限公司	黑龙江省哈尔滨市哈平路工业区烟台三路8号	150060	0451－86522278	0451－86530858
重庆泰丰矿山机器有限公司	重庆市九龙坡区石坪桥横街66号	400051	023－68822731	023－68822731
安徽盛运机械股份有限公司	安徽省桐城市同安路265号	231400	0556－6213999	0556－6205280
郑州鸿源重型机械有限公司	河南省郑州市郑上路石砦	450100	0371－64629998	0371－64602334
洛阳百克特摩擦材料有限公司	河南省洛阳市高新开发区孙辛辅路4号	471003	0379－65112136	0379－64183328

（续）

单位名称	联系地址	邮编	电话	传真
洛阳大华重型机械有限公司	河南省洛阳市洛龙区关林路280号	471023	0379－65520221	0379－65511602
中实洛阳工程塑料有限公司	河南省洛阳市建设路206号	471039	0379－64088063	0379－64214823
湘煤立达矿山装备股份有限公司	湖南省株洲市新华东路699号	412003	0731－22493253	0731－28780421
浙江武精机器制造有限公司	浙江省武义县城青年路106号	321200	0579－87641326	0579－87647558
广东省韶铸企业集团	广东省韶关市北郊十里亭	512031	0751－8832578	0751－8853784
湖州恒通机械设备有限公司	浙江省湖州市滨河路288号爱都花园2号楼1单元15FA	313000	0572－2367341、2367342	0572－2367343
鹤壁市豫兴煤机有限公司	河南省鹤壁市山城区豫兴工业园	458007	0392－2560169	0392－2566177
鹤壁市万丰矿山机械制造有限公司	河南省鹤壁市山城区石林乡东石林村	458000	0392－2566777	0392－2560777
鹤壁市四达矿山设备有限公司	河南省鹤壁市山城区汤鹤路中段	458000	0392－2560391	0392－2560800
鹤壁市通达矿山设备有限公司	河南省鹤壁市山城区汤鹤路中段山城工业区	458000	0392－2560354	0392－2568096
鹤壁市星光矿山机械制造有限公司	河南省鹤壁市山城区石林乡东石林村	458000	0392－2563669	0392－2566433
鹤壁市双信矿山机械有限公司	河南省鹤壁市山城区汤鹤路中段路北	458000	0392－2560366	0392－2568366
重庆四丰矿山建筑机械有限公司	重庆市大渡口区八桥镇互助工业园	400084	023－68953208	023－68953258
河南太行振动机械股份有限公司	河南省新乡市经济开发区西区中央大道北段66号	453731	0373－5590168	0373－5586881
山东升金矿山机械有限公司	山东省新泰市新安路53号	271200	13805487285	0538－2200111
宁夏天地西北煤机有限公司	宁夏回族自治区石嘴山市大武口工业园区	753001	0952－2175328	0952－2175329
山东东平开元机械制造有限公司	山东省泰安市东平县工业园区	271500	0538－2821052	0538－6356808
浙江镇南精工机械有限公司	浙江省诸暨市店口镇解放路259号	311835	0575－87655388	0575－87655618
南昌矿山机械研究所	江西省南昌市下罗枫林东大街168号	330001	0791－83806998	0791－83805987
南昌矿山机械有限公司	江西省南昌市湾里区盘龙路23号	330004	0791－83798611	0791－83761006
山东华特磁电科技股份有限公司	山东省潍坊市临朐县经济技术开发区华特路5777号	262600	0536－3158808	0536－3158801
沈阳隆基电磁科技股份有限公司	辽宁省抚顺市经济开发区文华路6号	113122	0413－6700045	0413－6605768
浙江东海减速机有限公司	浙江省温州市平阳县经济开发区（敖江镇）	325401	0577－63675933	0577－63635393
石家庄油漆厂	河北省石家庄市中山西路433号	050000	0311－85233768	0311－83013681
鸡西永益煤矿机械制造有限公司	黑龙江省鸡西市鸡冠区南星街47号	158100	0467－2725068	0467－2725068
大连骅洋液力偶合器有限公司	辽宁省大连市甘井子区营城子街道对门沟	116036	0411－84444529	0411－84444509
遵化市君盛同合矿山机械厂	河北省遵化市黎河桥路西	064200	0315－6601508	0315－6603668
遵化市禹铭矿山机械厂	河北省遵化市黎河桥路西	064200	0315－6883926	0315－6603658
河北宣化工程机械股份有限公司	河北省张家口市宣化区东升路21号	075105	0313－3186001	0313－3186026

（续）

单位名称	联系地址	邮编	电话	传真
洛阳百力克矿山机械有限公司	河南省洛阳市洛新工业园双湘路12号	471822	0379－65190660	0379－67312866
江苏三羊开泰煤矿电机制造有限公司	江苏省丹阳市开发区胡桥大贡	212313	0511－86981555	0511－86967626
杭州山虎集团	浙江省杭州市余杭区仁和镇工业区	311107	0571－86391375	0571－86390372
青岛胶六橡特胶带有限公司	山东省青岛市市北区市场二路36号	266011	0532－82825527	0532－83809013
山西电机制造有限公司	山西省太原市并州南路68号	030012	0351－7081088	0351－7043811
广州机械科学研究院	广东省广州市黄埔区茅岗路828号	510700	020－32389630	020－32389566
芜湖众发中运机械有限公司	安徽省芜湖市鸠江经济开发区二期永昌路67号	241100	0553－5716423	0553－5716423
湖南山拓机械制造有限公司	湖南省岳阳市华容县工业园	414200	0730－4108893	0730－4108893
中实洛阳重型机械有限公司	河南省洛阳市建设路206号	471039	0379－64088063	0379－64086466
四川川润液压润滑设备有限公司	四川省成都市郫县现代工业港港北六路85号	611743	028－61836518	028－65028874
上海辛格林纳新时达电机有限公司	上海市嘉定区思义路1560号	201801	021－69896275	021－69926011
洛阳超拓实业有限公司	河南省洛阳市宜阳县西庄产业集聚区	471900	13938895858	0379－68902777
江苏太兴隆减速机有限公司	江苏省泰兴市城区科技工业园	225400	0523－87996888	0523－87996999
河南黎明重工科技股份有限公司	河南省郑州市高新区科学大道169号	450001	0371－67988906	0371－67988906
河南省荥阳矿山机械制造厂	河南省郑州市荥阳市荥密路三里庄	450100	0371－64696896	0371－64696386
荆州市康海传动机械制造有限公司	湖北省荆州市沙市区锣场工业园二号路20号	434000	0716－8377491	0716－8377493
重庆忠惠机械有限责任公司	重庆市九龙坡区西彭镇长安村	401326	13808300938	023－65805411
安徽铜冠机械股份有限公司	安徽省铜陵市经济技术开发区翠湖三路西段998号	244061	0562－5864504	0562－5861106
四川俊江机械有限公司	四川省内江市隆昌县三道桥工业园区	642150	0832－3950899	0832－3965222
浙江双飞无油轴承股份有限公司	浙江省嘉善县干窑工业区宏伟北路18号	314115	0573－84519568	
无锡久申诺科技有限公司	江苏省无锡市锡山经济开发区机械装备产业园	214107	0510－88733929	0510－88733929
唐山拓新电器有限公司	河北省唐山市高新区西昌路（创业中心）	063000	13932554266	0315－3851766
遵化市一超盛方重型机械厂	河北省遵化市苏家洼镇苏家洼村	064200	13931583670	
郑州中意矿山机械有限公司	河南省荥阳市荥密路三里庄	450100	13838055736	0371－64793555
鄂州市恒基矿山机械制造有限公司	湖北省鄂州市经济开发区	436001	13677117578	0711－3619268
洛阳力为机械科技有限公司	河南省洛阳市西工区洛阳工业园区经十路16号	471041	0379－62189698	0379－62189698
天津市立鑫晟精细铸造有限公司	天津市静海县良王庄乡良二村	301601	022－68122819	022－68122819
德力西（杭州）变频器有限公司	浙江省杭州市西湖区转塘科技经济区块8号	310023	0571－85362042	0571－85225972
沈阳市永达有色铸造厂	辽宁省沈阳市皇姑屯区鸭绿江北街168号	110033	024－86671086	024－86671086

（续）

单位名称	联系地址	邮编	电话	传真
江阴齿轮箱制造有限公司	江苏省江阴市澄山路601号	214437	0510－86993113	0510－86993519
矿山机械杂志社	河南省洛阳市建设路206号	471039	0379－64087786	0379－64087868
全国矿山机械标准化技术委员会	河南省洛阳市建设路206号	471039	0379－64087746	0379－64087746
国家矿山机械质量监督检测中心	河南省洛阳市建设路206号	471039	0379－64087838	0379－64215427

破碎粉磨设备

单位名称	联系地址	邮编	电话	传真
四川矿山机器（集团）有限责任公司	四川省江油市建设北路888号	621701	13608122851	0816－3698888
山东山矿机械有限公司	山东省济宁市济安桥北路11号	272041	13905378893	0537－2228529
北方重工集团有限公司矿山冶金设备分公司	辽宁省沈阳市经济技术开发区开发大路16号	110860	13840098197	024－25802858
河南焦矿机器有限公司	河南省焦作市焦东中路28号	454002	13803918298	0391－3929939
南昌矿山机械有限公司	江西省南昌市湾里区盘龙路23号	330004	13807085540	0791－83961006
浙江矿山机械有限公司	浙江省义乌市义亭镇矿机一路96号	322005	13905796954	0579－85815387
常熟中材装备重型机械有限公司	江苏省常熟市北三环276号	215500	13901576886	0512－52850414
上海重型机器厂有限公司	上海市闵行区东川路3988号	200245	13817817662	021－54721753
云南冶金昆明重工有限公司	云南省昆明市龙泉路871号	650203	0871－66085010	0871－66085303
河北金马矿山机械集团公司	河北省遵化市东新庄镇	064209	13933463588	0315－6999117
河南省群英机械制造有限责任公司	河南省焦作市解放中路397号	454002	13703891625	0391－3933430
上海嘉庆轴承制造有限公司	上海市民德路158号铭德国际广场1802室	200071	13701723177	021－56639899
江苏鹏胜重工股份有限公司	江苏省淮安市盱眙经济开发区玉兰大道	211700	13915165099	0517－88293883
松滋市金津矿山机械有限责任公司	湖北省松滋市城东工业园区永兴路3号	434200	13972364370	0716－6222339
广西壮族自治区桂林矿山机械厂	广西壮族自治区桂林市灵川县桂矿路1号	541200	13807734588	0773－6812096
哈尔滨国海星轮传动有限公司	黑龙江省哈尔滨市哈平路工业园区烟台三路8号	150060	13904513290	0451－86523288
广西南宁金宇破碎设备有限责任公司	广西壮族自治区南宁市秀安路15号	530001	13878816318	0771－3123361
山东大通机械科技有限公司	山东省淄博市博山区东良庄北首	255200	13864422666	0533－4200699
洛阳矿山机械工程设计研究院有限责任公司	河南省洛阳市涧西区建设路206号	471039	18638871877	0379－64221800
上海龙阳机械厂	上海市浦东新区龙东支路98号	201201	13701798820	021－58970007
湖北枝江峡江矿山机械有限责任公司	湖北省宜昌市白洋镇沿江街1号	443208	13807203278	0717－4402299
成都大宏立机器制造有限公司	四川省成都市大邑县工业大道128号	611330	13908210932	028－88201030
溧阳中材重型机器有限公司	江苏省溧阳市天目湖工业园区滨河路11号	213332	13906143285	0519－80895018

（续）

单位名称	联系地址	邮编	电话	传真
河北万矿机械厂	河北省张家口市西山产业集聚区（万全县）矿机路6号	076250	13931302222	0313－4811166
上海山美重型矿山机械有限公司	上海市奉贤区青村镇奉村路258号	201414	18621366177	021－57566188
山东黑山路桥机械科技有限公司	山东省淄博市博山区八陡镇黑山前165号	255203	13070665544	0533－4518147
北京斯诺堡轴承有限公司	北京市西城区广安门外三义东里20号	100055	13910418888	010－63479753
海门市重型矿山机械厂	江苏省海门市三厂镇厂洪路28号	226121	13706280280	0513－82608081
北京锋必达矿山机械有限公司	北京市门头沟区中门寺街69号	102300	13910036093	010－61891117
上海冶金矿山机械厂	上海市闸北区万荣路1053号	200072	13816098849	021－56639508
遵化市宏宇矿山机械有限公司	河北省遵化市西留村乡学汉坨村	064200	13603159698	0315－6603666
昆山多灵重型设备科技有限公司（原上海多灵沃森机械设备有限公司）	江苏省昆山市锦溪镇锦荣路550号	215324	13391061660	0512－83639697
山东益杰重工机械有限公司	山东省淄博市博山经济开发区（高速路口）	255200	0533－4661666	0533－4658727
包头市冶金矿山机械制造有限公司	内蒙古自治区包头市铝业产业园区长征路2号	014040	13848258757	0472－4172310
遵化新保益达重型机械制造有限公司	河北省遵化市黎河桥西行4公里路南	064200	13436669666	0315－6989222
成都市双流金石机械制造有限公司	四川省成都市双流县金桥镇永和村三组	610200	13908089862	028－85851618
山东华力电机集团股份有限公司	山东省荣成市明珠路89号	264300	0631－7551153	0631－7553744
中南大学机电工程学院	湖南省长沙市岳麓山南路105号	454002	18627558728	0731－88851136
荆州市巨鲸传动机械有限公司	湖北省荆州市沙市区东方大道58号	434000	13807212282	0716－8303886
河北省邯郸市邯山冶金机械备件厂	河北省邯郸市马庄收费站东200米	056001	13903209648	0310－5276955
山东华特磁电科技股份有限公司	山东省潍坊市临朐县经济开发区华特路5177号	262600	13791661888	0536－3158801
启东市南方润滑液压设备有限公司	江苏省启东市惠萍镇工业园区	226255	0513－83792888	0513－83795028
浙江镇南精工机械有限公司	浙江省诸暨市店口镇解放路259号	311835	13395758888	0575－87655618
朝阳华亿重工机械制造有限责任公司	辽宁省朝阳市中山大街一段35号	122000	0421－3724900	0421－3724900
章丘市东风水泥机械有限公司	山东省章丘市相公庄镇四村	250203	13705418314	0531－83821626
洛阳市豫跃矿业设备有限公司	河南省洛阳市建设路133号	471039	13703497561	0379－64250589
定襄县佳敏机械锻造有限公司	山西省忻州市定襄县九龙湾工业区	035400	13803468830	0350－6090911
宁波市实立矿山机械制造有限公司	浙江省宁波市象山县石浦镇兴港路100号	315731	13906600218	0574－65912665
邯郸四达电机股份有限公司	河北省邯郸市中华北大街680号	056004	18603201856	0310－3178506
陕西蒲城秦星建设机械有限公司	陕西省渭南市蒲城县苏坊镇东大街	715514	13709132485	0913－7325552

（续）

单位名称	联系地址	邮编	电话	传真
唐山鑫虎重型矿山机械有限公司	河北省遵化市团瓢庄乡山里各庄村	064209	13903383909	0315－6986868
遵化市宏盛大诚矿山机械厂	河北省遵化市城南黎河桥西1公里	064200	13832892566	0315－6601489
遵化市大明矿山机械有限公司	河北省遵化市团瓢庄乡兴隆店村	064200	13933492624	0315－6991788
山东省东平县开元机械制造有限公司	山东省泰安市东平县工业园	271500	13563816799	0538－6356808
吉林大学机械生物学与工程学院	吉林省长春市人民大街5988号吉林大学南岭校区	130025	13578886504	0431－85095288
济南义和轴承有限公司	山东省济南市蓝翔路15号－6区－2号	250023	13869113518	0531－85980518
固安百滤得机械制造有限公司	河北省固安县温泉园区	065501	15231621888	0316－6228358
淄博市博山万雷机械设备厂	山东省淄博市博山区颜北路192号	255200	13864477888	0533－4235111
巢湖诺信建材机械设备有限公司	安徽省巢湖市烔炀工业区	238072	13905652860	0511－88512652
国茂减速机集团有限公司	江苏省常州市武进高新区西湖路111号	213164	0519－86568898	0519－86581901
天津赛瑞机器设备有限公司齿轮制造分公司	天津市东丽区滨海重机园3号	300350	15522892170	022－24355100
山西东皇风电法兰制造有限公司	山西省定襄县崔家庄工业园	035400	13681912969	0350－66093403
广东磊蒙重型机械制造有限公司	广东省韶关市镇江区工业园产业转移工业园	512000	13926276188	0751－32002551
山东九昌重工科技有限公司	山东省潍坊市临朐东城工业区朐阳路368号	262600	18905361559	0536－3157006
济南永固重型机械制造有限公司	山东省济南市堤口路177号	250203	13589069833	0531－85994678
上海创申重型装备制造有限公司	上海市奉贤区塘外工业园地8号	201411	021－53011861－8001	021－53011873
杭州山虎机械有限公司	浙江省杭州市余杭区仁和镇	311107	13906505309	0571－86390372
浙江双金机械集团股份有限公司	浙江省杭州市余杭区瓶窑镇南山村	311115	18667175880	0571－88503532
新乡市鼎力矿山设备有限公司	河南省卫辉市唐庄工业园区	453100	13949635260	0373－4222222
山东金宝山机械有限公司	山东省临沂市金宝山路1号	276000	13793925888	0539－8529099
哈尔滨和泰电力设备有限公司	黑龙江省哈尔滨市南岗区长江路380号宏洋大厦	150090	13904636631	0451－82314178
沈阳远大科技电工有限公司	辽宁省沈阳市经济技术开发区十六号街6号	110027	15802458102	024－25273535
新乡市通用电机有限公司	河南省新乡市国家经济技术开发区丰收路	453000	13937303339	0373－3686333
无锡久申诺科技有限公司	江苏省无锡市锡山区羊尖镇工业园区	214107	13771111977	0510－88733929
天津市立鑫晟精细铸造有限公司	天津市静海县良王庄乡良二村	301601	18622676065	022－68120451
江阴兴澄特种钢铁有限公司	江苏省江阴市滨江东路297号	214400	13706163609	0510－86191400
莒州集团有限公司	山东省莒县浮来工业园	276511	15806336838	0633－6269678

洗选设备

单位名称	联系地址	邮编	电话	传真
北方重工集团（沈阳）工程设计研究院有限公司	辽宁省沈阳市经济技术开发区开发大路16号	110860	024－25197497	024－25197493
中信重工机械股份有限公司矿山机器厂	河南省洛阳市涧西区建设路206号	471039	15690660259	0379－64088626
沈阳隆基电磁科技有限公司	辽宁省抚顺市经济开发区文华路6号	113122	13804933905	0413－56605768
山东华特磁电科技股份有限公司	山东省潍坊市临朐县经济开发区华特路5777号	262600	13791661888	0536－3158801
鞍山重型矿山机器股份有限公司	辽宁省鞍山市鞍千路294号	114051	13904120312	0412－5239900
淮北矿山机器制造有限公司	安徽省淮北市濉溪经济开发区工业园白杨路15号	235005	13965876158	0561－6063318
东北大学资源与土木工程学院	辽宁省沈阳市东北大学265信箱	110006	15904051956	024－23890448
镇江电磁设备厂有限责任公司	江苏省镇江市丹徒新城谷阳大道东延99号	212004	13805282608	0511－85622591
南昌矿山机械有限公司	江西省南昌市湾里区盘龙路23号	330004	13807085540	0791－83761006
海安县万力振动机械有限公司	江苏省南通市海安县城江海西路168号	226600	13706277726	0513－88814780
北京矿冶研究总院机械研究所	北京市丰台区南四环西路188号总部基地18区23号楼	100044	13701325849	010－68336186
煤炭科学研究总院唐山设计研究院	河北省唐山市新华西道21号	063012	13703348985	0315－2829275
上海盾牌筛网滤器有限公司	上海市闸北区天目中路383号海文大楼1503室	200070	18930850700	021－23010291
唐山汇力科技有限公司	河北省唐山市路南区唐古街3号	063001	13503152229	0315－2876709
河南威猛振动设备股份有限公司	河南省新乡市新乡县工业路1号	453700	13837359259	0373－5590098
江阴齿轮箱制造有限公司	江苏省江阴市工业园区澄山路601号	214437	13656165722	0510－86993196
上海山美重型矿山机械有限公司	上海市奉贤区青村镇奉村路258号	453731	13700863691	021－58200089
钟祥市新宇机电制造有限公司	湖北省钟祥市经济开发区西环二路8号	431900	13707264888	0724－4223279
沈阳鸿翔复合弹性设备有限公司	辽宁省沈阳市大东区大什字街80－1号23－4	110014	13604904882	024－88472546
上海嘉庆轴承制造有限公司	上海市闸北区民德路158号铭德国际广场1802室	200070	13564241799	021－56559515
河南太行振动机械股份有限公司	河南省新乡市经济开发区中央大道66号	453731	13803738509	0373－5586811
辽源通工机械有限公司	吉林省辽源市工业开发区向阳工业园福兴路1号	136200	13604375653	0437－3170955
郑州一帆机械设备有限公司	河南省郑州市荥阳开发区郑源路中段	450131	13849040105	0371－88380880
河南师大振动机械有限公司	河南省新乡市建设东路46号	543007	13603737789	0373－3326999
江苏保龙机电制造有限公司	江苏省溧阳市昆仑开发区昆仑北路75号	213300	13906143181	0519－87301886
江苏省姜堰市橡胶制品厂	江苏省姜堰市民营经济产业中心	225500	13705268229	0523－88286079
柳州中特高压电器有限公司	广西壮族自治区柳州市柳东路222号	545006	13707726048	0772－2615882
河南省群英机械制造有限责任公司	河南省焦作市解放中路397号	454002	13782713789	0391－3911397

（续）

单位名称	联系地址	邮编	电话	传真
辽阳市望水橡胶制品厂	辽宁省辽阳市振兴路下王家256号	111004	13704196882	0419－3306825
江都市金马矿机配件有限公司	江苏省扬州市江都区通江路43号	225200	13705250833	0514－86893833
淮北市协力重型机器有限责任公司	安徽省淮北市濉溪经济开发区工业园金桂西路2号	235000	13905612169	0561－4080808
淮北市一环矿山机械有限公司	安徽省淮北市南黎路西段	235000	13909615455	0561－3015222
淮北科源矿山机器有限公司	安徽省淮北市杜集经济开发区滂汪工业园	235037	13905610939	0561－3038516
北京有色冶金设计研究总院选矿室	北京市海淀区复兴路戊12号	100038	13641233600	010－63963662
沈阳永翔科技有限公司	辽宁省沈阳市和平区十三纬路39号（1－21－10）	110002	13804077264	024－22722669
镇江市鸿兴磁选设备有限公司	江苏省镇江市润州区润兴路33号	212002	13705283961	0511－85287677
松滋市金津矿山机械有限责任公司	湖北省松滋市城东工业园永兴路3号	434200	13972364370	0716－5951166
抚顺沃尔普机电设备有限公司	辽宁省抚顺市望花区铁岭街12－1号	113001	13904934942	024－56380540
辽宁志远筛子王制造有限公司	辽宁省鞍山市达到湾工业园区C05－6	114044	13204233336	0412－5210599
镇江市江南矿山机电设备有限公司	江苏省镇江市丁卯开发区南纬四路10号	212009	13906104105	0511－88893966
淮北中芬矿山机器有限公司	安徽省淮北市杜集区孙谢庄工业园腾飞路1号	235000	13905610503	0561－3091224
河南省平原矿山机械有限公司	河南省新乡市黄河大道289号	453700	13803802825	0373－5071699
河北金马矿山机械集团公司	河北省遵化市新东庄镇	064209	13933336380	0315－6998918
唐山陆凯科技有限公司	河北省唐山市高新技术产业园区火炬路208号	063020	18733371027	0315－3859960
江都市亚业筛网厂	江苏省江都市城南工业园刘桥路	225200	13905258171	0514－86545138
柳州市远健磁力设备制造有限责任公司	广西壮族自治区柳州市柳江县新兴工业园兴福路12号	545112	13807722327	0772－3269178
中煤国际工程集团南京设计研究院	江苏省南京市浦口区浦东路20号	210031	025－85046362	025－85046441
马鞍山矿山研究院网络信息中心	安徽省马鞍山市花山区湖北路9号	243004	13955581566	0555－2475796
河南省金特振动机械有限公司	河南省新乡市经济开发区太行北路西段	453731	13803734948	0373－5597320
江苏科行环境工程技术有限公司	江苏省盐城市新洋经济区新洋路9号	224003	13705103032	0515－88566200
黑旋风工程机械开发有限公司	湖北省宜昌市大连路8号	443005	13607200788	0717－6467192
浙江镇南精工机械有限公司	浙江省诸暨市店口镇解放路259号	311835	13395758888	0575－87655618
淄博九州润滑科技有限公司	山东省淄博市高新区万杰路108号1208室	255086	13355281819	0533－3588387
江苏金基特钢有限公司	江苏省句容市宝华镇和平村汤龙公路旁	212415	13705183558	025－85818226
济南中燃科技发展有限公司	山东省济南市高新开发区开拓路1251号	250101	0531－81212379	0531－81212387
赣州金环磁选设备有限公司	江西省赣州市章贡区沙河工业园	325000	13970765025	0797－8325798
威海市润泽矿山洗选设备有限公司	山东省威海市环翠区桥头镇临港科技创业园	264212	13863138508	0631－5800797
新乡市高科机械设备有限公司	河南省新乡市新乡县小冀镇21号桥西800米路北	453731	13903734412	0373－5593617

（续）

单位名称	联系地址	邮编	电话	传真
山东科力华电磁设备有限公司	山东省潍坊市临朐县城南工业园	262600	13953602126	0536－3181099
岳阳科德科技有限责任公司	湖南省岳阳市经济开发区科德工业园	414000	13332509188	0730－8729288
辽宁翔宇压滤机有限公司	辽宁省沈阳市于洪区太湖街1－3－1号	110141	024－25835556	024－25300270
东阳市天力磁电有限公司	浙江省金华市东阳市开发八华南路18号	322100	13605727760	0579－86816587
上海恒源冶金设备有限公司	上海市浦东新区东胜路1001号	201201	13701688151	021－58975926
凤城市矿冶齿轮有限责任公司	辽宁省凤城市边门镇边门街	118119	13941542271	0415－8072666
西安船舶工程研究院有限公司	陕西省西安市雁塔区团结南路35号航海科技园三层	710077	15991797102	029－88891530
沈阳博众重型机械制造有限公司	辽宁省沈阳市皇姑区三台子经济开发区方溪湖村	110034	13909838049	024－89340303
四川高德特科技有限公司	四川省攀枝花市攀枝花大道南段234号	617000	13508236601	0812－2512388
昆明华扬机械制造有限公司	云南省昆明市晋宁县晋宁工业园区上蒜片区	620215	13312589333	0871－67822912
淮北市金牛源矿山机器有限公司	安徽省淮北市濉溪乾隆湖工业园	235100	15905610861	0561－7518061
烟台龙腾机械设备有限公司	山东省招远市初山东路99号	265400	18660012388	0535－8113099
扬州宝飞优斯特振动器制造有限公司	江苏省扬州市宝应县安宜创业园22栋	225800	13901440380	0514－88279611
朝阳市宏晟机械制造有限公司	辽宁省朝阳市下府经济开发区	122113	13841306326	024－58345885
沈阳斯瑞重型机械制造有限公司	辽宁省沈阳市辽中县满都户镇满东村	110000	13504043811	024－87901804
河南省荥阳市矿山机械制造厂	河南省荥阳市三里庄	450100	15890055500	0371－64696896
天津市立鑫晟精细铸造有限公司	天津市静海县良王庄乡良二村	301600	13920890723	022－68122819
中国矿业大学化工学院	江苏省徐州市大学路1号	222116	0516－83985486	0516－83591056
福州大学紫金矿业学院	福建省福州市福州地区大学新区学园路2号	350108	15806038882	0591－22865213
沈阳永达有色铸造厂	辽宁省沈阳市皇姑区鸭绿江北街168号	110033	13904020959	024－86673763
沈阳有色金属研究院	辽宁省沈阳经济开发区七号路七甲六号	110141	13904051507	024－25375511
韶关市邵瑞重工有限公司	广东省韶关市武江区西郊六公里科技工业园	512029	18948839999	0751－8136871
臣桀（上海）橡胶工业技术有限公司	上海市金山区吕巷镇溪南路86号	201500	18321344000	021－61842333
兴东不锈钢制件厂	福建省晋江市西园街道仕头	362200	13505975666	0595－85602756

物料搬运机械

单位名称	联系地址	邮编	电话	传真
华电重工股份有限公司	北京市丰台区汽车博物馆东路华电产业园B座11层	100070	010－63919213	010－63919230
北京起重运输机械设计研究院	北京市东城区雍和宫大街52号	100007	010－64031452，63919910	010－64052584，63919910
大连华锐重工集团股份有限公司	辽宁省大连市西岗区八一路169号	116013	0411－86852736	0411－86852013

（续）

单位名称	联系地址	邮编	电话	传真
太原重型机械集团有限公司	山西省太原市万柏林区玉河街53号	030024	0351－6364118	0351－6361133
上海振华重工（集团）股份有限公司	上海市浦东新区东方路3261号	200125	021－31191929	021－31191955
中国重型机械有限公司	北京市海淀区公主坟复兴路甲23号	100036	010－68211861	010－68296106
卫华集团有限公司	河南省新乡市长垣县卫华大道西段	453400	0373－8887646	0373－8887665
三一港口机械有限公司	湖南省长沙市经济开发区三一工业城（广东省珠海市金湾区三一科技大厦）	410100	0731－84031697	0731－84031999－1162
株洲天桥起重机股份有限公司	湖南省株洲市石峰区新民路266号	412004	0731－22337000	0731－22337798
衡阳运输机械有限公司	湖南省衡阳市珠晖区狮山路1号	421002	0734－3172006	0734－3172066
双鸟集团有限公司	浙江省嵊州市黄泽镇工业功能区玉龙路16号	312455	0575－83503801	0575－83503801
中煤西安设计工程有限责任公司	陕西省西安市雁塔路北段66号	710054	029－87858161	029－87855534
中煤科工集团沈阳设计研究院有限公司	辽宁省沈阳市沈河区先农坛路12号	110015	024－24156292	024－24156292
中冶南方武汉钢铁设计院有限公司	湖北省武汉市青山区红钢城15街坊	430080	027－51319084	027－86805606
中国电力工程顾问集团西北电力设计院	陕西省西安市高新技术产业开发区团结南路22号	710075	029－24156292	029－24156292
中国电力工程顾问集团西南电力设计院	四川省成都市东风路18号	610016	028－81724493	028－81724242
中交一航局安装工程有限公司	天津市经济技术开发区滨海金融街广场东20号E3ABC座5层	300457	022－66283176	022－66282879
上海工业自动化仪表研究院	上海市徐汇区漕宝路193号	200233	021－64368180	021－64845510
交通运输部水运科学研究院	北京市海淀区西土城路8号	100088	010－62079013	010－62079013
河北港口集团有限公司信息与技术中心	河北省秦皇岛市海滨路35号	066002	0335－3097232	0335－3097232
同济大学机械学院	上海市杨浦区四平路1239号	200092	021－69589750	021－69589750
北京科技大学国家板带生产先进装备工程技术研究中心	北京市海淀区学院路30号	100083	010－62332598	010－62334255
焦作市科瑞森机械制造有限公司	河南省焦作市高新区神州路2878号	454000	0391－3683685	0391－3683672
宁夏天地西北煤机有限公司	宁夏回族自治区石嘴山市大武口工业园区长安路1号	753001	0952－2175329	0952－2175357
杭州华新机电工程有限公司	浙江省杭州市西湖科技园区西园路二号	310030	0571－89905122	0571－89905117
山东山矿机械有限公司	山东省济宁市济安桥北路11号	272041	0537－2783813	0537－2228529
广州起重机械有限公司	广东省广州市广园中路283号	510405	020－86798728	020－86796828
四川省自贡运输机械集团股份有限公司	四川省自贡市国家工业园区富川路3号	643000	0813－8233607	0813－8233588
上海科大重工集团有限公司	上海市青浦区青浦工业园华青路815号	201707	021－69211568	021－69210321
力博重工科技股份有限公司	山东省泰安市宁阳经济开发区	271411	0538－2133862	0538－6962086
SEW－传动设备（天津）有限公司	天津市天津经济技术开发区第七大街46号	300457	022－50880140	022－25323273

（续）

单位名称	联系地址	邮编	电话	传真
河南恒达机电设备有限公司	河南省新乡市长垣县起重工业园区纬四路东侧	453424	0373－2156199	0373－2156189
浙江东海减速机有限公司	浙江省温州市平阳经济开发区（敖江镇鸽巢路）	325401	0577－63631862	0577－63635393
吉林大学	吉林省长春市人民大街5988号	130025	0431－85094404	0431－85095288
上海海事大学	上海市浦东新区临港新城海港大道1550号	201306	021－38282600	021－38282600
起重运输机械杂志社	北京市东城区雍和宫大街52号	100007	010－64031987	010－64031987
凯盛重工有限公司	安徽省淮南市谢家集区蔡新路	232058	0554－5717600	0554－5717383
中国大唐集团科技工程有限公司	北京市海淀区紫竹院路120号7楼	100097	010－58389999	010－58389810
象王重工股份有限公司	江苏省盐城市建湖经济开发区明珠东路1号	224700	0515－82068933	0515－86312253
湖州电动滚筒有限公司	浙江省湖州市西凤路888号	313000	0572－2111325	0572－2174376
江西华伍制动器股份有限公司	江西省丰城市工业园区新梅路7号	331100	0795－6242073	0795－6241080
江阴齿轮箱制造有限公司	江苏省江阴市高新区澄山路601号	214437	0510－86993519	0510－86993519
四川东林矿山运输机械有限公司	四川省内江市市中区工业集中发展区乐贤大道398号	641005	0832－2112515	0832－2112500
江西特种电机股份有限公司	江西省宜春市环城南路581号	336000	0795－3288626	0795－3274523
中国能源建设集团山西电力设备厂	山西省太原市北营南路30号	030031	0351－7662041	0351－7662246
通化市起重运输机械制造有限责任公司	吉林省通化市东昌区保安路2369号	134000	0435－3652139	0435－3617752
江苏万富安机械有限公司	江苏省张家港市经济开发区南区	215614	0512－58459230	0512－58421395
沈阳皆爱喜输送设备有限责任公司	辽宁省沈阳市经济技术开发区五号路19号	110141	024－25370291－8032	024－25370290
上海贯博起重设备有限公司	上海市浦东新区周浦镇3736号2幢2楼	201318	021－50880140	021－50880140
江苏兴洲工矿设备有限公司	江苏省泰州市高港科技创业园许庄许南	225323	0523－86161162	0523－86112111
哈尔滨和泰电力设备有限公司	黑龙江省哈尔滨市南岗区长江路380号宏洋大厦	150090	0451－82279918	0451－82314178
唐山德伯特机械有限公司	河北省唐山市缸窑路2号	063027	0315－8090500	0315－3203438
天津三岛输送机械有限公司	天津市塘沽区新北路创新创业园21－B401室	300451	022－25213279	022－25213279
宁波探索机械制造有限公司	浙江省宁波市象山县丹城白鹤路206号	315700	0574－65782295	0574－65751946
武汉新华源电力设备有限公司	湖北省武汉市武昌区中北路148号东沙大厦A座8层	430077	027－87260868	027－87260858
宁波华臣输送设备制造有限公司	浙江省宁波市象山经济开发区滨海工业园金商路20号	315712	13906601166	0574－65803687
上海博强机械制造工程有限公司	上海市普陀区交通路4621弄4号1401室	200331	021－52926332	021－52956605
吴江市麒麟起重机械有限公司	江苏省吴江市铜罗镇人民街20号	215237	0512－63881241	0512－63881774
山西顾德宝丰重工机械有限公司	山西省原平市京原北路108国道（原种场）	034100	0350－3318959	0350－8238358

（续）

单位名称	联系地址	邮编	电话	传真
河北义坤矿山机械有限公司	河北省衡水市武邑县循环经济园区威武大街88号	053400	0318－2281199	0318－2281000
哈尔滨国海星轮传动有限公司	黑龙江省哈尔滨市平房区烟台三路8号	150060	0451－86530858	0451－86530858
启东金利润滑设备有限公司	江苏省启东市中央大道东首	226200	0513－83655222	0513－83655222
无锡市安能滑触电器有限公司	江苏省无锡市锡山区东北塘农坝工业园	214191	0510－83776272	0510－83776126
江苏鼎阳机电科技实业有限公司	江苏省南京市山西路68号颐和商厦10层A－D座	210009	025－83696880	025－83696871
常州市潞城常东塑料五金厂	江苏省常州市戚墅堰区潞城街道光明村委李家塘村	213025	0519－88402188	0519－88400668
淄博九州润滑科技有限公司	山东省淄博市高新区万杰路108号博士楼	255086	0533－6200711	0533－3588387
厦门力祺环境工程有限公司	福建省厦门市环东海域工业区湖里工业园美溪道98号	361000	0592－5725120	0592－5725125

桥式起重机

单位名称	联系地址	邮编	电话	传真
北京起重运输机械设计研究院	北京市东城区雍和宫大街52号	100007	010－64031010	010－84037436
大连重工·起重集团有限公司	辽宁省大连市西岗区八一路169号	116013	0411－86852166	0411－86852222
卫华集团有限公司	河南省新乡市长垣县博爱路6号	453400	0373－8887699	0373－8887646
太原重工股份有限公司	山西省太原市万柏林区玉河街53号	030024	0351－6362824	0351－6362554
河南省矿山起重机有限公司	河南省新乡市长垣县长恼工业区18号	453400	0373－8735555	0373－8735555
上海起重运输机械厂有限公司	上海市嘉定区安亭镇昌吉路28号	201805	021－65564735	021－56639864
株洲天桥起重机股份有限公司	湖南省株洲市田心北门	412001	0731－28462032	0731－28462033
山起重型机械股份公司	山东省青州市昭德北路2198号	262515	0536－3203038	0536－3203037
广州起重机械有限公司	广东省广州市广园中路283号	510405	020－86798891	020－86796828
象王重工股份有限公司	江苏省盐城市建湖经济开发区明珠东路1号	224700	0515－86317221	0515－86317221
宁夏天地奔牛银起设备有限公司	宁夏回族自治区银川市西夏区金波南街160号	750021	0951－5615026	0951－3067126
法兰泰克重工股份有限公司	江苏省苏州市汾湖高新技术产业开发区汾越路288号	215211	0512－82072999	0512－82072999
北京起重运输机械设计研究院运营管理部	北京市东城区雍和宫大街52号	100007	010－64053039	010－84037436
武汉钢铁重工集团冶金重工有限公司	湖北省武汉市青山区厂前街青王路10号	430083	027－86303703	027－86865751
重庆起重机厂有限责任公司	重庆市九龙坡区中梁山人和场	400052	023－65269394	023－65258916
南京起重机械总厂有限公司	江苏省南京市江宁滨江开发区翔凤路9号	211178	025－58842388	025－58841693
洛阳起重机厂	河南省洛阳市老城区唐宫东路10号	471009	0379－63415918	0379－63415999
常州市常欣电子衡器有限公司	江苏省常州市中凉亭	213001	0519－86643942	0519－86640473
杭州起重机械有限公司	浙江省海宁市连杭经济区新一路10号	311112	0571－88747563	0571－88747388
黑龙江富锦富华起重机有限公司	黑龙江省富锦市富福路西段	156101	0454－2350200	0454－2349210
柳州起重机器有限公司	广西壮族自治区柳州市荣军路226号	545005	0772－3117615	0772－3117615

（续）

单位名称	联系地址	邮编	电话	传真
德马格起重机械（上海）有限公司	上海市奉贤区叶庄公路125号	201415	021－37182205	021－57464558
河南豫飞重工集团有限公司	河南省新乡市新飞大道北段81号	453002	0373－3321000	0373－3321906
辽宁清原第一缓冲器制造有限公司	辽宁省抚顺市146信箱	113103	0413－53022438	0413－53020828
云南冶金昆明重工有限公司	云南省昆明市龙泉路871号	650203	0871－66085085	0871－66085285
江苏泰隆减速机股份有限公司	江苏省泰兴市大庆东路88号	225400	0523－87668088	0523－87665426
湖北银轮起重机械股份有限公司	湖北省赤壁市河北大道170号	437300	0715－5337928	0715－5337966
辽宁恒泰重机有限公司	辽宁省本溪市明山区文化路14号	117022	024－44845903	024－44829202
河南省郑起起重设备有限公司	河南省郑州市化工路158号	450066	0371－67848168	0371－67848299
新乡市中原起重电器厂有限公司	河南省新乡市长垣县东关工业区工业路	453400	0373－8810889	0373－8812882
河南省东风起重机械有限公司	河南省新乡市长垣县工业园区纬二路1号	453400	0373－8814223	0373－8814996
广东永通起重机械实业有限公司	广东省佛山市顺德区陈村镇潭村工业区三路	528313	0757－23329912	0757－23833832
河南重工起重机集团有限公司	河南省新乡市长垣县魏庄工业园区6号	453424	0373－8927999	0373－8927999
河南宝起华东起重机有限公司	河南省新乡市长垣县起重工业园区巨人大道	453400	0373－8619880	0373－8619880
江西起重机械总厂	江西省樟树市共和东路82号	331200	0795－7364266	0795－7364566
浙江众擎起重机械制造有限公司	浙江省诸暨市城西工业区千禧路1号	311800	0575－87385688	0575－87387610
无锡新大力电机有限公司	江苏省无锡市惠山区惠畅路19号	214177	0510－83761037	0510－83621022
丹东振安建工机械有限公司	辽宁省丹东市振安区鸭绿江村89号	118003	0415－3147945	0415－4188606
四川川起起重设备有限公司	四川省成都市金堂县成金大道1666号	610400	028－84932244	028－84932244
山东安信起重设备有限公司	山东省新泰市羊流工业区	271208	0538－7440328	0538－7444617
江苏三马起重机械制造有限公司	江苏省靖江市城南园区江防西路3号	214500	0523－84866933	0523－856778610
新乡市起重设备厂有限责任公司	河南省新乡市榆东工业园区	453003	0373－3054082	0373－3058094
中原圣起有限公司	河南省新乡市长垣县魏庄工业园区1号	453424	0373－8710562	0373－8711808
河南豫中起重集团有限公司	河南省新乡市长垣县城南工业区	453424	0373－8791368	0373－8791898
新乡市中原起重机械总厂有限公司	河南省新乡市长垣县东关工业区	453400	0373－8814682	0373－8810258
新疆通用机械有限公司	新疆维吾尔自治区米泉市振兴路1号	831400	0991－6868164	0991－6868363
河南省新乡市矿山起重机有限公司	河南省新乡市长垣县长恼工业区	453423	0373－8732008	0373－8732014
浙江通力重型齿轮股份有限公司	浙江省瑞安市林垟工业区	325207	0577－65599838	0577－65598888
上海豪力起重机械有限公司	上海市浦东新区凌白公路1128号	201201	021－58971138	021－58971159
温州合力建设机械有限公司	浙江省温州市平阳县鳌江镇墨城临港工业小区4号路	325401	0577－63196610	0577－63196610
宁波市凹凸重工有限公司	浙江省宁波市机场路3998号	315176	0574－88008778	0574－88008779

（续）

单位名称	联系地址	邮编	电话	传真
焦作制动器股份有限公司	河南省焦作市博爱县发展大道中段1688号	454461	0391-2931288	0391-2924446
宁波东力传动设备股份有限公司	浙江省宁波市江北工业区银海路1号	315033	0574-87587777	0574-88388889
河南华北起重吊钩有限公司	河南省新乡市长垣县工业园区华北大道12号	453424	0373-8791377	0373-8710503
奔宇电机集团有限公司	河南省新乡市长垣县起重工业园纬二路西段	453400	0373-8622311	0373-8622313
郑州凯澄起重设备有限公司	河南省郑州市新郑双湖开发区磨河桥南	451191	0371-62579688	0371-62575699
甘肃省定西起重机厂有限责任公司	甘肃省定西市安定区西川园区教育大道1号	743000	0932-8216532	0932-8221013
青岛立邦达电气有限公司	山东省青岛市国家高新技术开发区锦业路1号高新科技园A4栋	266033	0532-58717660	0532-58717670
泰星减速机股份有限公司	江苏省泰兴市姚王镇	225402	0523-87635681	0523-87635683
宝鼎重工股份有限公司	浙江省杭州市郊塘栖镇一号桥南	311106	0571-86380888	0571-86380688
江西特种电机股份有限公司	江西省宜春市环城南路581号	336000	0795-3285285	0795-3263554
大连辽南起重机器有限公司	辽宁省大连市旅顺区营顺路102号	116065	0411-86233046	0411-86233046
新乡市起重机厂有限公司	河南省新乡市南环路东1号	453003	0373-5795338	0373-5797669
辽宁国远科技有限公司	辽宁省鞍山市千山区通海大道427号	114041	0412-2566888	0412-5644681
常州常矿起重机械有限公司	江苏省常州市武进区高新开发区凤鸣路18-2号	213119	0519-88609206	0519-88609203
常州市潞城常东塑料五金厂	江苏省常州市潞城镇潞横路中段	213025	0519-88402188	0519-88400668
山东省生建重工有限责任公司	山东省淄博市淄川区昆仑镇昆仑路1号	255129	0533-5787381	0533-5780070
西安标准起重机械有限公司	陕西省西安市西郊红光路72号	710077	029-84253907	029-84236974
大连起重矿山机械有限公司	辽宁省大连市甘井子区营口路10号	116036	0411-86704818	0411-86704184
上海伯瑞制动器有限公司	上海市奉贤区奉城镇东街98号	201411	021-57522358	021-57522350
上海雄风起重设备厂有限公司	上海市松江区佘北公路2199号	201602	021-57796242	021-57792656
常州市海之杰港口起重机设备有限公司	江苏省常州市新北区汤庄镇叶汤公路	213133	0519-83205268	0519-83205568
天津津起起重设备有限公司	天津市津南区葛沽镇	300352	022-28682369	022-28682369
扬戈科技股份有限公司	浙江省台州市三门县海游镇沙田洋经济开发区	317100	0576-83337758	0576-83373755
浙江立新起重开关厂	浙江省乐清市柳市镇柳黄路1658号西仁宕工业区	325604	0577-62718111	0577-62718999
河南省中原起重机械总厂	河南省新乡市长垣县文明路402号	453400	0373-8810848	0373-8813875
常州市武进起重电器有限公司	江苏省常州市武进区横林镇莲蓉村	213103	0519-88501043	0519-88501298
河南省飞马起重机械有限公司	河南省新乡市长垣县魏庄工业园区纬五东路	453400	0373-8712222	0373-8711976
江阴真良机械有限公司	江苏省江阴市利港镇	214444	0510-86636637	0510-86636637
昌乐县东田聚氨酯厂	山东省潍坊市昌乐县红河镇	262413	0536-6972111	0536-6972555
天水长城控制电器厂起重电气设备厂	甘肃省天水市秦州区南廓路11号	741018	0938-8383411	0938-8383411
新乡克瑞重型机械科技股份有限公司	河南省新乡市长垣县华垣路西段	453400	0373-8887988	0373-8887999
山东烟起起重设备有限公司	山东省烟台市福山区金凤路50号	265500	0535-6362473	0535-6367663

（续）

单位名称	联系地址	邮编	电话	传真
焦作市长江制动器有限公司	河南省焦作市武陟县大司马工业区888号	454981	0391－7517888	0391－7515658
焦作市制动器开发有限公司	河南省焦作市武陟县工业园	454950	0391－7268818	0391－7268019
南京开关厂有限公司	江苏省南京市江宁区滨江开发区绣王路2号	210078	025－86106952	025－86106515
泰兴市华东减速机制造有限公司	江苏省泰兴市鑫泰路318号	225400	0523－87694282	0523－87694337
无锡市宏泰起重电机有限公司	江苏省无锡市惠山区前州镇工业园区万寿路17号	214181	0510－83392288	0510－83395888
新乡市鹏升起重设备有限公司	河南省新乡市长垣县位梁工业区	453424	0373－8719619	0373－8719398
施耐德电气（中国）投资有限公司	上海市普陀区云岭东路89号长风国际大厦8层	200062	021－62848800	021－62848800
江苏太兴隆减速机有限公司	江苏省泰兴市城区科技工业园	225400	0523－87996888	0523－87996999
江苏泰宏减速机有限公司	江苏省泰兴市姚王镇大庆东路999号	225400	0523－87548779	0523－87540655
无锡石油化工起重机有限公司	江苏省无锡市惠山区长安镇张村路9号	214178	0510－83592637	0510－83591226
中国长江航运集团电机厂	湖北省武汉市江夏区藏龙岛科技园九凤街5号	430205	027－81977307	027－87801309
焦作市虹桥重工科技发展股份有限公司	河南省焦作市武陟县云台大道东侧2号	454981	0391－7541888	0391－7541666
中国有色（沈阳）冶金机械有限公司	辽宁省沈阳市经济技术开发区沈辽路2号	110141	024－25285707	024－25378205
上海嘉庆轴承制造有限公司	上海市闸北区普善路239弄19号101室	200070	021－56559515	021－56559517
河南省力源重型起重机有限公司	河南省新乡市长垣县魏庄工业园区纬七路15号	453424	0373－8710919	0373－8710919
江苏锦友减速机制造有限公司	江苏省泰兴市城东工业园戴王路1号	225400	0523－87692335	0523－87694775
上海宝松重型机械工程有限公司	上海市宝山区盘古路732号	201900	021－56698880	021－56690455
无锡大力起重机械有限公司	江苏省无锡市华清路148号	214124	0510－85628988	0510－85627005
山东益杰重工机械有限公司	山东省淄博市博山区博莱高速路口	255213	0533－4658626	0533－4658727
江西飞达电器设备有限公司	江西省宜春市工业园区长青大道	336000	0795－2192198	0795－3245060
山东泰峰起重设备制造有限公司	山东省新泰市羊流工业区	271208	0538－7442272	0538－7442858
山东德鲁克起重机有限公司	山东省新泰市羊流工业区	271208	0538－7442429	0538－7442118
山东泰山起重机械有限公司	山东省新泰市羊流工业区	271208	0538－7442312	0538－7442366
江苏格雷特起重机械有限公司	江苏省南通市平潮镇沿江工业园蛟龙路18号	226361	0513－86725777	0513－86725777
山东柳杭减速机有限公司	山东省淄博市博山区水河路中段	255200	0533－4266859	0533－4182198
淄博市博山起重机器厂	山东省淄博市博山区白塔镇小庄村17号	255202	0533－4680509	0533－4680509
南京特种电机厂有限公司	江苏省南京市六合区雄州东路289号	211500	025－57512565	025－57512565
湖北鄂南起重运输机械有限公司	湖北省赤壁市发展大道159号	437300	0715－5250777	0715－5250326
江苏宏达起重电机有限公司	江苏省无锡市惠山区前州镇开发区惠和路3号	214181	0510－83396666	0510－83396666
山东华通机械有限公司	山东省新泰市羊流工业区	271208	0538－7442393	0538－7442003

（续）

单位名称	联系地址	邮编	电话	传真
山东开元重型机械有限公司	山东省新泰市羊流工业区	271208	0538－7443936	0538－7443936
上海海希工业通讯股份有限公司	上海市松江区莘砖公路518号15幢	201612	021－54902525	021－54902626
无锡市安特防爆机电制造有限公司	江苏省无锡市惠山区长安镇长东	214177	0510－83620477	0510－83622120
湖北蒲圻起重机械有限公司	湖北省赤壁市经济开发区起重机械工业园区	437300	0715－5250377	0715－5250489
重庆金象起重设备制造有限公司	重庆市江津区德感工业园18号	402284	023－87063693	023－87063693
焦作市长控液压制动器有限公司	河南省焦作市修武县集聚产业区	454950	0391－7260558	0391－7260558
湖北省咸宁三合机电制造有限责任公司	湖北省咸宁市咸安区同心路138号	437000	0715－8322725	0715－8322725
无锡市安能滑触电器有限公司	江苏省无锡市锡山区东北塘镇农坝村	214191	0510－83776272	0510－83776272
河南华豫起重集团有限公司	河南省新乡市长垣县起重工业园区华豫大道	453400	0373－8717666	0373－8717555
四平市海格起重机器制造有限公司	吉林省四平市红嘴开发区兴红路1515号	136000	0434－5016806	0434－5016816
河南诚信起重设备有限公司	河南省新乡市长垣县起重机工业园区	453400	0373－8927066	0373－8928878
武汉正通传动技术有限公司	湖北省武汉市黄陂区横店街正通大道99号	430301	027－84674487	027－84631790
上海共久电气有限公司	上海市松江区石湖荡镇育新路88号	201617	021－57841571	021－57841775
上海美绿起重设备有限公司	上海市崇明县港沿镇富强路807号	202158	021－59465126	021－66206651
南通力威机械有限公司	江苏省如皋市如城镇东部工业园区兴源大道6号	226522	0513－87268999	0513－87268999
江苏省泰宇减速机有限公司	江苏省泰兴市姚王镇石桥村工业园	225402	0523－87540099	0523－87540099
上海申江锻造有限公司	上海市嘉定区曹安公路16号桥南	201812	021－69134181	021－69134181
天津重钢机械装备股份有限公司	天津市滨海新区塘沽厦门路139号	300459	022－25211535	022－25211535
天府重工有限公司	山东省烟台市福山区上庄路81号	265500	0535－6331648	0535－6331648
南京一嘉起重机械制造有限公司	江苏省南京市栖霞区靖安街道飞花工园	210059	025－85738622	025－85738622
诸暨劼力起重吊索具有限公司	浙江省诸暨市人民中路75号	311800	0575－88791616	0575－88791616
浙江赛诺起重机械有限公司	浙江省杭州市拱墅工业园区康惠路1号	310015	0571－86331468	0571－86331468
象山万邦电器有限公司	浙江省宁波市象山县城东工业园望海路5号	315700	0574－65626626	0574－65626626
新乡市志远起重配件厂	河南省新乡市长垣县起重机工业园区	453400	0373－8615167	0373－8615167
河南新起腾升起重设备有限公司	河南省新乡市榆东产业聚集区	453000	0373－7722088	0373－7722088
河南恒达机电设备有限公司	河南省新乡市长垣县起重机工业园区纬四路	453424	0373－8615219	0373－8615319
绍兴起重机总厂	浙江省绍兴市袍江新区洋江东路38号	312000	0575－88265977	0575－88265977
江阴市起重运输机械有限公司	江苏省江阴市申港街道申新路33号	214443	0510－86621524	0510－86621524

（续）

单位名称	联系地址	邮编	电话	传真
四川合能起重设备有限公司	四川省成都市金堂县淮口工业园现代大道999号	610400	028－84901618	028－84903300
成都三江起重机制造有限公司	四川省成都市金堂县三中园区钢城路西段	610400	028－84934393	028－84934393
江西华伍制动器股份有限公司	江西省丰城市剑邑大道779号	331100	0795－6203200	0795－6203200
郑州市华中路桥设备有限公司	河南省郑州市上街区洛宁路88号	450041	0371－68117266	0371－68117258
长沙起重机厂有限公司	湖南省长沙市韶山南路123号	410004	0731－85590525	0731－87807779
江苏金长城减速机有限公司	江苏省泰兴市经济开发区城东工业园	225400	0523－87700018	0523－87552788
四川成启起重机制造有限公司	四川省什邡市经济开发区北区海淀路	610083	028－82572910	028－82572910
湖北创新电气有限公司	湖北省宜昌市伍家岗临江坪科技园	443000	022－84893995	022－6572412
无锡文鼎线缆有限公司	江苏省宜兴市官林镇工业区张来路	214251	0510－87206210	0510－87209409
银川银重（集团）起重机有限公司	宁夏回族自治区银川市金凤区贺兰山中路533号	750011	0951－3073729	0951－3072981
伟肯（中国）电气传动有限公司	北京市朝阳区光华路甲8号和乔大厦A座528室	100026	010－51280006	010－51280006
宁波市鄞州中久电子有限公司	浙江省宁波市鄞州横溪镇上畈村	315000	0574－88136553	0574－88136553
宜昌市微特电子设备有限责任公司	湖北省宜昌市发展大道28号	443005	0717－6922999	0717－6906018
无锡宏达特种电机厂	江苏省无锡市前州镇工业区兴州路23号	214181	0510－83393888	0510－83393188
南京高锐特起重机械有限公司	江苏省南京市六合区东沟镇前街	211514	025－68902298	025－68902298
深圳市汇川技术股份有限公司	广东省深圳市宝安区宝城70区留仙二路鸿威工业区E栋	518101	0755－29799595	0755－29799579
云南昆钢重型装备制造集团有限公司	云南省安宁市昆钢	650302	0871－68602490	0871－68602490
上海君睿起重设备安装工程有限公司	上海市闸北区永和路398号315室	200072	021－56652336	021－56652336
河南省恒远起重机械集团有限公司	河南省新乡市长垣县起重工业园区巨人大道6号	453400	0373－8622265	0373－8726666
岳阳科德科技有限责任公司	湖南省岳阳市经济开发区188号	414000	0730－8729888	0730－8729288
浙江三港起重电器有限公司	浙江省台州市三门县滨海新城永盛路8号	317100	0576－83351555	0576－83351555
南京神天起重机械设备有限公司	江苏省南京市江宁区禄口街道石埝社区	211156	025－87191633	025－87191633
宜昌三思科技有限公司	湖北省宜昌市发展大道30号	443000	0717－6341110	0717－6342020
无锡市西塘宏达机电有限公司	江苏省无锡市惠山区前洲镇西塘村	214181	0510－83396588	0510－83396588
上海乐派特机电科技有限公司	上海市闸北区中山北路2130号万千大厦23层	200063	021－52911319	021－52911319
新起起重机有限公司	河南省新乡市长垣县魏庄起重工业区	453424	0373－8672222	0373－8672222
意凯希通信设备（北京）有限公司	北京市朝阳区望京阜通东大街方恒国际中心C座902室	100102	010－84674921	010－84674931
索肯和平（上海）电气有限公司	上海市宝山区沪太路8017号	201908	021－36659997	021－36659997
上海辛格林纳新时达电机有限公司	上海市嘉定区思义路1560号	201801	021－69926036	021－69926011
辽宁铭鹏防爆起重机有限公司	辽宁省铁岭市清河区工业园区	112003	024－72131180	024－72131180

（续）

单位名称	联系地址	邮编	电话	传真
宁波新大通电机有限公司	浙江省宁波市象山产业区城东工业园万隆路587号	315706	0574-65626009	0574-65626009
象山亿佳电器有限公司	浙江省宁波市象山县滨海工业园金开路80号	315712	0574-65626626	0574-65803535
石家庄科一重工有限公司	河北省石家庄市和平西路595号	050071	0311-87752097	0311-87772060
湖北神力起重机械有限公司	湖北省赤壁市经济开发区起重机工业园发展大道93号	437300	0715-5251589	0715-5251589
湖北重工蒲圻机械有限公司	湖北省赤壁市经济开发区赤马港园区11号路	437300	0715-5362978	0715-5362978
江苏上上电缆集团有限公司	江苏省溧阳市上上路68号	213300	0519-87308866	0519-87308866
山东天源重型起重机械有限公司	山东省新泰市羊流工业园	271208	0538-7443456	0538-7443456
河南省龙祥电力电缆有限公司	河南省新乡市长垣县人民路西段路南	453400	0373-8881932	0373-8881932
武汉金地球起重设备有限责任公司	湖北省武汉市中南路14号世纪广场802室	430071	027-85981426	027-85981426
奥力通起重机（北京）有限公司	北京市通州区张家湾镇枣林庄南口	101103	010-61509780	010-61509780
上海辽清缓实业有限公司	上海市宝山区爱辉路27弄4号102	200431	021-66207428	021-66207428
广东日丰电缆股份有限公司	广东省中山市西区广丰工业园	528401	0760-88166388	0760-88166388
丹东万达电缆卷筒有限公司	辽宁省丹东市元宝区八道街165号	118000	0415-3128544	0415-3131002
河南江河重工集团有限公司	河南省郑州市嵩山北路83号中机四建3楼江河集团	450000	0371-55173989	0371-55173989
鞍山市起重机械有限公司	辽宁省鞍山市立山区羊草庄工业园区强工路369号	114031	0412-6612568	0412-6600118
开原市起重机总厂	辽宁省开原市工业区铁西北街86号	112300	024-73715036	024-73715036
开原星都起重设备有限公司	辽宁省开原市工业区北区北环路4号	112000	024-73115556	024-73115559
山东巨人重工机械有限公司	山东省新泰市羊流工业园区园北路186号	271208	0538-7446986	0538-7446986
山东天力重工集团有限公司	山东省新泰市羊流工业园区	271208	0538-7442126	0538-7442126
山东益统重工机械有限公司	山东省新泰市羊流工业园区	271208	0538-7446888	0538-7446777
山东鲁新起重设备有限公司	山东省新泰市羊流工业园区	271208	0538-7442439	0538-7442439
深圳市英威腾电气股份有限公司	广东省深圳市南山区龙井路高发科技园4#楼英威腾大厦	518055	0755-86312603	0755-86312603
石家庄铁道大学国防交通研究所	河北省石家庄市北二环东路17号	050043	0311-87935570	0311-87935570
西安宝德自动化股份有限公司	陕西省西安市高新区草堂科技产业基地秦岭大道西4号	710034	029-88323387转8231	029-88323336
浙江麒龙起重机械有限公司	浙江省绍兴市绍兴县兰亭镇工业园区	312043	0575-84608897	0575-84608897
浙江天正电气股份有限公司	上海市浦东新区康桥东路388号	201319	021-31167247	021-31198729
上海佩纳沙士吉打机械有限公司	上海市青浦区朱家角镇沪清平公路6098号	201713	021-59232408	021-33864157
江西工埠机械有限责任公司	江西省樟树市大桥工业园	331200	0795-7776368	0795-7776268
江阴市三叶机械有限公司	江苏省江阴市申港镇申港路259号	214443	0510-86629737	0510-86682877
乐清市东方胶塑电器开关有限公司	浙江省乐清市柳市镇苏吕村苏太路418号	325604	0577-62790993	0577-62790784

（续）

单位名称	联系地址	邮编	电话	传真
德马科起重机械有限公司	河南省新乡市长垣起重工业园区纬四路1号	453400	0373－8614789	0373－8614455
浙江协成起重机械有限公司	浙江省嘉兴市嘉善县惠民街道成功路101号	314100	4008041010－810	0573－84648605
北京北起百莱玛机械有限公司	北京市通州区永乐经济开发区	101115	010－80513958	010－80513958
常熟市江南锻造有限公司	江苏省常熟市海虞镇海虹路6号	215519	0512－52561250	0512－52568466
浙江众磊起重设备制造有限公司	浙江省诸暨市江龙工业开发区	311800	0575－87398028	0575－87398028
定襄县佳敏机械锻造有限公司	山西省忻州市定襄县九龙湾工业区	035400	0350－6090911	0350－6090911
江阴市正盛机械制造有限公司	江苏省江阴市申港镇于门工业园68号	214443	0510－86688868	0510－86623128
浙江欧迈特减速机械有限公司	浙江省温州市平阳县宋桥镇工业园	325409	0577－63770881	0577－63775678
天津市百业机械制造有限公司	天津市东丽区民族路2号	300300	022－84893995	022－84893985
河南省盛华起重机有限公司	河南省新乡市长垣县起重机工业园区	453400	0373－8712503	0373－8710509
河南省发达起重机有限公司	河南省新乡市长垣县起重机工业园区	453400	0373－8791378	0373－8710378
江西省宜春市建达安全装置设备有限公司	江西省宜春市明月南路267号	336000	0795－7040312	0795－7040312
江西冠华重工机械有限公司	江西省宜春市袁州区环城南路599号	336000	0795－3248111 3241888	0795－3241288
河南省新科起重机有限公司	河南省新乡市长垣县起重机工业园区纬七路	453400	0373－8622113	0373－8622900
无锡市新宏达电机有限公司	江苏省无锡市惠山区玉祁民主新桥	214183	0510－80226838	0510－80226978
江苏沃得起重机有限公司	江苏省镇江市丹徒新区勤政南路	212143	0511－85935166	0511－85935226
河南振强起重机械有限公司	河南省新乡市长垣县恼里镇碱场工业区	453400	0373－8639293	0373－8639288
江阴市兴科起重机械有限公司	江苏省江阴市申港镇申港村工业园	214443	0510－86621891	0510－86621891
河南省宏业起重设备有限公司	河南省新乡市长垣县长恼工业区	453423	0373－8639350	0373－8639059
咸宁起重机械有限公司	湖北省咸宁市巨宁大道56号	437000	0715－8343666	0715－8312668
常州达卡重工机械制造有限公司	江苏省常州市新北区薛冶路20号	213000	0519－85135677	0519－85135627
河北金马矿山机械集团公司	河北省遵化市东新庄镇	064209	0315－6999117	0315－6999117
河南省中威金属制品有限公司	河南省新乡市长垣县长城大道199号	453400	0373－8885868	0373－8885868
云南劲力重型机器有限公司	云南省安宁市昆钢金泰物流园区	650238	0871－8712750	0871－8712749
淄博九州润滑科技有限公司	山东省淄博市高新区万杰路108号	255086	0533－4548567	0533－4546336
河南省盛达起重机械有限公司	河南省新乡市长垣县长恼工业区	453423	0373－8731356	0373－8731355
河南省远征起重机械有限公司	河南省新乡市长垣县魏庄工业区南	453400	0373－8611999	0373－8611997
开封起重机有限公司	河南省开封市经济技术开发区周天路西段6号	475004	0378－2521555	0378－2536387
上海神安起重运输机械制造有限公司	上海市青浦区西岑莲西路4398号	201721	0391－59294306	0391－59295355
新乡市广增起重设备有限公司	河南省新乡市长垣县长恼工业区	453423	0373－8639183	0373－8639488

起重葫芦

单位名称	联系地址	邮编	电话	传真
江阴凯澄起重机械有限公司	江苏省江阴市澄江东路18号	214429	0510－86199688	0510－86196633
纽科伦（新乡）起重机有限公司	河南省新乡市长垣县河南起重机械工业园区	453424	0373－8622060	0373－8622060

（续）

单位名称	联系地址	邮编	电话	传真
北京起重运输机械设计研究院	北京市东城区雍和宫大街52号	100007	010－84037438	010－64079406
天津起重设备有限公司	天津市滨海新区经济开发区西区中南一街29号	300462	022－28331506	022－28331506
南京起重机械总厂有限公司	江苏省南京市江宁滨江经济技术开发区翔凤路9号	210032	025－58749786	025－58841693
北京起重工具厂	北京市朝阳区红庙首都经贸大学内	100026	010－65976750	010－65067014
浙江双鸟机械有限公司	浙江省嵊州市黄泽镇工业功能区玉龙路16号	312455	0575－83055888	0575－83503801
浙江冠林机械有限公司	浙江省湖州市安吉县天子湖园区五福路7号	313310	0571－86249998	0571－86224369
浙江五一机械有限公司	浙江省衢州市衢江区百灵南路888号	324000	0570－3850169	0570－3850060
江苏三马起重机械制造有限公司	江苏省靖江市开发区城南园区江防西路3号	214500	0523－84866933	0523－84866284
上海雄风起重设备厂有限公司	上海市松江区佘北公路2199号	201602	021－57796432	021－57796450
江西起重机械总厂	江西省樟树市共和东路82号	331200	0795－7364266	0795－7364566
新乡市起重设备厂有限责任公司	河南省新乡市红旗区南干道111号	453003	0373－3838082	0373－3058094
湖北银起机械有限公司	湖北省赤壁市河北大道170号	437300	0715－5337938	0715－5337959
八达机电有限公司	浙江省瑞安市经济开发区毓蒙路8号	325200	0577－65156661	0577－65156699
南阳起重机械厂有限公司	河南省南阳市光武中路1615号	473000	0377－63382500	0377－63380410
洛阳起重机厂有限公司	河南省洛阳市老城区唐宫东路10号	471000	0379－63415988	0379－63415999
象王重工股份有限公司	江苏省盐城市建湖县经济开发区明珠东路1号	224700	0515－82068988	0515－86312253
《起重运输机械》杂志社	北京市东城区雍和宫大街52号	100007	010－64031987	010－64031987
德马格起重机械（上海）有限公司	上海市闵行区沪闵路6088号18楼莘庄龙之梦广场	201199	021－37182205	021－57464558
科尼起重机设备（上海）有限公司	上海市普陀区祁连山南路2891弄四号楼1－3层	200331	021－26061051	021－26061069
诺威起重设备（苏州）有限公司	江苏省苏州市吴江经济开发区庞金路1288号	215211	0512－63120889	0512－63120886
甘肃省定西起重机厂有限责任公司	甘肃省定西市安定区焦家坡新村3号	743000	0932－8212961	0932－8227125
西安起重机械总厂	陕西省西安市莲湖区红光路72号	710077	029－84241163	029－84236974
江阴市鼎力起重机械有限公司	江苏省江阴市金山路303号	214437	0510－86996868	0510－86996666
上海浦东明昌起重机械制造有限公司	上海市浦东新区川沙镇川六公路1851号	201202	021－58590038	021－58590038
广东超宇起重设备有限公司	广东省梅州市梅江区城北新田福瑞岗	514089	0753－2382083	0753－2382063
聊城五环机械有限公司	山东省聊城市经济开发区嫩江路55号	252000	0635－8880688	0635－8880699
山东聊城科顺机械有限公司	山东省聊城市东昌府区凤凰工业园纬二路18号	252000	0635－8578888	0635－8579988
重庆凯荣机械有限责任公司	重庆市九龙坡区九龙工业园区华龙大道9号	400052	023－68466289	023－68466279
山西潞城公建机械有限责任公司	山西省潞城市公建路1号	047500	0355－5688718	0355－5688760

（续）

单位名称	联系地址	邮编	电话	传真
杭州电机有限公司	浙江省西湖区文三路上宁巷1号	310012	0571－88833358	0571－88077935
河南省飞马起重机械有限公司	河南省新乡市长垣县起重工业园区纬五路11号	453400	0373－8712222	0373－8711976
北京北起科瑞起重设备制造有限公司	北京市大兴区工业开发区金苑路19号	100078	010－60213147	010－60215417
慈溪市捷豹起重机械有限公司	浙江省慈溪市庵东镇沿江路258号	315327	0574－63479928	0574－63479899
慈溪市勤丰机械有限公司	浙江省慈溪市庵东镇七二三大街11弄3号	315327	0574－63477188	0574－63479188
南京宝龙起重机械有限公司	江苏省南京市鼓楼区热河路50号	210031	025－58802630	025－58806417
常州市常欣电子衡器有限公司	江苏省常州市中凉亭夏雷路68号	213001	0519－86643943	0519－86640473
河南恒达机电设备有限公司	河南省新乡市长垣起重工业园区纬四路东侧	453424	0373－2156199	0373－2156189
南京特种电机厂有限公司	江苏省南京市六合区雄州东路289号	211500	025－57512568	025－57107279
南京起重电机总厂	江苏省南京市江宁区东山科宁路268号	211100	025－51191919	025－52282652
南京开关厂有限公司	江苏省南京市江宁区滨江开发区绣玉路2号	211178	025－86106608	025－86106515
杭州浙起机械有限公司	浙江省富阳市东洲工业园区7号路9号	311401	0571－87191609	0571－87191609
重庆市飞鹰起重设备有限责任公司	重庆市九龙坡区中梁山起重新村1号	400052	023－65263714	023－65263714
江苏佳力起重机械制造有限公司	江苏省淮安市盱眙工业园区工六路	211700	0517－88298123	0517－88298123
湖北三六重工有限公司	湖北省咸宁市巨宁大道36号	437000	0715－8312668	0715－8312668
南京禄口起重机械有限公司	江苏省南京市江宁区禄口街道燕湖路	211113	025－52775660	025－52775660
北京双泰气动设备有限公司	北京市通州区张家湾枣林庄工业大院	101113	010－61569872	010－61569872
常熟海鸥起重机械有限公司	江苏省常熟市碧溪镇留下村	215512	0512－52637785	0512－52637785
四川莱斯特机械制造有限公司	四川省眉山市丹棱县关帝路69号	620200	028－37263222	028－37263222
南京神天起重机械设备有限公司	江苏省南京市江宁区禄口街道石埝社区	211156	025－87191633	025－87191633
上海万铂起重机械有限公司	上海市嘉定区丰功路628号	201801	021－69151468	021－69151468
浙江凯勋机电有限公司	浙江省瑞安市林垟工业区八达路35号	325207	0577－65590198	0577－65590198
上海劲雕起重设备厂有限公司	上海市嘉定区金园六路396号	201812	021－56650541	021－56650541
宁波市凹凸重工有限公司	浙江省宁波市鄞州区机场路3998号	315176	0574－88008778	0574－88008779
杭州力拉带索具有限公司	上海市浦东新区张江高科技园区毕升路289弄6号501室	201204	021－38820620	021－38820619
高博（天津）起重设备有限公司	天津市经济技术开发区第十三大街58号	300457	022－59822285	022－59822286
星都起重设备（辽宁）有限公司	辽宁省沈阳市沈北新区佳阳路18号	110164	024－88087557	024－88087007
吴江市麒麟起重机械有限公司	江苏省苏州市吴江区铜锣镇人民街20号	215237	0512－63881419	0512－63881774
四川合能起重设备有限公司	四川省成都市金堂县清江工业开发区	610400	028－84903622	028－84903300
慈溪市金鑫机械有限公司	浙江省慈溪市庵东镇工业园区南侧	315327	0574－63471402	0574－63475858
湖北蒲圻起重机械有限公司	湖北省赤壁市经济开发区发展大道131号	437300	0715－5250377	0715－5250489
赤壁市蒲圻起重运输机械有限责任公司	湖北省赤壁市经济开发区凤凰山路	437300	0715－5250338	0715－5250823

（续）

单位名称	联系地址	邮编	电话	传真
江阴市兴科起重机械有限公司	江苏省江阴市申港镇东徐路 9 号	214443	0510－86685317	0510－86621770
无锡市永昌起重机械厂	江苏省无锡市锡山区东港镇	214199	0510－88761429	0510－88760121
安徽九华机械有限公司	安徽省池州市经济技术开发区金科东路	247000	0566－2220792	0566－2222099
山东省聊城市隆达实业有限公司	山东省聊城市开发区东城工业园九洲路 7 号	252000	0635－6976982	0635－8346011
常州市沪力起重机械有限公司	江苏省常州市青龙镇纺织工业园	213017	0519－85509090	0519－85503356
广州广鸽起重设备有限公司	广东省广州市荔湾区芳村白鹤洞罗冲岗 1 号之十三	510380	020－81502431	020－81515587
保定怀鸽起重机械制造有限公司	河北省保定市清苑县东吕村	071100	0312－8151581	0312－8152866
清苑县川岛起重机械制造有限公司	河北省保定市清苑县东吕村	071100	0312－8151230	0312－8152011
杭州恒力机械厂	浙江省杭州市余杭区瓶窑镇凤都工业园区羊城路 8 号	311115	0571－88533080	0571－88533038
天津永恒泰科技有限公司	天津市西青区西青经济技术开发区津淄公路天祥工业园祥瑞路 7 号	300385	022－23789800	022－23786763
南京江陵机电制造有限责任公司	江苏省南京市江宁区上坊镇魏村	211103	025－52702818	025－52705288
合康变频科技（武汉）有限公司	湖北省武汉市东湖高新开发区佛祖岭三路 6 号	430205	027－81650223	027－81650200
扬戈科技股份有限公司	浙江省台州市三门县滨海新城滨港路 16 号	317100	0576－83337758	0576－83373755
杭州四达机械电子有限公司	浙江省杭州市余杭区瓶窑镇凤都工业园区	311115	0571－88531361	0571－88531629
常州市武进起重电器有限公司	江苏省常州市武进区横林镇莲蓉村	213103	0519－88501043	0519－88501298
江苏宇泰电器有限公司	江苏省泰兴市分界工业一区	225416	0523－87261026	0523－87265388
杭州勤裕昌机械设备制造有限公司	浙江省杭州市余杭区瓶窑镇工业园区	311115	0571－88545633	0571－88545611
泰安金龙起重配件有限公司	山东省泰安市泰山区省庄镇东羊楼工业区	271039	0538－6512088	0538－6512798
乐清市东方胶塑电器开关有限公司	浙江省乐清市柳市镇苏吕村苏太路 418 号	325604	0577－62790993	0577－62790780
浙江中富电气有限公司	浙江省乐清市乐清经济开发区纬十一路 259 号	325600	0577－62998000	0577－62998111
江西飞达电气设备有限公司	江西省宜春市经济开发区宜工大道	336000	0795－3245168	0795－3245060
浙江立新起重开关厂	浙江省乐清市柳市镇西仁宕工业区柳黄路 1658 号	325604	0577－62711333	0577－62718999
衡水起重机械配件厂	河北省衡水市和平西路肖屯新区 60 号	053000	0318－2328038	0318－2328038
慈溪市锦华机械实业有限公司	浙江省慈溪市古塘街道新潮塘 368 号	315303	0574－63272222	0574－63272727
慈溪市平浪实业有限公司	浙江省慈溪市古塘街道新潮村	315300	0574－63286888	0574－63286888
慈溪市华表五金厂	浙江省慈溪市庵东镇北路 515 号	315327	0574－63474222	0574－63471848
慈溪市腾达滚子有限公司	浙江省慈溪市庵东镇工业园区纬三西路	315327	0574－63472021	0574－63472822
慈溪市通发机械有限公司	浙江省慈溪市坎墩工业开发区 A 区	315303	0574－63288185	0574－63282993
浙江省慈溪市精驰齿轮有限公司	浙江省慈溪市坎墩街道坎中路 75 号	315303	0574－63289280	0574－63288255

（续）

单位名称	联系地址	邮编	电话	传真
慈溪市威宁机械有限公司	浙江省慈溪市坎墩街道五房弄11号	315303	0574－63273238	0574－63273237
慈溪市庵东镇勤丰机械厂	浙江省慈溪市庵东镇宏兴路449弄6号	315327	0574－63471095	0574－63476158
慈溪市神州机电实业有限公司	浙江省慈溪市坎墩街道兴安路250号	315303	0574－63286681	0574－63288238
慈溪市朝阳机械有限公司	浙江省慈溪市庵东镇府北路34号	315327	0574－63471257	0574－63472257
慈溪市庵东镇红光滚柱厂	浙江省慈溪市庵东镇南七二三大街	315327	13906745562	
慈溪市文祥机械实业有限公司	浙江省慈溪市坎墩街道坎中路1号	315303	0574－63283758	0574－63283488
慈溪市金祥机械配件有限公司	浙江省慈溪市坎墩街道坎墩大道606号	315303	0574－63288363	0574－63288011
宁波博今机械有限公司	浙江省慈溪市长河镇大牌头路7号	315326	0574－63418700	0574－63419928
慈溪市慈春机械有限公司	浙江省慈溪市坎墩街道坎中村郑家甲北路	315303	0574－63273105	0574－63273105
慈溪市启力机械厂	浙江省慈溪市坎墩镇中路302号	315303	0574－56337822	0574－56338380
慈溪市动力机械配件厂	浙江省慈溪市坎墩街道长白路9号	315303	0574－63273010	0574－63273010
慈溪市通发汽车配件有限公司	浙江省慈溪市坎墩街道沈家甲北路96号	315303	0574－63287578	0574－63275628
慈溪市兴迪机械配件有限公司	浙江省慈溪市坎墩镇街42号	315303	0574－63288032	0574－63288297
慈溪市庵东镇建兴机械配件厂	浙江省慈溪市庵东镇元祥村	315327	0574－63475790	0574－63475790
慈溪市海锐机械配件厂	浙江省慈溪市坎墩街道坎中村坎中路118号	315303	0574－63282081	0574－63289281
常州深兰工程材料有限公司	江苏省常州市关河东路66号九州环宇商务广场1318室	213004	0519－89890325	0519－89890326
慈溪益通机械有限公司	浙江省慈溪市坎墩街道坎中村严家路1号	315303	0574－63273202	0574－63273223
慈溪市航林机械配件厂	浙江省慈溪市坎墩九甲弄	315303	0574－63289316	0574－56337602
广东日丰电缆股份有限公司	广东省中山市西区广丰工业园	528401	0760－88166388	0760－88166383
上海鑫斌机械有限公司	上海市嘉定区安亭镇漳翔路1189号	201814	021－59508789	021－59505086
宁波吉业机电有限公司	浙江省慈溪市古塘街道天和家园5号楼501室	315300	0574－63887357	0574－63887357
鞍山起重控制设备有限公司	辽宁省鞍山市千山区解家堡新工街18号	114041	0412－2516379	0412－2516356
咸宁三宁机电有限公司	湖北省咸宁市长江产业园（旗鼓大道12号）	437000	0715－7200919	0715－8200937
南通合兴铁链有限责任公司	江苏省南通市如东县新店镇工业集中区	226432	0513－84399999	0513－84386666
上海精浦机电有限公司	上海市普陀区交暨路185号5幢3层	200331	021－36320991	021－36320990
临安华龙摩擦材料有限公司	浙江省临安市龙岗镇龙岗街130号	311322	0571－63631188	0571－63631988
无锡文鼎线缆有限公司	江苏省宜兴市官林镇工业集中区	214251	0510－87211101	0510－87206210
上海冠威工具有限公司	上海市宝山区共康路726号	200443	021－56405418	021－56405418
江西省宜春市建达安全装置设备有限公司	江西省宜春市明月南路267号	336000	0795－7040312	0795－7040312
江苏欧玛机械有限公司	江苏省常熟市碧溪新区迎宾路19－1号	215513	0512－52639735	0512－52296322
重庆维大力起重设备有限公司	重庆市渝北区黄山大道中段77号	401121	023－88505800	023－88505859
郑州市泰德尔电机厂	河南省郑州市郑上路李克寨	450100	0371－64951411	0371－64951411
华德起重机（天津）有限公司	天津市武清区京滨工业园泰元道5号	301712	022－22199090	022－29467189
河北神力索具有限公司	河北省保定市清苑县东吕工业区	071100	0312－8156666	0312－8153333
江西工埠机械有限责任公司	江西省樟树市大桥工业园	331200	0795－7776368	0795－7776268
上海宏欣电线电缆有限公司	上海市浦东新区新场镇祝桥一灶240号	201314	021－68158306	021－68158268

传动部件

单位名称	联系地址	邮编	电话	传真
焦作金箍制动器股份有限公司	河南省焦作市博爱县发展大道1688号	454461	0391-2086231	0391-2083888
大连华锐重工集团股份有限公司通用减速机厂	辽宁省大连市甘井子区新水泥路78号减速机厂	116035	0411-86426007	0411-86426190-801
北京起重运输机械设计研究院	北京市东城区雍和宫大街52号	100007	010-64053039	010-64052584
太原重工股份有限公司齿轮传动分公司	山西省太原市万柏林区玉河街53号	030024	0351-6366732	0351-6366732
江西华伍制动器股份有限公司	江西省丰城市工业园区新梅路7号	331100	0795-6203200	0795-6241080
焦作市长江制动器有限公司	河南省焦作市武陟县大司马工业区888号	454951	0391-7515618	0391-7515658
南京起重电器厂	江苏省南京市江宁区淳化镇七里岗12号	211123	025-52262856	025-52252014
天水长城控制电器有限责任公司制动器分公司	甘肃省天水市秦州区南廓路11号	741018	0938-8371588	0938-8385894
云南冶金昆明重工有限公司	云南省昆明市龙泉路871号	650203	0871-65150091	0871-65150151
沈阳市起重电器厂	辽宁省沈阳市经济技术开发区二十六号路22号	110023	024-25922592	024-25922582
嘉兴嘉冶机械制造有限公司	浙江省嘉兴市角里街112号	314000	0573-82820184	0573-82818650
广州劲草减速机机械有限公司	广东省广州市白云区爱国11路1-1号	510450	020-86601532	020-86601532
荆州市巨鲸传动机械有限公司	湖北省荆州市经济技术开发区东方大道58号	434000	0716-8303888	0716-8303905
起重运输机械杂志社	北京市东城区雍和宫大街52号	100007	010-64031987	010-64031987
太原科技大学起机教研室	山西省太原市万柏林区瓦流路66号	030024	0351-6963399	0351-6998027
上海伯瑞制动器有限公司	上海市奉贤区奉城镇东街108号	201411	021-57522358	021-57522350
大连世源机电设备有限公司	辽宁省大连市甘井子区棠梨工业区	116033	0411-84288606	0411-84288616
青岛星轮实业有限责任公司	山东省青岛市城阳区流亭建材工业园春雨西路8号	266108	0532-84909022	0532-84909003
焦作市虹桥重工科技发展有限公司	河南省焦作市武陟县小徐岗高速路口向北1000米	454981	0391-7543555	0391-7541666
晋城江淮工贸有限公司	山西省晋城市凤台东街2755号	048026	0356-2191600	0356-2190689
贵阳天龙摩擦材料有限公司	贵州省贵阳市宝山北路372号贵州报业大厦16层	550001	0851-86612735	0851-86612763
潍坊利达起重电器有限公司	山东省潍坊市经济开发区民主西街2088号	261021	0536-8321809	0536-8323208
宁波华阳起重电器有限公司	浙江省宁波市象山县大徐新凉亭工业园	315700	0574-65625818	0574-65765355
宁波名泰天力机械制造有限公司	浙江省宁波市象山县丹城西丹路18号	315700	0574-65723356	0574-65723165
焦作市研发制动器有限公司	河南省焦作市武陟县司马岗	454981	0391-7515111	0391-7515333
衡水昕龙制动绝缘材料有限公司	河北省衡水市人民西路电厂西侧	053000	0318-2157566	0318-2124019
重庆起重电器厂	重庆市大渡口茄子溪刘家坝	400084	023-68825728	023-68855478
焦作市制动器有限公司	河南省焦作市武陟工业园朝阳三路999号	454950	0391-7202100	0391-7202555
象山万邦电器有限公司	浙江省宁波市象山产业区域工业园望海路5号	315706	0574-65626628	0574-65622768
焦作市银星制动器有限公司	河南省孟州市东韩工业区	454762	0391-8169889	0391-8169385

（续）

单位名称	联系地址	邮编	电话	传真
焦作市虹发制动器有限公司	河南省焦作市武陟县虹桥工业区	454981	0391－7541838	0391－7542897
焦作液压制动器股份有限公司	河南省焦作市武陟县大虹桥乡彭庄西村	454981	0391－7545666	0391－7541058
焦作市虹起制动器有限公司	河南省焦作市武陟县虹桥工业区	454981	0391－7541080	0391－7541088
石家庄三元机电有限公司	河北省石家庄市桥西区西二环与南二环交口东风日产4S店西南	050091	0311－86814291	0311－86814291
焦作市制动器开发有限公司	河南省焦作市武陟县工业园区工业南路202号	454950	0391－7230880	0391－7268019
焦作市江河制动器有限公司	河南省焦作市武陟县虹桥工业区	454981	0391－7541060	0391－7541132
宁夏天地奔牛实业集团有限公司	宁夏回族自治区银川市上海西路475号	750011	0951－3073858	0951－3067126
西安环力传动机械股份有限公司	陕西省西安市经济技术开发区凤城11路91号	710018	029－86171905	029－85251911
唐冶减速机制造有限公司	河北省唐山市路北区缸窑路4号	063027	0315－3202616	0315－3202214
包头市起重机械有限公司	内蒙古自治区包头市东河区西脑乡135号	014040	0472－4874100	0472－4862406
内蒙兴华机械制造厂	内蒙古自治区呼和浩特市南郊小黑河	010070	0471－5686313	0471－5686313
石家庄科一重工有限公司	河北省石家庄市和平西路595号	050071	0311－87796242	0311－87756244
山西新富生机器制造有限公司	山西省太原市小东门新开南巷27号	030013	0351－3074892	0351－3074892
山西平遥减速机厂	山西省平遥市古城南路138号	031100	0354－5622828	0354－5622828
沈阳金龟减速机厂有限公司	辽宁省沈阳市辽中县商业街15号	110200	024－87880508	024－87881361
青岛减速机厂	山东省胶州市铺集镇铺集二村	266326	0532－87737569	0532－86250253转0075
龙口市减速机机械有限公司	山东省龙口市黄城区西市场1号	265701	0535－8519156	0535－8517471转8506871
重庆减速机有限责任公司	重庆市璧山县牛角湾	402760	023－41432059	023－41436677
衡阳起重运输机械有限公司	湖南省衡阳市珠晖区狮山路1号	421005	0734－3172069	0734－8290779
宁波誉力冶金矿山机械有限公司	浙江省宁波市鄞州区鄞州镇经济工业园	315151	0574－88431146	0574－88432207
浙江东海减速机有限公司	浙江省温州市平阳经济开发区（敖江镇鸽巢路）	325401	0577－63631862	0577－63635393

千斤顶

单位名称	联系地址	邮编	电话	传真
江苏通润集团常熟市千斤顶厂	江苏省常熟市虞山工业园联丰路58－1号	215500	0512－52820788	0512－52822288
北京起重运输机械设计研究院	北京市东城区雍和宫大街52号	100007	010－64032277	010－64052584
一汽四环随车工具总厂	吉林省长春市吉林大路3473号	130031	0431－84842054	0431－84842054
嘉兴金腾机械实业有限公司	浙江省嘉兴市海盐县西塘桥中乐路6号	314305	0573－86811167	0573－86811167
上海宝山液压工具有限公司	上海市宝山区宝杨路3055号	201901	021－56801448	021－56801448
山东临沂启阳工具有限公司	山东省临沂市河东区双桥街东段	276000	0539－8082188	0539－8082929
嘉兴市正发机械厂	浙江省嘉兴市南胡区凤桥镇	314008	0573－83131171	0573－83131171
上海千斤顶厂	上海市虹口区周家嘴路500号	200080	021－65455036	021－65415171
承德胜利千斤顶有限公司	河北省承德市承德县孟家院街6号	067411	0314－3056478	0314－3056478
上海宝山千斤顶总厂有限公司	上海市宝山区江杨南路1085号	200434	021－56881711	021－56881711
承德润韩千斤顶有限公司	河北省承德市西大街142号	067000	0314－2185487	0314－2185589
安徽黄山密封件厂	安徽省黄山市屯溪区黎阳街261号	245000	0559－2512084	0559－2519614

（续）

单位名称	联系地址	邮编	电话	传真
安徽黄山市鑫佳橡塑有限责任公司	安徽省黄山市屯溪区新潭东源口8号	245000	0559－2557850	0559－2557850
国家起重运输机械质量监督检验中心	北京市东城区雍和宫大街52号	100007	010－64018780	010－64052252
抚顺市南山城螺旋千斤顶厂	辽宁省抚顺市清原县南山城镇中街	113308	0413－3555035	0413－3555605
杭州临安市橡胶有限公司	浙江省临安市昌化工业园区1号	311321	13906815862	0571－63668866
嘉兴市大通机械厂	浙江省嘉兴市余新镇	314009	0573－83166238	0573－83165918
海盐忠鑫五金机械厂	浙江省嘉兴市海盐城北西路388号	314300	13706835781	0573－86882048
绵阳市金象机械有限公司	四川省绵阳市涪城区塘汛镇群丰东街154号	621000	0816－2212022	0816－2213008
上海沪南千斤顶厂	上海市浦东新区六灶镇东首	201322	021－58162999	021－58162126
上海金星机械实业有限公司	上海市奉贤区庄行镇丁宁路28号	201415	021－57469550	021－57469550
重庆千斤顶厂	重庆市北涪区静宁路44号	400700	13883161056	023－68863296
奉化南方机械制造有限公司	浙江省奉化市尚田镇	315511	13105588888	0574－56377771
杭州三星机械有限公司	浙江省杭州市丁桥镇	310021	0571－88111937	0571－88111040
上海江南千斤顶厂	上海市奉贤区庄行镇邬桥安东路25号	201402	13801704932	021－57401566
长春一汽技术中心	吉林省长春市创业大街35号	130011	13596499516	0431－85788125
杭州天恒机械有限公司	浙江省杭州市临安板桥乡下板桥113号	311301	0571－63780362	0571－63780362
海盐金鑫机械有限公司	浙江省嘉兴市海盐县西塘桥镇曙光村	314305	0573－86819668	0573－86819668
嘉兴大隆机械有限公司	浙江省嘉兴市海盐县大桥新区西场路58号	314305	0573－86811151	0573－86811151
山西太谷县永星铸造有限公司	山西省晋中市太古县胡村镇墩坊村	030800	13903446563	0354－6325038
上海鑫栋钢球轴承有限公司	上海市浦东新区川周公路3239号	201319	021－58116922	021－58116995
承德相一机械有限公司	河北省承德市平泉县红山嘴开发区	067500	13663142639	0314－6105654
嘉兴力托机械有限公司	浙江省嘉兴市海盐县西塘桥镇	314305	13957328571	0573－86815636
南德认证检测（中国）有限公司上海分公司	上海市闸北区恒通路88号	200070	13918815583	021－32957866
海盐亿达电子科技有限公司	浙江省嘉兴市海盐县武原镇盐北路211号	314305	13666772017	0573－86188133

物流与仓储机械

单位名称	联系地址	邮编	电话	传真
北京起重运输机械设计研究院	北京市东城区雍和宫大街52号	100007	010－64031452	010－64052584
北京机械工业自动化研究所自动控制与物流技术工程研究中心	北京市德胜门外校场口1号	100011	010－82285800	010－62050838
上海精星仓储设备工程有限公司	上海市松江区车墩镇泖亭路398号	201611	021－37620999	021－37837356
昆明昆船物流信息产业有限公司	云南省昆明市人民中路6号昆船大厦	650051	0871－63172565	0871－63173570
北京伍强科技有限公司	北京市海淀区上地三街9号嘉华大厦C608室	100086	010－82783336	010－82782140
中国中元国际工程有限公司物流系统工程中心	北京市海淀区西三环北路5号	100089	010－68732798	010－68478686
沈阳飞机工业集团物流装备有限公司	辽宁省沈阳市皇姑区松山路11号	110034	024－86598228	024－86598218

（续）

单位名称	联系地址	邮编	电话	传真
沈阳新松机器人自动化有限公司物流与仓储自动化事业部	辽宁省沈阳市浑南新区金辉街16号	110168	024－31699677	024－31699275
天海欧康科技信息（厦门）有限公司	福建省厦门市火炬高新区软件园创新大厦A区	361005	0592－2521388	0592－2521399
山西东杰智能物流装备股份有限公司	山西省太原市新兰路51号	030008	0351－3633818	0351－3666521
总后勤部建筑工程研究所	陕西省西安市金花北路16号	710032	029－84755477	029－84755557
北京博途物流设备有限公司	北京市朝阳区南新园西路6号香榭舍公寓2B1室	100122	010－61556047	010－61552161
浙江德马科技有限公司德马物流技术研究院	上海市徐汇区虹漕路461号软件大厦7楼A座	313023	021－64855075－806	021－54260092
北京科技大学物流工程系	北京市海淀区学院路30号	100083	010－62332914	010－62329145
太原刚玉物流工程有限公司	山西省太原市民营经济开发区工业新区	030110	0351－5501262	0351－5501262
中邮科技有限责任公司	北京市海淀区西三旗建材城西路65号	100096	010－82913002	010－82915761
北京康拓红外技术有限公司	北京市海淀区中关村南一条6号	100190	010－62549641	010－62573969
江苏六维物流设备实业有限公司	江苏省南京市建邺区奥林大街118号紫金西城1栋905室	210019	025－51873969	025－51873970
交通部公路科学研究院交通物流工程研究中心	北京市海淀区西土城路8号	100088	010－62354860－218	010－62016944
天奇自动化工程股份有限公司工程五公司	江苏省无锡市惠山区洛社镇洛藕路288号	214187	0510－83311041	0510－83313751
江苏前程工业包装有限公司	江苏省无锡市梅村镇新泰工业园锡鸿路18号	214112	0510－88551666－8035	0510－88551919
上海天睿物流咨询有限公司	上海市徐汇区虹漕南路718号1号楼9B室	200233	021－54190656	021－54198876
北京邮电大学自动化学院物流工程系	北京市海淀区西土城路10号	100876	010－62283296	010－62283296
同济大学机械与能源工程学院	上海市嘉定区曹安公路4800号	201804	021－69589736	021－69589485
承德天宝机械股份有限公司	河北省承德市双滦区双塔山	067101	0314－4320186	0314－4044797
南京音飞货架制造有限公司	江苏省南京市江宁经济技术开发区殷华街470号	211102	025－52726325	025－52726328
武汉理工大学物流工程学院	湖北省武汉市和平大道1178号	430063	027－86533992	027－86533992
全国物流仓储设备标准化技术委员会	北京市东城区雍和宫大街52号	100007	010－64035247	010－64035403
国家起重运输机械质量监督检验中心	北京市东城区雍和宫大街52号	100007	010－64004968	010－64052252
苏州鼎虎科技有限公司	江苏省苏州市工业园区扬和路9号	215122	0512－62950798－863	0512－62950798
三维通信股份有限公司	浙江省杭州市滨江区火炬大道581号	310053	0571－88866999	0571－88923311
湖州德能物流设备有限公司	浙江省湖州市八里店镇吴兴科技创业D楼9层	313000	0572－2282001	0572－2282210
黄石邦柯科技股份有限公司	湖北省黄石市杭州西路194号	435000	0714－3090018	0714－6352817
南京华德仓储设备制造有限公司	江苏省南京市江宁区科学园侯焦路111号（淳化邮局）	211122	025－87151647	025－52643200
机科发展科技股份有限公司	北京市海淀区首体南路2号	100044	010－88301241	010－68343180
苏州市普成机械有限公司	江苏省苏州市吴中区天鹅荡路2555号	215103	0512－65466477	0512－65466577

（续）

单位名称	联系地址	邮编	电话	传真
无锡中鼎物流设备有限公司	江苏省无锡市惠山区洛社镇盛巷工业园新雅路68号	214072	0510－81175555－8028	0510－83318379
湖北三丰智能输送机装备股份公司	湖北省黄石市黄金山工业新区金山大道398号	435000	0714－6359320	0714－6359320
上海睿丰自动化系统有限公司	上海市普陀区中江路889号曹杨商务大厦1313室	200032	021－61170109－203	021－61170109－201
SEW－传动设备（天津）有限公司北京分公司	北京市朝阳区望京北路9号叶青大厦C座C407室	100102	010－66411861	010－66411017
劳易测电子贸易（深圳）有限公司	广东省深圳市南山区桃园路1号西海明珠大厦F501－510室	518059	0755－86264909－811	0755－86264901
湖州锐格物流科技有限公司	浙江省湖州市南太湖高新区环渚路518号	313000	0572－2582598	0572－2293680
永恒力叉车（上海）有限公司	上海市普陀区绥德路2弄12号	200331	021－26020371	021－26020301
沈阳沈飞电子科技发展有限公司	辽宁省沈阳市皇姑区松山路11号	110034	024－86500156	024－86545727
哈尔滨龙航仓储设备制造有限公司	黑龙江省哈尔滨市南岗区闵建璐18号	150080	0451－82467705	0451－86655026

输送机给料机

单位名称	联系地址	邮编	电话	传真
芜湖起重运输机器股份有限公司	安徽省芜湖市三山经济开发区官河路5号	241001	0553－3916777	0553－5852711
北京起重运输机械设计研究院	北京市东城区雍和宫大街52号	100007	010－64032296	010－64047537
太原科技大学华科学院	山西省太原市万柏林区窊流路66号	030024	0351－6998039	0351－6998005
广西百色矿山机械厂有限公司	广西壮族自治区百色市工业园区银海路（六塘）	533000	0776－2770823	0776－2770488
湖北博尔德科技股份有限公司	湖北省宜昌市珍珠路69号盈嘉酒店23楼	443300	0717－8868868	0717－8868877
上海科大重工集团有限公司	上海市青浦工业园区华青路815号	201707	021－69213885	021－69211138
四川省自贡运输机械有限公司	四川省自贡市自井区大岩洞1号	643000	0813－8236964	0813－8236016
甘肃二通机械制造有限公司	甘肃省兰州市皋兰县三川口开发区	730070	0931－7752255	0931－5786512
江阴齿轮箱制造有限公司	江苏省江阴市山观工业园澄山路601号	214437	0510－86993222	0510－86993196
诸暨链条总厂	浙江省诸暨市牌头镇五一路1号	311825	0575－87051296	0575－87051296
芜湖市爱德运输机械有限公司	安徽省芜湖市高新技术开发区纬十路	241001	0553－5682728	0553－5687666
浙江恒丰泰减速机制造有限公司	浙江省温州市瓯海区梅屿工业区2—5号	325016	0577－86113799	0577－86111989
仪征市橡胶制品有限公司	江苏省仪征市陈集镇江淮街37号	211400	0514－86113799	0514－86111989
天津减速机股份有限公司	天津市河东区程林庄路8号	300160	022－24328922	022－24326558
石家庄科一重工有限公司减速机分公司	河北省石家庄市和平西路595号	050071	0311－87731909	0311－87772060
邯郸市红星机械制造有限公司	河北省邯郸市峰峰矿区太行东路25号	056200	0310－5167699	0310－5167188
大连理工大学	辽宁省大连市甘井子区凌工路2号	116024	0411－84708409	0411－84707507
鹤壁链条有限责任公司	河南省鹤壁市红旗街150号	458000	0329－2912392	0329－2891112
焦作市新链条输送设备制造有限公司	河南省焦作市解放西路中段54号	454191	0391－2947975	0391－2947487
昆明市输送机械有限公司	云南省昆明市五华区人民西路684号	650106	0871－68184910	0871－68184910
福州提升机厂	福建省福州市仓山公园路5号	050007	0591－83471735	0591－83441278

（续）

单位名称	联系地址	邮编	电话	传真
荆州市巨鲸传动机械有限公司	湖北省荆州市开发区东方大道58号	434000	0716－8303900	0716－8303809
宜昌三峡输送机械制造总公司	湖北省宜昌市本陵区窑湾乡东山村	443000	0717－6445067	0717－6445067
启东天地机械制造有限公司	江苏省启东市和平南路105号	226200	0513－83312668	0513－83312649
巢湖市工矿配件有限公司	安徽省巢湖市中旱工业区	238074	0565－8531058	0565－8531246
江苏双菱链传动有限公司	江苏省常州市武进区湟里镇卜东路1号	213151	0519－83341135	0519－83341270
扬州市精固链传动机械有限公司	江苏省扬州市朴席工业规划区	211426	0514－83617988	0514－83615003
通化市起重运输机械制造有限责任公司	吉林省通化市保安路2369号	134001	0435－3652137	0435－3617752
宏兴机械制造有限公司	黑龙江省鹤岗市红旗路69号	154101	0468－3342098	0468－3342098
沈阳市通用电器研究所	辽宁省沈阳市沈河区乐郊路35甲4号	110011	024－24804947	024－24804947
江阴华东机械有限公司	江苏省江阴市澄张公路518号	214429	0510－86195578	0510－86190678
江苏泰兴隆减速机有限公司	江苏省泰兴市城区科技工业园	225400	0523－87996888	0523－87996999
国茂减速机集团有限公司	江苏省常州市武进高新区西湖路111号	213161	0519－86581901	0519－86578002
朝阳东大运输机械有限公司	辽宁省朝阳市中山大街二段38号	122000	0421－3853370	0421－3853370
长沙起重运输机械厂	湖南省长沙市临乡县华夏工业园新康路9号	410005	0731－85555999	0731－85010292
黄山市轴承有限责任公司	安徽省黄山市黟县马道路9号	242700	0559－5522179	0559－5522926
安徽省黄山市健力输送机械有限公司	安徽省黄山市黟县马道路	242700	0559－5527927	0559－5527927
常州东吴链传动制造有限公司	江苏省常州市遥观镇东开发区洪庄路	213102	0519－88700518	0519－88700526
滁州市宏伟橡胶制品有限公司	安徽省滁州市南谯区担子街道	239000	0550－3023152	0550－2133810
湖南中特液力传动机械有限公司	湖南省益阳市泉交河镇万利工业园	413000	0737－4743608	0737－6181199
安徽省无为神力运输机器制造有限公司	安徽省巢湖市无为县苏塘	238366	0565－6285091	0565－6285008
安徽省无为煤矿机械制造有限公司	安徽省巢湖市无为县赫店镇工业区	238300	0565－6200038	0565－6202198
上虞华运输送设备有限公司	浙江省上虞市五夫工业园区	312353	0575－82415928	0575－82415626
杭州临安输送机械链条厂	浙江省临安市青山工业园区	311300	0571－63783450	0571－63783450
湖州电动滚筒有限公司	浙江省湖州市经济开发区西凤路888号	313000	0572－2022263	0572－2022202
芜湖市通达成套输送设备有限公司	安徽省芜湖市清水工业园区	241060	0553－8294780	0553－8292361
芜湖中南轴承实业有限公司	安徽省芜湖市五一广场南侧	241002	0553－4110362	0553－4110363
南京起重电器厂	江苏省南京市江宁区淳化七里岗12号	211123	025－52262925	025－52252014
焦作市华武制动器厂	河南省焦作市虹桥工业区	454981	0391－7543668	0391－7543168
盐城康威特橡塑有限公司	江苏省大丰市大桥镇潘丿街39号	224000	0515－3384848	0515－3382398
上海交华液力机械有限公司	上海市崇明县绿华镇新建路575号	202151	021－59353159	021－59351202
天津重钢机械装备股份有限公司	天津市塘沽区海洋高新技术开发区厦门路139号	300459	022－25214993	022－25211535
安徽盛运机械股份有限公司	安徽省桐城市同安路265号	231400	0556－6206966	0556－6205280
湖北天宜机械股份有限公司	湖北省宜都市陆城十里铺工业园区	443000	0717－4823199	0717－4828111
中德（扬州）输送工程技术有限公司	江苏省扬州市开发区鸿扬路66号	225009	0514－85881696	0514－85881690
哈尔滨和泰电力设备有限公司	黑龙江省哈尔滨市南岗区长江路380号宏洋大厦	150090	0451－82314958	0451－82314178

（续）

单位名称	联系地址	邮编	电话	传真
临安格林输送机械有限公司	浙江省临安市横畈镇（雅观村）工业区	311307	0571 - 63773958	0571 - 63771566
山东中一橡胶有限公司	山东省东营市大王经济开发区	257355	0546 - 6890999	0546 - 6890988
海安县万力振动机械有限公司	江苏省南通市海安县江海西路168号	226600	0513 - 88812579	0513 - 88814780
盐城市羽佳有色金属制品有限公司	江苏盐城市省建湖县汇文东路576号	224700	0515 - 86200056	0515 - 86203388

带式输送机

单位名称	联系地址	邮编	电话	传真
北方重工集团有限公司	辽宁省沈阳市经济技术开发区开发大路16号	110141	024 - 25802099	024 - 24835186
北京起重运输机械设计研究院	北京市东城区雍和宫大街52号	100007	010 - 64032598	010 - 64032570
山东山矿机械有限公司	山东省济宁市济安桥北路11号	272041	0537 - 2783800	0537 - 2228529
衡阳运输机械有限公司	湖南省衡阳市珠晖区狮山路1号	421002	0734 - 3172006	0734 - 3172066
四川省自贡运输机械集团股份有限公司	四川省自贡市高新工业园区富川路3号	643000	0813 - 8233678	0813 - 8233588
上海科大重工集团有限公司	上海市青浦区工业园区华青路815号	201707	021 - 69213885	021 - 69211138
太原科技大学机械工程学院	山西省太原市万柏林区窊流路66号	030024	0351 - 6998032	0351 - 6998032
焦作市科瑞森机械制造有限公司	河南省焦作市高新区神州路2878号	454000	0391 - 3663601	0391 - 3683672
铜陵天奇蓝天机械设备有限公司	安徽省铜陵市经济技术开发区翠湖三路1355号	244061	0562 - 2686168	0562 - 2686167
北京约基工业股份有限公司	北京市通州区中关村科技园通州园光机电一体化产业基地嘉创路10号C4座	101111	010 - 57601117	010 - 57601100
集安佳信通用机械有限公司	吉林省集安市工业园区创业路3号	134200	0435 - 6225696	0435 - 6225918
东北大学机械工程学院	辽宁省沈阳市和平区文化路3号巷11号	110819	024 - 83670898	024 - 83679731
大连液力机械有限公司	辽宁省大连市甘井子区营城子工业园营辉路5号	116036	0411 - 85993888	0411 - 86642765
SEW - 传动设备（天津）有限公司	天津市经济技术开发区第七大街46号	300457	022 - 25322612	022 - 25348795
包头市万里机械有限责任公司	内蒙古自治区包头市东河区南二里半	014040	0472 - 4604508	0472 - 4604234
青岛华夏橡胶工业有限公司	山东省即墨市通济区城马路146号	266228	0532 - 82519338	0532 - 82519876
唐山重型装备集团有限责任公司	河北省唐山市路北区缸窑路4号	063027	0315 - 3100968	0315 - 3100968
唐山开元自动焊接装备有限公司	河北省唐山市高新区火炬路189号	063000	0315 - 3855257	0315 - 3859644
华电重工股份有限公司	北京市丰台区汽车博物馆东路6号华电产业园B座7层	100077	010 - 51966621	010 - 68710552
芜湖起重运输机器有限公司	安徽省芜湖市三山经济开发区官河路5号	241080	0553 - 5859945	0553 - 5852711
中发电气（铜陵）海德精密工业有限公司	安徽省铜陵市经济技术开发区西湖一路中发产业园区内	244000	0562 - 2627644	0562 - 2627501
徐州光环钢管（集团）有限公司	江苏省徐州市经济技术开发区三环东路19号	221004	0516 - 87779220	0516 - 87779220
江阴齿轮箱制造有限公司	江苏省江阴市澄山路601号	214437	0510 - 86991225	0510 - 86993196
安徽盛运环保（集团）股份有限公司	安徽省桐城市经济开发区东环路1号	231400	0556 - 6191666	0556 - 6205898

（续）

单位名称	联系地址	邮编	电话	传真
安徽攀登重工股份有限公司	安徽省桐城市南岛日华广场	231400	0556－6131226	0556－6127222
江阴市鹏锦机械制造有限公司	江苏省江阴市南闸观山东盟科技园10号	214405	13706168197	0510－86271878
安徽马钢输送设备制造有限公司	安徽省马鞍山市经济技术开发区阳湖路499号	243000	0555－2109765	0555－2109765
浙江双箭橡胶股份有限公司	浙江省桐乡市洲泉镇工业园区	314513	0573－88533806	0573－88531385
东莞市奥能实业有限公司	广东省东莞市望牛墩镇洲涡工业区	523206	0769－88560099	0769－88563508
东莞市隆泰实业有限公司	广东省东莞市石碣镇民丰路421号	523291	0769－86347218	0769－86623390
湖州电动滚筒有限公司	浙江省湖州市经济技术开发区西凤路888号	313000	0572－2022263	0572－2111316
桐乡机械厂有限公司	浙江省桐乡市崇福镇锦绣路1082号	314511	0573－88381709	0573－88381709
宝鸡杭叉工程机械有限责任公司	陕西省宝鸡市金台区十里铺纺西村111号	721004	0917－3454663	0917－3415180
太原向明机械制造有限公司	山西省太原市高新技术开发区中心街晨雨大厦6楼	030006	0351－2533227	0351－2533227
河南天隆输送装备有限公司	河南省新乡市高新一街	453000	18790518089	0373－7763882
中平能化集团机械制造有限公司	河南省平顶山市卫东区矿工路东段11号院	467021	18637559196	0375－2743018
国家起重运输机械质量监督检验中心	北京市东城区雍和宫大街52号	100007	010－64004968	010－64052252
沈阳泰丰胶带制造有限公司	辽宁省新民市大河沟村88号	110000	024－24363002	024－24363002
四川东林矿山运输机械有限公司	四川省内江市市中区工业集中发展区乐贤大道398号	641005	0832－2190099	0832－2112500
佳信通用机械泰州有限公司	江苏省泰州市海陵工业园区泰安路46号	225300	0523－86650182	0523－86558037
本溪市运输机械配件厂	辽宁省本溪市平山区生源街7号	117021	024－42372156	024－42372594
本溪华隆清扫器制造有限公司	辽宁省本溪市明山区大峪	117022	024－44592675	024－44592676
鞍钢附企炼铁建筑安装工程公司	辽宁省鞍山市铁东区团结街38号甲	114002	0412－6318878	0412－6318878
鞍钢附属企业公司烧结安装公司	辽宁省鞍山市鞍钢南门内100米	114021	0412－6724579	0412－6728698
鞍钢矿建建设工业公司	辽宁省鞍山市立山区鞍千路143号	114031	13050038165	0412－6961145
沈阳市煤机配件厂	辽宁省沈阳市于洪区长江北街58号	110034	024－86808449	024－86808506
沈阳市通用电器研究所	辽宁省沈阳市沈河区乐郊路35甲4号	110011	024－24804947	024－62465178
沈阳万捷重工机械有限公司	辽宁省沈阳市经济技术开发区8号路8甲6号	110127	024－23814646	024－23814545
沈阳德蒙福特电力设备制造有限公司	辽宁省沈阳市沈北新区沈北路160甲	110146	024－88260201	024－88260069
沈阳沈起技术工程有限责任公司	辽宁省沈阳市于洪区造化镇永强工业园206－600号	110034	024－86000177	024－86000155
沈阳制动电磁铁厂（有限公司）	辽宁省沈阳市铁西区路官一街31号	110023	024－25369240	024－25295198
沈阳市三原电器研究所	辽宁省沈阳市大东区珠林路71号	110042	024－88738001	024－88738002
辽宁起重机械有限公司	辽宁省沈阳市和平区十三纬路格林大厦2302室	110000	024－62669688	024－23253200
朝阳宏达机械有限公司	辽宁省朝阳市龙城区工业园区文化路5段108号	122005	0421－3931700	0421－3931590
大连营城液力偶合器厂	辽宁省大连市甘井子区营城子工业园区	116036	0411－86690271	0411－86690273

（续）

单位名称	联系地址	邮编	电话	传真
大连骅洋液力偶合器有限公司	辽宁省大连市甘井子区营城子街道对门沟	116036	0411－84444529	0411－84444509
黑龙江鹤岗斯达机电公司	黑龙江省鹤岗市南山区跃进路87号	154103	0468－3731415	0468－3382480
青岛银龙特种胶带有限公司	山东省胶州市胶东纺织工业园	266317	0532－88268130	0532－88268288
青岛港（集团）公司机械维修中心	山东省青岛市黄岛区黄河东路114号	266500	0532－82988639	0532－82988190
山东省生建重工有限责任公司	山东省淄博市淄川区昆仑镇昆仑路1号	255129	18053324001	0533－7910977
山东益杰重工机械有限公司	山东省淄博市博山区博莱高速路口南邻	255200	0533－4658626	0533－4658727
北京新兴超越离合器有限公司	北京市昌平区沙河镇踩河新村南500米	102206	010－80712591	010－80712591
天津减速机股份有限公司	天津市河东区卫国路112号	300160	022－24419736	022－24326558
河北港口集团港口机械有限公司	河北省秦皇岛市开滦路5号	066000	0335－3093143	0335－3094743
唐山市协力胶带输送设备公司	河北省唐山市路南工业园区北小街2号	063000	0315－2867507	0315－3187508
保定华月胶带有限公司	河北省保定市博野县橡胶工业区	071300	0312－8349877	0312－8349877
玉田县金利冷拔钢有限责任公司	河北省唐山市玉田县东关	064100	0315－5052666	0315－6114075
包头钢建新科机械设备制造有限公司	内蒙古包头市昆区包钢厂区北门外三角地	010070	0472－2186528	0472－2188139
呼和浩特市强力煤矿机械有限责任公司	内蒙古呼和浩特市回民区攸攸板镇西侧	010070	0471－3682479	0471－3682146
天津宝来工贸有限公司	天津市静海县大邱庄	301606	022－68588001	022－68587681
天津成科传动机电技术股份有限公司	天津市华苑产业区（环外）海泰发展一路6号	300384	022－83711199	022－83711200
山东华特磁电科技股份有限公司	山东省潍坊市临朐县经济开发区中段	262600	0536－3158808	
内蒙古神华皮带机有限公司	内蒙古鄂尔多斯市伊金霍洛旗	017209	0477－8284692	0477－8284692
兖矿集团大陆机械有限公司	山东省兖州市经济技术开发区	272109	0537－3472966	0537－3472482
海汇集团有限公司	山东省日照市莒县工业园	276500	0633－6269999	0633－6269678
安徽扬帆机电设备制造有限公司	安徽省桐城市西环线西南工业园	231404	0556－6138888	0556－6127788
安徽永生机械股份有限公司	安徽省桐城市龙眠街道同安北路245号	231400	0556－6968699	0556－6968699
凯盛重工有限公司	安徽省淮南市谢家集区蔡新路	232058	0554－5727529	0554－5717376
铜陵飞特运输机械厂	安徽省铜陵市西湖经济开发区	244000	0562－6865379	0562－6866021
滁州市宏伟橡胶制品有限公司	安徽省滁州市担子理想创业园北区一号	239000	0550－3023965	0550－3034157
安徽省无为神力运输机器制造有限公司	安徽省巢湖市无为县赫店镇苏塘	238366	0565－6285091	0565－6285008
安徽省无为煤矿机械制造有限公司	安徽省巢湖市无为县赫店工业区	238367	0553－6600038	0553－6602198
芜湖市爱德运输机械有限公司	安徽省芜湖市高新技术开发区珩琅山路8号	241002	0553－5682700	0553－5687666
黄山市轴承有限责任公司	安徽省黄山市黟县马道路009号	245500	0559－5522179	0559－5522926
上虞华运输送设备有限公司	浙江省绍兴市上虞区驿亭镇五夫工业园区驿五东路55号	312353	0575－82415818	0575－82415626
宁波甬港起重运输设备有限公司	浙江省宁波市鄞州区潘火街道王家弄村	315105	0574－88235492	0574－88546211
象山光明输送机有限公司	浙江省宁波市象山县石浦光明路1号	315731	0574－65983991	0574－65977491

（续）

单位名称	联系地址	邮编	电话	传真
宁波华臣输送设备制造有限公司	浙江省宁波市象山经济开发区滨海工业园金商路20号	315712	0574－65803687	0574－65803687
杭州雄鹰机械有限公司	浙江省杭州市萧山区南阳街道南兴路	311227	0571－82188686	0571－82180111
浙江宇龙机械有限公司	浙江省瑞安市塘下镇鲍四工业区	325204	0577－65205101	0577－65211889
浙江通力重型齿轮股份有限公司	浙江省瑞安市林垟工业区	325207	0577－65591111	0577－65598888
浙江鑫隆机械制造有限公司	浙江省瑞安市塘下镇前进工业区	325205	0577－65275038	0577－65279868
湖州新天翔橡胶厂	浙江省湖州市杨家埠镇九九桥北	313000	0572－2351969	0572－2361386
上海一钢南翔传动设备厂	上海市嘉定区于湾路469号	201808	021－59123997	021－59129910
上海嘉庆轴承制造有限公司	上海市闸北区民德路158号铭德国际广场1802室	200072	021－56559515	021－56639899
上海起重运输机械厂有限公司	上海市嘉定区安亭镇昌吉路28号	201805	021－59921261	021－56639864
上海富运运输机械有限公司	上海市虹口区保定路437号	200082	021－65590898	021－65418294
江西省萍乡市永固冶金矿山机械有限公司	江西省萍乡市高坑镇铁桥背	337042	0799－6378096	0799－6378096
江西铜业集团（贵溪）冶金机械厂	江西省贵溪市320国道1号江铜技校院内	335421	0701－3338669	0701－3331861
江西华伍制动器股份有限公司	江西省丰城市剑邑大道779号	331000	0791－3770652	0791－3770710
南京梅山工程技术新产业开发有限公司	江苏省南京市雨花台区梅山街道中兴路	210039	025－86707834	025－86707834
南京三户机械制造有限公司	江苏省南京市沿江工业开发区新华路148号	210048	025－57791473	025－57058515
南京夏元机械设备制造有限公司	江苏省南京市六合区冶山镇迎山村299号	211523	025－57570017	025－57570570
南京飞达机械有限公司	江苏省南京市沿江工业开发区中山科技园汇鑫路16号	210048	025－58399016	025－58395616
无锡迪达钢管有限公司	江苏省无锡市锡山区羊尖镇龙凤巷工业区	214101	0510－88738228	0510－88738218
无锡宝通带业股份有限公司	江苏省无锡市新区张公路19号	214112	0510－88155778	0510－88157553
江阴市特种运输机械有限公司	江苏省江阴市云亭工业园C区松文头路8号	214422	0510－86010318	0510－88615981
江苏牧羊集团输送设备分公司	江苏省扬州市邗江工业园牧羊路1号	225127	0514－87848801	0514－87848802
国茂减速机集团有限公司	江苏省常州市武进高新区西湖路111号	213161	0519－86588878	0519－86583315
江苏环宇起重运输机械有限责任公司	江苏省扬州市宝应县运西工业园区	225825	0514－88356868	0514－88351351
徐州光环皮带机托辊有限公司	江苏省徐州市解放南路矿大南都国际公寓4号楼1002室	221004	0516－83876198	0516－83876098
江苏上齿集团有限公司	江苏省溧阳市天目湖工业园区溪缘路6号	213333	0519－83101153	0519－88301184
响水县寇龙轴承座制造有限公司	江苏省盐城市响水县张集工业园区	224600	0515－86616568	0515－86616586
江苏山鑫重工有限公司	江苏省靖江市生祠镇江平路21号	214531	0523－81386620	0523－81389188
常州市传动输送机械有限公司	江苏省常州市武进高新技术产业开发区龙惠路27号	213166	0519－86485188	0519－86480737
台州千里马汽车零部件制造有限公司	浙江省临海市沿江工业区	317022	0576－85695777	0576－85695600
江阴华峰特种运输机械有限公司	江苏省江阴市临港新城璜土工业园区蓝湫路13号	214440	0510－86273273	0510－86272216

（续）

单位名称	联系地址	邮编	电话	传真
江苏泰隆减速机股份有限公司	江苏省泰兴市大庆东路88号	225400	0523－87762233	0523－87668163
广西壮族自治区百色矿山机械厂有限公司	广西壮族自治区百色市右江区（六塘）工业园区	533000	0776－2770802	0776－2770802
长沙第三机床厂	湖南省长沙市岳麓区含浦科教园（湖南工业职业技术学院实习工厂）	410208	0731－82946288	0731－82946290
昆明运输机械有限公司	云南省昆明市人民西路684号	650106	0871－68184208	0871－68184910
武汉武钢北湖机械制造有限公司	湖北省武汉市青山区武钢北湖农场39号	430085	027－86469165	027－86469165
武汉泛达机电有限公司	湖北省武汉市青山区前龚家岭	430083	027－86465086	027－86465872
武汉洪源机械制造有限公司	湖北省武汉市洪山区狮子山街南湖汽校7011工厂	430064	027－88035450	027－88035450
武汉丰凡科技开发有限责任公司	湖北省武汉市青山区冶金大道12号	430080	027－86879863	027－86866860
福州鑫广盛机电有限公司	福建省福州市五一南路186号和平大厦	350009	0591－83284295	0591－83284295
江门市振达机械制造有限公司	广东省江门市江海区外海东升路187号1座	529000	0750－3065012	0750－3869690
广东中兴液力传动有限公司	广东省云浮市郁南县都城镇河堤路45号	527100	0766－7592180	0766－7596216
广州液力传动设备有限公司	广东省广州市花都区炭步镇茶塘工业区	510820	020－86735308	020－86735228
中联重科物料输送设备有限公司	湖南省长沙市芙蓉中路三段613号	410007	0731－88998380	0731－88998333
许昌煤机制造有限公司	河南省许昌市五一路17号	461000	0374－3328666	0374－3314613
河南鹤壁市起重运输机械厂	河南省鹤壁市长风路北段	458020	0392－2897342	0392－2897342
郑州同力重型机械有限公司	河南省郑州市高新区瑞达路华夏村18号	450001	0371－63657050	0371－63657050
焦作市正洁机械制造有限公司	河南省焦作市高新区中纬路	454003	0391－8865566	0391－8865511
焦作市中和通用机械有限责任公司	河南省焦作市焦西矿西200米铁路北	454000	0391－2933380	0391－2916939
鑫恒重工机械有限公司	河南省焦作市解放东路827号	454003	0391－3955009	0391－3958123
焦作市虹发制动器有限公司	河南省焦作市武陟县大虹桥乡	454981	0391－7541838	0391－7542897
焦作制动器股份有限公司	河南省焦作市博爱县发展大道1688号	454450	0391－2086210	0391－2086210
洛阳豫新工程技术有限公司	河南省洛阳市文新科技开发区	471000	13526902740	0379－64122126
新乡中新环保输送设备有限责任公司	河南省新乡市4281信箱	453000	0373－2682193	0373－5466125
长治市潞安合力机械有限责任公司	山西省长治市南环东街138号	046000	0355－3137324	0355－3137324
原平凯世达机械制造有限公司	山西省原平市大牛店镇中神山村	034100	0350－8352588	0350－8352580
原平市宝丰机械制造有限公司	山西省原平市城西大运路	034100	0350－8273788	0350－8373360
原平市丰峰起重运输机械有限公司	山西省原平市永康南路42号	034100	0350－8234366	0350－8277010
原平市宇峰起重运输机械有限公司	山西省原平市原五路南（东营）	034100	0350－8341112	0350－8341115
原平市兴胜机械制造有限公司	山西省原平市东原南路538号	034100	0350－8258123	0350－8258123
原平维达机械制造有限公司	山西省原平市城南大运路西东泥河	034100	0350－8256588	0350－8586588
长治市潞安飞虹煤机有限公司	山西省长治市郊区	046011	0355－2131119	0355－2130560
焦作宏德重型机器制造有限公司	河南省焦作市太行街北侧61号	454000	0391－2858229	0391－3519129

（续）

单位名称	联系地址	邮编	电话	传真
焦作三岛输送机械有限公司	河南省焦作市高新区神州路东段	454003	0391－3683692	0391－3683690
义马永兴矿山机械设备修造有限公司	河南省义马市毛沟开发区	472300	0398－5637130	0398－5637112
山东淄博电动滚筒厂有限公司	山东省淄博市博山岭西	255213	0533－4140168	0533－4140088
天津中外建输送机械有限公司	天津市津南区双港工业园发港路27号	300350	022－88822043	022－88822043
天津市电动滚筒厂	天津市东丽区津塘公路7号桥	300300	022－24991119	022－24995599
泰州市运达电动滚筒制造有限公司	江苏省泰州市东花园路11号（钢厂大院内）	225300	0523－86231268	0523－86214599
福伊特驱动技术系统（上海）有限公司北京销售分公司	北京市朝阳区曙光西里甲5号凤凰置地广场F座1801室	100028	010－56653388	010－56653333
南宁市劲源电机有限责任公司	广西壮族自治区南宁市北湖南路30号	530001	0771－3323116	0771－3323116
桐乡市梧桐东方齿轮厂	浙江省桐乡市梧桐街道文华路519号	314500	0573－88119699	0573－88112774
阜阳轴承有限公司	安徽省阜阳市阜埠路58号	236023	0558－2323393	0558－2323368
山西凤凰胶带有限公司	山西省长治市太行西街168号	046011	0355－2085924	0355－2085924
中交第三航务工程勘察设计院有限公司	上海市徐汇区肇嘉浜路831号	200032	021－64381730－3226	021－64335958
安徽芜湖市宝丰输送机械有限公司	安徽省芜湖市无为县无城工业园	238300	0553－6316855	0553－6316728
孚乐率传输设备制造（上海）有限公司	上海市松江区新润路388号17幢	201612	021－33528388	021－33528058
山东华城中德传动设备有限公司	山东省淄博市博山经济开发区	255200	0533－4662478	0533－4661009
通化建新科技有限公司	吉林省通化市二道江路2326号	134001	0435－3656911	0435－3942661
安徽省巢湖运输机械制造有限公司	安徽省芜湖市无为县无城无开路9号	238300	0565－6311696	0565－6311616
湖南鸿韵传送科技发展有限公司	湖南省长沙市雨花区人民中路568号融圣国际公寓3栋1703房	421001	0731－89787996	0731－89787559
比塞洛斯（淮南）机械有限公司	安徽省淮南市经济技术开发区	232008	0554－3609708	0554－3660921
山东祥通橡塑集团有限公司	山东省济宁市高新区凯旋路1号（祥通工业园）	272000	0537－2078989	0537－2935111
萧爱矿业设备（天津）有限公司	天津市西青开发区赛达汇亚工业园13A	300385	022－23889075	022－23889071
瑞安市康泰机械制造有限公司	浙江省瑞安市塘下镇海安凤山村凤凰西路6号	325205	0577－65272511	0577－65273956
浙江宝科机械有限公司	浙江省台州市天台县洪畴洪三工业园区	317200	0576－83018858	0576－83018898
沧州国峰精密钢管有限公司	河北省沧州市南皮县冯家口开发区（南冯路西）	061504	0317－8781199	0317－8783155
山西晋煤集团金鼎公司皮带机分公司	山西省晋城市北石店镇	048006	0356－3667597	0356－3667597
北京雨润华科技开发有限公司	北京市东城区草园胡同76号聚才大厦A－308室	100007	010－84001165	010－64063037
四川自贡起重输送机械制造有限公司	四川省自贡市高新工业园区金川路33号	643000	0813－2703285	0813－2703183
铜陵百瑞豪科技股份有限公司	安徽省铜陵市经济开发区翠湖六路西段	244000	0562－5859007	0562－5859009
自贡市倍特逆止器制造有限公司	四川省成都市新都区工业园东区创业路189号	616500	028－83939059	028－83939059

（续）

单位名称	联系地址	邮编	电话	传真
力博重工科技股份有限公司	山东省泰安市宁阳经济开发区	271044	0538－2133993	0538－6962086
唐山东亚重工装备集团有限公司	河北省唐山市玉田县西环路玉泰工业区	064100	0315－5053344	0315－6136126
广州飞旋橡胶有限公司	广东省广州市花都区赤坭镇橡胶路3号	510828	020－86748413	020－86748418
河北鲁梅卡机械制造股份有限公司	河北省沧州市盐山县正港工业园18号	061300	0317－6193011	0317－6193922
四川自贡红光输送机械制造有限公司	四川省自贡市火车站东侧（原高阀总厂）大楼内	643000	0813－2701219	0813－2701219
衡水金太阳输送机械工程有限公司	河北省衡水市桃城区北方工业基地橡塑路6号	053020	0318－2257600	0318－2892988
霍州煤电集团辛置多种经营公司	山西省霍州市辛置矿区	031412	0357－5632096	0357－5633132
湖南中特液力传动机械有限公司	湖南省益阳市泉交河镇万利工业园	413043	0737－6181876	0737－6181199
重庆市九龙橡胶制品制造有限公司	重庆市长寿区经济技术开发区齐心大道46号	401221	023－85330687	023－85330695
山东横滨橡胶工业制品有限公司	山东省潍坊市临朐县辛寨镇	262610	0536－3440237	0536－3342597
西安重装韩城煤矿机械有限公司	陕西省韩城市新城区苏山路	715401	0913－5265031	0913－5290676
阳煤集团奥伦胶带公司	山西省阳泉市开发区大连东路99号	045000	0353－7088466	0353－7088466
山东胶六橡特胶带有限公司	山东省高密市胶河疏港物流园区胶平路1号	261503	0536－82825527	0536－83809013
浙江龙圣华橡胶有限公司	浙江省台州市天台县洪三工业区	317200	0576－83013082	0576－83013099
江阴华东机械有限公司	江苏省江阴市杨宦路8号	214400	13961617793	0510－86190678
艾克玛（惠州）输送设备有限公司	广东省惠州市惠阳区新圩镇红卫村	516225	0752－6516777	0752－6516777
江苏泰来减速机有限公司	江苏省泰兴市江平南路588号	225400	0523－8756598	0523－87566000
江苏鼎阳机电科技实业有限公司	江苏省南京市栖霞区紫东路2号紫东创意园区A2栋	210046	025－83696880	025－83696880
福建龙净环保股份有限公司	福建省龙岩市新罗区陵园路81号	364000	0597－2886020	0597－2988512
阳泉煤业集团华越机械有限公司	山西省阳泉市矿区桃南中路112号	045008	0353－7024666	0353－7024666
湖州恒通机械设备有限公司	浙江省湖州市埭溪工业园区（国道路8号）	313032	0572－3827830	0572－3827036
日照港机工程有限公司	山东省日照市黄海一路126号	276826	0633－8380632	0633－8380167
苏州大力神起重运输机械制造有限公司	江苏省苏州市吴江区汾湖镇芦墟梗田路183号	215211	0512－63263288	0512－63263166
宁夏天地西北煤机有限公司	宁夏回族自治区石嘴山市大武口区工业园区长安路1号	753001	0952－2175329	0952－2175357
山东泰丰钢业有限公司	山东省新泰市经济技术开发区	271200	0538－7059589	0538－7059915
献县通利达机械设备制造有限公司	河北省沧州市献县南河头乡抛庄工业区	062250	0317－6010168	0317－6010160
山东省莱州市金桥实业总公司	山东省莱州市虎头崖镇后桥工业园	261415	0535－2329191	0535－2329134
大连长盛海华输送设备制造有限公司	辽宁省大连市金州区亮甲店镇石城村	116104	0411－87275188	0411－87275757
山西东昌实业有限公司	山西省原平市108国道薛孤	034100	0350－8552158	0350－8552158
开封铁塔橡胶（集团）有限公司	河南省开封市汴西新区周天路109号	475000	0371－23978341	0371－23978341

散料装卸机械与搬运车辆

单位名称	联系地址	邮编	电话	传真
大连重工·起重集团有限公司	辽宁省大连市西岗区八一路169号	116013	0411－86852166	0411－86852222
湖南长重机器股份有限公司	湖南省长沙市雨花区东二环一段56号	410014	0731－85318082	0731－85318081
哈尔滨重型机器有限责任公司	黑龙江省哈尔滨市高新技术开发区哈平路集中区大连北路15号	150060	0451－87091666	0451－87091617
北京起重运输机械设计研究院	北京市东城区雍和宫大街52号	100007	010－64023392	010－64052584
常熟市电动平车厂	江苏省常熟市梅李镇聚沙路5号	215511	0512－52661892	0512－52661886
长春发电设备总厂	吉林省长春市经济技术开发区世纪大街3388号	130033	0431－81966709	0431－85868500
秦皇岛秦冶重工有限公司	河北省秦皇岛市经济技术开发区鄱阳湖路2号	066318	0335－8358085	0335－8586258
上海电力环保设备总厂有限公司	上海市闸北区共和新路3155号	200072	021－36161515	021－56657888
丹东振安建工机械有限公司	辽宁省丹东市振安区鸭绿江村89号	118002	0415－4188608	0415－4188606
上海振华重工（集团）股份有限公司	上海市浦东新区东方路3261号	200125	021－31195630	021－31195918
浙江双鸟机械有限公司	浙江省嵊州市黄泽镇	312455	0575－83503888	0575－83503801
中联重科物料输送设备有限公司	湖南省长沙市雨花区芙蓉中路613号	410205	0731－88998360	0731－88998325
北方重工集团有限公司装卸设备公司	辽宁省沈阳市经济技术开发区开发大路16号	110042	024－25802505	024－24325449
岳阳强力电磁设备有限公司	湖南省岳阳市京珠连线5公里处（137信箱）	414000	0730－8799598	0730－8799009
江阴市万事达液压机械有限公司	江苏省江阴市周庄镇周西工业园区高僧桥	214423	0510－86221271	0510－86903068
浙江特种电机有限公司	浙江省嵊州市经济开发区加佳路18号	312400	0575－83000258	0575－83000507
上海公茂起重设备有限公司	上海市浦东新区云台路145号云台大厦2803室	200126	021－50871759	021－50871665
常熟市亿安电动平车有限公司	江苏省常熟市董浜镇徐市安庆路北	215535	0512－52496081	0512－52496082
康稳移动供电设备（上海）有限公司	上海市浦东新区世纪大道1500号东方大厦925室	200122	021－68407060	021－68407060
武汉电力设备厂	湖北省武汉市武昌区白沙洲特3号	430064	027－68888403	027－88113825
上海特国斯传动设备有限公司	上海市曲阜西路268号恒安大厦1302室	200122	021－63812226	021－63810571
浙江东海减速机有限公司	浙江省温州市平阳经济开发区敖江镇鸽巢路	325401	0577－63679809	0577－63679809
哈尔滨龙鑫重型机械有限公司	黑龙江省哈尔滨市香坊区珠江路29号	150040	0451－55626600	0451－55626600
大连长盛输送设备制造有限公司	辽宁省大连市金州区亮甲店镇石城村	116104	0411－87275136	0411－87275757
大连通达矿冶机械有限公司	辽宁省大连市金州区三十里堡镇	116104	0411－87362498	0411－87350008
大连重工机电动力有限公司	辽宁省大连市沙河口区中山路594号金玉星海大厦19层	116023	0411－39757578	0411－39757528
常熟市凯龙电动平车有限公司	江苏省常熟市梅李镇珍南路18号	215500	0512－52664298	0512－52262798
湖南省映鸿科技有限公司	湖南省娄底市新化县向红工业园一区	417600	0738－3537338	0738－3537909
无锡巨力电动平车有限公司	江苏省无锡市新区新光工业园5号地块	214028	0510－82255086	0510－85210217
哈尔滨国海星轮传动有限公司	黑龙江省哈尔滨市哈平路工业区烟台三路8号	150060	0451－86530788	0451－86530858
华电重工股份有限公司	上海市浦东新区福山路458号同盛大厦21F	200122	021－60126207	021－60126207

（续）

单位名称	联系地址	邮编	电话	传真
湖北三六重工有限公司	湖北省咸宁市巨宁大道36号	437000	0715－8343111	0715－8312668
哈尔滨和泰电力设备有限公司	黑龙江省哈尔滨市南岗区长江路380号	150090	0451－82314958	0451－82314178
大连天重散装机械设备有限公司	辽宁省大连市沙河口区会展路33号环球金融中心7A	116023	0411－62631977	0411－62631978
南京三埃工控股份有限公司	江苏省南京市江宁经济开发区胜利路12号	211100	025－52124028	025－52124028

冶金压延机械

单位名称	联系地址	邮编	电话	传真
中国第一重型机械集团公司	黑龙江省齐齐哈尔市富拉尔基区厂前路9号	161042	0452－6810186	0452－6810111
中国重型机械研究院股份公司	陕西省西安市未央区东元路209号	710032	029－86322669	029－86713965
中国重型机械有限公司	北京市海淀区公主坟复兴路甲23号	100036	010－68221576	010－68296106
大连重工·起重集团有限公司设计研究院	辽宁省大连市西岗区八一路169号	116013	0411－86852288	0411－86852283
云南冶金昆明重工有限公司	云南省昆明市龙泉路871号	650203	0871－66085233	0871－66085085
上海市机电设计研究院有限公司	上海市静安区北京西路1287号	200040	021－62479741	021－62479741
中国第二重型机械集团公司	四川省德阳市珠江路460号	618013	0838－2341817	0838－2201998
上海重型机器厂有限公司	上海市闵行区江川路1800号	200245	021－54721141－2110	021－54722933
北方重工集团有限公司	辽宁省沈阳市铁西区兴华北街8号	110025	024－25802406	024－25802416
天津天重重型机器有限公司	天津市北辰区高峰路	300400	022－26341079	022－26340718
燕山大学机械学院	河北省秦皇岛市河北大街169号	066044	0335－8057040	0335－8050148
浙江省宁波凯特机械有限公司	浙江省宁波市宁海县越龙街道西郊路55号	315600	0574－65210558	0574－65562620
包头市冶金矿山机械制造有限公司	内蒙古包头市东河区巴彦塔拉大街15号	014040	0472－4111538	0472－4172310
一重集团大连设计研究院有限公司	辽宁省大连市经济技术开发区东北大街96号	116600	0411－39243301	0411－39243345
昆明（重工）股份有限公司拉丝成套设备制造分公司	云南省昆明市茨坝路31号	650203	0871－65150091－2241	0871－65150151
一重集团大连设计研究院有限公司冷轧部	辽宁省大连市经济技术开发区东北大街96号	116600	0411－39243366	0411－39243133
中冶京诚工程技术有限公司	北京市大兴区经济技术开发区建安街7号	100176	010－83587839	010－83587998
北京科技大学机械工程学院	北京市海淀区学院路30号	100083	010－62334723	010－62329145
北京有色冶金设计研究院	北京市海淀区复兴路12号	100038	010－63936451	010－63936618
邢台冶金机械轧辊厂	河北省邢台市新兴西大街1号	054025	0319－2116090	0319－2022061
哈尔滨环保制氢设备工业公司	黑龙江省哈尔滨市南岗区哈西大街107号	150080	0451－86662954	0451－86662954
沈阳冶金机械有限公司	辽宁省沈阳市技术开发区沈辽路2号	110141	024－25810645	024－25810645
太原重型机械集团有限公司	山西省太原市万柏林区玉河街53号	030024	0351－6362594－8018	0351－6365903
太原矿山机器集团有限公司	山西省太原市解放北路75号	030009	0351－3041086	0351－3041086
太原科技大学冶金机械学院	山西省太原市万柏林区瓦流路66号	030024	0351－6963332	0351－6963332
鞍山矿山机械股份有限公司	辽宁省鞍山市立山区励工街5号	114032	0412－6612676	0412－6612313
上海冶金矿山机械厂	上海市闸北区汶水路210号	200072	021－56771254	021－56639508
洛阳矿山机械工程设计研究院有限责任公司	河南省洛阳市涧西区建设路206号	471039	0379－64087777	0379－64087818
杭州拉丝机制造厂	浙江省杭州市桐庐县富春江镇子陵路10号	311504	0571－64653908	0571－64653411

（续）

单位名称	联系地址	邮编	电话	传真
西安忠义金属制品设备总厂	陕西省西安市未央宫乡小白杨路20号	710016	029－86312404	029－86312404
锡山大象机械制造有限公司	江苏省无锡市锡山区荡口镇人民路63号	214116	0510－88741471	0510－88741471

润滑液压设备

单位名称	联系地址	邮编	电话	传真
太原矿山机器润滑液压设备有限公司	山西省太原市经济技术开发区电子街25号	030032	0351－3045918	0351－3045918
中国重型机械研究院有限公司	陕西省西安市未央区东元路209号	710032	029－86322543	029－86322431
四川川润液压润滑设备有限公司	四川省成都市郫县现代工业港北区港北六路85号	611743	028－61836200	028－61777787
常州市华立液压润滑设备有限公司	江苏省常州市天宁区郑陆镇三河口	213115	0519－88675056	0519－88675343
启东润滑设备有限公司	江苏省启东市和平中路306号	226200	0513－83356668	0513－83312646
上海澳瑞特润滑设备有限公司	上海市虹口区丰镇路788号	200434	021－65288155	021－65288155
一重集团大连设计研究院有限公司	辽宁省大连市经济技术开发区东北大街96号	116600	0411－39243635	0411－39243366
太原科技大学机电工程学院	山西省太原市万柏林区窊流路66号	030024	0351－6963399	0351－6963399
启东市南方润滑液压设备有限公司	江苏省启东市惠萍镇工业园区	226255	0513－83792888	0513－83795028
燕山大学	河北省秦皇岛市河北大街西段438号	066004	0335－8051166	0335－8074498
上海润滑设备厂有限公司	上海市奉贤区平港路655号	201413	021－65430543	021－65431871
吉林四平维克斯换热设备有限公司	吉林省四平市铁东区南一经街5665号	136001	0434－3335589	0434－3335515
北方重工集团公司设计研究院	辽宁省沈阳市经济技术开发区开发大路16号	110141	024－25802407	024－25802416
辽宁省机械研究院有限公司	辽宁省沈阳市皇姑区北陵大街56号	110032	024－86890291	024－86890291
中冶京诚工程技术有限公司技术研究院	北京市大兴区亦庄经济技术开发区建安街7号	100176	010－67835821	010－67835154
中色科技股份有限公司装备所	河南省洛阳市西苑路1号	471039	0379－64872373	0379－64872352
二重集团重型机械设计研究院	四川省德阳市珠江路1号	618013	0838－2342292	0838－2204416
北京冶金设备研究设计总院	北京市东城区安定门外胜古庄2号	100029	010－64428432	010－64418694
北京科技大学	北京市海淀区学院路30号	100083	010－62332916	010－62332916
大连华锐股份有限公司液压装备厂	辽宁省大连市甘井子区新水泥路78－7号	116035	0411－86426269	0411－86427852
宁波盛发液压有限公司	浙江省宁波市鄞州区望春宋家漕	315175	0574－88449050	0574－88055152
江苏澳瑞思液压润滑设备有限公司	江苏省启东市城北工业园经济开发区杨沙路2号	226200	0513－83637418	0513－83637448
沈阳市北方润滑设备制造有限公司	辽宁省沈阳市沈河区文化东路99号	110015	024－24824187	024－24206028
淄博九洲润滑科技有限公司	山东省淄博市博山区北博山	255207	0533－4548567	0533－4546336
温州中合润滑设备制造有限公司	浙江省温州市双屿镇屿头工业区3号－2	325007	0577－88781219	0577－88781270
温州市龙湾润滑液压设备厂	浙江省温州市飞鹏巷6号（新14号）	325000	0577－88290271	0577－88295568
温州市三丰润滑设备制造有限公司	浙江省温州市双屿镇嵇师新街11号	325007	0577－88763177	0577－88766885
沈阳市大金润滑设备厂	辽宁省沈阳市沈河区沈洲路185－2号	110014	024－22907338	024－22940938
南通市南方润滑液压设备有限公司	江苏省启东市开发区纬二路236－238号	226200	0513－83110190	0513－83110290

（续）

单位名称	联系地址	邮编	电话	传真
启东安升润液设备有限公司	江苏省启东市久隆镇新巷工业集中区118号	226222	0513-83852668	0513-83852108
苏州宝宇液压设备制造有限公司	江苏省太仓市浏河镇听海路106号	215431	0512-53601818	0512-53601155
沈阳市北方润华冷却设备有限公司	辽宁省沈阳市东陵区泉园二路15-4-212	110015	024-86670917	024-86670451
启东中冶润滑设备有限公司	江苏省启东市台角工业园区跃龙路16号	226200	0513-83250190	0513-83250310
四平市隆百洲机电科技有限公司	吉林省四平市铁东区山门镇	136002	0434-3301333	0434-3301598
启东丰汇润滑设备有限公司	江苏省启东市南苑西路999号	226200	0513-83113685	0513-83349800
沈阳三丰液压润滑设备有限公司	辽宁省沈阳市于洪区平罗镇陆家村	110147	024-89286088	024-89286893
江苏恒泰自动化润滑设备有限公司	江苏省启东市南苑工业园区恒丰路28号	226200	0513-80286900	0513-83307018
北京中冶华润科技发展有限公司	北京市丰台区南四环西路188号三区21号楼	100070	010-63964536	010-63964534
美润思（北京）科技有限公司	河北省秦皇岛市北戴河区海宁路225号	066102	0335-4289066	0335-4289066
浙江镇南精工机械有限公司	浙江省诸暨市店口镇解放路259号	311835	0575-87655388	0575-87655618
陕西中润液压设备有限公司	陕西省西安市经济技术开发区泾渭工业园泾高南路中段22号	710201	029-86963180	029-86963166
黄山工业泵制造有限公司	安徽省黄山市屯溪区九龙工业园区九龙大道5号	245021	0559-2553898	0559-2568248
淄博市博山润丰油泵厂	山东省淄博市博山区博山镇博沂路	255207	0533-4544888	0533-4548198
南通博南润滑液压设备有限公司	江苏省启东市开发区精工路7号（一区）	226200	0513-83122033	0513-83228811
泰州市远望换热设备有限公司	江苏省泰州市姜堰区娄庄镇	225300	0523-88691628	0523-88696288

重型基础件

单位名称	联系地址	邮编	电话	传真
中国重型机械研究院股份公司	陕西省西安市未央区东元路209号	710032	029-86322583	029-86322583
宁波东力传动设备股份有限公司	浙江省宁波市江北工业区银海路1号	315000	0574-88398990	0574-88398840
浙江通力重型齿轮股份有限公司	浙江省瑞安市林垟通力大道	325207	0577-65590088	0577-65598888
江苏省金象传动设备股份有限公司	江苏省淮安市清河区青龙湖路1号	223001	0517-83649806	0517-83649839
安徽泰尔重工股份有限公司	安徽省马鞍山市开发区红旗南路18号	243000	0555-2229329	0555-2229287
杭州杰牌传动科技有限公司	浙江省杭州市空港新城（萧山靖江）	311223	0571-82996826	0571-82994444
荆州市巨鲸传动机械有限公司	湖北省荆州市高新技术开发区东方大道58号	434000	0716-8303805	0716-8303886
恒星科技控股集团有限公司	浙江省杭州市萧山经济技术开发区鸿达路66号	311215	0571-22892986	0571-82605888
襄阳宇清机械有限公司	湖北省襄阳市高新区十二号路	441058	0710-3332586	0710-3564322
泰星减速机股份有限公司	江苏省泰兴市姚王镇	225402	0523-87541669	0523-87548888

（续）

单位名称	联系地址	邮编	电话	传真
山西省平遥减速器有限责任公司	山西省晋中市平遥县古城南路138号	031100	0354－5650091	0354－5650268
浙江长城减速机有限公司	浙江省温州市鹿城区轻工产业园戍浦江路28号	325019	0577－88628620	0577－88628622
浙江东海减速机有限公司	浙江省温州市平阳经济开发区敖江镇鸽巢路	325401	0577－63631862	0577－63635393
意宁液压股份有限公司	浙江省宁波市北仑区坝头西路288号	315806	0574－86115072	0574－86115070
昆山荣星动力传动有限公司	江苏省昆山市高新区中华园西路1869号	215347	0512－57781849	0512－57797398
中信重工机械股份有限公司	河南省洛阳市涧西区建设路206号	471039	0379－64088608	0379－64211297
天津市万新减速机有限公司	天津市东丽区经济开发区一经路31号	300300	022－24830967	022－24374550
重庆齿轮箱有限责任公司	重庆市江津区东方红工业区	402263	023－47211757	023－47211161
燕山大学机械工程学院	河北省秦皇岛市燕山大学机械工程学院	066004	13081889632	
西安理工大学	陕西省西安市金花南路5号	710048	029－82319700	029－83230026
江阴齿轮箱制造有限公司	江苏省江阴市山观工业园区澄山路601号	214437	0510－86993103	0510－86993196
安徽省湖滨机械厂	安徽省巢湖市巢湖北路369号	238013	0565－2393587	0565－2317765
上海茂德企业集团	上海市浦东新区南汇工业园区沪南公路9408号茂德工业园	201300	021－68016659	021－68016458
南京高精齿轮集团有限公司	江苏省南京市江宁科学园莱茵达路299号	211100	025－52172828	025－52172700
哈尔滨国海星轮传动有限公司	黑龙江省哈尔滨市哈平路工业区内烟台三路8号	150060	0451－86530788	0451－86530858
内蒙古兴华机械制造厂	内蒙古自治区呼和浩特市昭君路玉泉区政府西侧	010070	0471－2397262	0471－5686313
宁波市镇海减变速机制造有限公司	浙江省宁波市镇海经济开发区青青路168号	315200	0574－86302258	0574－86302358
第二重集团公司精衡传动设备公司	四川省德阳市珠江西路460号	618000	0838－2341179	0838－2341179
北方重工集团有限公司传动设备分公司	辽宁省沈阳市经济技术开发区开发大路16号	110142	024－85834628	024－85834325
太原重工股份有限公司技术中心	山西省太原市万柏林区玉河街53号	030024	13513638123	
上海尔华杰机电装备制造有限公司	上海市嘉定区宝安公路1785号	201907	021－66028006	021－56022054
江苏上齿集团有限公司	江苏省溧阳市天目湖工业园溪缘路6号	213333	0519－88301181	0519－87229638
宁波中意液压马达有限公司	浙江省宁波市镇海经济开发区中意路88号	315200	0574－86264491	0574－86264387
石家庄科一重工有限公司	河北省石家庄市和平西路595号	050071	0311－87796242	0311－87783772
德阳立达基础件有限公司	四川省德阳市庐山南路3段32号	618000	0838－2903951	0838－2903848
山东省德州市金宇机械有限公司	山东省德州市德城区湖滨北路888号	253015	0534－2745032	0534－2745033
冀州市联轴器厂	河北省冀州市刘杨村180号	053200	0318－8693695	0318－8691484
乐清重型机械配件厂	浙江省乐清市宁康西路157号	325600	0577－62522038	0577－61527608
宁波市实立矿山机械制造有限公司	浙江省宁波市象山县石铺镇兴港路100号	315731	0574－65982886	0574－65982886

（续）

单位名称	联系地址	邮编	电话	传真
宁波市东钱湖旅游度假区华实传动机械厂	浙江省宁波市东钱湖工业园区莫高公路58号	315121	0574－88370903	0574－88370903
乐清市联轴器厂	浙江省乐清市柳市镇上金垟	325604	0577－62722326	0577－62728326
乐清虹桥万向轴有限公司	浙江省乐清市虹桥镇西工业区E2－1号	325608	0577－62311811	0577－62322180
常州市二传机械有限公司	江苏省常州市武进区漕桥镇运村	213175	0519－86131020	0519－86133108
陕西博特齿轮有限公司	陕西省西安市西咸新区泾河新城泾阳县工业密集区	713702	029－36386088	029－36386092
盐城华兴液压机械有限公司	江苏省盐城市建湖县严桥	224700	13921851333	
中钢西重传动机械公司	陕西省西安市汉城北路99号	710077	029－84619374	029－84619371
西安环力传动机械股份有限公司	陕西省西安市经济技术开发区凤城十一路91号	710018	029－86171905	029－85251460
乐清机械厂有限公司	浙江省乐清市城西路55号	325600	0577－62522885	0577－62522885
上海合纵重工机械有限公司	上海市金山工业区金流路879号	201506	021－67276715	021－67277700
扬中市金星联轴器制造有限公司	江苏省扬中市新坝科技园区	212212	0511－88433602	0511－88436976
陕西秦川机械发展股份有限公司	陕西省宝鸡市姜谭路22号	721009	0917－3670640	0917－3393841
青海华鼎齿轮箱有限公司	青海省西宁市南川东路75号	810021	0971－4310385	0971－4310004
山东博山减速机厂	山东省淄博市博山区水河路中段	255200	0533－4264888	0533－4184888
唐山重型装备集团有限责任公司	河北省唐山市缸窑路	063027	0315－3202248	0315－3202208
镇江通宇传动机械有限公司	江苏省镇江市矿机路5号	212003	0511－84421221	0511－84422078
江苏新瑞戴维布朗齿轮系统有限公司	江苏省常州市武进开发区西太湖大道1号	213149	0519－83163480	0519－86361355
江苏东方万向重型机械有限公司	江苏省镇江市辛丰镇	212141	0511－3321074	0511－3322338

油膜轴承

单位名称	联系地址	邮编	电话	传真
太原重型机械集团有限公司	山西省太原市万柏林区玉河街53号	030024	0351－6364208	0351－6364208
宝钢股份公司	上海市宝山区富锦路宝钢指挥中心	201900	021－56780055	021－26648046
本钢采购中心	辽宁省本溪市北光路6号	117000	024－47839817	024－47824158
鞍钢新轧钢股份有限公司	辽宁省鞍山市南中华路396号	114021	0412－8419192	0412－6727772
太钢不锈钢股份有限公司	山西省太原市尖草坪区尖草坪	030003	0351－3011010	0351－3134170
太原科技大学	山西省太原市窊流路66号	030024	0351－6222894	0351－6220233
太原重工股份有限公司油膜轴承分公司	山西省太原市万柏林区玉河街53号	030024	0351－6367118	0351－6367203
鞍钢股份有限公司采购部	辽宁省鞍山市鞍钢厂区北部	114021	0412－6751512	0412－6751512
本溪钢铁集团有限公司采购部	辽宁省本溪市平山区轧钢路	117021	024－47820053	024－47825049
秦皇岛首秦金属材料有限公司	河北省秦皇岛市杜庄	066326	0335－6086238	0335－6089252
河北钢铁唐山分公司第一轧钢厂	河北省唐山市滨河路9号	063013	0315－3707227	0315－3707227

（续）

单位名称	联系地址	邮编	电话	传真
首钢京唐钢铁联合有限责任公司热轧部	河北省唐山市曹妃甸工业区	100043	0315－8829215	0315－8871799
安阳钢铁股份有限公司第二炼轧厂	河南省安阳市殷都区梅园庄	455004	0372－3120928	0372－3120909
舞阳钢铁有限责任公司4100宽厚板厂	河南省舞钢市湖滨大道	462500	0375－8113800	0375－8113800
武汉钢铁集团公司热轧总厂	湖北省武汉市青山区厂前	430083	027－86891525	027－86891525
湘潭钢铁集团有限公司	湖南省湘潭市岳塘	411101	0731－58654951	0731－58654951
攀钢集团攀枝花钢钒公司热连轧厂	四川省攀枝花市向阳区	617062	0812－3393260	0812－3396573
太原不锈钢股份有限公司热连轧厂	山西省太原市尖草坪区尖草坪	030003	0351－3016907	0351－3016907
宝钢集团宝钢分公司设备部	上海市宝山区同济路3521号	201900	021－26646629	021－26648830
山东钢铁有限公司济南分公司宽厚板厂	山东省济南市工业北路21号	250101	0531－88847758	0531－88847461
宝钢梅山钢铁热轧厂	江苏省南京市中华门外新建镇	210039	025－58082132	025－86702446
重庆钢铁股份有限公司中板厂机动科	重庆市大渡口区车家坪58号	400082	023－68871499	023－68871380
鞍钢股份有限公司连轧厂	辽宁省鞍山市鞍钢厂区北部	114021	0412－6752915	0412－6752915
鞍钢股份有限公司中板厂设备科	辽宁省鞍山市鞍钢厂区北部	114021	0412－6752034	0412－6753575
本钢股份有限公司冷轧厂	辽宁省本溪市平山区轧钢路	117021	024－47821239	024－47821496
唐山中厚板有限公司	河北省唐山市乐亭县玉滩镇	063610	0315－4959888	0315－4959336
唐山港陆钢铁有限公司热连轧部	河北省遵化市镇海东街	064200	0315－6075518	0315－6075518
唐山不锈钢有限公司设备部	河北省唐山市古冶区唐家庄	063105	0315－3765888	0315－3768802
秦皇岛首钢板材有限公司经营部	河北省秦皇岛市建设大街409号	066000	0335－3011421	0335－3011421
安钢股份有限公司第二轧钢厂	河南省安阳市殷都区梅园庄	455004	0372－3123012	0372－3123613
武汉钢铁集团公司冷轧厂	湖北省武汉市青山区厂前	430083	027－86894638	027－86891470
涟源钢铁集团公司热轧板厂	湖南省娄底市轧钢东路	417009	0738－8663655	0738－8663726
攀钢集团攀枝花钢钒公司冷轧厂	四川省攀枝花市向阳区	617062	0812－3380118	0812－3380137
攀钢集团公司供应公司	四川省攀枝花市向阳区	617062	0812－3391151	0812－3396418
广州珠江钢铁有限责任公司	广东省广州市经济开发区西基工业区	510730	020－82222392	020－82222400
山东钢铁有限公司济南分公司中板厂	山东省济南市工业北路21号	250101	0531－88866255	0531－88866255
宁波钢铁有限公司热轧厂	浙江省宁波市北仑区霞浦临港二路168号	315800	0574－86859108	0574－86859126
江苏沙钢集团有限公司	江苏省张家港市锦丰镇	215625	0512－58568831	0512－58550681
太钢不锈临汾钢铁公司中板厂	山西省临汾市尧都区	041000	0357－3091338	0357－3091338
包头钢铁（集团）有限责任公司薄板厂	内蒙古包头市昆都仑区河西工业区	014010	0472－2188168	0472－2181118

（续）

单位名称	联系地址	邮编	电话	传真
宝钛集团宽厚板材料公司	陕西省宝鸡市71号信箱	721014	0917－3360180	0917－3360180
宝钢集团新疆八一钢铁有限公司冷轧厂	新疆乌鲁木齐市头屯河区八一路	830022	0991－3893838	0991－3890035
天津轧一有限公司	天津市大沽南路928号	300220	022－63255800	022－63255888
南京钢铁联合有限公司中板厂	江苏省南京市六合区卸甲店	210035	025－57074699	025－57072545
宝钢不锈钢分公司热轧厂	上海市宝山区长江路735号	200431	021－26033369	021－26034661
广西柳钢热轧板带厂	广西壮族自治区柳州市北雀路117号	545002	0772－2596358	0772－2596355
新余钢铁有限责任公司	江西省新余市新钢冶金路	338001	0790－6293328	0790－6294999
五矿营口中板有限责任公司中板厂	辽宁省营口市老边区	115005	0417－3256501	0417－3256503
吉林通化钢铁股份公司设备处	吉林省通化市二道江区	134003	0432－63010617	0432－63010610
河北首钢迁钢股份有限公司热连轧厂	河北省迁安市扬店子镇滨河村	064404	0315－7703962	0315－7703011
河北钢铁股有限公司邯郸分公司中板厂	河北省邯郸市复兴路232号	056015	0310－6075426	0310－4959971
酒钢集团热轧薄板厂	甘肃省嘉峪关市五一北路1号	735100	0937－6711948	0937－6711982
河北钢铁承德分公司热连轧厂	河北省承德市双滦区滦河镇	067002	0314－4079789	0314－4314947
广东韶钢松山股份有限公司宽板厂	广东省韶关市曲江区马坝镇	512123	0751－8795907	0751－8792504
马钢股份有限公司第四钢轧总厂	安徽省马鞍山市三台路	243051	0555－2890809	0555－2890805
江苏飞达薄板材股份公司	江苏省镇江市丹阳县高士桥工业园	212312	0511－886326852	0511－86326852
江阴兴澄特种钢铁有限公司钢板厂	江苏省江阴市滨江东路297号	214429	0510－86193388－6718	0510－86190970
四川金广集团西南不锈钢公司	四川省乐山市沙湾区嘉农镇泰山路	614951	0833－5208601	0833－5208998
河北敬业钢铁公司中厚板厂	河北省石家庄市平山县南甸镇	050400	0311－82873502	0311－82873502
河北普阳钢铁有限公司	河北省武安市阳邑镇	056300	0310－5178962	0310－5178962
沧州中铁装备制造材料有限公司	河北省沧州市渤海新区	061113	0317－5761678	0317－5761614
山西百一机械制造有限公司	山西省太原市尖草坪2号	030003	0351－3016342	0351－3016803
铁岭五星油膜橡胶密封研究所	辽宁省铁岭市辽海北路15号	112000	0410－4564226	0410－4501500
优必胜（大连）轴承制造有限公司	辽宁省瓦房店市北三家瓦窝工业园北路18号	116300	0411－85508388	0411－85545658
广州机械科学研究院密封研究所	广东省广州市黄埔区茅岗	510700	020－32388050	020－32389624
中国石化润滑油公司北京研发中心	北京市2852#研发中心	100085	010－62949743	010－62949751
上海大学机自学院	上海市闸北区延长路149号	200072	021－82669152	
中国一重集团大连设计研究院	辽宁省大连市经济技术开发区	116600	0411－39243235	0411－39243366
二重集团重机公司	四川省德阳市珠江西路1号	618013	0838－2208846	0838－2204416
上海重型机器厂有限公司设计研究院	上海市闵行区江川路1388号	200245	021－64632262	021－54722933

（续）

单位名称	联系地址	邮编	电话	传真
中钢设备公司国际部	北京市朝阳区芳园街1号	100016	010－62688018	010－62688098
欧洛普过滤技术开发公司	北京市中关村科技园区通州园	100176	010－61279203	010－61279958
上海海联润滑材料科技有限公司	上海市徐汇区钦州路100号	200235	021－64834393	021－64837197

停车设备

单位名称	联系地址	邮编	电话	传真
中国重型机械工业协会停车设备工作委员会	北京市西城区月坛南街26号1号楼4076室	100825	010－68584668	010－68584667
杭州西子石川岛停车设备有限公司	浙江省杭州市机场路176号	310021	0571－88143666	0571－88139678
山东莱钢泰达车库有限公司	山东省莱芜市经济开发区钢城分区莱钢工业园	271129	0634－6899999	0634－6894958
深圳怡丰自动化科技有限公司	广东省深圳市龙岗区龙城大道龙西路口龙岗高科技园	518116	0755－84879829	0755－84879397
河南中继威尔停车系统股份有限公司	河南省许昌市中原电气谷魏武大道与尚德路交汇处	461000	0374－3219228	0374－3219091
北京航天汇信科技有限公司	北京市大兴区经济技术开发区中和街20号	100176	010－67886601	010－67874871
浙江子华停车设备有限公司	浙江省绍兴市绍兴县滨海工业区思源路782号	312071	0575－81199858	0575－81199877
唐山通宝停车设备有限公司	河北省唐山市丰润区公园道138号	063030	0315－3080599	0315－3080690
大洋泊车股份有限公司	山东省潍坊市高新开发区东明路北首806号	261031	0536－8797707	0536－8791526
山东天辰智能停车设备有限公司	山东省济南市高新区天辰大街天辰工业园	250101	0531－88878888	0531－88877018
上海赐宝停车设备制造有限公司	上海市黄浦区打浦路1号906室	200023	021－53960436	021－53960435
北京起重运输机械设计研究院	北京市东城区雍和宫大街52号	100007	010－84044106	010－64052584
明椿电气机械股份有限公司	上海市嘉定区南翔镇田旺路65号－16	201802	021－69123815	021－59177920
杭州友佳精密机械有限公司	浙江省萧山市经济技术开发区市心北路120号	311215	0571－82831393	0571－82831353
上海万强机械车库制造有限公司	上海市金山区松金公路2502号	201514	021－57213927	021－57213333
上海浦东新区远东立体停车装备有限公司	上海市浦东新区东川公路7447号	201201	021－68907170	021－68901921
北京天宏恩机电科技有限公司	北京市海淀区复兴路12号	100038	010－63963040	010－63962898
敬稳（北京）机电设备有限公司	北京市东城区建国门外大街19号国际大厦202室	100004	010－85261141	010－85261145
广州广日智能停车设备有限公司	广东省广州市高新技术产业开发区科学城科林路1号	510660	020－82075622	020－82075606
上海天地岛川停车设备制造有限公司	上海市虹口区东宝兴路157号17A、D	200080	021－63563092	021－63243053

（续）

单位名称	联系地址	邮编	电话	传真
北京鑫华源机械制造有限责任公司	北京市门头沟区矿后街47号	102300	010－61814331	010－61815320
江苏启良停车设备有限公司	江苏省江阴市大桥北路26号	214400	0510－86634998	0510－80667733
杭州福瑞科技有限公司	浙江省杭州市西湖区塘苗路18号华星工业村1号楼2楼	310013	0571－85123559	0571－85123228
青岛金华工业集团有限公司	山东省青岛市市北区辽阳西路51号	266034	0532－85656888	0532－85665098
深圳市伟创自动化设备有限公司	广东省深圳市南山高新区北区第五工业区彩虹科技大楼B2－2号	518057	0755－82445970	0755－82445970
浙江镭蒙机械设备有限公司	浙江省诸暨市城西工业区千禧路8－1号	311800	0575－87380088	0575－87399280
车立方（北京）新能源科技有限公司	北京市朝阳区曙光西里甲1号第三置业B座1601室	100020	010－59073288	010－59073269
江苏金冠立体停车系统工程有限公司	江苏省南通市工农路245号成功大厦北6楼	226007	0513－81552638	0513－81552629
广东三浦车库股份有限公司	广东省广州市海珠区新港西路一号银华大厦20楼	518067	020－34112922	020－34061599
江苏普腾停车设备有限公司	江苏省南通市经济技术开发区通盛南路32－9号	226017	0513－80770518	0513－80770077
日立（上海）贸易有限公司	上海市黄浦区茂名南路205号瑞金大厦18楼	200020	021－64721002	021－64724990
苏州东力机电工业有限公司	北京市朝阳区朝外大街乙12号昆泰国际公寓2204室	200020	010－58790418	010－58790065
苏州仲益电机设备有限公司	江苏省苏州市相城经济开发区富元路402号	215153	0512－65793566	0512－65793569
天马华源停车设备（北京）有限公司	北京市朝阳区东四环中路195号华腾新天地大厦1003室	100022	010－87952553	010－87952559
北京大兆新元停车设备有限公司	北京市海淀区北小马厂6号华天大厦12层13－16室	100038	010－63319787	010－63319786
北京宏地车港科技有限公司	北京市东城区建国门内大街18号恒基中心办公楼第三座818－819室	100005	010－63383023	010－63331279
北京海亮机械制造有限公司	北京市通州区漷县镇觅子店组团鑫隅四街2号	101112	010－80569770	010－80569770
北京博锐奥盛科技发展有限公司	北京市朝阳区北苑路170号凯旋中心C座1606室	100101	010－59273969	010－58235608
上海机械设备成套集团物流工程有限公司	上海市虹口区四川北路1851号18楼	200081	021－51053310	021－51053309
上海西飞三精机械有限公司	上海市浦东新区外高桥保税区华申路221号	200131	021－58660159	021－58665105
上海远急国际贸易有限公司	上海市静安区铜仁路258号九安广场金6B座	200040	021－62890790	021－62890788
上海人本旭川自动化机械有限公司	上海市闵行区顾戴路2525号	201100	021－54888730	021－54887736
上海日荣樱天客金属工业有限公司	上海市松江区茸北工业区施惠路258号	201613	021－57783889	021－57783859

（续）

单位名称	联系地址	邮编	电话	传真
上海爱登堡电梯有限公司	上海市闵行区浦星公路1601号	201114	021－54331601	021－64970181
上海沈中停车设备有限公司	上海市浦东新区浦建路729号804室	200127	021－61460108	021－61460108
上海禾通涌源停车设备有限公司	上海市松江区车墩镇茸昌路100－1号	201611	021－57609563	021－57609565
上海剑峰停车设备工程有限公司	上海市黄浦区南京东路61号新黄浦金融大厦607室	200002	021－63392097	021－63391924
上海席尔诺停车设备有限公司	上海市普陀区怒江北路598号1619室	200333	021－61671489	021－62169365
天津鑫基机械停车设备有限公司	天津市东丽开发区二纬路27号	300300	022－24982100	022－24990569
天津通广集团专用设备有限公司	天津市河北区新大路185号	300140	022－26237315	022－26224197
天津市天兴机械制造有限公司	天津市大港区中塘镇港中公路899号	300270	022－63276278	022－63270525
天津市中环富士智能设备有限公司	天津市西青区李七庄街天祥工业区祥玖路12号	300385	022－23966109	022－23962205
石家庄舒玛停车设备有限公司	河北省石家庄市正定县金河国际A座15楼	050800	0311－83507709	0311－83507708
重庆桥瑞工程机械制造有限公司	重庆市九龙坡区巴国公馆6号楼13－7室	400039	023－68193631	023－68193301
唐山市朋鼎停车设备制造有限公司	河北省唐山市丰南区小集镇草泊东部、大碱路西侧	063300	0315－8657777	0315－8209777
廊坊三联停车设备有限公司	河北省廊坊市经济技术开发区蓝多廊公寓6－1－301室	065001	0316－6081133	0316－6081133
保定市永和钢结构工程有限公司	河北省保定市富昌路119号	071058	0312－3211600	0312－3211600
唐山德玛停车设备制造有限公司	河北省唐山市曹妃甸区曹妃甸装备制造产业园区	063200	0315－8850196	0315－8850198
河北津西钢铁集团大方重工科技有限公司	河北省唐山市迁西县三屯营镇	064302	0315－5838696	0315－5838695
太原刚玉产业发展有限公司	山西省太原市阳曲县侯村乡赵庄村刚玉工业园区	030110	0351－5565986	0351－5565986
山西金源凯祥科技制造有限公司	山西省太原市高新区中心北街3号晨雨大厦2层	030032	0351－2533001	0351－2533001
山西华博科技有限公司	山西省太原市长治路249号403室	030006	0351－7024987	0351－7024987
大连华锐股份有限公司备料厂	辽宁省大连市甘井子区中华东路3号	116031	0411－86855206	0411－86855208
沈阳华德机械工程安装有限公司	辽宁省沈阳市大东区联合路176号甲	110044	024－88093011	024－88423105
沈阳远大立体车库有限公司	辽宁省沈阳市经济技术开发区十三号街22号	110023	024－25273686	024－25271612
中船重工（沈阳）辽海电梯有限公司	辽宁省沈阳市和平区十三纬路23号	110003	024－23707527	024－23707525
沈阳圣泰机电设备有限公司	辽宁省沈阳市苏家屯区瑰香北街20－1号	110101	024－89468828	024－89463888
营口智文机械设备制造有限公司	辽宁省营口市经济技术开发区熊岳大铁工业园	115009	0417－7022222	0417－7016789

（续）

单位名称	联系地址	邮编	电话	传真
尚志市田地立体车库设备制造有限公司	黑龙江省尚志市经济开发区	150600	0451－56757878	0451－56757979
大连鸿升立体泊车建造有限公司	辽宁省大连市甘井子区大连湾街道苏家村	116000	0411－39322999	0411－39322990
苏州江南嘉捷电梯股份有限公司	江苏省苏州市工业园区娄江路（葑亭大道）88号	215122	0512－62746790	0512－62741517
无锡许继富通达停车设备有限公司	江苏省无锡市惠河路65号	214062	0510－85877716	0510－85877716
江苏顺达工程科技有限公司	江苏省如皋市九华工业园	226541	0513－82913888	0513－82913888
江苏安华机电工程有限公司	江苏省徐州市贾汪区安华产业园	221000	0516－87036977	0516－87036795
昆山通祐电梯有限公司	江苏省昆山市陆杨镇财贸路3号	215213	0512－57646892	0512－57646808
江苏润邦智能停车设备有限公司	江苏省南京市浦口区星甸工业园	211803	025－58264788	025－58265566
江苏中泰停车产业有限公司	江苏省南京市汉中路180号星汉大厦21楼A座	210029	025－58007188	025－86619953
江苏冠宇机械设备制造有限公司	江苏省溧阳市中关村科技产业园吴潭渡路9号	213300	0519－87034567	0519－87034567
江苏省宏展机械有限公司	江苏省大丰市经济开发区申丰路（七灶河桥北200米）	224100	0515－83532158	0515－83532158
昆山华恒焊接股份有限公司	江苏省昆山市巴城镇博士路1588号	215300	0512－81866666	0512－87880400
江苏瑞科停车系统科技有限公司	江苏省金坛市儒林镇府前路68号218室	213225	0514－85869366	0514－85869366
昆山翔固机械有限公司	江苏省昆山市周市镇长兴路219号	215313	0512－83663988	0512－83663988
江苏精诚电工有限公司	江苏省南京市溧水区和凤镇工业集中区	211218	025－57466288	025－57466222
南京力霸智能停车设备制造有限公司	江苏省南京市江宁区滨江开发区绣玉路1号	211178	025－83340638	025－58707353
吴江市聚力机械有限公司	江苏省苏州市吴江区汾湖经济开发区新黎路300号	215211	0512－82880000	0512－82855666
安徽马钢吉顺智能停车设备有限公司	安徽省马鞍山市经济技术开发区	243000	0555－2253421	0555－2253778
中国一航合肥皖安航空装备有限责任公司	安徽省合肥市望江西路205号	230022	0551－65587053	0551－65569754
安徽鸿路钢结构（集团）股份有限公司	安徽省合肥市双凤工业区鸿路大厦	231131	0551－66391971	0551－66391793
安徽华星智能停车设备有限公司	安徽省合肥市肥东新城开发区燎原路25号	231600	0551－67758520	0551－67744350
安徽凯旋停车设备有限公司	安徽省合肥市包河区葛大店花园路15号	230051	0551－63475498	0551－63475418
安徽乐库智能停车设备有限公司	安徽省合肥市肥东经济开发区金阳路东侧	231600	0551－62533979	0551－62533977
合肥巍华智能停车设备有限公司	安徽省合肥市肥东经济开发区公园路12号	231600	0551－67266669	0551－67799556
兰州远达工程设备有限责任公司	甘肃省兰州市西固西路59号	730060	0931－7981190	0931－7961566

（续）

单位名称	联系地址	邮编	电话	传真
宁夏鑫华源智能立体停车设备制造有限公司	宁夏银川市金凤区正源南街534号天乐苑大厦3楼	750002	0951－5113155	0951－5113155
山东齐星铁塔科技股份有限公司	山东省滨州市邹平开发区会仙二路齐星大厦	256200	0543－4305222	0543－4305222
青岛昊悦机械有限公司	山东省青岛市遵义路3号	266043	0532－84815754	0532－84816885
山东同力达智能机械有限公司	山东省济南市槐荫区槐村街73号	250022	0531－88305461	0531－88305505
山东诺德机械制造有限公司	山东省聊城市开发区辽河路东首路北	252000	0635－5051010	0635－5051019
烟台华安智能停车设备制造有限公司	山东省烟台市开发区华山路7号	265304	0535－6393888	0535－6393888
青岛车的家车库有限公司	山东省青岛市城阳区玉皇岭工业园	266107	0532－66736759	0532－66736769
山东金冠机械有限公司	山东省聊城市冠县新世纪工业园区	252500	0635－5261777	0635－5261777
德州科博智能仓储物流设备限公司	山东省德州市经济开发区高速东路	253000	0534－2722667	0534－2722667
山东海龙机械有限公司	山东省滨州市博兴县东上疃工业园	256600	0543－2301877	0543－2301877
山东上冶仓储科技有限公司	山东省安丘市青云山路青云商务中心13楼	262100	0536－4398678	0536－4613888
山东华亿钢机股份有限公司	山东省曲阜市王庄主体功能区华亿路1号	273100	0537－4653666	0537－4653666
山东沃尔重工科技有限公司	山东省泰安市泰山工业园区科技中路	271000	0538－8883788	0538－8883788
山东天宇结构工程有限公司	山东省曲阜市经济开发区（东区）发展大道西首路北	273100	0537－4483999	0537－4483999
山东昊骏机电工程有限公司	山东省济宁市梁山县拳铺工业园区	272600	0537－7732333	0537－7732333
山东恒运自动化泊车设备股份有限公司	山东省淄博市桓台县荆家镇起马路102号	256406	0533－6121866	0533－8788878
杭州大中泊奥科技有限公司	浙江省杭州市萧山经济技术开发区桥南区高新5路	311231	0571－82696679	0571－82695083
绍兴永利环保科技有限公司	浙江省绍兴市杨讯桥镇永利新村	312028	0575－84575387	0575－84575387
浙江越宫钢结构有限公司	浙江省绍兴市绍三线永仁路口	312000	0575－8200390	0575－8011958
浙江双金机械集团股份有限公司	浙江省杭州市余杭区瓶窑镇南山村	311115	0571－88566529	0571－88566529
宁波神舟立体车库制造有限公司	浙江省宁波市象山县爵溪镇新瀛路3号	315708	0574－65605780	0574－65605657
宁波邦达实业有限公司	浙江省宁波市国家高新区木槿路99号	315013	0574－88416668	0574－88411233
宁波祥云停车设备有限公司	浙江省余姚市泗门镇小路下村	315472	0574－62125892	0574－62125891
莱茵电梯（中国）有限公司	浙江省湖州市练市工业园区	313013	010－66132097	010－66132097
浙江越宫钢结构有限公司	浙江省绍兴市袍中南路166号	312017	0575－89103776	0575－89103776
浙江巨人控股有限公司	浙江省湖州市南浔镇胜利路698号	313009	0572－3912111	0572－3912112
绍兴市中立钢业建筑工程有限公司	浙江省绍兴市袍江新区袍渎路15号－3	312000	0575－88331447	0575－88331447
浙江天马停车设备有限公司	浙江省杭州市拱墅区石祥路208号	325014	0571－86479167	0571－86479167
浙江正立钢结构有限公司	浙江省温州市火车站广场瓯江大厦主楼1607室	325014	0577－86788201	0577－86788061
浙江嘉联电梯有限公司	浙江省海宁市硖川路399号	314400	0577－87251687	0577－87251685

（续）

单位名称	联系地址	邮编	电话	传真
湖南安然立体停车系统有限公司	湖南省长沙市高新区林语路158号	410006	0731－89835193	0731－89835193
湖南地生工业设备有限公司	湖南省长沙市雨花区湘府中路117号西雅大酒店高升金典商务中心18楼	410000	0731－85781519	0731－85781519
湖南宇恒立体停车立体停车设备有限公司	湖南省湘潭市九华示范区银盖南路	411100	0731－52650708	0731－52650708
国家建筑城建机械质量监督检验中心	湖南省长沙市银盆南路361号	410013	0731－88923869	0731－88910912
郴州泰安智能立体车库设备有限公司	湖南省郴州市槐树下北湖区工业园	423000	0735－2176988	0735－2176887
湖南环通科技有限公司	湖南省常德市常德大道2128号	415000	0736－7306111	0736－7306111
新乡市宏丰停车设备制造有限公司	河南省新乡市经济开发区环城北路	453700	0373－5635559	0373－5636844
洛阳龙辇居停车设备有限公司	河南省洛阳市黄河小浪底风景区工业园	471000	0379－67822295	0379－67822295
中国船舶重工集团第713研究所海神停车设备公司	河南省郑州市京广南路126号	450052	0371－68717574	0371－68733635
河南省盛茂永代机械制造有限责任公司	河南省郑州市惠济区绿源路与丰硕街交叉口北	450000	0371－63779865	0371－63779865
新乡市中重停车装备有限公司	河南省新乡市新乡经济开发区中央大道71号	453002	0373－5586110	0373－5586119
新乡天丰机械制造有限公司	河南省新乡市开发区新一街17号	453002	0373－3526678	0373－3526676
河南中州起重集团有限公司	河南省新乡市长垣县魏庄镇工业区	453400	0373－8611564	0373－8611564
河南祥鼎机械设备有限公司	河南省郑州市惠济区新城街道办事处固城村118号	450000	0371－86178680	0371－86178680
南阳力神重型机器有限公司	河南省南阳市镇平县遮山镇	474250	0377－65625455	0377－65625455
河南柯尼达智能停车设备有限公司	河南省许昌市尚集产业集聚区兴平路中段99号	461111	0374－5218889	0374－5218699
洛阳凯德数控设备有限公司	河南省洛阳市老城区邙山镇中沟村	471011	0379－62239798	0379－62263667
佛山市南海高达建筑机械有限公司	广东省佛山市南海区平洲五斗桥北侧	528251	0575－86795321	0575－86778582
深圳中集天达空港设备有限公司	广东省深圳市蛇口工业区工业四路4号	518067	0755－26688488	0755－26671643
深圳市中科利亨车库设备有限公司	广东省深圳市宝安区福永街道福海工业区13号	518103	0755－29981555	0755－29981777
广东溢隆实业有限公司	广东省广州市东风东路753号天誉大厦109室	510000	020－37885775	020－37885775
深圳市擎天达科技有限公司	广东省深圳市龙华新区大浪街道工业园路1号凯豪达大厦18楼	518103	0755－28030881	0755－28030881
深圳精智机器有限公司	广东省深圳市南山区科技园科研路9号比克科技大厦11楼	518057	0755－86017789	0755－86017528
广西景和停车设备有限责任公司	广西壮族自治区南宁市民族大道115－1号现代国际905－908室	530028	0771－5595654	0771－5596031
成都东风停车设备制造有限公司	四川省成都市外东沙河堡大观堰1号	610066	028－84789033	028－84785619

（续）

单位名称	联系地址	邮编	电话	传真
四川五新智能设备有限公司	四川省成都市双流区西南航空港经济开发区工业集中发展区	610200	028－85744268	028－85676688
昆明松骋汽修设备有限公司	云南省昆明市关雨路东聚小车汽配城B区11幢	650214	0871－68024888	0871－68024888
陕西中汽合力停车系统有限公司	陕西省西安市高新区唐延路23号	710075	029－87305008	029－87305158
陕西福宝立体停车设备有限公司	陕西省西安市高新区新型工业园发展大道21号	710065	029－85692233	029－85692233
陕西吉亨自动化科技有限公司	陕西省西安市长安区王寺镇108国道旁西安兄弟纸业院内	710116	029－89238089	029－89238089
陕西仑堡工程科技有限公司	陕西省咸阳市人民东路鼎城花园1号楼601室	712000	029－33215560	029－33215560
龙岩市广通钢结构工程有限公司	福建省龙岩市龙州工业园高新区A－06－2地块正合精密模具公司内	364000	0597－2383630	0597－2211639
泉州市东盛钢结构发展有限公司	福建省厦门市湖里区五缘湾海富中心B座17C	362342	0592－5795913	0592－5793912
福建轻安智能仓储设备有限公司	福建省邵武市经济开发区紫金工业园区香林大道中段	354000	0599－6228228	0599－6228228
福建敏捷机械有限公司	福建省南安市官桥镇洪邦工业区	362341	0595－86881520	0595－86881520
厦门市华尔曼泊车设备有限公司	福建省厦门市湖里区安岭路1001号1楼	361015	0592－8808989	0592－2612566
武汉泊度停车投资管理有限公司	湖北省武汉市武昌区友谊大道2号2008新长江广场3单元14层1号	430061	027－88185166	027－88185166
湖北广兴停车设备有限公司	湖北省仙桃市胡场镇发展大道特1号	433000	0728－2812669	0728－2812669
武汉电力设备厂	湖北省武汉市武昌区白沙洲特1号	430064	027－68888670	027－88113825
湖北众达智能停车设备有限公司	湖北省黄石市金山大道398号	435000	027－6399998	027－6399998
宣化冶金工业有限责任公司	河北省张家口市宣化县姚家房镇东房子村	075132	0313－5012958	0313－5012958
欧姆龙自动化（中国）统辖集团	上海市浦东新区银城中路200号中银大厦2211室	200120	021－50372222	021－50372200
上海亚敕机电科技有限公司	上海市青浦区沪青平公路9188号	201404	021－59266855	021－59266855
北京亚博瑞思科技开发有限责任公司	北京市海淀区祁家豁子甲2号健德商务楼107A（B座）	100191	010－58537965	010－82076094
昆山达嘉传动设备有限公司	江苏省昆山市横长泾路515号	215300	0512－57938806	0512－57938806
江西特种电机股份有限公司	江西省宜春市环城南路581号	336000	0795－3512060	0795－3512060
贵州高矿重工（长顺）有限公司	贵州省黔南州长顺县威远工业园区	550704	0854－6644666	0854－6644666
松下电器（中国）有限公司	北京市朝阳区建国路79号华贸中心2#写字楼6F	100025	010－59255988	010－59255980
北京第一机床电器厂有限公司	北京市海淀区知春路114号华源写字楼	100191	010－61233595	010－61233595
天津市杰泰克自动化技术有限公司	天津市南开区科研西路9号B2座	300192	022－23050231	022－23050231
施瑞克（北京）电气自动化技术有限公司	北京市石景山区八大处高科技园区	100041	010－68647505	010－68647505

（续）

单位名称	联系地址	邮编	电话	传真
北京中通广联自动化设备有限公司	北京市门头沟区双峪路熙旺中心B座1715室	102300	010－57553360	010－57553360
上海山电电机有限公司	上海市普陀区绥德路889弄5号楼4楼	200331	021－62841028	021－52841755
上海兰宝传感科技股份有限公司	上海市奉贤区金汇工业园区金碧路228号	201404	021－57486188	021－57486199
史克马机电（上海）有限公司	上海市青浦区漕盈路3588号	201712	021－59228711	021－59228711
上海佐逸电器有限公司	上海市浦东新区金港路333号禹州国际大厦3期2号楼	201206	021－60446564	021－58100927
台达集团－中达电通股份有限公司	上海市浦东新区民夏路238号	201209	021－63012827	021－63012827
乐清市凯昆贸易有限公司	浙江省乐清市柳市镇柳翁西路6号	325604	0577－62769205	0577－62766030
深圳市汇川技术股份有限公司	广东省深圳市宝安区新安街道留仙二路鸿威工业园E栋	518101	0755－29619876	0755－29799579
杭州东华链条集团有限公司	浙江省杭州市机场路218号	310021	0571－85041448	0571－85040765
杭州澳琪同济停车配件制造有限公司	浙江省杭州市下城区香积寺路白石路灯塔西苑	310004	0571－85362212	0571－85362212
浙江诸暨链条总厂	浙江省诸暨市牌头镇五一路1号	311825	0575－87051296	0575－87056868
浙江神牛机械制造有限公司	浙江省诸暨市丰南路8号	311800	0575－87181152	0575－87185255
浙江恒久机械集团诸暨特种链条厂	浙江省诸暨市城西开发区	311800	0575－87213808	0575－87214388
武义东风链条有限公司	浙江省金华市武义县黄龙工业区	321200	0579－87988090	0579－87698070
浙江康明斯机械有限公司	浙江省温岭市新河镇中厢工业园	317502	0576－86578602	0576－86578336
浙江永美链条有限公司	浙江省金华市经济技术开发区南二环西路2768号	321312	0579－89119537	0579－89119251
苏州环球链传动有限公司	江苏省苏州市吴中区藏书镇石中路53号	215156	0571－88126215	0571－88126227
无锡市三爱电器厂	江苏省无锡市苏锡路553号	214121	0512－66955388	0512－66235388
无锡市明达电器有限公司	江苏省无锡市滨湖经济技术开发区立业路7号	214142	0510－85072580	0510－85072581
射阳达金机械厂	江苏省盐城市射阳县合德镇创业园宏峰路10号	224300	0515－82391680	0515－82391080
中航工业金城集团进出口有限公司	江苏省南京市龙蟠中路216号金城大厦26楼	210002	025－51815963	025－51815379
天津滨新科技贸易发展有限公司	天津市河北区新开路与胜利路交口北斗花园8－1－2804室	300011	022－24388262	022－24127208
厦门正黎明冶金机械有限公司	福建省厦门市集美区杏林杏前路187号	361022	0579－87988090	0579－87699988
北京双马飞腾传动机械设备有限公司	北京市大兴区旧宫工业区北西区甲5号	100076	010－59751579	010－59751579
任丘市华兴机械传动配件厂	河北省任丘市石门桥磨盘街工业区	062550	0317－2802538	0317－2802538
济南锦强经贸有限公司	山东省济南市历城区工业北路161－1号	250100	0537－83130517	0537－83130517
杭州台创实业有限公司	浙江省杭州市瓶窑镇毛元岭	311115	0571－86771291	0571－86778253
上海万鸿国际贸易有限公司	上海市宝山区友谊路1588弄钢领一号楼1606室	201999	021－51261971	021－51261971
潍坊奥腾冷弯机械有限公司	山东省潍坊市坊子区北海路与翠坊街路口西700米路北	261200	0537－7665055	0537－7658855

（续）

单位名称	联系地址	邮编	电话	传真
济南燎原数控机械有限公司	山东省济南市高新区舜华东路666号A座5楼	250012	0537－55585077	0537－55585077
山东法因数控机械股份有限公司	山东省济南市高新区天辰大街389号	250101	0537－88875517	0537－88875517
洛阳宝岛停车设备有限公司	河南省洛阳市老城区道北五路老城区中沟村工业园6号	471011	0379－65938883	0379－65938883
南京意力停车设备制造有限公司	江苏省南京市六合区金牛工业集中区一区	210000	025－58854243	025－83750297
陕西省机械研究院	陕西省咸阳市渭城区文汇西路13号	712000	029－38182938	029－38132665
河北睿众机械停车设备销售有限公司	河北省石家庄市裕华区翟营南大街43号金马国际大厦A2座	050800	0311－80669387	0311－85031244
南京一招人力资源有限公司	江苏省南京市鼓楼区中央路417号先锋广场1033－1034室	210012	400－884－1004	025－66639971
杭州赛翔科技有限公司	浙江省杭州市西湖区文三路408号综合楼218室	310013	0571－89738802	0571－87357542
上海正盟精密传动有限公司	上海市浦东新区良欣路265号	201302	021－60273626	021－60273620
深圳市盛世基业智能交通投资管理有限公司	广东省深圳市宝安区街道桃花源科技创新园主楼511室	518067	0755－29089397	0755－29089397
杭州永利百合实业有限公司	浙江省杭州市萧山区义桥工业园区	311256	0571－82419116	0571－82409363

大型铸锻件

单位名称	联系地址	邮编	电话	传真
中国第二重型机械集团公司	四川省德阳市珠江西路460号	618013	0838－2341482	0838－2201998
中国第一重型机械集团公司	黑龙江省齐齐哈尔市富拉尔基区厂前路9号	161042	0452－6810111	0452－6810111
上海重型机器厂有限公司	上海市闵行区江川路1800号	200245	021－34098018	021－54721132
洛阳中重铸锻有限责任公司	河南省洛阳市涧西区建设路206号	471039	0379－64088936	0379－64088936
太原科技大学材料科学与工程学院	山西省太原市万柏林区瓦流路66号	030024	13303517782	0351－6963369
鞍钢重型机械有限责任公司	辽宁省鞍山市铁东区东山街77号	114042	0412－6611161	0412－6613458
中原特钢股份有限公司	河南省济源市第九号信箱	454685	0391－6099019	0391－6099019
内蒙古北方重工业集团有限公司	内蒙古包头市青山区	014033	0472－3386880	0472－3335641
中国中元国际工程有限公司工业工程设计研究院	北京市西三环北路5号	100089	010－68732550	010－68732550
天津市天重江天重工有限公司	天津市北辰区西堤头镇津榆公路609号	300400	022－86885899	022－26340718
南车资阳机车有限公司	四川省资阳市雁江区	641301	028－26282650	028－26653416
中钢集团邢台机械轧辊有限公司	河北省邢台市新兴西大街1号	054025	13833911011	0319－2022061
北京科技大学材料科学与工程学院	北京市海淀区学院路30号主楼201室	100083	010－62332572	010－62397463
清华大学材料学院	北京市海淀区清华大学材料学院	100084	010－62789922	010－62773637

（续）

单位名称	联系地址	邮编	电话	传真
燕山大学教务处	河北省秦皇岛市海港区河北大街西段438号	066004	0335－8074036	0335－8387472
东方汽轮机有限公司	四川省德阳市高新技术产业园金沙江西路666号	618000	0838－2687289	0838－2687289
上海电气电站设备有限公司	上海市闵行江川路333号	200240	021－64358331－2110	021－64358331－2110
哈尔滨汽轮机厂有限责任公司	黑龙江省哈尔滨市香坊区三大动力路345号	150046	0451－82953194	0451－82681364
山东山一重工机械有限公司	山东省泰安市山口镇	271000	13505385358	0538－8611063
石钢京诚装备技术有限公司	辽宁省营口市老边区柳树镇	115004	0417－3257899	0417－3257900
沈阳铸锻工业有限公司锻造分会司	辽宁省沈阳市经济技术开发区沈辽西路188号	110142	13700028365	024－25336788
烟台台海马努尔核电设备股份有限公司	山东省烟台市莱山经济开发区恒源路6号	264003	15275350717	0535－6919121
天津重型装备工程研究有限公司	天津市滨海新区经济技术开发区服务外包产业园中国一重研发大楼	300457	15002267088	022－59887888
中国第一重型机械集团公司铸锻钢事业部	黑龙江省齐齐哈尔市厂前路9号中国一重铸锻钢事业部	161042	13846279566	0452－6810030
内蒙古北方重工业集团有限公司特殊钢公司	内蒙古包头市青山区	014033	0472－3385721	0472－3322346
大连华锐重工铸钢股份有限公司	辽宁省大连市甘井子区新水泥路78号	116035	0411－86427062	0411－86427062
武汉重工铸锻有限责任公司技术中心	湖北省武汉市青山区武东路1号	430084	027－68861955	027－68861955
云南冶金昆明重工有限公司锻造分公司	云南省昆明市龙泉路871号	650203	13700685245	0871－66085054
沈阳铸造研究所	辽宁省沈阳市铁西区云峰南街17号	110025	13332430936	024－25851306
中国第二重型机械集团公司铸锻公司	四川省德阳市珠江西路460号	618013	0838－2341715	0838－2341715
中国第二重型机械集团德阳万航模锻有限责任公司	四川省德阳市珠江西路460号	618013	0838－2342304	0838－2342304
太原重工股份有限公司冶铸分公司	山西省太原市万柏林区玉河街53号	030024	0351－6366750	0351－6366750
大连理工大学材料学院	辽宁省大连市高新园区凌工路2号	116024	0411－84706183	0411－84709284
上海重型机器厂有限公司大锻所	上海市闵行区江川路1800号	200245	021－34098183	021－34098183
鞍钢重型机械有限责任公司锻造厂	辽宁省鞍山市立山区灵山红旗路19号	114042	0412－6762398	0412－6763038
大同电力机车有限责任公司技术中心	山西省大同市大庆路前进街1号	037038	0352－7162511	0352－7162440
中冶陕压重工设备有限公司	陕西省渭南市富平县庄里镇	714000	0913－8622969	0913－8622000
中山市广重铸轧钢有限公司	广东省中山市黄圃镇鲤鱼嘴工业开发区	528429	13925107069	0760－23212227
无锡宏达重工股份有限公司	江苏省无锡市南泉壬港	214128	0510－85952557	0510－85953536
重庆焱炼重型机械设备有限公司	重庆市江津区德感工业园	400084	023－47840708	023－68883622

（续）

单位名称	联系地址	邮编	电话	传真
天津天重车轴制造有限公司	天津市北辰区天穆镇马庄村	300400	022－26626168	022－26341806
宝鼎重工股份有限公司	浙江省杭州市余杭区塘栖工业园区塘兴街9号	311106	0571－86319009	0571－86380688
上海申模计算机系统集成有限公司	上海市徐汇区华山路1954号	200030	021－62813430－8026	021－62946388
江苏国光重型机械有限公司	江苏省江阴市利港镇镇澄路2600号	214441	0510－86631242	0510－86600851
德阳万鑫电站产品开发有限公司	四川省广汉市高坪镇龙潭村八社	618306	13778220999	0838－2225133
中国长江动力集团有限公司	湖北省武汉市关山一路105号	430074	13971236952	027－87801455
鞍钢重型机械有限责任公司铸钢有限公司	辽宁省鞍山市立山区灵山红旗路28号	114042	15104120799	0412－6765193
太原重工股份有限公司锻造分公司	山西省太原市万柏林区玉河街53号	030024	0351－6364756	0351－6361174
青岛华东工程机械有限公司开发部	山东省青岛市高新区（棘洪滩）春阳路	266071	0532－85011825	0532－85011825
烟台台海玛努尔核电设备股份有限公司	山东省烟台市莱山经济开发区恒源路6号	264003	0535－6919263	0535－6919121
武汉迈特炉业科技有限公司	湖北省武汉市东湖高新区光谷大道303号光谷芯中心2－1－503号	430223	027－87806707	027－87677372
绵阳科奥表面涂层技术有限公司	四川省绵阳市绵州大道北段13号	621000	0816－6390391	0816－6390392
天津市中达电热设备有限公司	天津市西青区南河工业园	300382	022－23811661	022－23811991
中国联合工程公司工业装备分公司	浙江省杭州市石桥路338号	310022	0571－88155018	0571－88155018
中航卓越锻造（无锡）有限公司	江苏省无锡市玉祁工业园区	214183	0510－83896502	0510－83896512

重型锻压机械

单位名称	联系地址	邮编	电话	传真
中国第二重型机械集团公司	四川省德阳市珠江西路460号	618013	0838－2341482	0838－2201998
中国重型机械有限公司	北京市海淀区公主坟复兴路甲23号	100036	010－68221576	010－68217772
中国重型机械研究院有限公司	陕西省西安市未央区东元路209号	710032	029－86322300	029－86713965
太原重型机械集团有限公司	山西省太原市万柏林区玉河街53号	030024	0351－6045384	0351－6064467
清华大学机械系	北京市海淀区清华园	100084	010－62771476	010－62783387
北方重工沈阳重型机械集团有限责任公司	辽宁省沈阳市铁西区兴华北街8号	110025	024－25802599	024－25851610
中国第一重型机械集团公司	黑龙江省齐齐哈尔市富拉尔基区厂前路9号	116600	0452－6810123	0452－6810111
中信重工机械股份有限公司	河南省洛阳市涧西区建设路206号	471039	0379－64008888	
上海重型机械厂锻件厂	上海市闵行区江川路1800号	200240	021－54721141－2651	021－64300132
中国重型机械有限公司综合管理三部	北京市海淀区公主坟复兴路甲23号	100036	010－68296095	010－68217772
德阳立达基础件有限公司	四川省德阳市庐山南路三段32号	618000	0838－2903979	0838－2903979

武汉雄驰机电设备有限公司

Wuhan Xiongchi Electromchanical Equipment Co.,Ltd.

武汉雄驰机电设备有限公司是一家专业从事以铜及铜合金为主导的有色金属材料及机电产品制造的民营企业，坐落于武汉市著名的“有色金属之乡”黄陂区甘棠镇，位于武汉市外环线出口3 000m处，318国道穿贯全境，占地面积40 000㎡,公司建立了满足市场经济和现代企业管理要求的经营机制，拥有专业技术及研发人员39人，具有进行产品研发及持续创新的能力。

二十多年来随着市场不断变化，公司不断地进行产品结构调整，技术设备改造，拥有完善的生产系统和检测手段，形成集有色金属铸锻、挤压、拉拔、轧制机加工综合一体的制造型企业，具有年产铜及铜合金材料及加工产品5000t的生产规模。

公司相继研制开发的以铬、锆为代表的稀、重有色金属高强高导铜合金材料及主导铜合金产品有：滑动轴承、电机端环、螺旋桨和铜合金艺术铸造工艺品。铜合金产品广泛应用于航天、船舶、桥梁、港口、油田、化工、冶金、矿山、电力、电器等领域，产品销往全国各地，主要客户为国家大型机电装备企业，如中船重工武昌造船厂、大桥局武汉桥机、哈电集团、湘电集团、中车电机等，随主机出口到十多个国家和地区，得到广大客户的好评。企业通过了ISO9001：2000国际质量体系认证，GJB9001B－2009国军标质量管理体系认证；获得多项发明专利，2015年认定为湖北省高新技术企业；“牵天”商标已获湖北省著名商标；为武汉市名牌产品；武汉市诚信企业。竭诚欢迎广大客商牵手雄驰，雄驰天下！